특이하고 특별한 종이접기

특이하고 특별한 종이접기

특이하고 특별한 종이접기

초판 1쇄 인쇄_ 2023년 1월 15일 | 초판 1쇄 발행_ 2023년 1월 20일
지은이_차원 | 펴낸이_진성옥 외 1인 | 펴낸곳_꿈과희망
디자인·편집_박경주
주소_서울시 용산구 한강대로 76길 11-12 5층 501호
전화_02)2681-2832 | 팩스_02)943-0935 | 출판등록_제2016-000036호
E-mail_ jinsungok@empas.com
ISBN_979-11-6186-126-5 13630
※책 값은 뒤표지에 있습니다.
※새론북스는 도서출판 꿈과희망의 계열사입니다.

특이하고 특별한 종이접기

차원 지음

다양하고 독특한 **142** 작품 수록!

꿈과희망

 머리말

언제 어디서든 친구가 되어주는 종이접기 세상!

종이접기 한 번 안 해본 사람이 없을 정도로 종이접기는 우리에게 매우 익숙합니다. 어린 시절부터 종이 한 장으로 이리 접고 저리 접다 보면 비행기도 되고, 배도 되고, 새도 되는 것이 너무 신기했습니다.

작은 종이 한 장으로 여러 가지 모양을 만들 수 있는 것이 신기하고 즐거웠습니다. 오직 종이 한 장만 있으면 언제 어디서나 쉽게 접을 수 있고, 머릿속에 흐르는 수많은 생각들을 따라가면서 손을 움직이다 보면 어느 순간 학 한 마리가 탄생하곤 합니다.

언제 어디서나 친구가 되어주는 종이접기를 하다 보니 좀 더 다른 방법은 없을까 라는 생각이 들면서 다르게 접어보기도 하고 뒤집어보기도 하면서 나만의 방식으로 접어보았습니다. 새 두 마리가 탄생하기도 하고, 서로 다른 색의 하트가 탄생하기도 하였습니다.

접고, 뒤집고, 돌리고, 또 접고, 안으로 넣고, 빼서 누르고 등 종이접기는 생각대로 손을 움직이면서 마음껏 상상력을 펼쳐서 마법 같은 세상을 만들어냅니다.

　기존의 틀을 깨보기도 하면서 생각의 흐름대로 다양한 아이디어가 떠오를 때마다 이리 저리 접어보면서 새로운 작품이 나오기도 합니다. 단순하기도 하고 평범하기도 하지만 특이한 모양이 나오기도 하고 아주 복잡한 과정을 지나야 작품이 나오기도 합니다. 무엇이 됐든 생각나는 대로 접다 보면 실패도 하겠지만 어느 순간 멋진 작품을 만나게 될 것입니다.

　종이접기를 하면 상상력을 일깨우고, 창의력을 펼치고, 관찰력을 키우고, 집중력을 키워 줍니다. 이면지로 아무렇게 접다가 새로운 아이디어가 떠오르면 그 방법대로 접어보기도 합니다. 처음에는 마음대로 되지 않을 수도 있습니다. 다시 관찰하고 다른 방법을 생각하고 집중해서 종이를 접다 보면 상상하던 바로 그 작품이 만들어집니다.

　종이 한 장으로 만들어내는 세상이 바로 종이접기 세상입니다. 종이 한 장에 담긴 마법 같은 상상력 세상, 재미난 종이접기 세상에서 함께 하길 바랍니다.

 # 종이접기 기본접기

반으로 접기

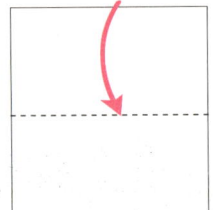 

위에서 아래로 반을 접어요.

다른 방향으로 접기

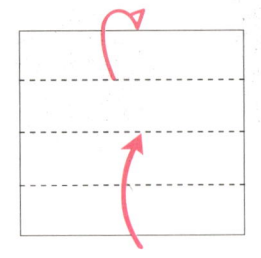 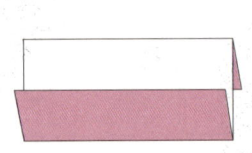

각각 다른 방향으로 접어요.

대문접기

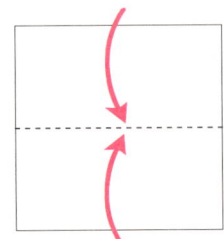 

화살표 방향대로 반을 접어요.

세모 접기

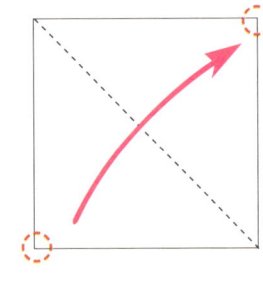 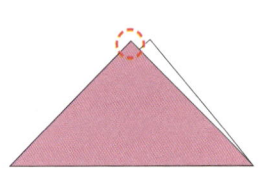

꼭지점끼리 맞춰 세모로 접어요.

접었다 편 선 만들기

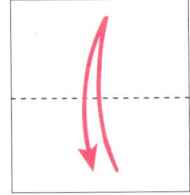 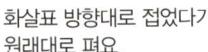

화살표 방향대로 접었다가
원래대로 펴요.

선이 생겼어요.

뒤집기

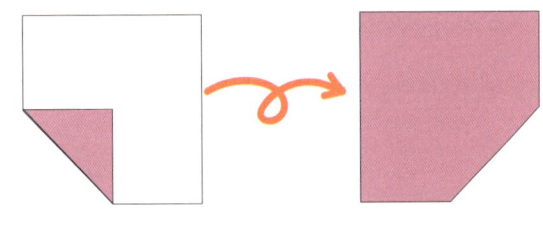

뒤집어요.

펼쳐 접기

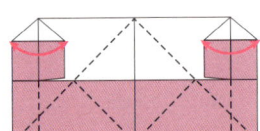

계단접기

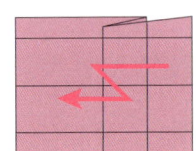

안쪽으로 접기

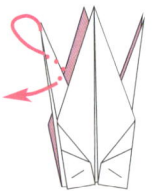

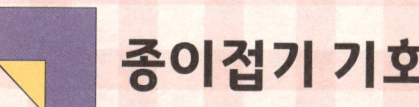

종이접기 기호

바깥선	안쪽선	앞으로 접을 바깥선	앞으로 접을 안쪽선

펼쳐요	돌려요			
접었던 면을 펼치기	눌러 접기	접은 면 돌리기	안으로 접어 넣기	뒤에서 앞으로 접기	반대편으로 넘겨 접기

종이접기 하기 전 알아야 할 사항

사용하는 색종이

가로 15cm x 세로 15cm

정사각형 사이즈를 반으로
잘라 직사각형으로 접어요.

난이도 체크

★★★★★ 과정이 많고 어려워 **높음**

★★★★☆ 중간중간 어려운 과정으로
다소 높음

★★★☆☆ 대부분 접을 수 있는 **보통**

★★☆☆☆ 어린이도 접을 수 있어 **쉬움**

접는 요령

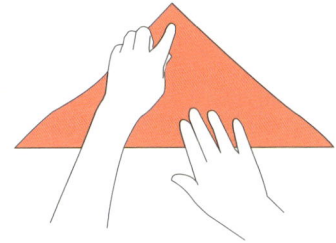

모서리와 끝을 잘 맞춰 접어야 완성했을 때
예쁜 완성품이 돼요.

접는 과정 사진 확인

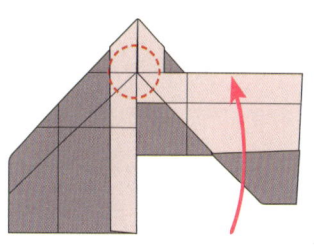 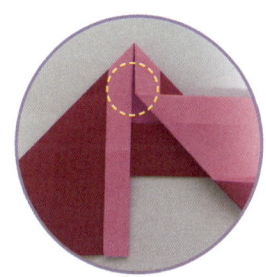

그림만으론 이해하기 어려운 과정은
중간중간 사진을 삽입하여 이해를 도와요.

차례

3 part 세상에 없는 특이한 **학 접기**

4 part 펼치는 재미가 있는 **모자 or 컵 접기**

5 part 처음 보는 신기한 **배 접기**

6 part 바람을 넣어 통통하게 **풍선 접기**

7 part 두 가지 색의 조화 **상자 접기**

8 part 여러 색색의 아름다운 **보석 접기**

9 part 특이한 건 다 모였다 **여러 모양 접기**

part 1

특별하고 재미있는

하트 접기

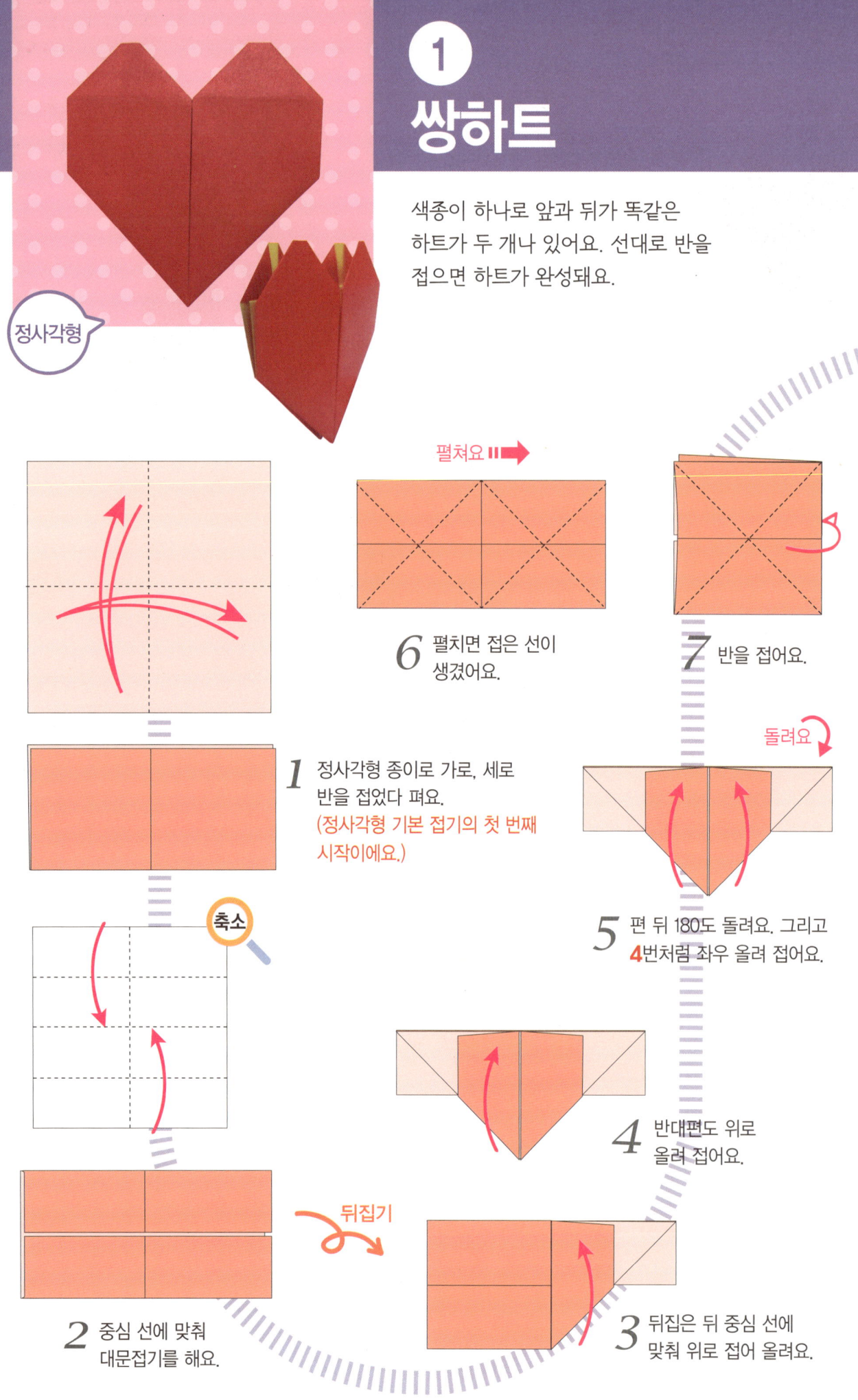

정사각형

색종이 하나로 앞과 뒤가 똑같은
하트가 두 개나 있어요. 선대로 반을
접으면 하트가 완성돼요.

펼쳐요 ▮▮➡

6 펼치면 접은 선이
생겼어요.

7 반을 접어요.

1 정사각형 종이로 가로, 세로
반을 접었다 펴요.
(정사각형 기본 접기의 첫 번째
시작이에요.)

돌려요

5 편 뒤 180도 돌려요. 그리고
4번처럼 좌우 올려 접어요.

축소

4 반대편도 위로
올려 접어요.

뒤집기

2 중심 선에 맞춰
대문접기를 해요.

3 뒤집은 뒤 중심 선에
맞춰 위로 접어 올려요.

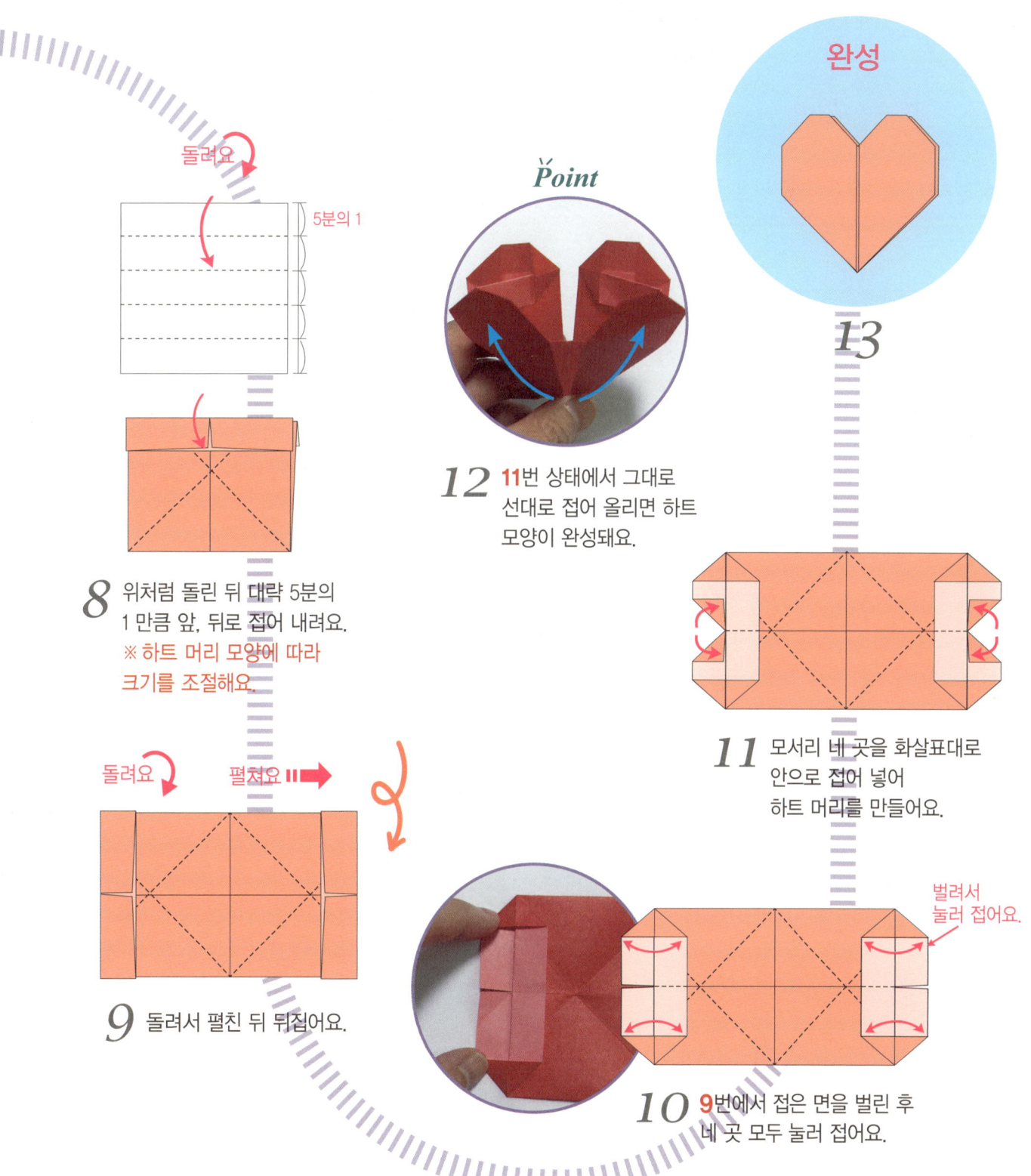

돌려요

5분의 1

8 위처럼 돌린 뒤 대략 5분의 1 만큼 앞, 뒤로 접어 내려요.
※ 하트 머리 모양에 따라 크기를 조절해요.

돌려요   펼쳐요

9 돌려서 펼친 뒤 뒤집어요.

Point

12 **11**번 상태에서 그대로 선대로 접어 올리면 하트 모양이 완성돼요.

완성

13

11 모서리 네 곳을 화살표대로 안으로 **접어** 넣어 하트 머리를 만들어요.

벌려서 눌러 접어요.

10 **9**번에서 접은 면을 벌린 후 네 곳 모두 눌러 접어요.

(2)
쌍하트2

옆면이 서로 붙어있는 앞, 뒤 쌍하트예요.
마무리 접기에서 어려워 난이도가 높지만
잘 따라 접어요.

직사각형

✱정사각형 색종이를 반으로 자른 크기예요.

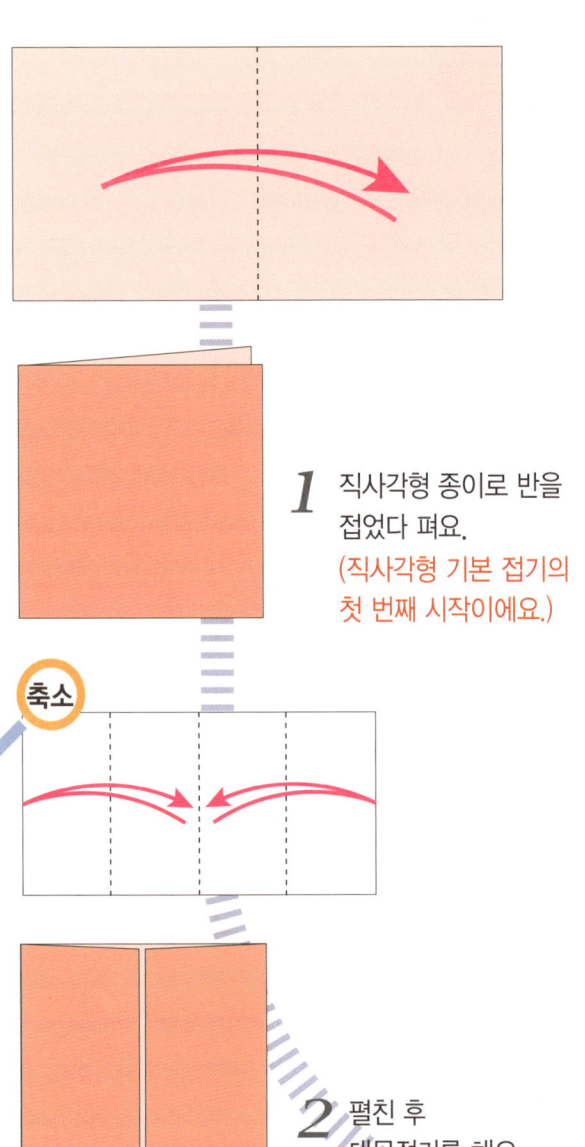

1 직사각형 종이로 반을
접었다 펴요.
(직사각형 기본 접기의
첫 번째 시작이에요.)

축소

2 펼친 후
대문접기를 해요.

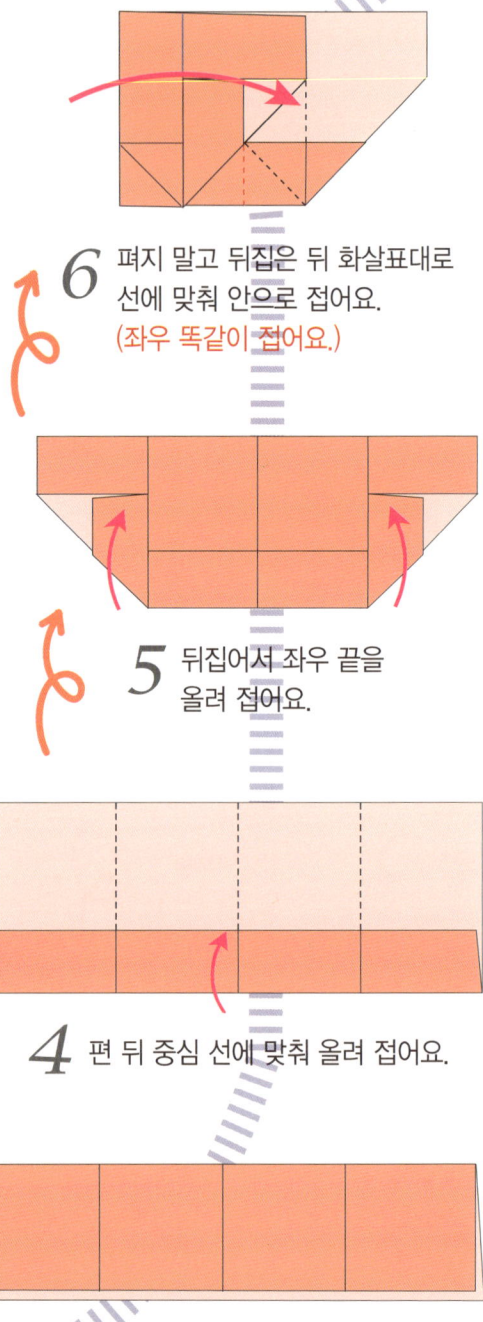

6 펴지 말고 뒤집은 뒤 화살표대로
선에 맞춰 안으로 접어요.
(좌우 똑같이 접어요.)

5 뒤집어서 좌우 끝을
올려 접어요.

4 편 뒤 중심 선에 맞춰 올려 접어요.

3 편 뒤 길게 반으로 접어요.

펼쳐요 ▐▐➡

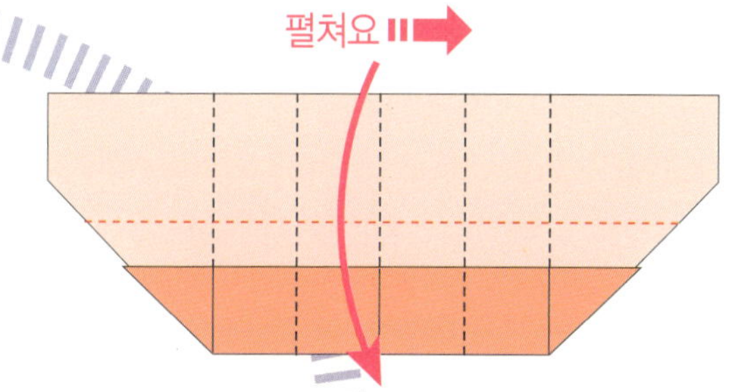

7 펼치면 접은 선이 생겼어요.
그 다음 위에서 아래로
반을 접어 내려요.

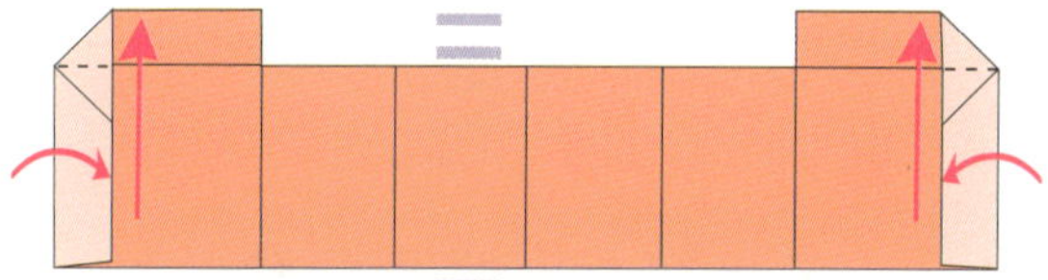

8 반을 접으면서 좌우를 안으로
접으며 위까지 쭉 펴줘요.

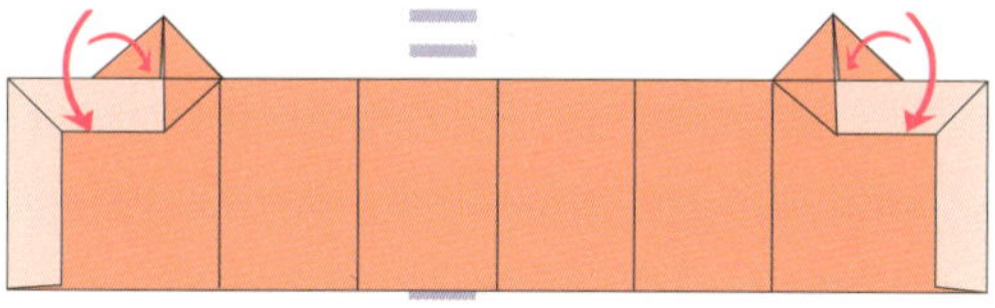

9 좌우 윗면을 내려 접은 뒤
하트 머리를 접어요.

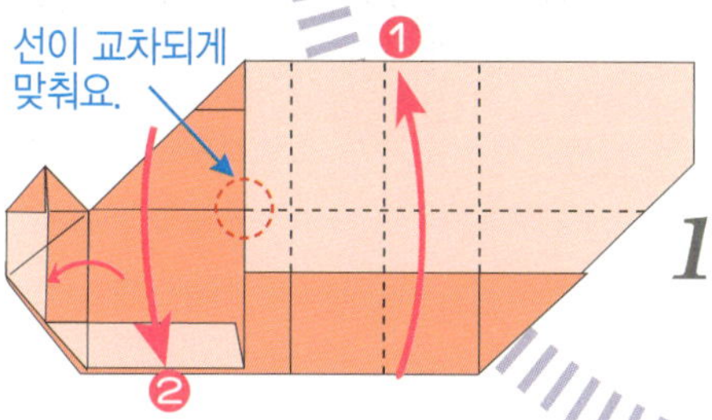

선이 교차되게
맞춰요.

❶
❷

10 ❶ 화살표대로 다시 편 뒤
한쪽 면을 교차되는 선에 맞춰
❷를 접어 내려요. 그리고
작은 화살표대로 안으로 접어요.

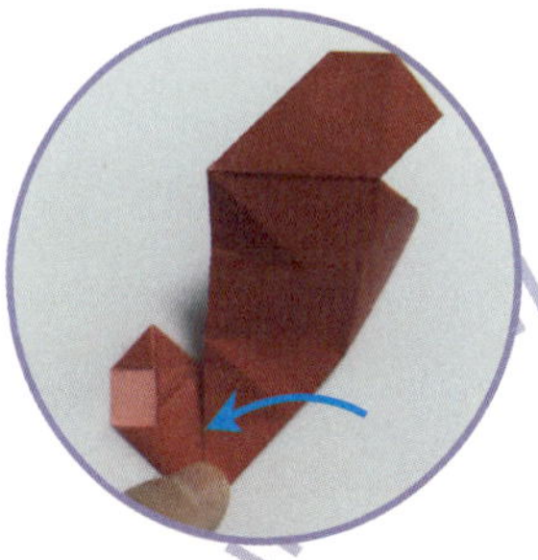

14 뒤집은 뒤 ❶선대로
좌우를 접어 선을
만들어요.

❹   ❸

❶   ❷   ❶

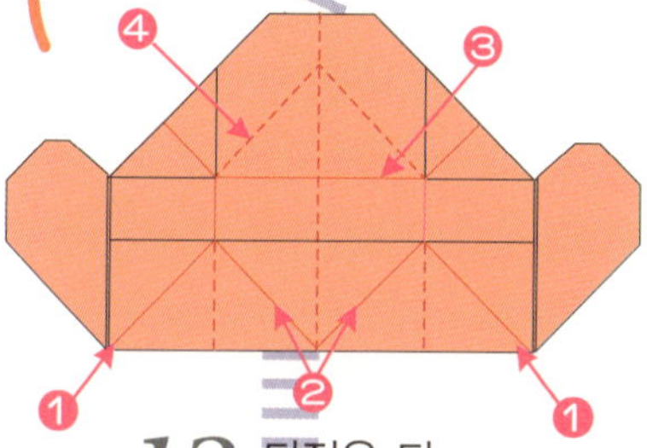

13 뒤집은 뒤
선대로 접어요.

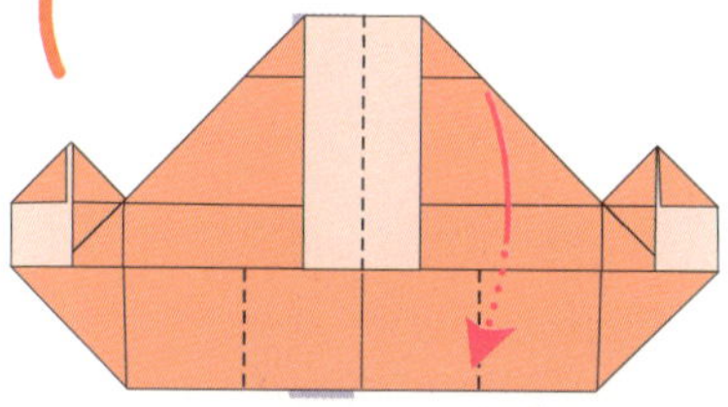

12 안으로 접어 넣어요.

Point

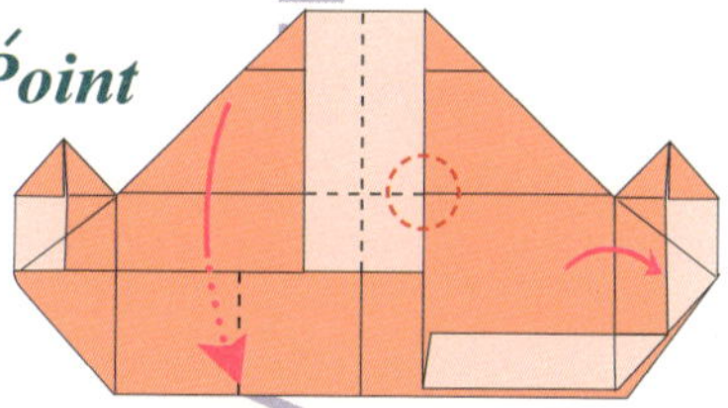

11 밑면 안으로 접어 넣어요.
그리고 반대편도 똑같이
내려 접은 뒤 안으로 접어요.

17

쌍하트2

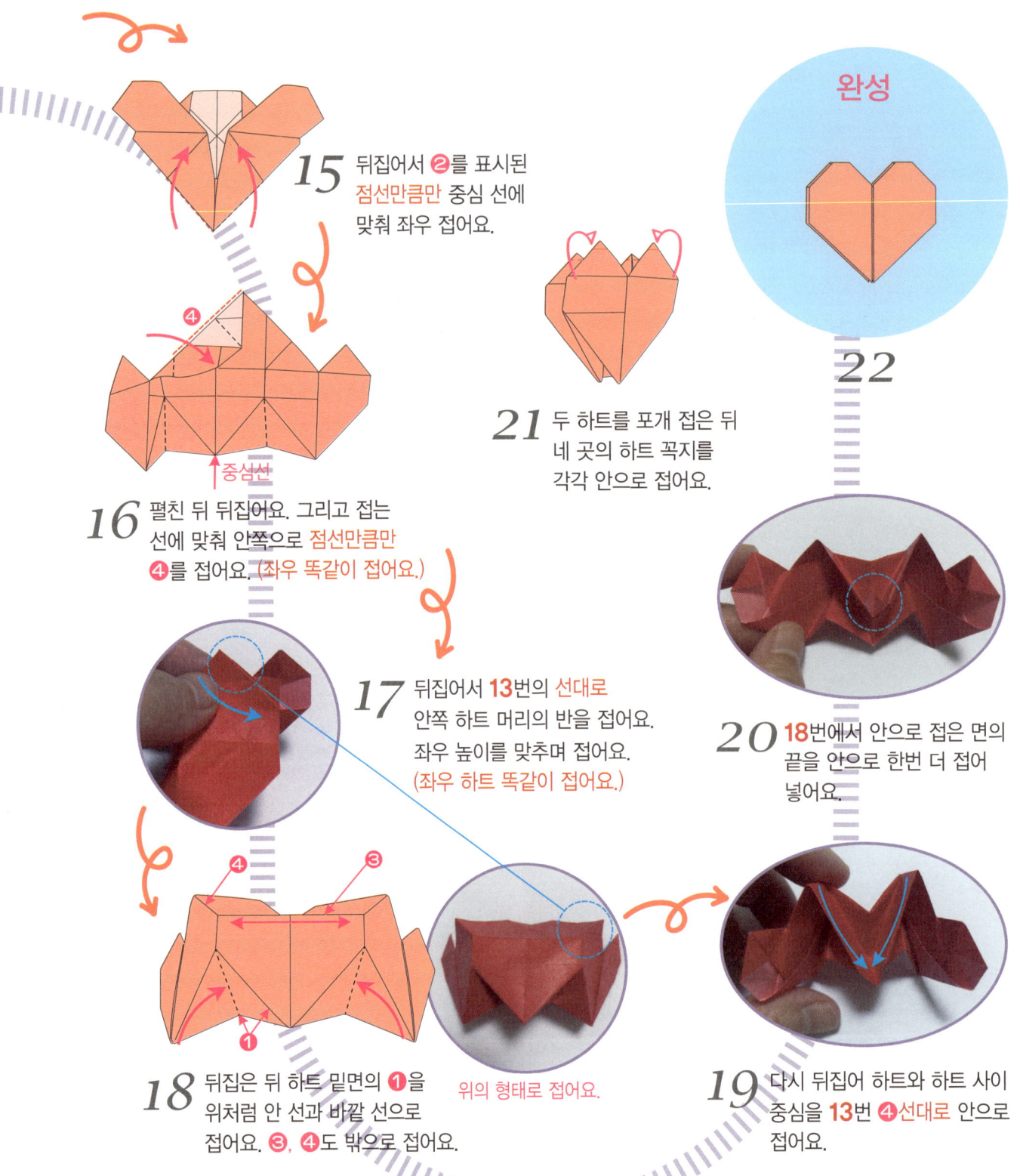

15 뒤집어서 ❷를 표시된 점선만큼만 중심 선에 맞춰 좌우 접어요.

↑중심선

16 펼친 뒤 뒤집어요. 그리고 접는 선에 맞춰 안쪽으로 점선만큼만 ❹를 접어요. (좌우 똑같이 접어요.)

17 뒤집어서 **13**번의 선대로 안쪽 하트 머리의 반을 접어요. 좌우 높이를 맞추며 접어요. (좌우 하트 똑같이 접어요.)

18 뒤집은 뒤 하트 밑면의 ❶을 위처럼 안 선과 바깥 선으로 접어요. ❸, ❹도 밖으로 접어요.

위의 형태로 접어요.

완성

21 두 하트를 포개 접은 뒤 네 곳의 하트 꼭지를 각각 안으로 접어요.

22

20 **18**번에서 안으로 접은 면의 끝을 안으로 한번 더 접어 넣어요.

19 다시 뒤집어 하트와 하트 사이 중심을 **13**번 ❹선대로 안으로 접어요.

정사각형

손하트

만들기는 어렵지 않지만 완성해 보면
특이한 하트 모양에 자꾸만 손이 갈 거예요.

＊1 쌍하트, 2번까지 접어요.

완성

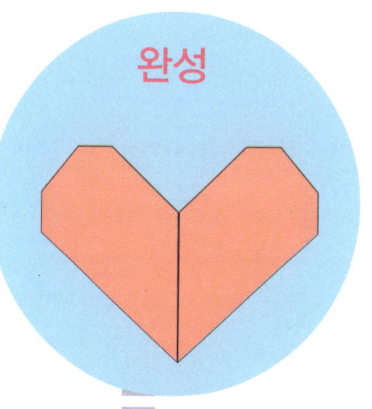

11

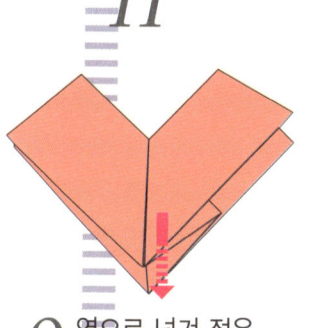

3 대문접기 한 상태에서
반을 안으로 접어요.

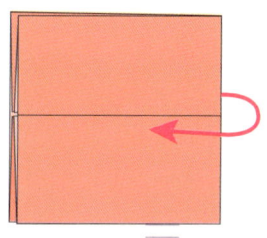

10 네 곳의 하트 모서리를
안으로 접어요.

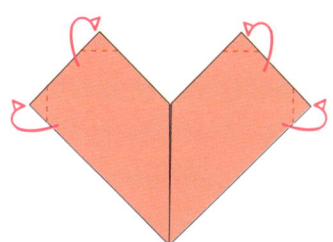

Point

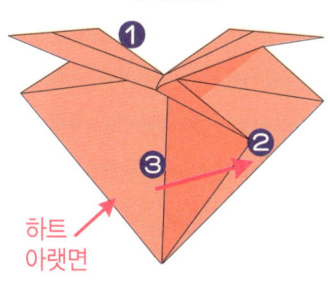

하트
아랫면

8 7번 번호대로 ❷는 옆으로
넘겨 접어요.
(오른쪽, 왼쪽 상관없어요.)

9 옆으로 넘겨 접은
밑면을 눌러 접어요.

점선 길이만큼
반만 접어요.

4 다시 편 뒤 화살표대로
좌우를 안으로 올려 접어요.
단, 점선만큼만 눌러 접어요.

돌려요

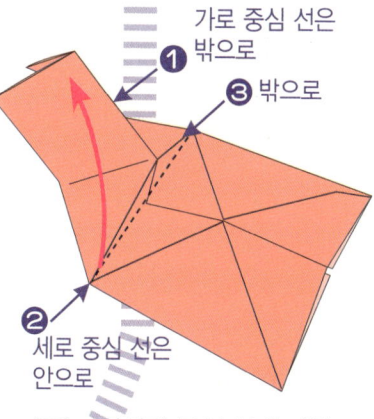

가로 중심 선은
밖으로

❸ 밖으로

❷ 세로 중심 선은
안으로

7 그림처럼 중심 선에 맞춰
좌우를 접어 올려요.
(반대쪽도 똑같이 접어요.)

5 편 뒤 좌우 윗면을
내려 접어요. 점선만큼만
눌러 접어요.

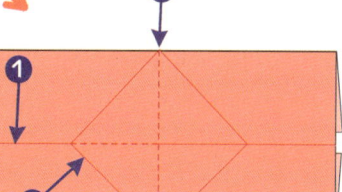

6 펼친 뒤 뒤집어요.
접은 선이 생겼어요.

정사각형

4

반하트1

여러 하트를 접어 연결해요.
내 방을 예쁘게 꾸미거나 특별한 날
장식용으로 만들어 꾸며보세요.

**1쌍하트, 1번까지 접어요.

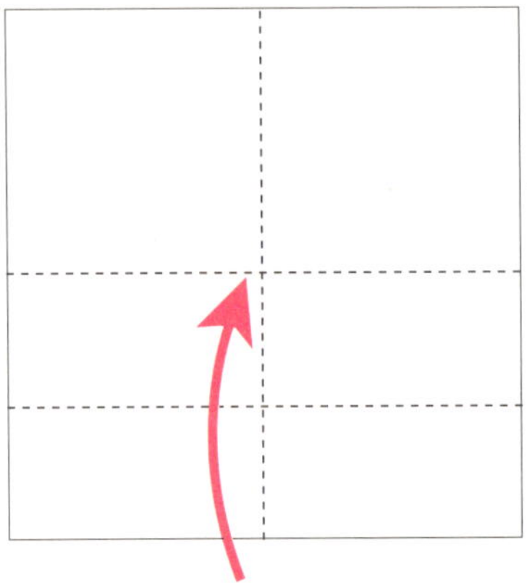

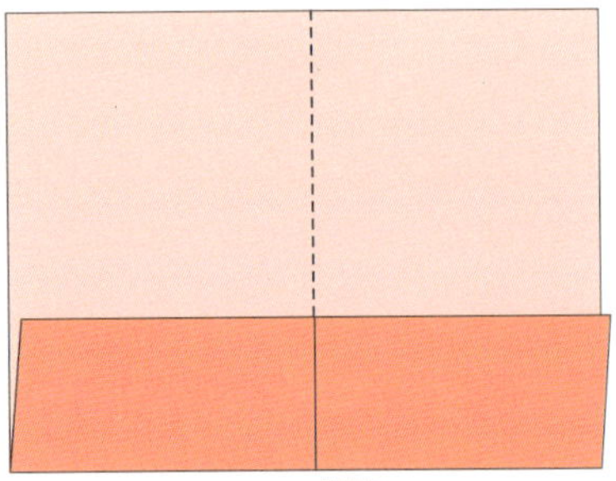

2 편 뒤 중심 선까지 반을
올려 접어요.

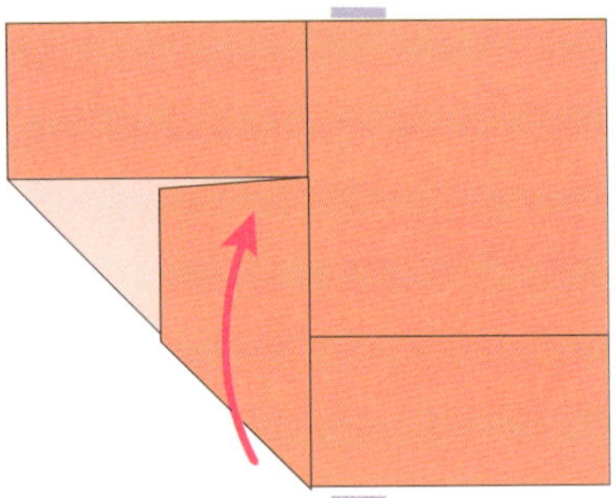

3 뒤집여서 한쪽 면을
위로 올려 접어요.

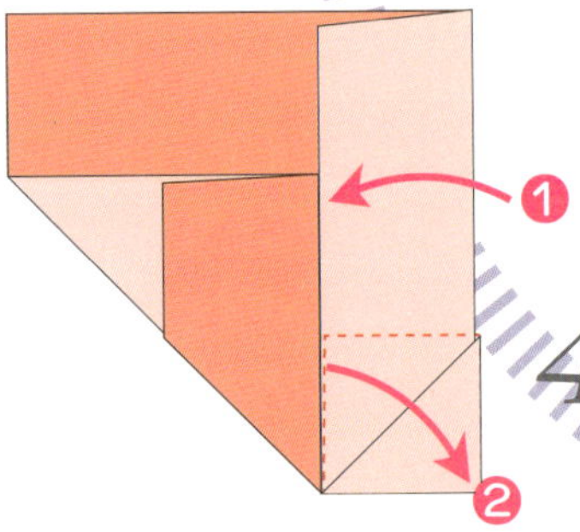

4 반대쪽 ①은 안으로 접어요.
그리고 ②모서리는 아래로
접어요.

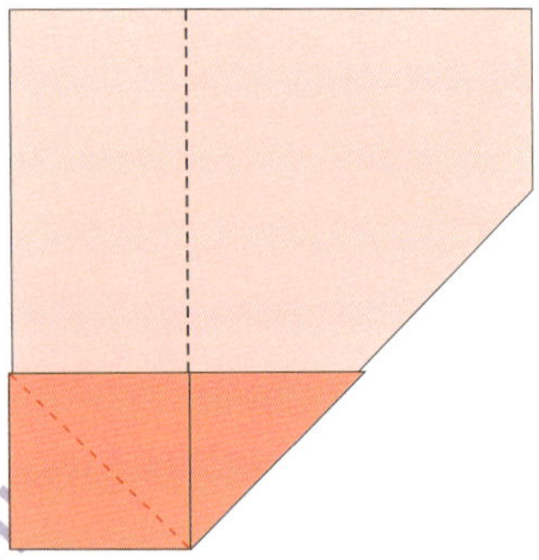

5 뒤집어요.

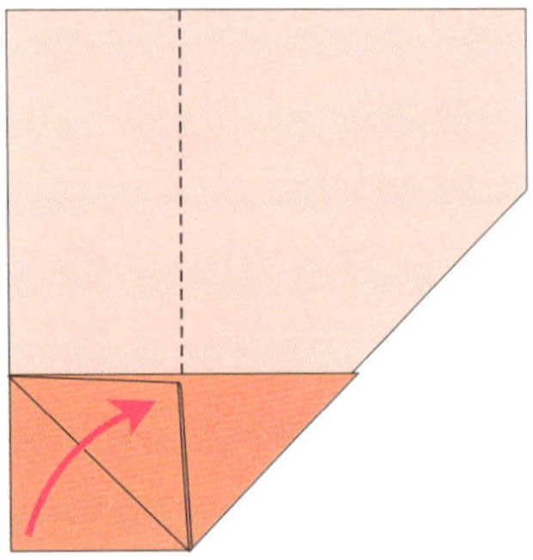

6 모서리 한 겹을
올려 접어요.

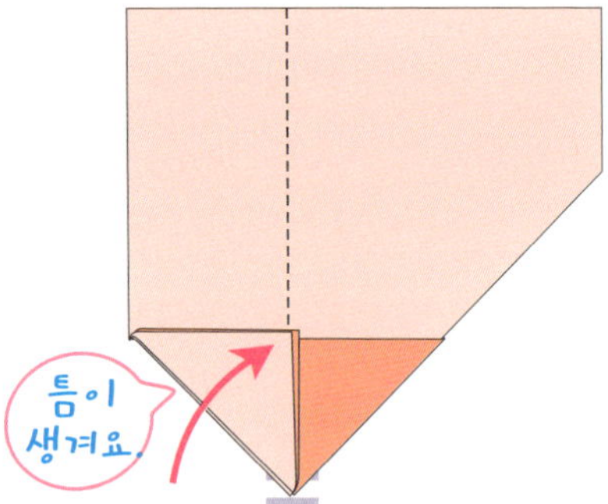

7 나머지 한 겹도 접어
올리면 그 사이에 틈이
생겨요.

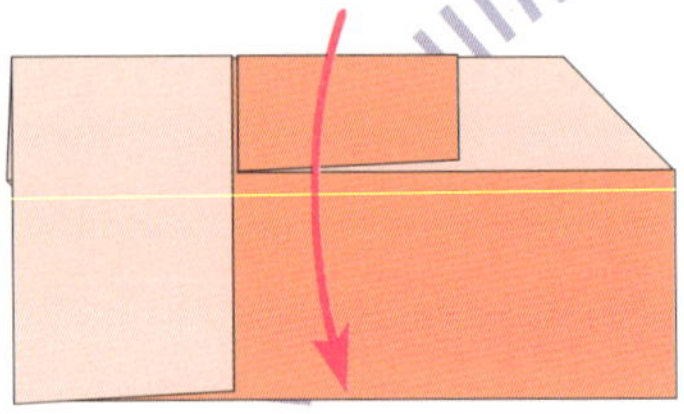

틈이
생겨요.

8 윗면을 아래 끝까지
접어 내려요.

20 특이하고 특별한 **종이접기**

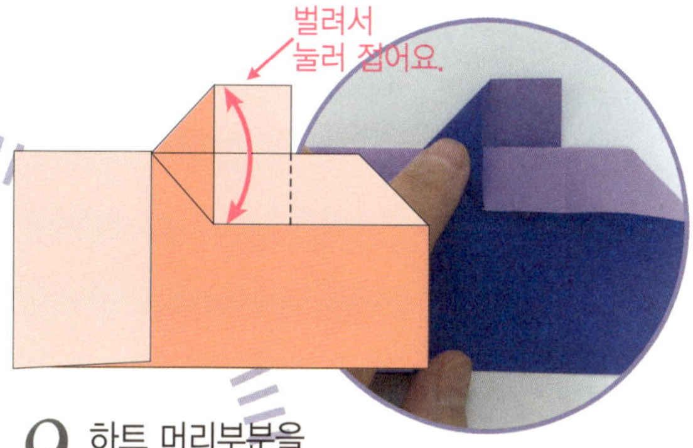

벌려서
눌러 접어요.

9 하트 머리부분을
사진처럼 펴서 눌러 접어요.

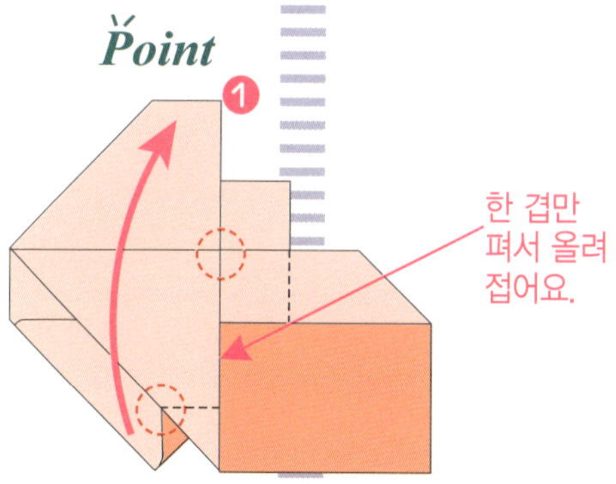

완성

16 여러개를 붙여 장식품을
만들 수 있어요.

Point

한 겹만
펴서 올려
접어요.

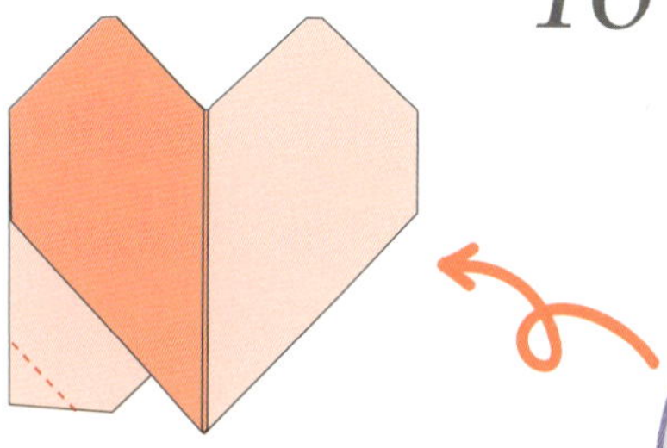

15 뒤집은 뒤 튀어나온
부분을 선만큼 안으로
접어요.

10 화살표대로 올려서 펼쳐
접어요. 점선 원 안의 선이
서로 교차되게 맞춰 접어요.

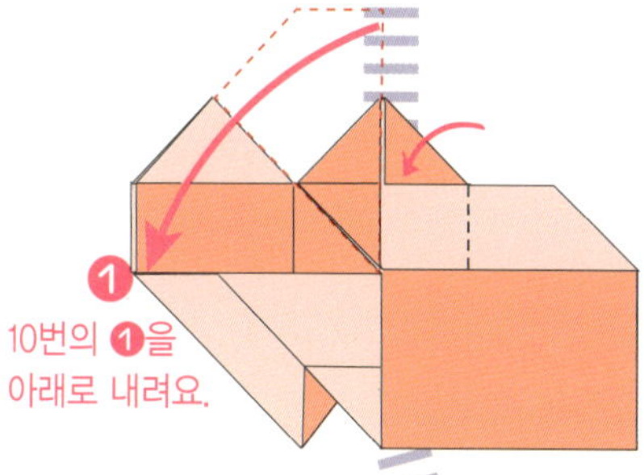

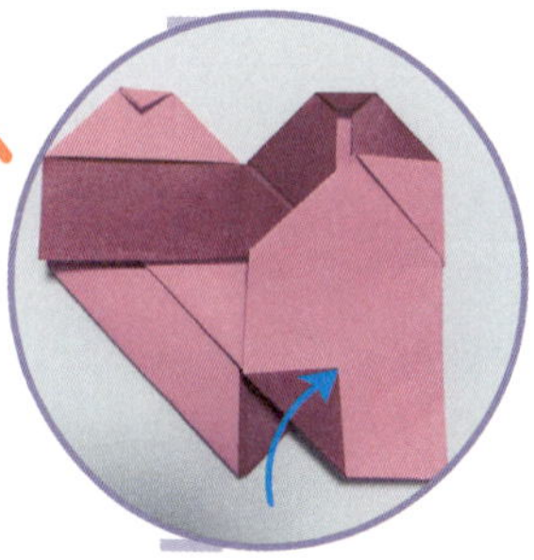

14 화살표대로 중심
밑면을 안으로 접어요.

10번의 ❶을
아래로 내려요.

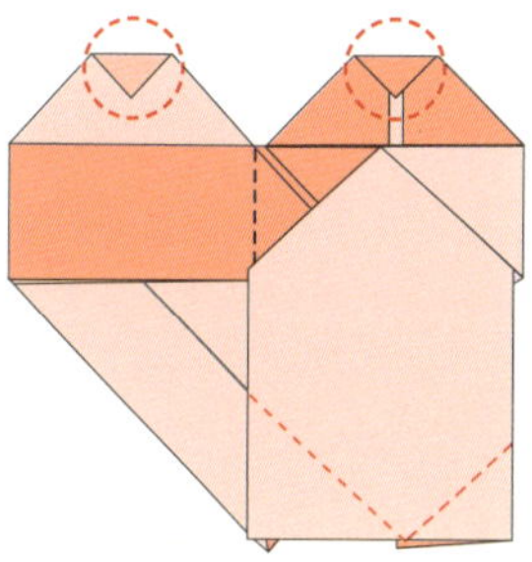

13 하트 머리 꼭지를 접은 뒤
선대로 접어요.

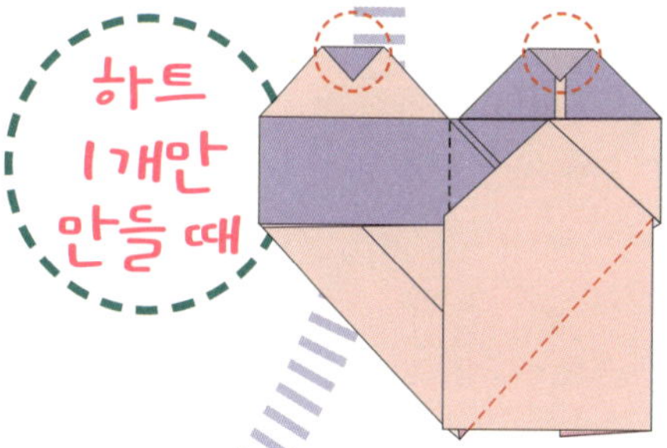

하트
1개만
만들 때

11 큰 화살표대로 아래로 접어
내려요. (펴지 말고 그대로
접어 내려요.) 그리고
하트 머리를 안으로 접어요.

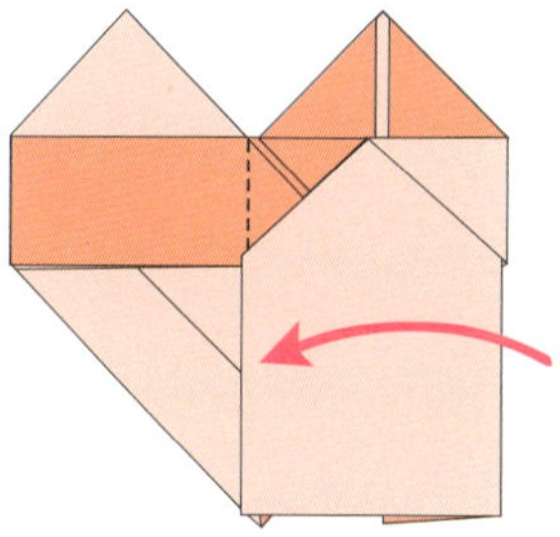

12 옆면을 직선에 맞춰
안으로 접어요.

13 하트 머리 꼭지를 안으로
접은 뒤 선대로 접어요.
(하트 1개만 만들 때는
13번까지만 접어요.)

21

5

반하트2

여러 하트를 접어 연결해요.
내 방을 예쁘게 꾸미거나 특별한 날
장식용으로 만들어 꾸며보세요.

정사각형

*1 쌍하트, 1번까지 접어요.

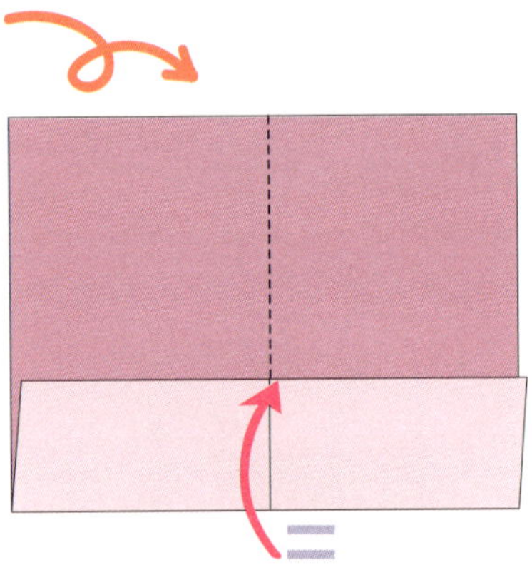

2 펼친 뒤 뒤집어요. 그리고
중심 선까지 반을 올려 접어요.

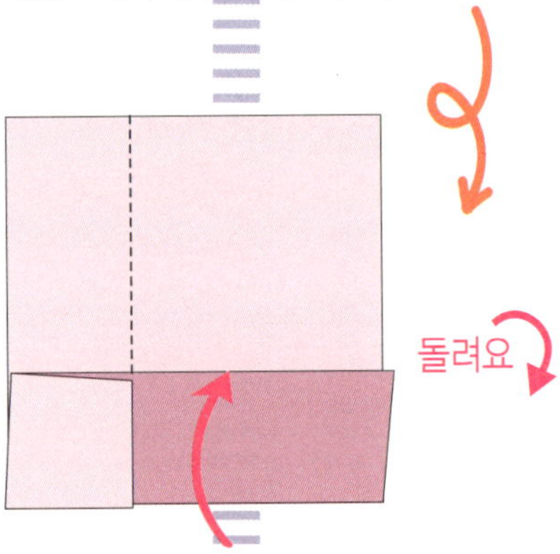

돌려요

3 뒤집어서 돌린 후
중심 선까지 올려 접어요.

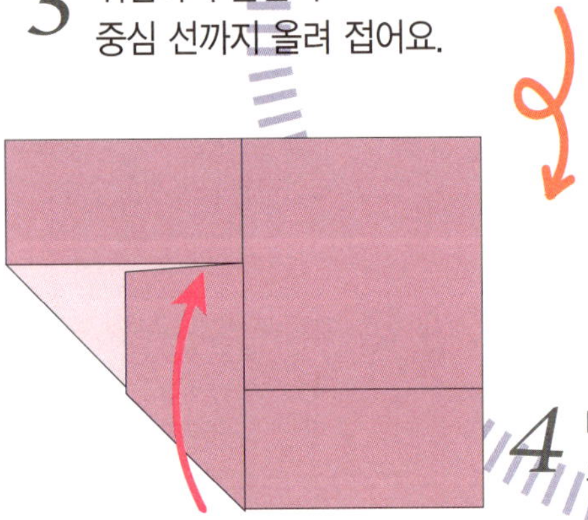

4 다시 뒤집어서 옆면을
위로 접어 올려요.

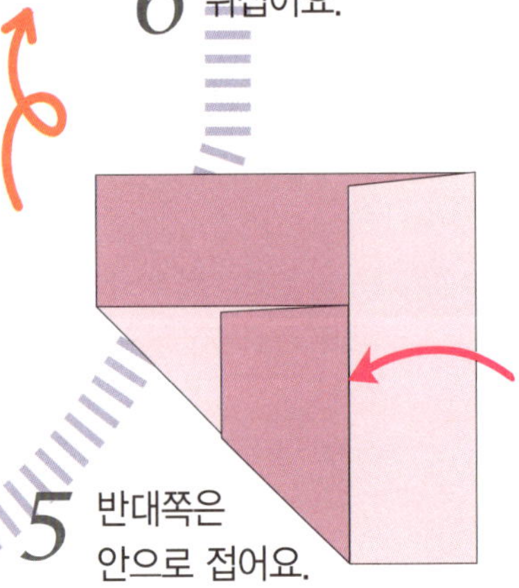

5 반대쪽은
안으로 접어요.

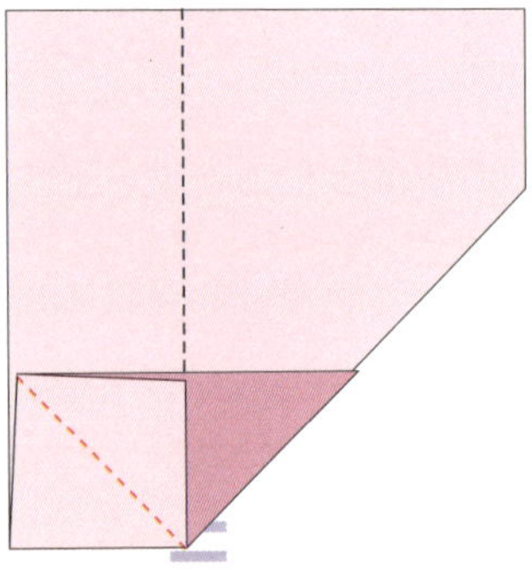

6 뒤집어요.

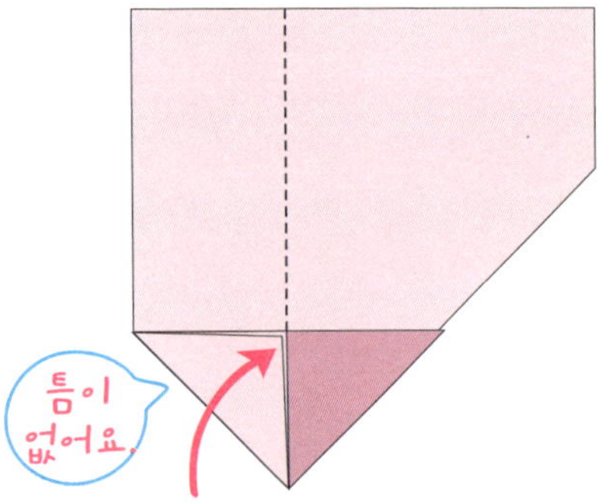

틈이
없어요

7 모서리를 화살표대로
접어 올려요.

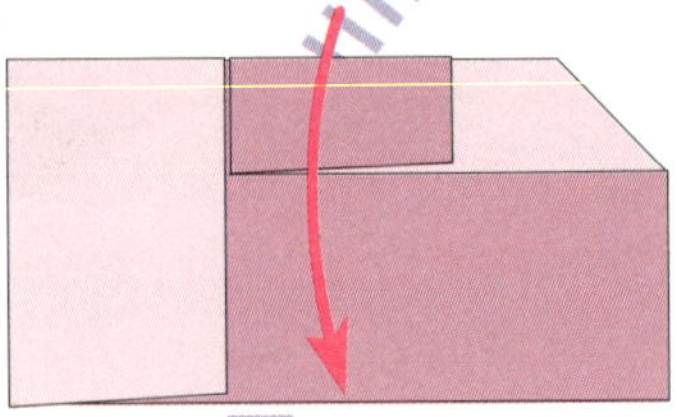

8 윗면을 아래 끝까지
접어 내려요.

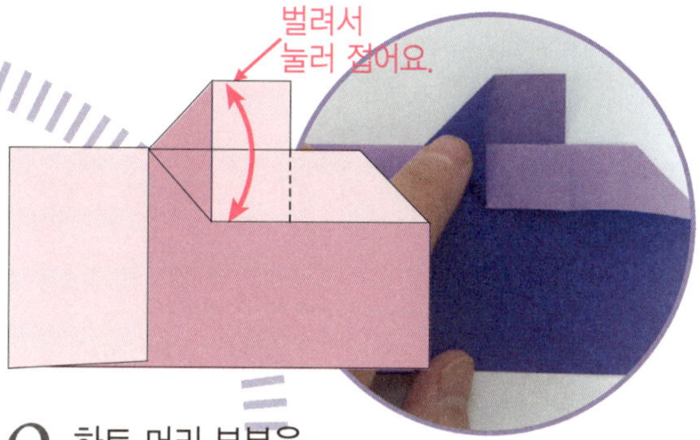

*벌려서
눌러 접어요.*

9 하트 머리 부분을
사진처럼 펴서 눌러 접어요.

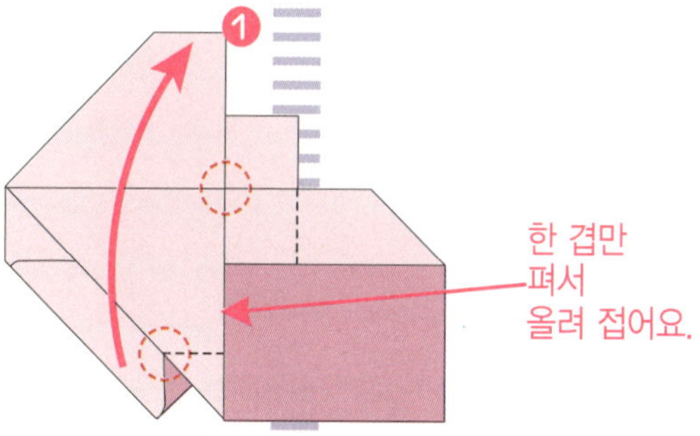

완성

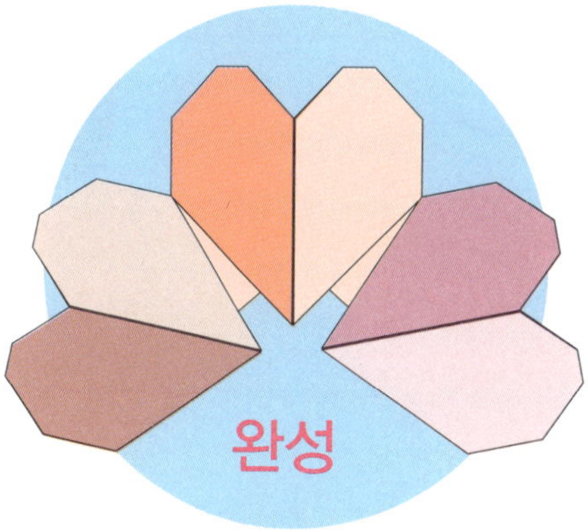

16 여러개를 붙여 장식품을
만들 수 있어요.

*한 겹만
펴서
올려 접어요.*

10 화살표대로 올려서 펼쳐
접어요. 점선 원 안의 선이
서로 교차되게 맞춰 접어요.

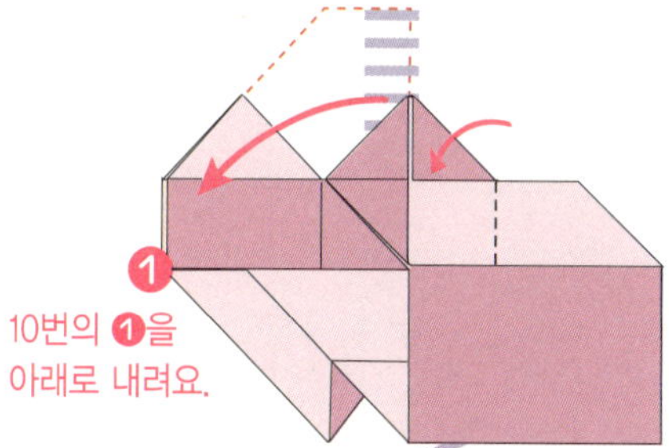

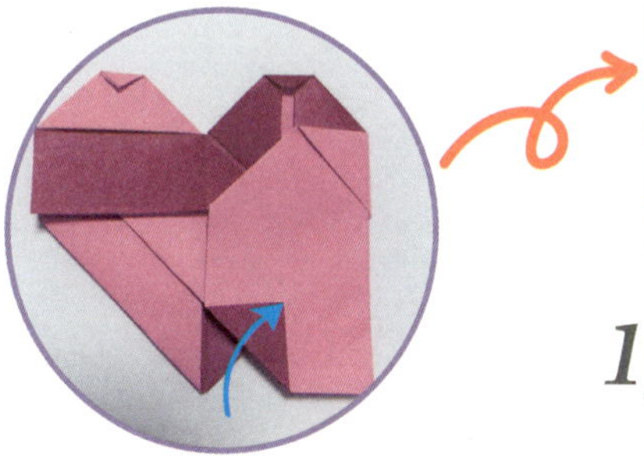

14 화살표대로 중심
밑면을 안으로 접어요.

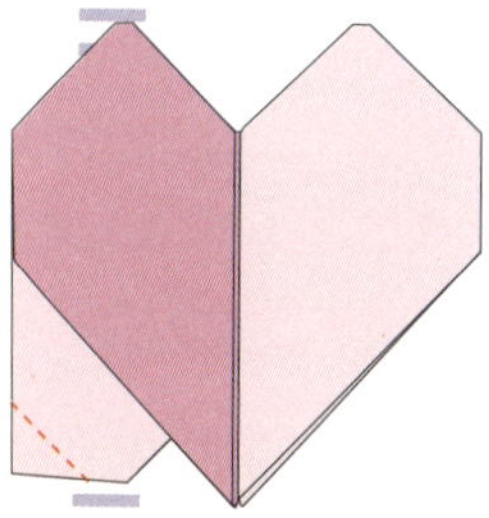

15 뒤집은 뒤 튀어나온
부분을 선만큼 안으로
접어요.

*10번의 ❶을
아래로 내려요.*

11 큰 화살표대로 아래로 접어
내려요. (펴지 말고 그대로
접어 내려요.) 그리고
하트 머리를 안으로 접어요.

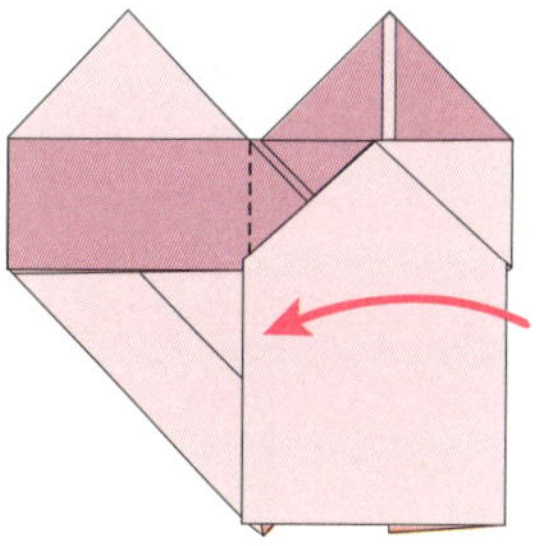

12 옆면을 직선에 맞춰
안으로 접어요.

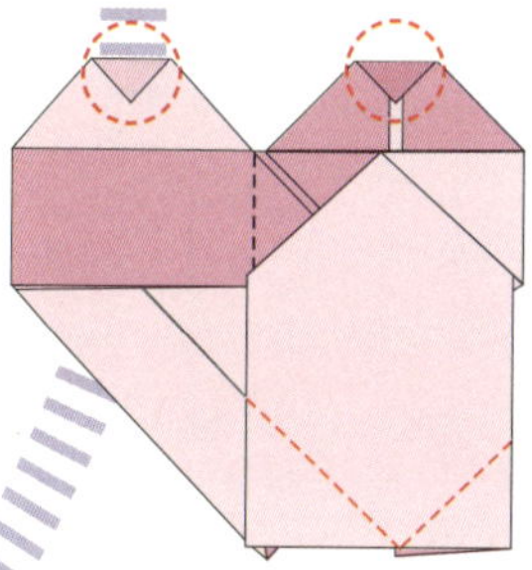

13 하트 머리 꼭지를
접은 뒤 선대로 접어요.

정사각형

6
반쌍하트

하트 앞면과 뒤가 다른 색상이에요.
하나를 접어 두 개의 하트를 가질 수
있어요.

*1쌍하트, 1번까지 접어요.

축소

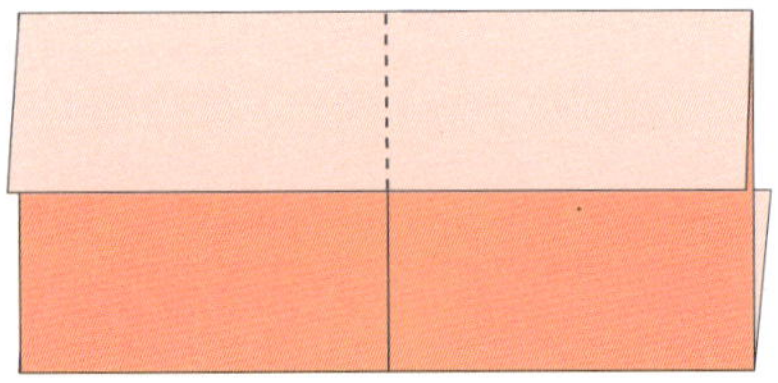

펼쳐요 ▌▌▐→   벌려서
                눌러 접어요.

돌려요

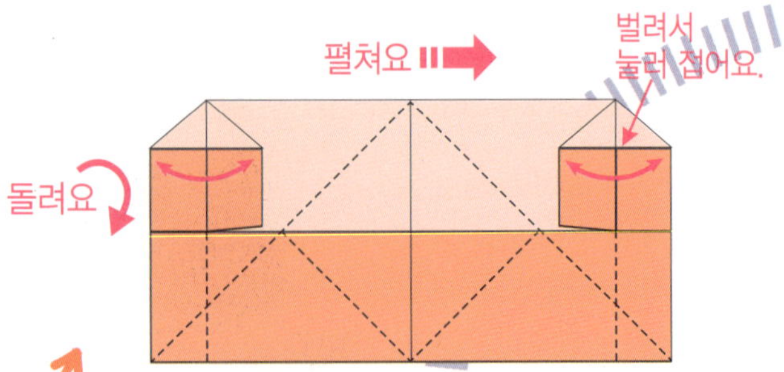

9 돌려서 펼친 뒤 뒤집어요. (연한 면이
위 예요.) 그리고 좌우 하트 머리를
벌려서 눌러 접어요.

5분의 1

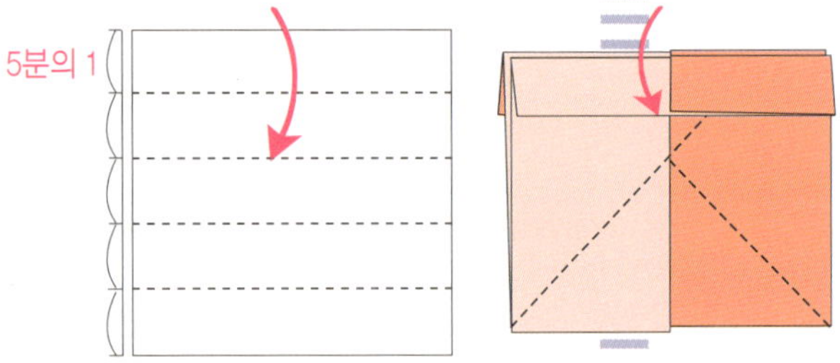

8 대략 5분의 1만큼 밖으로
접어요. ※ 접는 크기에 따라
하트 머리 모양이 달라져요.

2 펼친 뒤 중심 선에 맞춰
위, 아래 반대로 접어요.

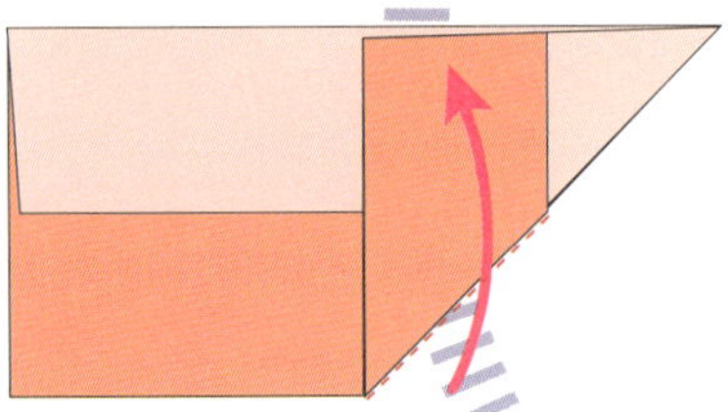

돌려요

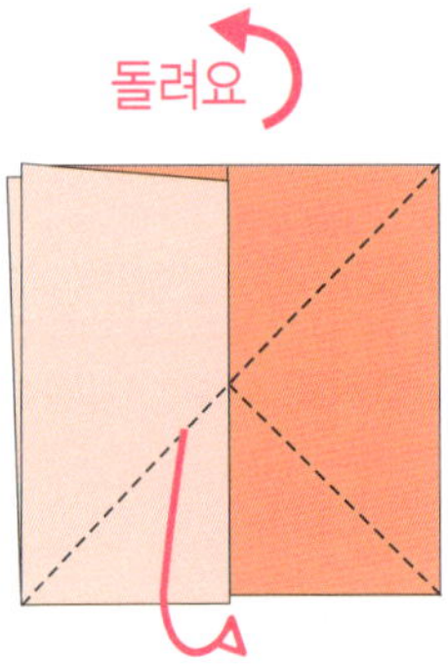

7 돌린 후 뒤로 반을 접어요.

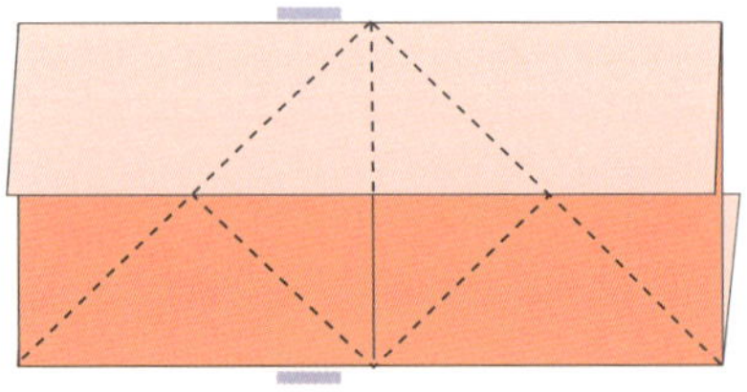

6 펼치면 접은 선이
생겼어요.

3 한쪽 면을 위로 접어 올려요.
점선까지만 접어요.

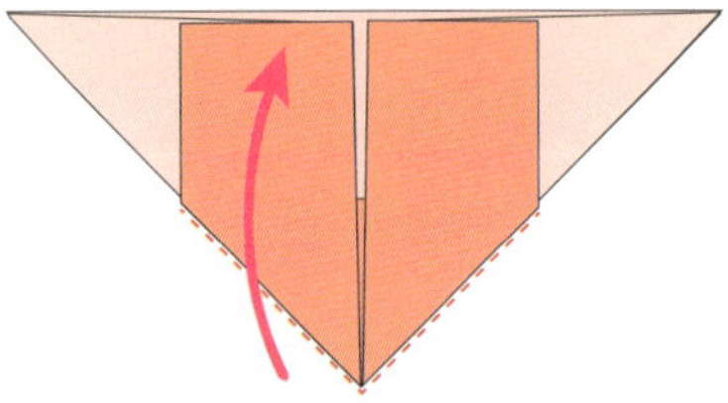

4 맞은편도 올려 접어요.
점선까지만 접어요.

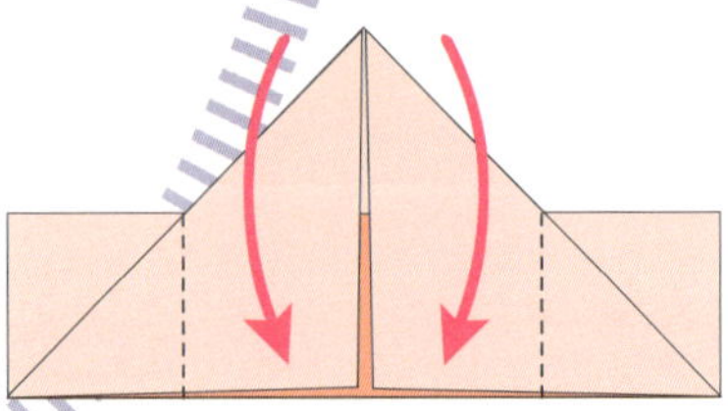

5 펼친 뒤 윗면을 좌우 아래로
끝까지 내려 접어요.

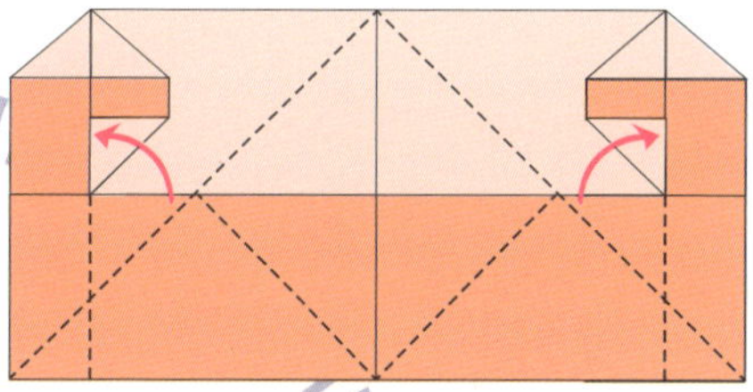

10 좌우 모서리를 안으로 접어요.

11 한 겹을 안으로 접은 뒤 다시 밑부분 하트 머리를 접어요.

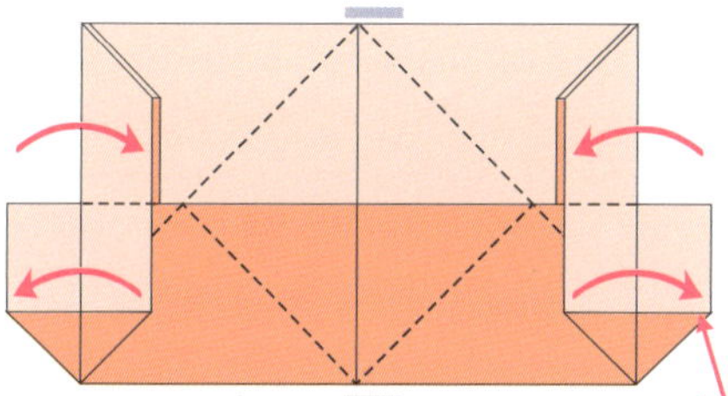

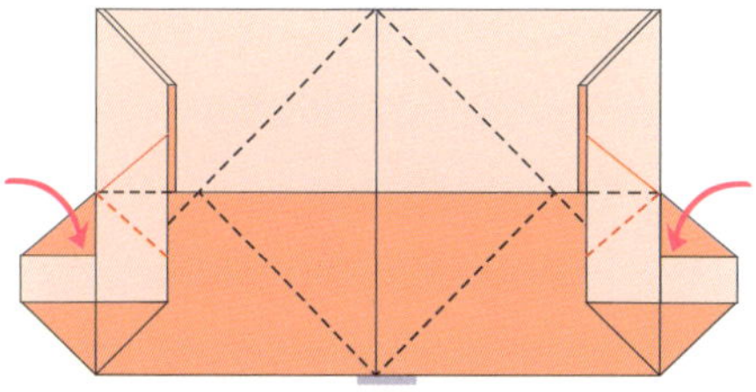

벌려서
눌러 접어요.

12 좌우 모서리를 안으로 접어요.

펼쳐요

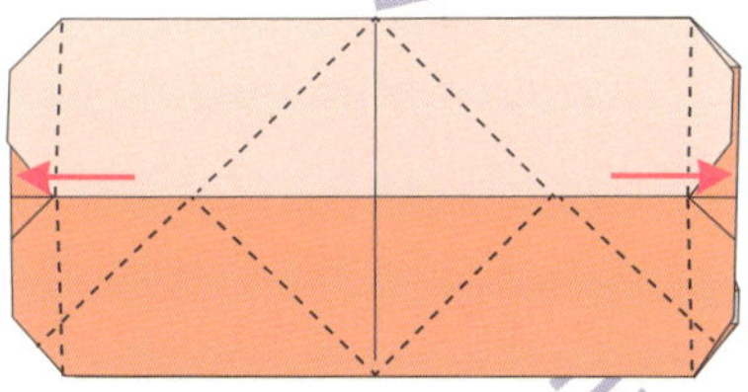

13 좌우 접은 면을 모두 펼쳐요.

돌려요

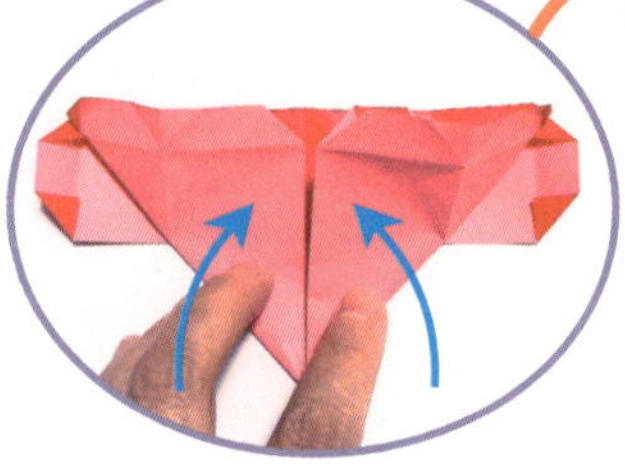

14 180도 돌린 뒤 먼저 연한 하트를 선대로 접어요.

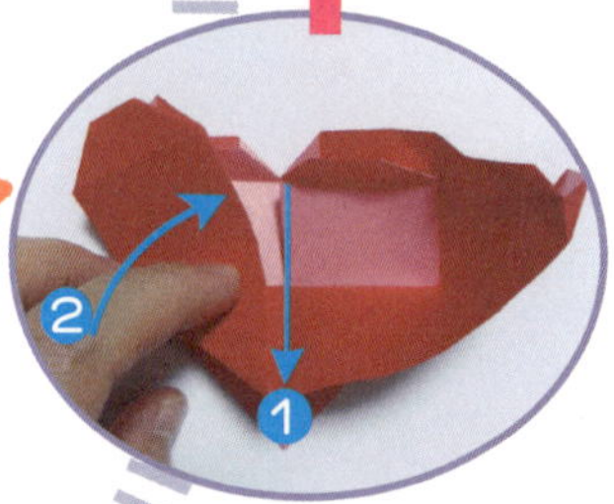

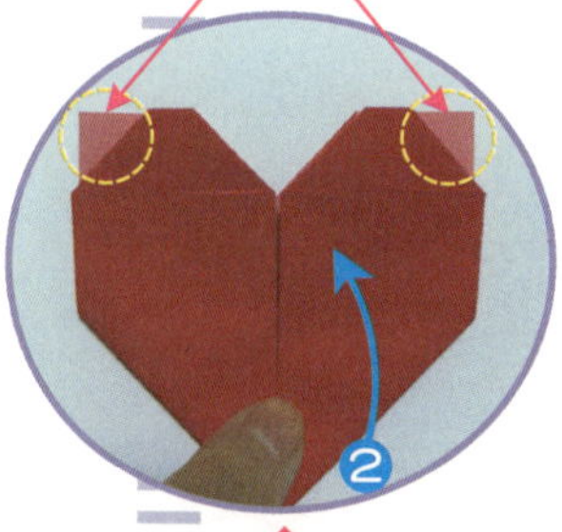

사선으로
접은 선이
생겼어요.

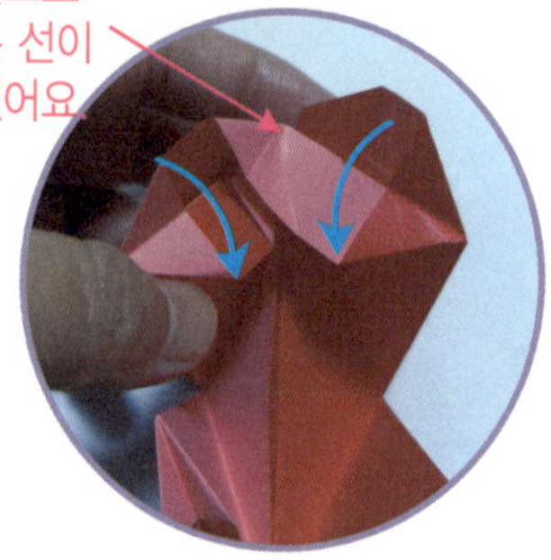

16 **15**번에서 꺾어 접은 연한 하트 머리를 안으로 접어요. 선에 맞춰 접어 내려요. 좌우 똑같이 접어요.

완성

17

연한 하트 머리를 꺾어
접어 선을 만들어요.

②

15 뒤집은 뒤 **❶**진한 하트의 중심을 잡고 아래로 내린 뒤 **14**번처럼 **❷**안으로 접어요.

② ①

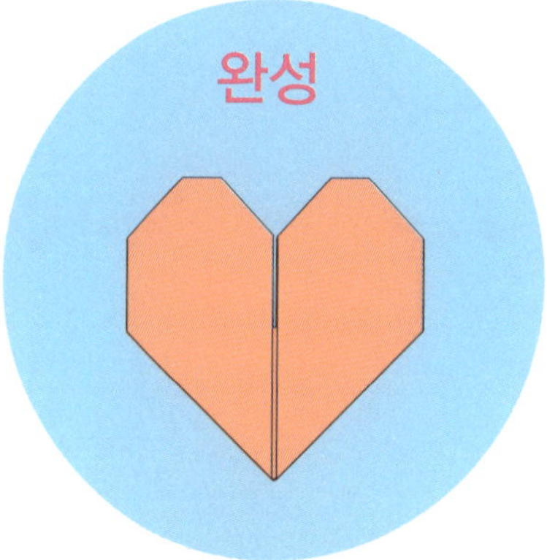

직사각형

7

반쌍하트2

높은 난이도만큼 후반으로 갈수록
접기가 까다로운 면이 있지만 접고 나면
앞, 뒤 색상이 다른 귀여운 하트를
볼 수 있어요.

＊2 쌍하트2, 1번까지 접어요.

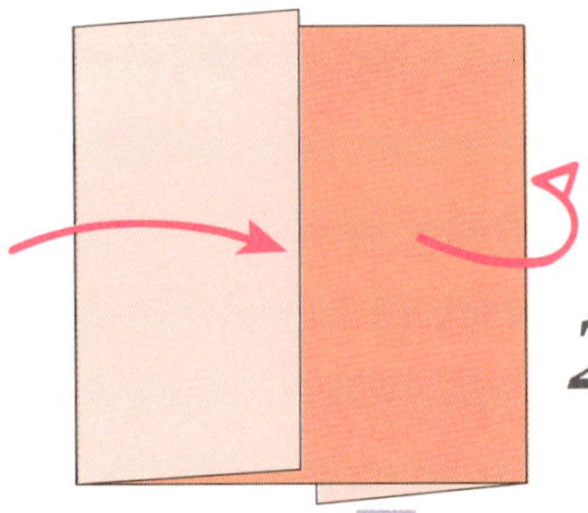

2 편 뒤 중심 선에 맞춰
앞, 뒤 반대로 접어요.

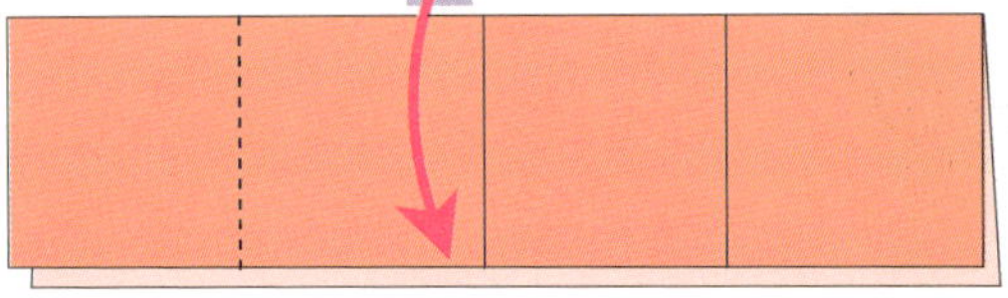

3 편 뒤 뒤집어서 길게 반으로 접어요.

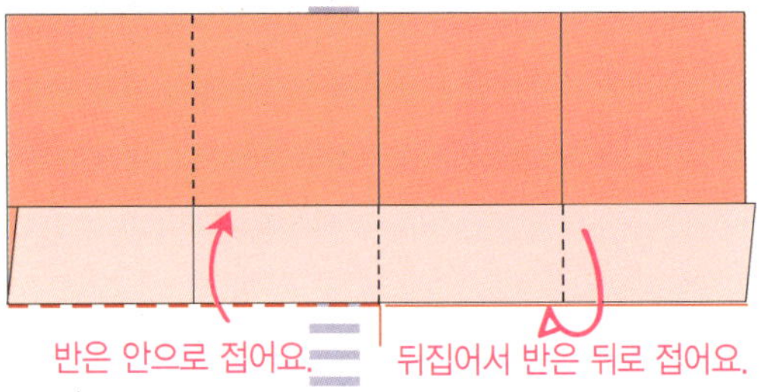

반은 안으로 접어요.　　뒤집어서 반은 뒤로 접어요.

4 편 뒤 반을 나누어 앞, 뒤 반대로 접어요.

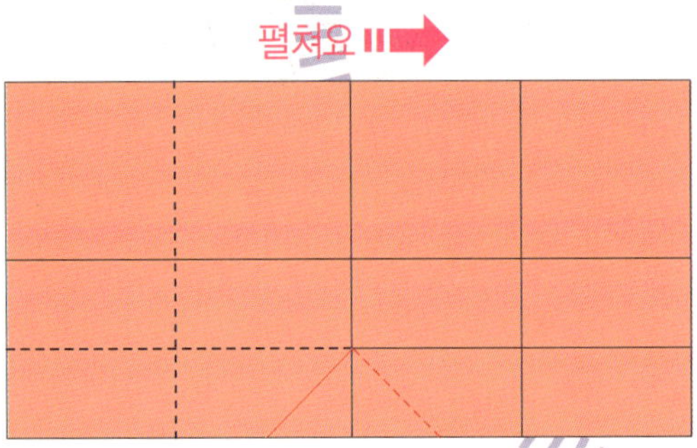

펼쳐요 ▌▌➡

5 편 뒤 선대로 접어요.

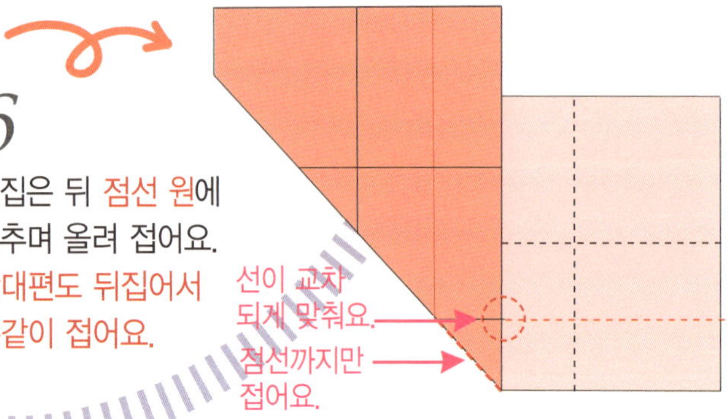

6

뒤집은 뒤 점선 원에
맞추며 올려 접어요.
반대편도 뒤집어서
똑같이 접어요.

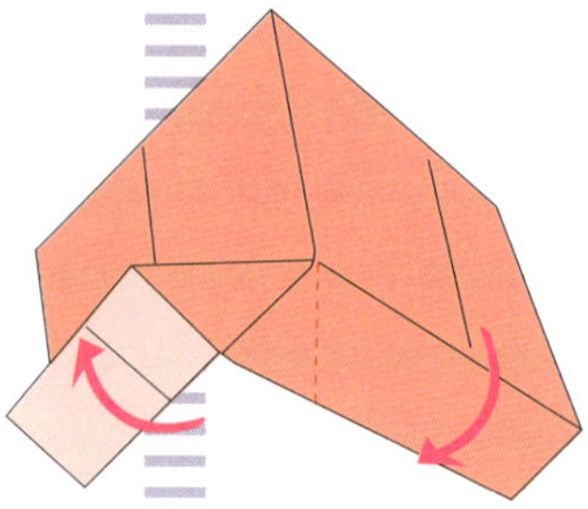

선이 교차
되게 맞춰요.

점선까지만
접어요.

7 5번 접는 선대로 중심
선에 맞춰 각각 반대로
그림처럼 접어요.

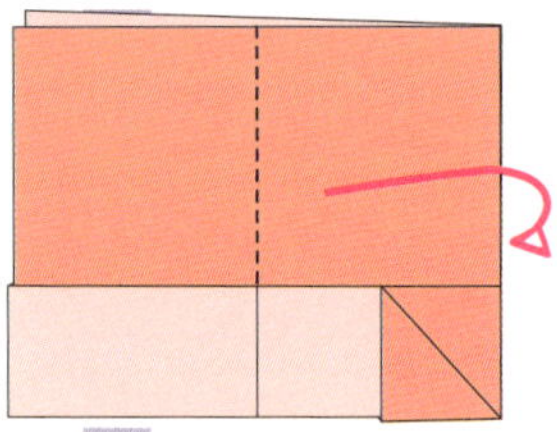

8 그대로
반을 접어요.

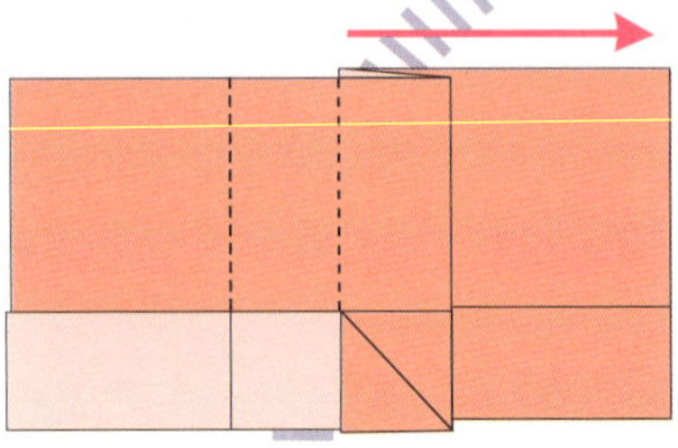

9 뒷면을 펴면서 선까지
접어요.

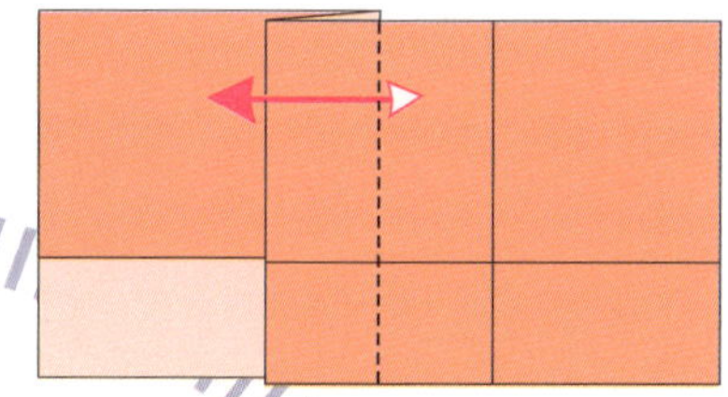

10 다시 반대편으로 넘겨 접어요.

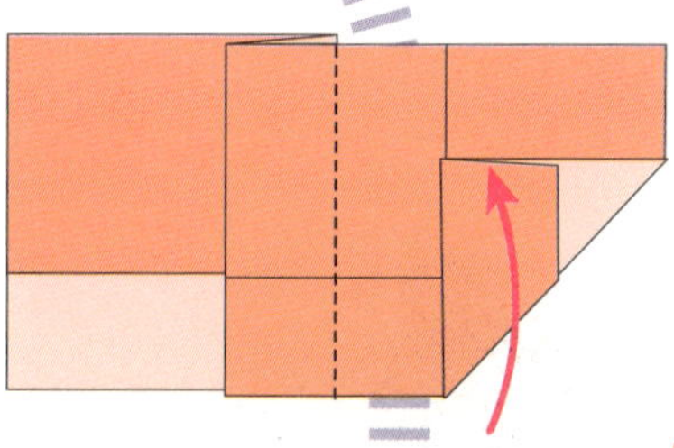

11 선에 맞춰 위로 올려 접어요.

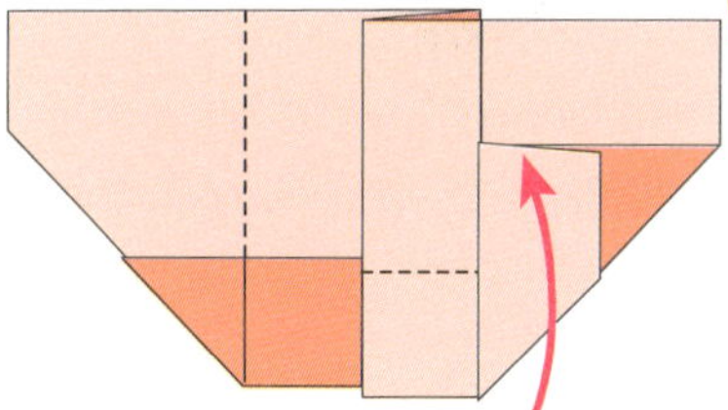

12 뒤집어서 똑같이 접어요.

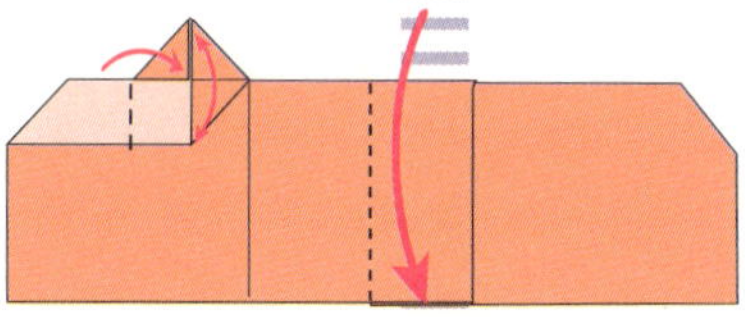

13 반을 접어 내려요. 그리고 하트 머리를 눌러 접어요.

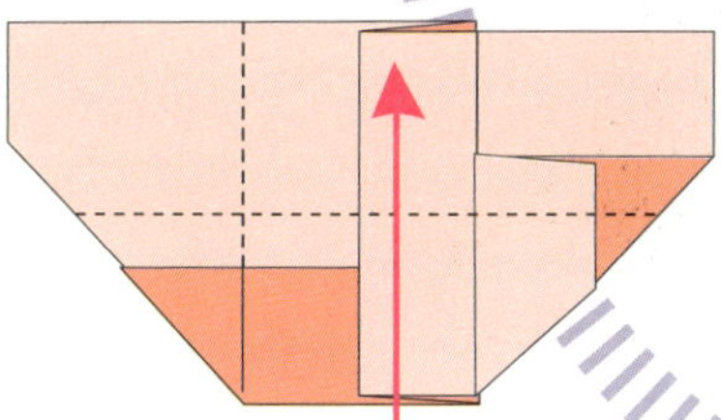

14 다시 위로 펼쳐요.

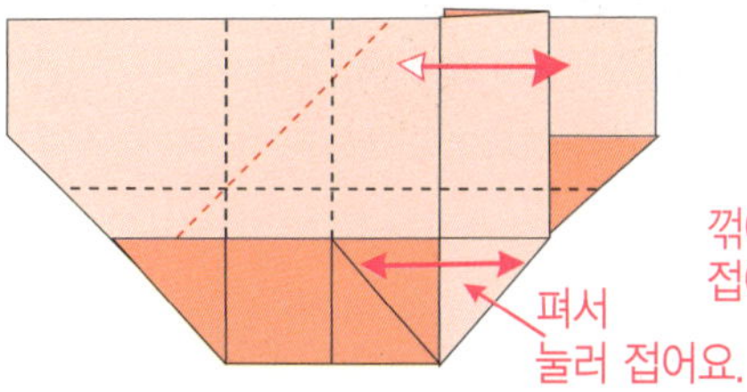

15 화살표대로 옆으로 넘겨요. 아랫면은 펴서 눌려 접어요. 그리고 선대로 접어요.

펴서 눌러 접어요.

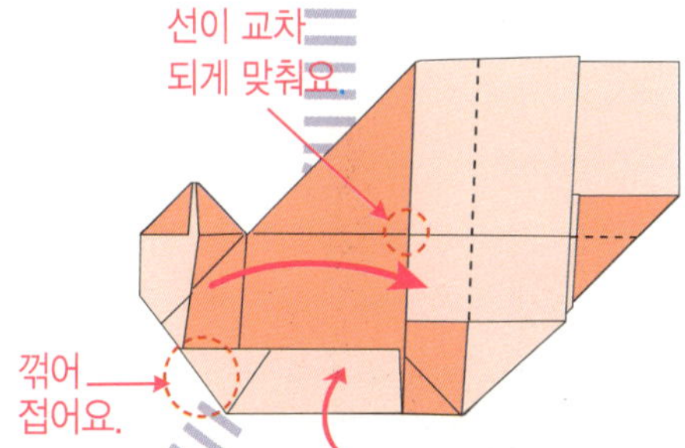

16 **15**번 접는 선에 맞춰 안으로 접어요. 그리고 아랫면을 올려 접으며 모서리는 꺾어 접어요.

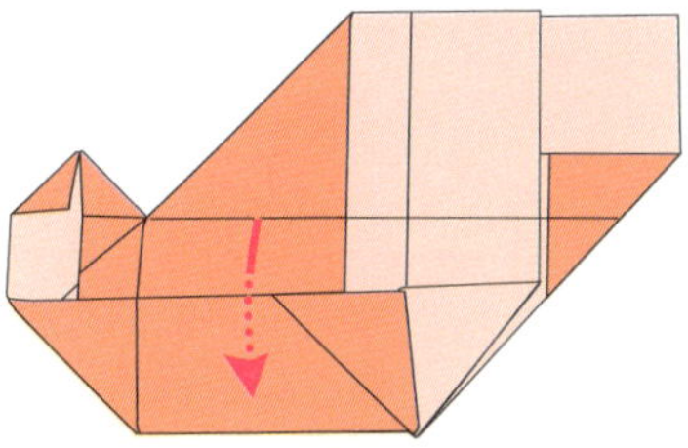

선이 교차 되게 맞춰요.

꺾어 접어요.

17 **16**번에서 꺾어 접은 면을 동시에 안으로 집어 넣어요.
＊'2쌍하트2'의 10~12번 참고해요.

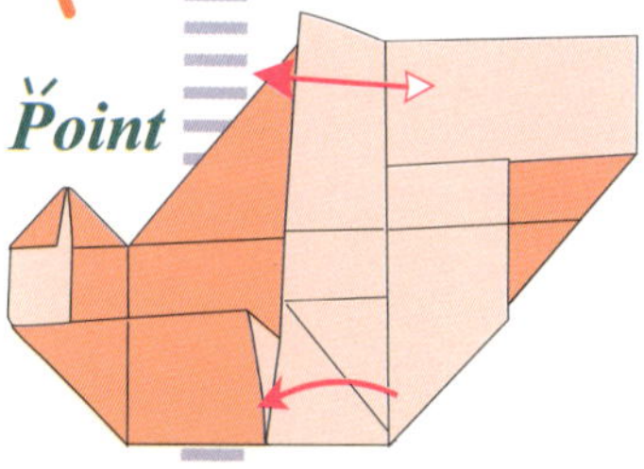

18 화살표대로 옆으로 넘겨요. 넘길 때 아랫면은 펴서 접어요.

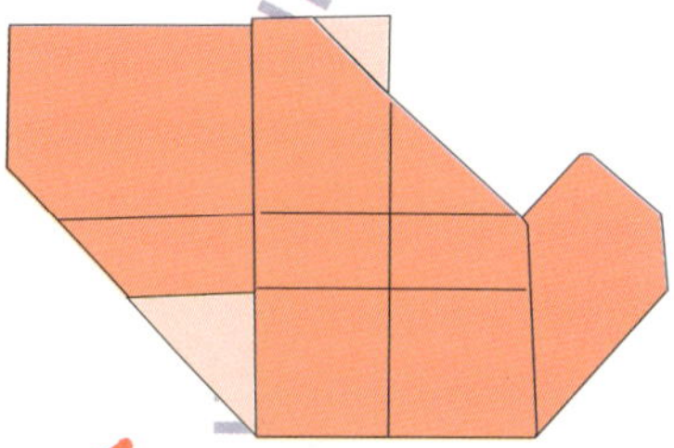

Point

19 뒤집어요.

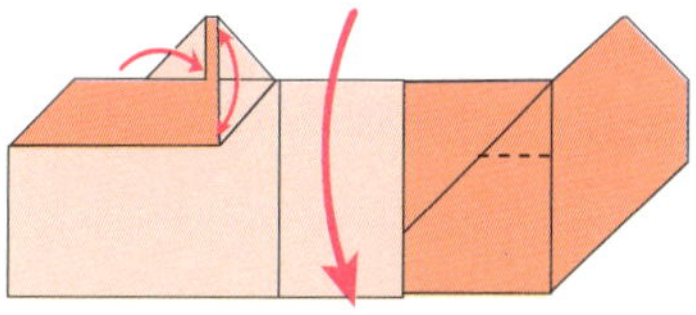

20 다시 반을 접어 내려요. 그리고 하트 머리를 펴서 눌러 접어요.

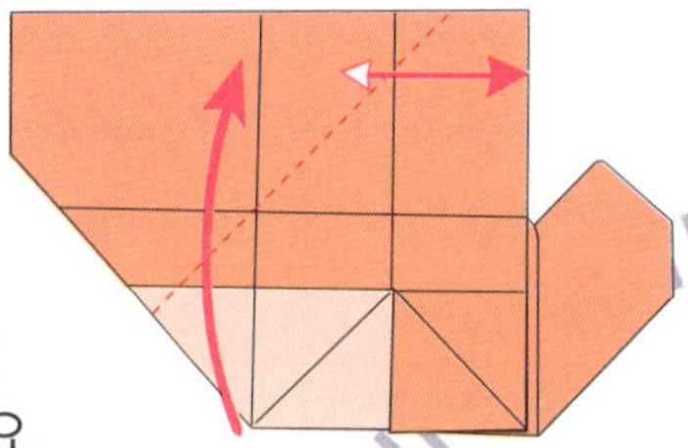

21 다시 펼친 뒤 화살표대로 옆으로 넘겨요. 그리고 선대로 접어요. **15~17**번 접는 방법과 똑같이 접어요.

27

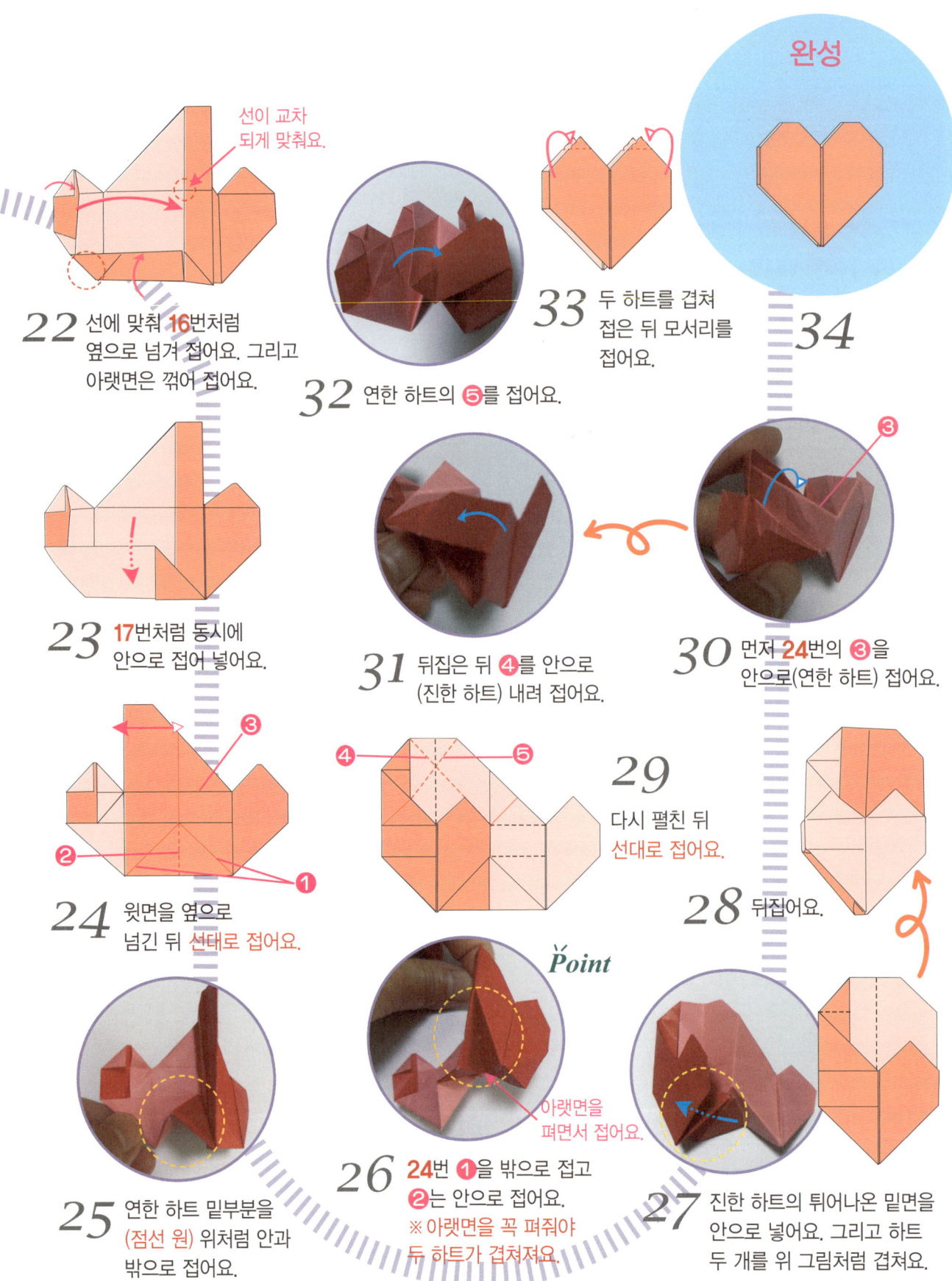

선이 교차
되게 맞춰요.

22 선에 맞춰 **16**번처럼 옆으로 넘겨 접어요. 그리고 아랫면은 꺾어 접어요.

32 연한 하트의 **5**를 접어요.

33 두 하트를 겹쳐 접은 뒤 모서리를 접어요.

완성

34

23 **17**번처럼 동시에 안으로 접어 넣어요.

31 뒤집은 뒤 **4**를 안으로 (진한 하트) 내려 접어요.

30 먼저 **24**번의 **3**을 안으로(연한 하트) 접어요.

24 윗면을 옆으로 넘긴 뒤 선대로 접어요.

29 다시 펼친 뒤 선대로 접어요.

28 뒤집어요.

Point

25 연한 하트 밑부분을 (점선 원) 위치처럼 안과 밖으로 접어요.

아랫면을
펴면서 접어요.

26 **24**번 **1**을 밖으로 접고 **2**는 안으로 접어요.
※ 아랫면을 꼭 펴줘야 두 하트가 겹쳐져요.

27 진한 하트의 튀어나온 밑면을 안으로 넣어요. 그리고 하트 두 개를 위 그림처럼 겹쳐요.

반쌍하트3

★ ★ ★ ★ ★

위, 아래 각각 다른 색의 하트가 있어요.
뒷면의 마무리가 조금 까다로울 수
있어요.

직사각형

＊2 쌍하트2, 1번까지 접어요.

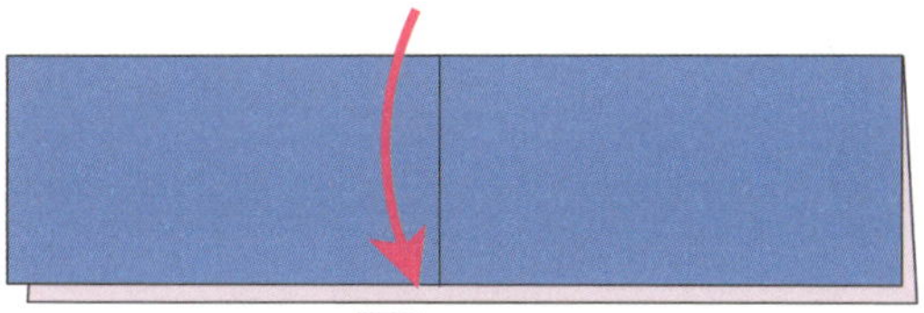

2 편 뒤 길게 반으로 접어요.

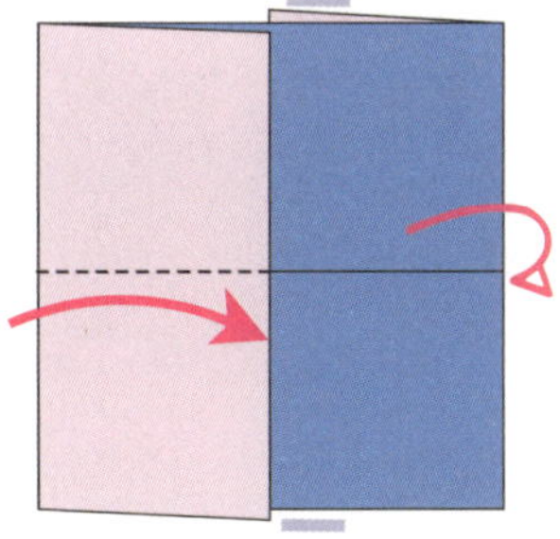

3 편 뒤 중심 선에 맞춰
앞, 뒤 반대로 접어요.

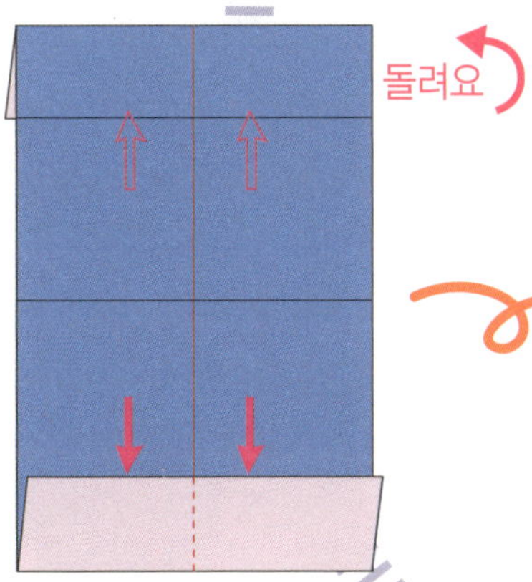

돌려요

4 다시 돌려요. 그리고
위, 아래 반씩 내려 접어요.

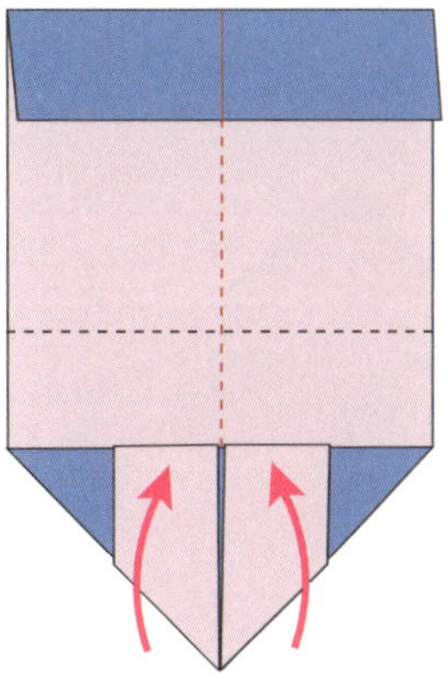

5 뒤집은 뒤 중심 선에
맞춰 올려 접어요.

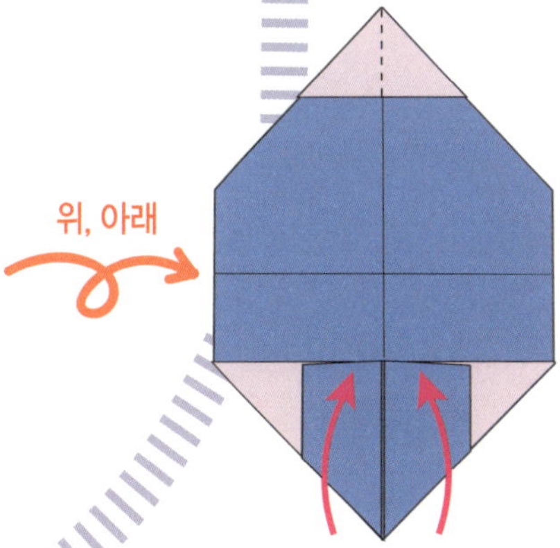

위, 아래

6 위, 아래 뒤집어서
올려 접어요.

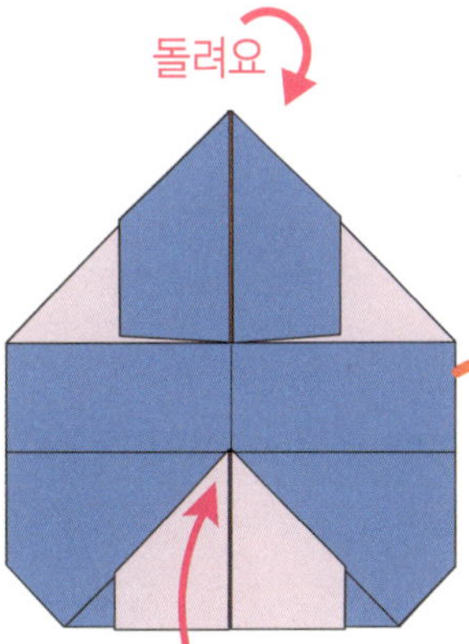

돌려요

7 180도 돌린 후 아랫면을
중심 선까지 접어 올려요.

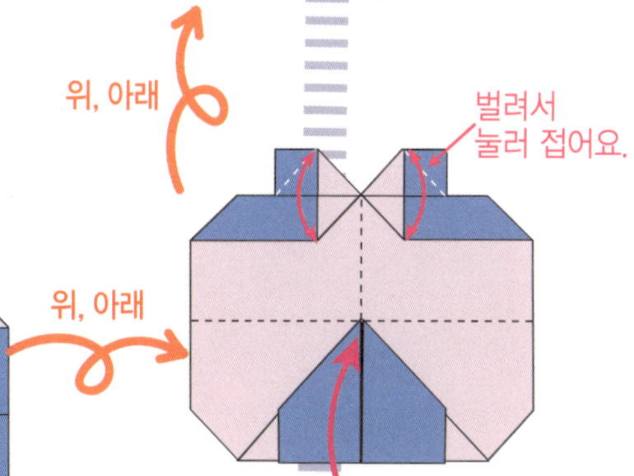

위, 아래

위, 아래

벌려서
눌러 접어요.

8 위, 아래 뒤집어 아랫면은
중심 선까지 올려 접어요.
그리고 윗면은 벌린 후
하트 머리를 접어요.

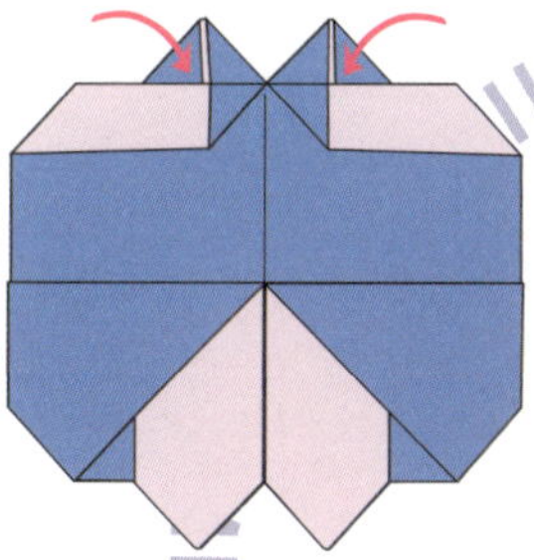

9 다시 위, 아래 뒤집은 후
8번처럼 하트 머리를 접어요.

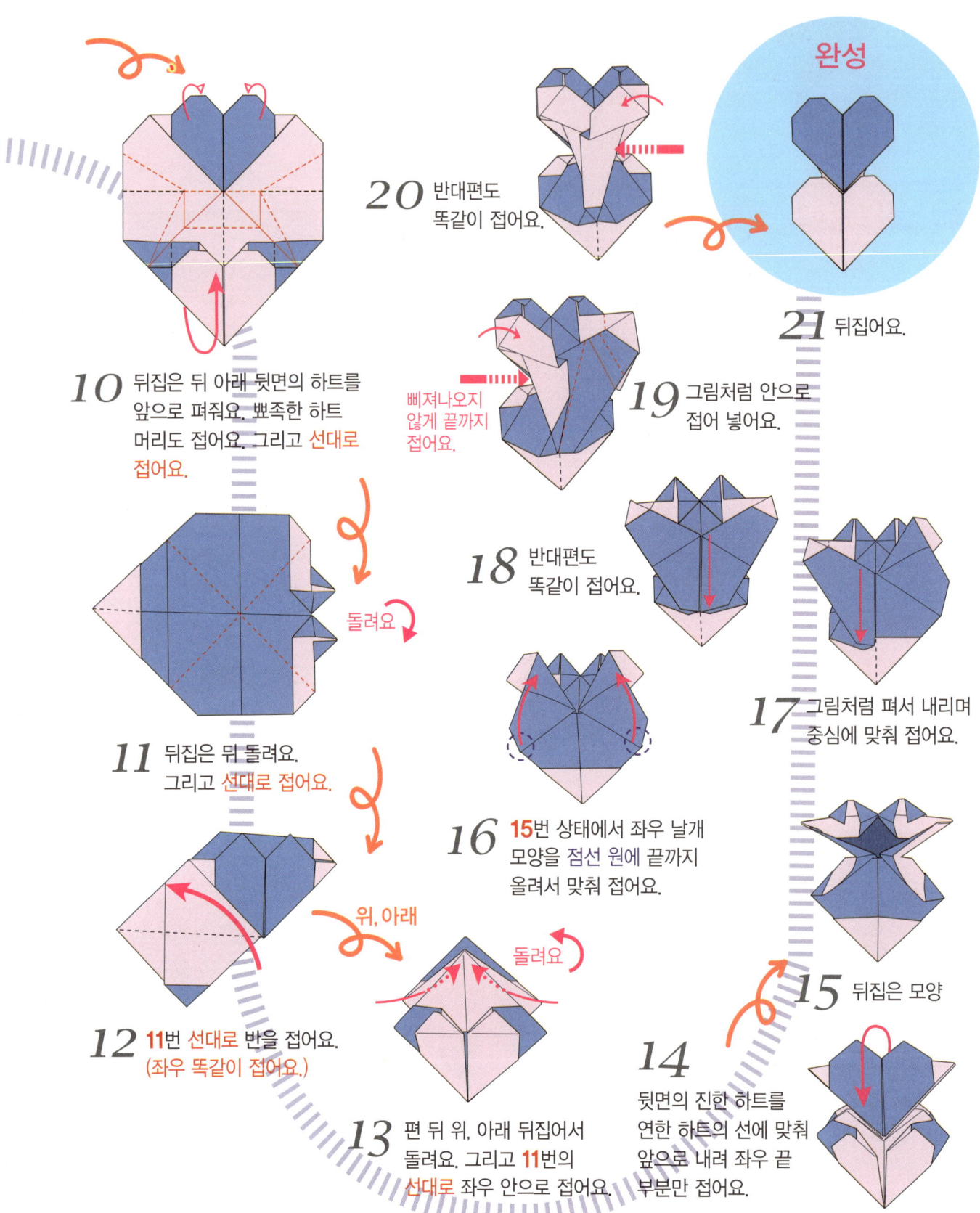

완성

10 뒤집은 뒤 아래 뒷면의 하트를 앞으로 펴줘요. 뾰족한 하트 머리도 접어요. 그리고 선대로 접어요.

11 뒤집은 뒤 돌려요. 그리고 선대로 접어요.

돌려요

12 11번 선대로 반을 접어요. (좌우 똑같이 접어요.)

위, 아래

돌려요

13 편 뒤 위, 아래 뒤집어서 돌려요. 그리고 11번의 선대로 좌우 안으로 접어요.

14 뒷면의 진한 하트를 연한 하트의 선에 맞춰 앞으로 내려 좌우 끝 부분만 접어요.

15 뒤집은 모양

16 15번 상태에서 좌우 날개 모양을 점선 원에 끝까지 올려서 맞춰 접어요.

17 그림처럼 펴서 내리며 중심에 맞춰 접어요.

18 반대편도 똑같이 접어요.

19 그림처럼 안으로 접어 넣어요.

삐져나오지 않게 끝까지 접어요.

20 반대편도 똑같이 접어요.

21 뒤집어요.

(전면)

(후면)

직사각형

★ ★ ★ ★ ★

반쌍하트4

높은 난이도만큼 접는 과정도 많고 복잡해요.
하지만 모두 접고 나면 위, 아래 다른 방향의
두 하트를 만날 수 있어요.

＊ 쌍하트2, 1번까지 접어요.

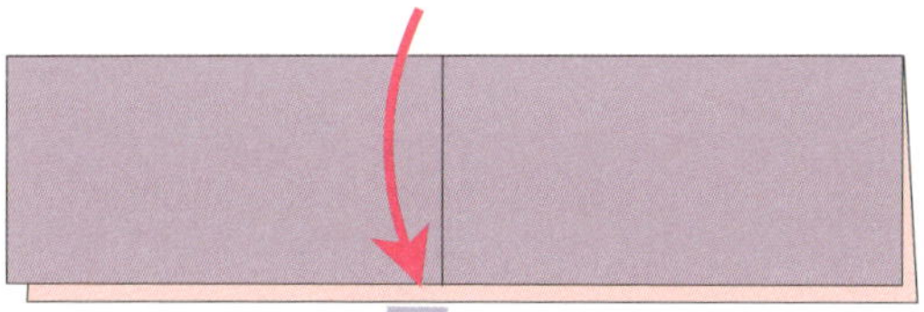

2 편 뒤 길게 반으로 접어요.

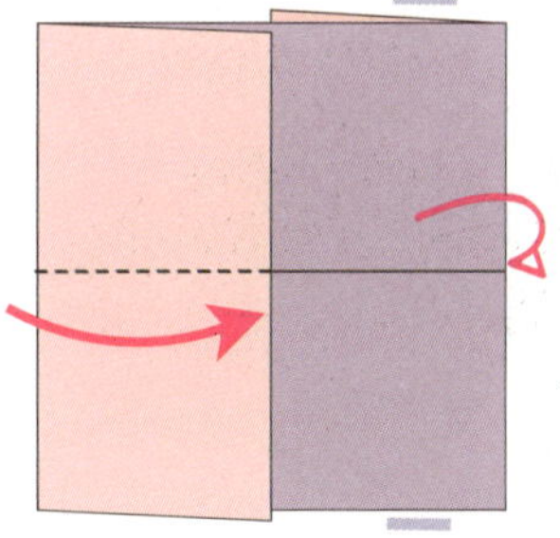

3 편 뒤 뒤집어서 중심
선에 맞춰 앞, 뒤
반대로 접어요.

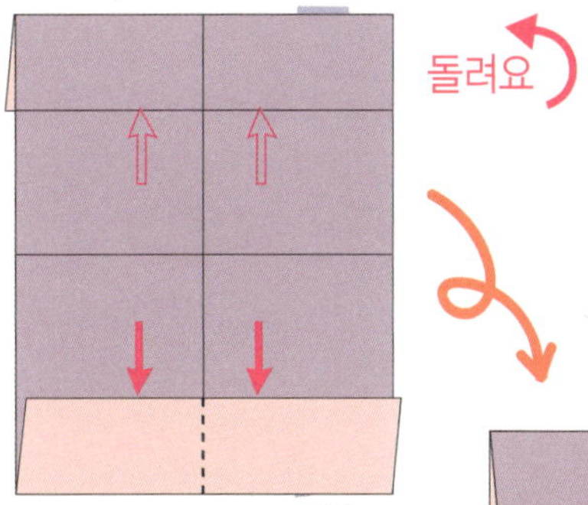

돌려요

4 다시 편 뒤 돌려요.
그리고 위, 아래 반씩
내려 접어요.

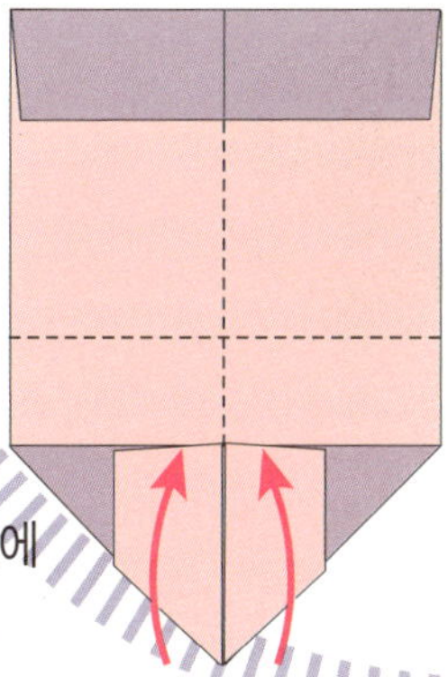

5 뒤집은 뒤 중심 선에
맞춰 올려 접어요.

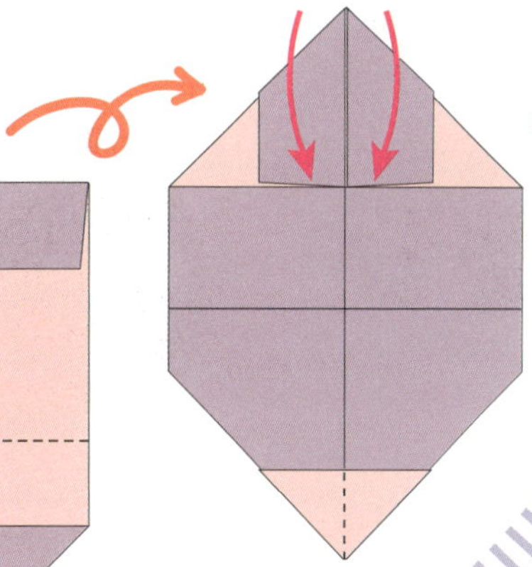

6 다시 뒤집은 뒤 윗면도
5번처럼 접어요.

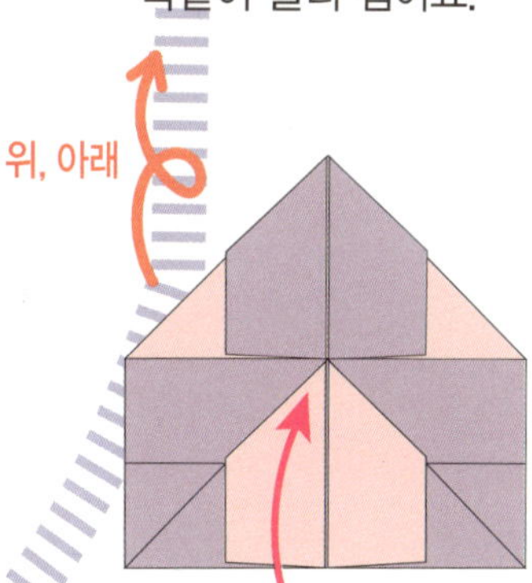

7 그 상태에서 아랫면을
위로 올려 접어서 선을
만들어요.

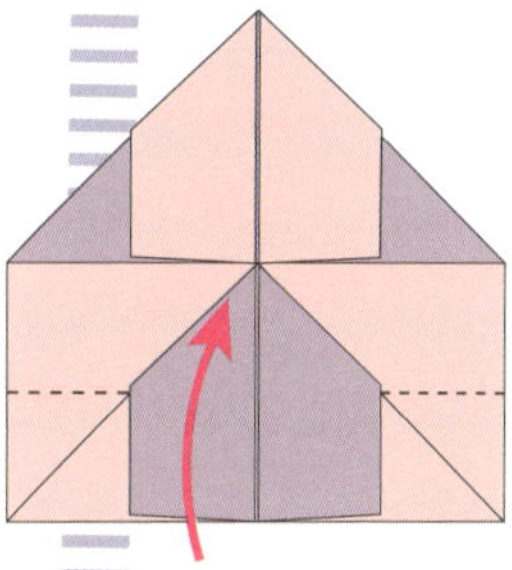

위, 아래

8 다시 편 뒤 위, 아래로
뒤집어요. 그리고 아랫면도
똑같이 올려 접어요.

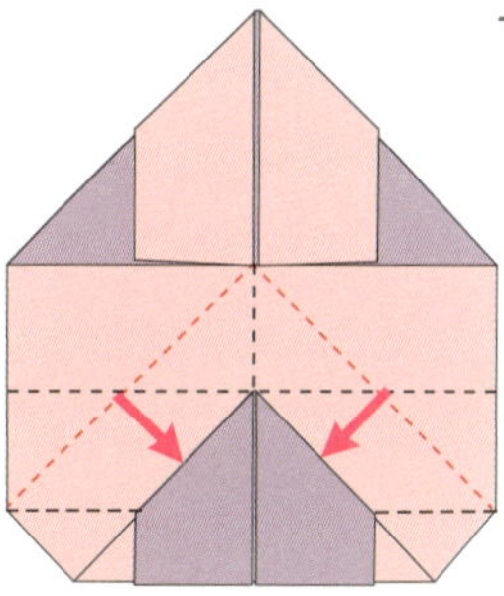

9 **8**번 접은 면을 다시
내려서 접어요.

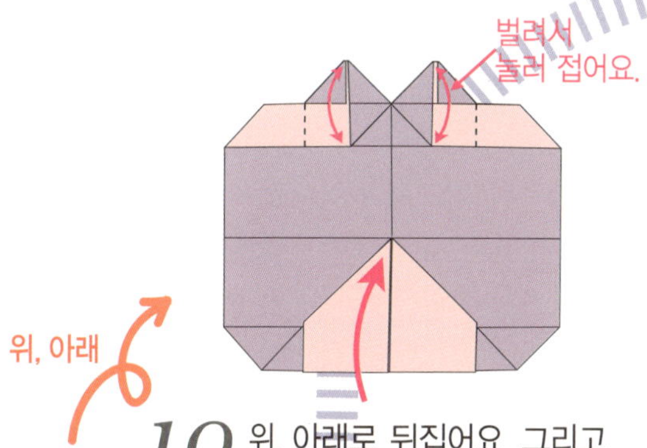

위, 아래

벌려서
돌려 접어요

10 위, 아래로 뒤집어요. 그리고
아랫면을 다시 올려 접어요.
윗면은 벌려서 하트 머리를
접어요.

31

반쌍하트 4

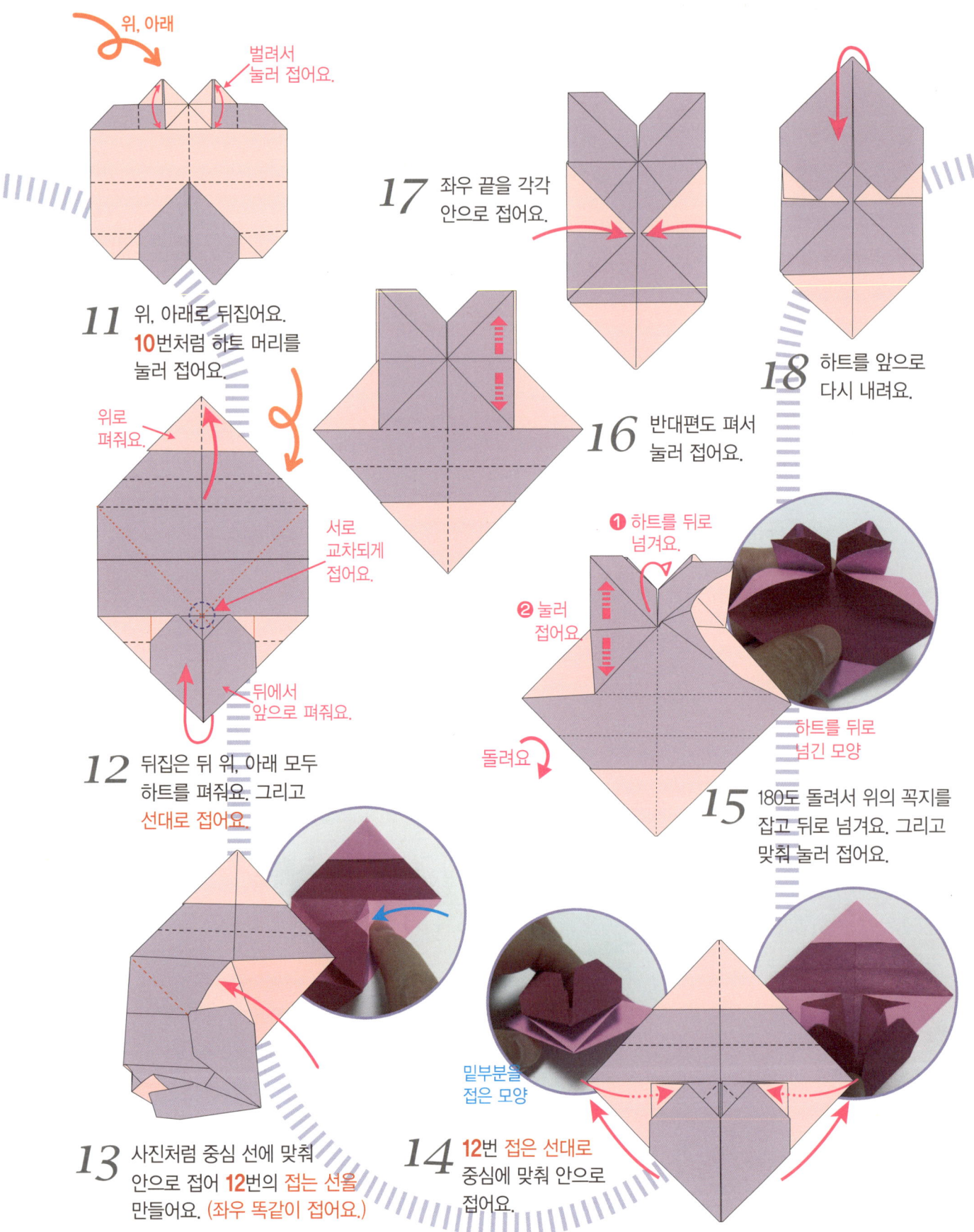

위, 아래

벌려서
눌러 접어요.

11 위, 아래로 뒤집어요.
10번처럼 하트 머리를
눌러 접어요.

위로
펴줘요.

서로
교차되게
접어요.

뒤에서
앞으로 펴줘요.

12 뒤집은 뒤 위, 아래 모두
하트를 펴줘요. 그리고
선대로 접어요.

13 사진처럼 중심 선에 맞춰
안으로 접어 **12**번의 접는 선을
만들어요. (좌우 똑같이 접어요.)

밑부분을
접은 모양

14 **12**번 접은 선대로
중심에 맞춰 안으로
접어요.

17 좌우 끝을 각각
안으로 접어요.

16 반대편도 펴서
눌러 접어요.

❶ 하트를 뒤로
넘겨요.

❷ 눌러
접어요.

돌려요

하트를 뒤로
넘긴 모양

15 180도 돌려서 위의 꼭지를
잡고 뒤로 넘겨요. 그리고
맞춰 눌러 접어요.

18 하트를 앞으로
다시 내려요.

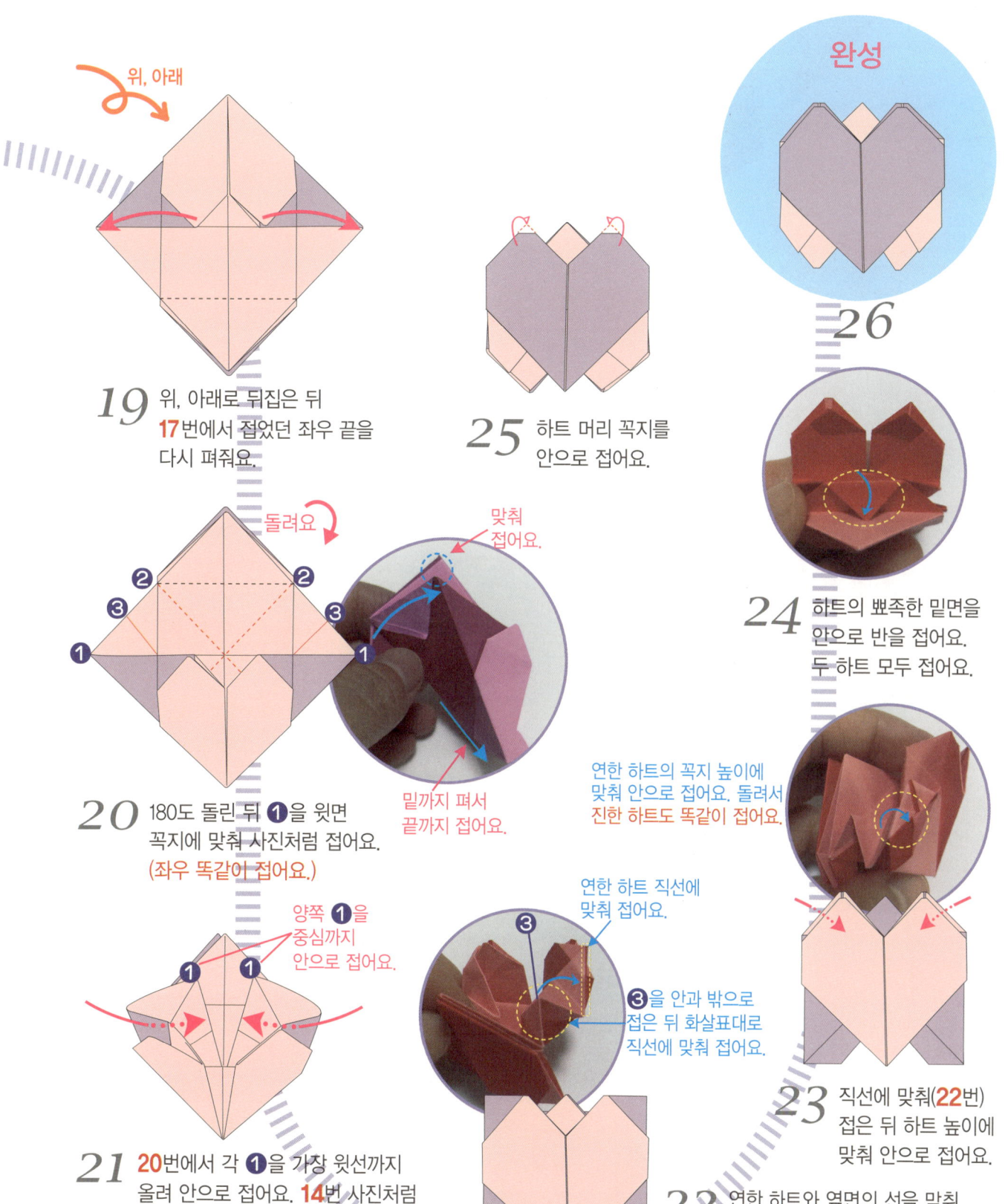

위, 아래

19 위, 아래로 뒤집은 뒤 **17**번에서 접었던 좌우 끝을 다시 펴줘요.

돌려요

20 180도 돌린 뒤 **❶**을 윗면 꼭지에 맞춰 사진처럼 접어요. (좌우 똑같이 접어요.)

맞춰 접어요.

밑까지 펴서 끝까지 접어요.

양쪽 **❶**을 중심까지 안으로 접어요.

21 **20**번에서 각 **❶**을 가장 윗선까지 올려 안으로 접어요. **14**번 사진처럼 밑부분을 접어요. 그러면 앞, 뒤로 두 하트가 반대로 겹쳐져요.

연한 하트 직선에 맞춰 접어요.

❸을 안과 밖으로 접은 뒤 화살표대로 직선에 맞춰 접어요.

22 연한 하트와 옆면의 선을 맞춰 (점선 원) **❸**을 접어요. (반대쪽도 똑같이 접어요.)

25 하트 머리 꼭지를 안으로 접어요.

완성

26

24 하트의 뾰족한 밑면을 안으로 반을 접어요. 두 하트 모두 접어요.

연한 하트의 꼭지 높이에 맞춰 안으로 접어요. 돌려서 진한 하트도 똑같이 접어요.

23 직선에 맞춰(**22**번) 접은 뒤 하트 높이에 맞춰 안으로 접어요.

⑩ 반반쌍하트

하트의 반이 다른 색으로 나누어져 반반쌍하트예요.
어디에서도 흔히 볼 수 없는 예쁜 하트예요.

직사각형

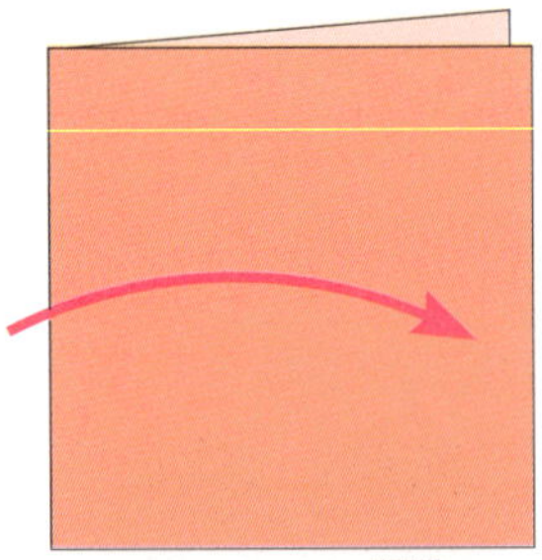

1 직사각형 종이로
반을 접어요.

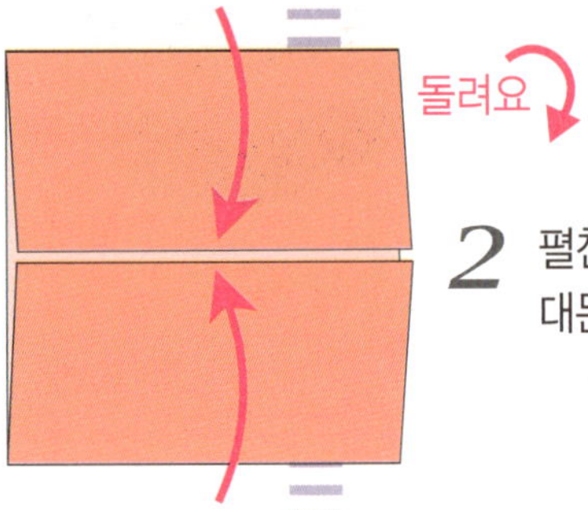

돌려요

2 펼친 후 돌려서
대문접기를 해요.

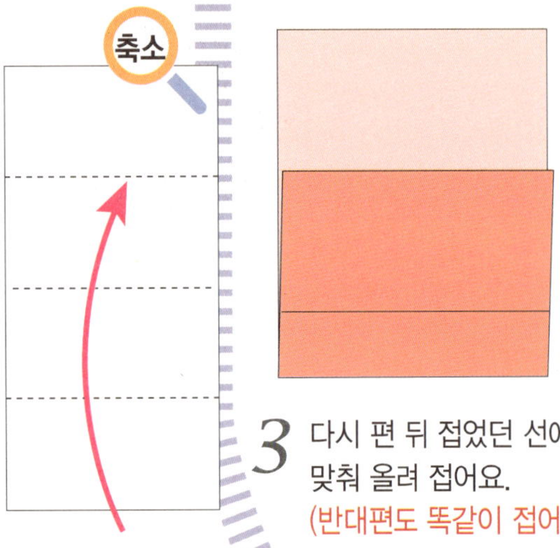

축소

3 다시 편 뒤 접었던 선에
맞춰 올려 접어요.
(반대편도 똑같이 접어요.)

돌려요

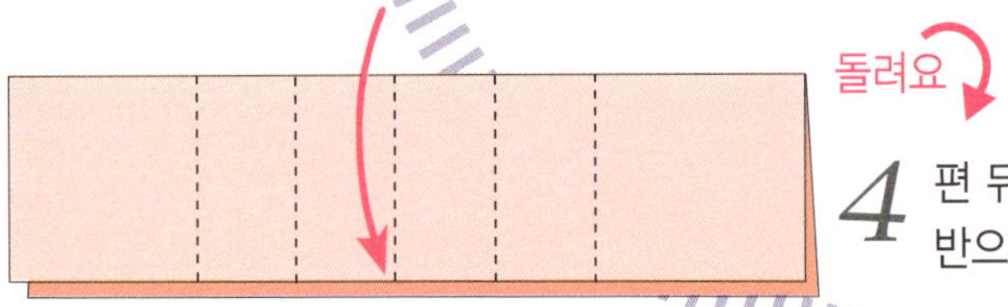

4 편 뒤 돌려서 길게
반으로 접어요.

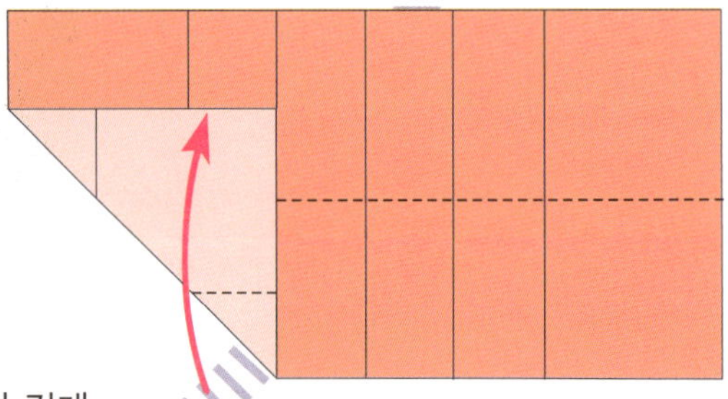

5 펼친 뒤 선에 맞춰
올려 접어요.

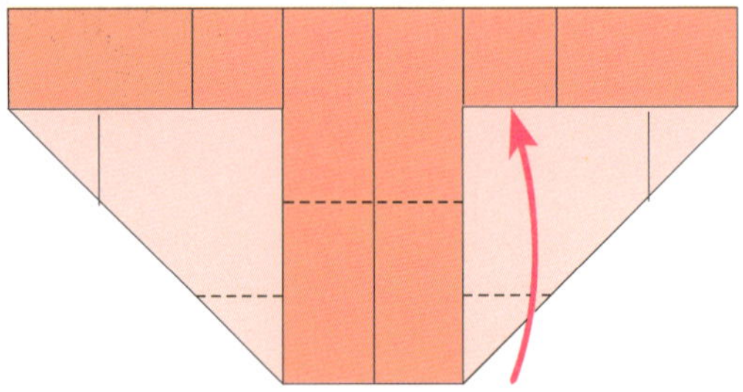

6 반대편도 똑같이 접어요.

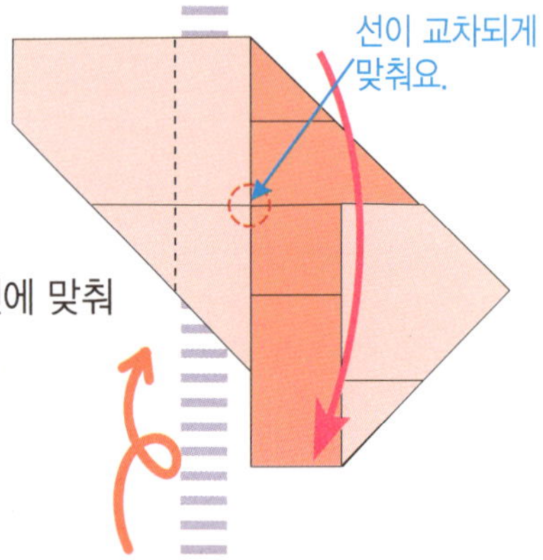

7 뒤집은 뒤 선에 맞춰
내려 접어요.

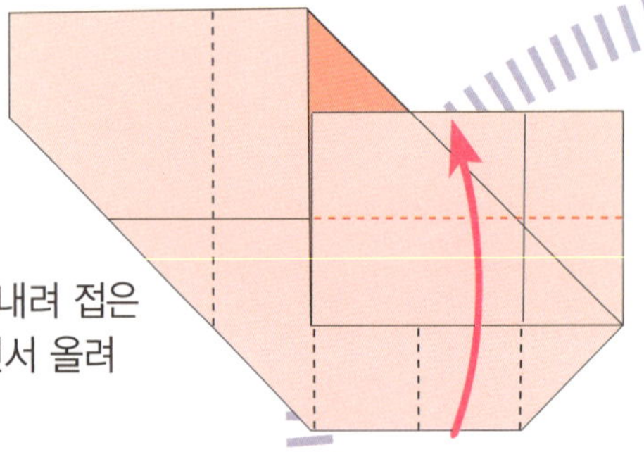

선이 교차되게
맞춰요.

8 7번에서 내려 접은
면을 펴면서 올려
접어요.

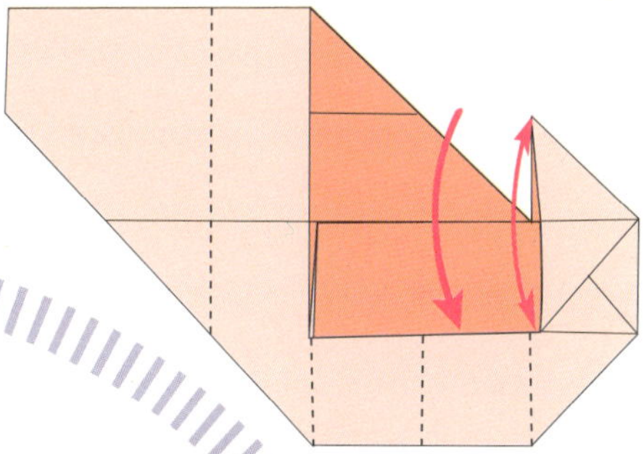

9 **8**번에서 접었던 면을 내려 반을 접어요. 그리고 끝면은 삼각 모양으로 펴서 접어요.

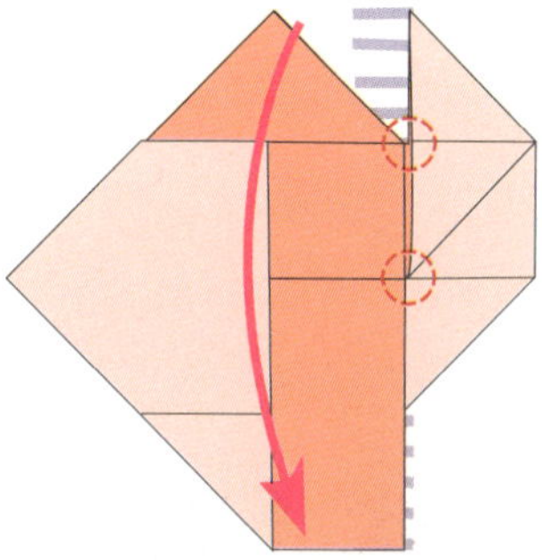

21 네 곳의 하트 머리를 안으로 접어요.

완성

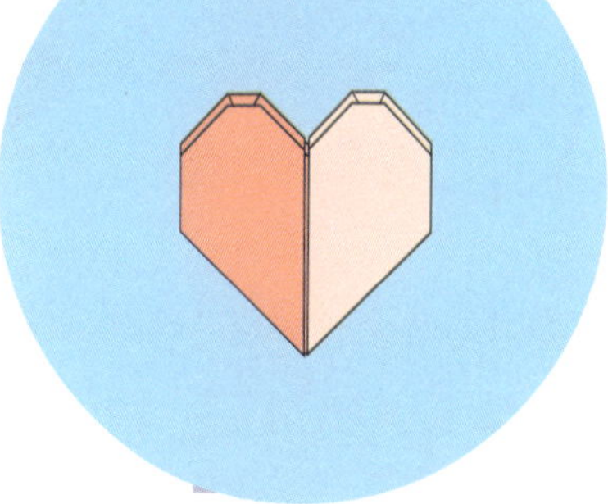

22 접은 두 하트를 겹쳐 접어요.

10 **7**번처럼 반대편도 옆면 선에 맞추며 똑같이 내려 접어요.

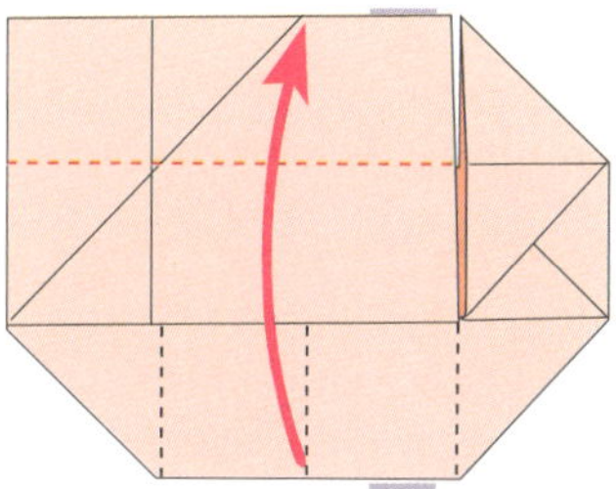

20 **③**에 맞춰 좌우 안으로 접어요.

19 **①**, **②**접은 안쪽 면은 반대로 반을 접어요.

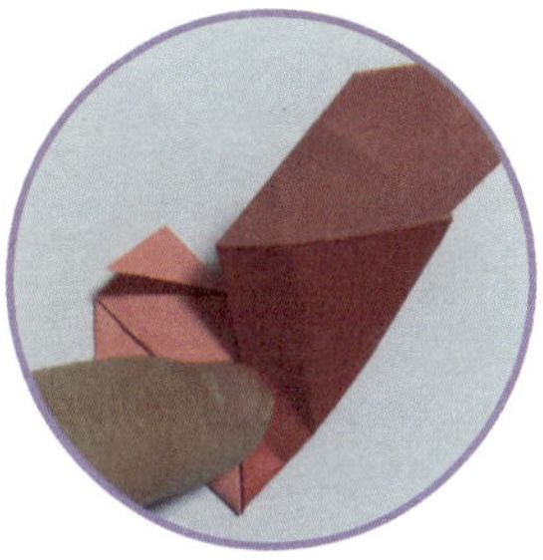

11 **8**번처럼 선에 맞춰 똑같이 올려 접어요.

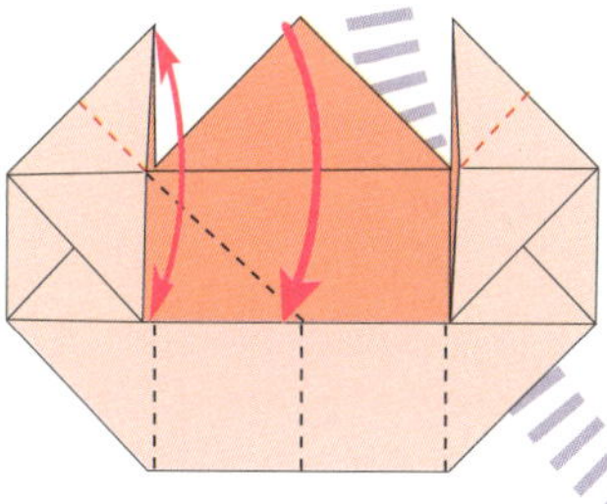

17 **①**에 맞춰 반을 접어요.

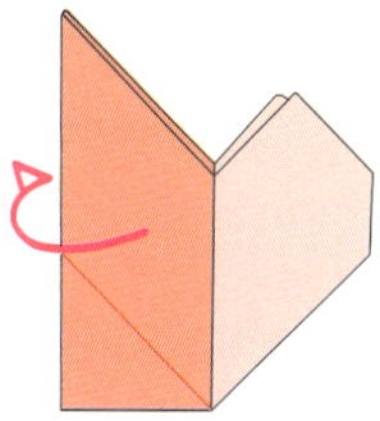

16 반을 접었다 펴요.

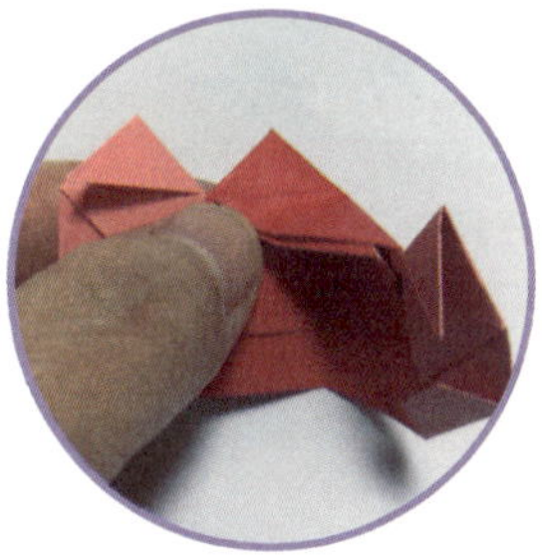

18 **②**에 맞춰 반을 접어요.

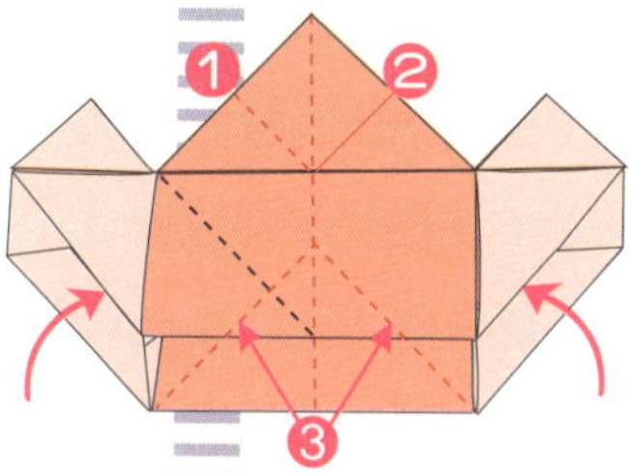

15 **14**번의 선에 맞춰 좌우 밑면의 반을 올려 접어요. 그리고 선대로 접어요.

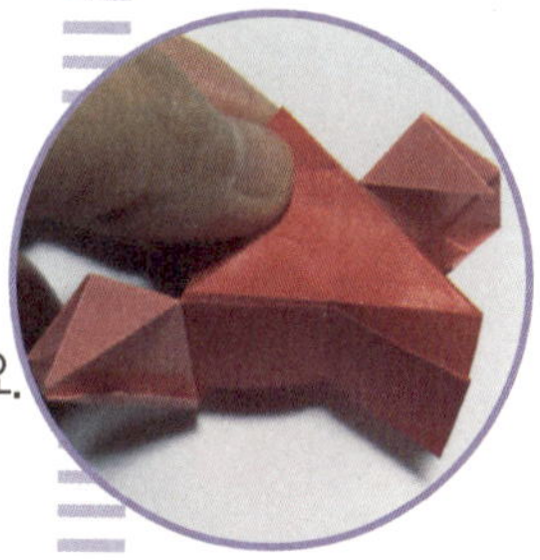

12 **9**번처럼 윗면을 내려 접은 뒤 끝면은 삼각 모양으로 접어요.

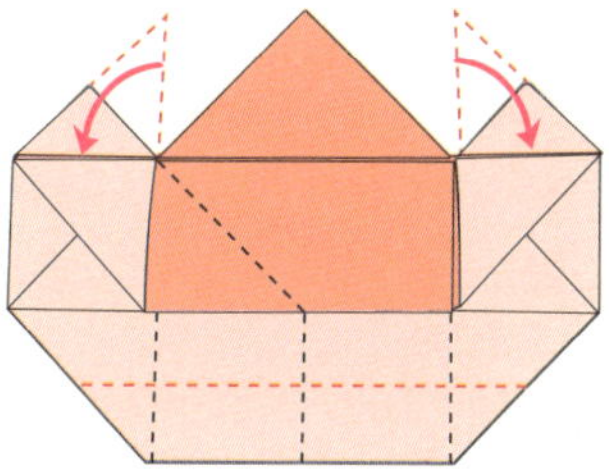

13 **12**번의 선에 맞춰 좌우 윗면 삼각을 반을 내려 접어요.

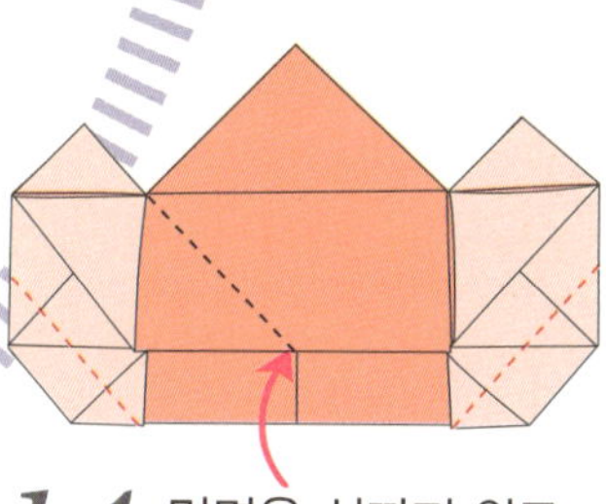

14 밑면을 선까지 위로 올려 접어요.

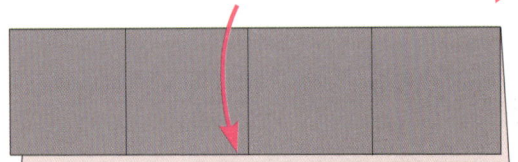

⑪ 반반쌍하트2

반으로 나누어진 하트의 모양이
'10 반반쌍하트'와 똑같아 보이지만 접는
과정이 많이 달라요.

＊10 반반쌍하트와 완성품은 비슷해도
　접는 방법(과정)이 달라요.

＊10 반반쌍하트, 2번까지 접어요.

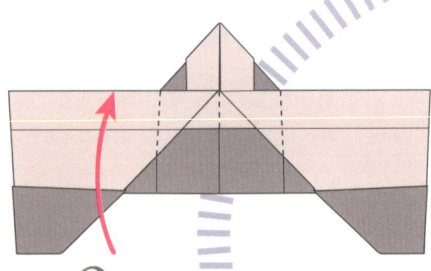

9 반대쪽도 올려 접어요.

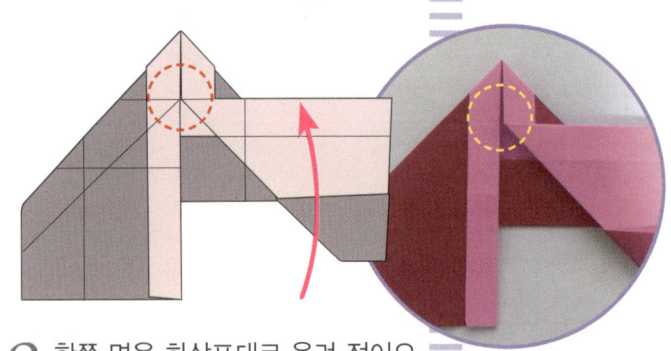

8 한쪽 면을 화살표대로 올려 접어요.
점선 원의 선에 맞춰 접어요.

돌려요

3 편 뒤 돌려서 길게 반을 접어요.

4 펼친 뒤 선에 맞춰
안으로 접어요.
(좌우 똑같이 접어요.)

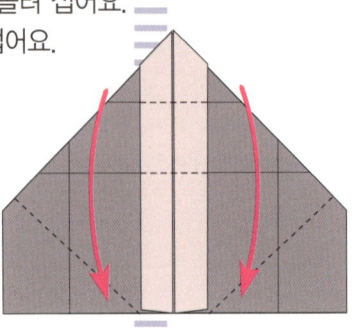

위, 아래 *6*

7 위, 아래로 뒤집은 뒤 중심 선에
맞춰 좌우를 아래로 접어 내려요.

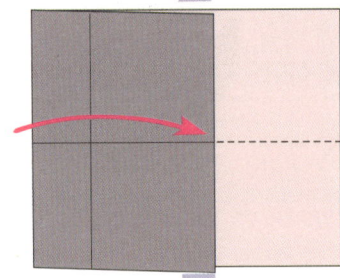

5 편 뒤 뒤집어요. 그리고 중심 선에
맞춰 앞, 뒤 반대로 접어요.

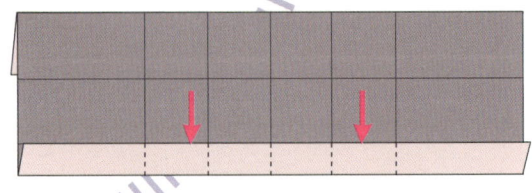

6 5번 올려 접었던 면을
앞면만 반을 내려 접어요.

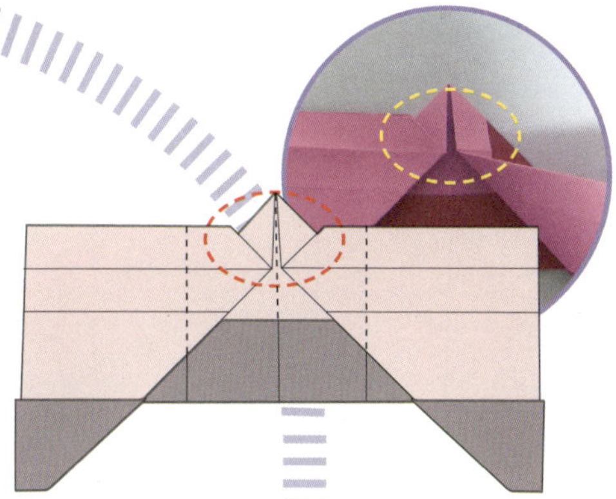

완성

10 **9**번에서 접었던 윗면을 편 뒤 위로 올려서 접어요.

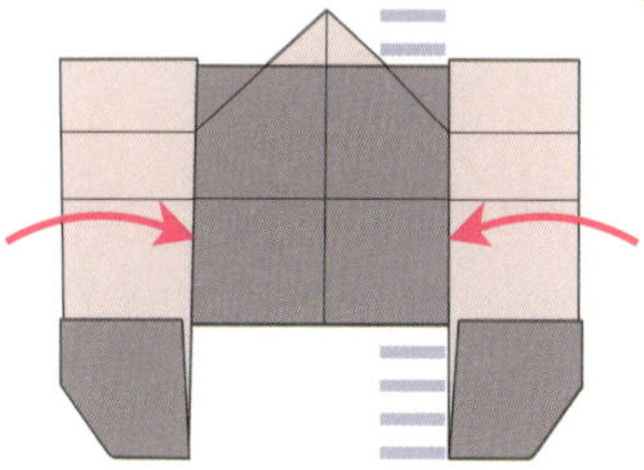

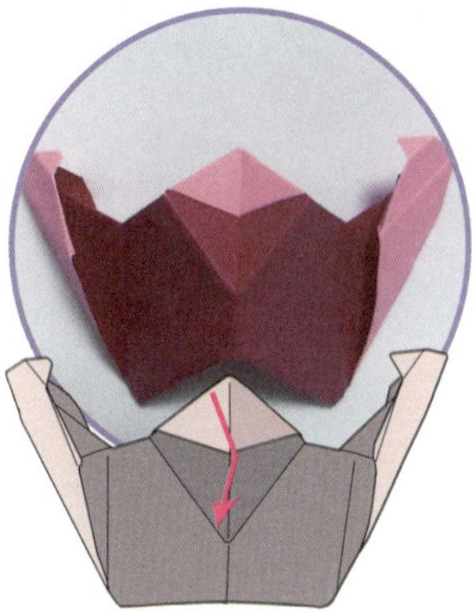

18 윗면을 **16**번 선대로 사진처럼 안으로 접어요.

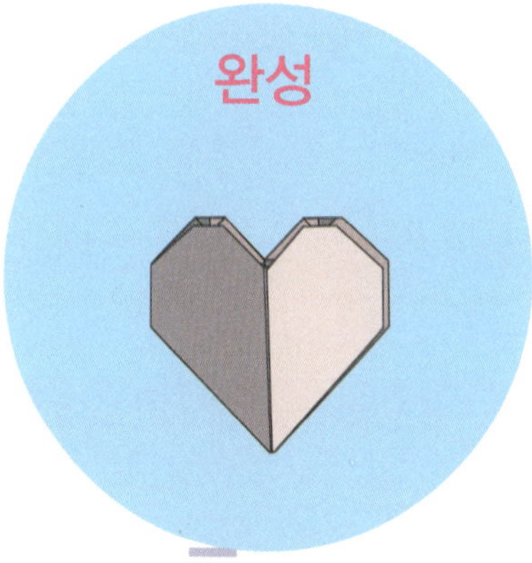

11 뒤집은 뒤 좌우를 선에 맞춰 안으로 접어요.

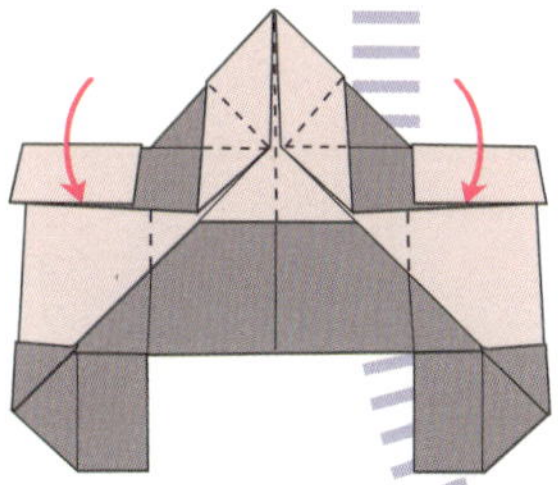

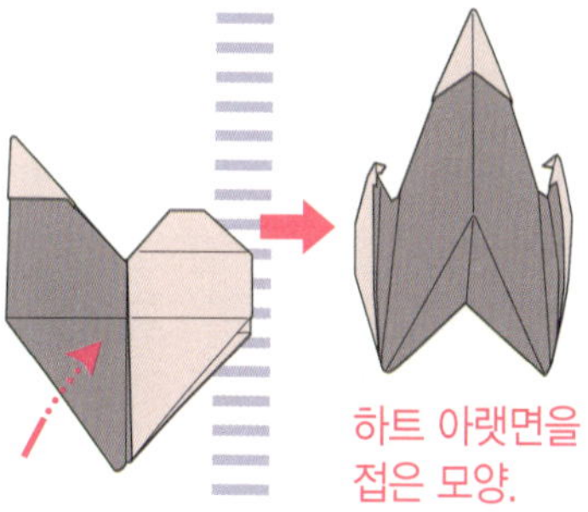

17 두 하트를 겹친 뒤 튀어나온 하트 밑면을 **16**번 선대로 안으로 접어 넣어요.

19

하트 아랫면을 접은 모양.

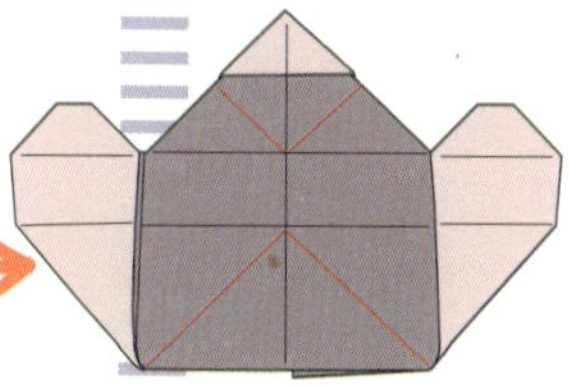

16 뒤집은 뒤 선대로 접어요.

하트 꼭지를 안으로 접어요.

12 다시 뒤집은 뒤 좌우 윗면을 접어 내려요.

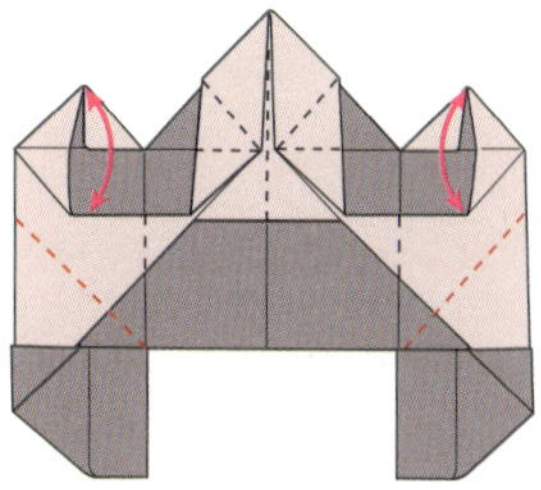

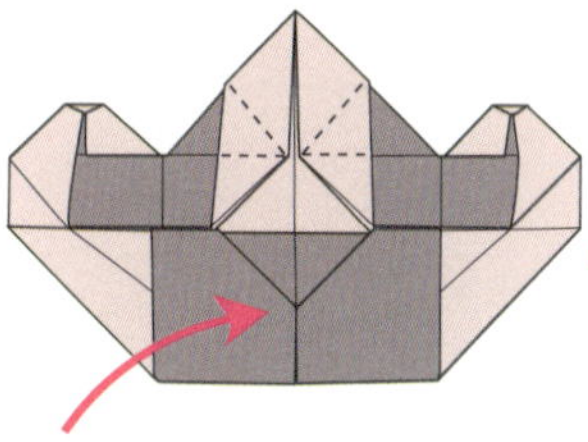

15 반대편도 올려 접어요.

13 접은 면을 펴서 눌러 접어 하트 머리를 접어요.

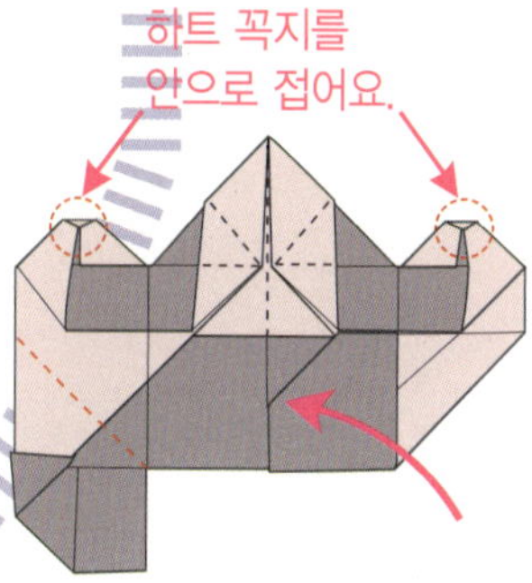

14 아랫면을 화살표대로 안으로 올려 접어요.

직사각형

12 반반쌍하트3

복잡한 과정을 접고 접어 마무리과정에서
하트를 겹쳐 접으면 귀엽고 예쁜 하트 모양에
다시 접어보고 싶은 생각이 들 거예요.

*10 반반쌍하트, 1번까지 접어요.

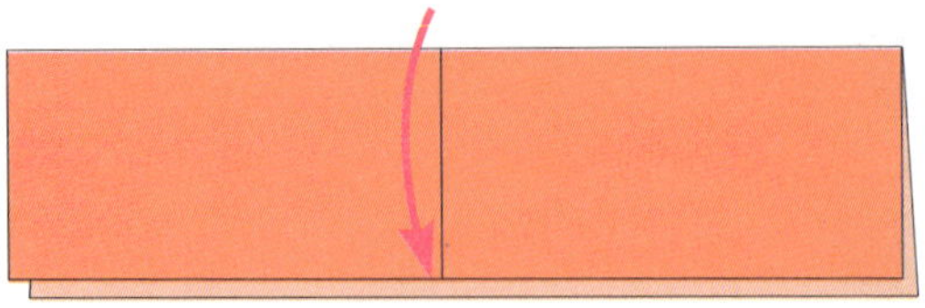

2 편 뒤 길게 반으로 접어요.

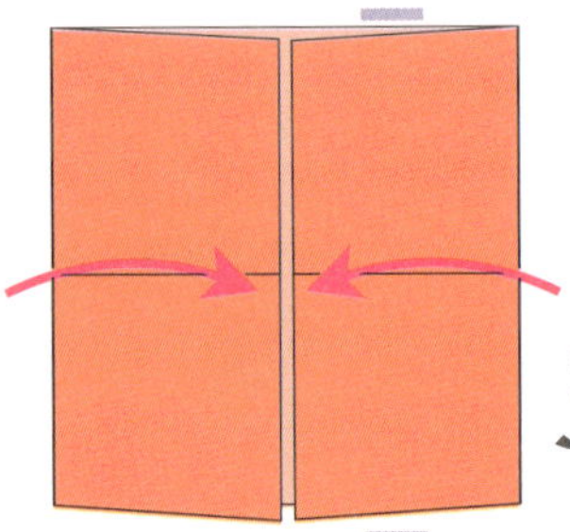

3 편 뒤 대문접기 해요.

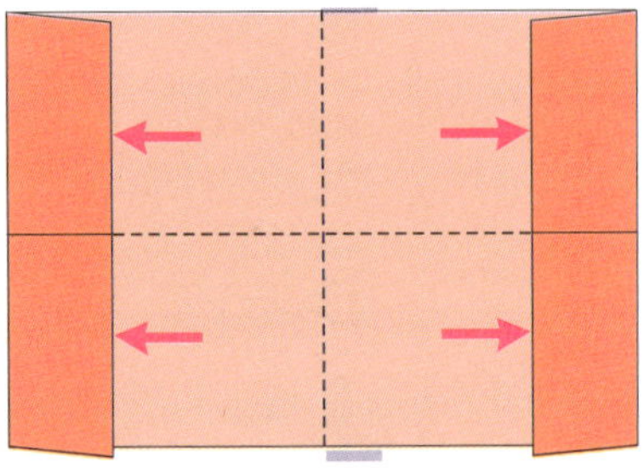

4 3번 접었던 면에서 좌우 반만 접어요.

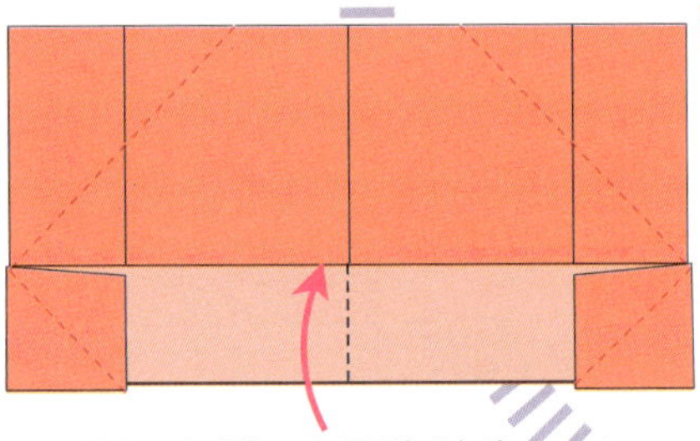

5 뒤집은 뒤 중심 선에 맞춰 아랫면을 접어 올려요. 그리고 선대로 접어요.

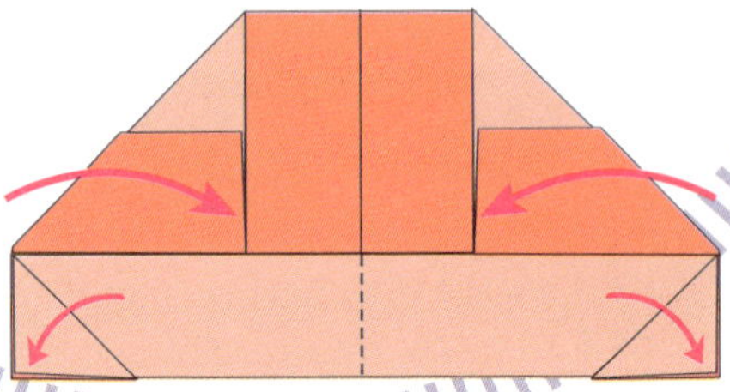

6 선에 맞춰 좌우 옆면을 안으로 접은 뒤 좌우 모서리를 각각 밖으로 접어요.

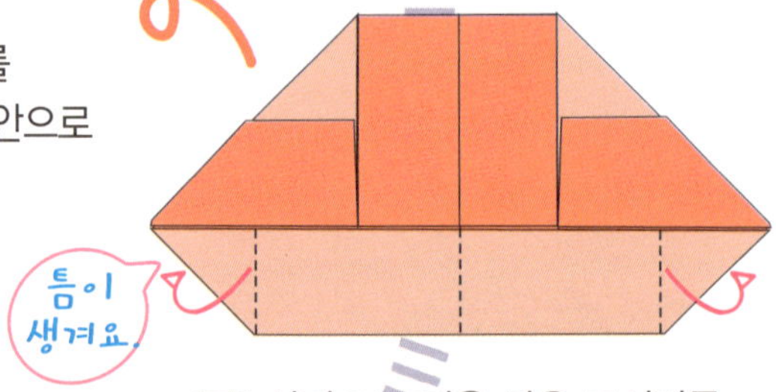

7 삼각으로 접은 좌우 모서리를 뒤로 접어요. 좌우 틈이 생겨요.

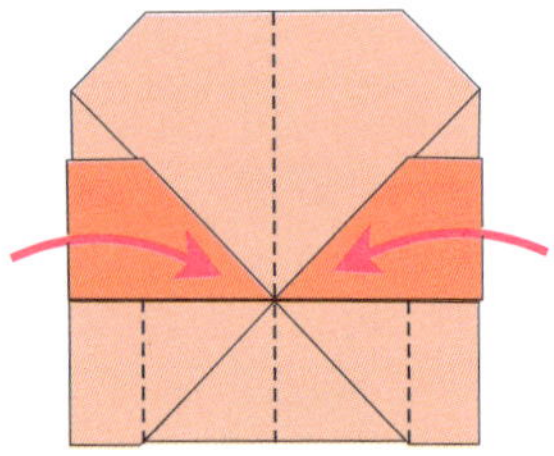

틈이 생겨요.

8 뒤집은 뒤 좌우를 중심 선에 맞춰 안으로 접어요.

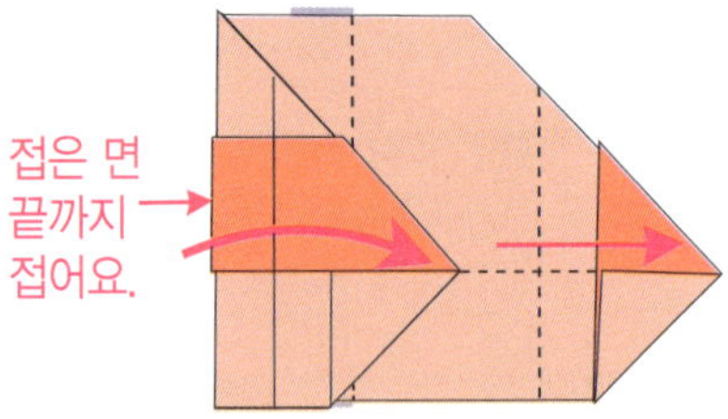

9 한쪽 면은 펴준 뒤 반대편은 접은 선 끝까지 안으로 접어요. (좌우 똑같이 접어요.)

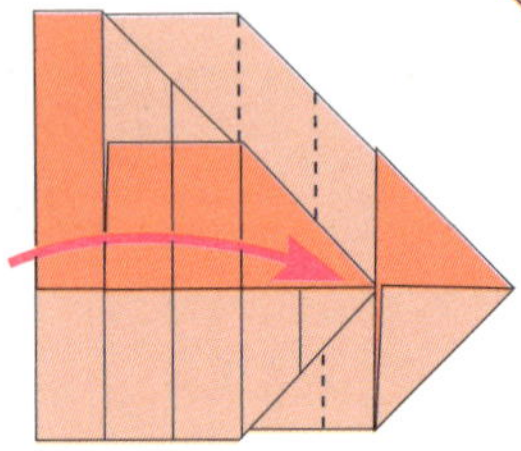

10 다시 편 뒤 한쪽 면을 반대편 접은 끝에 맞춰 접어요. (좌우 똑같이 접어요.)

펼쳐요

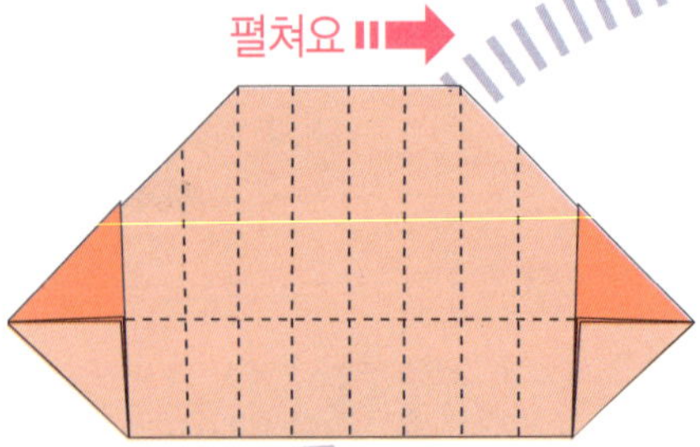

11 펼치면 접은 선이 생겼어요.

접은 면 끝까지 접어요.

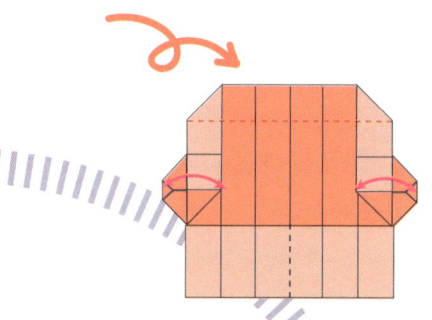

12 다시 8번으로 접은 뒤
뒤집어요. 그리고 좌우
하트 머리를 접어요.

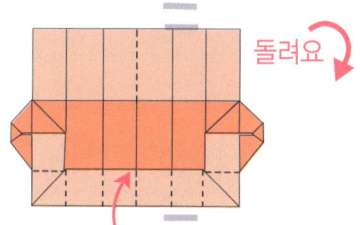

돌려요

13 180도 돌린 뒤
아랫면을 올려 접어요.

선이
교차되게
맞춰요.

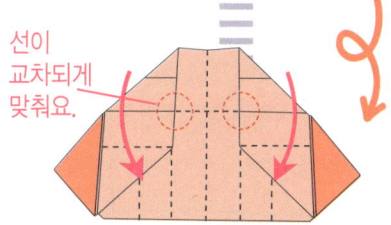

14 다시 편 뒤 뒤집어요.
그리고 좌우 선에 맞춰
그림처럼 안으로 접어요.

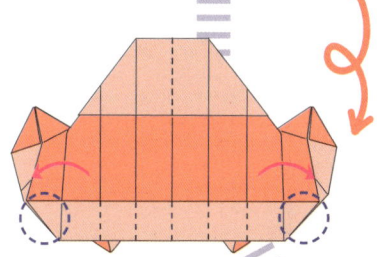

15 뒤집은 뒤 접힌 아랫면 좌우
두 면을(점선 원) 앞으로
펴면서 뒷면에 맞춰 접어요.

* '2 쌍하트2'의 11번 참고해요.

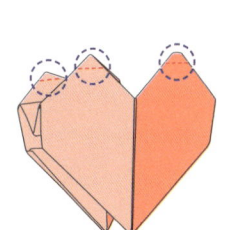

20 모두 접은 두 하트를
겹쳐 접어요. 그리고
하트 머리 꼭지를 접어요.

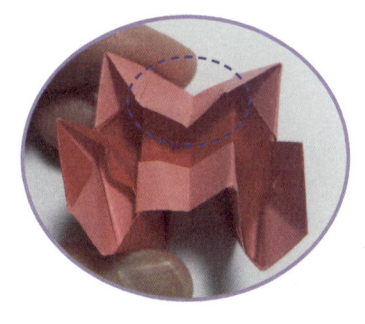

19 좌우 하트를 안으로 집어
넣은 뒤 윗면도 16번 접은
선대로 안으로 접어 내려요.

연한 색 하트 머리의
반을 접어요.

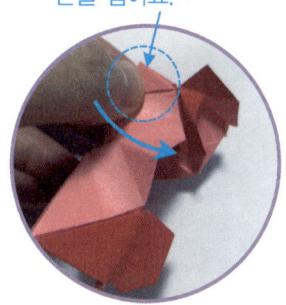

16 좌우 연한 하트의
반을 접어요.

완성

21

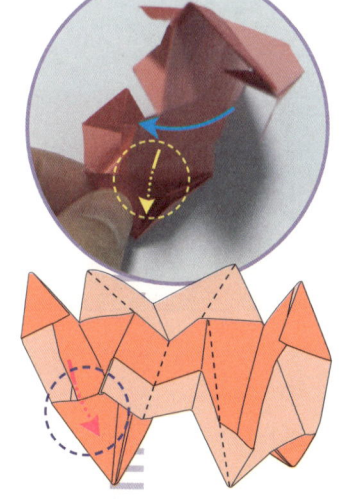

18 17번의 점선대로 안으로
접은 상태에서 하트 안으로
집어 넣어요.
(좌우 똑같이 해요.)

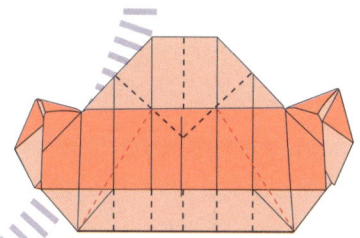

17 다시 편 뒤 좌우
점선을 접어요.

반반쌍하트4

하트의 반이 다른 색으로 나누어져 있어요.
'12 반반쌍하트3'과는 완성 모양은 같아도
과정이 달라요.

＊ 12 반반쌍하트3과 완성 모양은 같아도
7번까지 접는 방법(과정)이 달라요.

＊12 반반쌍하트3, 2번까지 접어요.

3 편 뒤 뒤집어서 중심 선에 맞춰 올려 접어요.

4 뒤집은 뒤 대문접기를 해요.

5 4번 접었던 선에서 다시 반만 줄여 접어요.

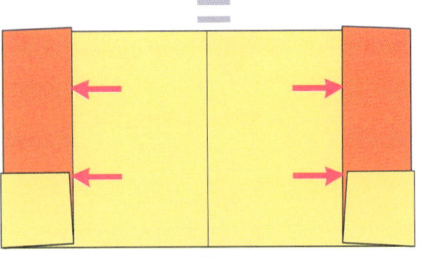

6 뒤집은 뒤 선에 맞춰 좌우를 안으로 접어요.

여기부터는 **12 반반쌍하트3**과 접는 과정이 똑같아요.

8 뒤집은 뒤 중심 선에 맞춰 좌우 안으로 접어요.

7 좌우 모서리면을 각각 뒤로 접어요.

틈이 없어요

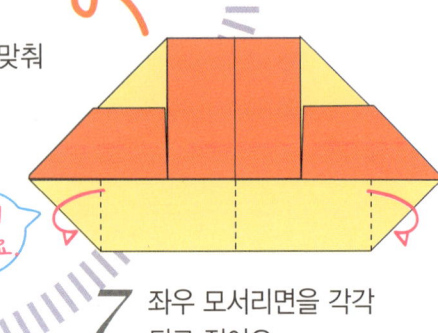

10 다시 편 뒤 한쪽 면을 반대편 접은 끝에 맞춰 접어요.
(좌우 똑같이 접어요.)

펼쳐요

11 펼치면 접은 선이 생겼어요.

접은 면 끝까지 접어요.

9 한쪽 면은 펴준 뒤 반대편은 접은 선 끝까지 안으로 접어요.
(좌우 똑같이 접어요.)

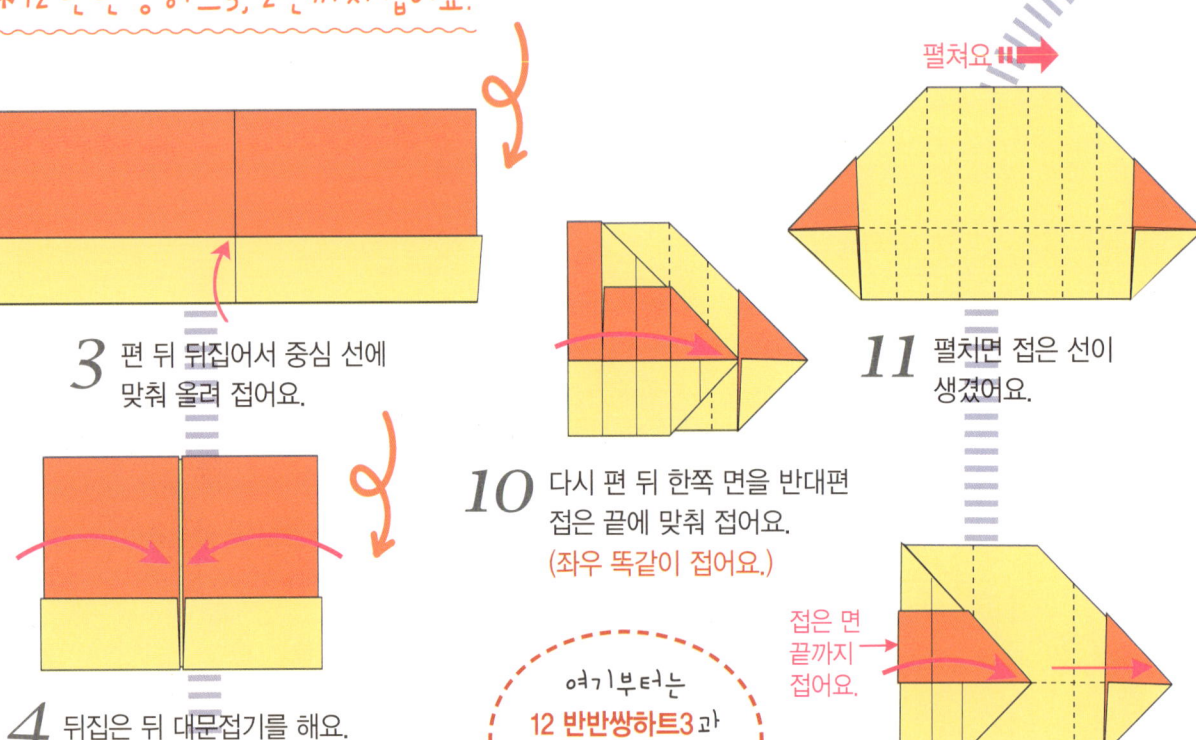

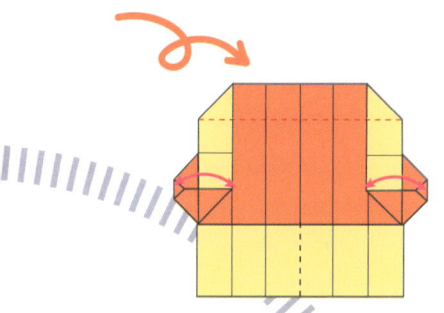

12 다시 **8**번으로 접은 뒤 뒤집어요. 그리고 좌우 하트 머리를 접어요.

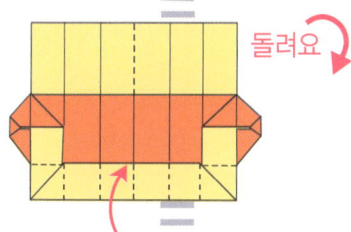

돌려요

13 180도 돌린 뒤 아랫면을 올려 접어요.

선이 교차되게 맞춰요.

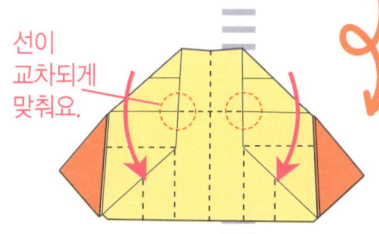

14 다시 편 뒤 뒤집어요. 그리고 좌우 선에 맞춰 그림처럼 안으로 접어요.

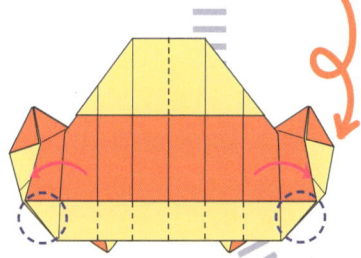

15 뒤집은 뒤 접힌 아랫면 좌우 두 면을(점선 원) 앞으로 펴면서 뒷면에 맞춰 접어요.

＊'2쌍하트2'의 11번 참고해요.

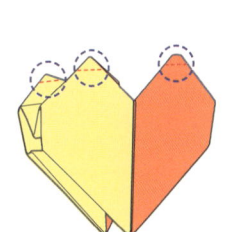

20 모두 접은 두 하트를 겹쳐 접어요. 그리고 하트 머리 꼭지를 접어요.

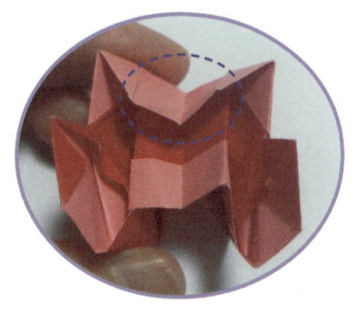

19 좌우 하트를 안으로 집어 넣은 뒤 윗면도 **16**번 접은 선대로 안으로 접어 내려요.

연한 색 하트 머리의 반을 접어요.

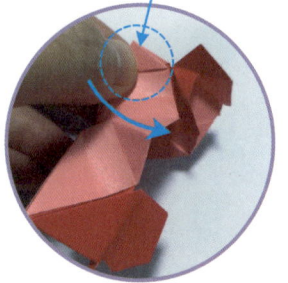

16 좌우 연한 하트의 반을 접어요.

완성

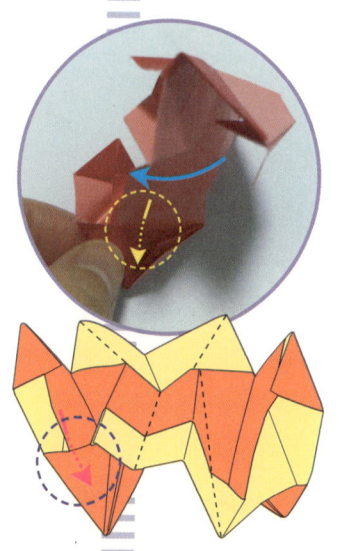

21

18 **17**번의 **점선**대로 안으로 접은 상태에서 하트 안으로 집어 넣어요. **(좌우 똑같이 해요.)**

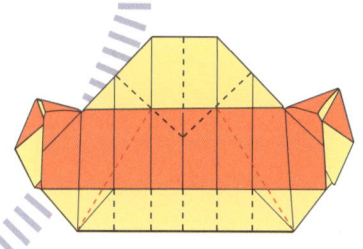

17 다시 편 뒤 좌우 점선을 접어요.

⑭ 하트반지

어렵지 않게 접을 수 있는 하트반지예요.
여러 개 만들어 친구에게도 선물해요.

직사각형

＊10 반반쌍하트, 1번까지 접어요.

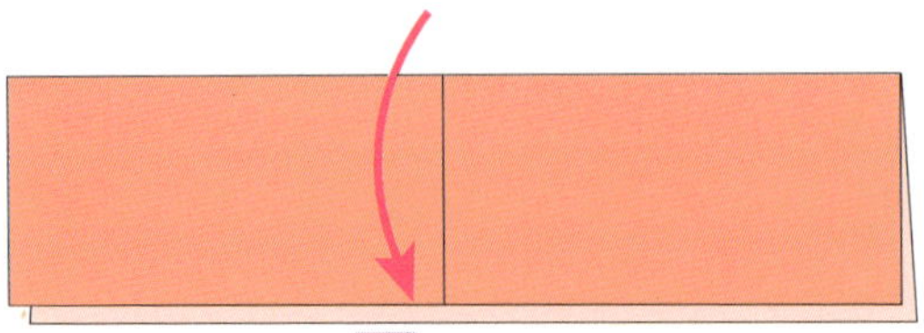

2 편 뒤 길게 반을 접어요.

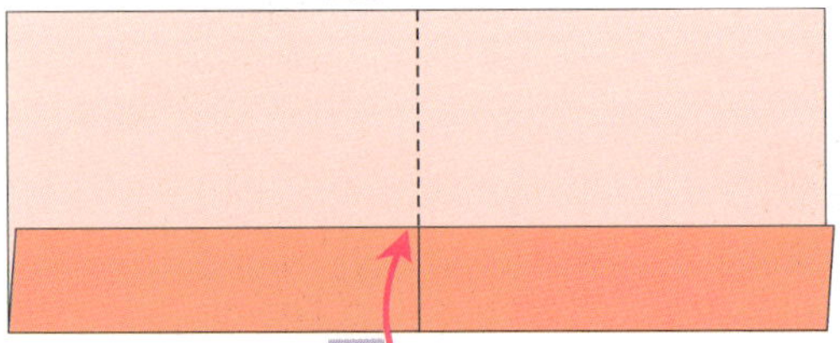

3 편 뒤 중심 선까지 반을
올려 접어요.

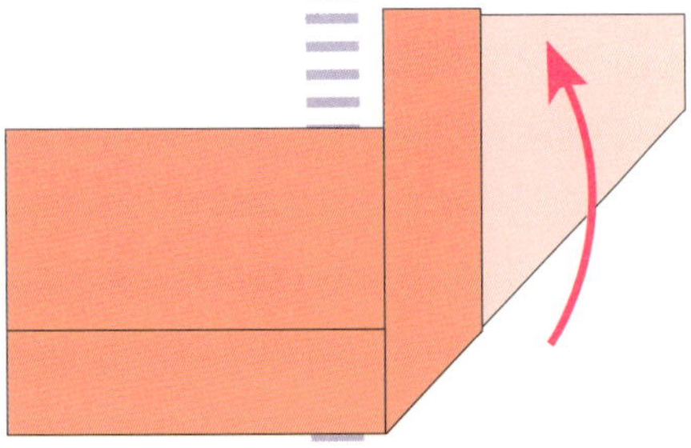

4 뒤집어서 중심 선에 맞춰
위로 접어 올려요.

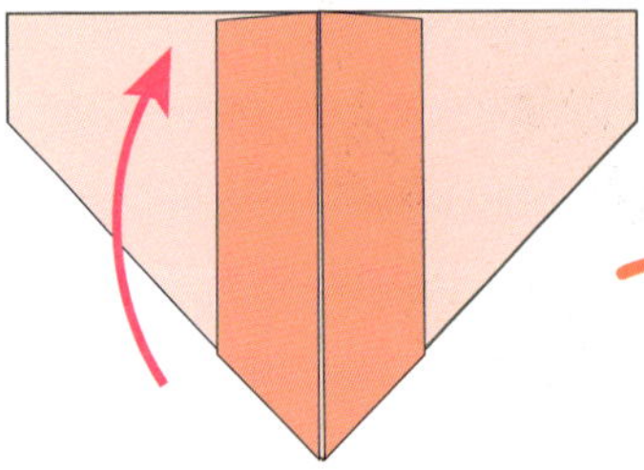

5 나머지 한 면도
위로 접어 올려요.

위, 아래
뒤집기

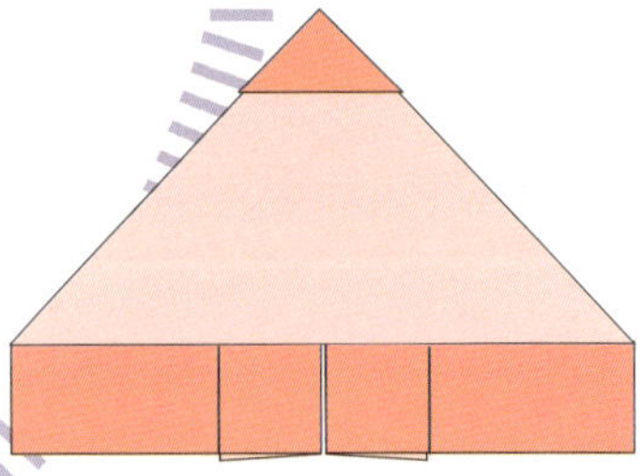

6 위, 아래 뒤집어요.

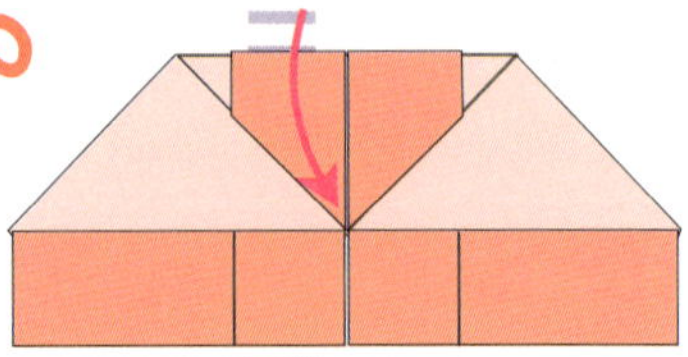

7 위 꼭지점을 선까지
내려 접어요.

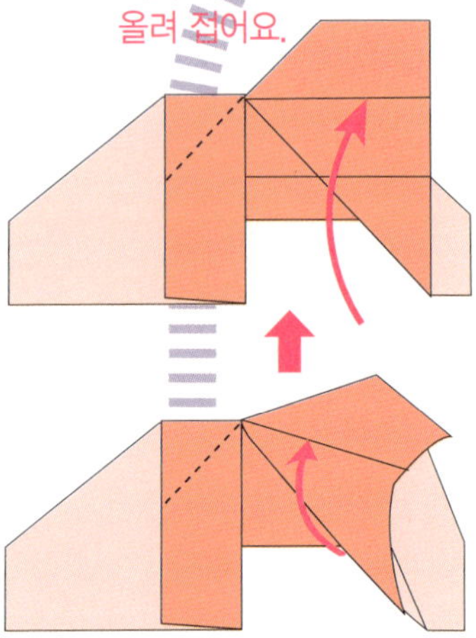

8 뒤집은 뒤 위처럼 안쪽을 펴서
직선에 맞춰 올려 접어요.

펴서 위로
올려 접어요.

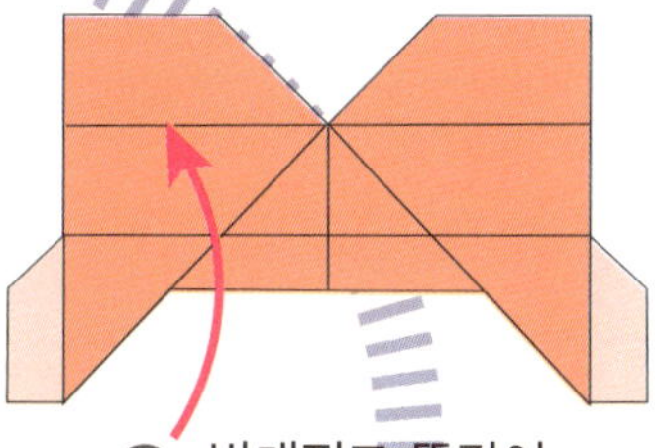

9 반대편도 똑같이
펴서 접어 올려요.

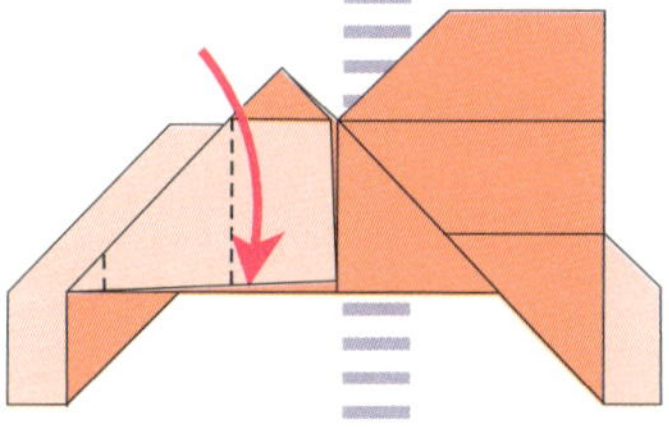

10 다시 윗면을 접어 내려요.
펴지 말고 그대로 중심 선에
맞춰 접어요.

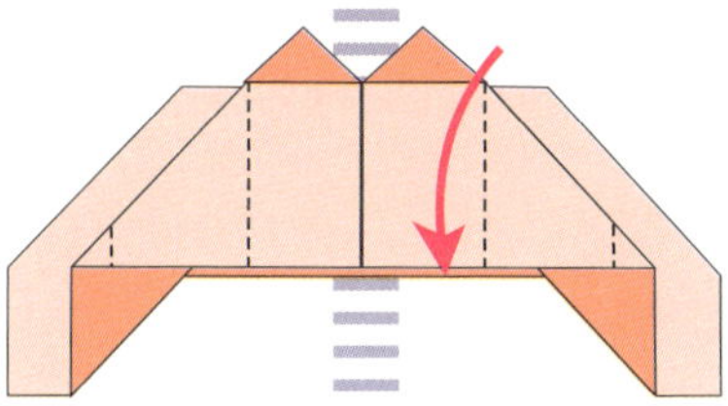

11 반대편도 접어 내려요.

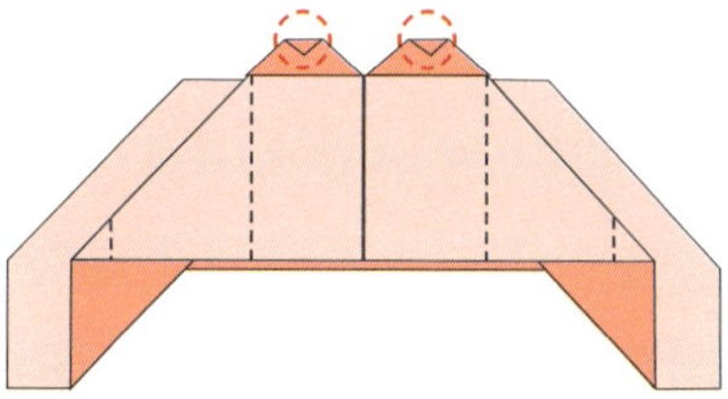

12 ⭕ 하트 머리를 접어요.

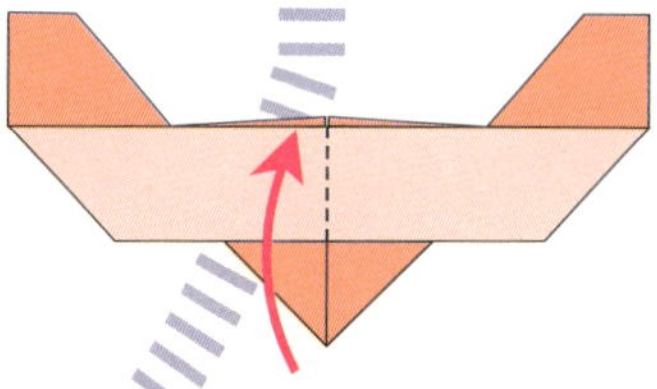

완성

16 **15**번에서 올려 접은 좌우
끝면을 뒤로 넘겨 접어요.

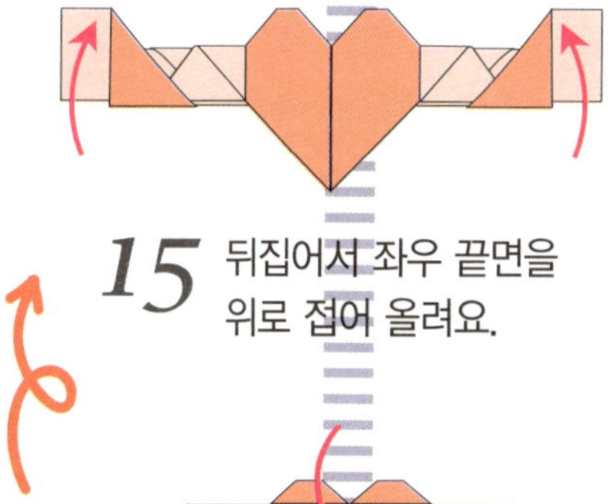

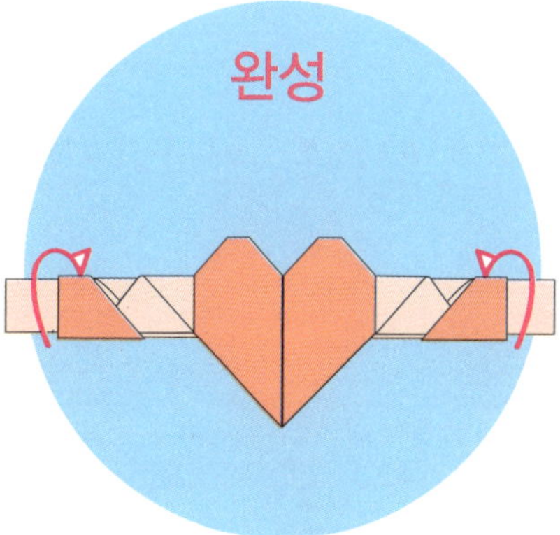

15 뒤집어서 좌우 끝면을
위로 접어 올려요.

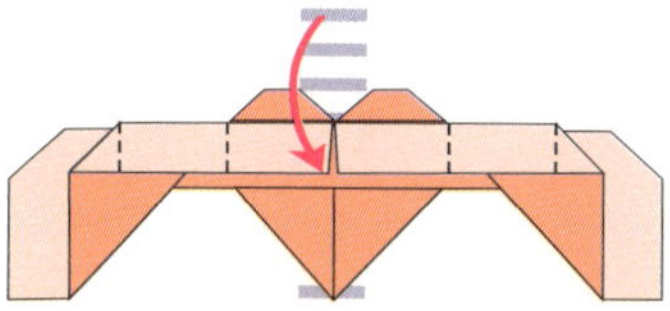

14 다시 똑같이 반을
접어 내려요.

13 아랫면을 중간에 맞추어
위로 올려 접어요.

직사각형

⑮ 반하트반지

반지 줄이 반쪽만 있는 반하트반지예요.
하트와 줄의 색상이 반반씩 나누어져
귀여운 반하트반지예요.

*10 반반쌍하트, 1번까지 접어요.

2 편 뒤 길게 반을 접어요.

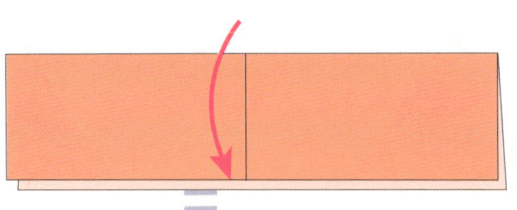

3 편 뒤 중심 선까지 반을
올려 접어요.

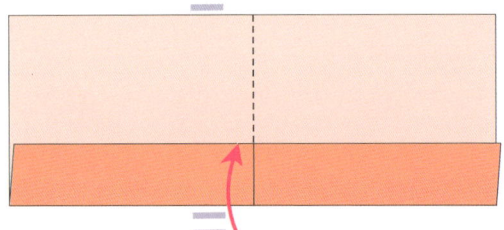

4 뒤집어서 중심 선에 맞춰
안으로 반을 접어요.

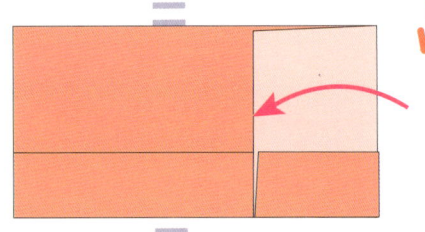

5 접은 면에서 다시 반만 접어요.

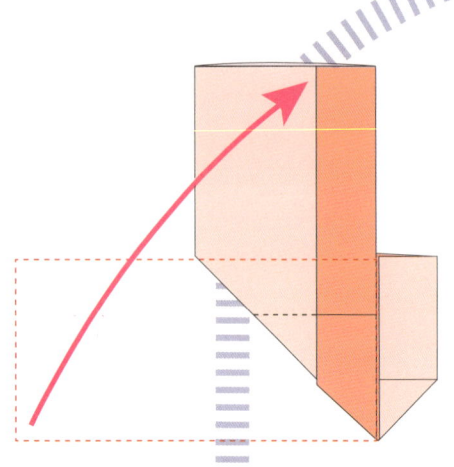

8 화살표대로 끝을 위로
접어 올려요. 옆면 직선에
맞춰 접어요.

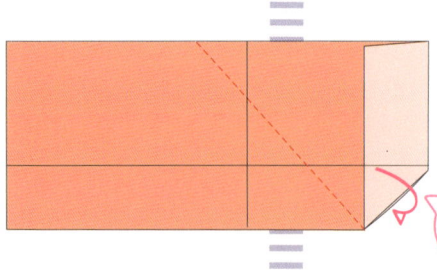

틈이
생겨요.

7 6번 접은 모서리를 뒤로 접어요.
그리고 선대로 접여요.

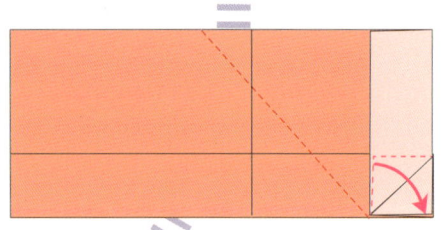

6 5번 접은 모서리를 화살표대로
아래로 내려 접어요.

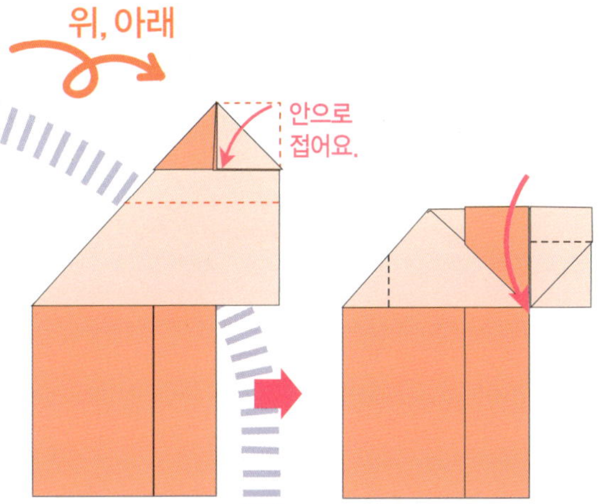

위, 아래

안으로
접어요.

9 위, 아래 뒤집어서 윗면 꼭지를
반을 접어 내려요.

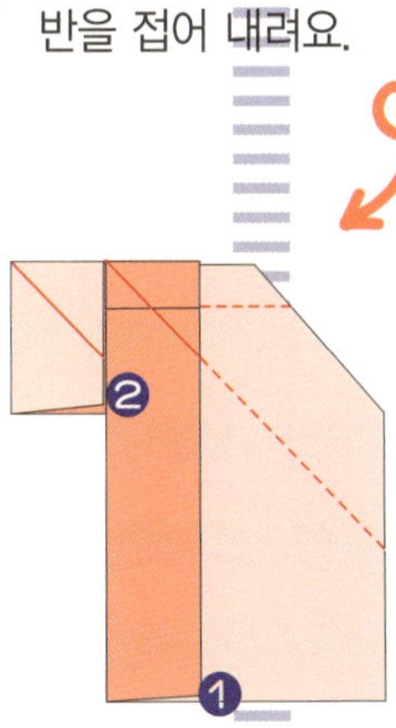

❷

❶

10 뒤집어서 선대로 접어요.

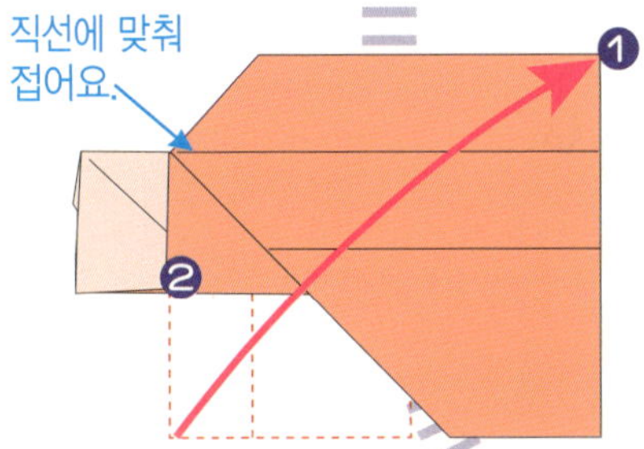

직선에 맞춰
접어요.

❶

❷

11 **10**번에서 ❶을 화살표대로
펴서 직선에 맞춰 접어 올려요.

선에 맞춰
접어요.

❷

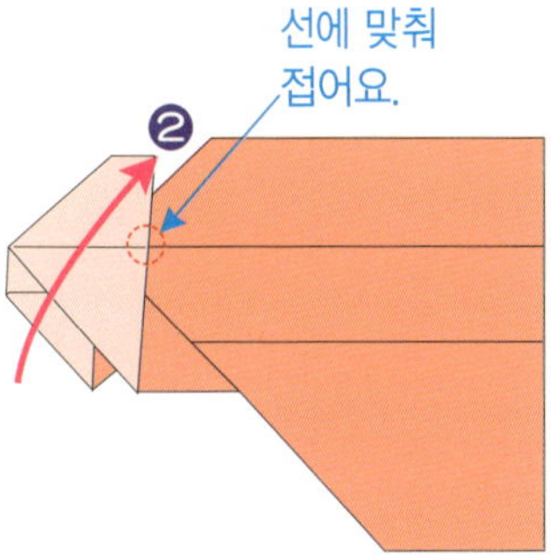

12 **10**번에서 ❷를 화살표대로
펴서 직선에 맞춰 접어 올려요.

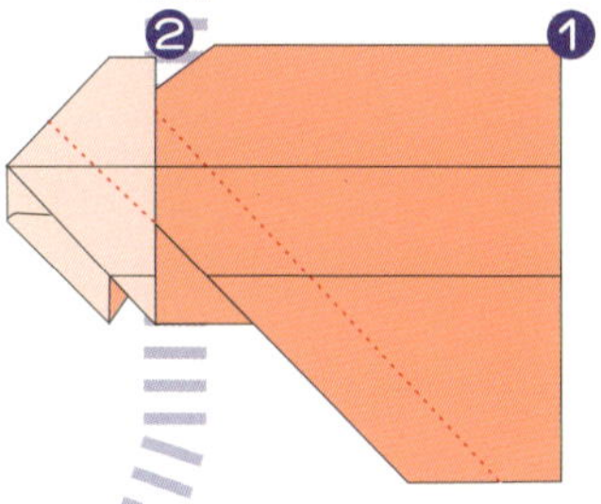

❸

❶

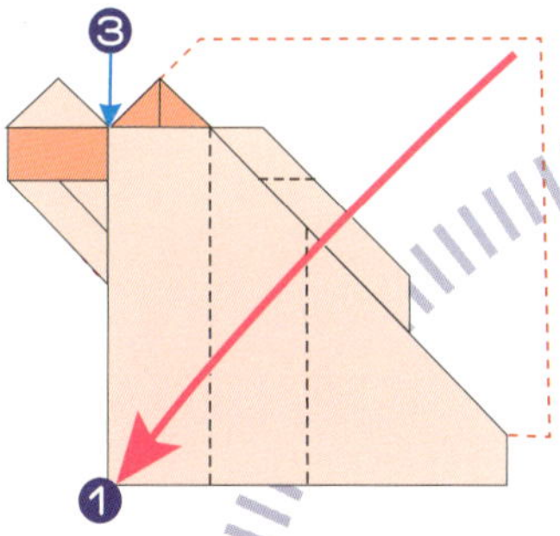

15 **14**번 ❶을 화살표대로
아래로 내려 접어요.
❸의 위치를 맞춰 접어요.

❸

❶

❷

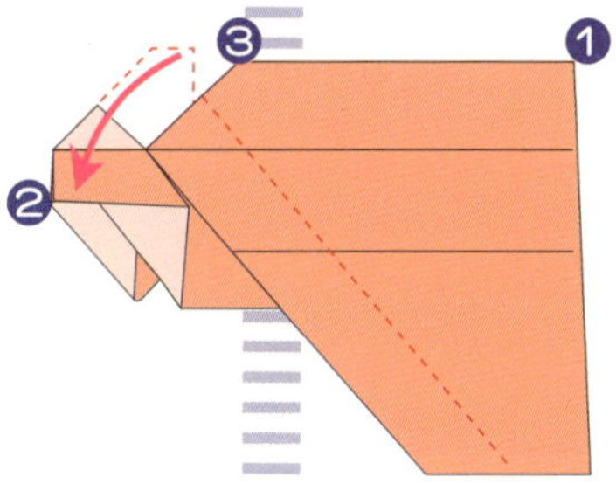

14 **13**번 ❷를 아래로
펴지 않고 접어 내려요.

❷

❶

13 선대로 접어요.

45

반하트반지

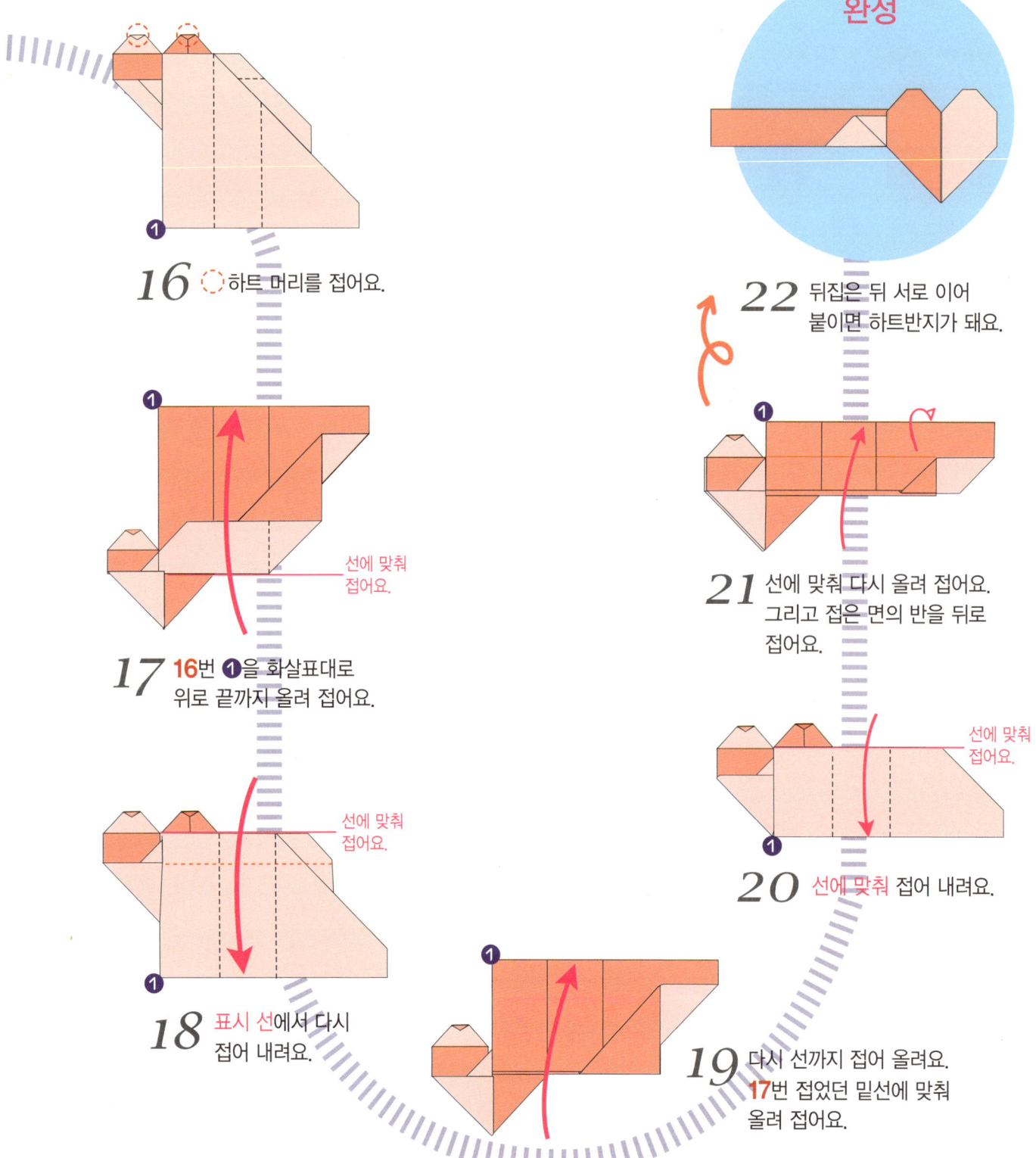

완성

16 ○ 하트 머리를 접어요.

17 16번 ①을 화살표대로 위로 끝까지 올려 접어요.

선에 맞춰 접어요.

18 표시 선에서 다시 접어 내려요.

선에 맞춰 접어요.

19 다시 선까지 접어 올려요. 17번 접었던 밑선에 맞춰 올려 접어요.

20 선에 맞춰 접어 내려요.

선에 맞춰 접어요.

21 선에 맞춰 다시 올려 접어요. 그리고 접은 면의 반을 뒤로 접어요.

22 뒤집은 뒤 서로 이어 붙이면 하트반지가 돼요.

반하트반지2

★ ★ ★ ★ ☆

'15 반하트반지'와 모양은 똑같지만
접는 과정이 조금씩 달라요.

직사각형

＊10 반반쌍하트, 1번까지 접어요.

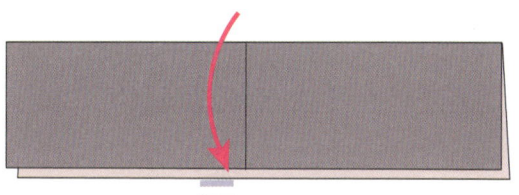

2 편 뒤 길게 반을 접어요.

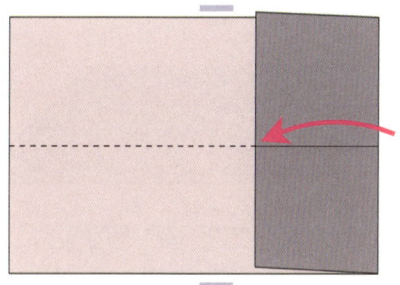

3 펼친 뒤 중심 선에 맞춰
반을 접어요.

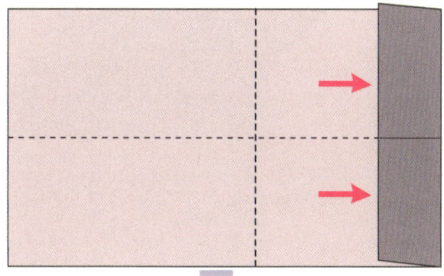

4 3번의 접은 면을 다시 반만 접어요.

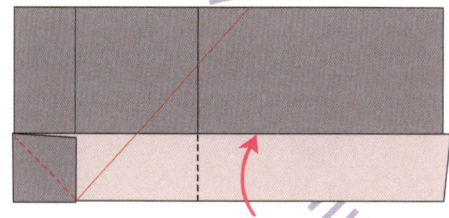

5 뒤집어서 중심 선에 맞춰 접어
올려요. 그리고 선대로 접어요.

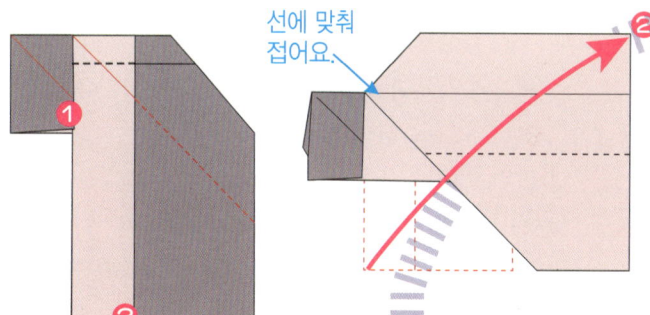

선에 맞춰
접어요.

8 뒤집어서 선대로 접어요.

9 ②를 화살표대로 위로
펴서 접어 올려요.

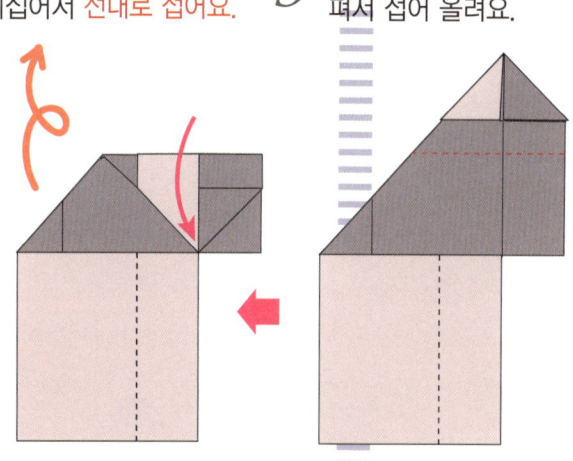

7 위, 아래 뒤집어서 윗면 꼭지를
반을 접어 내려요.

위, 아래
뒤집기

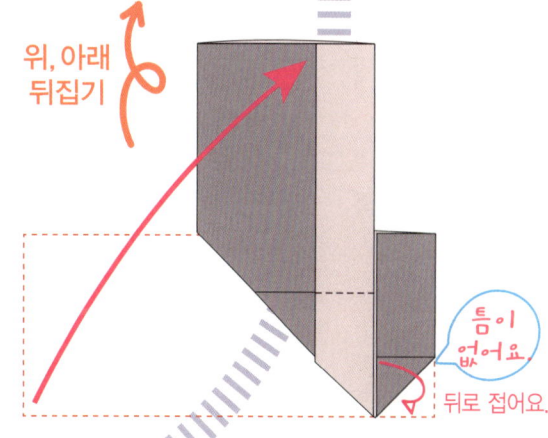

틈이
없어요

뒤로 접어요.

6 뒤집어서 모서리를 뒤로 접은 후,
큰 화살표대로 끝을 위로 접어 올려요.

16
반하트반지2

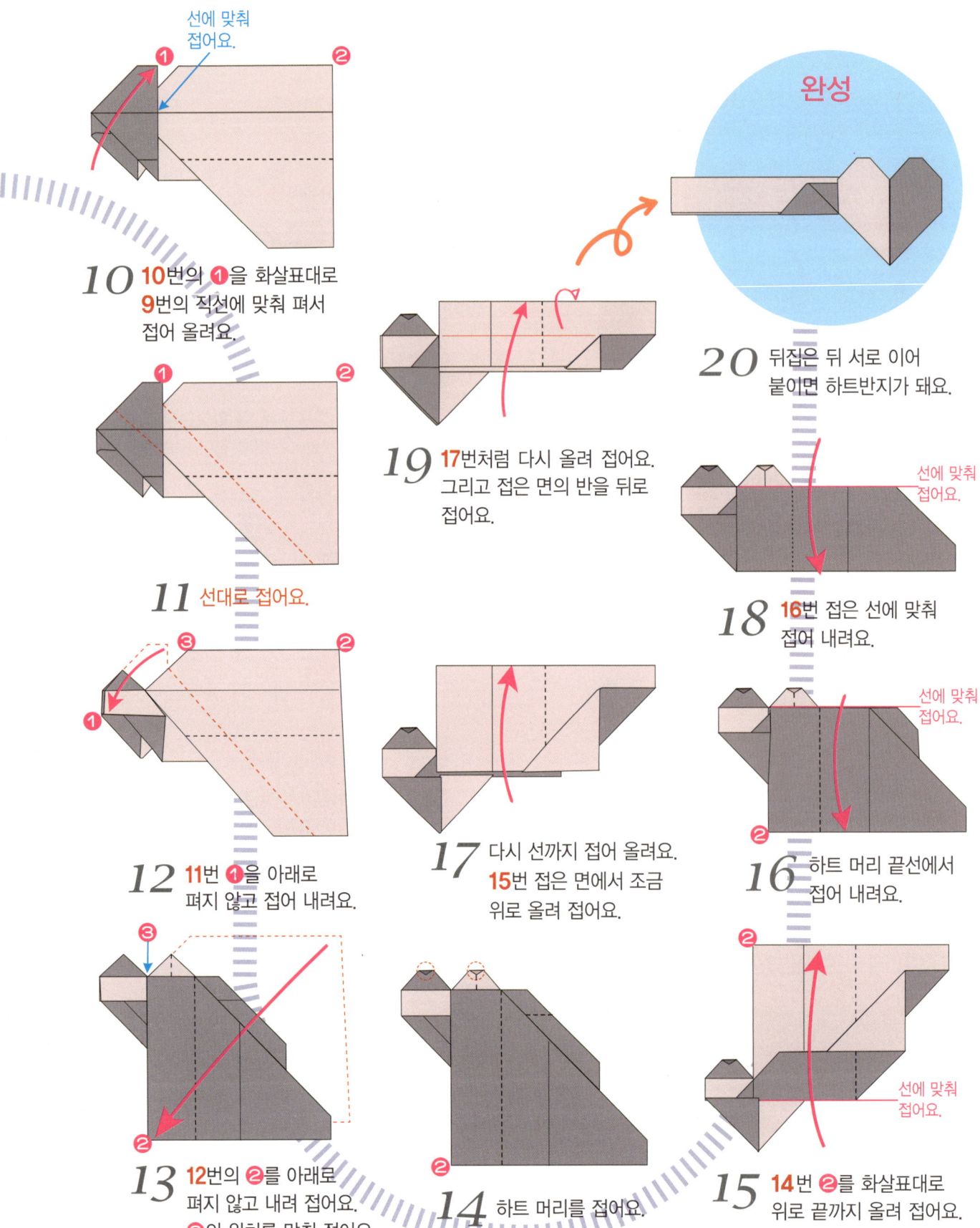

10 10번의 ❶을 화살표대로 9번의 직선에 맞춰 펴서 접어 올려요.

11 선대로 접어요.

12 11번 ❶을 아래로 펴지 않고 접어 내려요.

13 12번의 ❷를 아래로 펴지 않고 내려 접어요. ❸의 위치를 맞춰 접어요.

14 하트 머리를 접어요.

15 14번 ❷를 화살표대로 위로 끝까지 올려 접어요.

16 하트 머리 끝선에서 접어 내려요.

17 다시 선까지 접어 올려요. 15번 접은 면에서 조금 위로 올려 접어요.

18 16번 접은 선에 맞춰 접어 내려요.
선에 맞춰 접어요.

19 17번처럼 다시 올려 접어요. 그리고 접은 면의 반을 뒤로 접어요.

완성

20 뒤집은 뒤 서로 이어 붙이면 하트반지가 돼요.

선에 맞춰 접어요.

17 하트책갈피

독서할 때 사용하는 하트책갈피예요.
여러 개 접어 가족과 친구에게 선물해요.

*10 반반쌍하트, 1번까지 접어요.

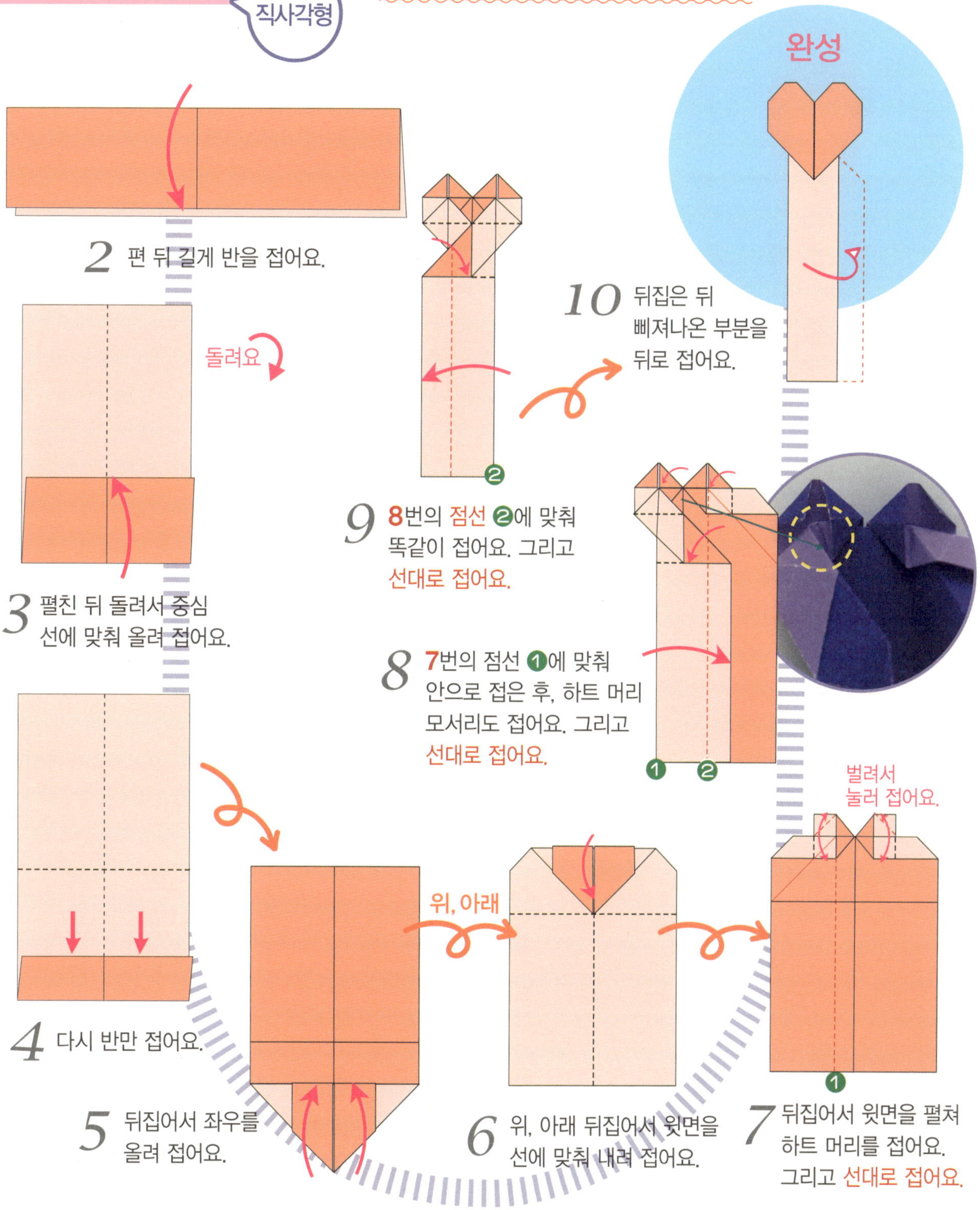

직사각형

완성

2 편 뒤 길게 반을 접어요.

돌려요

3 펼친 뒤 돌려서 중심
선에 맞춰 올려 접어요.

4 다시 반만 접어요.

5 뒤집어서 좌우를
올려 접어요.

6 위, 아래 뒤집어서 윗면을
선에 맞춰 내려 접어요.

위, 아래

7 뒤집어서 윗면을 펼쳐
하트 머리를 접어요.
그리고 선대로 접어요.

벌려서
눌러 접어요.

8 7번의 점선 ❶에 맞춰
안으로 접은 후, 하트 머리
모서리도 접어요. 그리고
선대로 접어요.

9 8번의 점선 ❷에 맞춰
똑같이 접어요. 그리고
선대로 접어요.

10 뒤집은 뒤
삐져나온 부분을
뒤로 접어요.

49

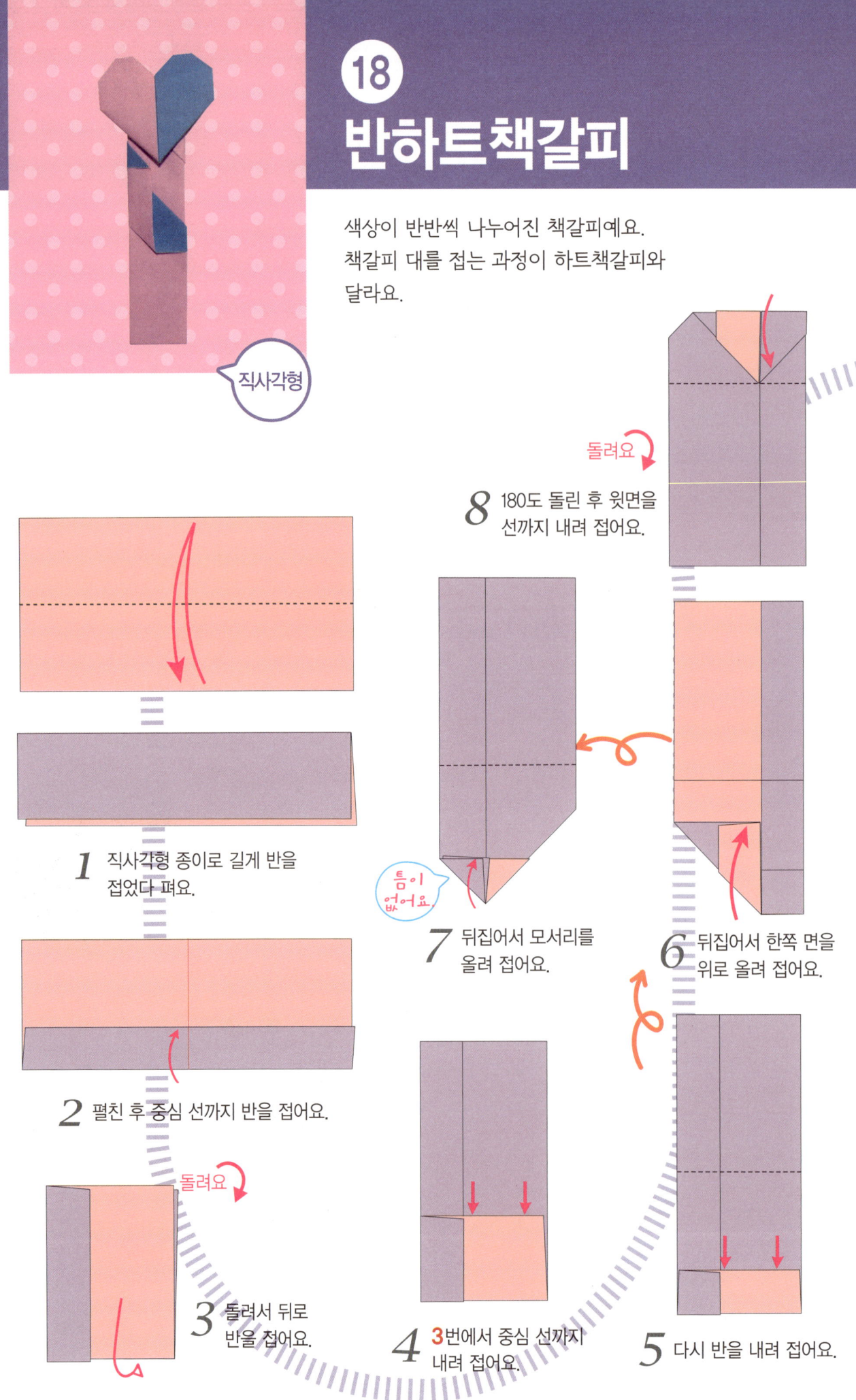

반하트책갈피

색상이 반반씩 나누어진 책갈피예요.
책갈피 대를 접는 과정이 하트책갈피와
달라요.

직사각형

돌려요

8 180도 돌린 후 윗면을 선까지 내려 접어요.

1 직사각형 종이로 길게 반을 접었다 펴요.

2 펼친 후 중심 선까지 반을 접어요.

돌려요

3 돌려서 뒤로 반을 접어요.

틈이 없어요.

7 뒤집어서 모서리를 올려 접어요.

6 뒤집어서 한쪽 면을 위로 올려 접어요.

4 3번에서 중심 선까지 내려 접어요.

5 다시 반을 내려 접어요.

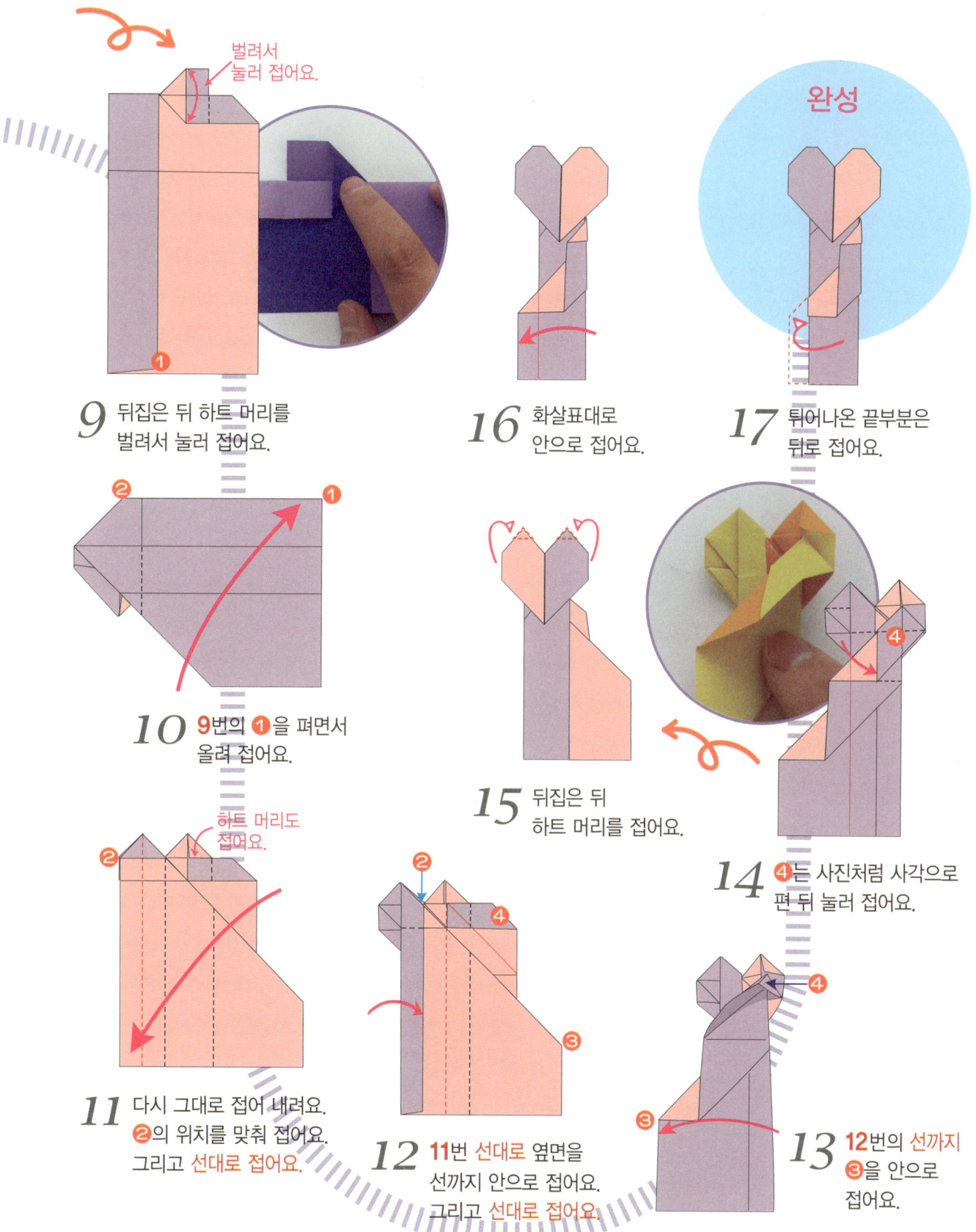

벌려서
눌러 접어요.

9 뒤집은 뒤 하트 머리를
벌려서 눌러 접어요.

16 화살표대로
안으로 접어요.

완성

17 튀어나온 끝부분은
뒤로 접어요.

10 9번의 ❶을 펴면서
올려 접어요.

15 뒤집은 뒤
하트 머리를 접어요.

14 ❹는 사진처럼 사각으로
편 뒤 눌러 접어요.

하트 머리도
접어요.

11 다시 그대로 접어 내려요.
❷의 위치를 맞춰 접어요.
그리고 선대로 접어요.

12 11번 선대로 옆면을
선까지 안으로 접어요.
그리고 선대로 접어요.

13 12번의 선까지
❸을 안으로
접어요.

직사각형

⑲ 하트액자 or 반하트책갈피

하나를 접어 책갈피로 사용해요. 그리고
3개를 더 접어 멋진 액자를 만들어 사진을
넣어 보세요.

＊10 반반쌍하트, 1번까지 접어요.

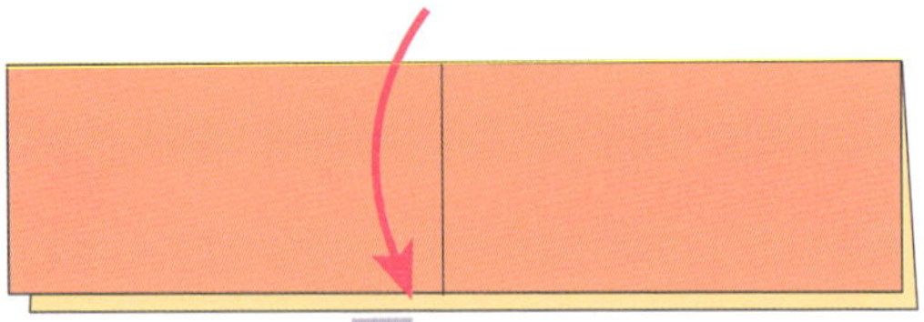

2 편 뒤 길게 반을 접어요.

돌려요

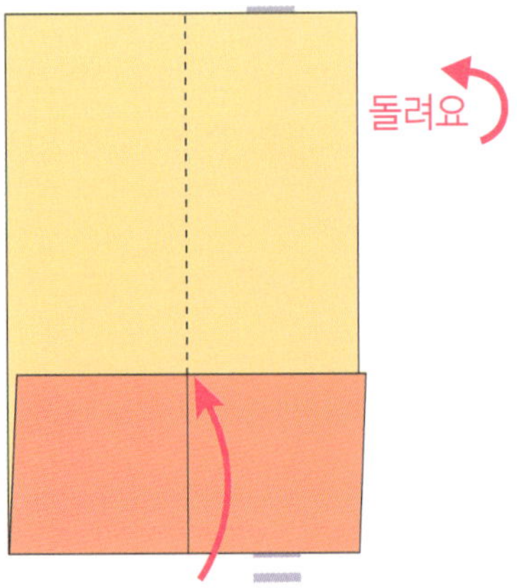

3 펼친 뒤 돌려서 중심
선에 맞춰 올려 접어요.

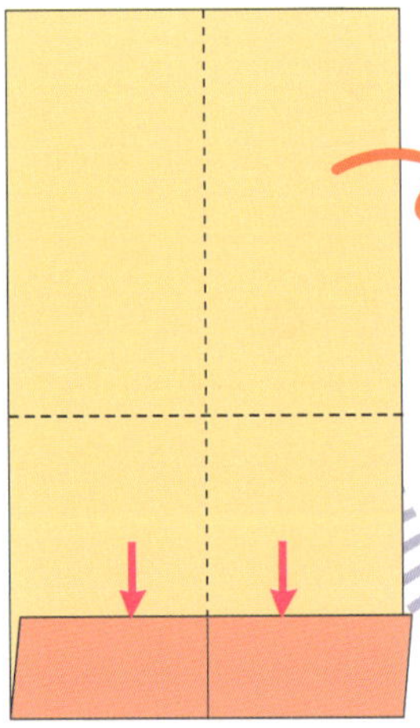

4 **3**번의 접은 면에서
반만 내려 접어요.

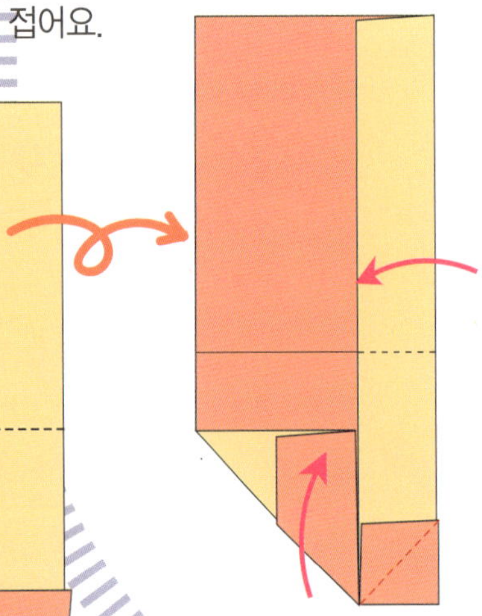

5 뒤집어서 옆면을 안으로
접은 뒤 밑면은 위로
올려 접어요.

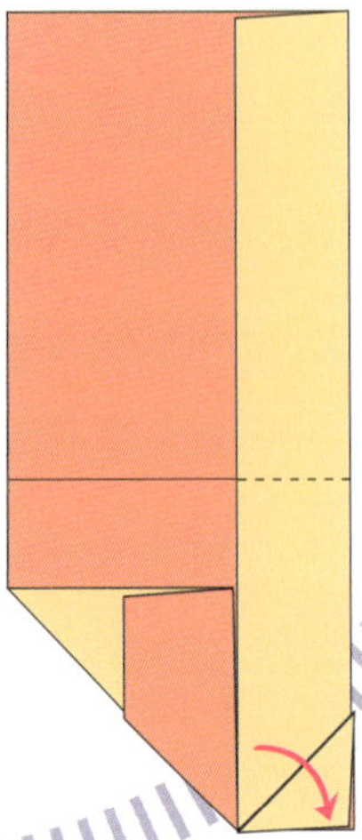

6 모서리를
내려 접어요.

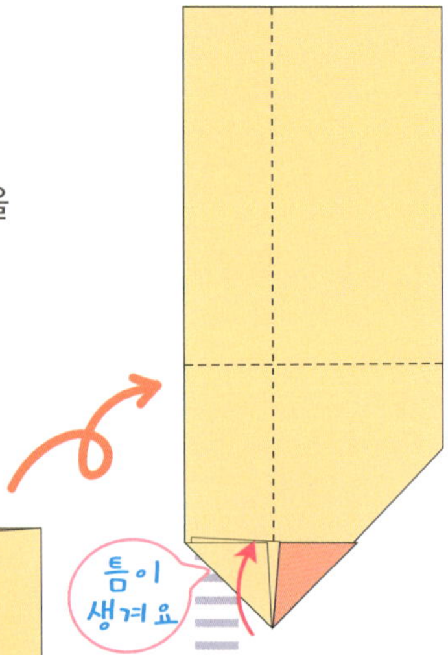

틈이
생겨요

7 뒤집어서 모서리를
올려 접어요.

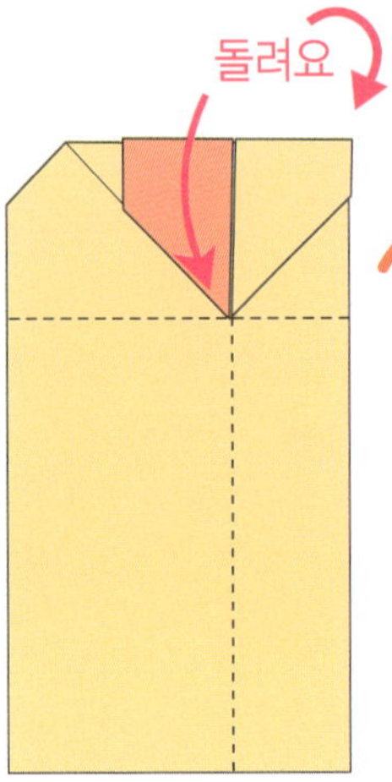

돌려요

8 180도 돌린 후 윗면을
선까지 내려 접어요.

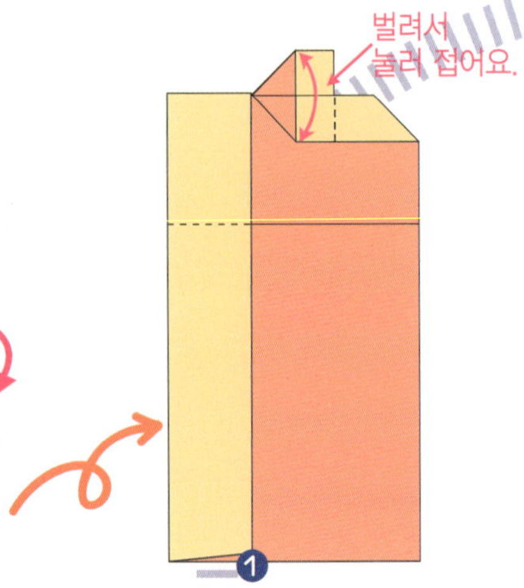

벌려서
눌러 접어요.

❶

9 뒤집은 뒤 하트 머리를
벌려서 눌러 접어요.

52 특이하고 특별한 **종이접기**

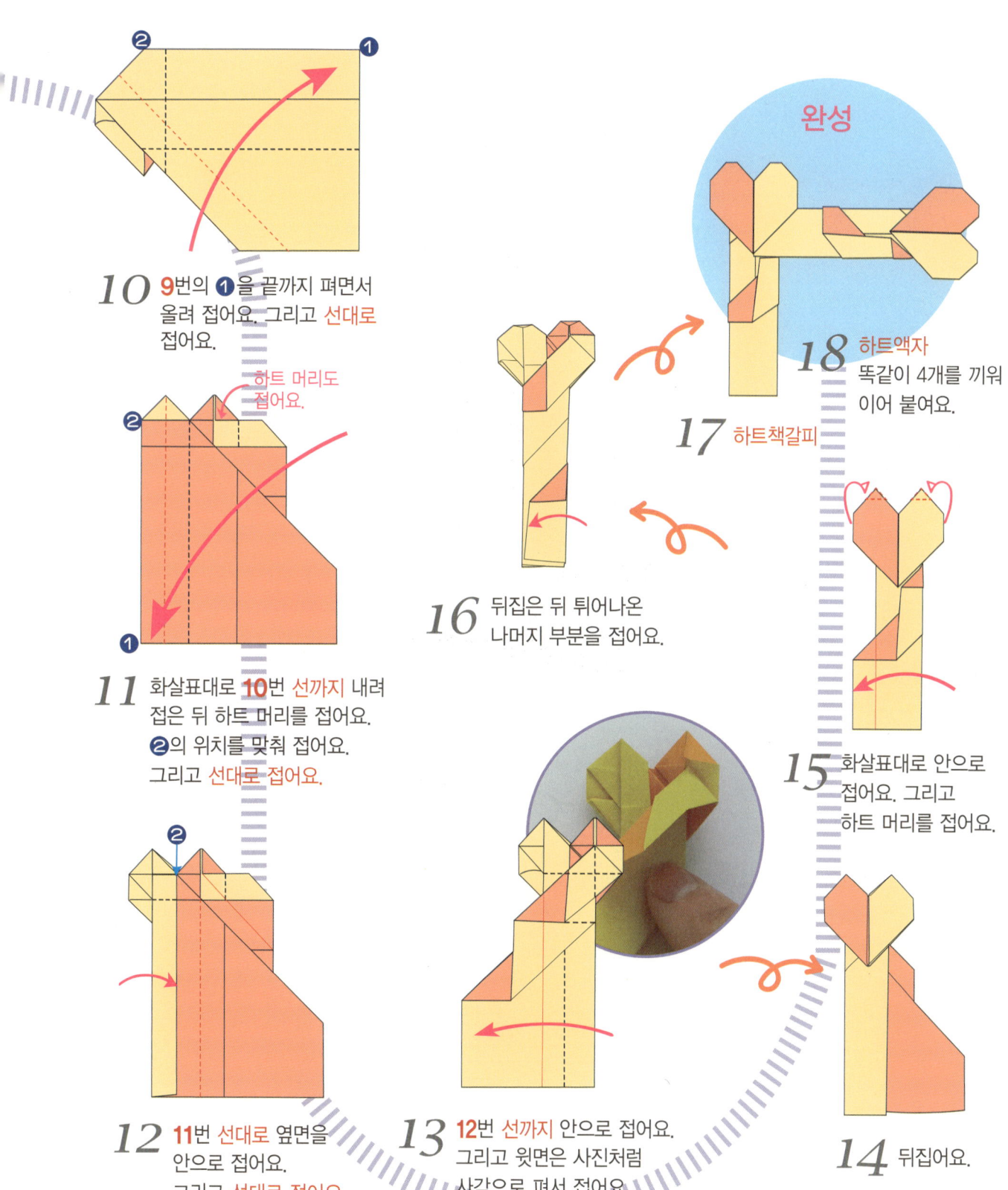

완성

10 9번의 ❶을 끝까지 펴면서 올려 접어요. 그리고 선대로 접어요.

하트 머리도 접어요.

11 화살표대로 10번 선까지 내려 접은 뒤 하트 머리를 접어요. ❷의 위치를 맞춰 접어요. 그리고 선대로 접어요.

18 하트액자 똑같이 4개를 끼워 이어 붙여요.

17 하트책갈피

16 뒤집은 뒤 튀어나온 나머지 부분을 접어요.

15 화살표대로 안으로 접어요. 그리고 하트 머리를 접어요.

12 11번 선대로 옆면을 안으로 접어요. 그리고 선대로 접어요.

13 12번 선까지 안으로 접어요. 그리고 윗면은 사진처럼 사각으로 펴서 접어요.

14 뒤집어요.

다양한

편지봉투,
계급장 접기

20
편지봉투

여러 개를 접어 보고 싶은 친구에게
편지를 전해 보세요.

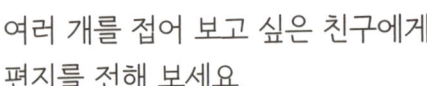

정사각형

완성

1 정사각형 종이로 반을 접었다
펴요. 그리고 그 상태에서
그대로 다시 반을 접었다 펴요.

2 삼각형의 한 겹만 아래로
내려 접어요.

3 옆면을 안으로 접어요.

5 편지를 넣고 선대로
윗면을 접어 내려요.

편지를
넣어요.

4 반대편도 똑같이 접은 뒤
틈에 끼워 넣어요.

＊A4 용지 또는 직사각형
종이로 접으면 편지지까지
얻을 수 있어요.

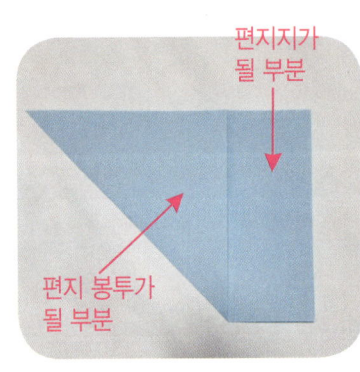

편지지가
될 부분

편지 봉투가
될 부분

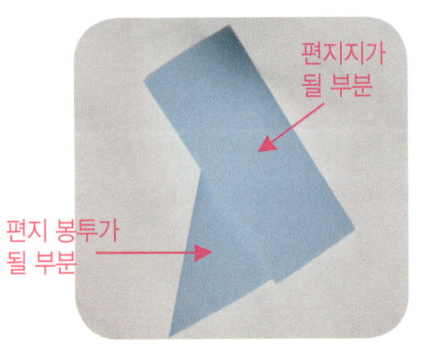

편지지가
될 부분

편지 봉투가
될 부분

21 반편지봉투

★★★☆☆

색상이 반반씩 나뉘어져 서로 교차되는
색이 예쁜 편지봉투예요.

정사각형

＊20 편지봉투, 1번까지 접어요.

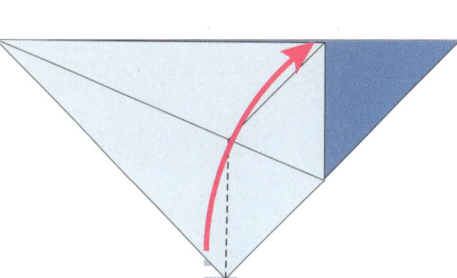

2 세모로 접은 뒤 한 겹만
화살표대로 위로 펼쳐 접어요.

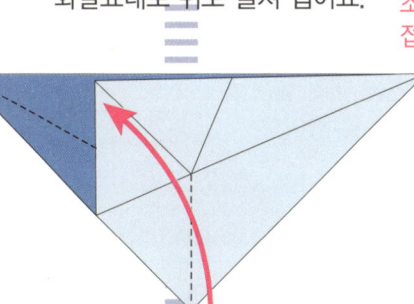

3 편 뒤 맞은쪽도 똑같이 올려
접어요. (뒤집지 않아요.)

돌려요

펼쳐요

①

①

4 펼쳐서 뒤집은 뒤
돌려요. 선이 생겼어요.

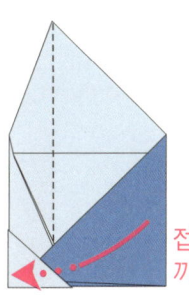

9 반대쪽도 똑같이 접고
삼각 틈에 끼워 넣어요.

접어서 틈에
끼워 넣어요.

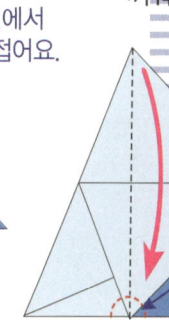

조금 겹쳐
접어요.

7번 접은 끝면에서
좀더 안으로 접어요.

8 옆면을 내려 접은 선
방향으로 접어요.

6 끝부분을 올려 접어요.

Point

먼저 반을
접어요.

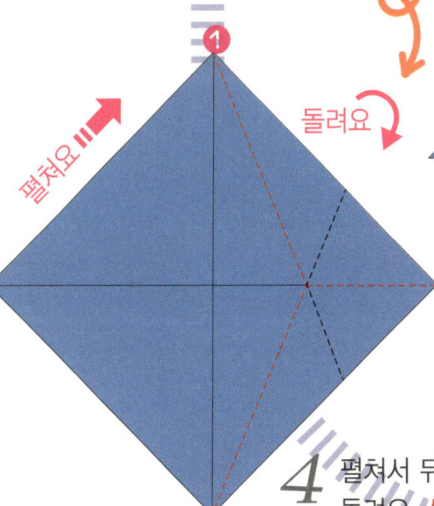

5 4번 상태에서 뒤로 세모의
반을 접은 뒤 ①선대로
반을 뒤집어 접어요.

완성

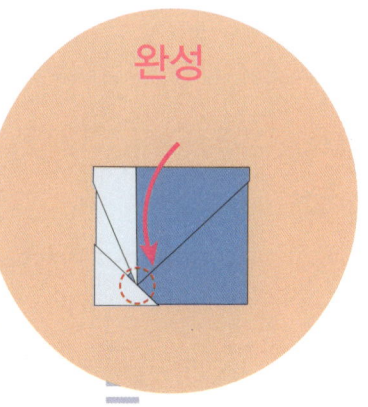

10 편지를 안에 넣고 윗면도
접어 내린 뒤 끝면은 틈에
끼워 넣어요.

꼭지를
끝에 맞춰요.

7 뒤집여서 삼각의 한 겹을
아래로 내려 접어요.

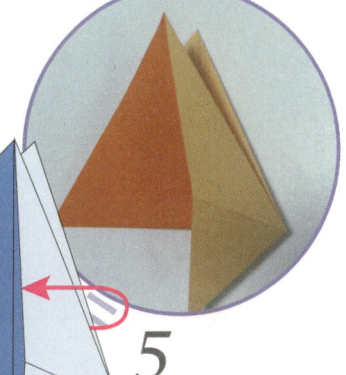

22 반편지봉투2

★★★☆☆

'반편지봉투'와 거의 비슷하지만
접는 과정에서 6번부터 방향을 반대로
접어요.

＊20 편지봉투, 1번까지 접어요.

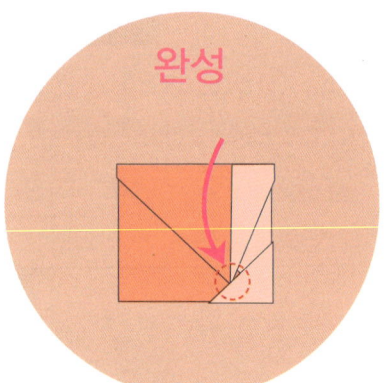

9 반대쪽도 똑같이 접고
삼각 틈에 끼워 넣어요.

완성

10 편지를 안에 넣고 윗면도
접어 내린 뒤 끝면은 틈에
끼워 넣어요.

2 세모로 접은 뒤 한 겹만
위로 펼쳐 접어요.

7번 접은 끝면에서
좀더 안으로
접어요.

조금 겹쳐
접어요.

8 옆면을 내려 접은 선
방향으로 접어요.

3 반대쪽도 똑같이 올려
접어요. (뒤집지 않아요.)

반편지봉투와
반대 방향으로
접어요.

7 다시 뒤집어서 윗면을 아래
끝선에(점선 원) 맞춰 내려
접어요.

돌려요

6 뒤집은 뒤 끝부분을
올려 접어요.

펼쳐요

Point

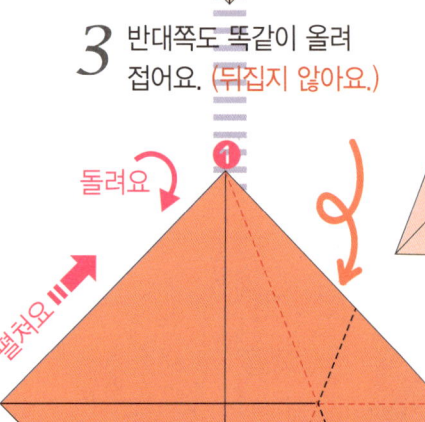

4 펼쳐서 뒤집은 뒤
돌려요. 선이 생겼어요.

먼저 반을
접어요.

5 4번 상태에서 뒤로 세모의
반을 접은 뒤 ❶선대로
반을 뒤집어 접어요.

쌍편지봉투

입구를 덮고 옆으로 끼워 넣으면
전혀 열릴 것 같지 않은 편지 봉투예요.

직사각형

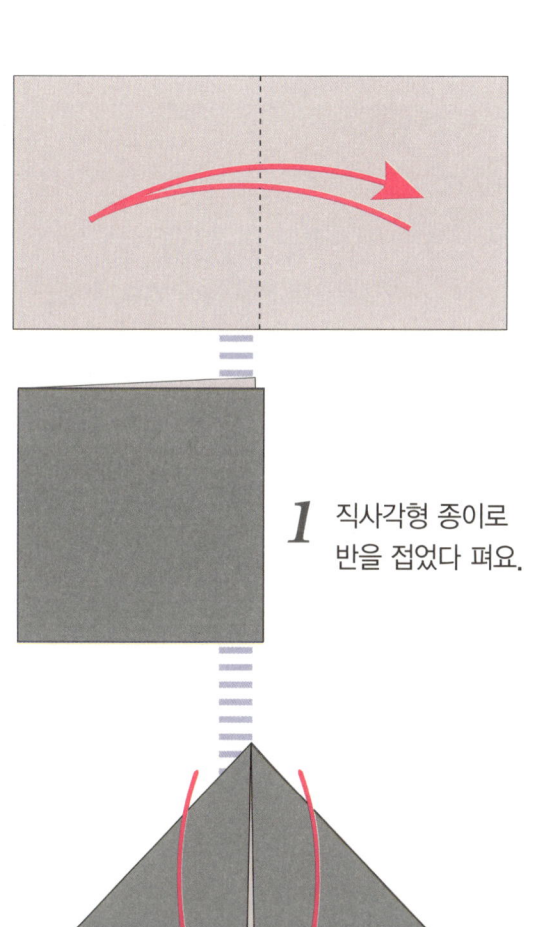

1 직사각형 종이로
반을 접었다 펴요.

2 펼친 뒤 좌우 세모를 접어요.

3 한쪽 면을 위로
올려 접어요.

4 나머지 한쪽 면도
접어 올려요.

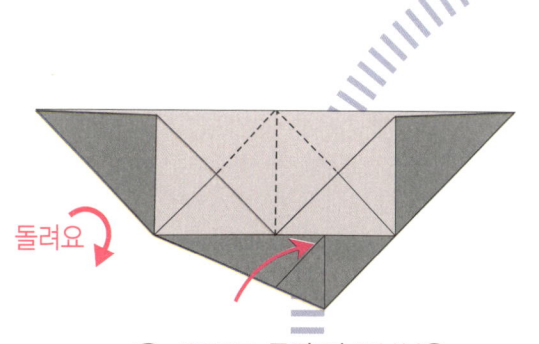

돌려요

6 180도로 돌린 뒤 끝부분을
위처럼 선에 맞춰 올려
접어요.

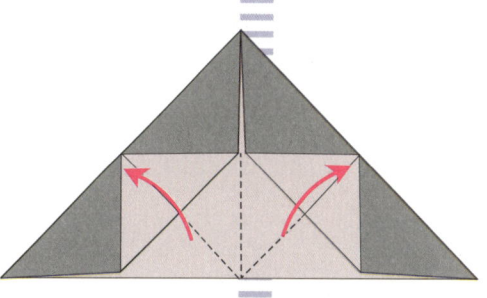

5 다시 *2*번 상태에서 좌우 모두
한 겹씩 선에 맞춰 접어 올려요.

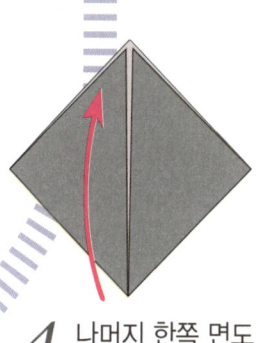

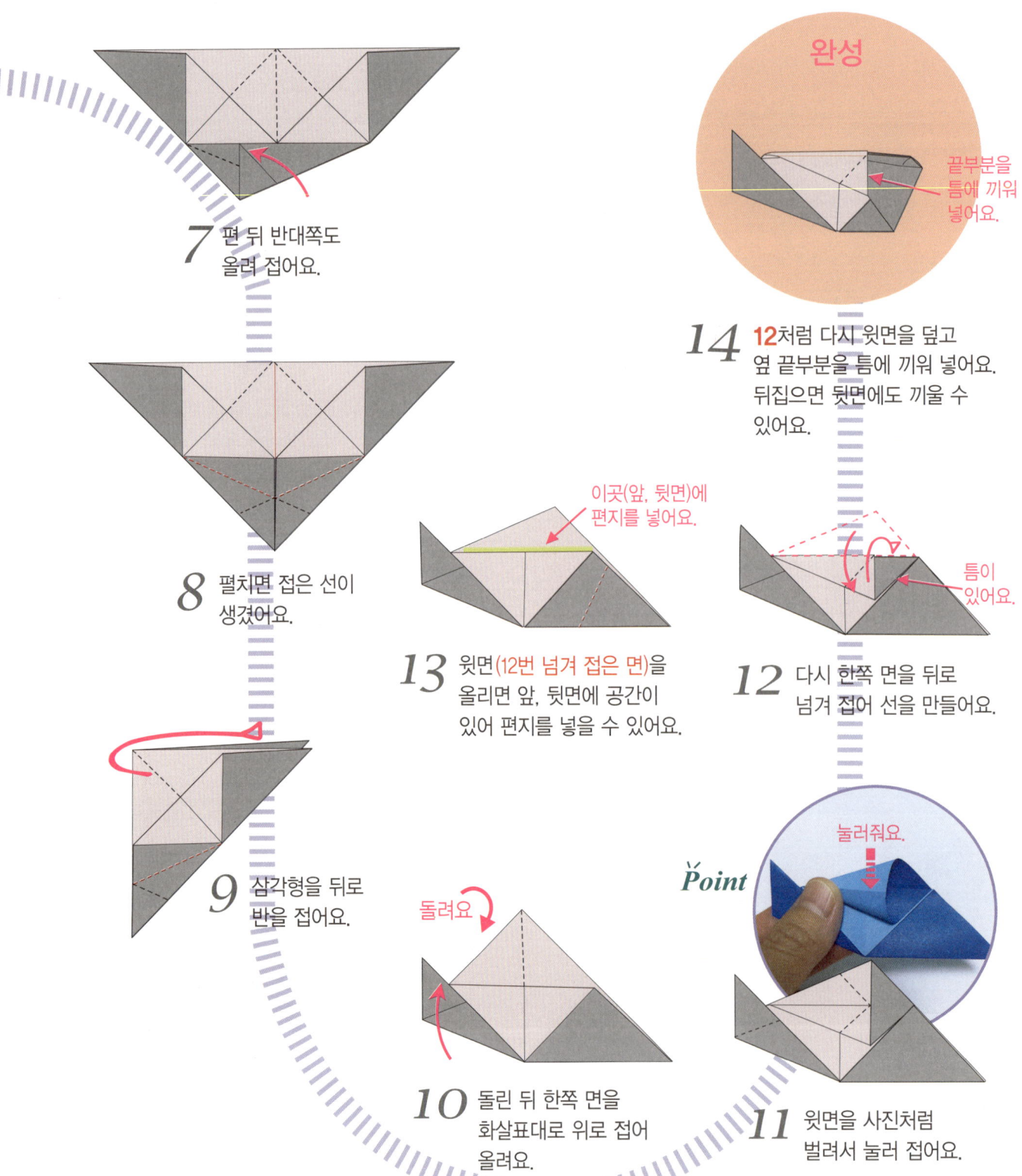

완성

끝부분을 틈에 끼워 넣어요.

7 편 뒤 반대쪽도 올려 접어요.

14 12처럼 다시 윗면을 덮고 옆 끝부분을 틈에 끼워 넣어요. 뒤집으면 뒷면에도 끼울 수 있어요.

8 펼치면 접은 선이 생겼어요.

이곳(앞, 뒷면)에 편지를 넣어요.

틈이 있어요.

13 윗면(12번 넘겨 접은 면)을 올리면 앞, 뒷면에 공간이 있어 편지를 넣을 수 있어요.

12 다시 한쪽 면을 뒤로 넘겨 접어 선을 만들어요.

9 삼각형을 뒤로 반을 접어요.

돌려요

눌러줘요.

Point

10 돌린 뒤 한쪽 면을 화살표대로 위로 접어 올려요.

11 윗면을 사진처럼 벌려서 눌러 접어요.

직사각형

24 쌍편지봉투2

★★★☆☆

접은 모양은 편지봉투라고 생각되지 않을
만큼 동글동글하고 귀여운 모양이에요.
밑면을 뒤집어 접는 것에 주의해서 접어요.

＊23 쌍편지봉투, 1번까지 접어요.

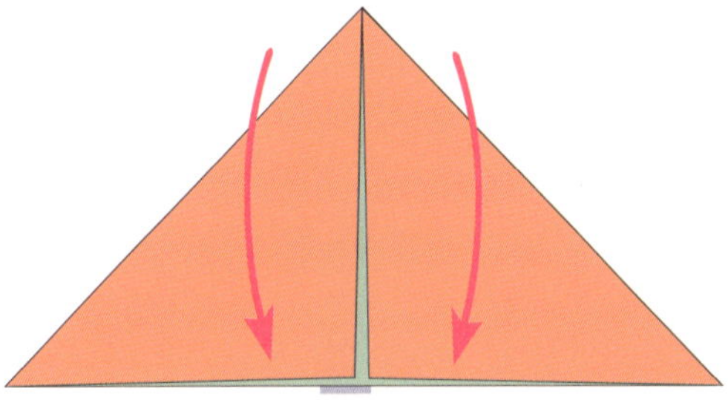

2 펼친 뒤 좌우 세모를 접어요.

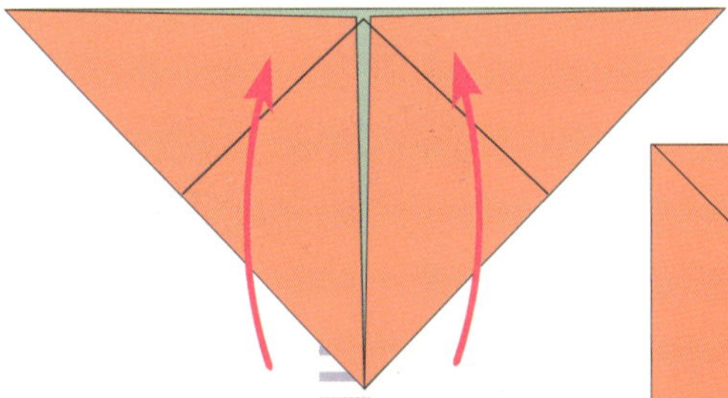

3 다시 펼친 뒤 좌우 위로
올려 접어요.

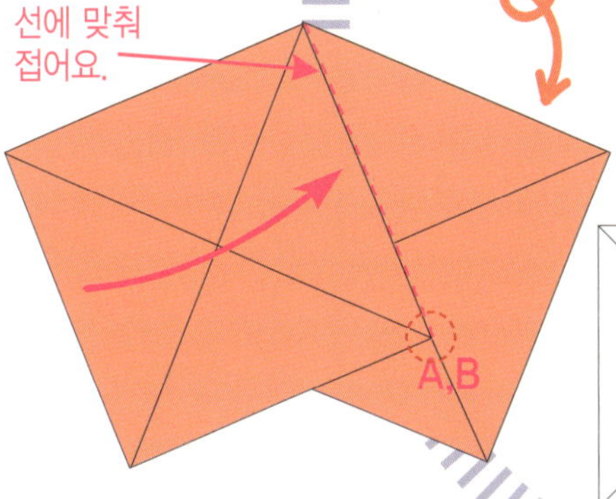

선에 맞춰
접어요.

A B

4 펼친 뒤 뒤집어요. 그리고
A를 B지점에 맞춰 접어요.

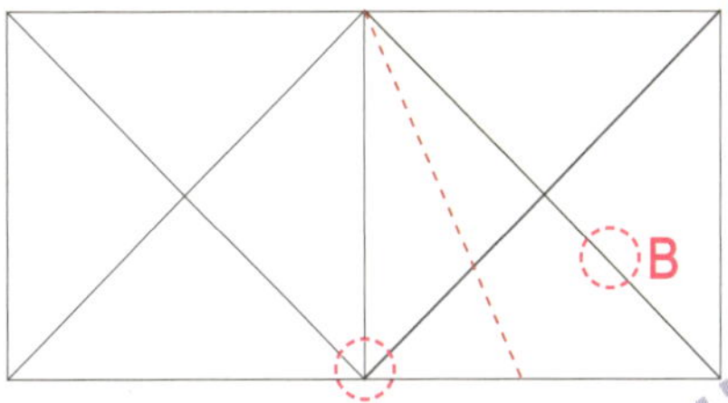

A   B

A를 B지점에 맞춰
접어요.

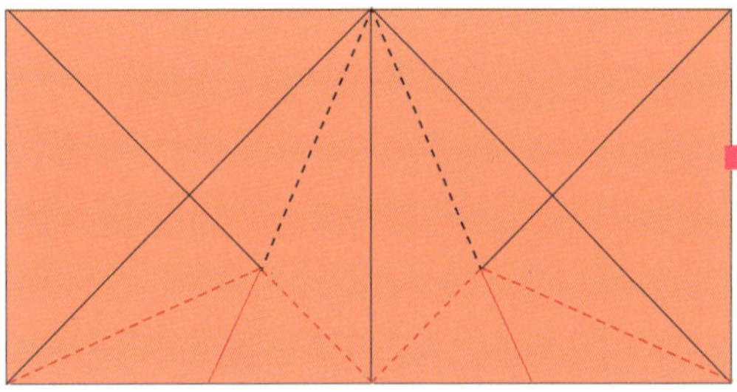

6 다시 펼친 뒤 선대로 접어요.

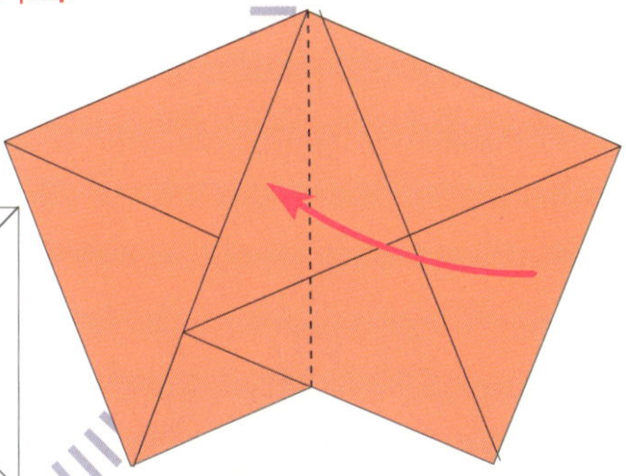

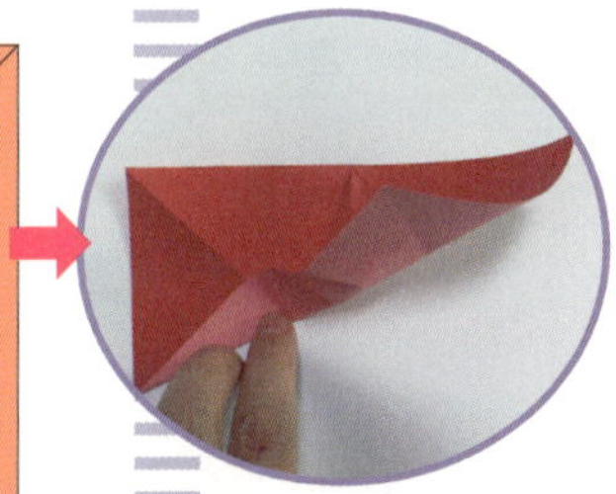

5 반대쪽도 똑같이 접어요.

좌우 아랫면을
선에 맞춰 접어요.

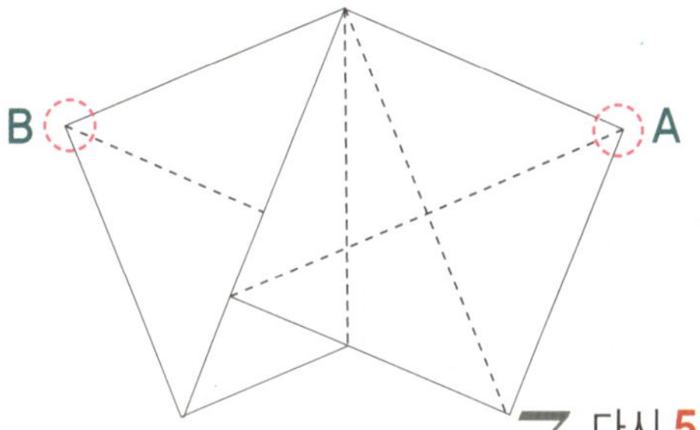

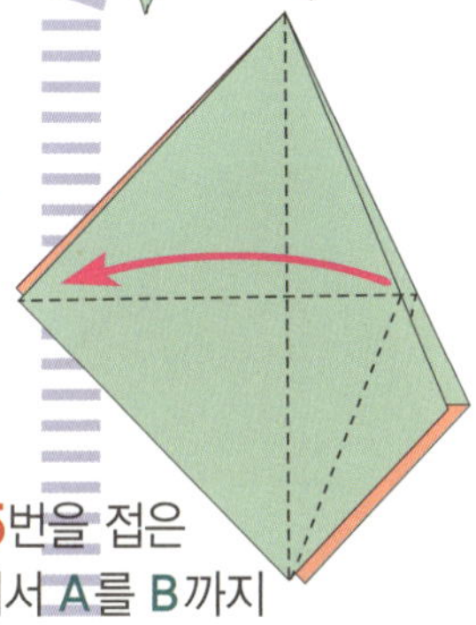

7 다시 5번을 접은
상태에서 A를 B까지
덮어 접어요.

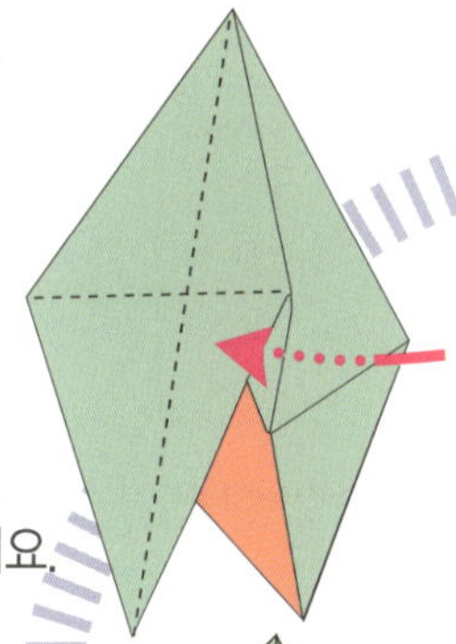

B   A

8 7번에서 접은 뒷면의
끝부분을 안으로 접어요.

쌍편지봉투2

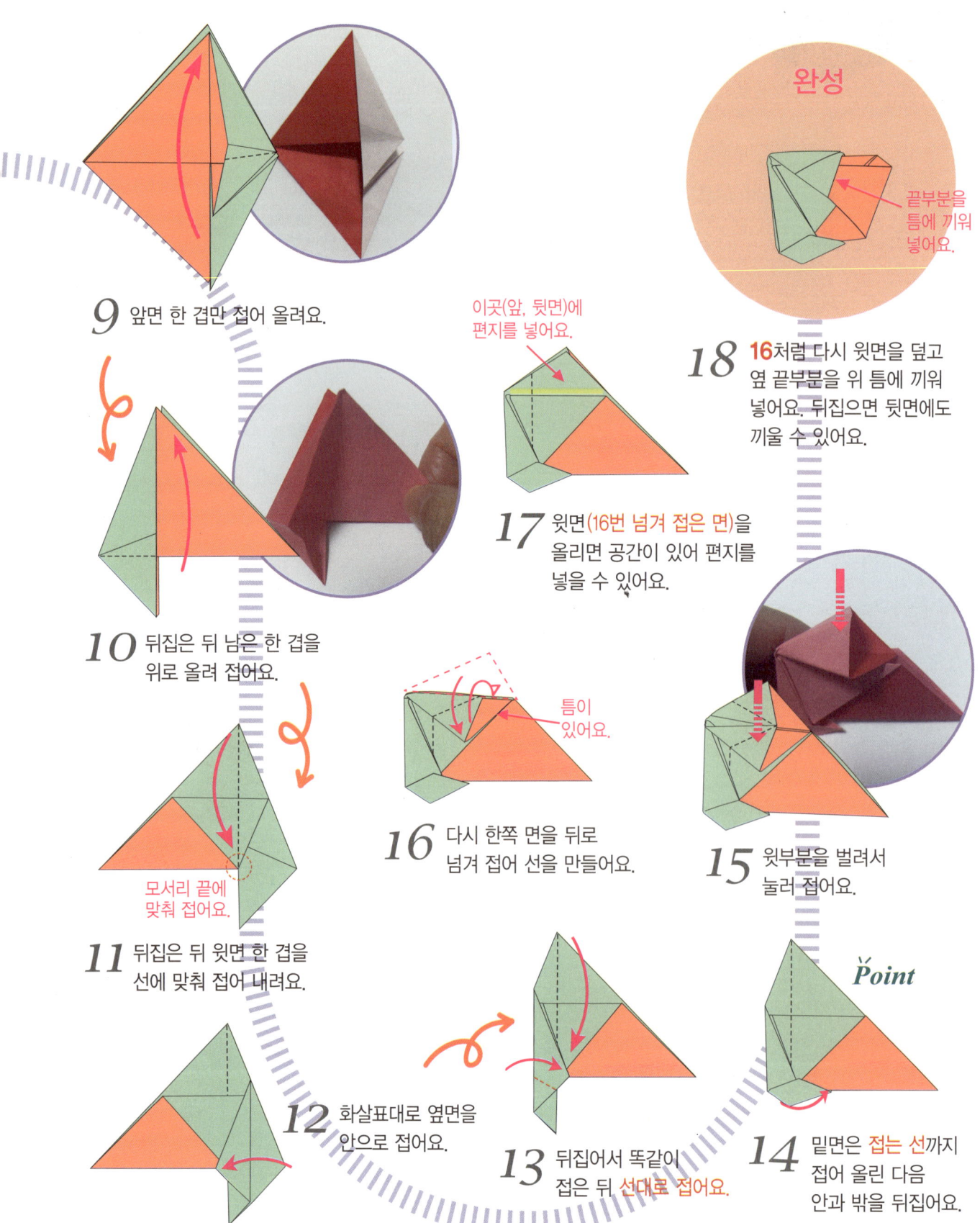

9 앞면 한 겹만 접어 올려요.

10 뒤집은 뒤 남은 한 겹을 위로 올려 접어요.

11 뒤집은 뒤 윗면 한 겹을 선에 맞춰 접어 내려요.

모서리 끝에 맞춰 접어요.

12 화살표대로 옆면을 안으로 접어요.

13 뒤집어서 똑같이 접은 뒤 선대로 접어요.

14 밑면은 접는 선까지 접어 올린 다음 안과 밖을 뒤집어요.

Point

15 윗부분을 벌려서 눌러 접어요.

16 다시 한쪽 면을 뒤로 넘겨 접어 선을 만들어요.

틈이 있어요.

17 윗면(16번 넘겨 접은 면)을 올리면 공간이 있어 편지를 넣을 수 있어요.

이곳(앞, 뒷면)에 편지를 넣어요.

18 16처럼 다시 윗면을 덮고 옆 끝부분을 위 틈에 끼워 넣어요. 뒤집으면 뒷면에도 끼울 수 있어요.

완성

끝부분을 틈에 끼워 넣어요.

25 카네이션

★★★☆☆

어버이날 또는 스승의 날에 카네이션을
직접 접어 감사의 마음을 표현해요.

＊카네이션 줄기 접는 방법은 카네이션과
똑같이 접어요. (초록색 색종이로 접어요.)

정사각형

＊20 편지봉투, 1번까지 접어요.

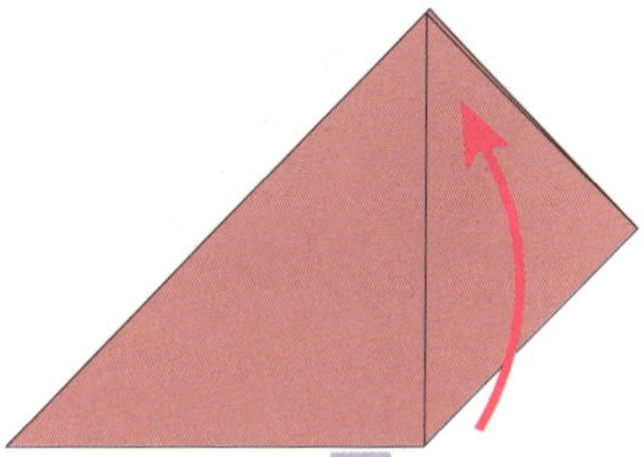

완성

2 한쪽 면을 올려 접어요.

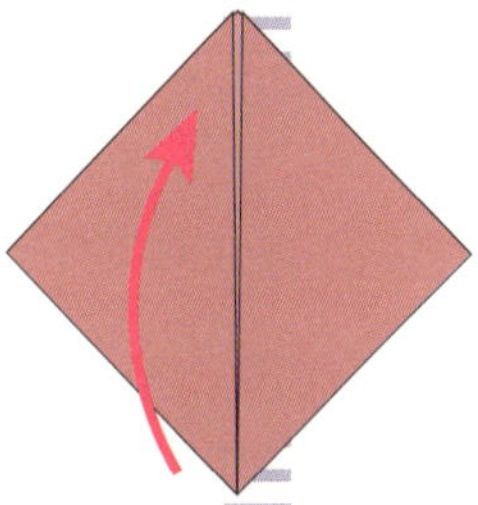

3 나머지 한쪽도
올려 접어요.

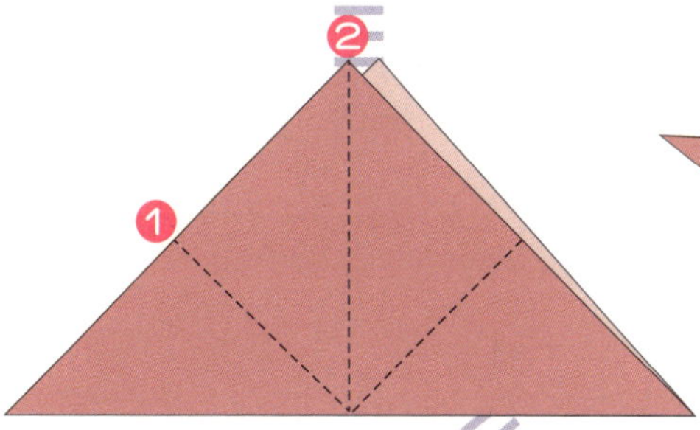

4 다시 펼쳐요.

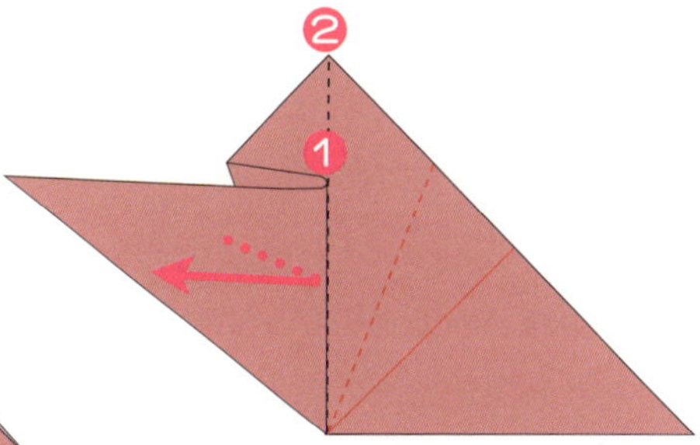

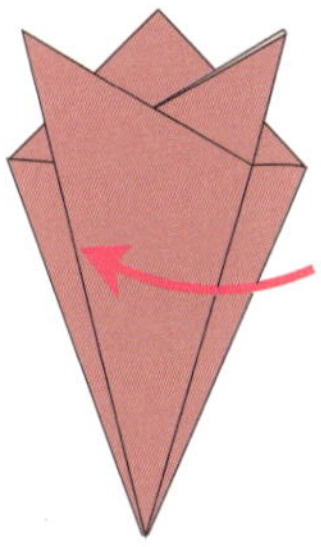

8 나머지 한쪽 면도 접어요.
똑같이 네 개를 접어요.

5 4번의 ①을 ②까지
안으로 접어요.

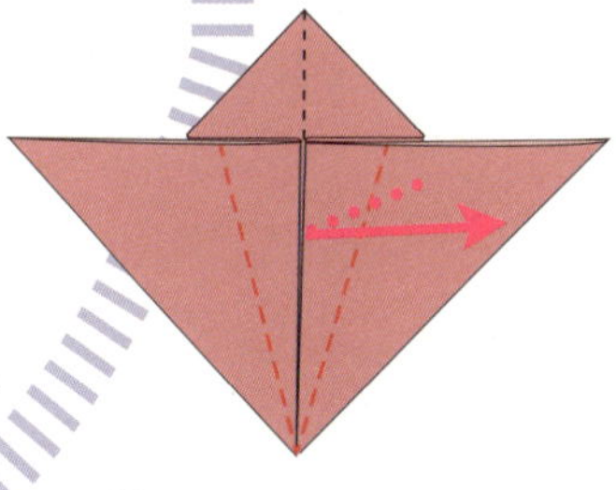

6 반대 면도 접어요.
그리고 선대로 접어요.

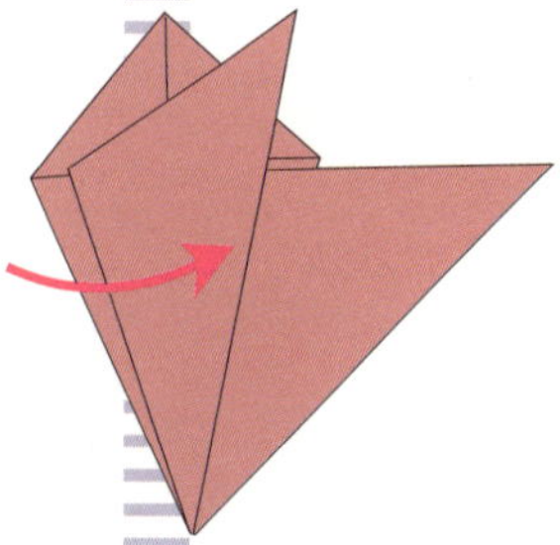

9 카네이션과 카네이션
줄기를 합쳐요.

7 6번 선대로
안으로 접어요.

26 쌍카네이션

앞, 뒤로 카네이션 잎이 있어, 훨씬 풍성한
느낌이에요. 하지만 일정하게 잎의 크기를
맞추어 접어요.

직사각형

*23 쌍편지봉투, 1번까지 접어요.

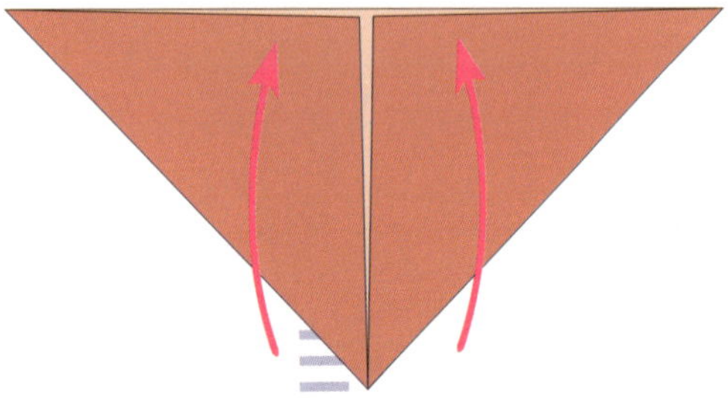

2 펼친 뒤 좌우 세모를 접어요.

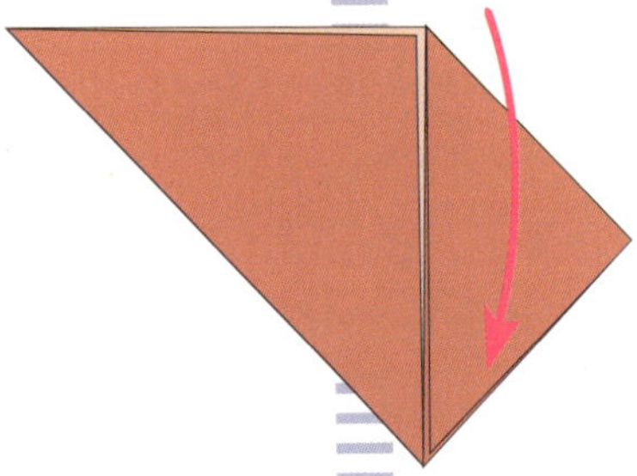

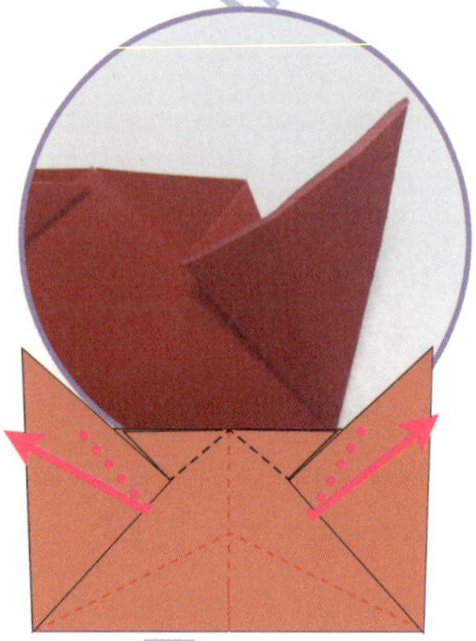

9 좌우 접었던 면을 앞으로
빼며 8번 접는 선은 안으로
접어요.

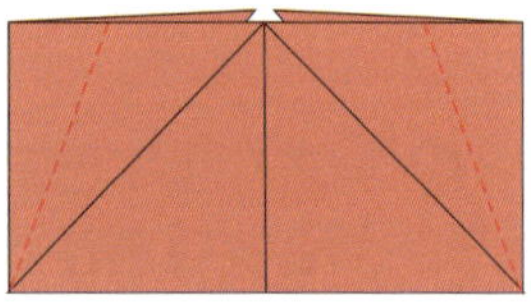

8 뒤집은 뒤 선대로 접어요.

3 한쪽만 위로 내려 접어요.

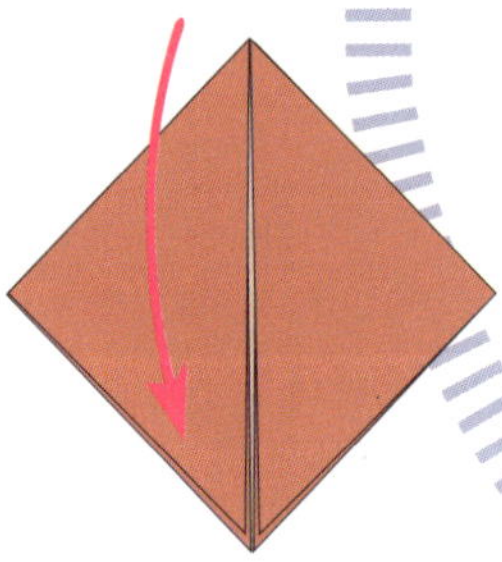

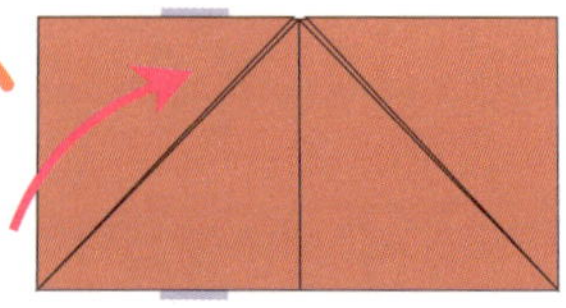

7 나머지 한 면도 접어요.

4 나머지 한쪽 면도
접어 내려요.

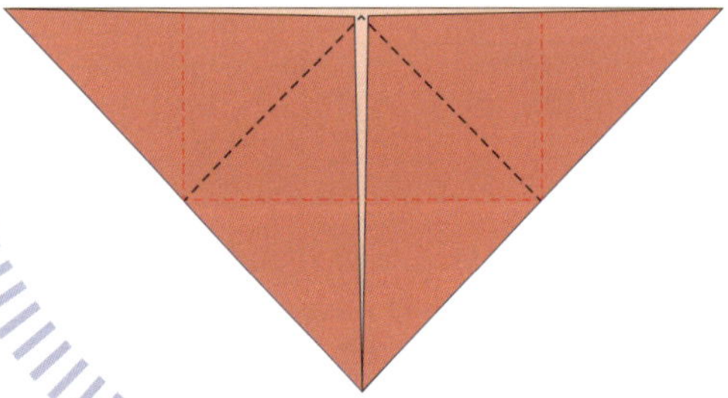

5 펼친 뒤 선대로 접어요.

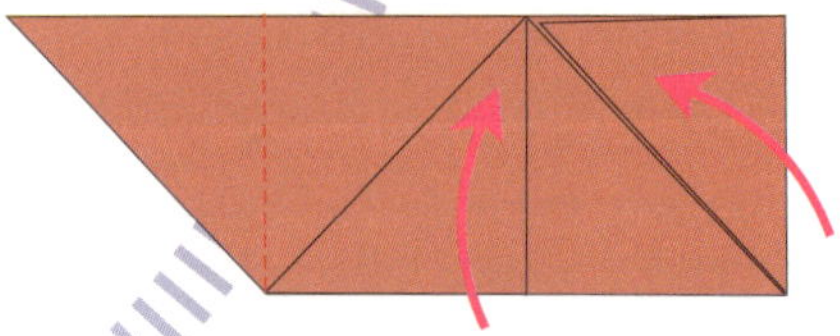

6 아랫면을 올려 접고
옆면도 안으로 접어요.

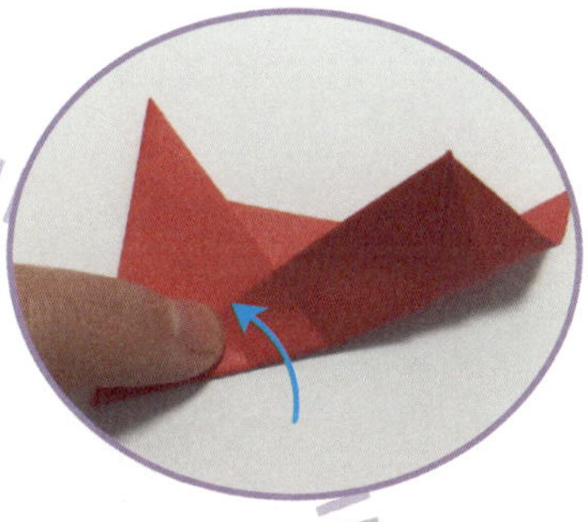

10 **9**번 접은 선에 맞춰 좌우 **선대로** 접어 선을 만들어요. 중심까지만 접어요.

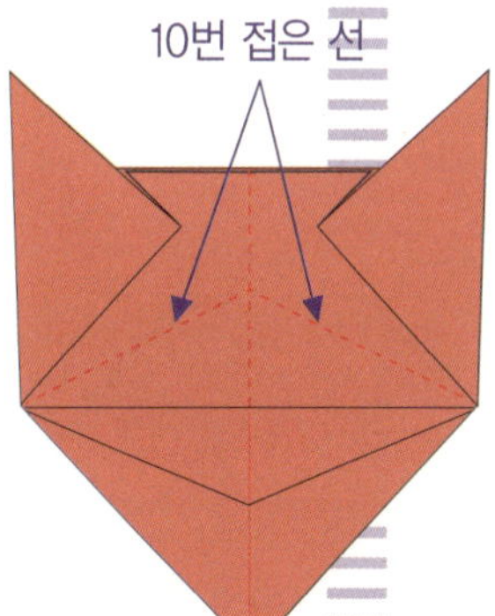

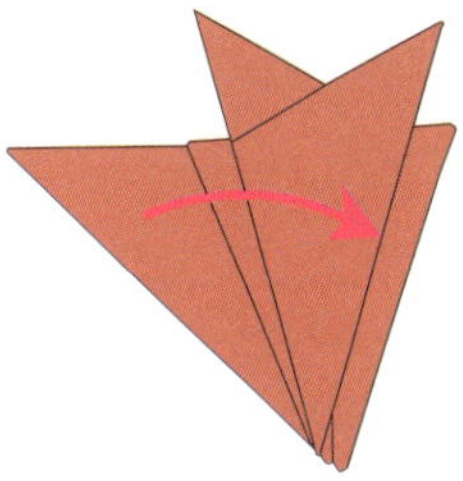

17 한 겹을 안으로 접어요.

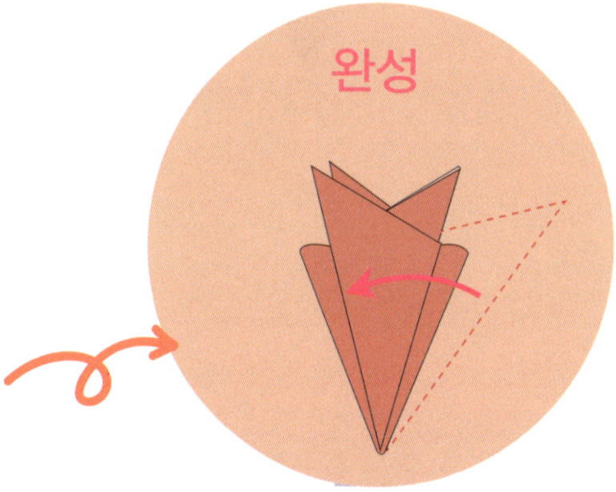

완성

18 뒤집어서 남은 한 겹은 안으로 접어요.

10번 접은 선

11 뒷면을 펴서 내리면 접은 선이 나타나요.

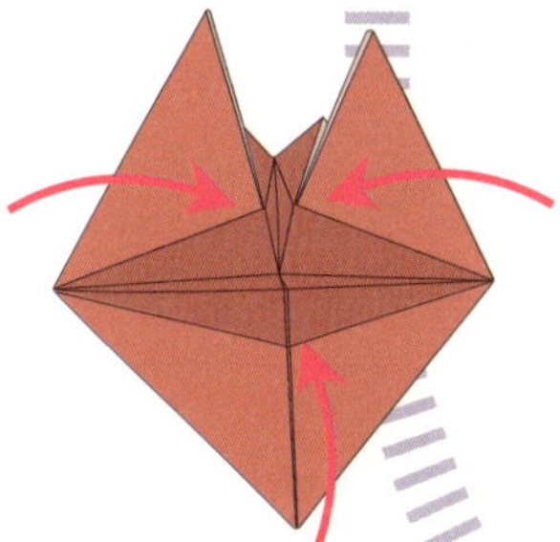

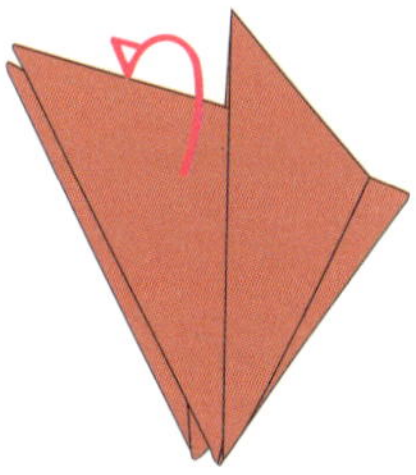

16 뒤로 완전히 반을 접은 모양이에요.

Point

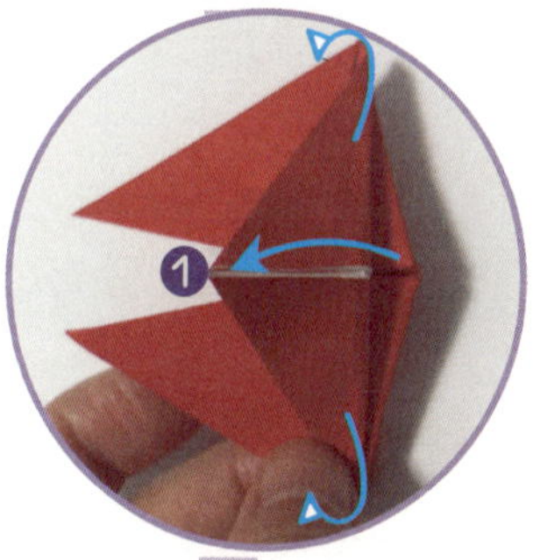

15 다시 편 뒤 **1**을 화살표 방향으로 넘겨 접어요. (뒷면보다 조금 더 짧게 위로 접어요.) 위, 아래 끝을 잡고 뒤로 넘겨 접어요.

12 **접은 선**대로 좌우, 아래를 안으로 모아 접어요.

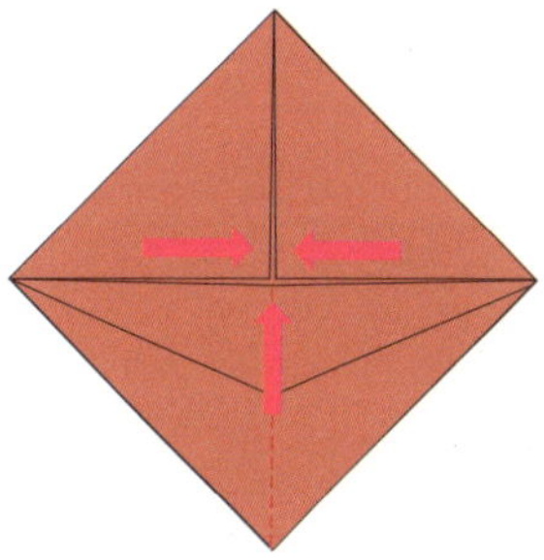

13 완전히 오무려 접어요.

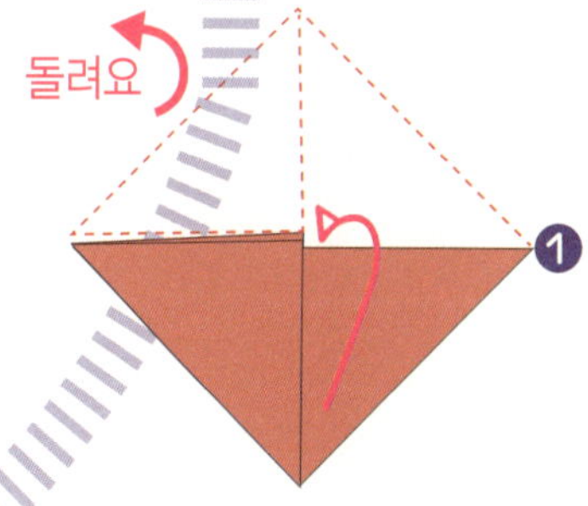

돌려요

14 돌린 뒤 뒤로 반을 접어요.

㉗ 반쌍카네이션

카네이션의 앞, 뒤 색상이 달라서 여러개
접으면 두 가지 색상의 카네이션이 되어 **훨씬
다양해 보여요.**

💬 직사각형

✽ 카네이션의 앞, 뒤 색이 달라요.

✽ 23 쌍편지봉투, 1번까지 접어요.

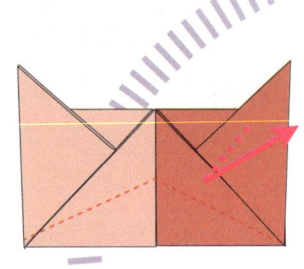

9 반대 면도 똑같이 접어요.

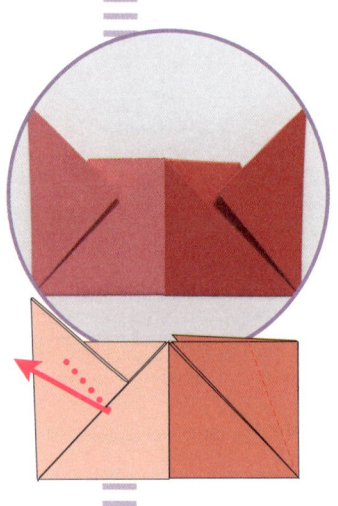

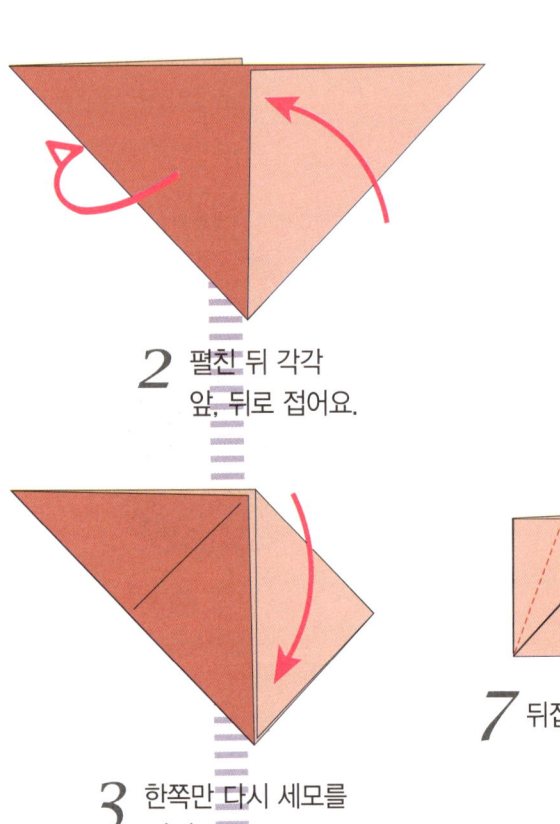

2 펼친 뒤 각각
앞, 뒤로 접어요.

3 한쪽만 다시 세모를
접어요.

4 나머지 한쪽 면도 접어요.

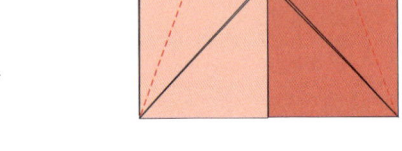

7 뒤집은 뒤 선대로 접어요.

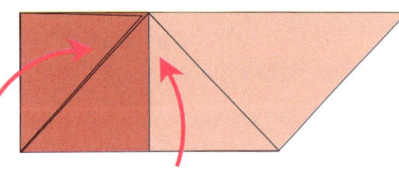

5 펼친 뒤 아랫면은 올려접고
옆면도 안으로 접어요.

8 좌우 접었던 면을 앞으로
빼며 7번 접는 선은 안으로
접어요.

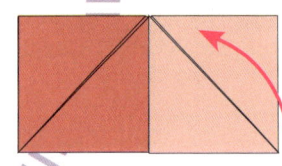

6 나머지 한 면도 접어요.

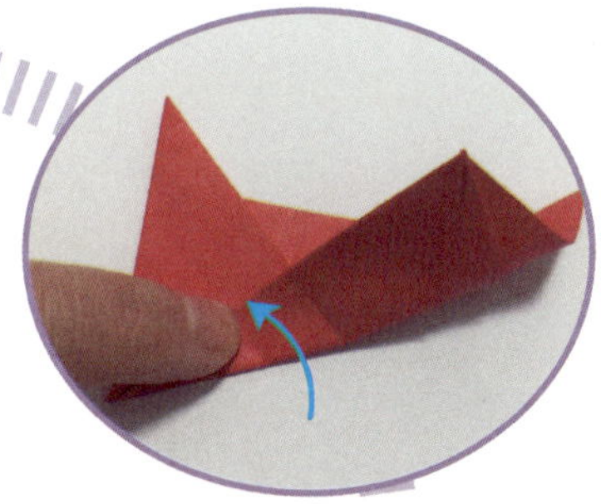

10 9번 접는 선에 맞춰 좌우 접어 선을 만들어요. 중심까지만 접어요.

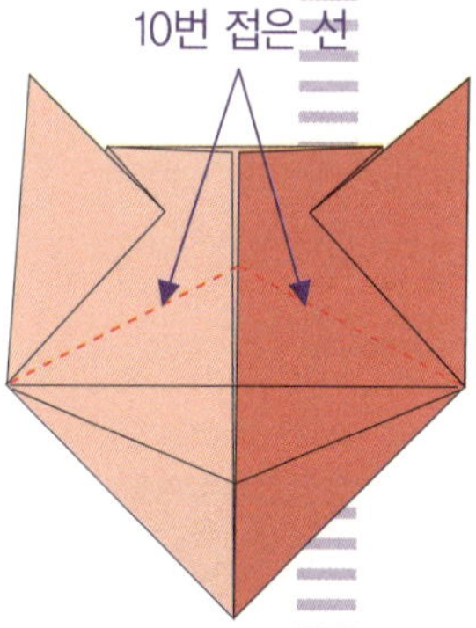

10번 접은 선

11 뒷면을 펴서 내리면 접은 선이 나타나요.

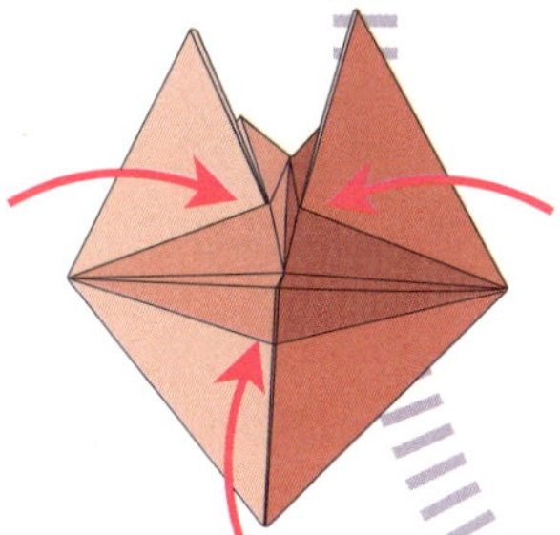

12 접은 선대로 좌우, 아래를 안으로 모아 접어요.

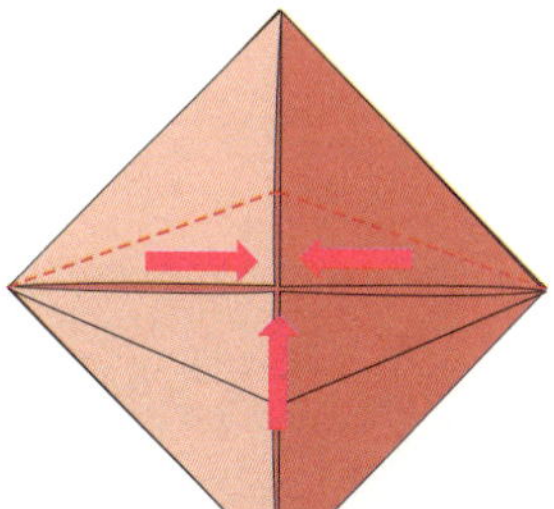

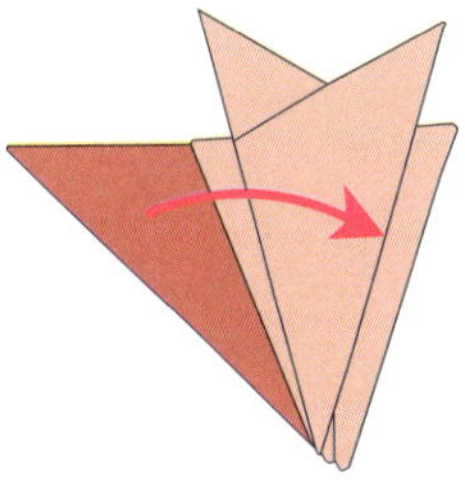

17 한 겹을 안으로 접어요.

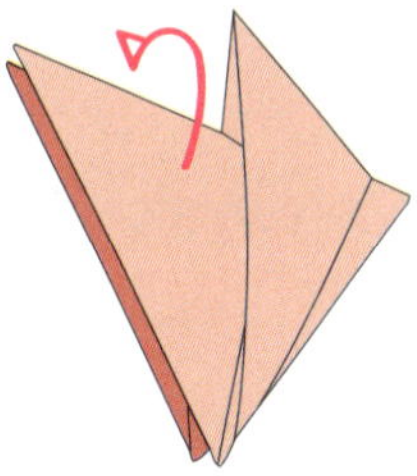

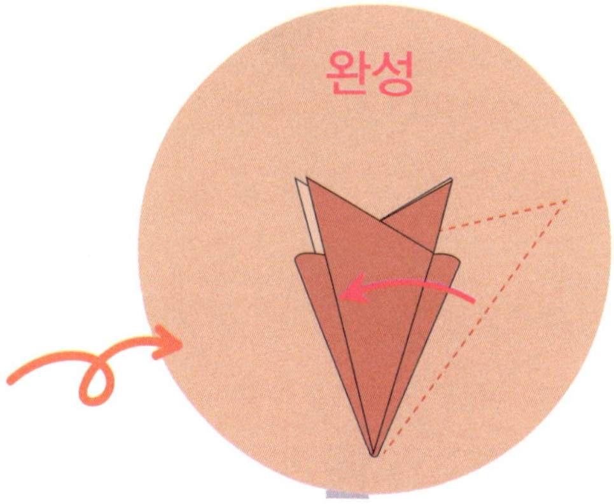

16 뒤로 완전히 반을 접은 모양이에요.

13 완전히 오무려 접어요.

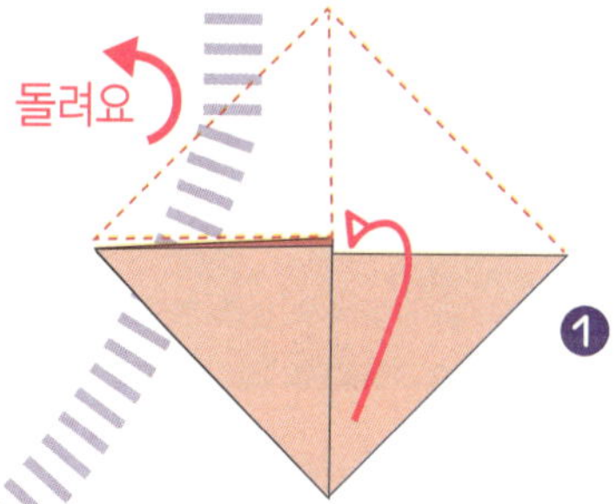

18 뒤집어서 진한 한 겹은 안으로 접어요.

완성

Point

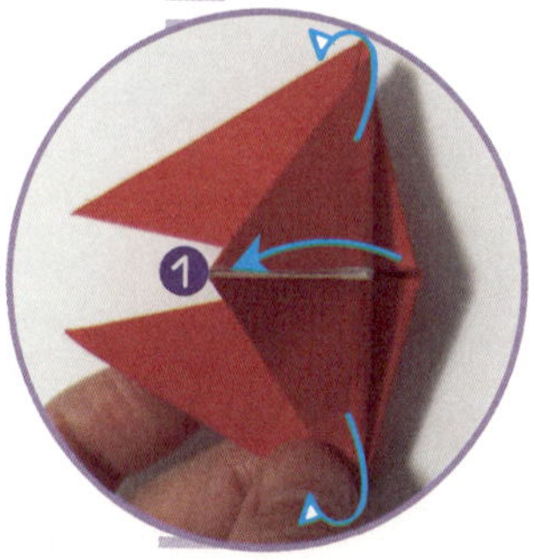

15 다시 편 뒤 ❶을 화살표 방향으로 넘겨 접어요. (뒷면보다 조금 더 짧게 위로 접어요.) 위, 아래 끝을 잡고 뒤로 넘겨 접어요.

돌려요

❶

14 돌린 뒤 반대로 반을 접어요.

정사각형

V자형계급장

난이도가 높지 않아 쉽게 접을 수 있는
V자형계급장이에요. 3개의 모서리 끝을
뾰족하게 접어요.

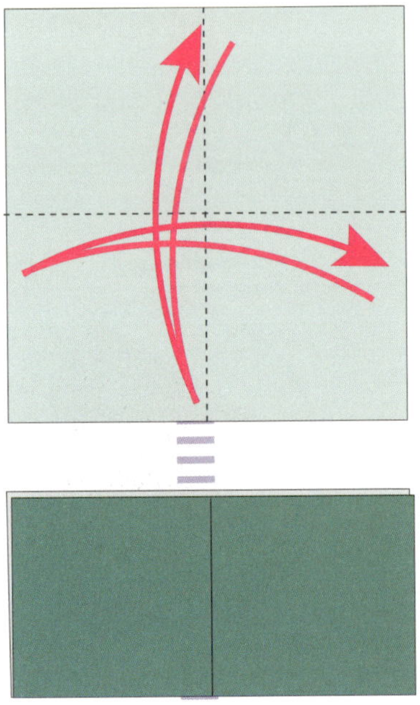

1 정사각형 종이로 가로, 세로
반을 접었다 펴요.

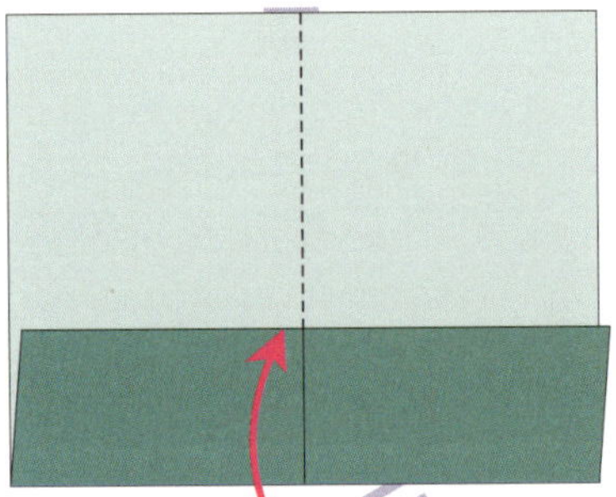

2 편 뒤 중심 선까지
올려 접어요.

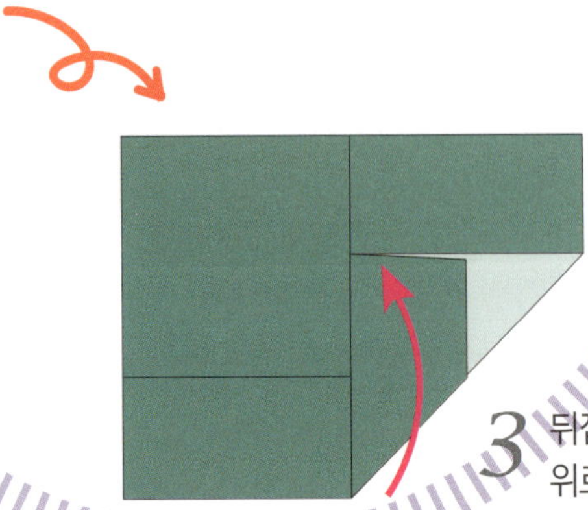

3 뒤집어서 한쪽 면을
위로 접어 올려요.

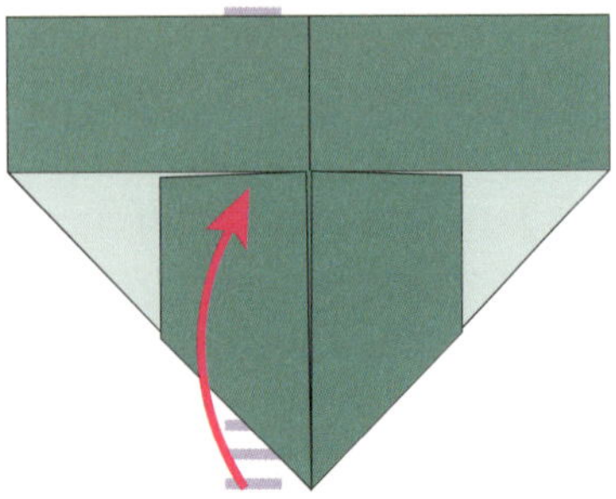

4 다머지 한쪽 면도
올려 접어요.

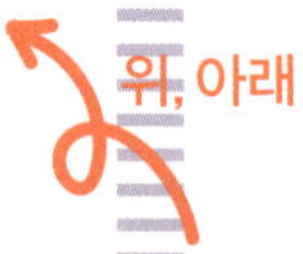

위, 아래

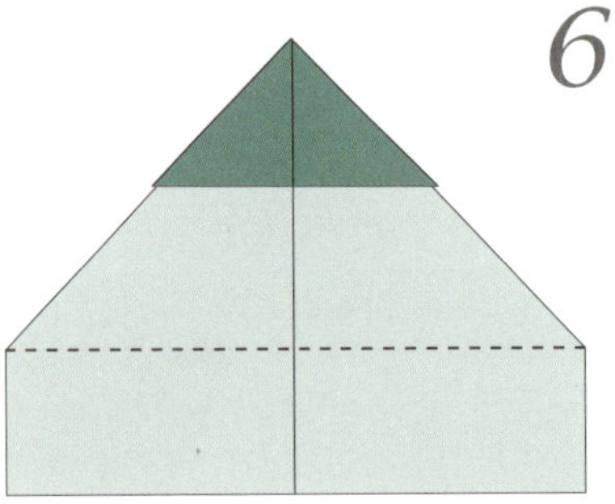

5 위, 아래로 뒤집어요.

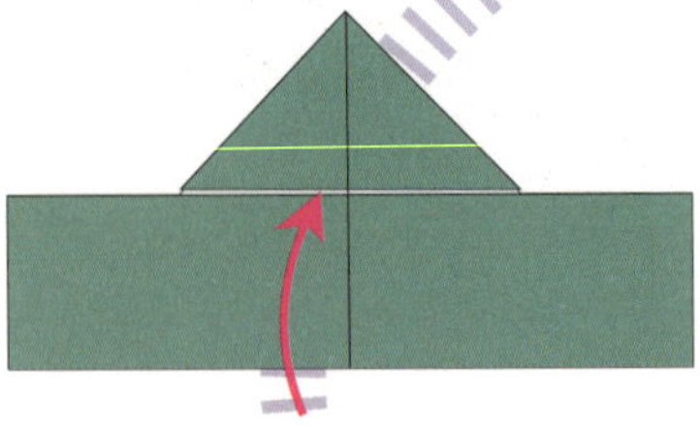

6 아랫면을 화살표대로
선까지 올려 접어요.

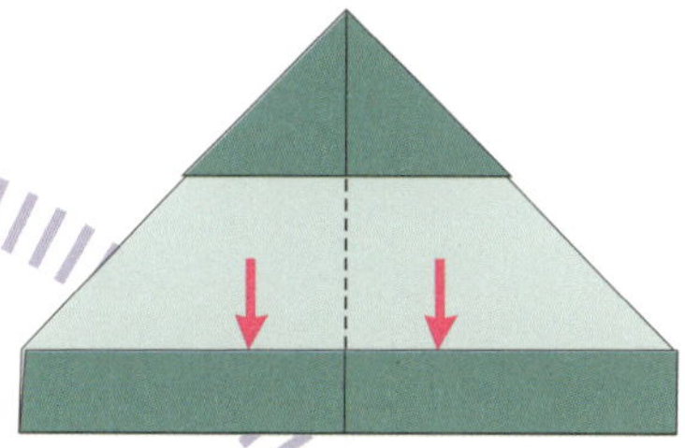

7 **6**번에서 접은 선에 맞춰
다시 반을 내려 접어요.

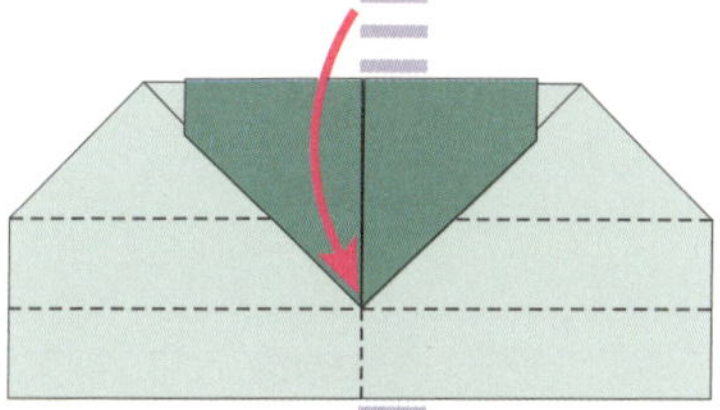

8 **7**번 접은 면을 편 뒤 윗면을
아래 선까지 접어 내려요.

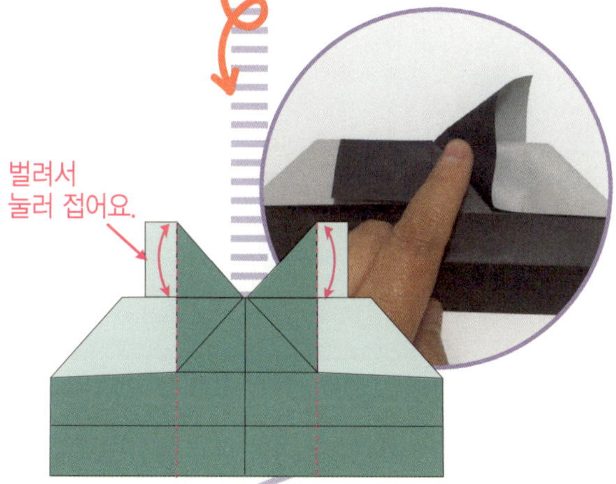

벌려서
눌러 접어요.

9 뒤집어서 머리 부분을
사진처럼 펴서 눌러
접어요.

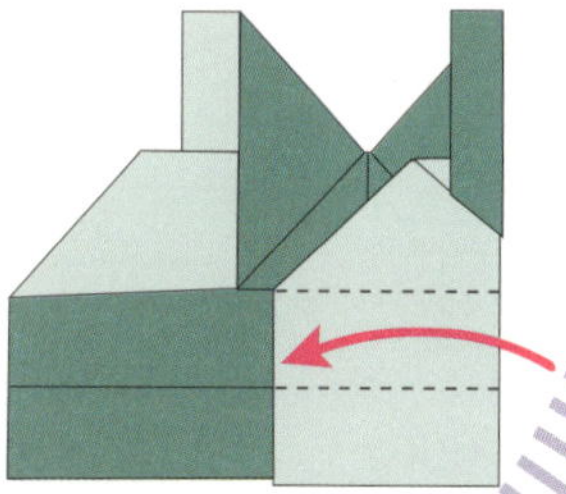

10 한쪽 면을 화살표대로
안으로 겹쳐 접어요.

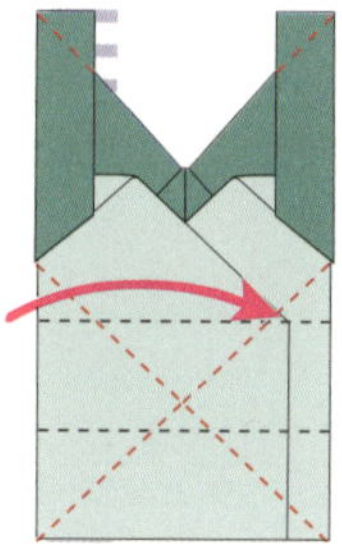

11 반대편도 안으로 접어요.
끝 모서리도 접어요.
그리고 선대로 접어요.

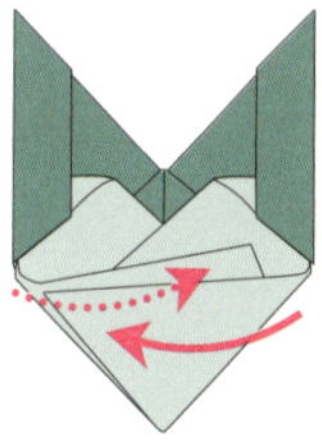

12 **11**번 선대로 좌우
안으로 접어요.

완성

13 뒤집어요.

29 쌍V자형계급장

쌍V자형계급장은 측면을 세모로 접어
안으로 접어 넣는 것이 중요한 포인트예요.

정사각형

＊28 V자형계급장, 1번까지 접어요.

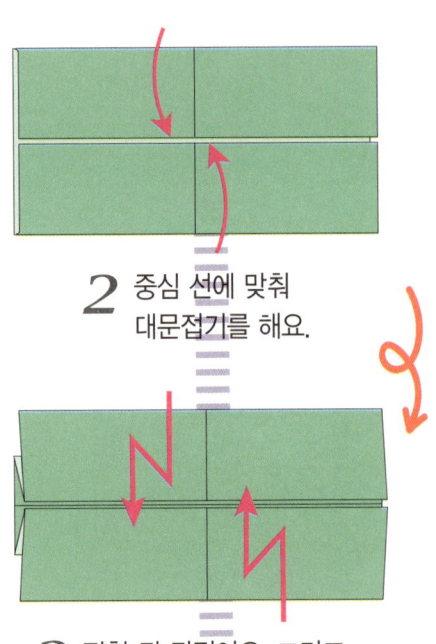

2 중심 선에 맞춰
대문접기를 해요.

3 펼친 뒤 뒤집어요. 그리고
중심 선에 맞춰 위, 아래
계단접기로 접어요.

4 다시 **2**번처럼 접어서 뒤집어요.
1까지 그대로 올려 접어요.
180도 돌려서 반대편도
2까지 접어요.

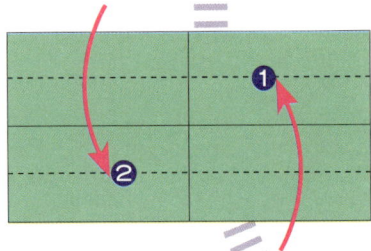

5 **1**까지 접어 올린 모양

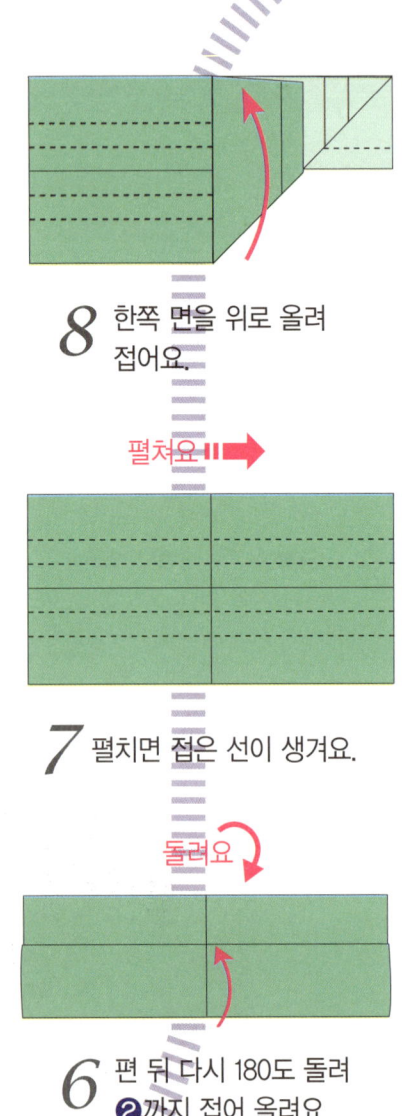

8 한쪽 면을 위로 올려
접어요.

펼쳐요

7 펼치면 접은 선이 생겨요.

돌려요

6 편 뒤 다시 180도 돌려
2까지 접어 올려요.

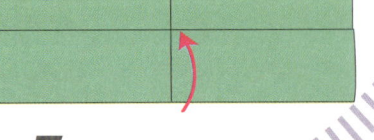

70 특이하고 특별한 **종이접기**

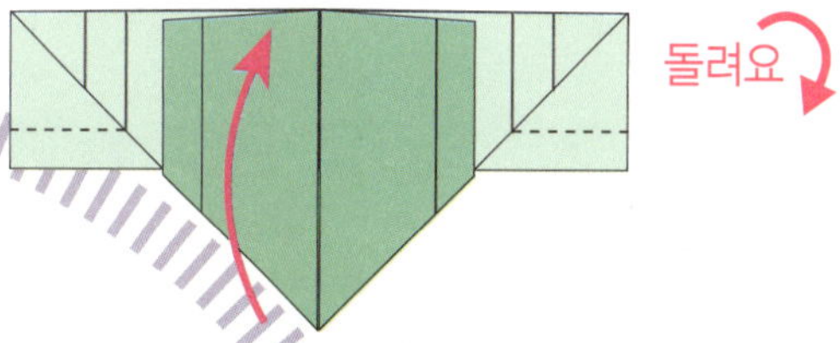

돌려요

9 맞은편도 올려 접어요.
180도 돌려서 반대편도
똑같이 접어요.

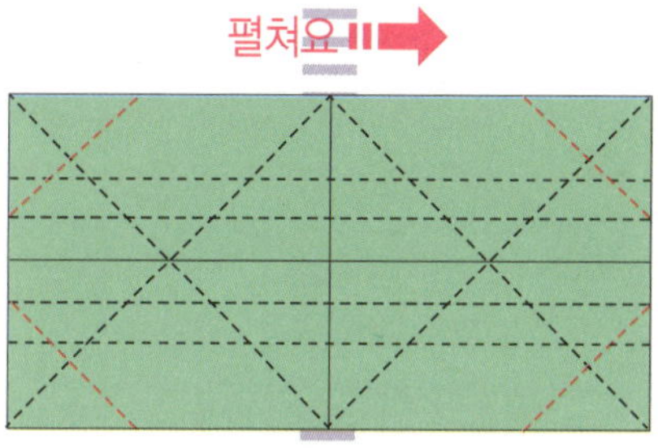

완성

펼쳐요 ▶

10 펼친 뒤 선대로 접어요.

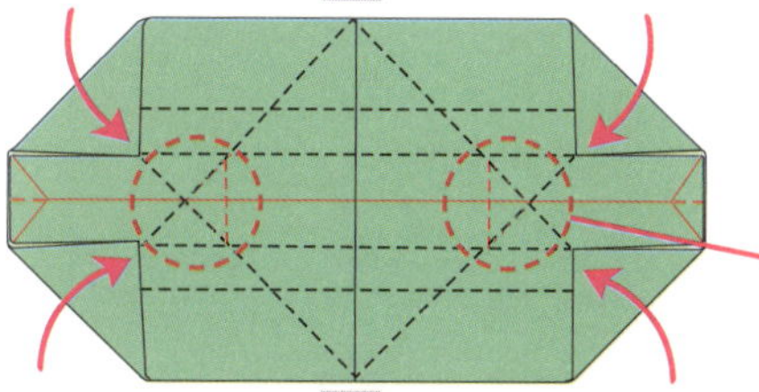

15

윗면 끝부분은
사진처럼
안으로 접어
옆으로 넘겨요.

Point

11 사방 모서리를 안으로 접어요.
그리고 선대로 접어요.

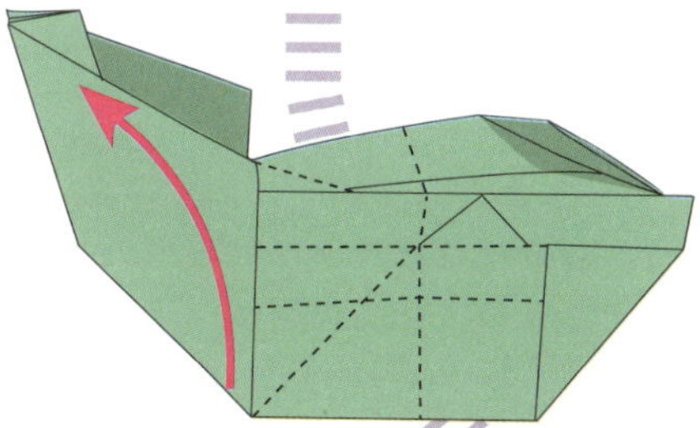

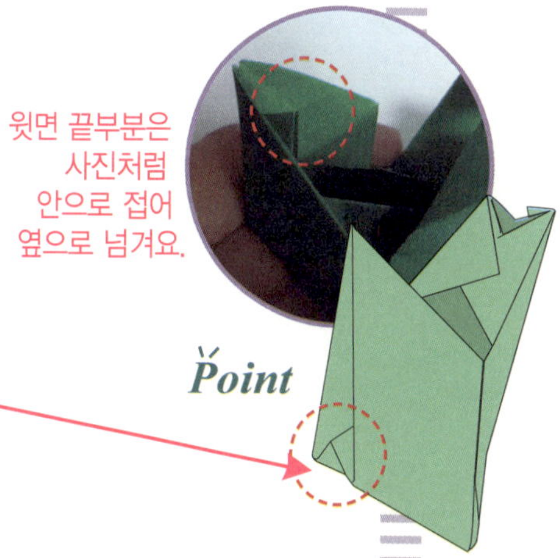

14 옆면을 (점선 안)
세모로 접어 안으로
넣어요.

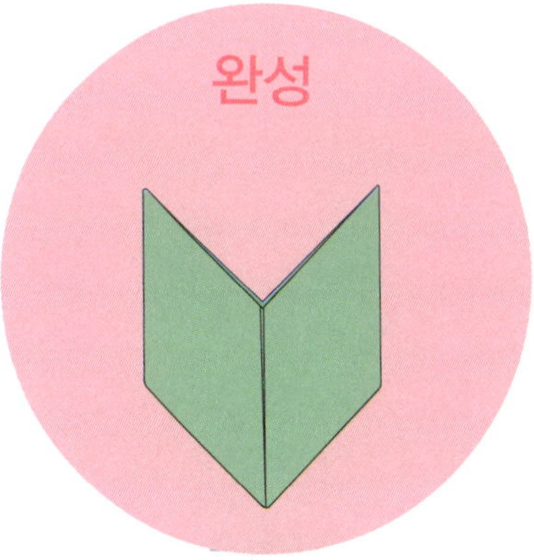

12 좌우를 잡고 화살표대로
접어 올려요.

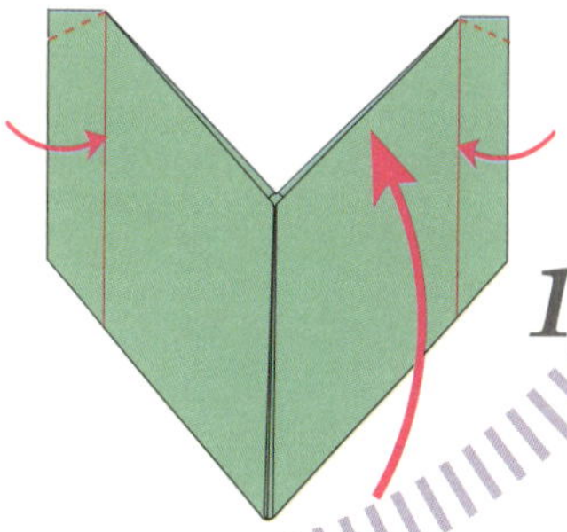

13 반대쪽도 똑같이 접어
올려요. 그리고 좌우
선대로 안으로 접어요.

직사각형

30

쌍V자형계급장2

접는 선과 과정이 특히 많은 쌍V자형계급장2예요.
하지만 복잡한 만큼 모두 접고 나면 성취감은
두 배예요.

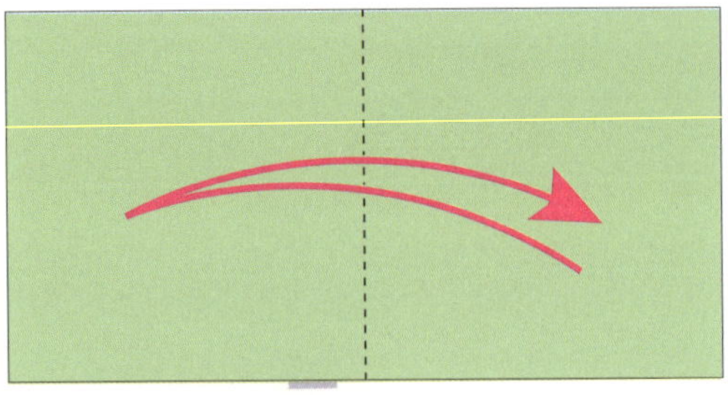

1 직사각형 종이로
반을 접었다 펴요.

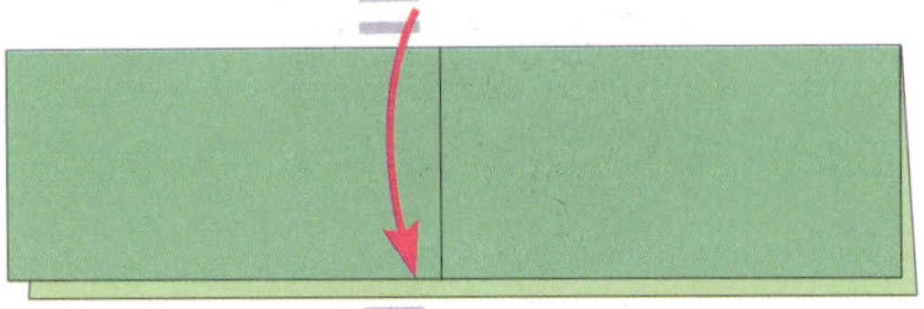

2 편 뒤 길게 반으로 접어요.

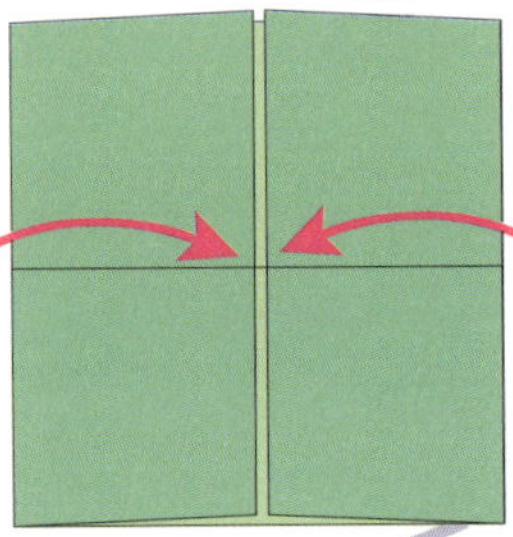

3 펼친 뒤
대문접기를 해요.

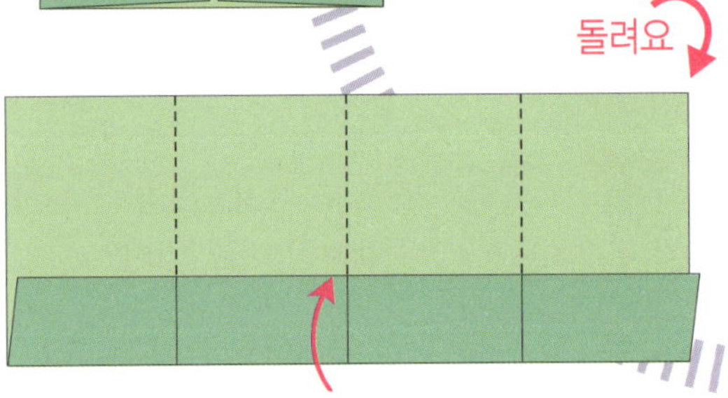

돌려요

4 편 뒤 중심 선에
맞춰 올려 접어요.

5 뒤집어서 좌우 끝을 올려 접어요.

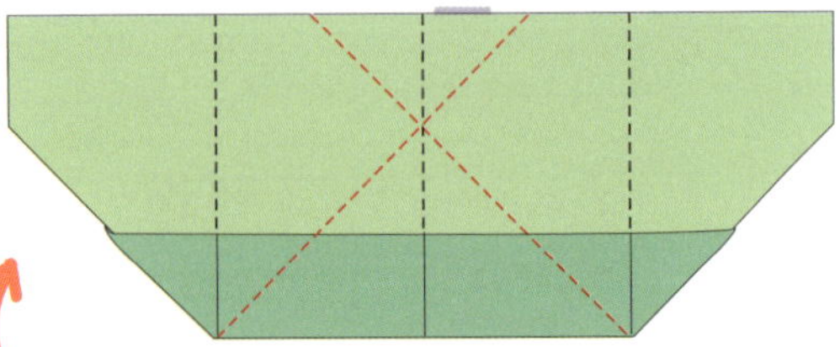

6 뒤집어서 선대로 접어요.

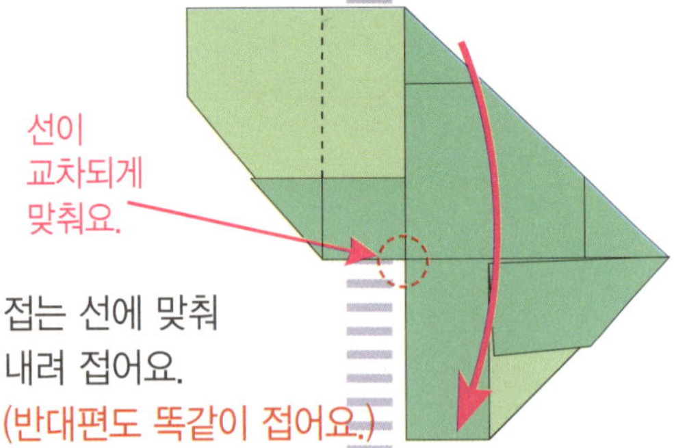

7 접는 선에 맞춰
내려 접어요.
(반대편도 똑같이 접어요.)

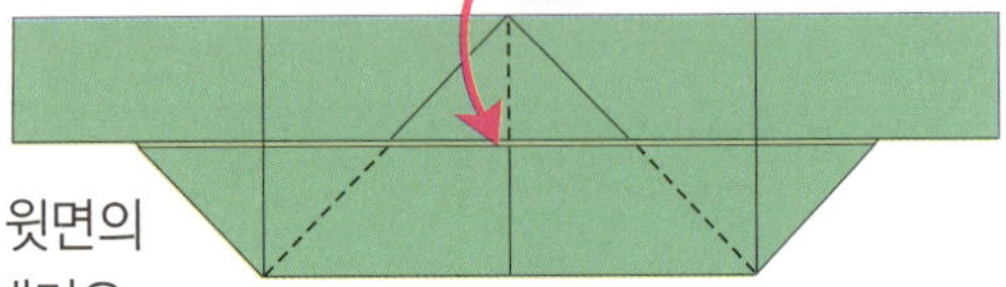

선이
교차되게
맞춰요.

8 다시 편 뒤 윗면의
반을 접어 내려요.

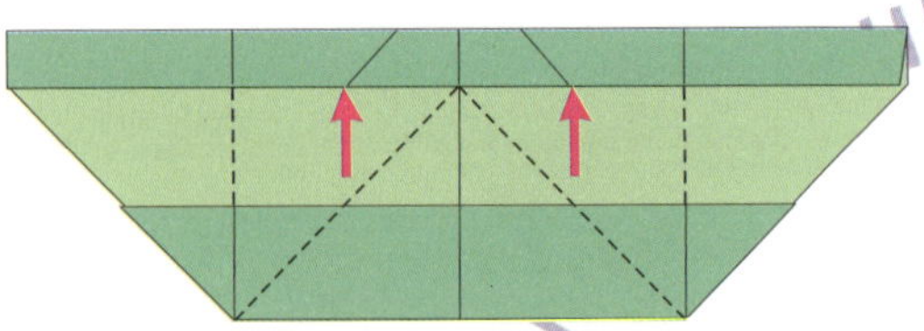

9 8번 접었던 면에서
다시 반만 접어요.

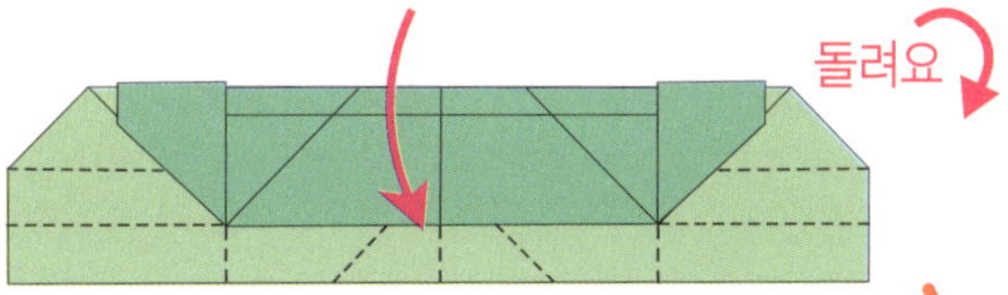

10 180도 돌려서 아랫면을 펴요.
그리고 윗면을 아래 끝선에
맞춰 접어 내려요.

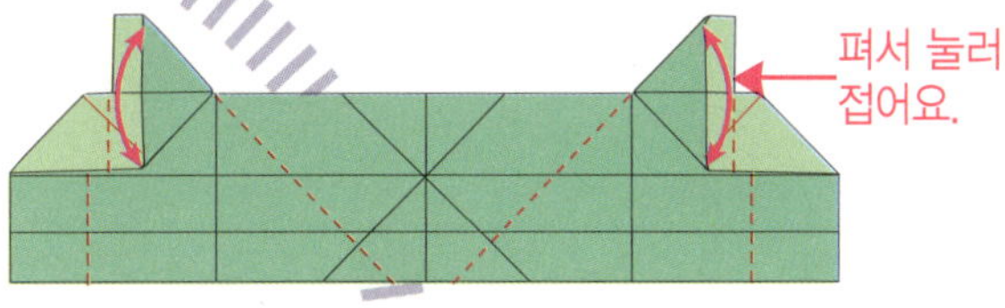

돌려요

펴서 눌러
접어요.

11 뒤집은 뒤 좌우 끝을
펴서 눌러 접어요.

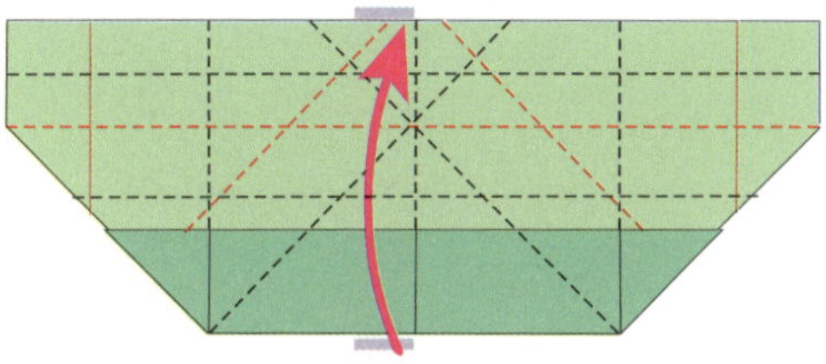

12 **10**번에서 접었던 면을 다시
펴서 올려요. 그리고
선대로 접어요.

선이
교차되게
맞춰요.

중심 선

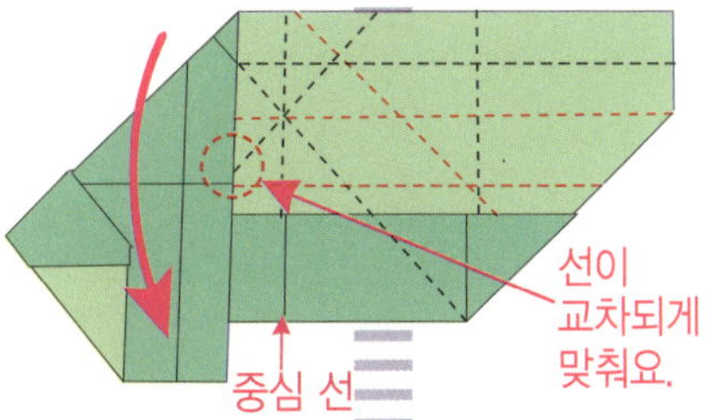

13 서로 교차되는 선에 맞춰
아래로 내려 접어요. 그리고
안으로 집어 넣어요.

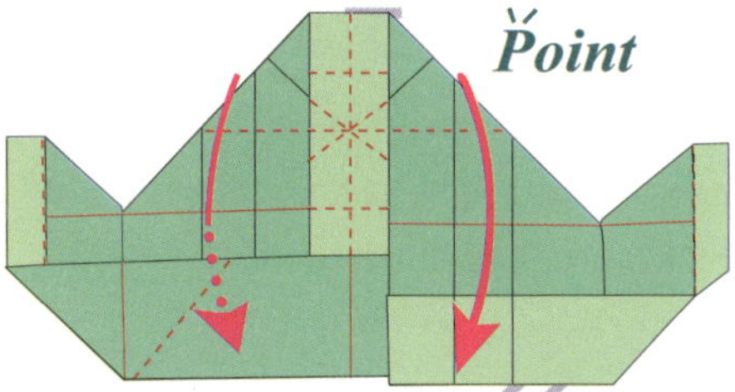

Point

14 반대편도 접은 뒤 안으로 넣어요.
동시에 안으로 넣으며 접어요.

＊'2쌍하트2'의 10~12번 참고해요.

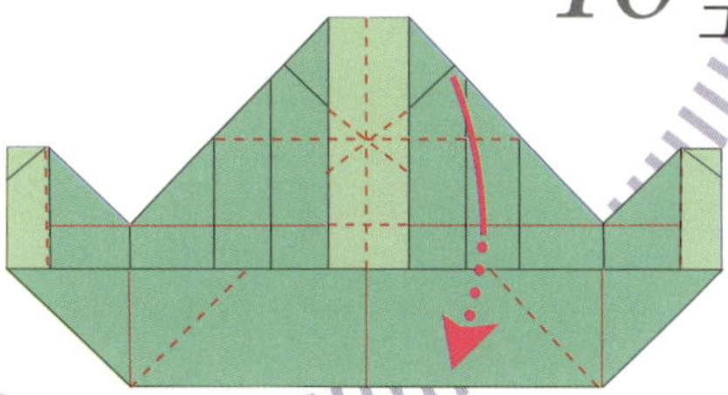

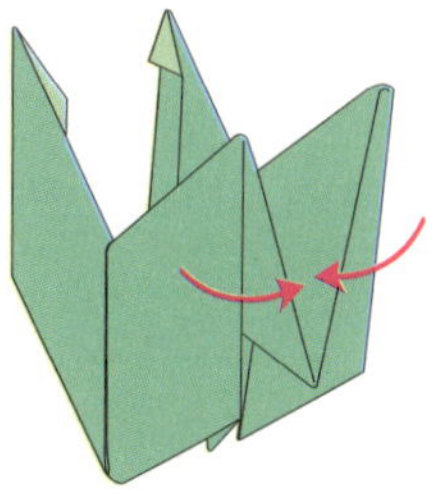

20 두 계급장을
마주보게 접어요.

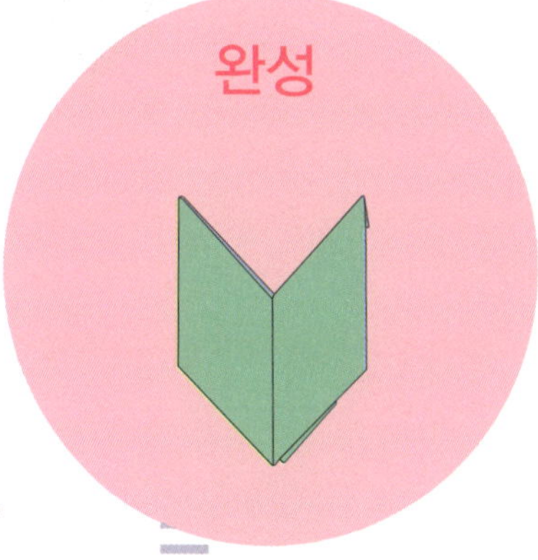

완성

21

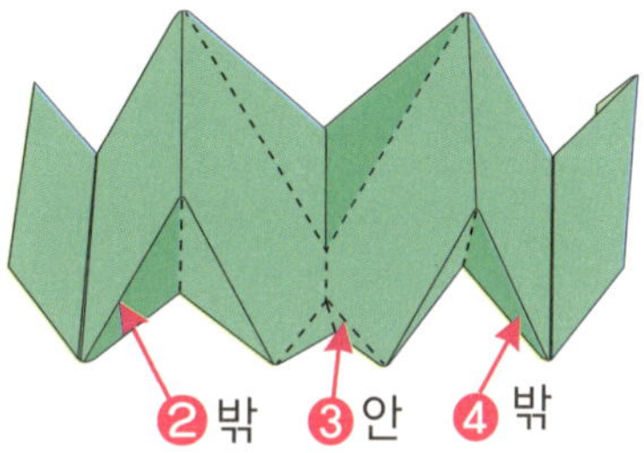

19 **17**번의 접는 선대로
안과 밖으로 접어요.

❷밖 ❸안 ❹밖

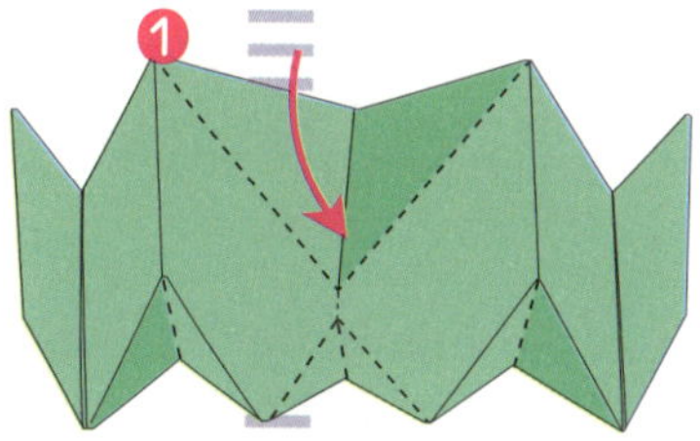

18 위처럼 ❶을 V자
형태로 접어요.

❶

❶

❷   ❸   ❹

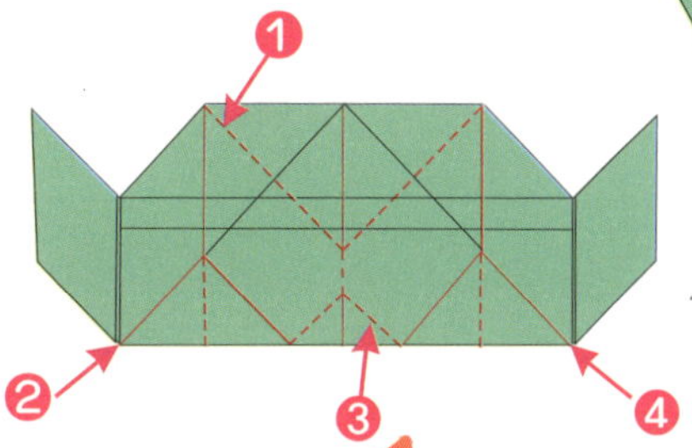

17 뒤집은 뒤
선대로 접어요.

좌우를
안으로
접어요.

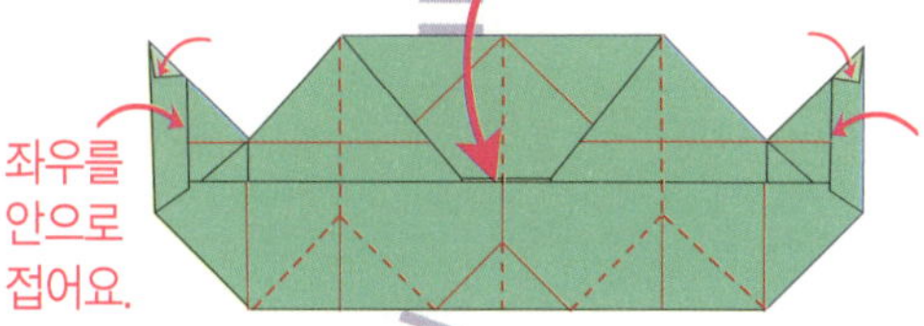

16 윗면을 선까지 접어 내려요.
그리고 선대로 접어요.

15 안으로 넣은 뒤
선대로 접어요.

31
쌍V자형계급장3

안쪽을 계단식으로 단계별로 접어 넣는 것이 중요해요. 마주 접었을 때 옆면이 튀어나오지 않게 접어요.

직사각형

＊30 쌍V자형계급장2, 3번까지 접어요.

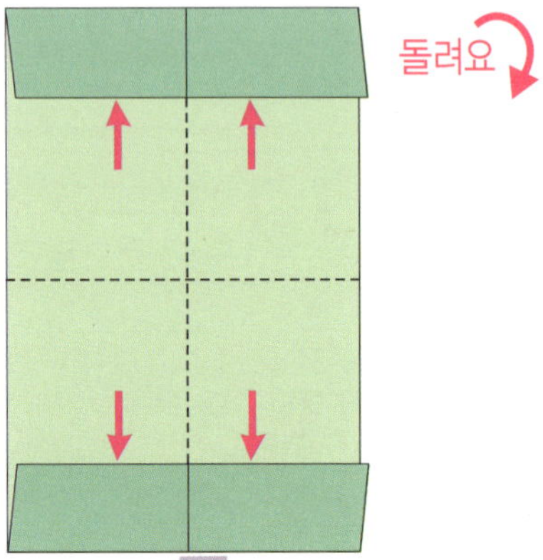

돌려요

4 돌린 뒤 **3**번의 접은 면에서 반씩 내려 접어요.

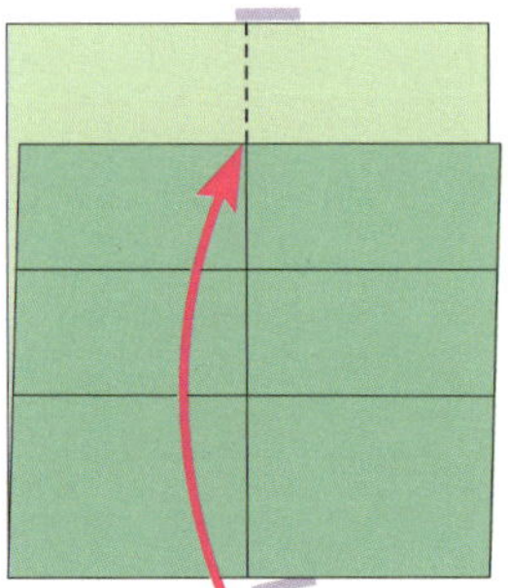

5 다시 펼친 후 접은 선까지 올려 접어요.
(반대편도 똑같이 접어요.)

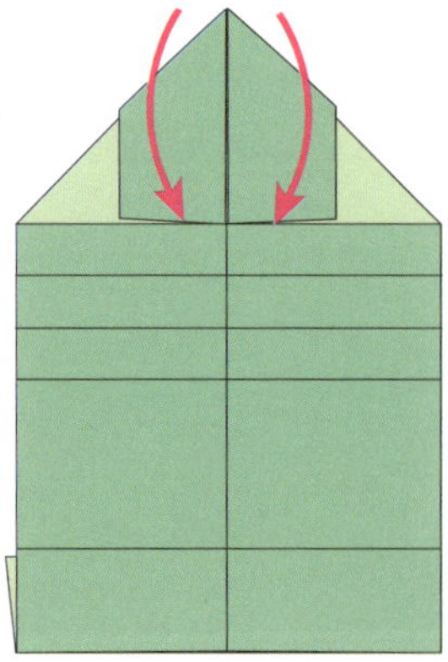

6 다시 **4**번처럼 접은 뒤 뒤집어요. 그리고 윗면을 화살표대로 접어 내려요.

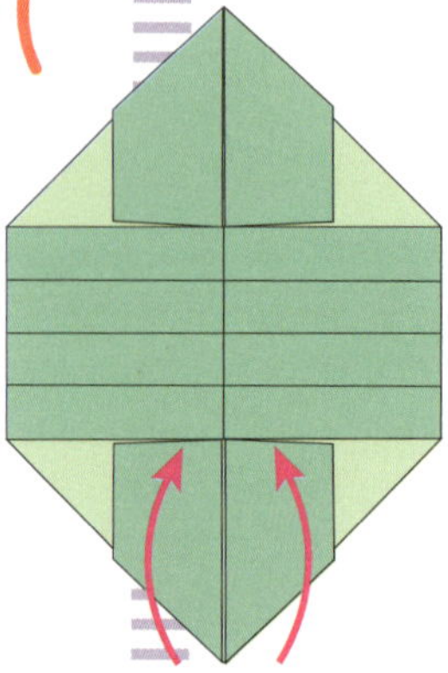

7 아랫면도 똑같이 접어요.

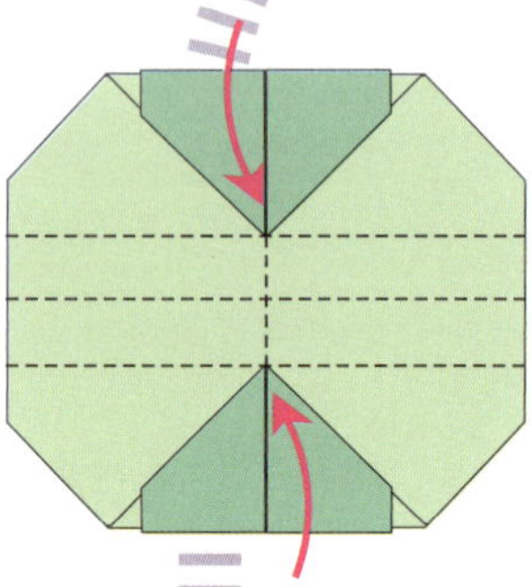

8 뒤집은 뒤 윗면, 아랫면을 선까지 접어요.

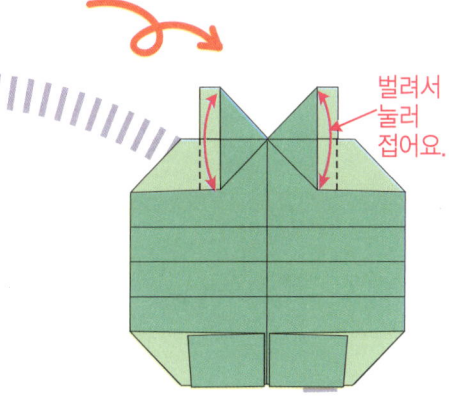

벌려서
눌러
접어요.

9 뒤집은 뒤 윗면 좌우를
펴서 눌러 접어요.

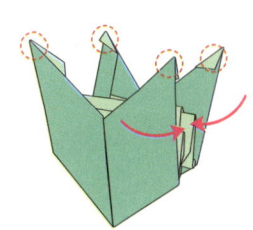

16 두 계급장을 마주보게
접어요. 그리고 꼭지 면
네 곳도 안으로 접어요.

완성

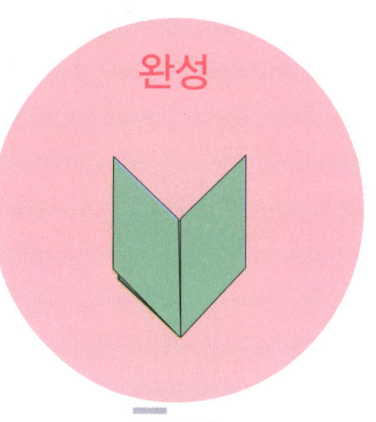

17

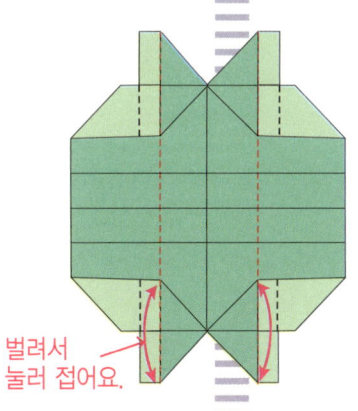

벌려서
눌러 접어요.

10 아랫면도 똑같이 접어요.
그리고 **선대로** 접어요.

①, ②를 접어
겹쳤을 때 밖으로
튀어나오지 않게
접어요.

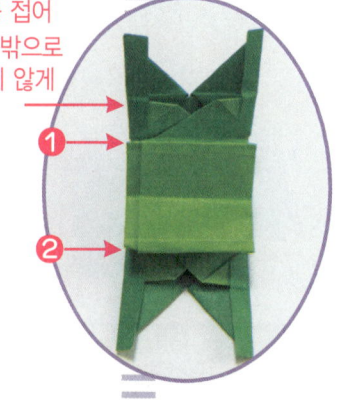

① ②

15 좌우(**점선 원**) 중심을
삼각 모양으로 접어요.

14 뒤집은 뒤 **①, ②**를 밖으로
접어요. 나머지 선은 안으로
접어요.

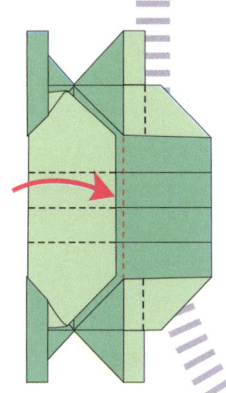

11 **10**번의 **접는 선**에 맞춰
한쪽 면을 안으로 겹쳐
접어요.

① ②

12 반대편도 안으로 겹쳐
접어요. 그리고 **선대로**
접어요.

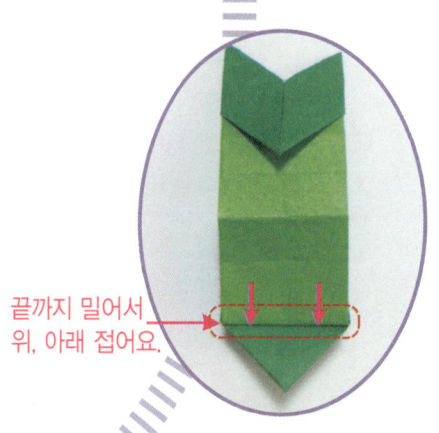

끝까지 밀어서
위, 아래 접어요.

13 아랫면을 들어 올려
끝까지 밀어서 접어요.
반대편도 똑같이 접어요.

정사각형

32 반V자형계급장

후반으로 갈수록 여러 복잡한 과정들이 많아 모양이 틀어질 수 있는 점 유의해요.

✱ 28 V자형계급장, 2번까지 접어요.

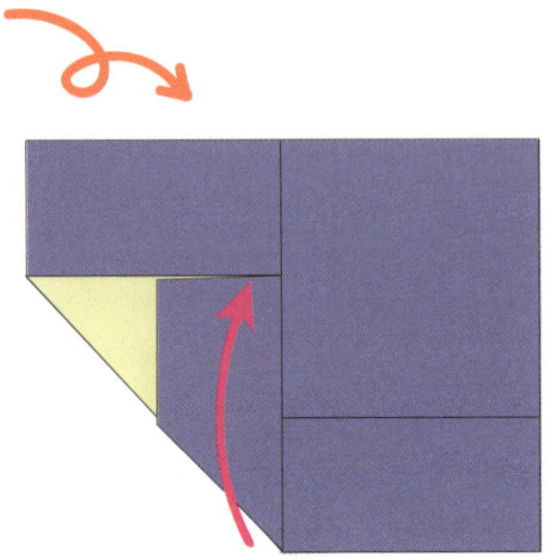

3 뒤집어서 한쪽 면을 위로 접어 올려요.

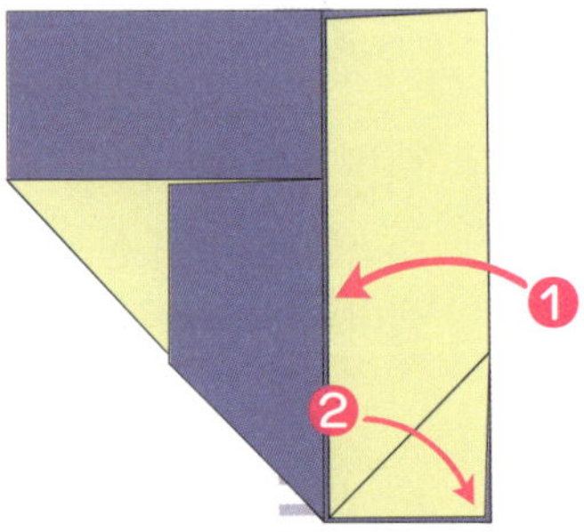

4 ❶옆면을 안으로 접어요. 그리고 ❷모서리를 내려 접어요.

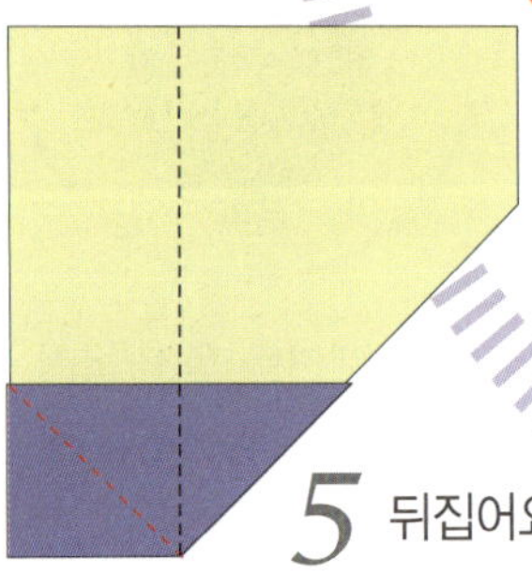

5 뒤집어요.

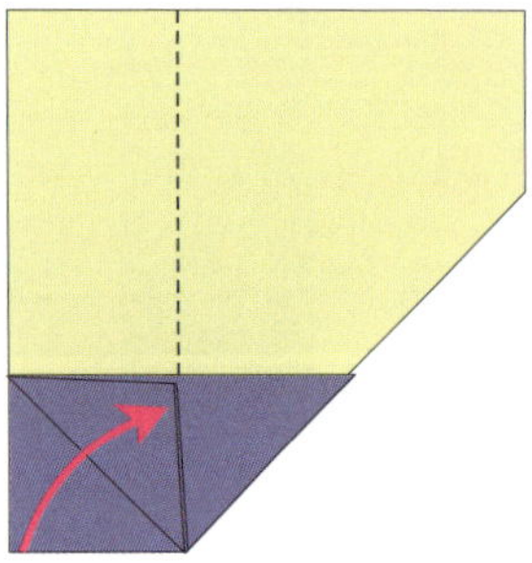

6 모서리를 올려 접어요.

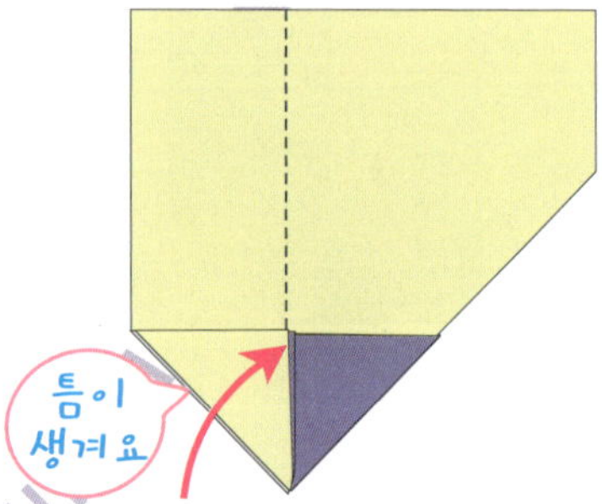

7 나머지 한 겹도 올려 접어요.

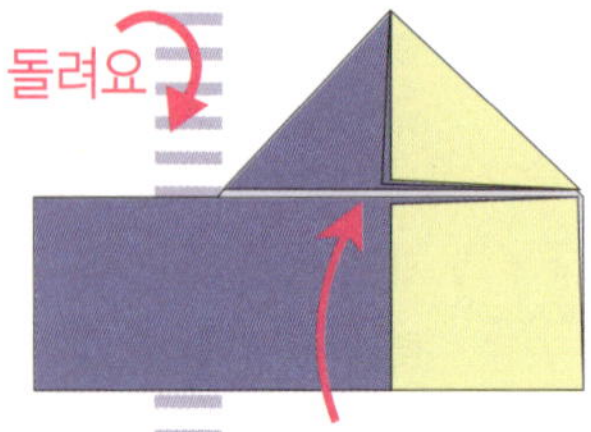

틈이 생겨요

8 180도 돌린 뒤 선까지 올려 접어요.

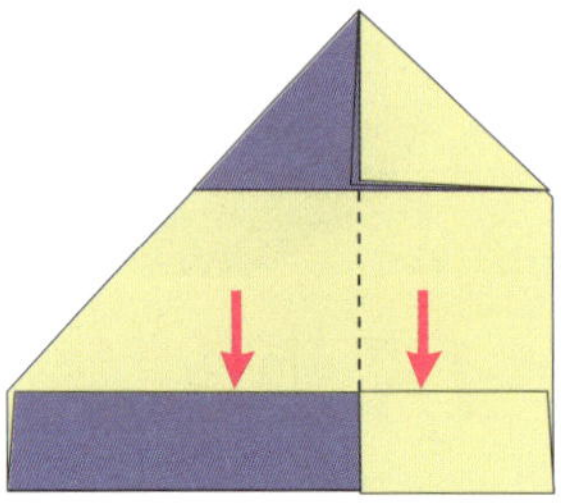

돌려요

9 8번에서 접었던 면을 다시 반만 접어요.

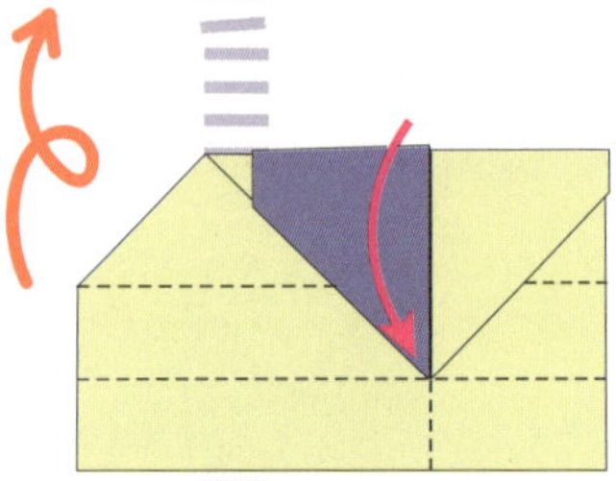

10 편 뒤 접었던 선에 맞춰 윗면을 내려 접어요.

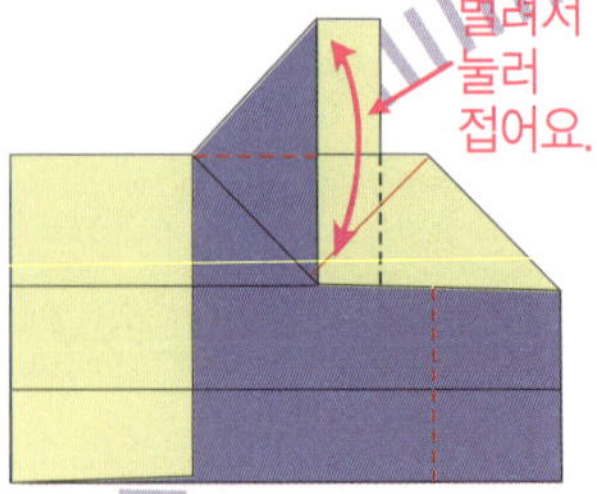

11 뒤집은 뒤 윗면을 펼쳐 접어요. 그리고 선대로 접어요.

벌려서 눌러 접어요.

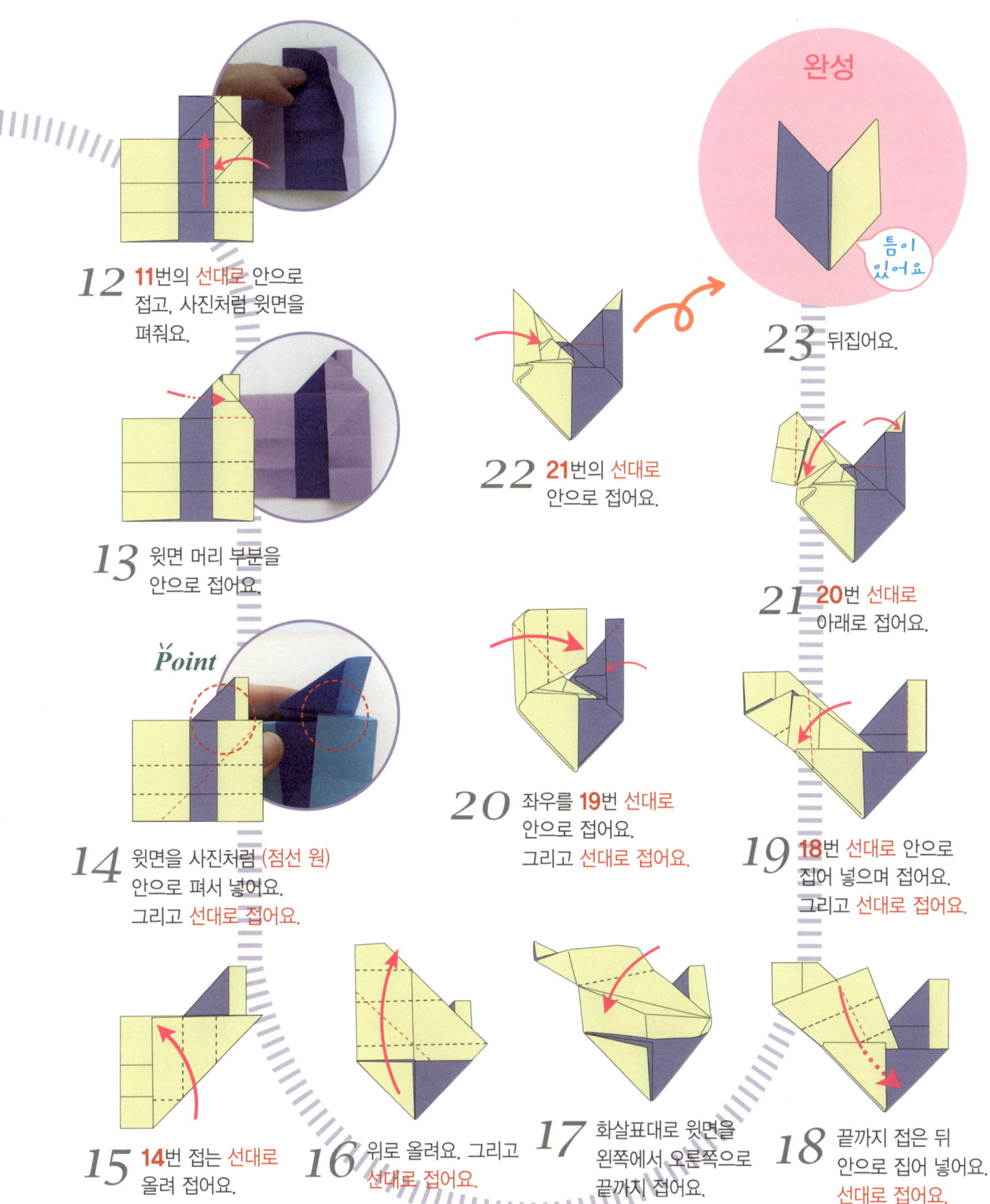

12 **11번의 선대로** 안으로
접고, 사진처럼 윗면을
펴줘요.

13 윗면 머리 부분을
안으로 접어요.

Point

14 윗면을 사진처럼 (점선 원)
안으로 펴서 넣어요.
그리고 **선대로** 접어요.

15 **14번** 접는 **선대로**
올려 접어요.

16 위로 올려요. 그리고
선대로 접어요.

17 화살표대로 윗면을
왼쪽에서 오른쪽으로
끝까지 접어요.

18 끝까지 접은 뒤
안으로 집어 넣어요.
선대로 접어요.

19 **18번 선대로** 안으로
집어 넣으며 접어요.
그리고 **선대로** 접어요.

20 좌우를 **19번 선대로**
안으로 접어요.
그리고 **선대로** 접어요.

21 **20번 선대로**
아래로 접어요.

22 **21번의 선대로**
안으로 접어요.

완성

틈이
있어요

23 뒤집어요.

77

정사각형

33
반V자형계급장2

'반V자형계급장'과 완성 모양은 비슷하지만
접는 과정이 달라요. 포인트 부분을
잘 보고 접어요.

* 32 반V자형계급장과 완성 모양은
같아도 접는 방법(과정)이 달라요.

* 28 V자형계급장, 1번까지 접어요.

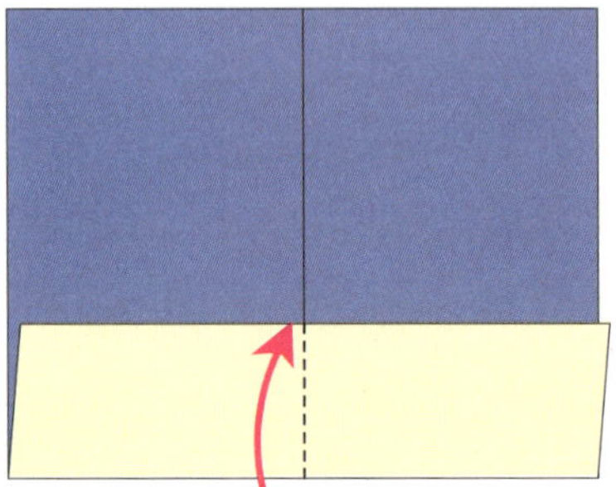

2 편 뒤 뒤집어서 중심 선에
맞춰 올려 접어요.

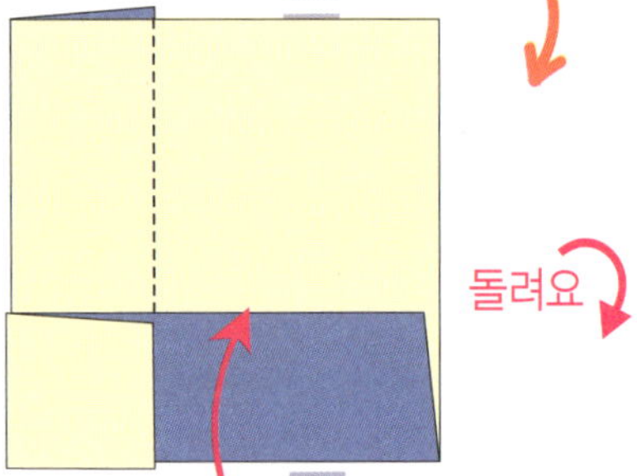

돌려요

3 뒤집은 뒤 돌려요. 그리고
중심 선에 맞춰 반을 접어요.

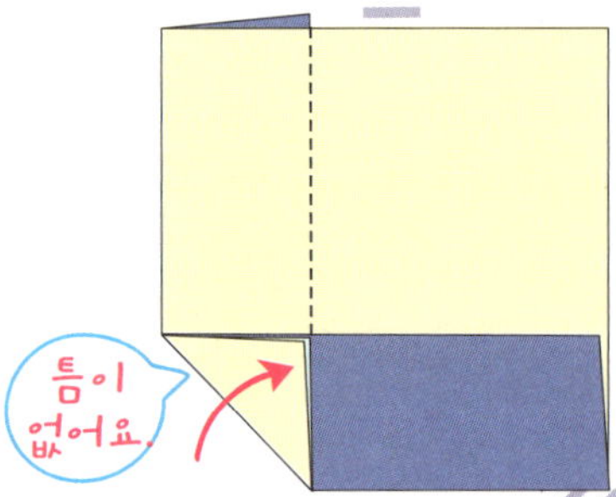

틈이
없어요.

4 그 상태에서 위처럼
모서리를 안으로 접어요.

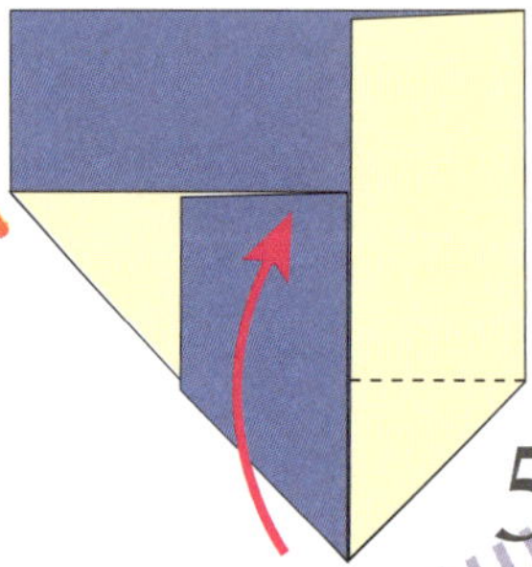

5 뒤집어서 화살표대로
올려 접어요.

위, 아래

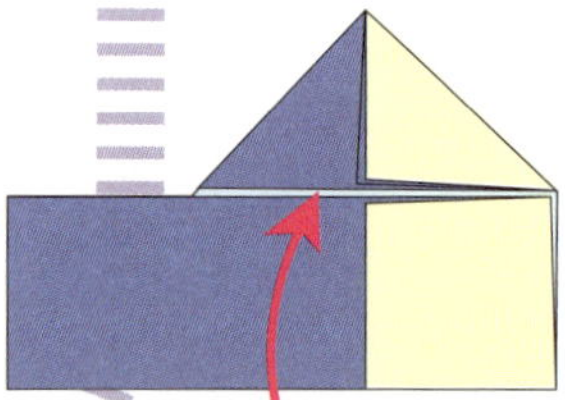

6 위, 아래 뒤집은 후
선까지 올려 접어요.

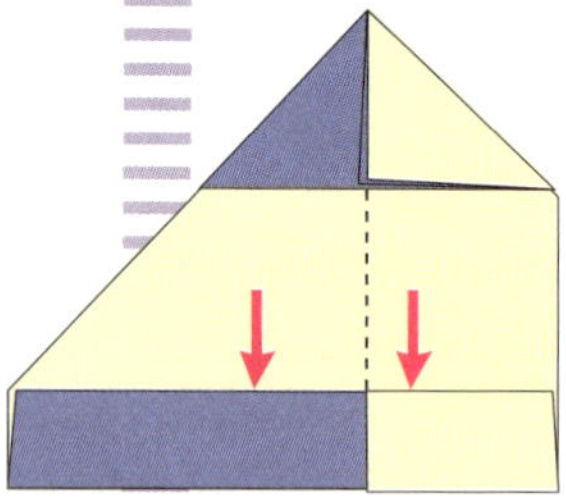

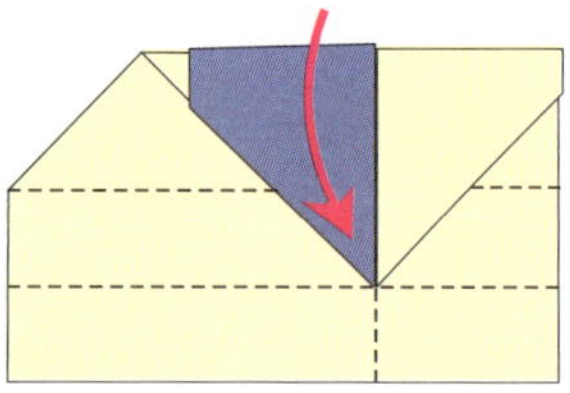

8 다시 편 뒤 접었던 선에
맞춰 윗면을 내려 접어요.

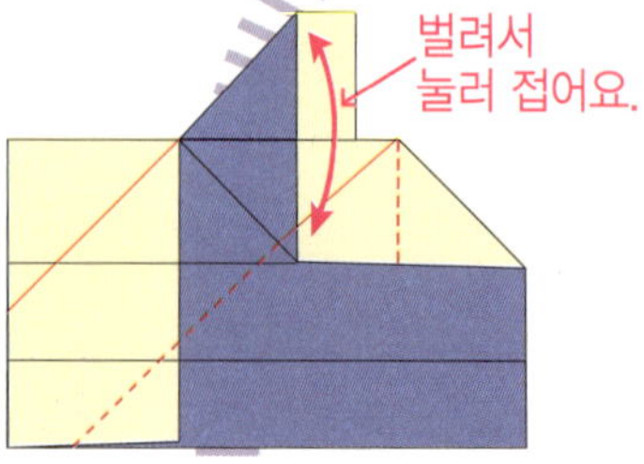

벌려서
눌러 접어요.

9 뒤집은 뒤 위처럼
펼쳐 접어요.

7 6번에서 접었던 면을
다시 반만 접어요.

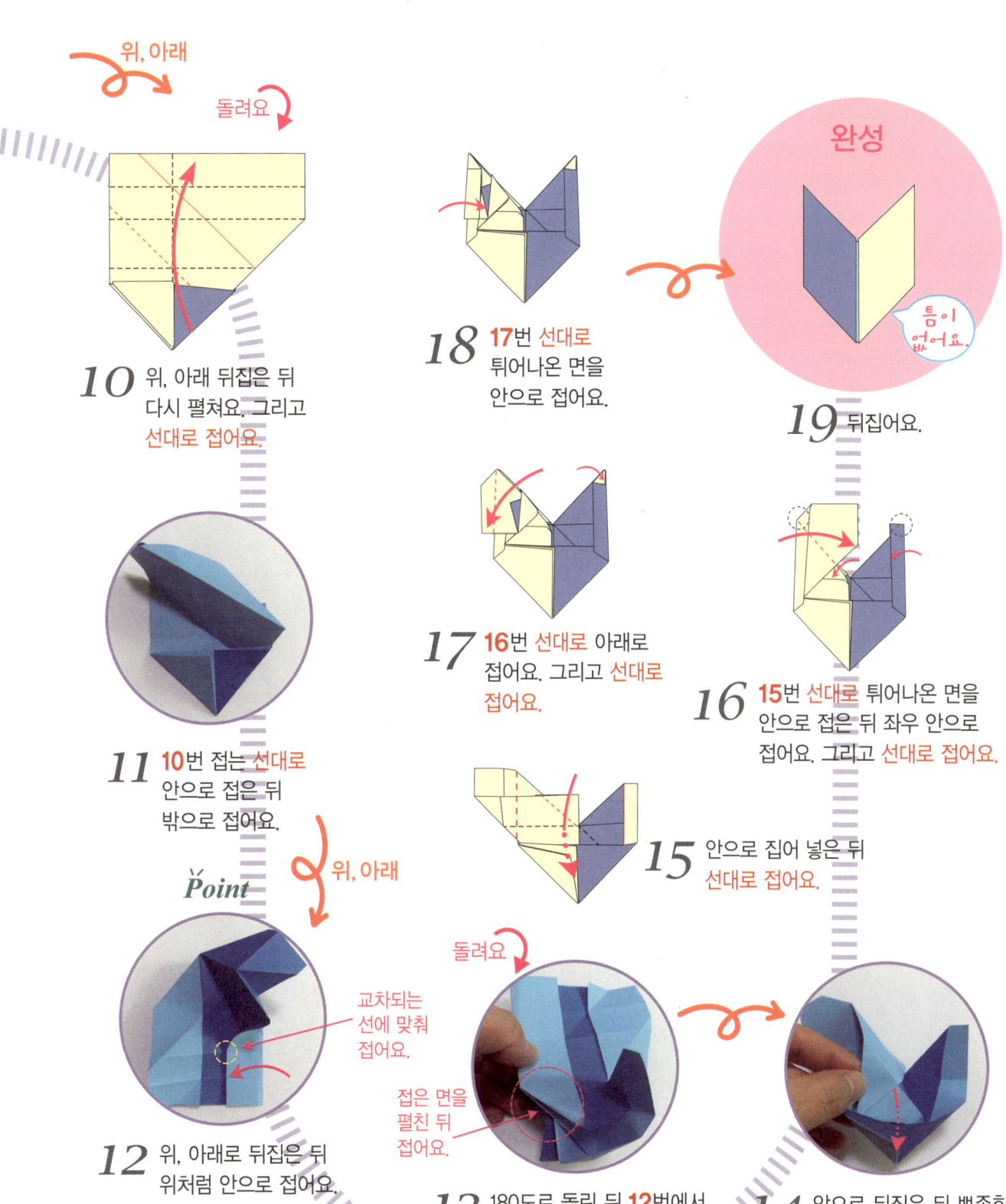

위, 아래

돌려요

10 위, 아래 뒤집은 뒤 다시 펼쳐요. 그리고 선대로 접어요.

11 10번 접는 선대로 안으로 접은 뒤 밖으로 접어요.

위, 아래

Point

교차되는 선에 맞춰 접어요.

12 위, 아래로 뒤집은 뒤 위처럼 안으로 접어요.

돌려요

접은 면을 펼친 뒤 접어요.

13 180도로 돌린 뒤 12번에서 안으로 접은 끝면을 뒷면 접은 면에 맞춰 접어요.

14 앞으로 뒤집은 뒤 뾰족한 끝면을 접은 삼각 안으로 집어 넣어요.

15 안으로 집어 넣은 뒤 선대로 접어요.

16 15번 선대로 튀어나온 면을 안으로 접은 뒤 좌우 안으로 접어요. 그리고 선대로 접어요.

17 16번 선대로 아래로 접어요. 그리고 선대로 접어요.

18 17번 선대로 튀어나온 면을 안으로 접어요.

완성

틈이 없어요.

19 뒤집어요.

(전면)

(후면)

정사각형

34 반쌍V자형계급장

따라 접다 보면 어느새 앞, 뒤 색상이 다른
반쌍V자형계급장을 볼 수 있어요.

＊28 V자형계급장, 1번까지 접어요.

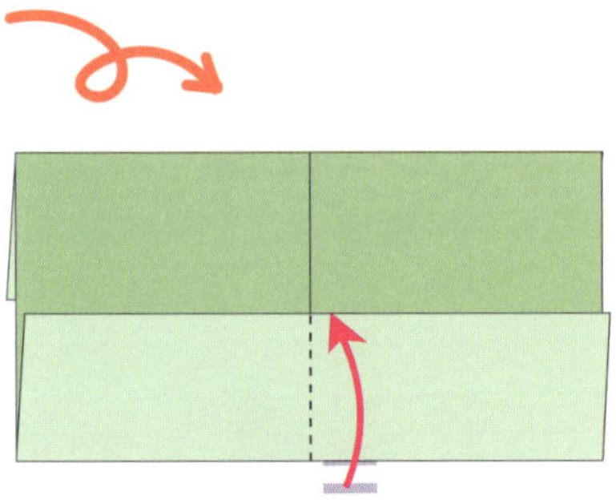

2 펼친 뒤 뒤집어서 각각
반대쪽으로 접어요.

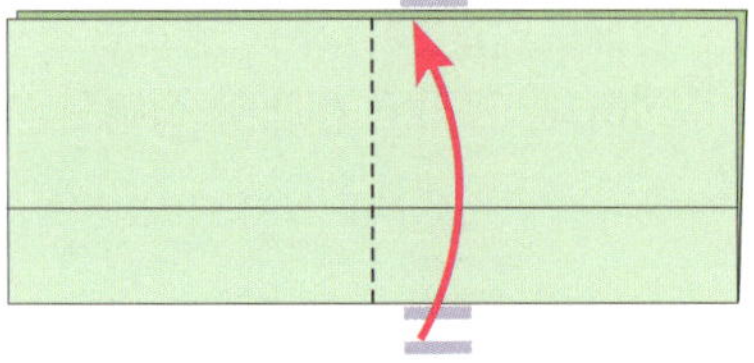

3 접은 면을 펴면서
끝까지 올려 접어요.

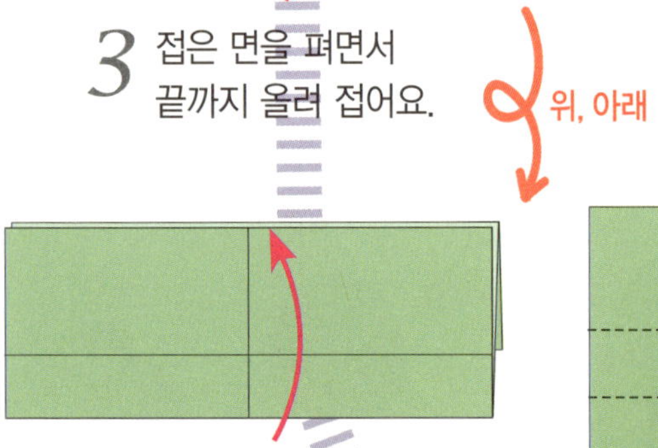

위, 아래

4 다시 **2**번 상태로 내려 접은 뒤
위, 아래 뒤집어요. 그리고 진한
면을 끝까지 올려 접어요.

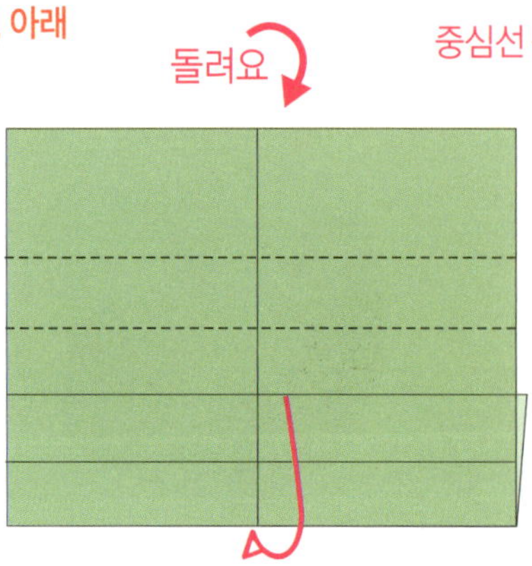

돌려요

5 모두 펼친 뒤 180도 돌려요.
그리고 아랫면을 중심 선까지
뒤로 접어요.

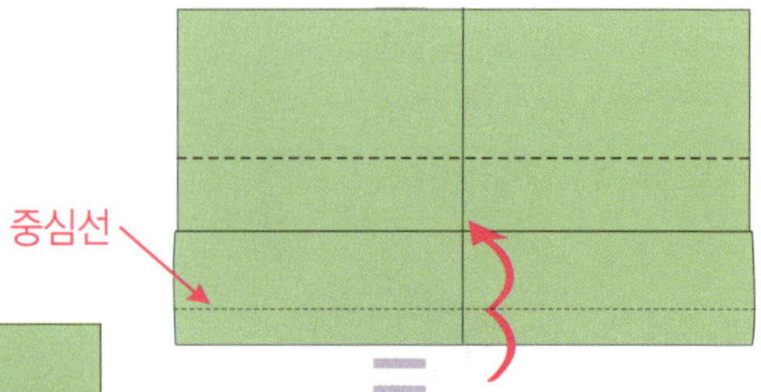

중심선

6 **5**번 상태에서 중심 선
윗선까지 펴지 말고
말아 접어요.

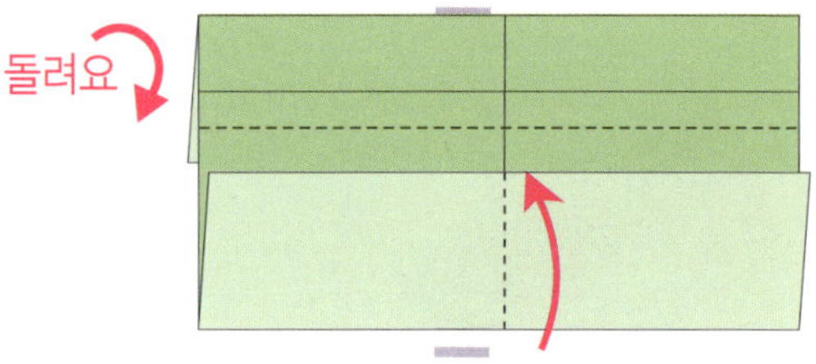

돌려요

7 180도 돌린 뒤 접은 면을 펴주고
다시 **2**번처럼 앞, 뒤로 접어요.

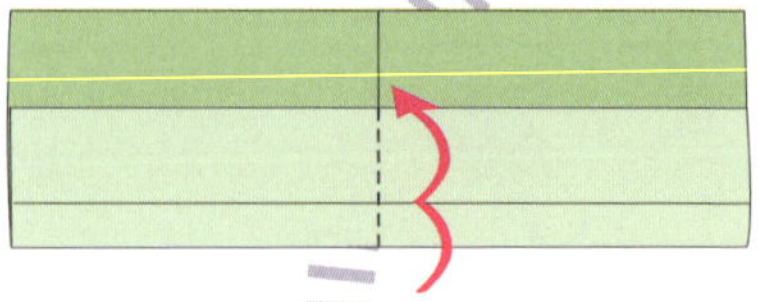

8 화살표대로 선까지 그대로
말아 올려 접어요.

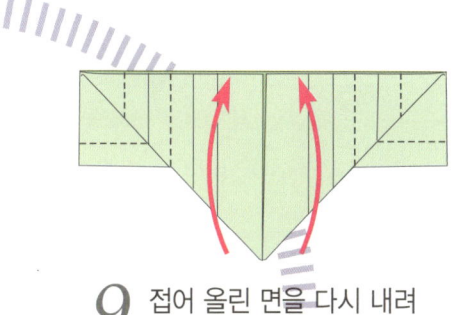

9 접어 올린 면을 다시 내려 접은 뒤(**2**번 상태) 중심 선에 맞춰 좌우 접어 올려요.

돌려요

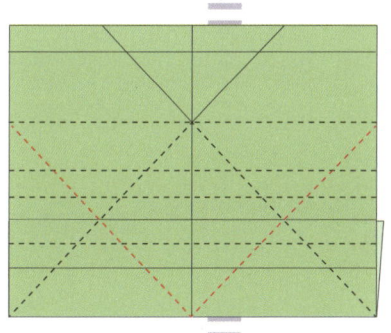

10 다시 펼쳐서 180도로 돌린 뒤 **5**번처럼 중심 선까지 뒤로 접어요. 그리고 선대로 접어요.

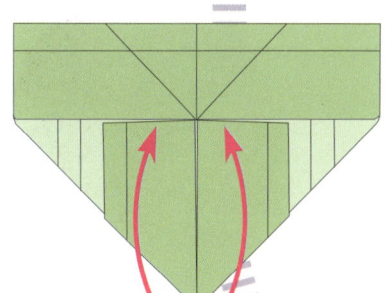

11 **10**번 선대로 좌우를 접어 올려요.

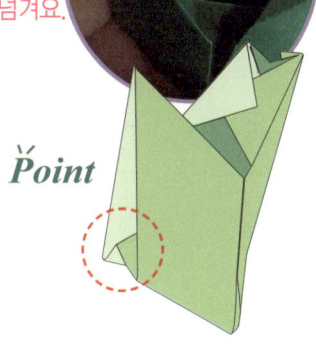

윗면 끝부분은 사진처럼 안으로 접어 옆으로 넘겨요.

Point

16 점선 안의 옆면을 **13**번 선대로 세모로 접어 안으로 넣어요.

＊ '29 쌍V자형계급장' 14번과 접는 법이 똑같아요.

14 좌우를 잡고 화살표대로 접어 올려요.

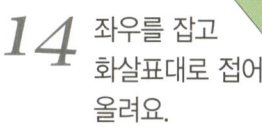

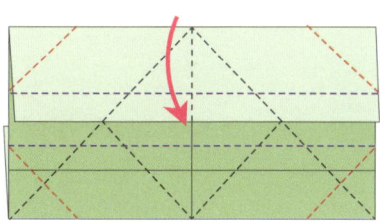

12 펼친 뒤 윗면을 접어 내려요. 그리고 선대로 접어요.

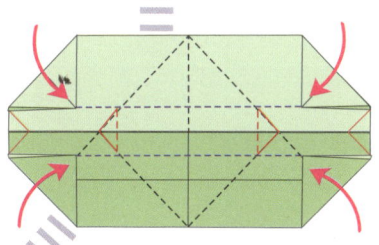

13 네 곳 모서리를 보라색 선에 맞춰 안으로 접어요. 그리고 선대로 접어요.

완성

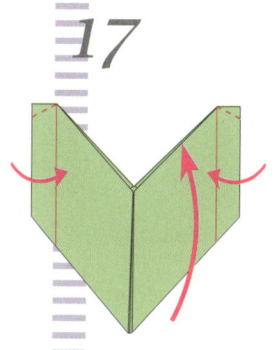

17

15 반대쪽도 똑같이 접어 올려요. 그리고 좌우 선대로 안으로 접어요.

35
반반쌍V자형계급장

반대되는 색상으로 접으면 두 색상의
대비가 훨씬 다채롭게 느껴져요.

직사각형

＊30 쌍V자형계급장2, 3번까지 접어요.

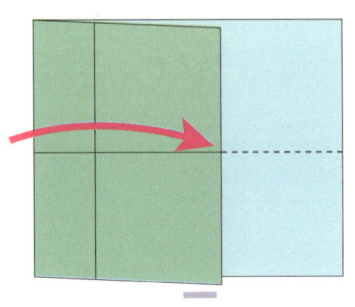

4 펼친 후 **4**번에서 접은 선까지
안으로 접어요.
(맞은편도 똑같이 접어요.)

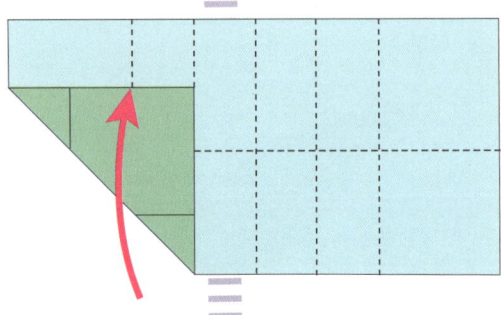

5 다시 펼친 뒤 한쪽 면을
위로 접어 올려요.

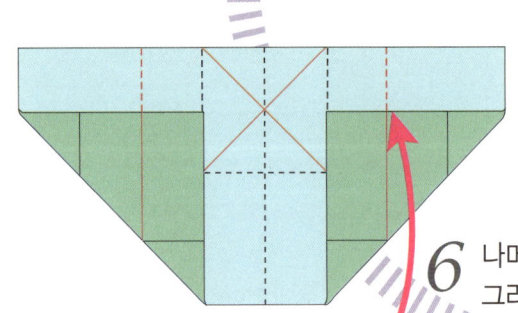

6 나머지 한쪽 면도 접어요.
그리고 선대로 접어요.

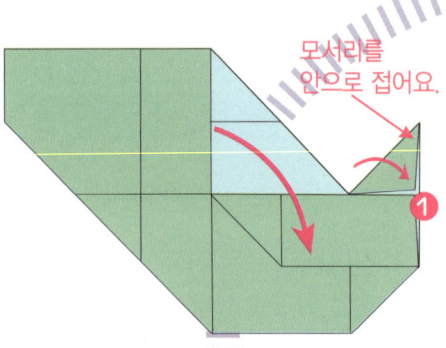

모서리를
안으로 접어요.

9 **8**번 **1**을 아래로 내려
그림처럼 접어요. 모서리도
안으로 접어요.

8 **7**번에서 내린 면을 위로
올리며 펴면서 접어요.

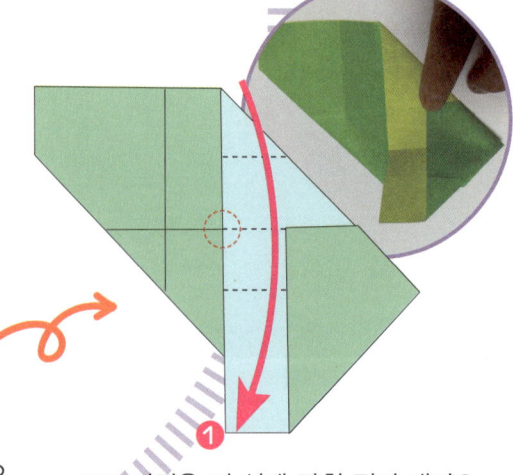

7 뒤집은 뒤 선에 맞춰 접어 내려요.
(좌우 똑같이 접어요.)

완성

① 윗면을
아래로 내려요.

② 끝면을 뒤집어
끝에 맞춰 접어요.

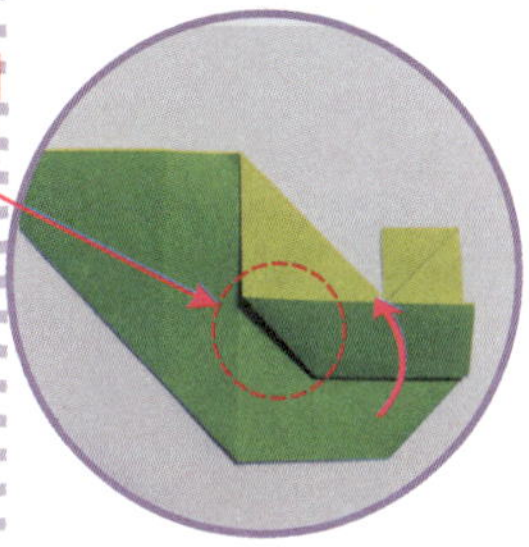

③ 끝을 맞춰 올려
접고, 안쪽은 사선
으로 접어요.

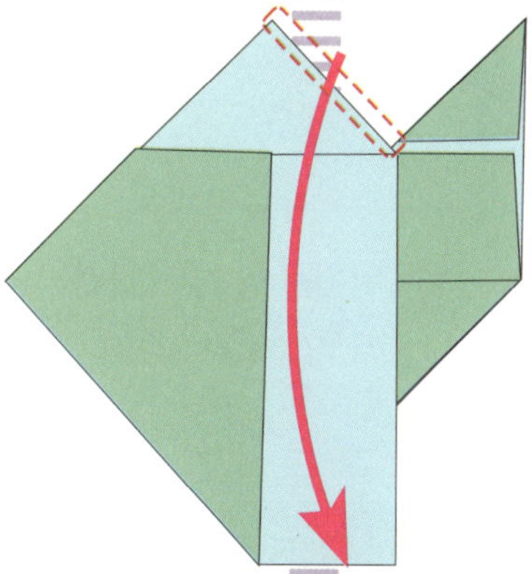

17

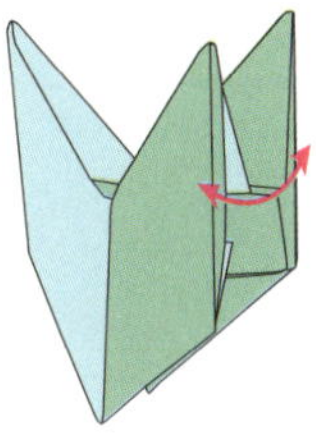

16 접은 선대로 서로
겹쳐 접어요.

15 **14**번 선에 맞춰 좌우
안으로 접어요.

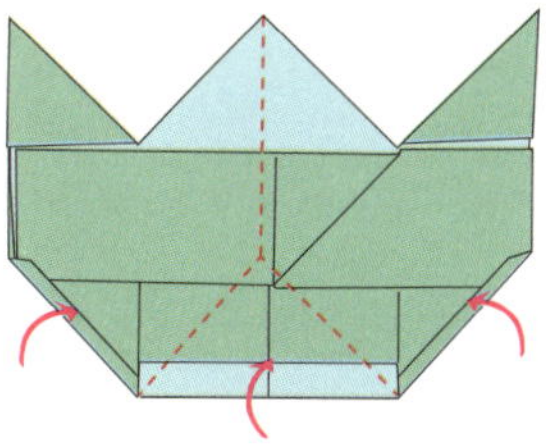

14 **13**번에서 접었던 면에서
반을 내려 접어요. 그리고
좌우를 그림처럼 조금만
안으로 접어요.

10 반대편은 **7**번처럼
선에 맞춰 내려 접어요.

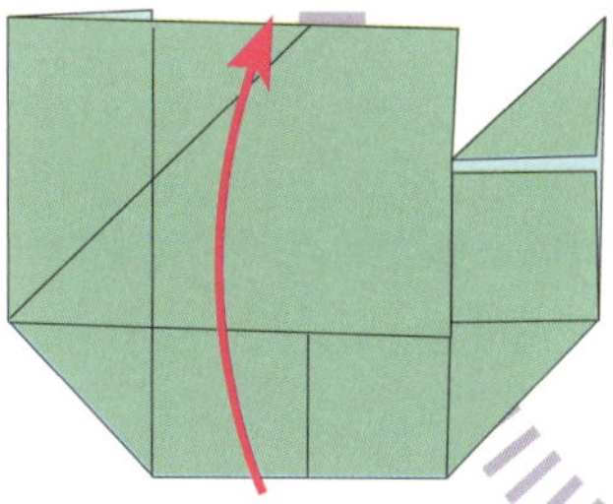

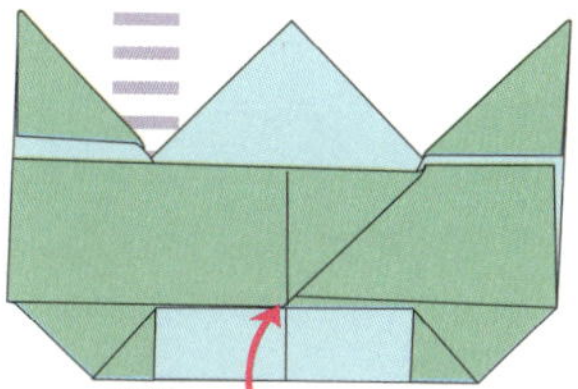

13 **12**번 선대로 아랫면을
올려 접어요.

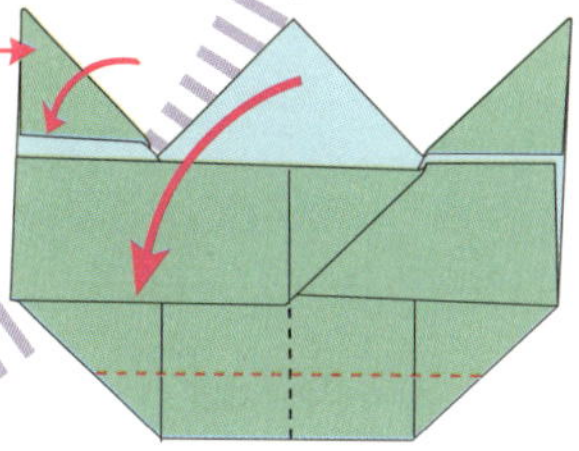

모서리를
안으로 접어요.

11 **8**번처럼 위로 올려 접어요.
안쪽은 펴면서 올려 접어요.

12 **9**번처럼 접었던 면에서
다시 아래로 내려요.
그리고 선대로 접어요.

36

반반쌍V자형계급장2

'반반쌍V자형계급장'과 완성 모양은 같지만
접는 과정이 조금더 복잡해요. 모서리
접기에서 잘 따라서 접어요.

직사각형

*30 쌍V자형계급장2, 2번까지 접어요.

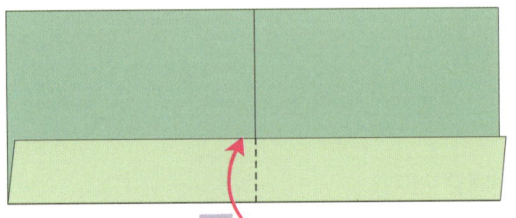

3 펼친 뒤 뒤집어서 중심 선에
맞춰 반을 올려 접어요.

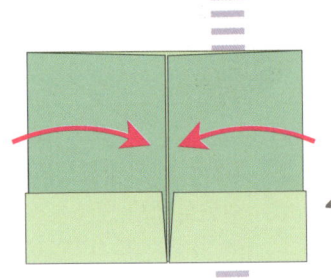

4 그대로 뒤집은 뒤
대문접기 해요.

5 **4**번 접은 면에서 반만 접어요.

돌려요

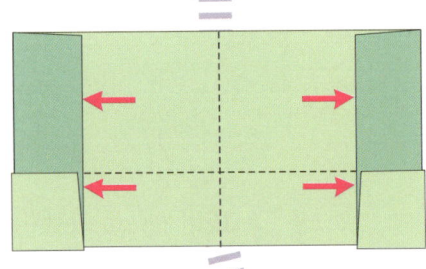

6 펼친 후 돌려요. 그리고
접었던 선에 맞춰 올려
접어요. (반대편도 똑같이
접어요.)

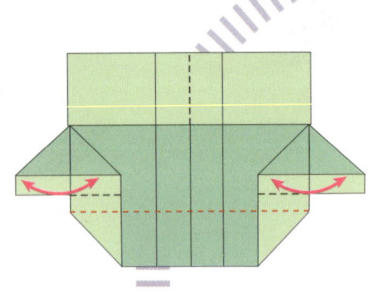

9 위, 아래로 뒤집은 뒤 각각
끝면을 눌러 접어요.

위, 아래

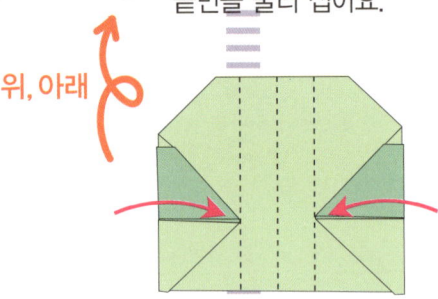

8 뒤집은 뒤 선에 맞춰
각각 좌우를 안으로
접어요.

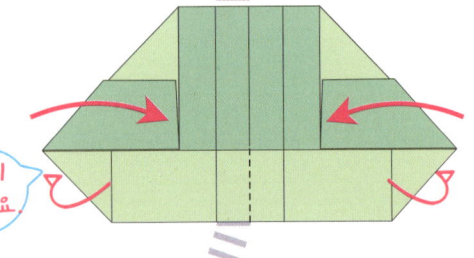

틈이
없어요

7 다시 **5**번처럼 접은 뒤 뒤집어요.
그리고 좌우를 안으로 접어요.
밑면 좌우 모서리는 뒤로 접어요.

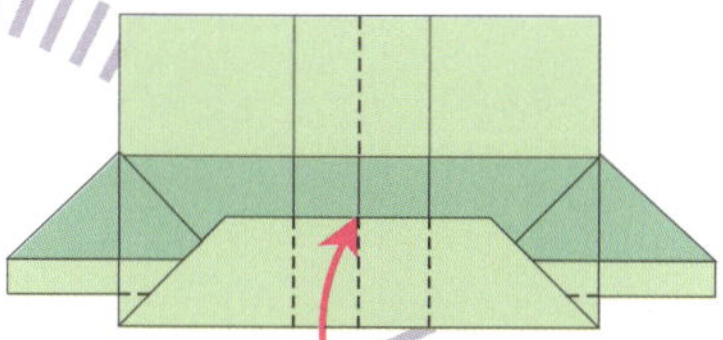

10 아랫면을 양 끝에
맞춰 올려 접어요.

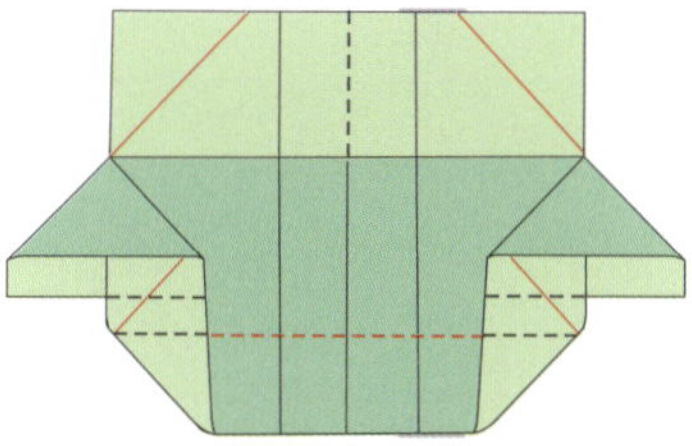

11 다시 펴요. 그리고
선대로 접어요.

돌려요

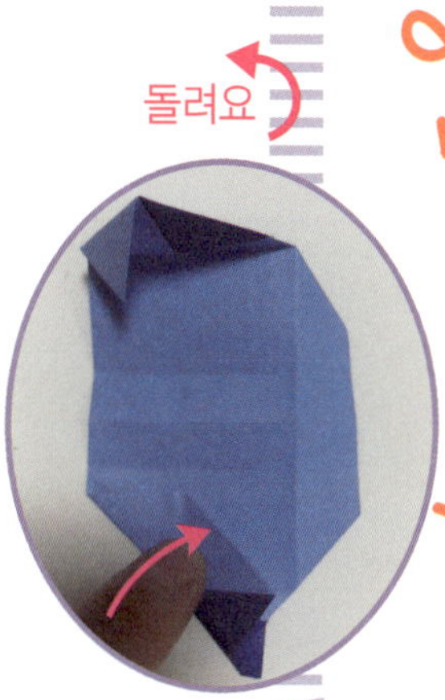

12 뒤집은 뒤 돌려요. 그리고
11번 선에 맞춰 양쪽 모두
접어요.

13 다시 뒤집은 뒤
끝부분을 끝까지
펴서 접어요.

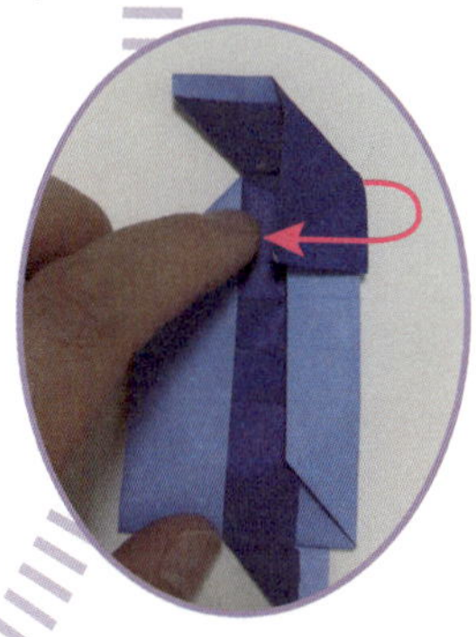

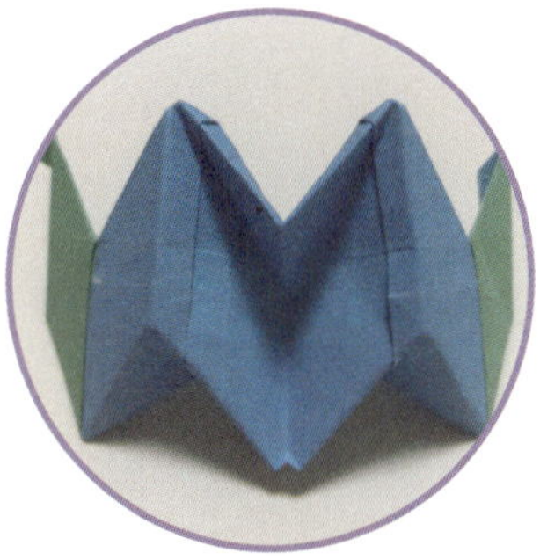

18 16번의 선에 맞춰
윗면과 아랫면을 접어요.

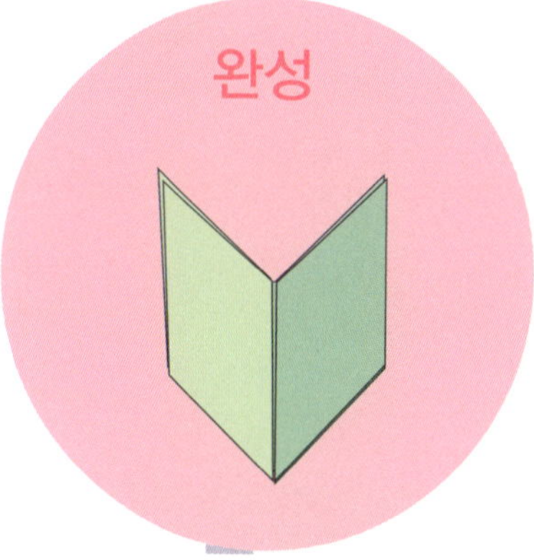

완성

19 두 계급장을 겹쳐요.

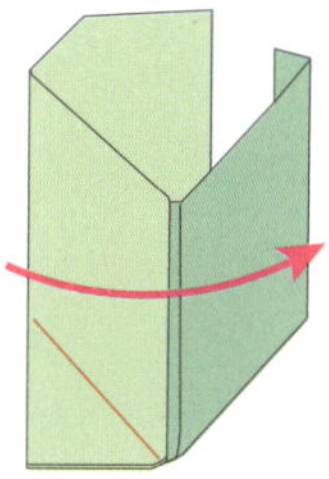

17 직선에 맞춰 서로
안으로 겹쳐 접어요.

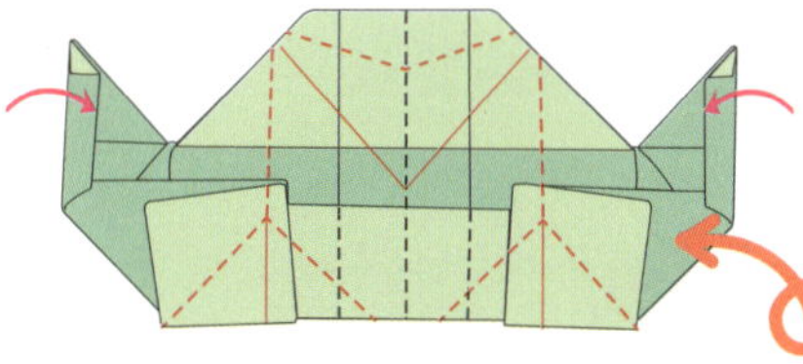

16 다시 뒤집은 뒤 양 끝을
안으로 접어요. 그리고
선대로 접어요.

15 접은 후 뒷 모양

14 아래부분 뒷면을 사진
처럼 앞으로 펴서 접어요.
뒷면을 펴면서 접어요.
(반대편도 똑같이 접어요.)

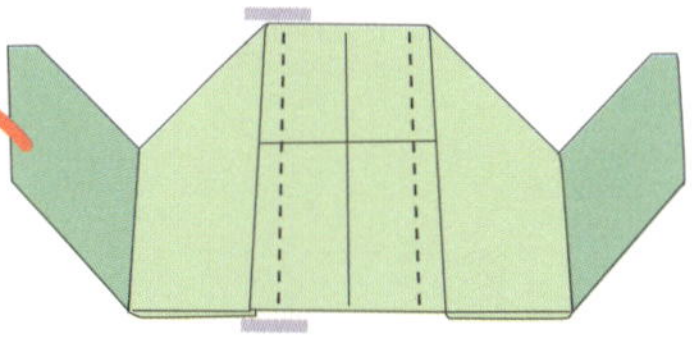

37

반반쌍V자형계급장3

직사각형

밑면을 꺾어 접어 안으로 넣는 과정(14번)이
많이 어려울 수 있어요.
한 번에 안되면 다시 도전해 보세요.

*30 쌍V자형계급장2, 3번까지 접어요.

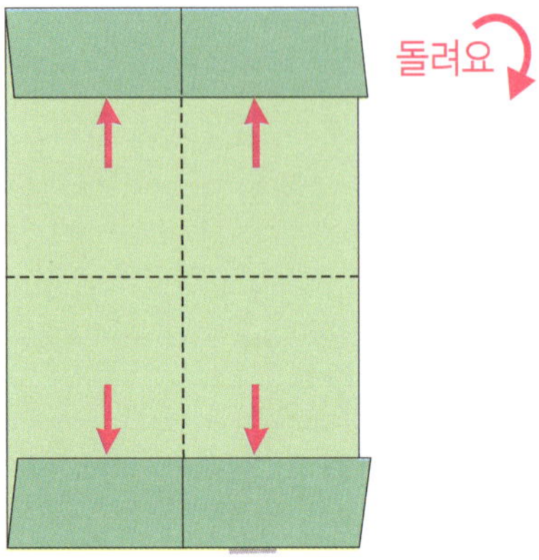

돌려요

4 펼친 후 돌려요. 그리고
위, 아래 반만 접어요.

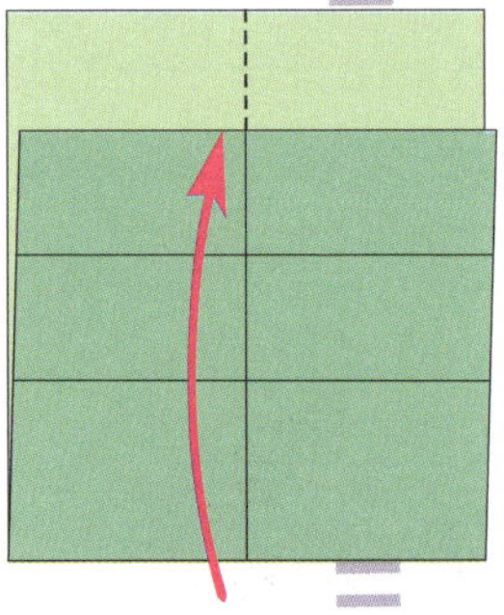

5 펼친 후 화살표대로
선에 맞춰 올려 접어요.
(반대편도 똑같이 접어요.)

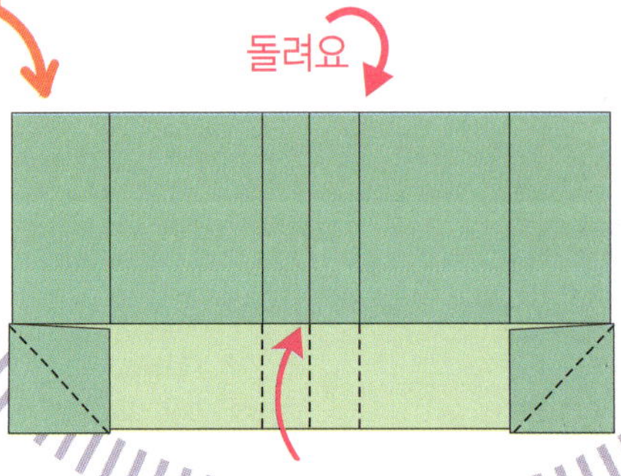

돌려요

6 펴서 돌린 뒤 **4**번처럼 다시
접어요. 그리고 뒤집어요.
중심 선에 맞춰 올려 접어요.

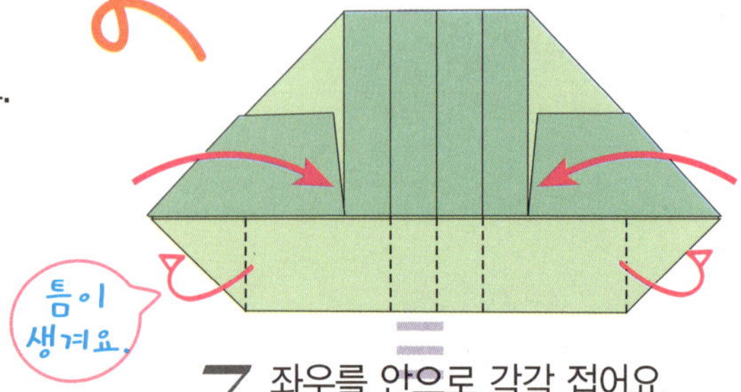

틈이
생겨요.

7 좌우를 안으로 각각 접어요.
모서리는 뒤로 접어요.

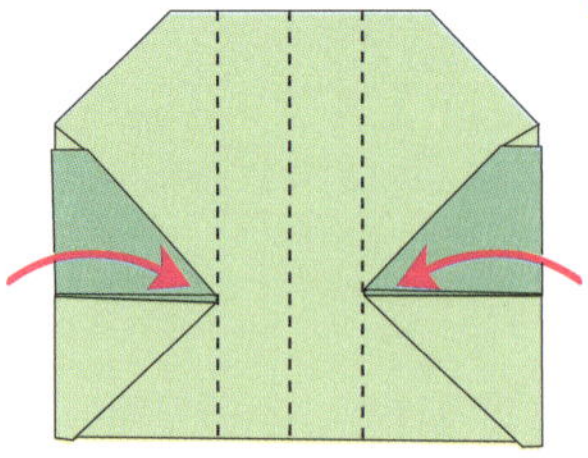

8 뒤집은 뒤 선에 맞춰
좌우를 안으로 접어요.

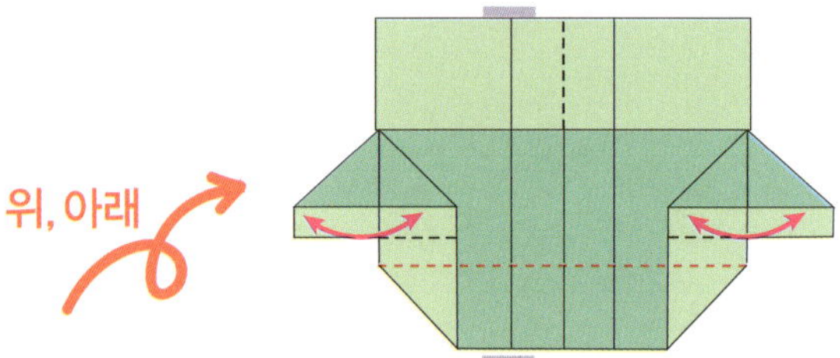

위, 아래

9 위, 아래로 뒤집은 뒤 좌우
끝면을 눌러 접어요.

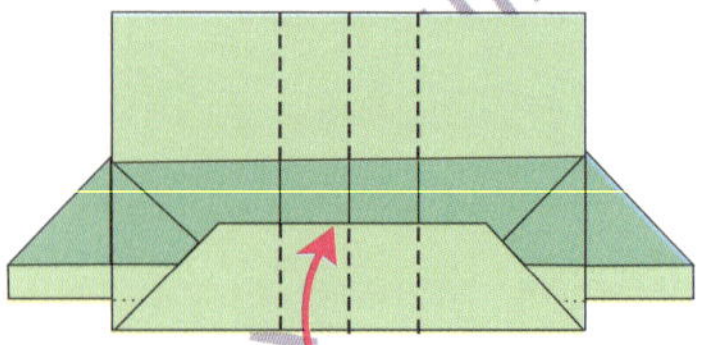

10 아랫면을 화살표대로
접어 올려요.

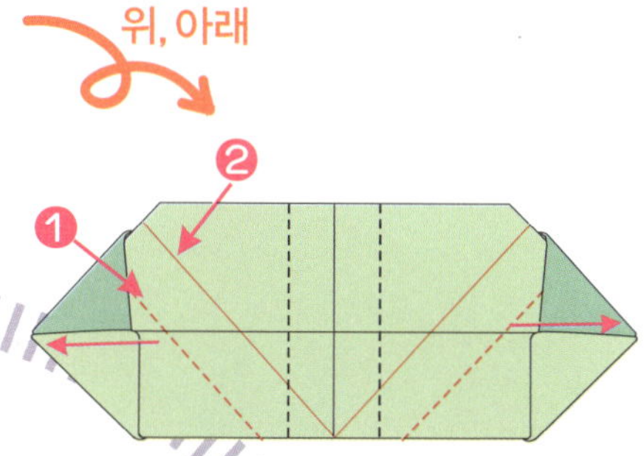

위, 아래

② ①

11 위, 아래 뒤집은 뒤 좌우 끝을 펴줘요. 그리고 선대로 접어요.

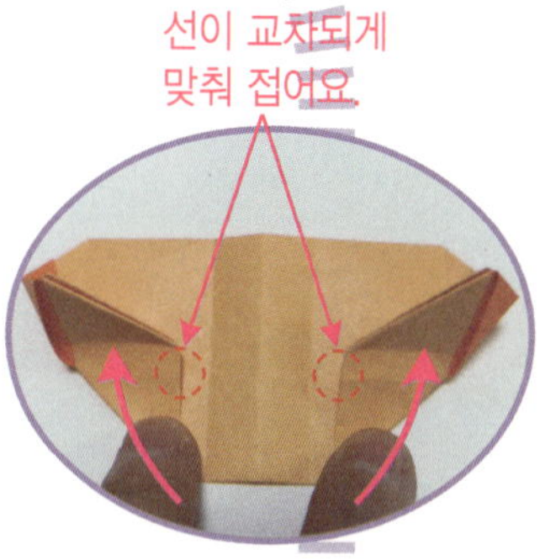

선이 교차되게 맞춰 접어요

12 ①에 맞춰 좌우 안으로 접어 선을 만들어요.

13 ②에 맞춰 접은 선을 만들어요.

Point

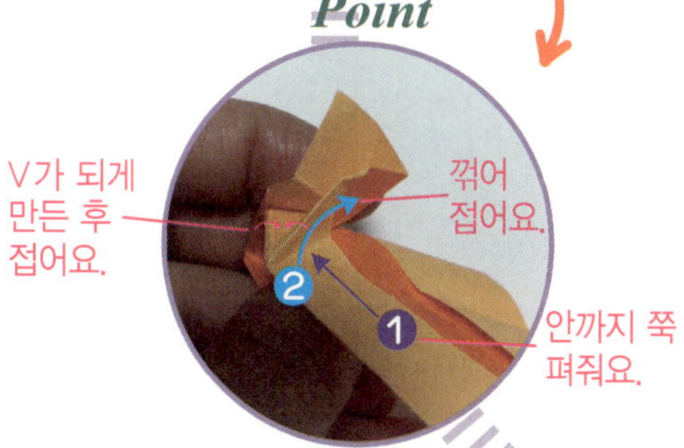

V가 되게 만든 후 접어요.

꺾어 접어요.

②
①

안까지 쭉 펴줘요.

14 뒤집은 뒤 **13**번 상태에서 끝 모서리를 내려 위처럼 안을 접어요.

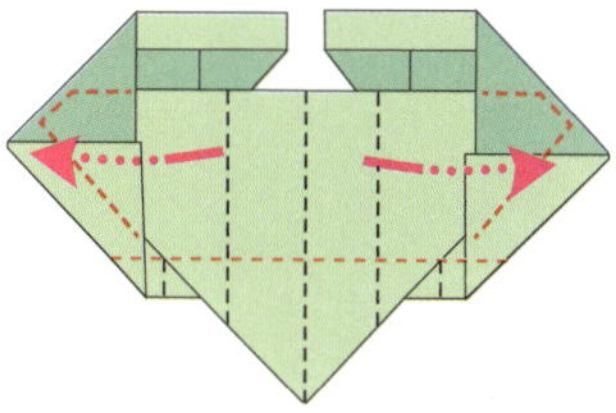

완성

23 두 계급장을 겹쳐요.

22 접은 선대로 모두 안으로 접어요.

21 ②, ③도 안과 밖으로 좌우 모두 접어요.

② ③

① ② ③ ② ①

20 ①에 맞춰 좌우 모두 꺾어 접어요.

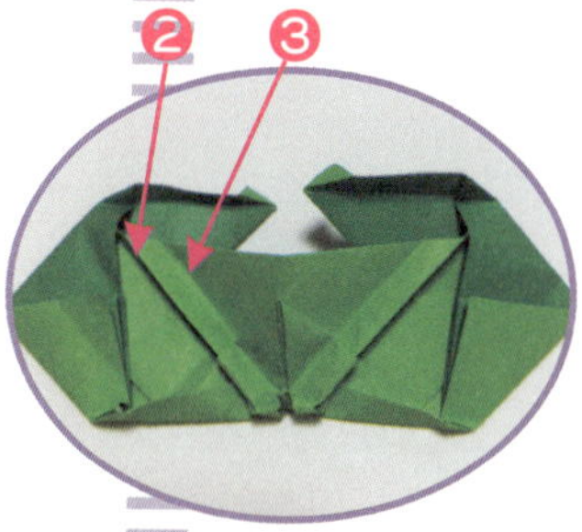

19 선대로 접어요.

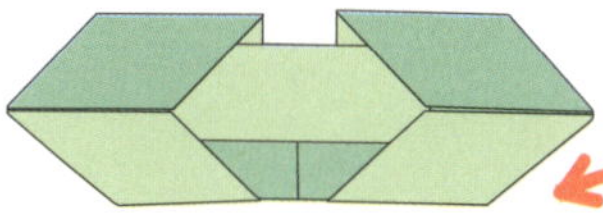

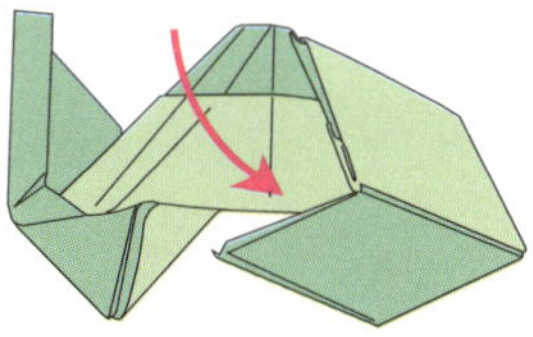

18 뒤집었을 때 모양

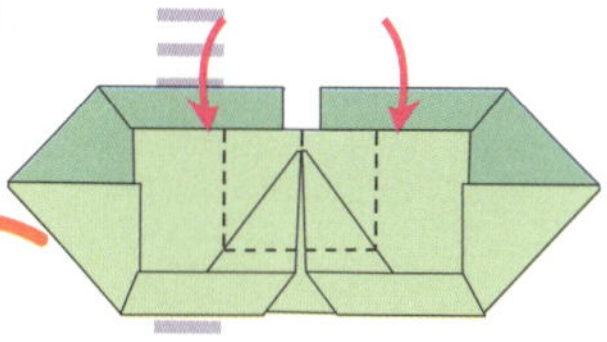

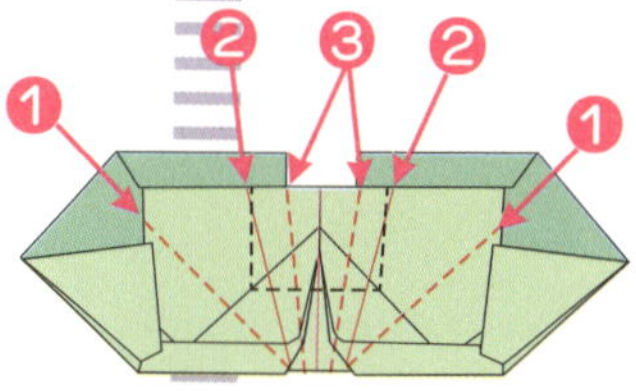

17 좌우 윗면을 접어 내려요.

15 **14**번에서 접은 면을 안으로 집어 넣어요. (반대쪽도 똑같이 해요.)

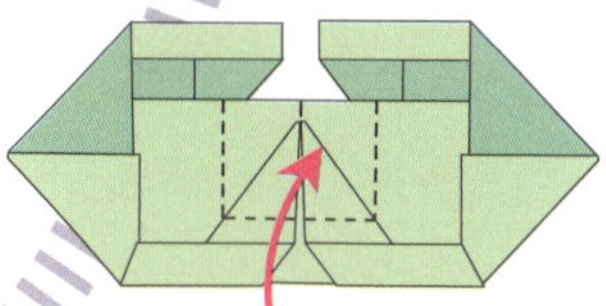

16 **15**번 접는 선에 맞춰 위로 올려 접어요.

87

38

반쌍V자형계급장2

★★★★☆

위, 아래로 반쌍V자형계급장2가 붙어있어요.
어렵지 않게 접을 수 있어요.

직사각형

완성

＊30 쌍V자형계급장2, 2번까지 접어요.

돌려요

3 펼친 후 돌려서 앞, 뒤 반대로 접어요.

12 11번의 선에 맞춰 좌우 안으로 접어요. 그리고 끝 모서리를 (점선 원) 접어요.

13 밑부분을 올려 접어요.

14 뒤집어요.

11 뒤집은 뒤 선대로 접어요.

돌려요

4 접었던 면을 각각 반만 접어요.

벌려서 눌러 접어요.

10 180도 돌려서 뒷면 계급장을 앞으로 접어요. 진한 면의 끝선에 맞게 접어요.

9 앞, 뒤 모두 윗면을 벌린 후 눌러 접어요.

위, 아래

8 다시 뒤집은 뒤 윗면은 뒤로 넘겨 접고, 아랫면은 앞으로 접어요.

5 다시 편 뒤 접었던 선에 맞춰 올려 접어요. (반대편도 접어요.)

6 뒤집은 뒤 4번처럼 접어요. 그리고 위로 올려 접어요.

7 위, 아래로 뒤집은 후 화살표대로 올려 접어요.

접기1

접기2

접기1

정사각형

화살표

완성 모양은 같아도 접기1, 2로 접는
방법이 두 가지예요.

＊모양은 같아도 접는 방법이 두 가지예요.

완성

접기1

10 **9**번 선대로
안으로 접어요.

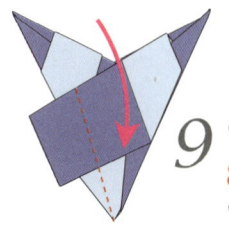

9 안으로 접었던 면을
8번 선에 맞춰 다시
안으로 접어요.

11

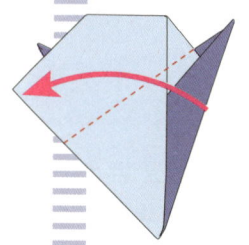

8 반대편도 펴서
안으로 펼쳐 접어요.

공통접기 30% 축소

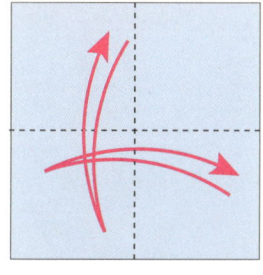

1 정사각형 종이로 가로, 세로
반을 접었다 펴요.

2 편 뒤 중심 선에 맞춰
올려 접어요.

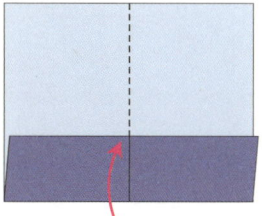

3 뒤집은 뒤 좌우를
위로 접어 올려요.

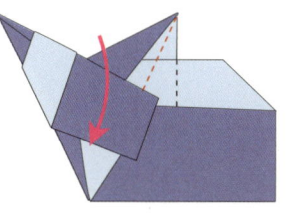

7 위로 접었던 면을 선에
맞춰 아래로 접어 내려요.

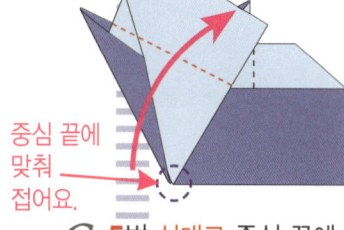

중심 끝에
맞춰
접어요.

6 **5**번 선대로 중심 끝에
맞춰 위로 펼쳐 접어요.

위, 아래

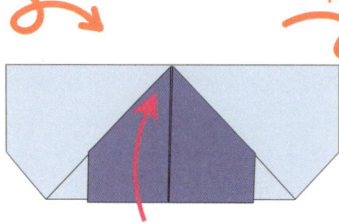

4 뒤집은 뒤 위로 올려 접어요.

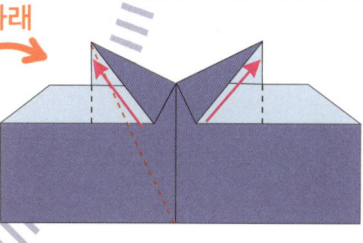

5 위, 아래 뒤집은 뒤 좌우 윗면을
대각선으로 위로 펴서 접어요.

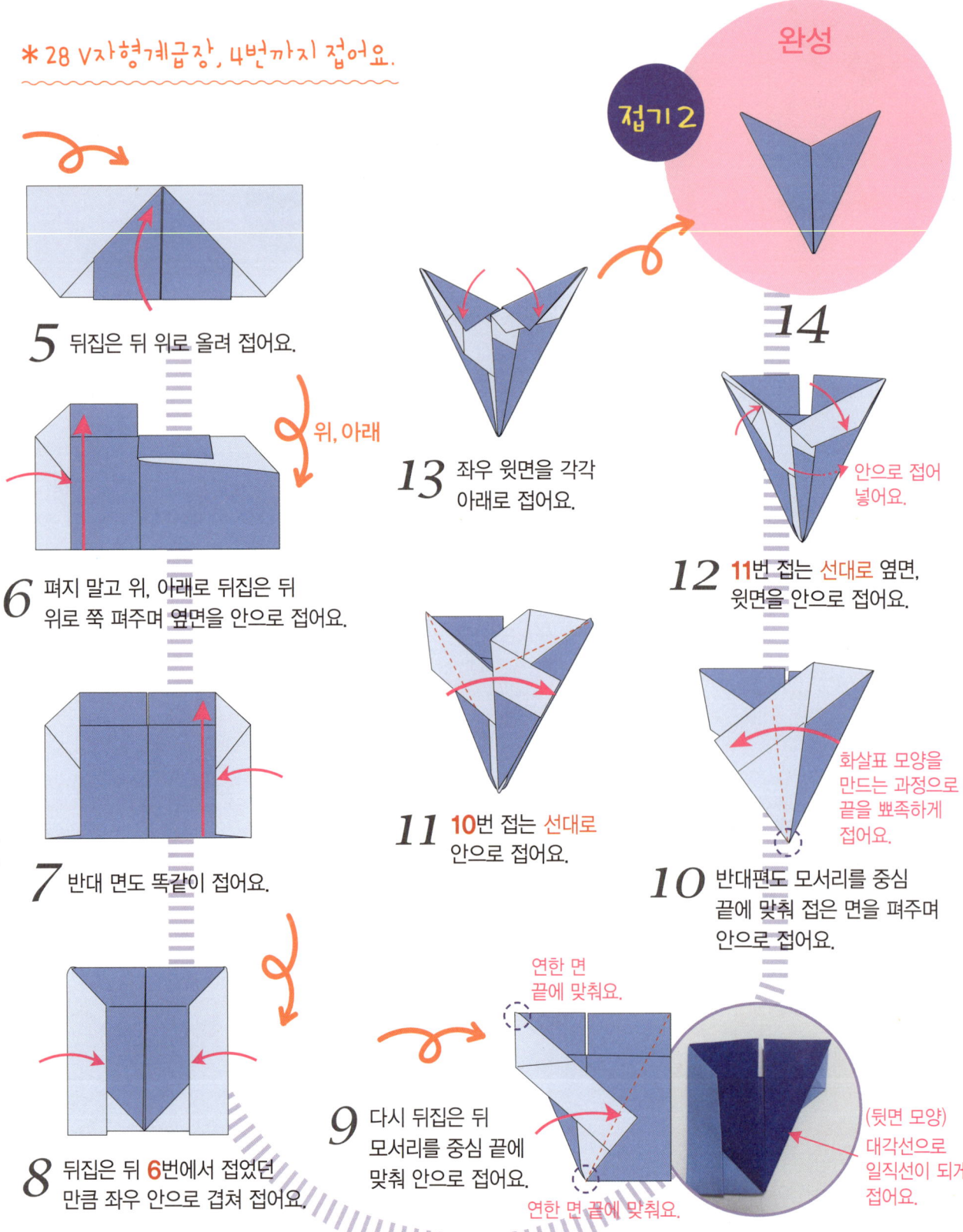

＊28 V자형계급장, 4번까지 접어요.

완성

접기 2

5 뒤집은 뒤 위로 올려 접어요.

위, 아래

6 펴지 말고 위, 아래로 뒤집은 뒤 위로 쭉 펴주며 옆면을 안으로 접어요.

7 반대 면도 똑같이 접어요.

8 뒤집은 뒤 **6**번에서 접었던 만큼 좌우 안으로 겹쳐 접어요.

13 좌우 윗면을 각각 아래로 접어요.

14

안으로 접어 넣어요.

12 **11**번 접는 선대로 옆면, 윗면을 안으로 접어요.

11 **10**번 접는 선대로 안으로 접어요.

화살표 모양을 만드는 과정으로 끝을 뾰족하게 접어요.

10 반대편도 모서리를 중심 끝에 맞춰 접은 면을 펴주며 안으로 접어요.

연한 면 끝에 맞춰요.

9 다시 뒤집은 뒤 모서리를 중심 끝에 맞춰 안으로 접어요.

연한 면 끝에 맞춰요.

(뒷면 모양) 대각선으로 일직선이 되게 접어요.

40
반화살표

★ ★ ★ ★ ☆

색상이 나눠진 반화살표예요.
삼각의 끝은 뾰족하게 접어요.

＊모양은 같아도 접는 방법이 두 가지예요.

＊28 V자형계급장, 2번까지 접어요.

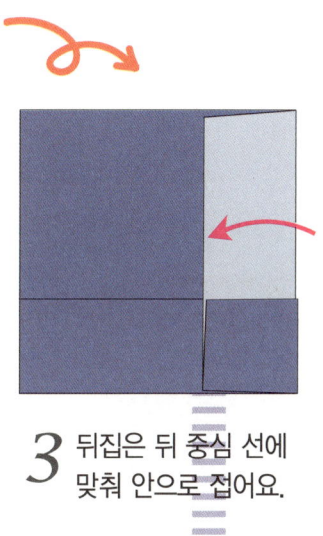

3 뒤집은 뒤 중심 선에
맞춰 안으로 접어요.

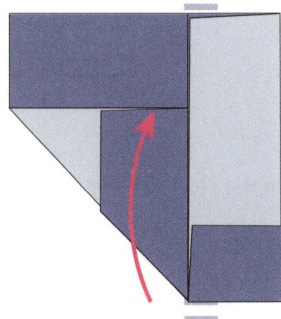

4 화살표대로
위로 올려 접어요.

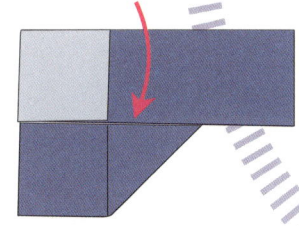

5 뒤집은 뒤
반을 내려 접어요.

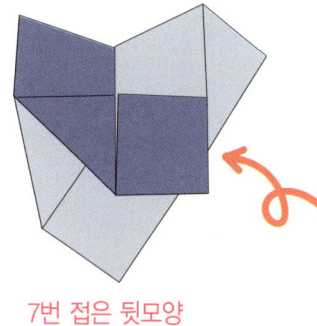

7번 접은 뒷모양

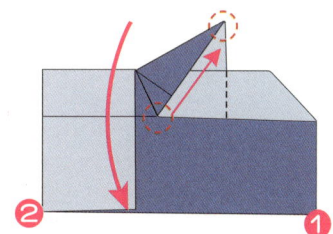

6 다시 밑면 끝까지 접어 내려요.
그리고 윗면 모서리(점선 원)를
대각선으로 위로 펴서 접어요.
＊'39 화살표' 접기1 5번처럼 접어요.

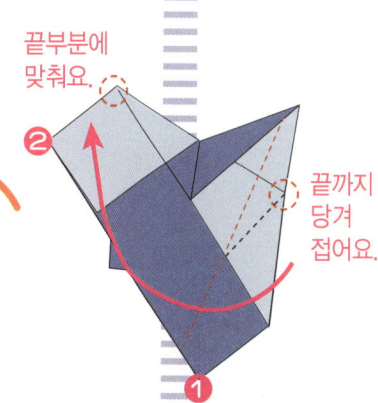

8 7번의 접는 선에 맞춰
안으로 접어요. 위, 아래
끝을 뾰족하게 접어요.

끝부분에
맞춰요.

끝까지
당겨
접어요.

7 6번 ❶은 아래로 향하고
❷는 올리며 좌우 표시 된
점선 원을 끝까지 당겨
반바퀴 돌려서 접어요.

40
반화살표

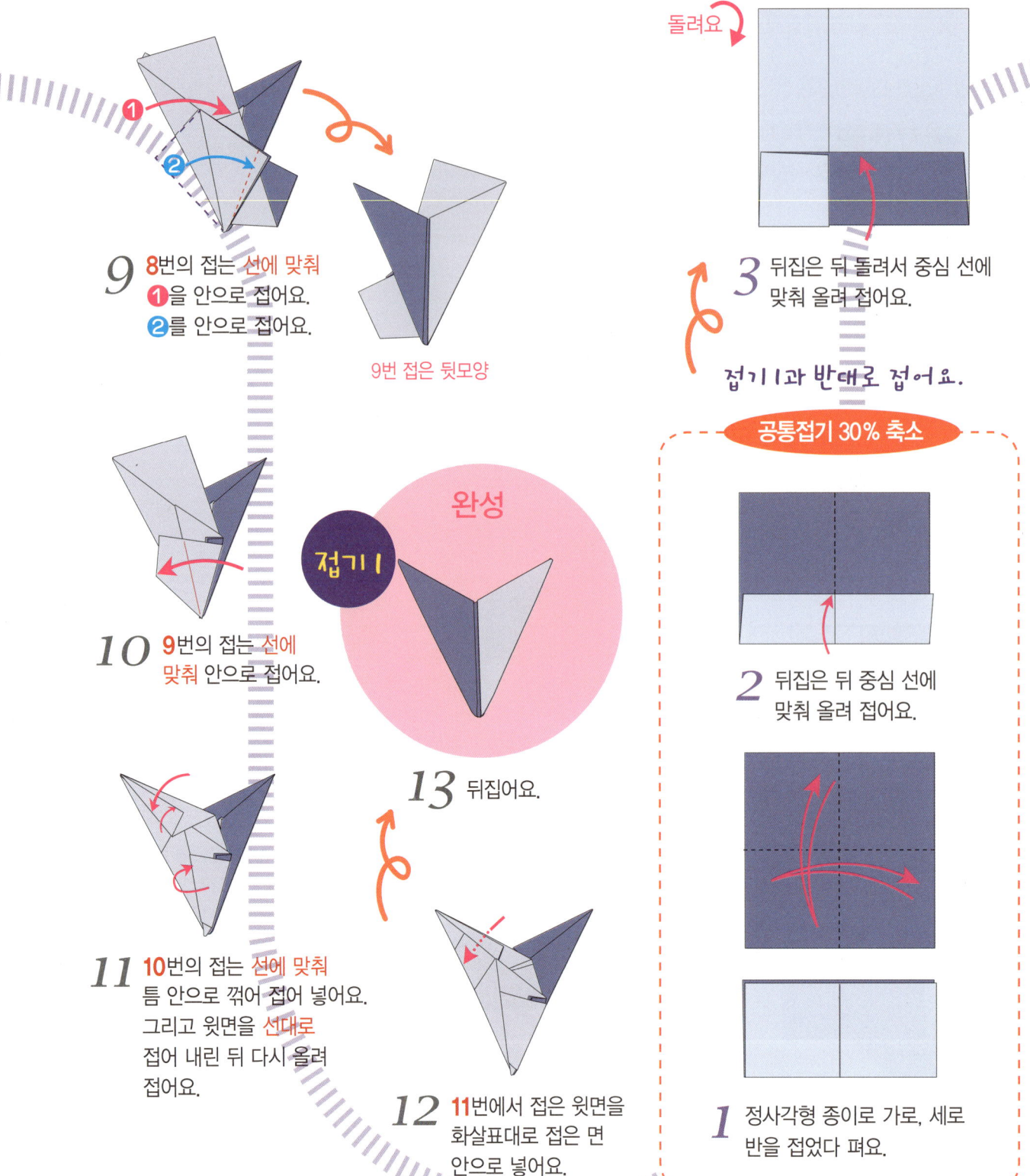

9 8번의 접는 선에 맞춰
① 을 안으로 접어요.
② 를 안으로 접어요.

9번 접은 뒷모양

돌려요

3 뒤집은 뒤 돌려서 중심 선에
맞춰 올려 접어요.

접기Ⅰ과 반대로 접어요.

공통접기 30% 축소

완성

접기Ⅰ

10 9번의 접는 선에
맞춰 안으로 접어요.

13 뒤집어요.

2 뒤집은 뒤 중심 선에
맞춰 올려 접어요.

11 10번의 접는 선에 맞춰
틈 안으로 꺾어 접어 넣어요.
그리고 윗면을 선대로
접어 내린 뒤 다시 올려
접어요.

12 11번에서 접은 윗면을
화살표대로 접은 면
안으로 넣어요.

1 정사각형 종이로 가로, 세로
반을 접었다 펴요.

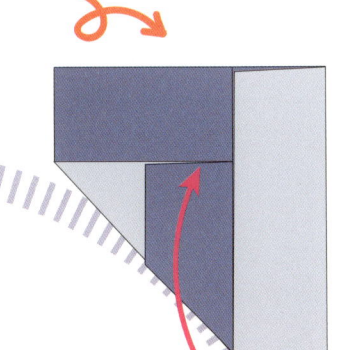

4 뒤집은 뒤 화살표대로 위로 올려 접어요.

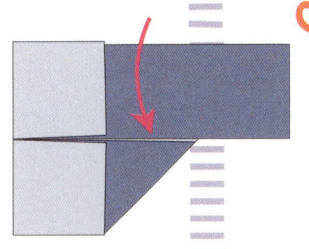

5 뒤집은 뒤 아래로 반을 내려 접어요.

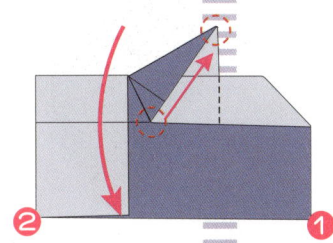

6 다시 끝까지 접어 내려요. 그리고 윗면 모서리(점선 원)를 끝까지 펴서 접어요.
*'40 반화살표 접기1' 6번처럼 접어요.

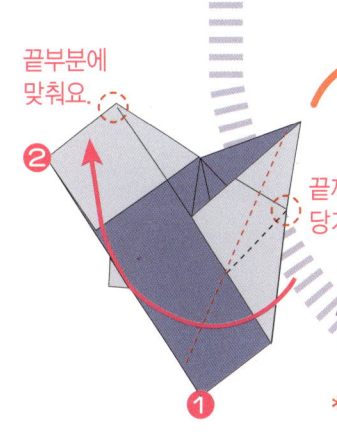

끝부분에 맞춰요.

끝까지 당겨 접어요.

7 6번 ❶을 아래로 내리며 좌우 표시된 점선 원을 끝까지 당겨 반바퀴 돌려서 접어요.
*'40 반화살표 접기1 7번처럼 접어요.

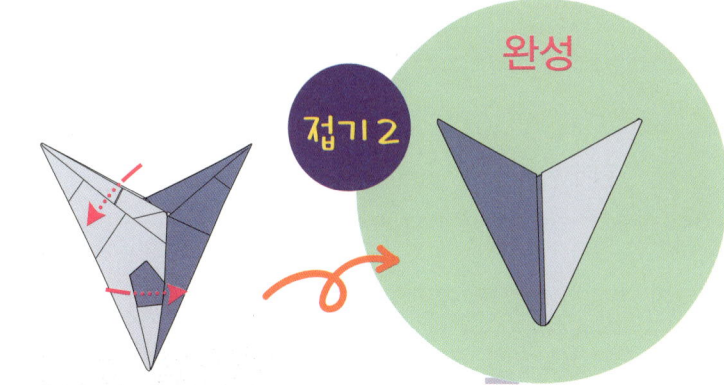

접기 2

완성

12 11번 접은 면 위, 아래를 화살표대로 접은 면 안으로 넣어요.

13 뒤집어요.

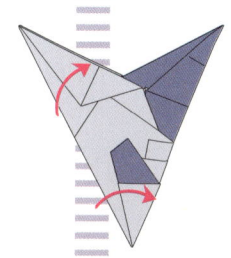

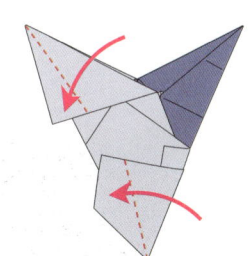

10 9번 접는 선에 맞춰 윗면과 아랫면을 안으로 접어요.

11 10번 접는 선에 맞춰 윗면과 아랫면을 안으로 접어요.

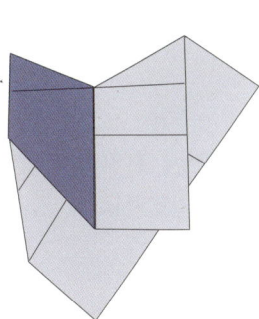

7번 접은 뒷모양

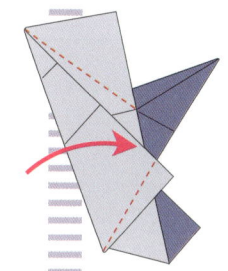

9 8번 접는 선에 맞춰 안으로 접어요.

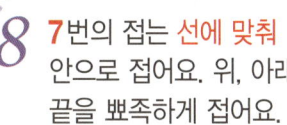

8 7번의 접는 선에 맞춰 안으로 접어요. 위, 아래 끝을 뾰족하게 접어요.

41
쌍화살표

접는 과정이 많지는 않지만 네 면의
꼭지점을 접은 뒤 양쪽 면을 잘 세워야
균형잡힌 화살표가 돼요.

＊28 V자형계급장, 1번까지 접어요.

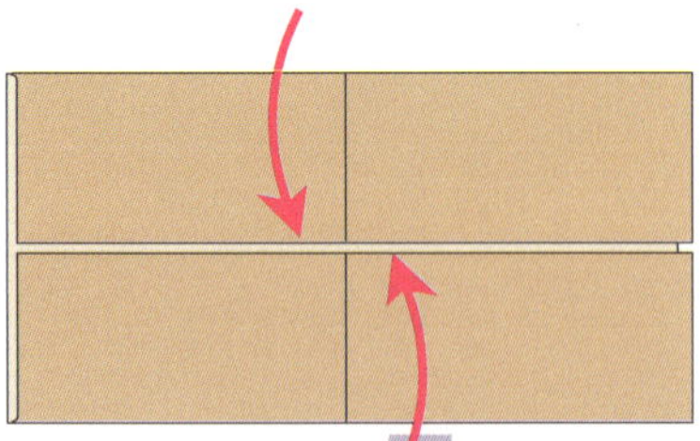

2 중심 선에 맞춰
대문접기를 해요

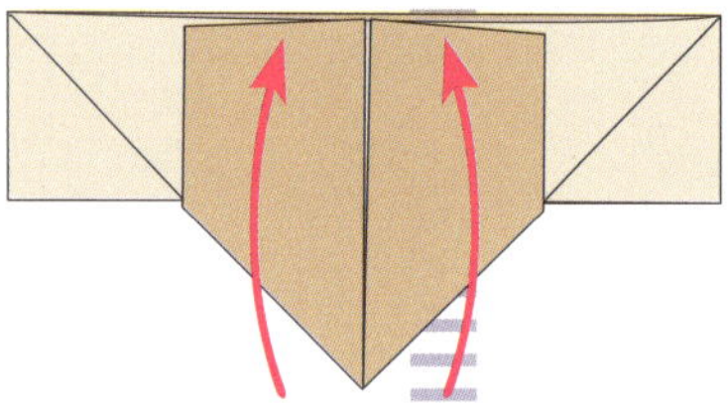

3 뒤집어서 좌우 올려 접어요.

돌려요

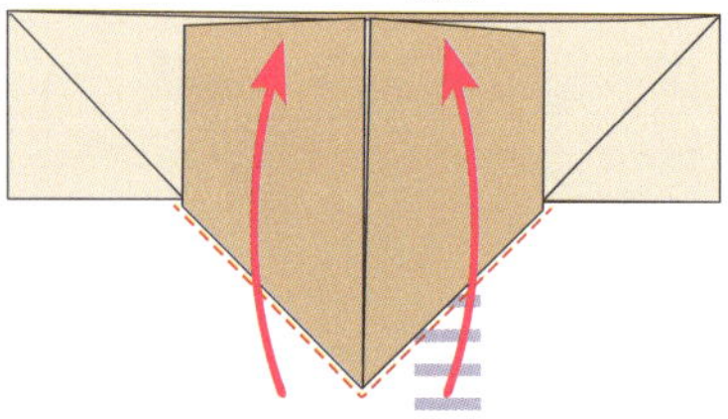

4 180도 돌린 뒤 올려 접어요.
점선까지만 접어요.

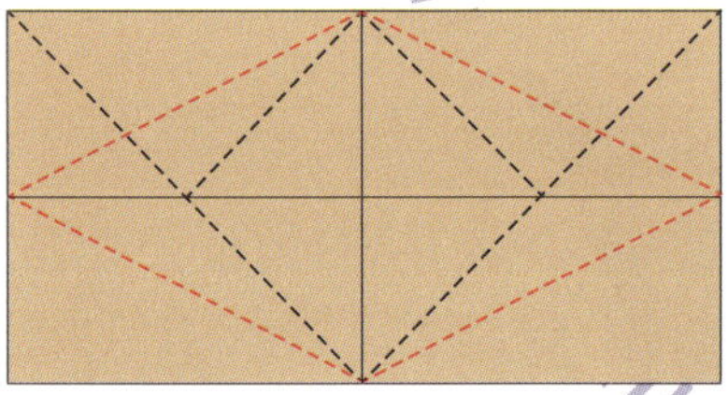

5 편 뒤 선대로 접었다 펴서
접은 선을 만들어요.

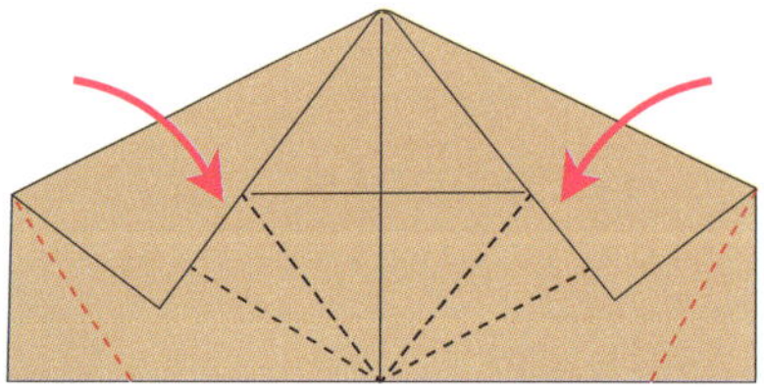

6 5번 선에 맞춰 윗면을
안으로 접어요.
(아랫면도 똑같이 접어요.)

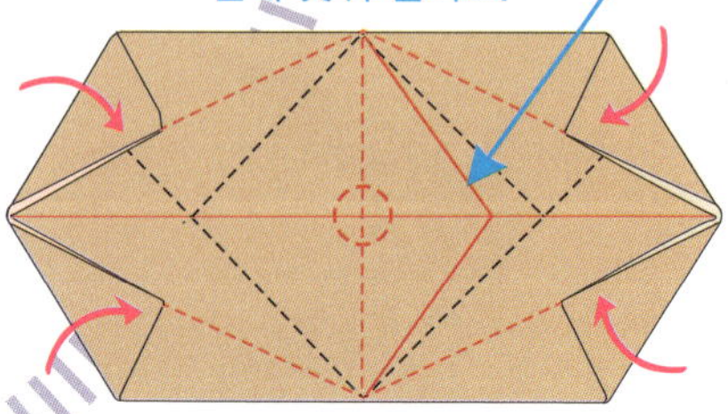

7 6번에서 접은 선에 맞춰
네 면의 꼭지점을 안으로 접어요.

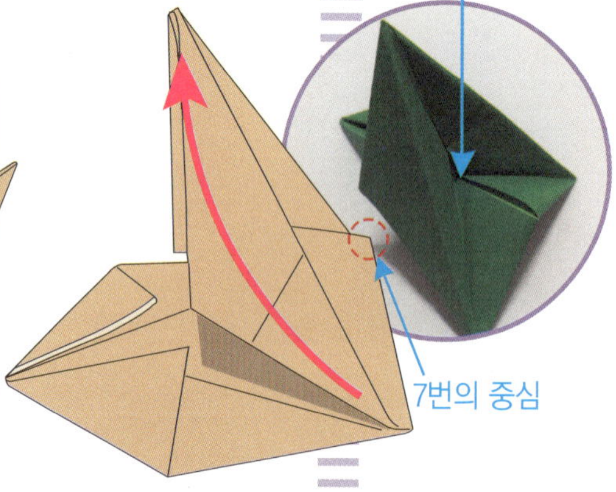

윗면 모양

반대 면 안은
직선이에요.

8 7번 접은 선대로
좌우를 접어 일으켜요.

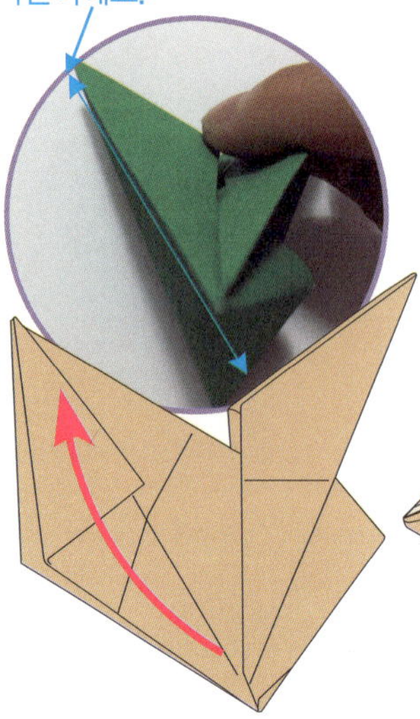

7번의 중심

6번에서 안으로 접었던
선에 맞춰 접어요. ①

9 반대편도 좌우를
접어 일으켜요.

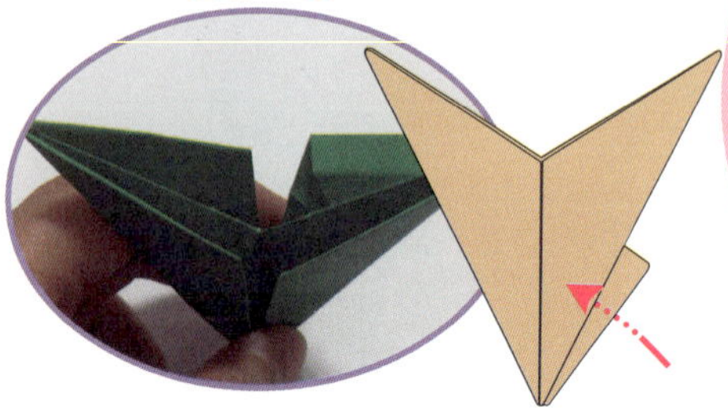

완성

10 삐져 나온 부분을
안으로 접어 넣어요.

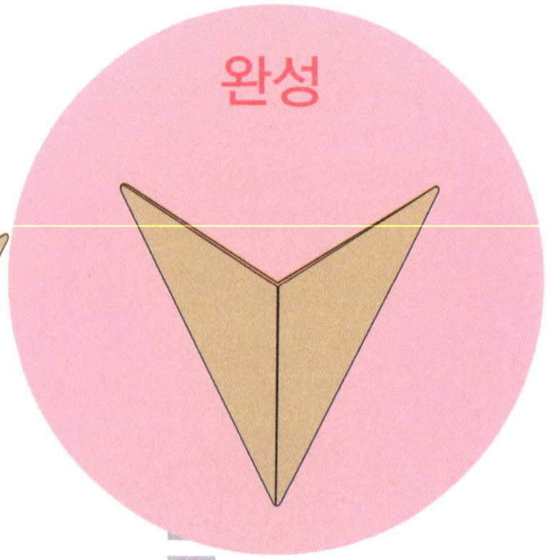

11

① ①을 안으로
꺾어 접어요.

42
쌍화살표2

★ ★ ★ ★ ★

각각 앞, 뒤로 뾰족한 화살 모양이 있어
'쌍화살표2'예요.

직사각형

* 30 쌍V자형계급장2, 5번까지 접어요.

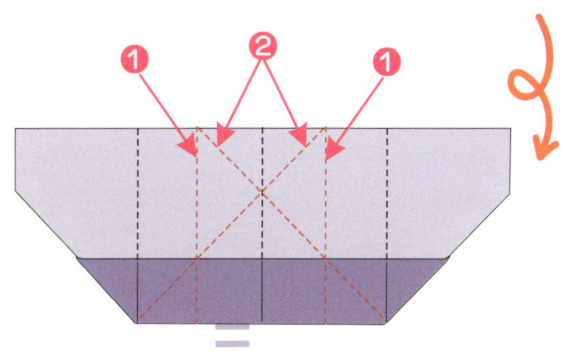

① ② ①

6 뒤집은 뒤
선대로 접어요.

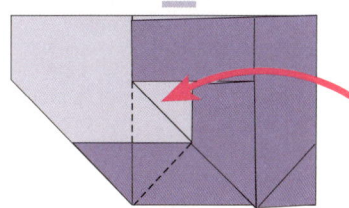

7 6번 ① 까지 안으로 접어요.
좌우 똑같이 접어요.

8 ②에 맞춰 올려 접어요.
좌우 똑같이 접어요.

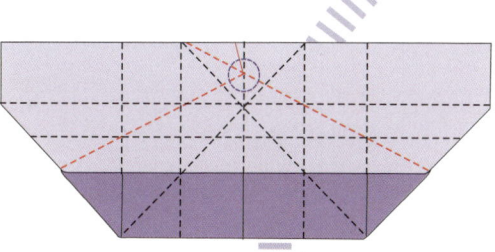

12 다시 위로 펼친 뒤,
선대로 접어요.
(좌우 상관없어요.)

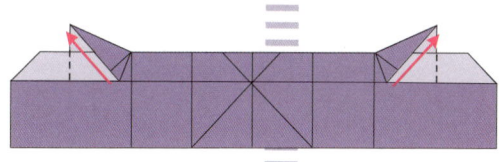

11 좌우 모서리를 대각선으로
펴서 끝을 뾰족하게 접어요.
* '39 화살표' 접기1.5번처럼 접어요.

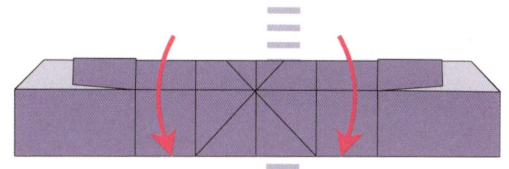

10 다시 윗면을 밑선
끝까지 접어 내려요.

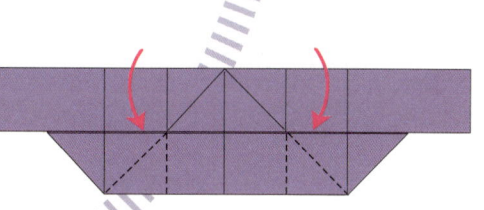

9 편 뒤 윗면을 내려 접어요.

쌍화살표2

12번 점선 원에 맞춰 접어요.

화살표의 끝부분 이에요. 뾰족하게 접어요.

13 12번 선에 맞춰 좌우를 아래로 접어 내려요. 그리고 선대로 접어요.

접은 옆면

22 ❹, ❺선대로 옆면을 사진처럼 안 선과 바깥 선으로 접어 넣어요.

완성

23

❶ ❷

14 13번 접는 선대로 윗면 선까지 좌우를 안으로 접어요. 그리고 선대로 접어요.

21 두 화살표를 겹쳐 접어요.

20 ❸대로 접어서 사진처럼 ❷접은 선 안으로 집어 넣어요.

15 ❶에 맞춰 좌우 안으로 접어요.

19 ❷에 맞춰 좌우 안으로 집어요.

18 17번 상태에서 ❶에 맞춰 좌우 안으로 접어요.

16 ❷에 맞춰 좌우 뒤로 접어요.

❺ ❹
❶ 좌우
좌우 ❸
❷ 좌우

17 선대로 접어요.

43

★ ★ ★ ★ ★

쌍화살표3

후반 접는 과정에서 선대로 접는 방법이 까다로울 수 있어요. 안 선과 바깥 선을 잘 구별해서 접어보세요.

직사각형

✱30 쌍V자형계급장2, 2번까지 접어요.

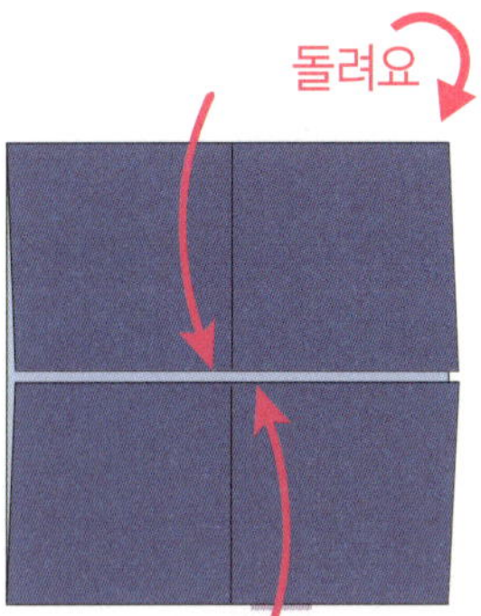

돌려요

3 펼친 후 돌려서 대문접기를 해요.

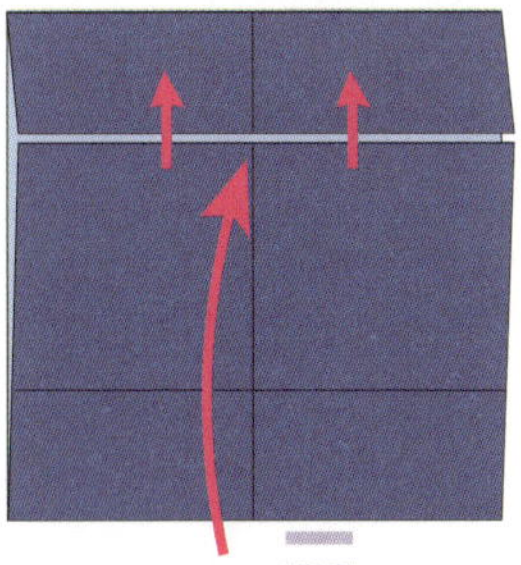

4 펼친 후 윗면은 반만 접고 아랫면은 윗면 접은 선까지 올려 접어요.

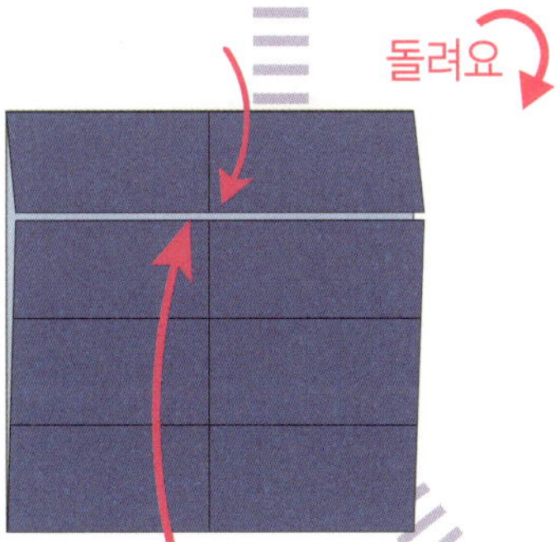

돌려요

펼쳐요 ▶

5 180도 돌려서 반대편도 똑같이 접어요.

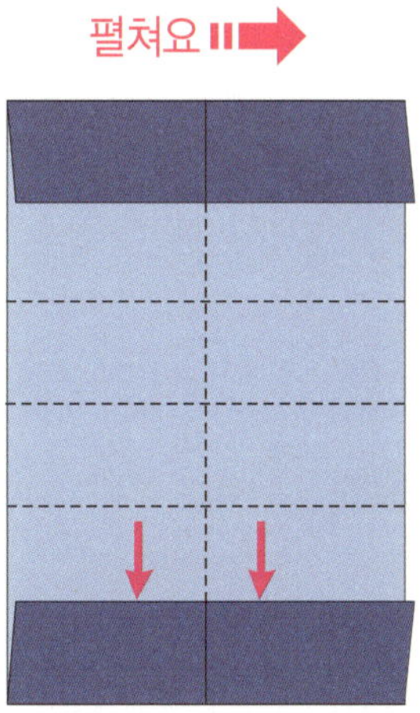

6 아랫면은 내려 접어요.

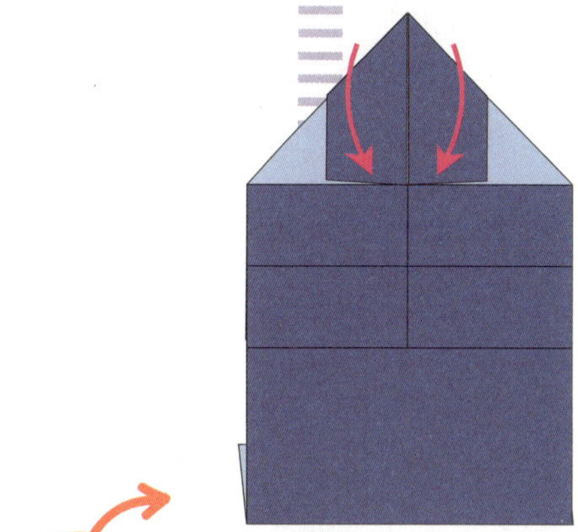

7 뒤집은 뒤 윗면 좌우를 아래로 접어요.

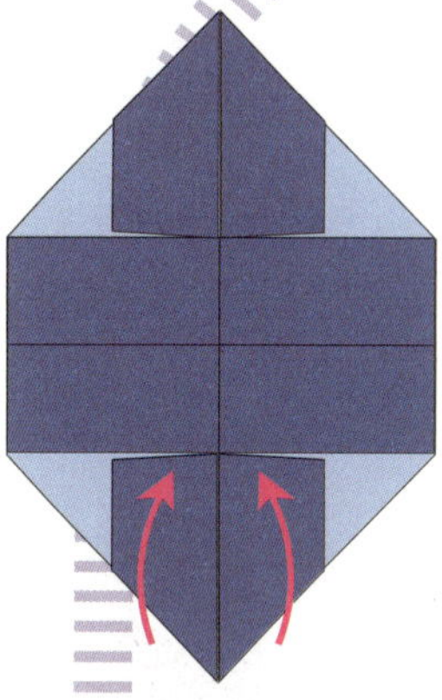

8 아랫면도 똑같이 접어요.

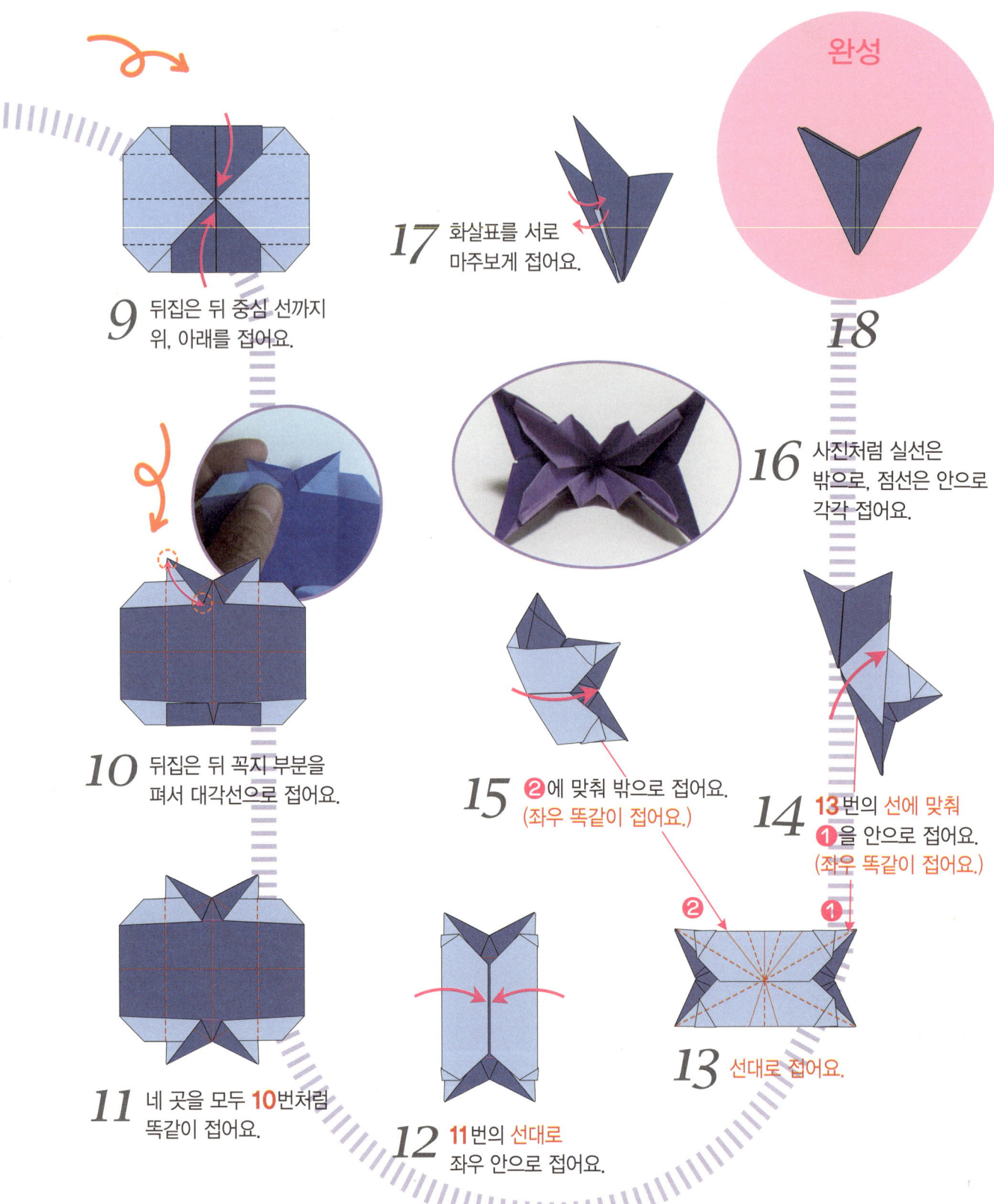

완성

9 뒤집은 뒤 중심 선까지
위, 아래를 접어요.

17 화살표를 서로
마주보게 접어요.

18

16 사진처럼 실선은
밖으로, 점선은 안으로
각각 접어요.

10 뒤집은 뒤 꼭지 부분을
펴서 대각선으로 접어요.

15 **❷**에 맞춰 밖으로 접어요.
(좌우 똑같이 접어요.)

14 **13**번의 선에 맞춰
❶을 안으로 접어요.
(좌우 똑같이 접어요.)

❷

❶

11 네 곳을 모두 **10**번처럼
똑같이 접어요.

12 **11**번의 선대로
좌우 안으로 접어요.

13 선대로 접어요.

정사각형

44

반쌍화살표

'쌍화살표'와 접는 과정이 비슷하지만
앞, 뒤 색상이 나누어졌어요.

완성

＊28 V자형계급장, 1번까지 접어요.

---

2 편 뒤 뒤집어요. 그리고 중심
선에 맞춰 앞, 뒤 반대로 접어요.

윗면 모양

10 삐져 나온 부분을
안쪽으로 접어요.

11

3 뒤집은 뒤 좌우
올려 접어요.

돌려요

9 *7*번 접는 선대로 좌우를
접어 일으켜요. ❶이 밖으로
꺾이며 중심이 접혀요.

7번의
중심

❶을 안으로
꺾어 접어요. ❶

반대면 안은
직선이에요.

4 180도 돌려서 좌우 올려
접어요. 점선까지만 접어요.

8 *7*번 접은 선대로
좌우를 접어 일으켜요.

7 네 면의 꼭지점을 선에 맞춰
안으로 접어요.

펼쳐요

5 편 뒤 선대로
접어요.

6 *5*번 선에 맞춰 좌우
윗면을 안으로 접어요.
(아랫면도 똑같이
접어요.)

99

45

반반쌍화살표

색상이 반반씩 나누어진 반반쌍화살표예요.
다양한 색상의 색종이로 접어보세요.

직사각형

*30 쌍V자형계급장2, 1번까지 접어요.

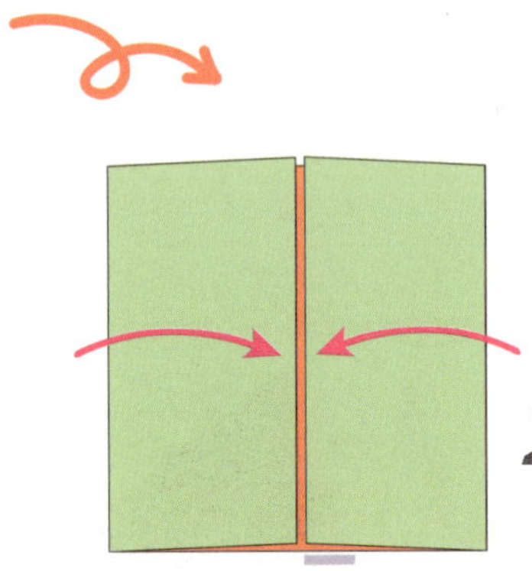

2 펼친 뒤 뒤집어서 대문접기를 해요.

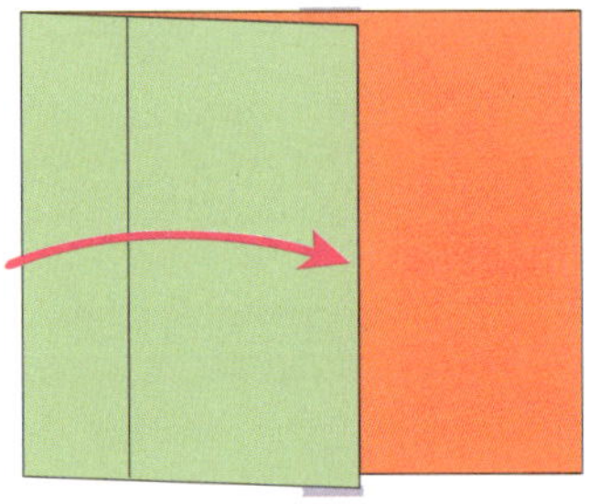

3 펼친 후 접은 선에 맞춰 안으로 접어요.
좌우 똑같이 접어요.

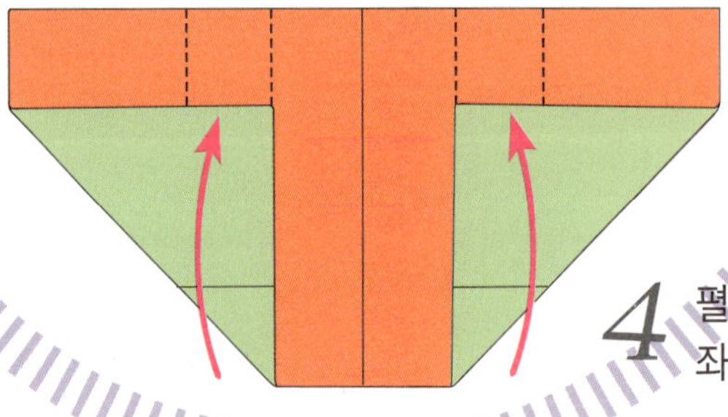

4 펼친 후 선에 맞춰 좌우 올려 접어요.

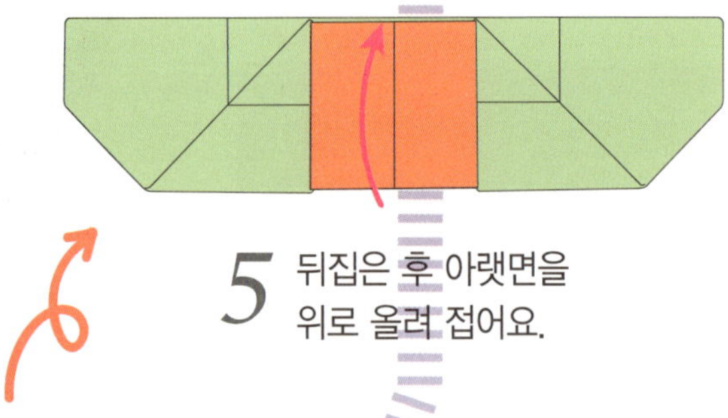

5 뒤집은 후 아랫면을 위로 올려 접어요.

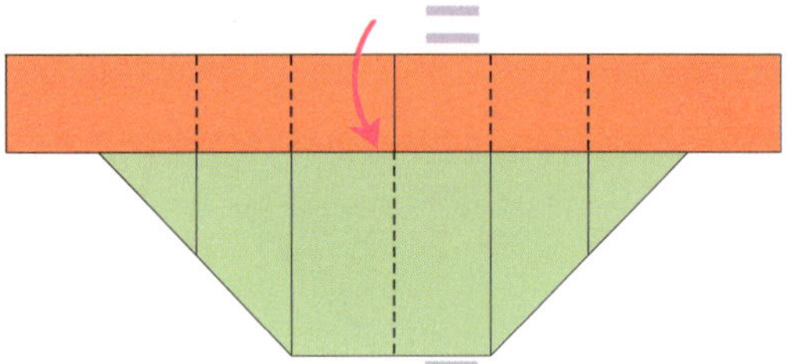

6 편 뒤 윗면을 선까지 내려 접어요.

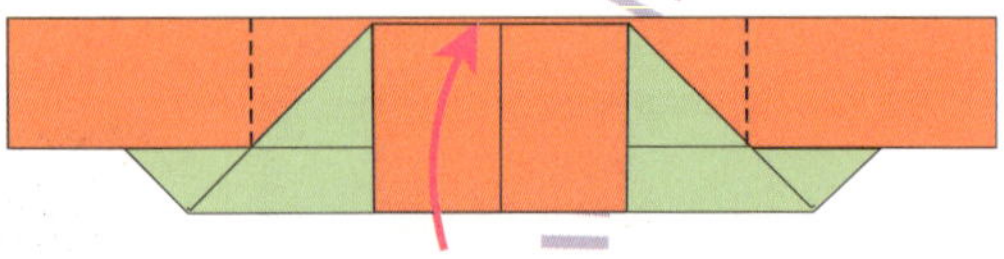

7 아랫면을 끝까지 접어 올려요.

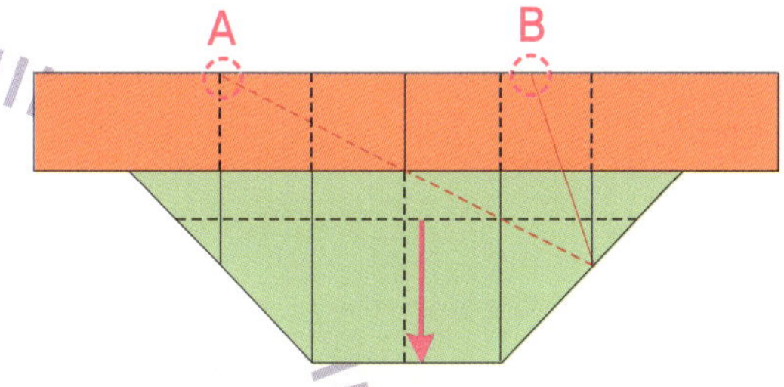

8 접은 아랫면을 다시 내려요.
그리고 선대로 접어요.

9 8번의 A에서 B를 중심
선에 맞춰 접어 내려요.
그리고 선대로 접어요.

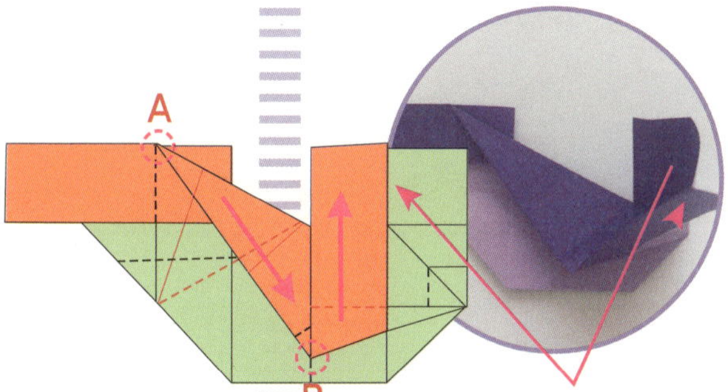

뒷면을 펴서
올려 접어요.

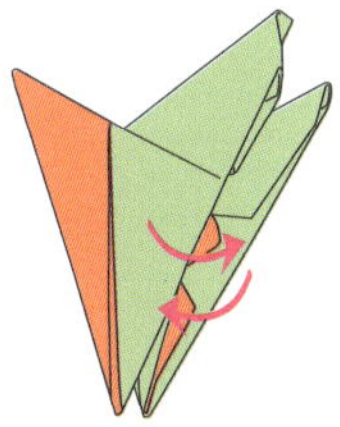

16 중심에 맞춰 접은
화살표를 마주보게
겹쳐 접어요.

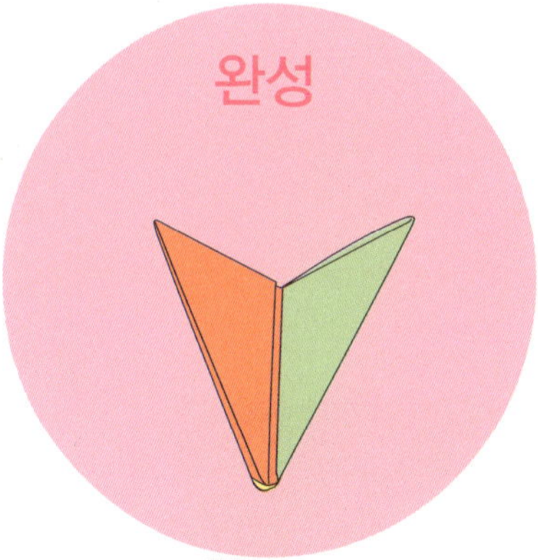

완성

17

15 밑부분도 선대로
밖으로 접어요.

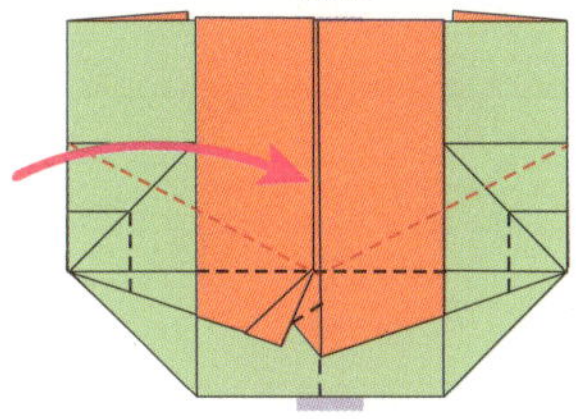

10 반대편도 뒷면을 펴준 뒤
선에 맞춰 안으로 접어요.
그리고 선대로 접어요.

14 13번 선에 맞춰 화살표
모양대로 안으로 접어요.
좌우 모두 접어요.

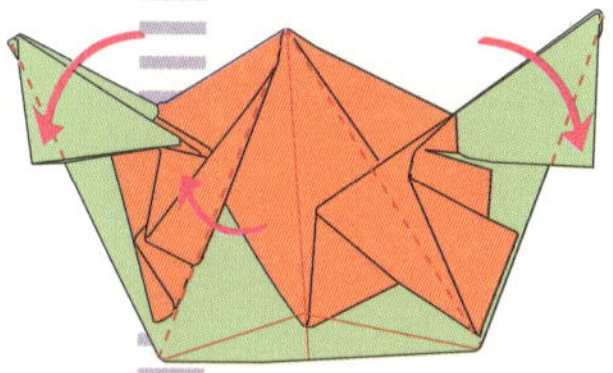

13 12번 선에 맞춰 좌우를
아래로 접어요. 튀어나온
부분도 안으로 접어요.

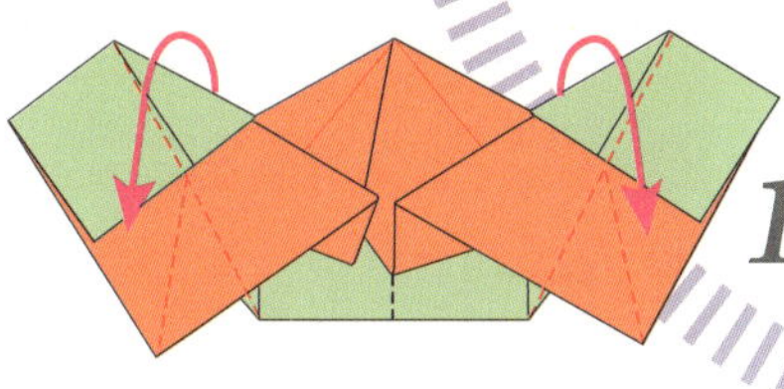

11 10번 선에 맞춰 좌우를
아래로 접어 내려요.
그리고 선대로 접어요.

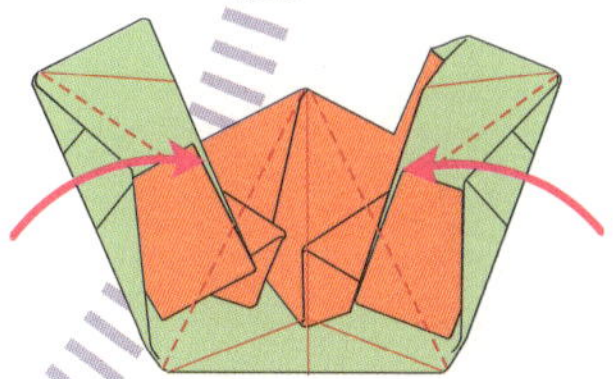

12 11번 선에 맞춰 좌우를 안으로
접어요. 뒷면도 같이 접어요.
그리고 선대로 접어요.

직사각형

46
반반쌍화살표2

두 가지 방법으로 접을 수 있어요. 하지만
완성품 모양은 똑같아요.

＊모양은 같아도 접는 방법이 두가지예요.

＊30 쌍V자형계급장2, 2번까지 접어요.

돌려요

3 펼친 후 돌려서
대문접기를 해요.

4 편 뒤 윗면은 반만
접고 아랫면은 가장
윗선까지 올려 접어요.

돌려요

5 180도 돌려서 반대편도
똑같이 접어요.

6 아랫면만
내려 접어요.

돌려요

7 뒤집은 뒤 돌려서
아랫면을 접어 올려요.

8 선에 맞춰 좌우는 안으로
접고 끝 모서리는 뒤로 접어요.

틈이
생겨요.

9 뒤집은 뒤 좌우를
안으로 접어요.

10 뒤집어서 다시 8번 상태로
펼친 뒤 선대로 접어요.

11 뒤집은 뒤 10번 선에 맞춰
좌우를 안으로 접어요.

12 위, 아래로 뒤집은 뒤 10번
선대로 뒤로 접어요. 그리고
대각선으로 펼쳐 접어요.

위, 아래

＊완성된 모양은 같아도 8번까지 접는 방법이 두 가지예요.

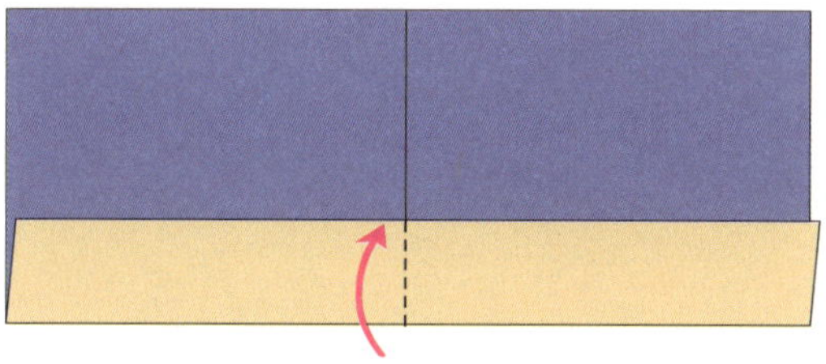

3 펼친 뒤 중심 선에 맞춰
올려 접어요.

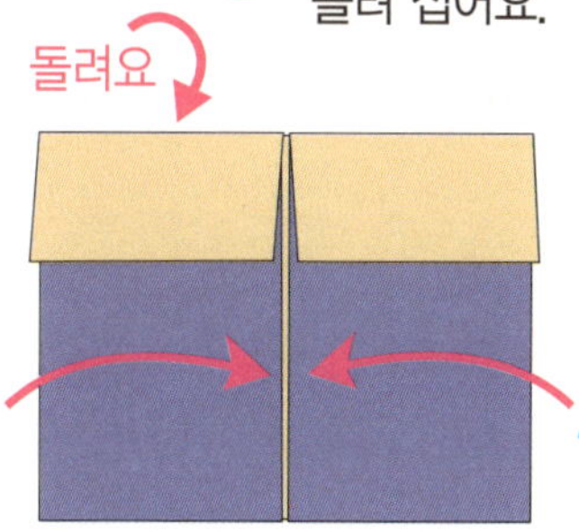

돌려요

4 뒤집은 뒤 180도 돌려서
대문접기를 해요.

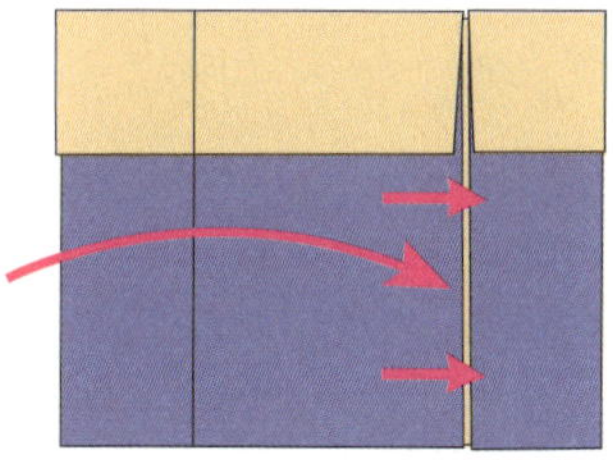

5 편 뒤 오른쪽은 반만
접고 왼쪽은 선까지
안으로 접어요.

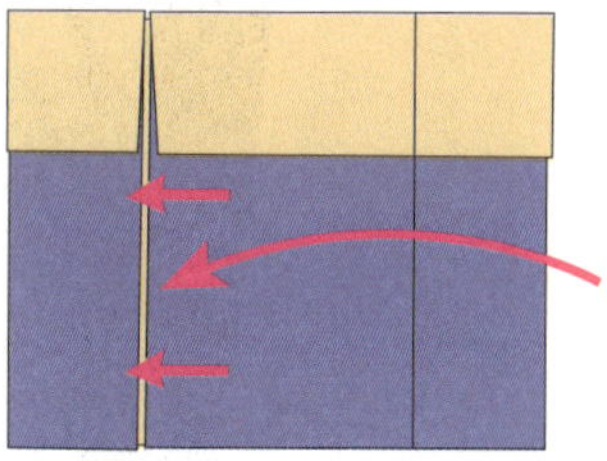

6 반대편도
똑같이 접어요.

틈이
없어요

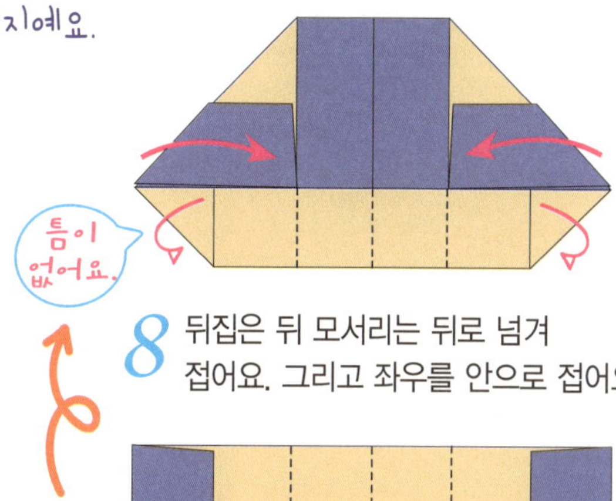

8 뒤집은 뒤 모서리는 뒤로 넘겨
접어요. 그리고 좌우를 안으로 접어요.

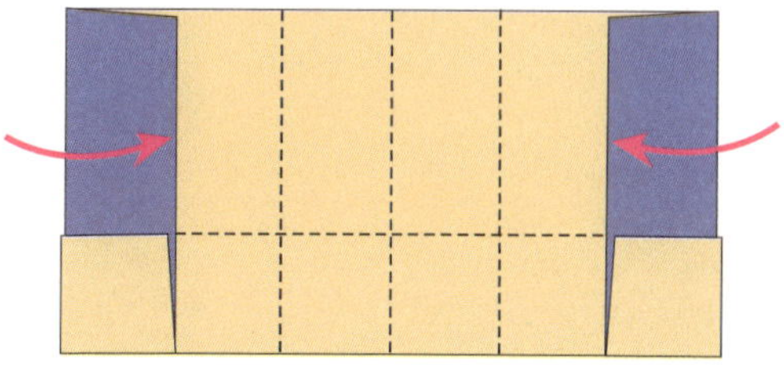

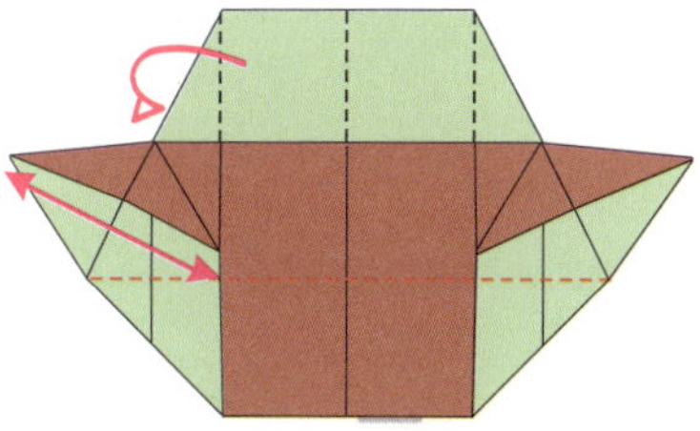

7 펼친 뒤 좌우 끝을
한 칸씩만 안으로 접어요.

완성

13 반대편도 똑같이 접어요.
그리고 선대로 접어요.

17 ❸은 밖으로 ❹는 안으로
접으면 사진과 같은
모양이 나와요.

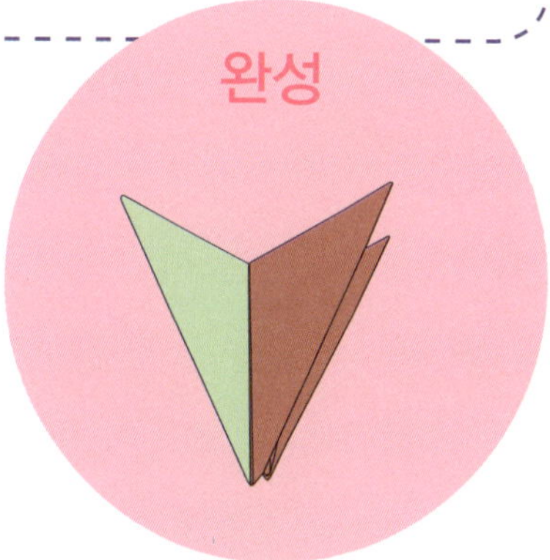

18 화살표를 서로
겹쳐 접어요.

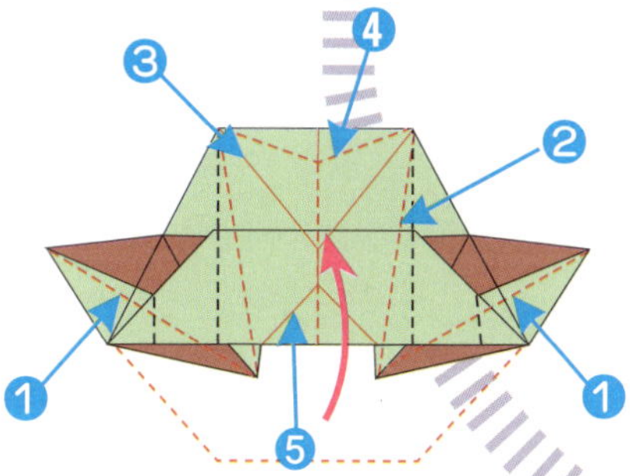

14 아랫면(점선)을 위로 접어요.
그리고 선대로 접어요.

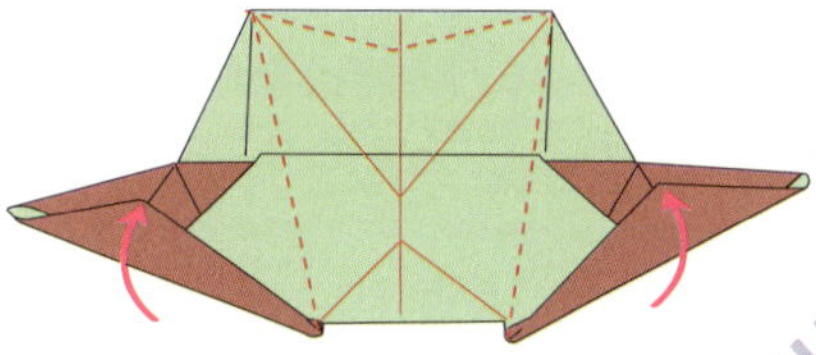

15 좌우 ❶에 맞춰
올려 접어요.

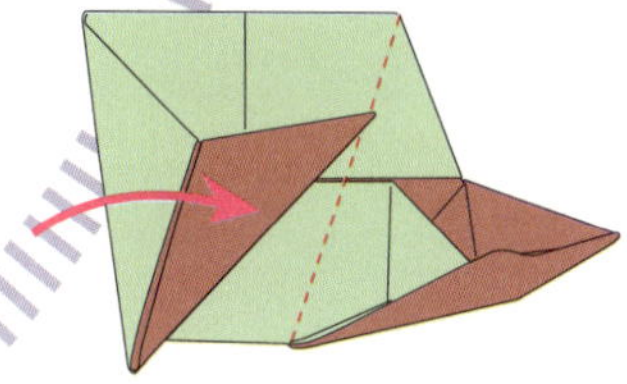

16 좌우 ❷에 맞춰
안으로 접어요.

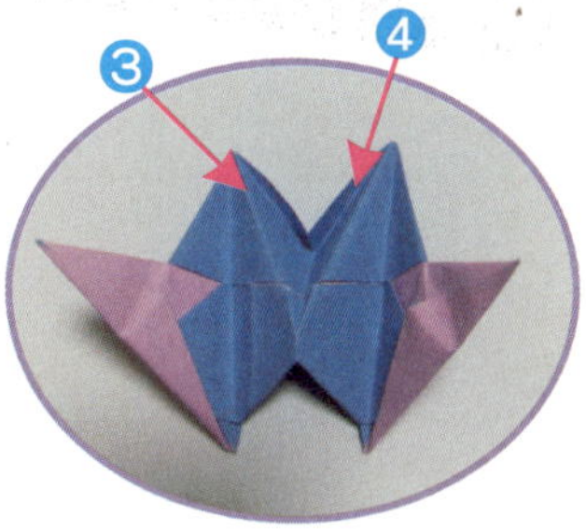

3 part

세상에 없는 특이한

학 접기

47 반학

누구나 쉽게 또는 한번씩은 접어봤을 가장 기본적인 학 접기예요. 하지만 앞, 뒤 색이 두 가지인 학이에요.

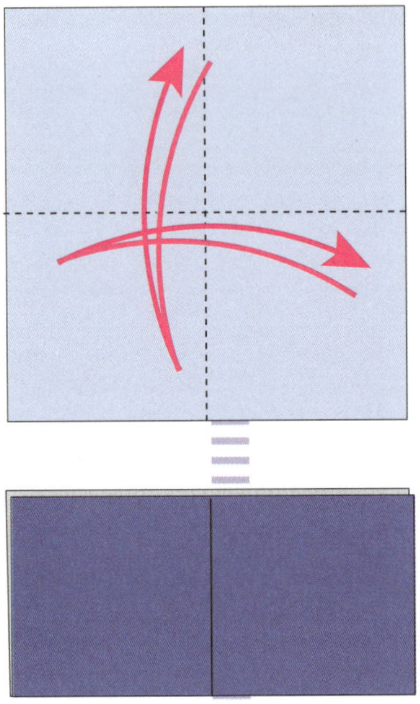

1 정사각형 종이로 가로, 세로 반을 접었다 펴요.

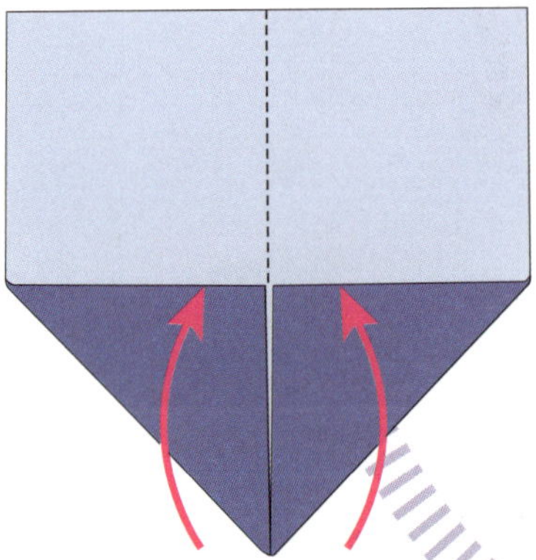

2 편 뒤 좌우를 중심 선까지 올려 접어요.

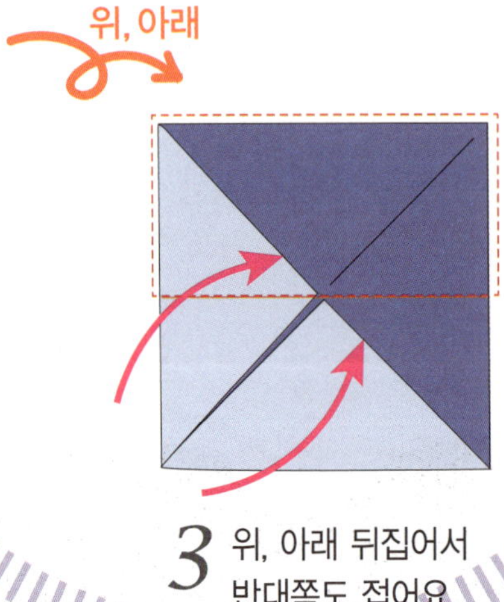

위, 아래

3 위, 아래 뒤집어서 반대쪽도 접어요.

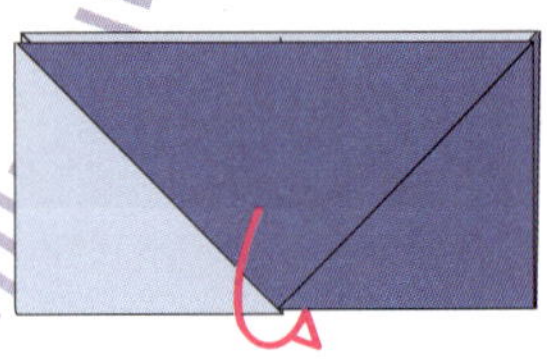

4 그 상태에서 뒤로 반을 접어요. (3번 점선 표시 부분)

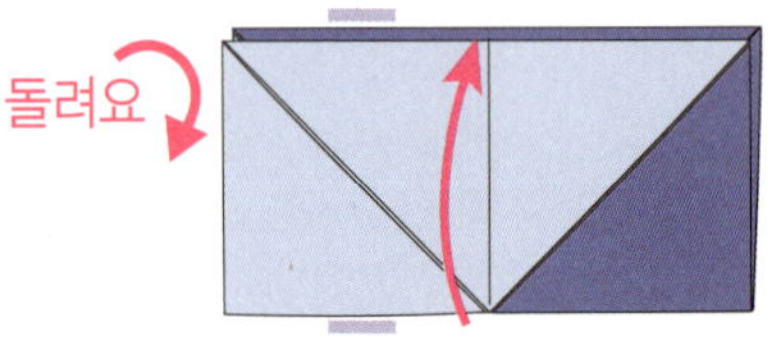

5 다시 3번 상태로 편 뒤 뒤집어서 돌려요. 그리고 반을 올려 접어요.

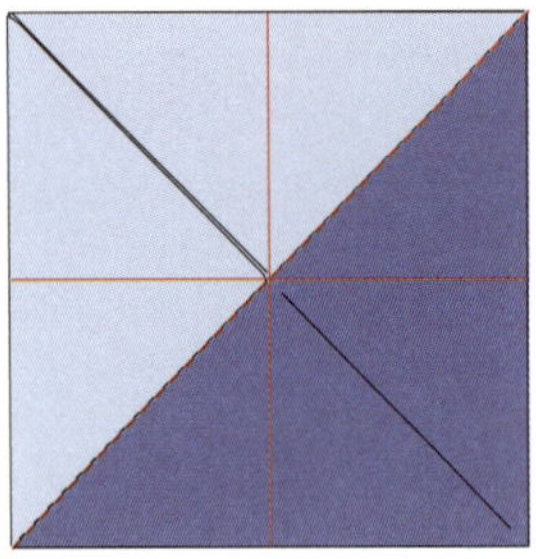

돌려요

6 편 뒤 선대로 접어요.

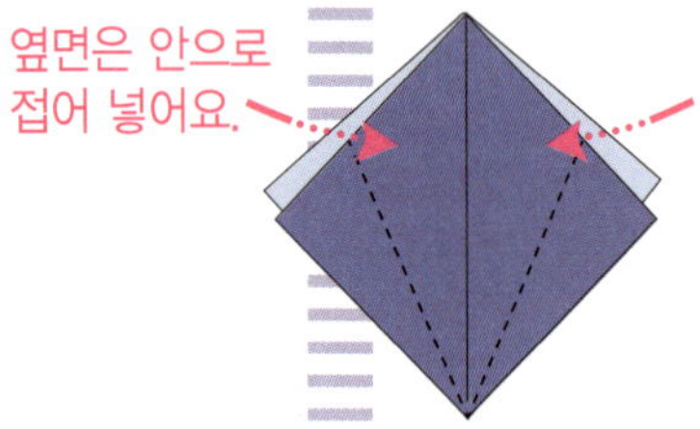

7 6번의 선에 맞춰 접어요.

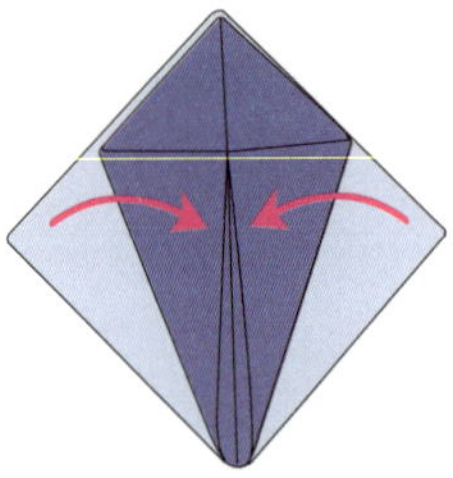

옆면은 안으로 접어 넣어요.

8 화살표대로 좌우 안으로 접어요.

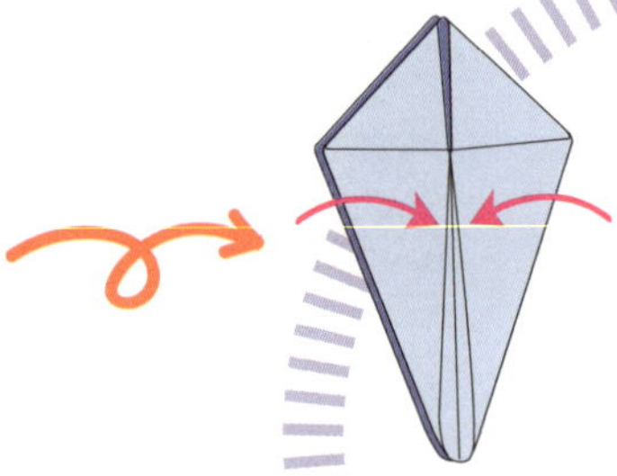

9 뒤집어서 똑같이 접어요.

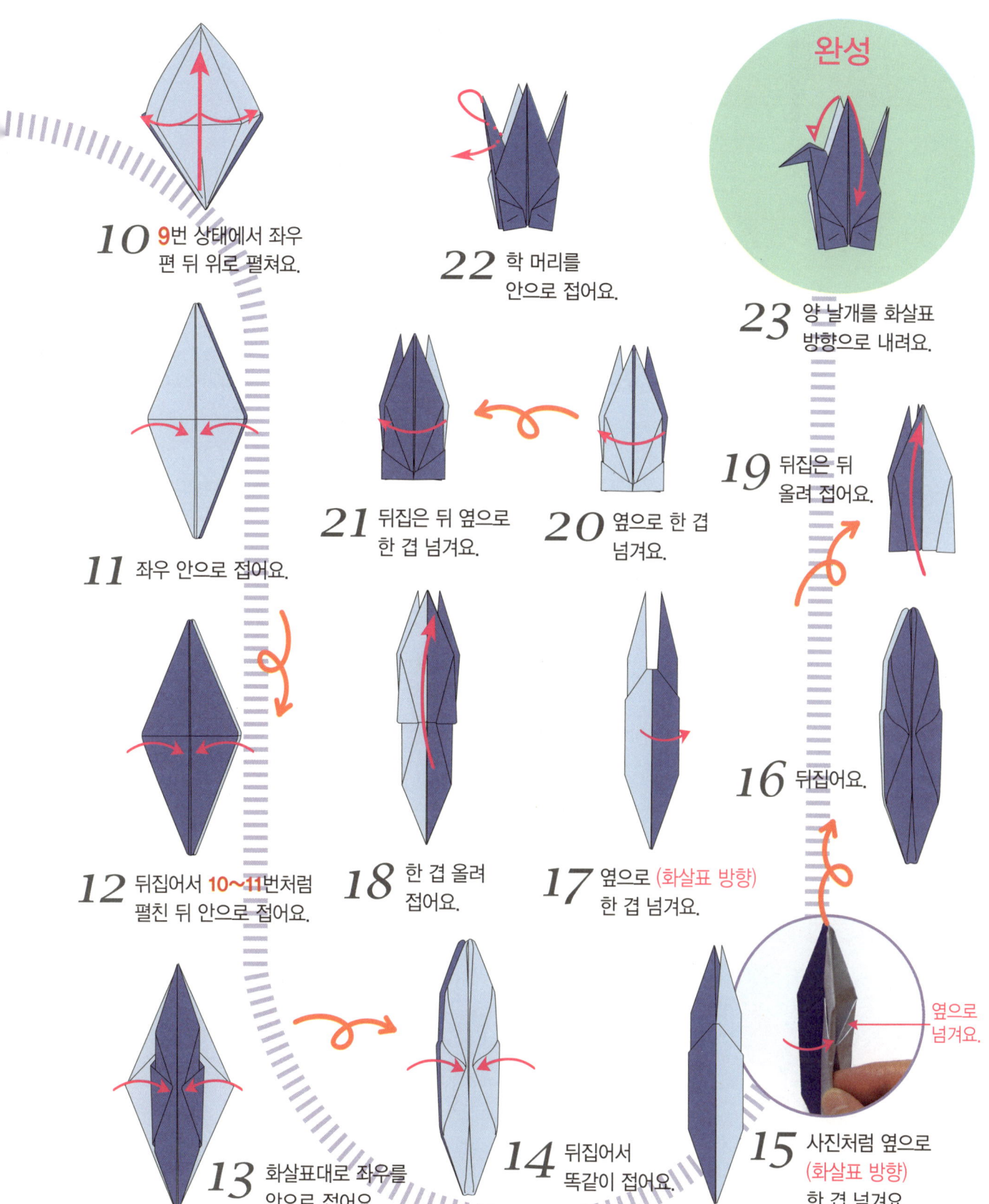

완성

10 9번 상태에서 좌우
편 뒤 위로 펼쳐요.

22 학 머리를
안으로 접어요.

23 양 날개를 화살표
방향으로 내려요.

21 뒤집은 뒤 옆으로
한 겹 넘겨요.

20 옆으로 한 겹
넘겨요.

19 뒤집은 뒤
올려 접어요.

11 좌우 안으로 접어요.

18 한 겹 올려
접어요.

17 옆으로 (화살표 방향)
한 겹 넘겨요.

16 뒤집어요.

12 뒤집어서 10~11번처럼
펼친 뒤 안으로 접어요.

옆으로
넘겨요.

13 화살표대로 좌우를
안으로 접어요.

14 뒤집어서
똑같이 접어요.

15 사진처럼 옆으로
(화살표 방향)
한 겹 넘겨요.

반학2

가로로 색이 다른 학이에요.
예쁜 색상의 종이로 여러개 접어요.

정사각형

*47 반학, 5번까지 접어요.

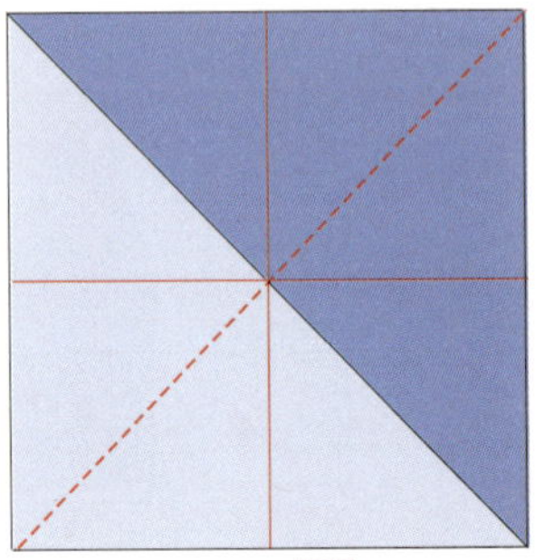

6 편 뒤 선대로 접어요.

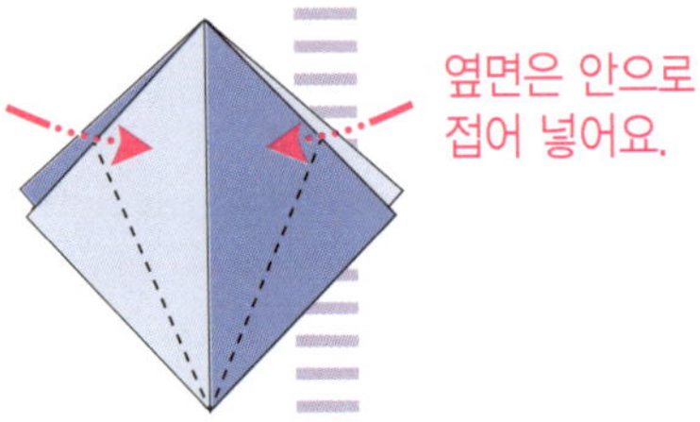

7 6번 선대로 접어요.

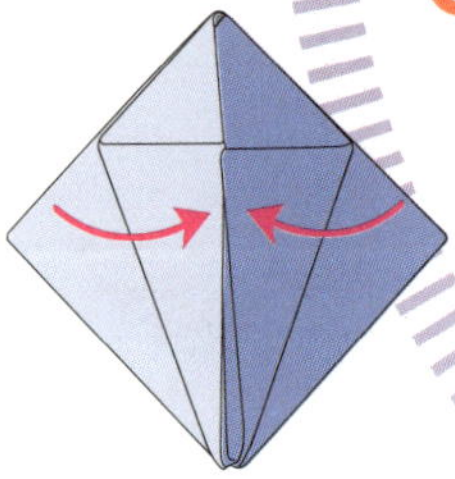

옆면은 안으로
접어 넣어요.

8 좌우 안으로 접어요.

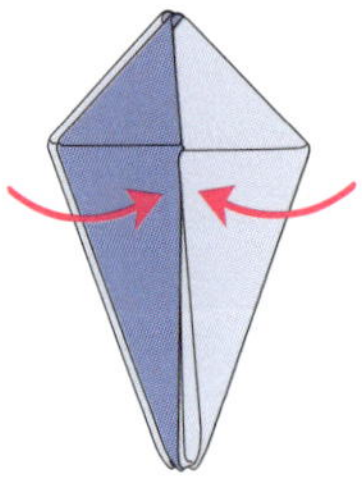

9 뒤집어서 안으로
접어요.

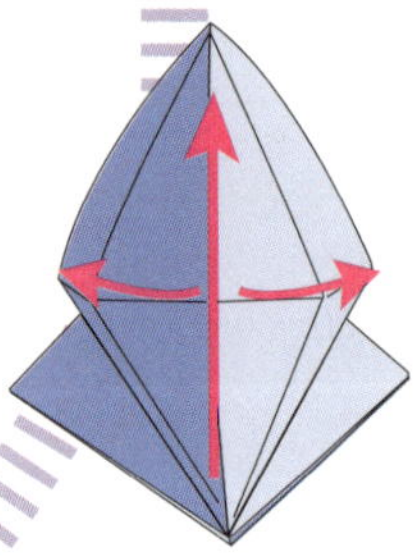

10 9번 상태에서 좌우
편 뒤 위로 펼쳐요.

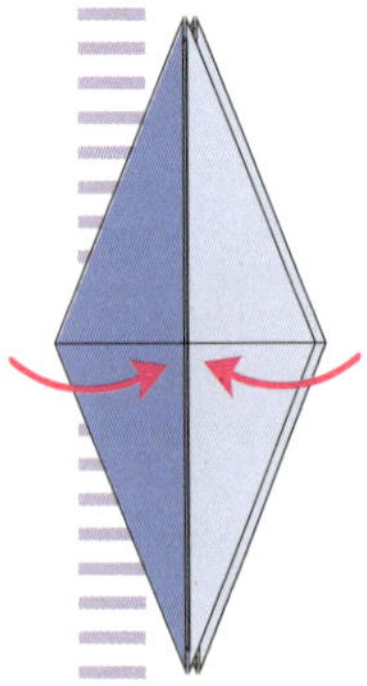

11 좌우를 안으로 접어요.

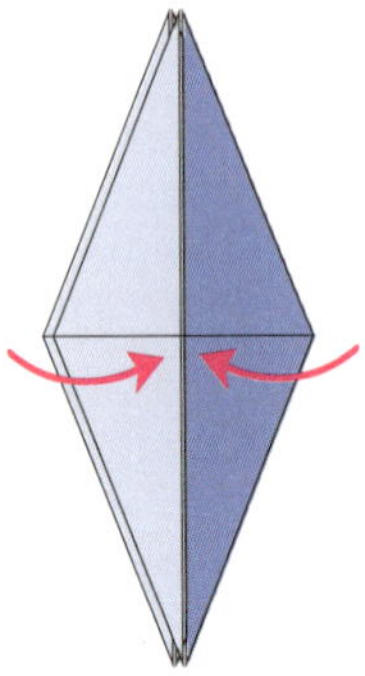

12 뒤집어서 10~11번처럼
펼친 뒤 안으로 접어요.

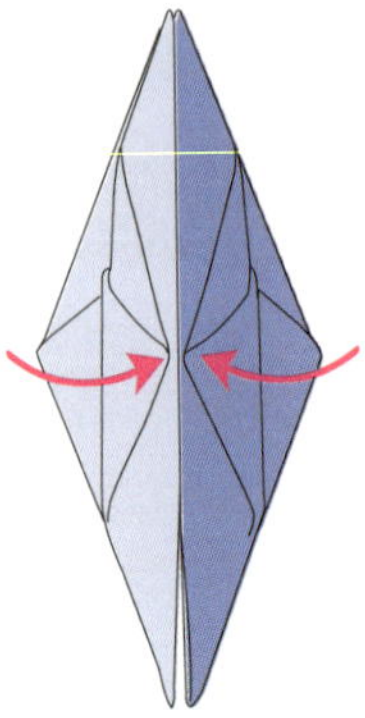

13 화살표대로 좌우를
안으로 접어요.

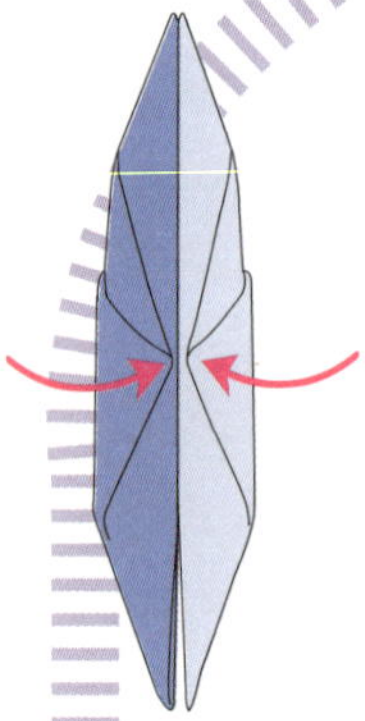

14 뒤집어서 똑같이
안으로 접어요.

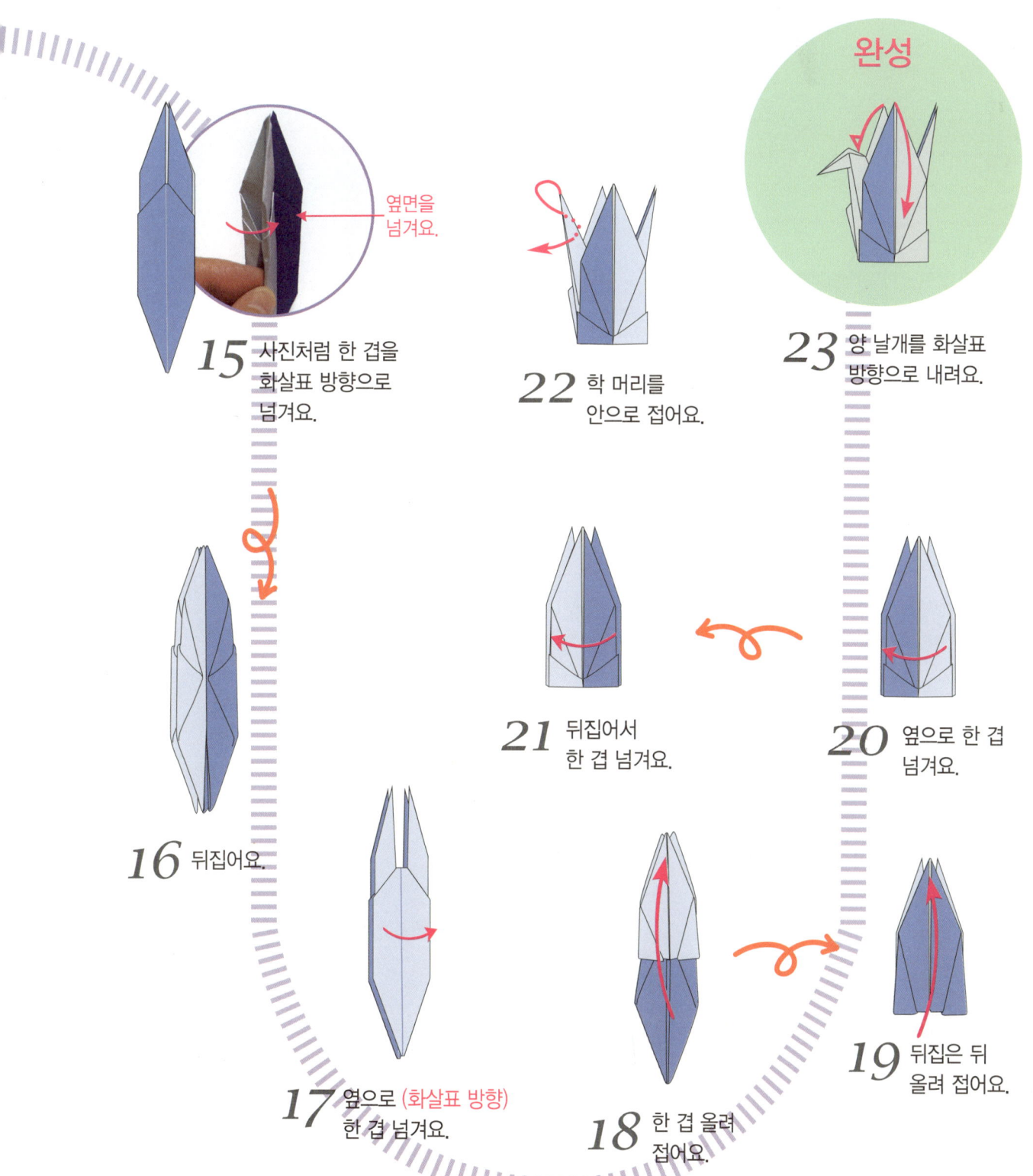

완성

15 사진처럼 한 겹을
화살표 방향으로
넘겨요.

옆면을
넘겨요.

22 학 머리를
안으로 접어요.

23 양 날개를 화살표
방향으로 내려요.

16 뒤집어요.

21 뒤집어서
한 겹 넘겨요.

20 옆으로 한 겹
넘겨요.

17 옆으로 (화살표 방향)
한 겹 넘겨요.

18 한 겹 올려
접어요.

19 뒤집은 뒤
올려 접어요.

109

㉔
무늬학

'반학2'와 비슷하지만 날개 색이
나누어져 있는 무늬학이에요.

*47 반학, 1번까지 접어요.

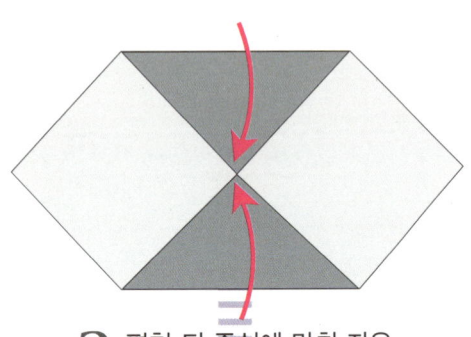

2 펼친 뒤 중심에 맞춰 좌우
꼭지 면이 마주보게 접어요.

3 뒤집어서 좌우 접어요.

돌려요

4 돌린 뒤 반을 접어요.
(진한 면이 위예요.)

돌려요

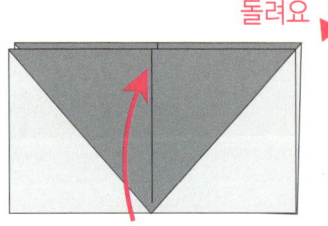

5 펴서 돌린 뒤 올려 접어요.
(진한 면이 위예요.)

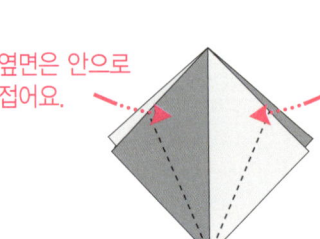

6 펼치면 접은 선이
생겼어요.

옆면은 안으로
접어요.

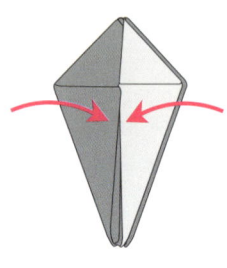

7 6번 선대로 접어요.

9 뒤집어서 똑같이
접어요.

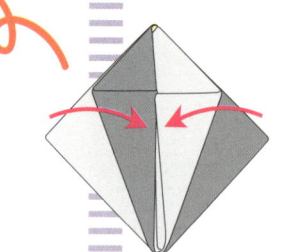

8 좌우 안으로
접어요.

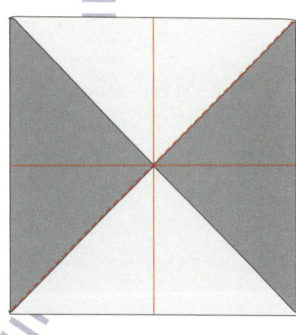

10 9번 상태에서 좌우
편 뒤 위로 펼쳐요.

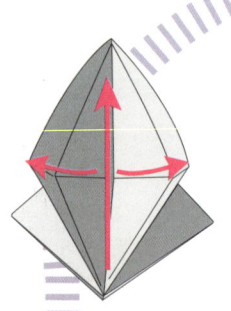

110 특이하고 특별한 **종이접기**

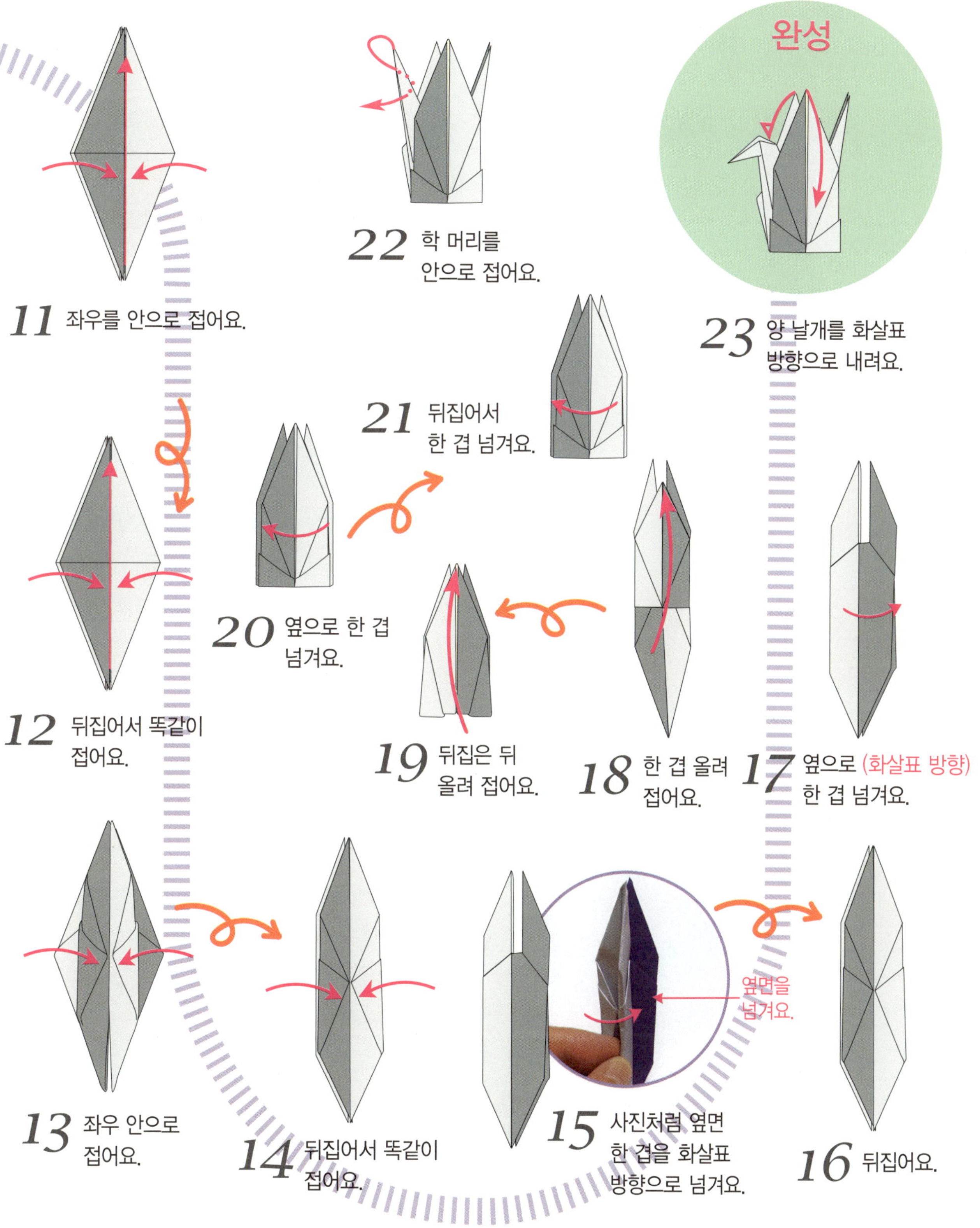

22 학 머리를
안으로 접어요.

완성

23 양 날개를 화살표
방향으로 내려요.

11 좌우를 안으로 접어요.

21 뒤집어서
한 겹 넘겨요.

20 옆으로 한 겹
넘겨요.

12 뒤집어서 똑같이
접어요.

19 뒤집은 뒤
올려 접어요.

18 한 겹 올려
접어요.

17 옆으로 (화살표 방향)
한 겹 넘겨요.

13 좌우 안으로
접어요.

14 뒤집어서 똑같이
접어요.

15 사진처럼 옆면
한 겹을 화살표
방향으로 넘겨요.

옆면을
넘겨요.

16 뒤집어요.

50
쌍학

두 마리의 쌍학이 각각 날개를 펼쳐
앞을 바라보고 있어요.
좌우 날개를 둥글게 말아 접어요.

직사각형

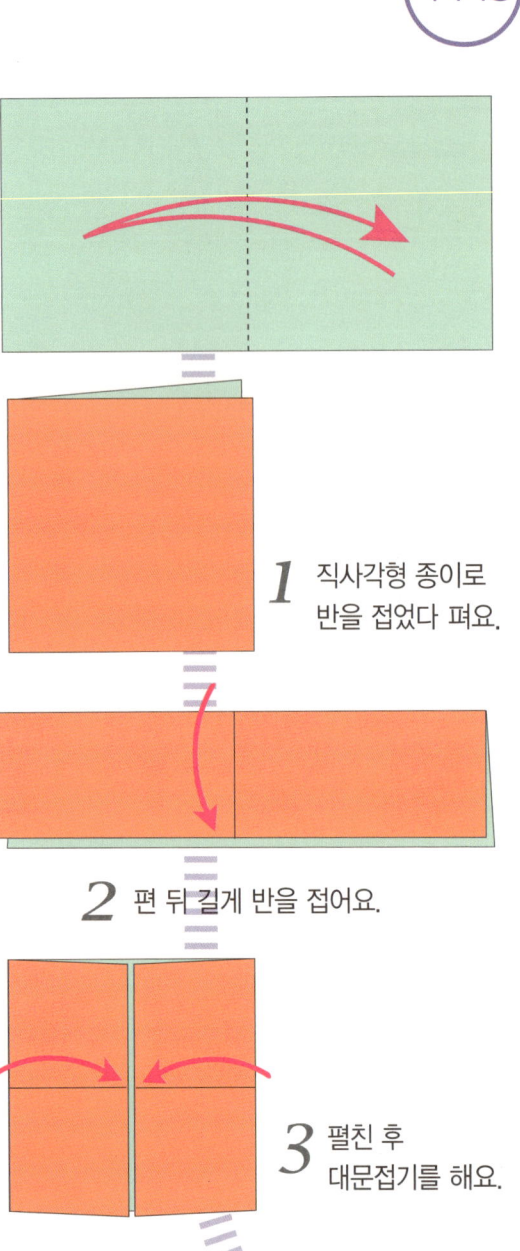

1 직사각형 종이로
반을 접었다 펴요.

2 편 뒤 길게 반을 접어요.

3 펼친 후
대문접기를 해요.

4 펼친 뒤 뒤집어요. 그리고
좌우 세모를 접어요.

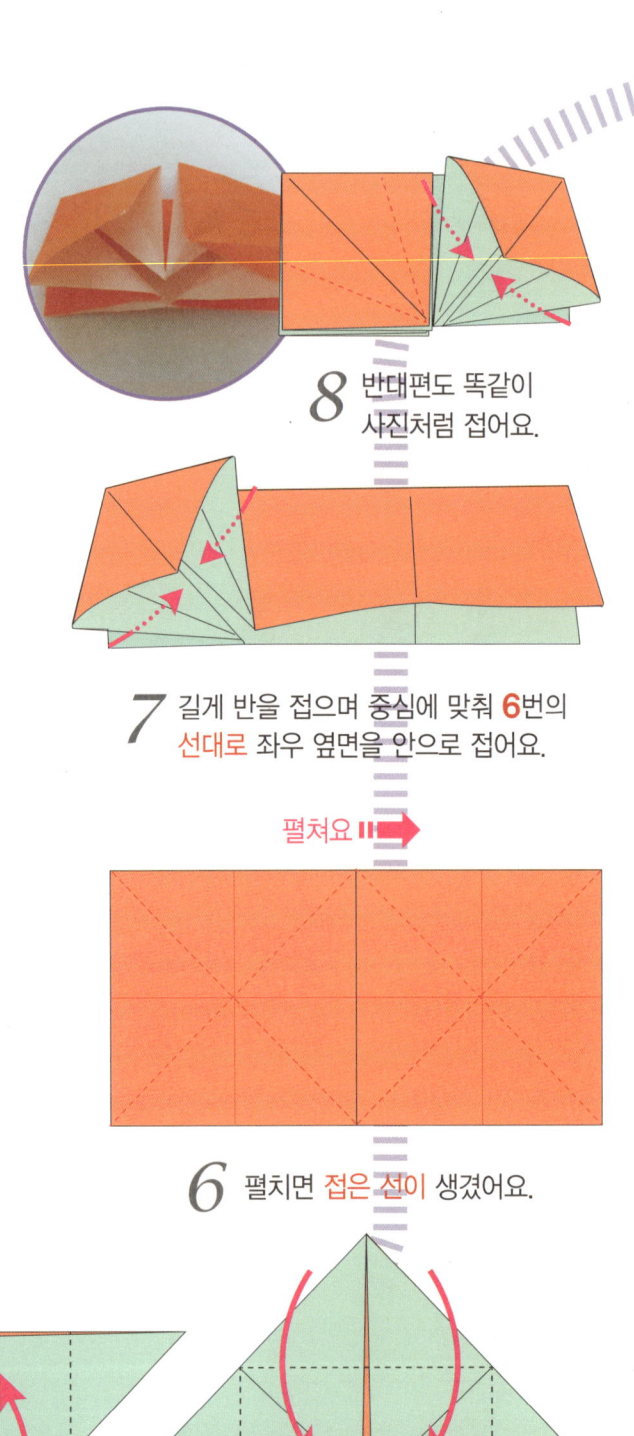

8 반대편도 똑같이
사진처럼 접어요.

7 길게 반을 접으며 중심에 맞춰 **6**번의
선대로 좌우 옆면을 안으로 접어요.

펼쳐요 ▶

6 펼치면 **접은 선이** 생겼어요.

5 다시 편 뒤 아래로
세모를 접어 내려요.

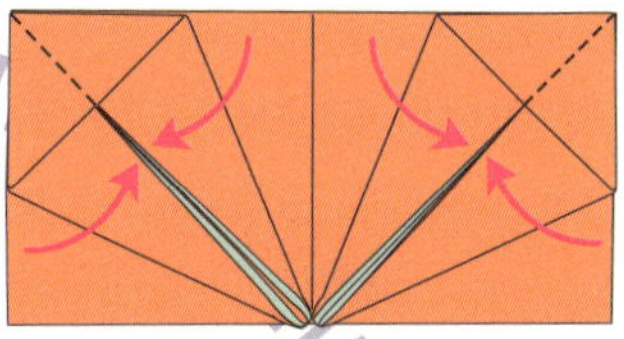

9 화살표대로 각각
안으로 접어요.

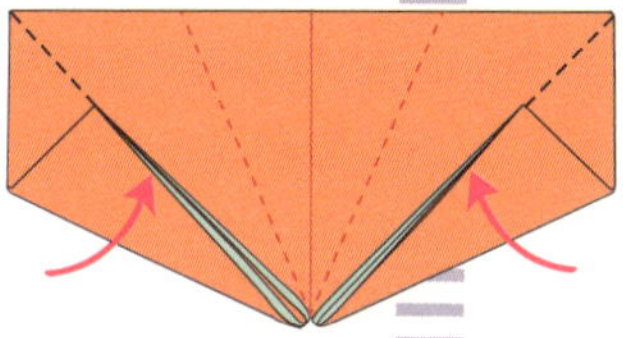

10 뒤집어서 좌우 접은 뒤
선대로 접어요.

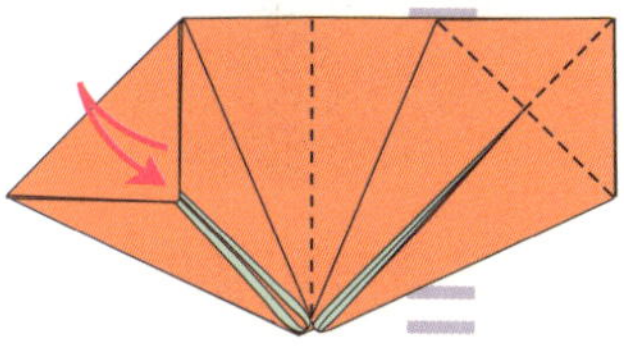

11 뒤집은 뒤 윗면도 좌우
모두 접었다 펴요.

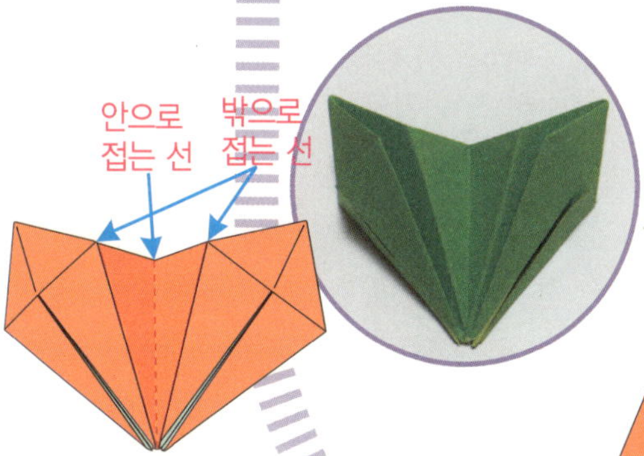

안으로
접는 선 밖으로
접는 선

12 **10번** 접는 선에 맞춰
중심을 밖으로 접고
좌우는 안으로 접어요.

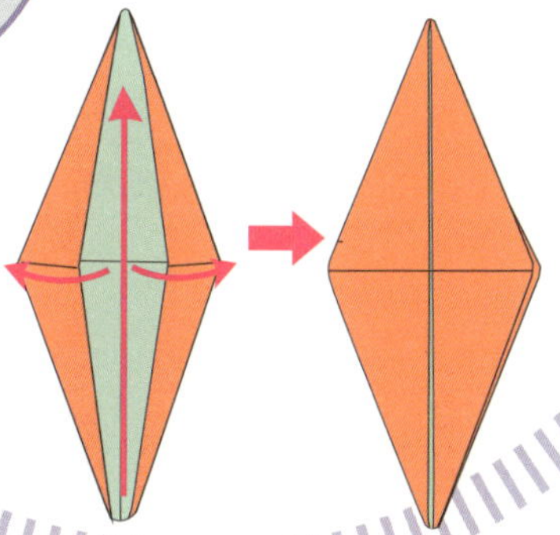

13 겹쳐 접은 뒤 좌우를 펴요.
그리고 위로 펼쳐 접어요.
(뒷면도 똑같이 접어요.)

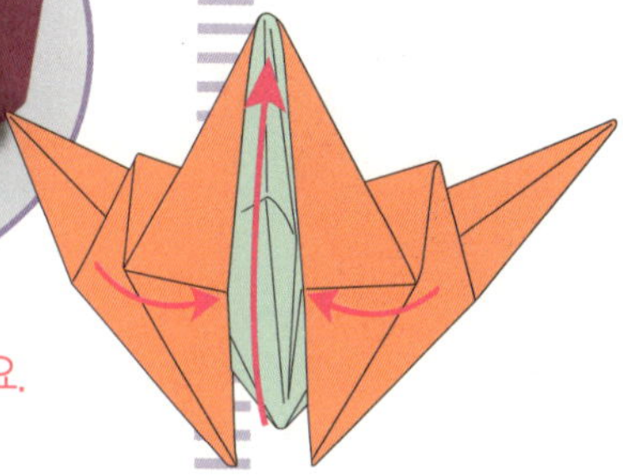

14 다시 편 뒤 뒷면 중심을
위로 펼쳐(한 겹만) 올리고
양쪽면은 안으로 접어요.

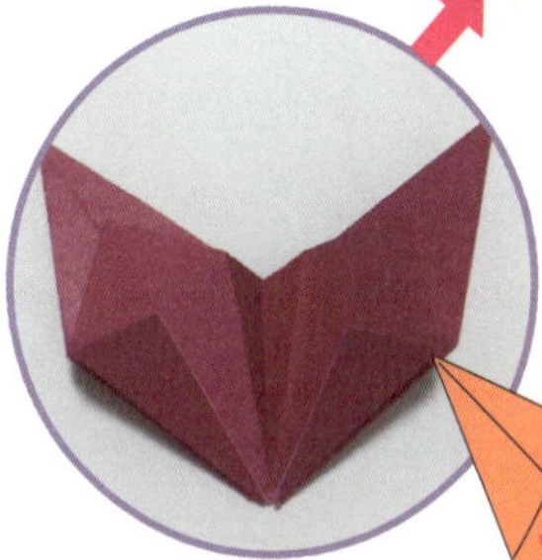

위의 형태에서
한 겹 위로 펼쳐요.

Point

중심을
펼쳐 올려요.

좌우를 안으로
접어요.

안으로
접어요.

뒷면 중심을
안으로 접어요.

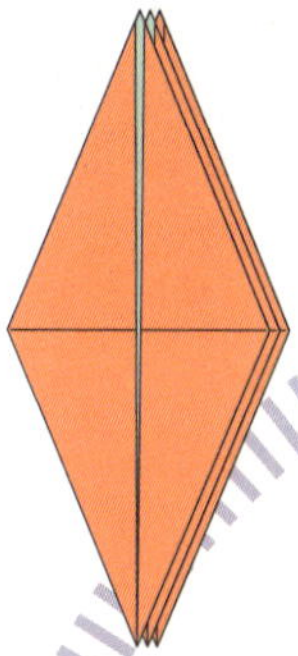

15 다시 앞, 뒤를
모아 접어요.

113

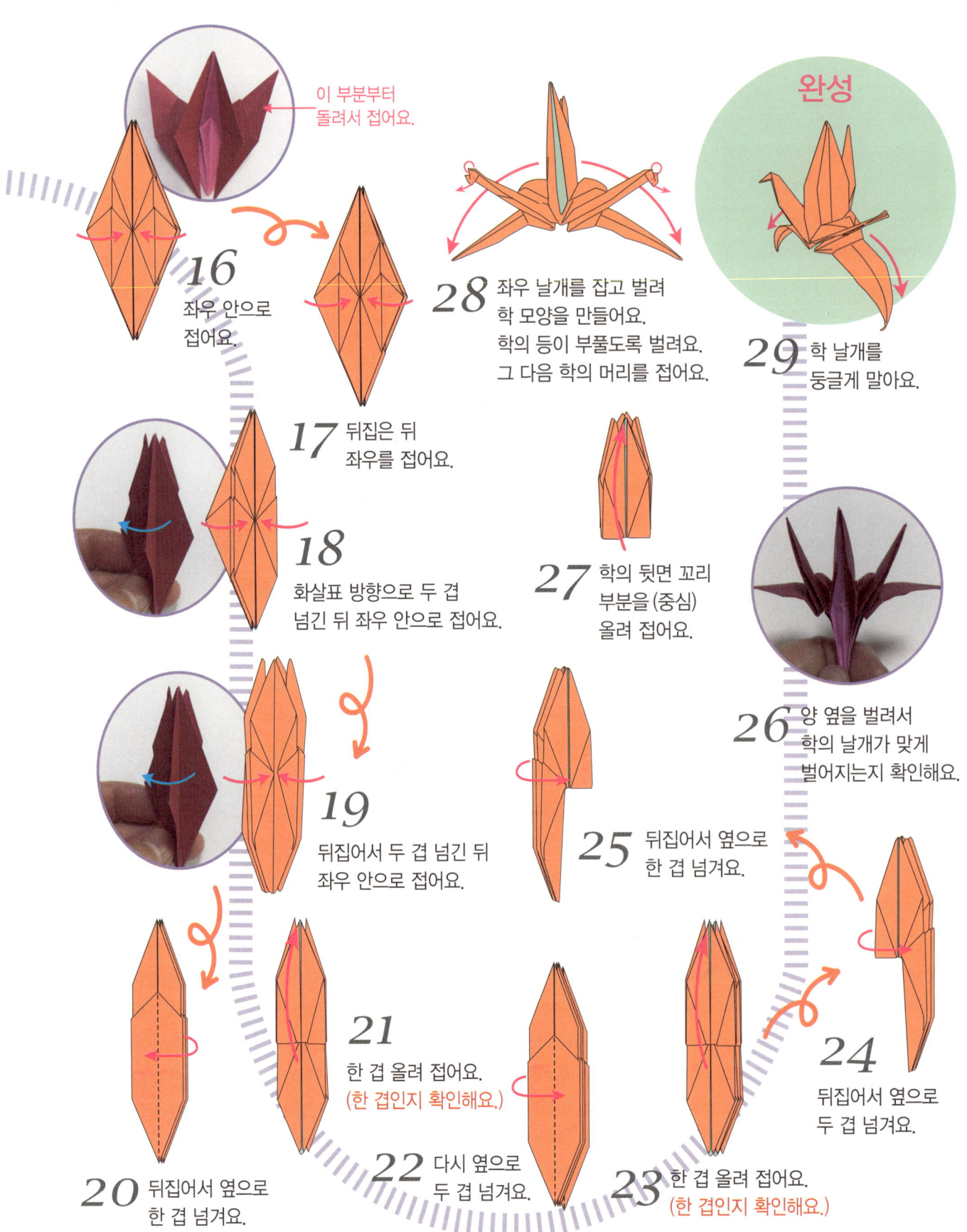

이 부분부터 돌려서 접어요.

16 좌우 안으로 접어요.

17 뒤집은 뒤 좌우를 접어요.

18 화살표 방향으로 두 겹 넘긴 뒤 좌우 안으로 접어요.

19 뒤집어서 두 겹 넘긴 뒤 좌우 안으로 접어요.

20 뒤집어서 옆으로 한 겹 넘겨요.

21 한 겹 올려 접어요.
(한 겹인지 확인해요.)

22 다시 옆으로 두 겹 넘겨요.

23 한 겹 올려 접어요.
(한 겹인지 확인해요.)

24 뒤집어서 옆으로 두 겹 넘겨요.

25 뒤집어서 옆으로 한 겹 넘겨요.

26 양 옆을 벌려서 학의 날개가 맞게 벌어지는지 확인해요.

27 학의 뒷면 꼬리 부분을 (중심) 올려 접어요.

28 좌우 날개를 잡고 벌려 학 모양을 만들어요. 학의 등이 부풀도록 벌려요. 그 다음 학의 머리를 접어요.

완성

29 학 날개를 둥글게 말아요.

직사각형

51
쌍학2

★★★★★

위, 아래 똑같은 학이 있는 신기하면서도
재밌는 쌍학을 접어보세요.

✱ 50 쌍학, 13번까지 접어요.

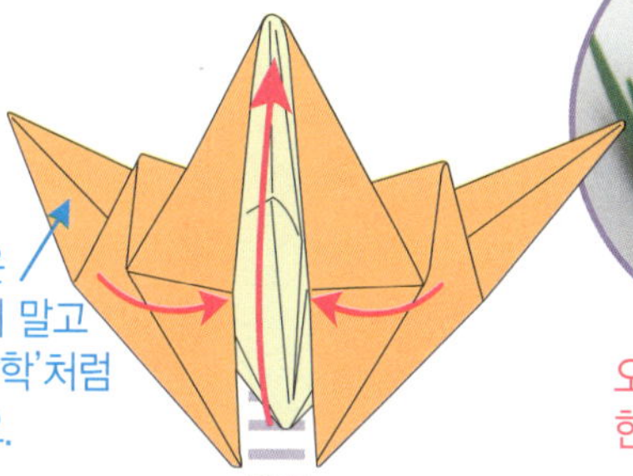

Point

밑면을 펴줘야
돌아가요. 편 뒤
안으로 접어요.

오른쪽의 밑면을 펴면서
한 바퀴 위로 돌려요.

왼쪽은
돌리지 말고
'50 쌍학'처럼
접어요.

14 다시 펼친 뒤 중심을 펼쳐
올려요. 그리고 사진처럼
위에서 아래로 오른쪽만
돌려 접어요.

옆면 꼭지가
밑으로 가요.

접으면 옆의
모양이 나와요.

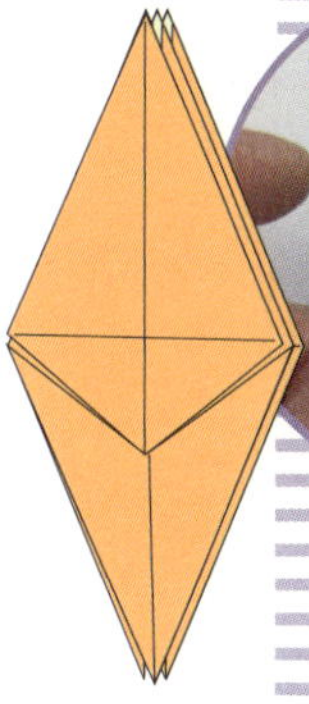

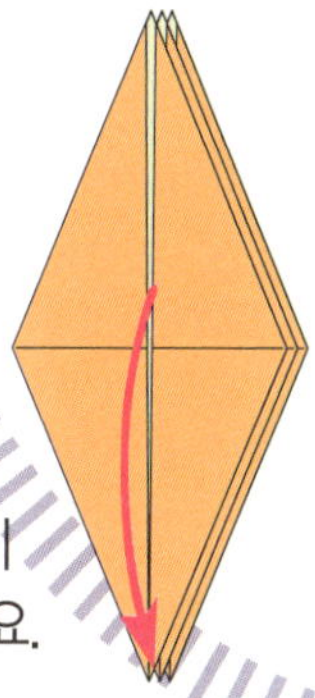

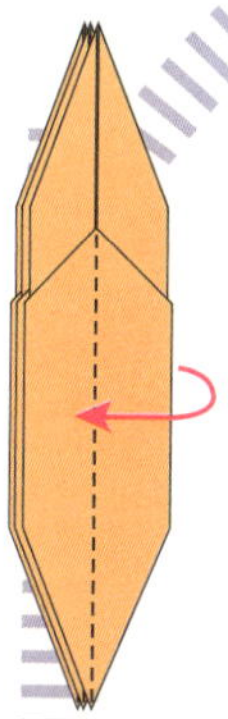

18 옆으로 (화살표 방향)
세 겹을 넘겨요.

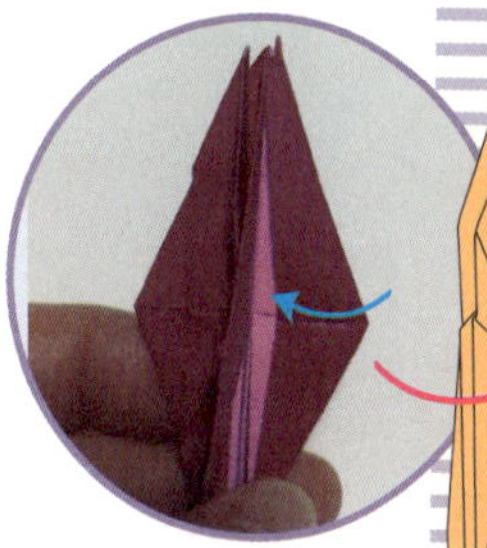

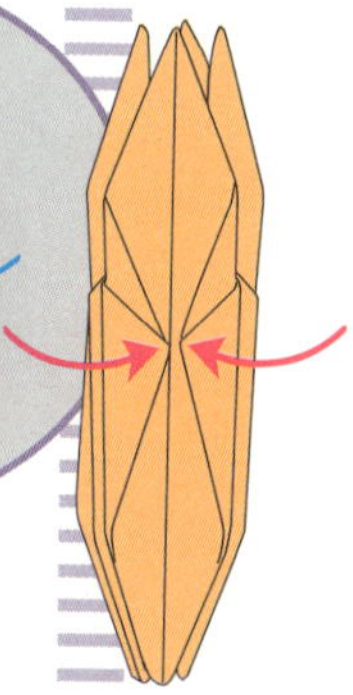

17 사진처럼 옆으로 두 겹 넘겨서
똑같이 접어요. (위, 아래로
뒤집은 뒤 반대로 두 번 넘겨서
똑같이 접어요.)

15 한 겹을 아래로
접으면 앞, 뒷면이
똑같은 모양이에요.

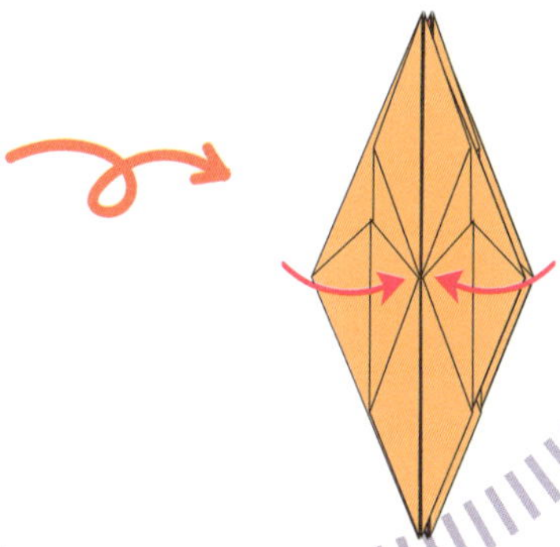

16 뒤집은 뒤 좌우를 중심에
맞춰 접어요.
(위, 아래 뒤집어서 반대편을
좌우 접어요.)

115

쌍학 2

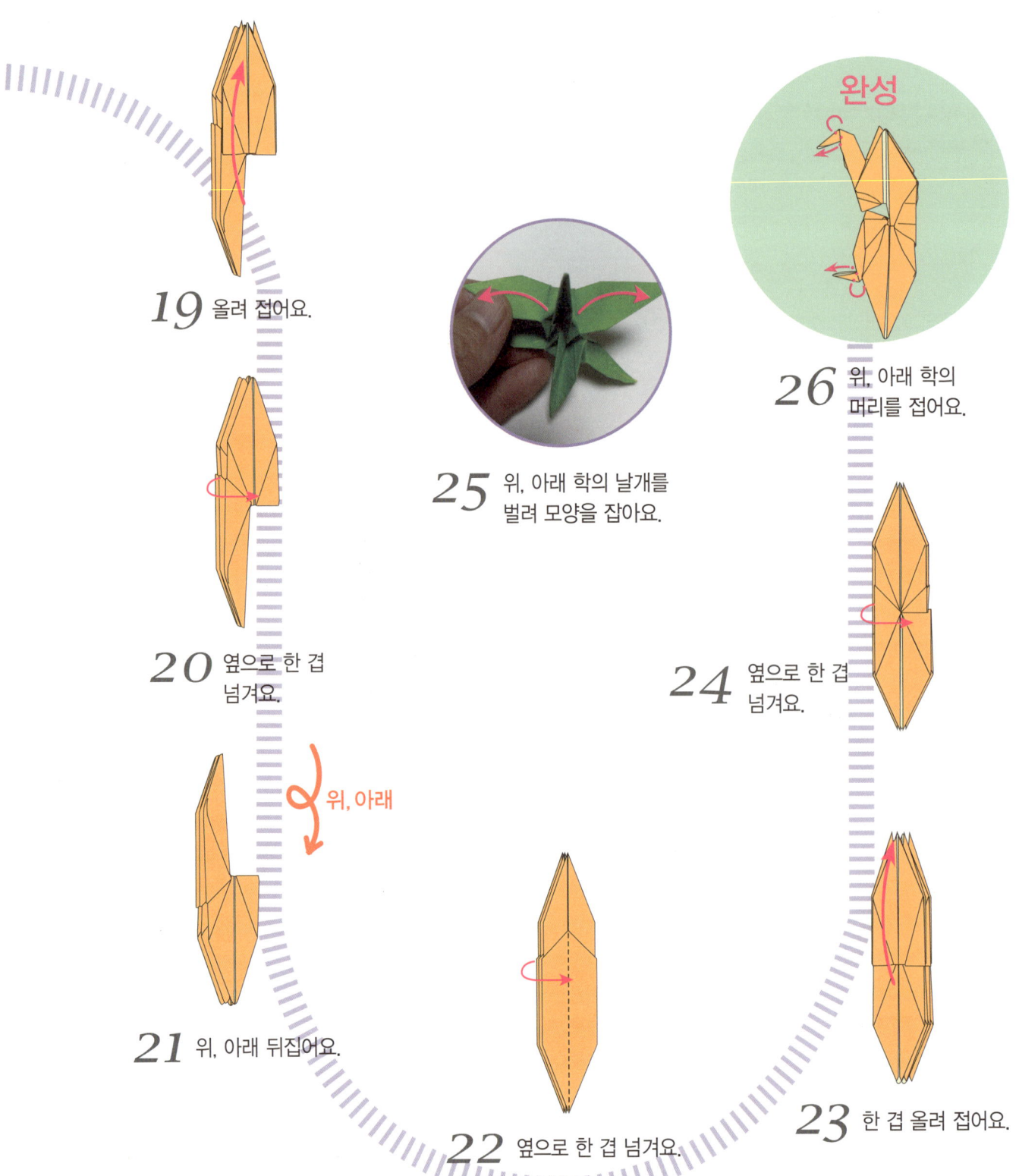

19 올려 접어요.

20 옆으로 한 겹
넘겨요.

위, 아래

21 위, 아래 뒤집어요.

22 옆으로 한 겹 넘겨요.

23 한 겹 올려 접어요.

24 옆으로 한 겹
넘겨요.

25 위, 아래 학의 날개를
벌려 모양을 잡아요.

완성

26 위, 아래 학의
머리를 접어요.

52

반쌍학

반대 색상의 종이로 학을 접다 보면
다른 방향을 보는 또렷한 두 마리의
학이 만들어져요.

직사각형

＊50 쌍학, 1번까지 접어요.

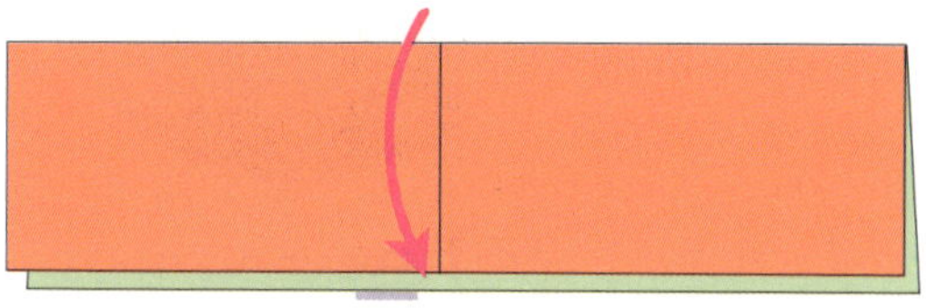

2 편 뒤 길게 반으로 접어요.

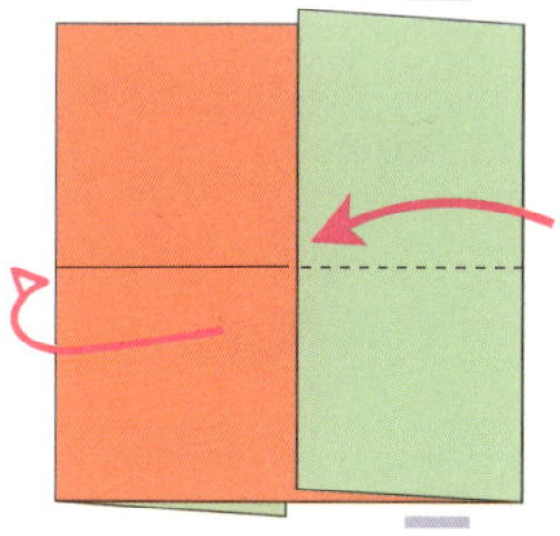

3 펼친 후 중심 선에
맞춰 각각 반대편
으로 접어요.

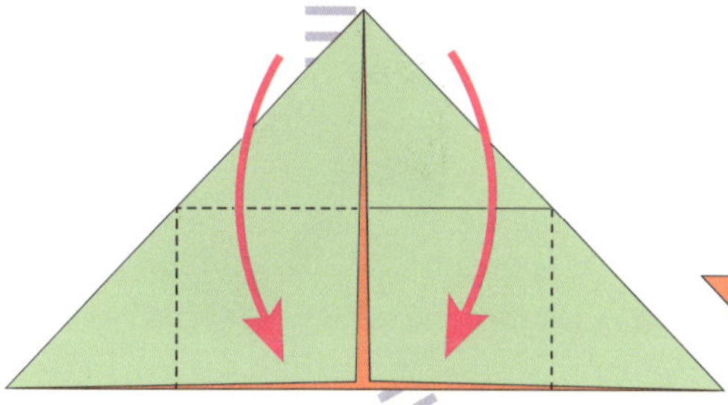

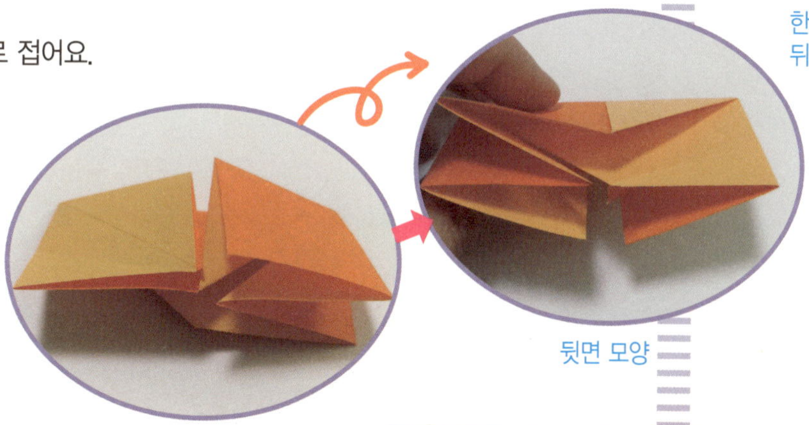

7 사진처럼 연한 면과 진한
면을 반대로 접어요.

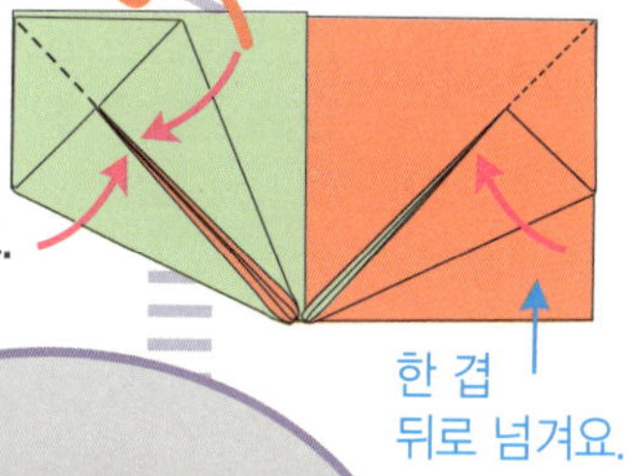

뒷면 모양

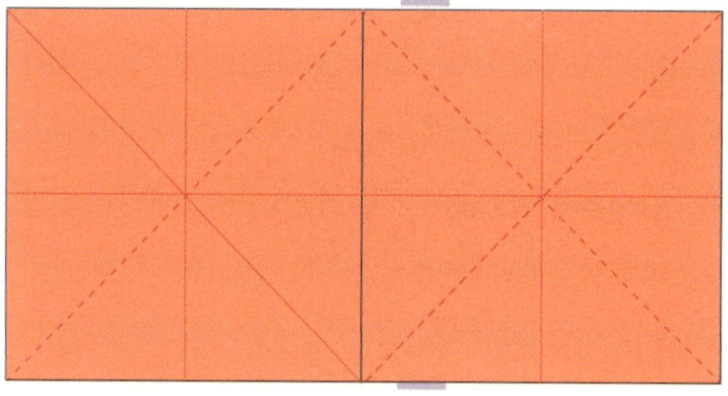

6 펼치면 접은 선이 생겼어요.

4 편 뒤 좌우 아래로
내려 접어요.

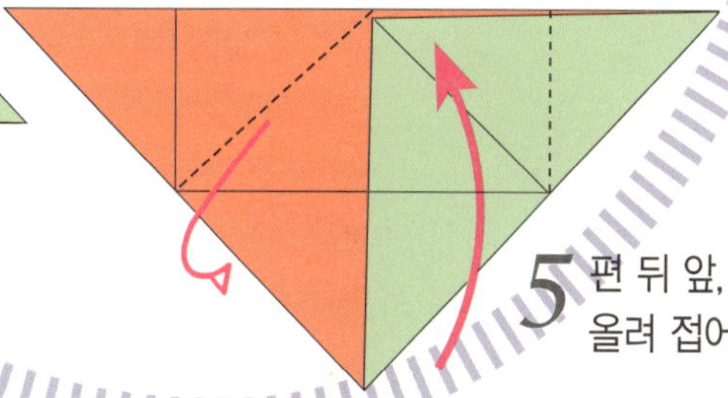

5 편 뒤 앞, 뒤 반대로
올려 접어요.

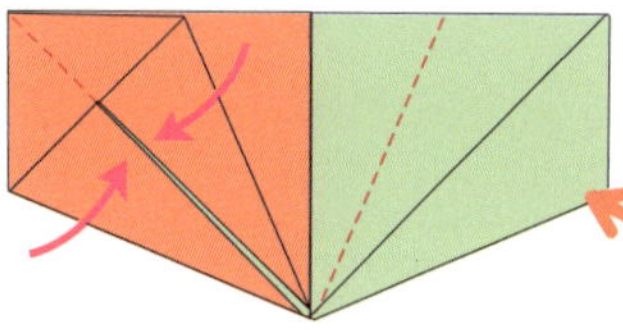

9 뒤집어서 진한 면
좌우를 접어요.

8 연한 면은 좌우로 접고
진한 면은 한 면만 접어요.

한 겹
뒤로 넘겨요.

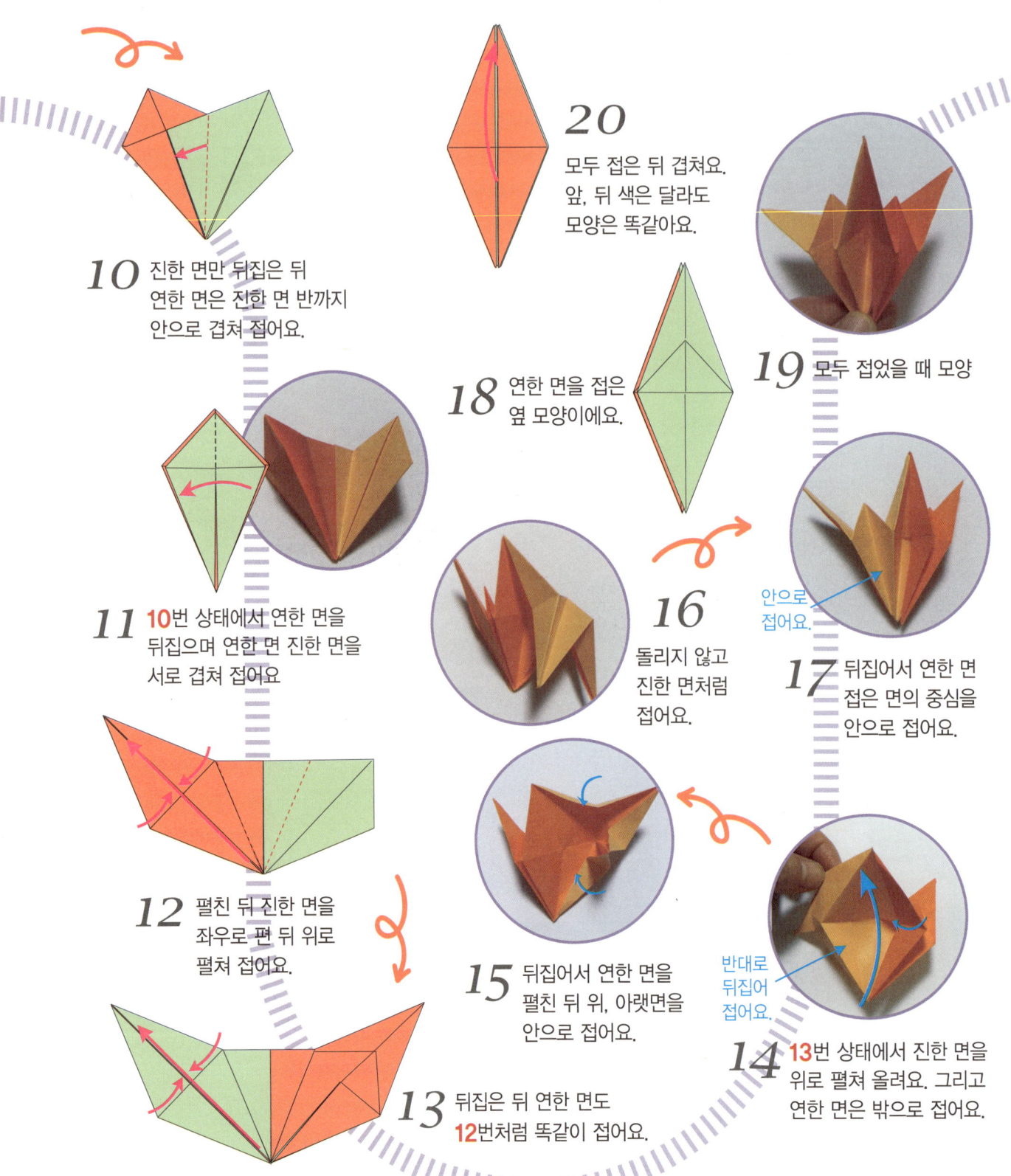

10 진한 면만 뒤집은 뒤 연한 면은 진한 면 반까지 안으로 겹쳐 접어요.

11 10번 상태에서 연한 면을 뒤집으며 연한 면 진한 면을 서로 겹쳐 접어요

12 펼친 뒤 진한 면을 좌우로 편 뒤 위로 펼쳐 접어요.

13 뒤집은 뒤 연한 면도 12번처럼 똑같이 접어요.

14 13번 상태에서 진한 면을 위로 펼쳐 올려요. 그리고 연한 면은 밖으로 접어요.

반대로 뒤집어 접어요.

15 뒤집어서 연한 면을 펼친 뒤 위, 아랫면을 안으로 접어요.

16 돌리지 않고 진한 면처럼 접어요.

17 뒤집어서 연한 면 접은 면의 중심을 안으로 접어요.

안으로 접어요.

18 연한 면을 접은 옆 모양이에요.

19 모두 접었을 때 모양

20 모두 접은 뒤 겹쳐요. 앞, 뒤 색은 달라도 모양은 똑같아요.

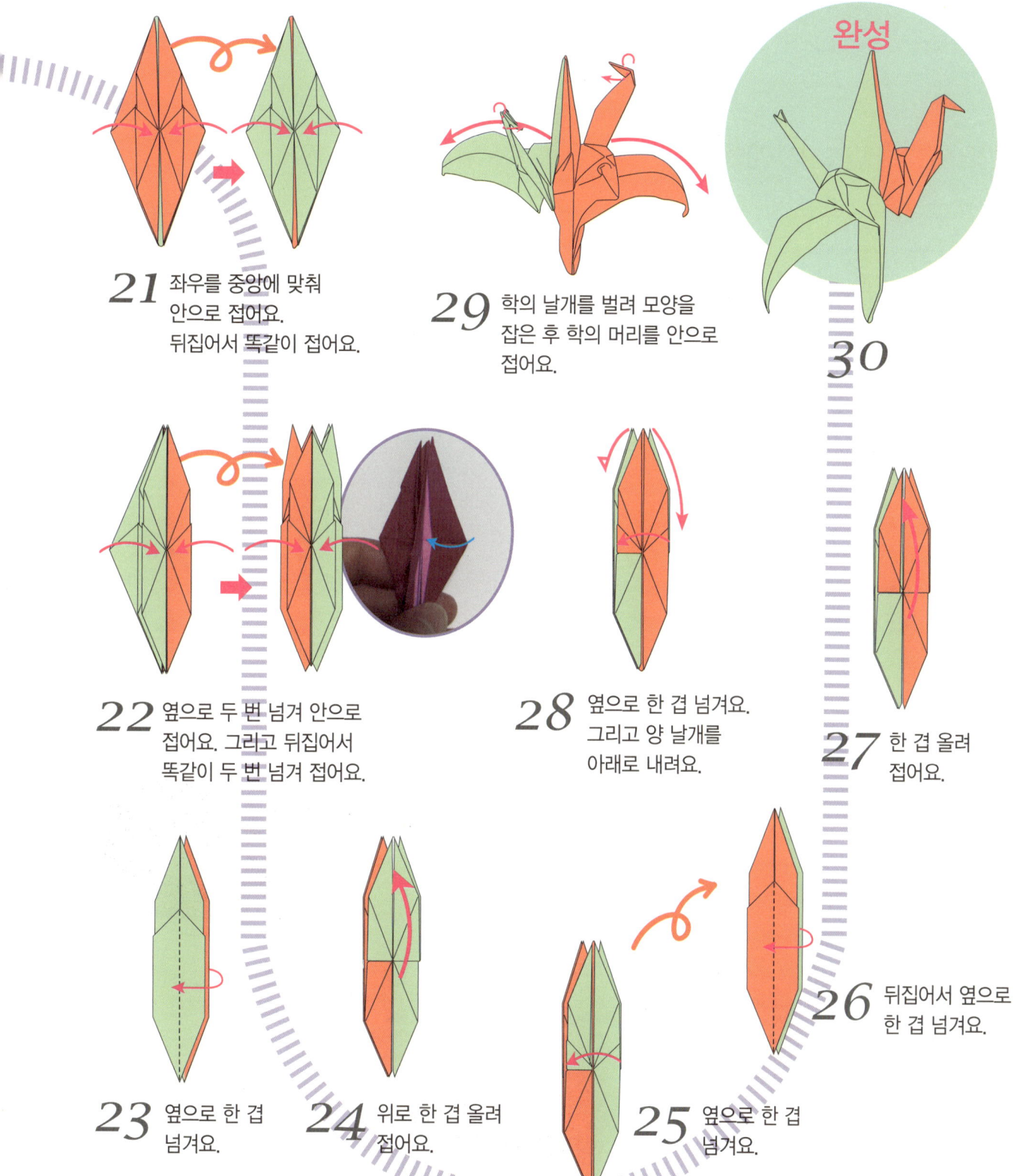

21 좌우를 중앙에 맞춰 안으로 접어요. 뒤집어서 똑같이 접어요.

29 학의 날개를 벌려 모양을 잡은 후 학의 머리를 안으로 접어요.

완성

30

22 옆으로 두 번 넘겨 안으로 접어요. 그리고 뒤집어서 똑같이 두 번 넘겨 접어요.

28 옆으로 한 겹 넘겨요. 그리고 양 날개를 아래로 내려요.

27 한 겹 올려 접어요.

23 옆으로 한 겹 넘겨요.

24 위로 한 겹 올려 접어요.

25 옆으로 한 겹 넘겨요.

26 뒤집어서 옆으로 한 겹 넘겨요.

반쌍학2

'쌍학2'와 또 다르게 위, 아래 각각
다른 색의 학을 만들어 볼 수 있어요.

직사각형

＊52 반쌍학, 3번까지 접어요.

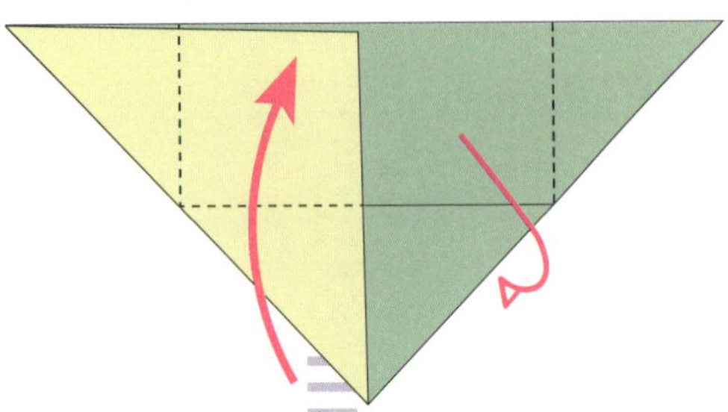

4 편 뒤 앞. 뒤 반대로 접어요.

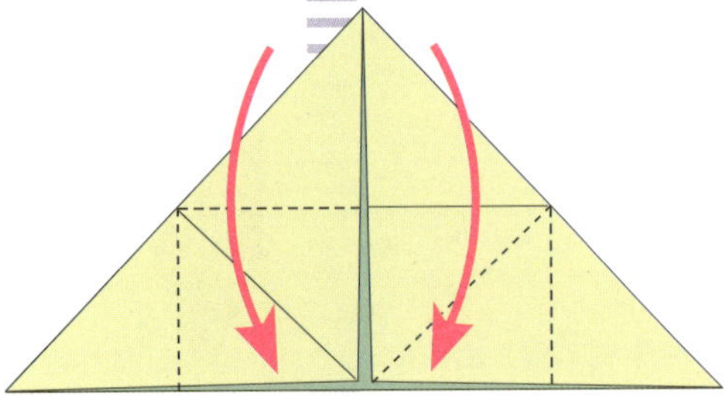

5 편 뒤 앞, 뒤 모두
앞으로 내려 접어요.

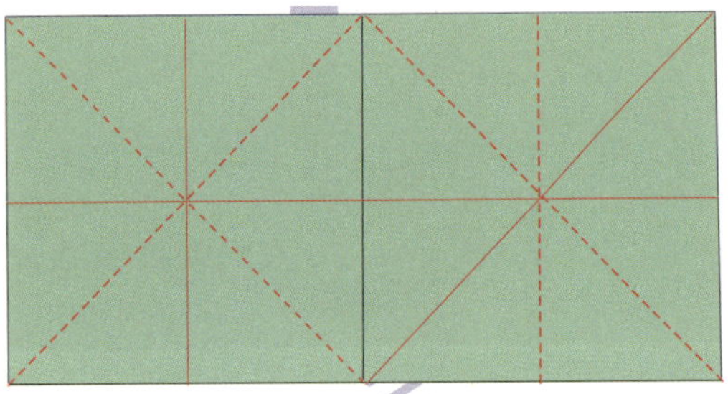

6 펼치면 접은 선이 생겼어요.

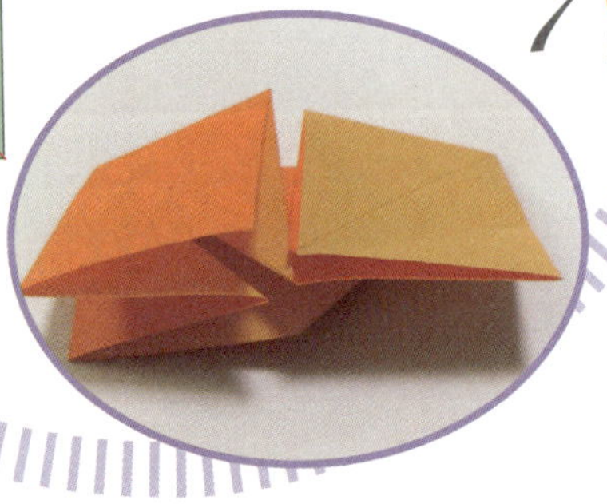

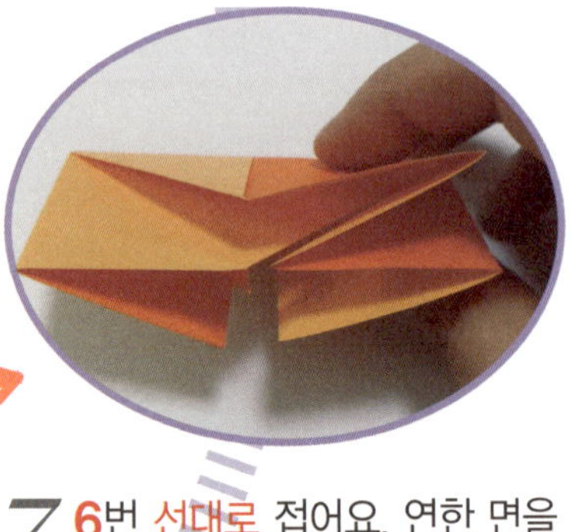

7 6번 선대로 접어요. 연한 면을
반대로 뒤집어 접어요.

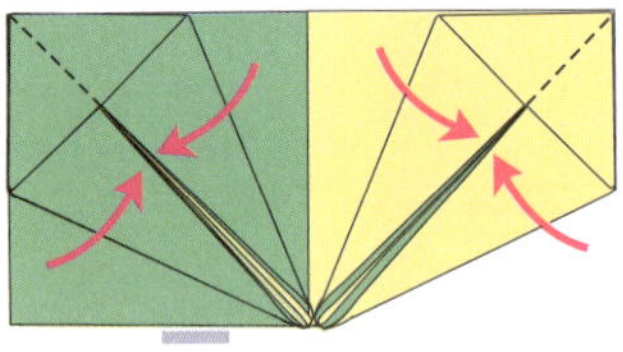

반대 면

8 좌우 안으로 접어요.

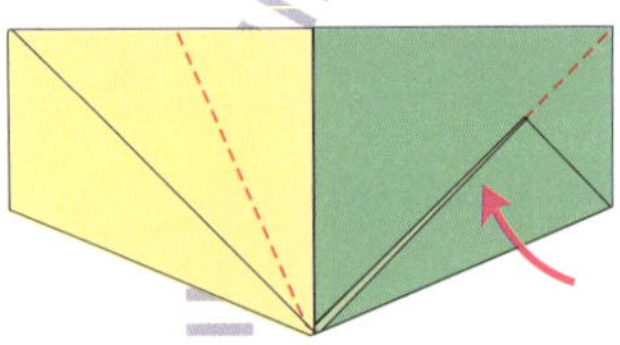

9 뒤집은 뒤 진한 면을
안으로 접어요.

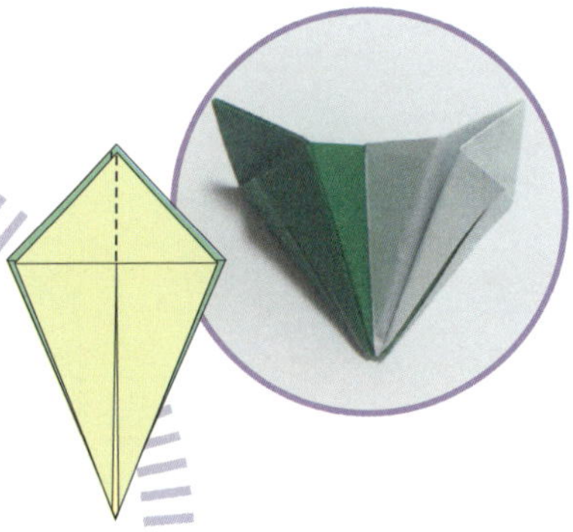

진한 부분부터
접어요.

10 **9**번 상태에서 사진처럼
두 면 좌우 모두 접은 면이
위로 올라오게 겹쳐 접어요.
＊'50 쌍학' 12번처럼 접어요.

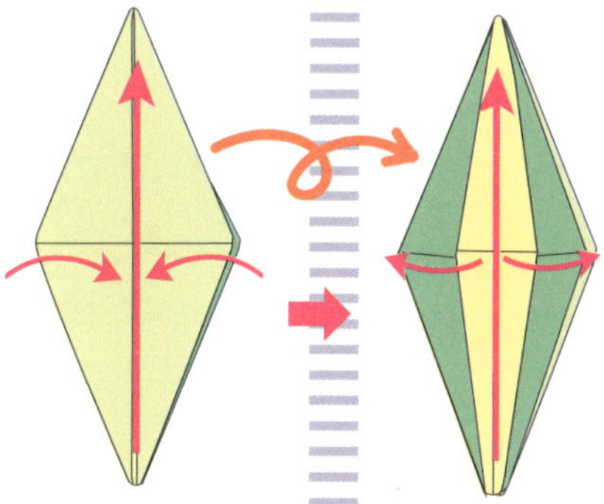

옆면은 중심을
안으로 접어요.

앞, 뒤 겹치면
색은 달라도
모양은 똑같아요.

꼭지 부분이
밑으로 가요.
그리고 위를
아래로 내려요.

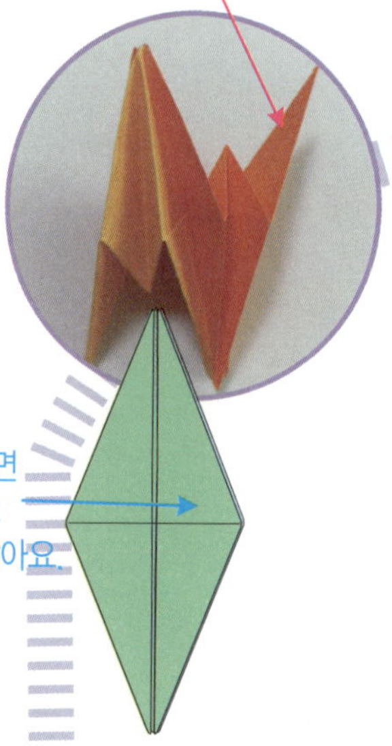

17 진한 면과 연한 면의
모양이 각각 반대예요.

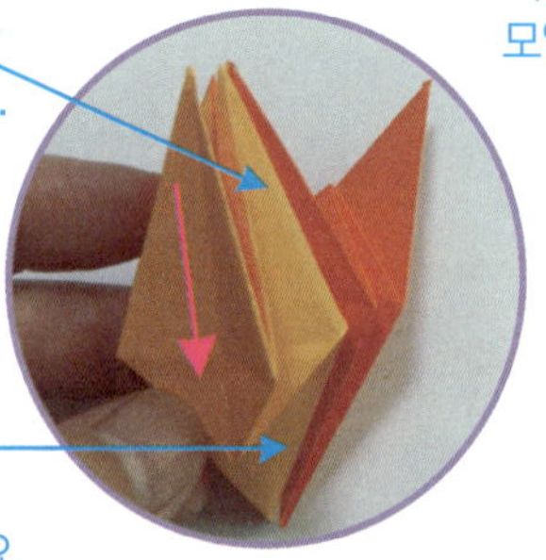

16 옆면을 펴서 접어요.
＊'51 쌍학2' 14번 참고해요.

11 좌우 편 뒤 위로 펼쳐 접어요.
(뒷면도 똑같이 접어요.)

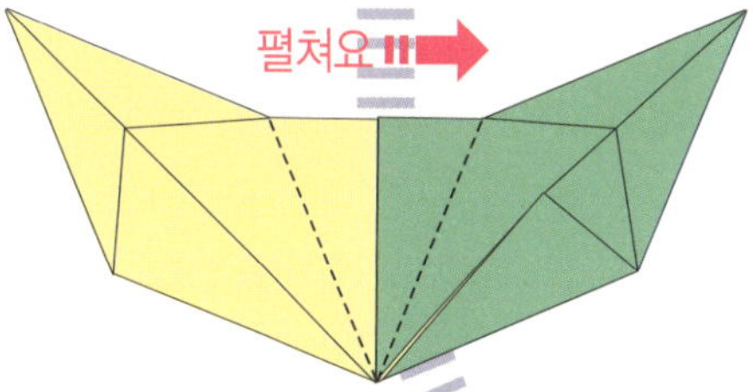

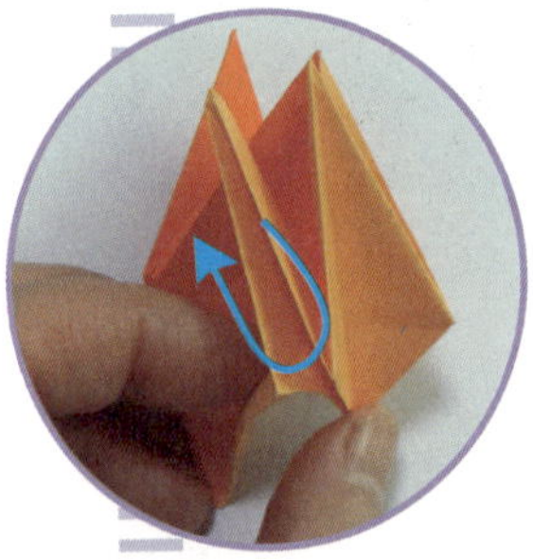

15 아랫면을 반바퀴
돌리며 위로 올려요.

펼쳐요

12 뒷면으로 돌린 뒤
접은 면을 펼쳐요.

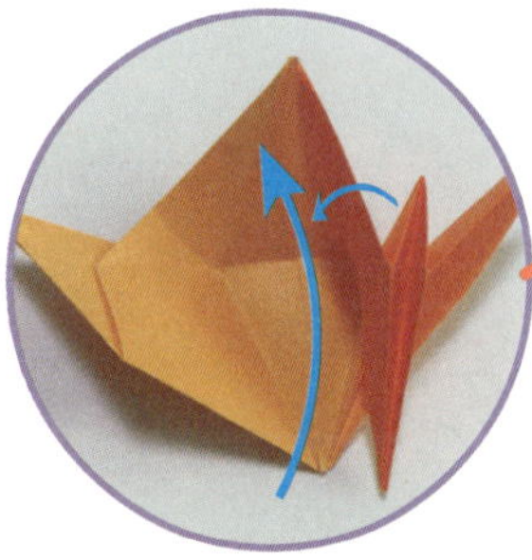

13 **12**번 상태에서 진한 면을
위로 펼쳐 올려요. 그리고
옆면을 안으로 접어요.

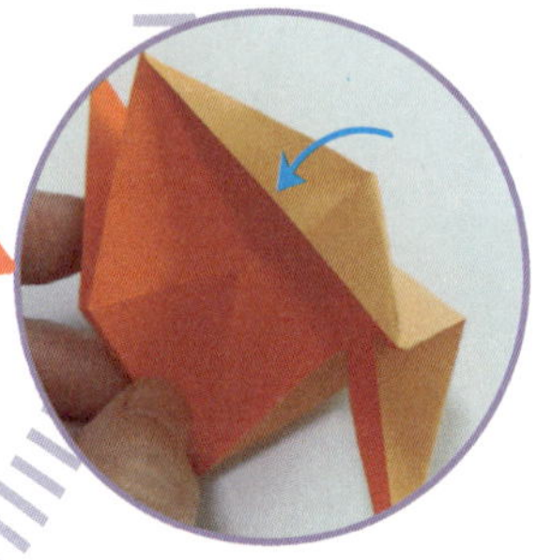

14 뒤집은 뒤 연한 면을
위로 펼쳐 올려요.
그리고 안으로 접어요.

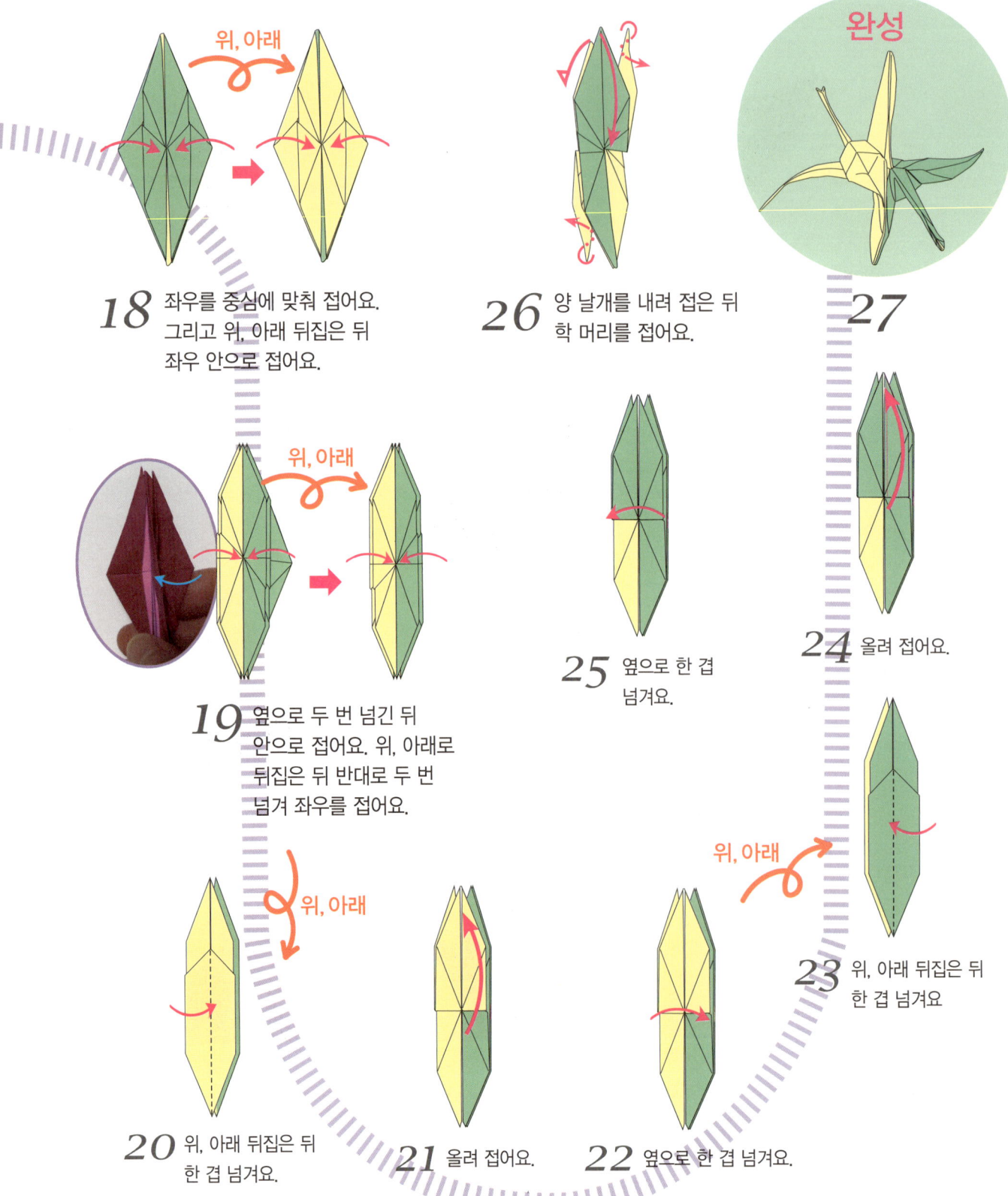

위, 아래

18 좌우를 중심에 맞춰 접어요. 그리고 위, 아래 뒤집은 뒤 좌우 안으로 접어요.

위, 아래

19 옆으로 두 번 넘긴 뒤 안으로 접어요. 위, 아래로 뒤집은 뒤 반대로 두 번 넘겨 좌우를 접어요.

위, 아래

20 위, 아래 뒤집은 뒤 한 겹 넘겨요.

21 올려 접어요.

22 옆으로 한 겹 넘겨요.

위, 아래

23 위, 아래 뒤집은 뒤 한 겹 넘겨요

24 올려 접어요.

25 옆으로 한 겹 넘겨요.

완성

26 양 날개를 내려 접은 뒤 학 머리를 접어요.

27

4 part

펼치는 재미가 있는

모자 or 컵 접기

삼각모자 or 컵

★ ★ ☆ ☆ ☆

누구나 쉽게 접을 수 있는 삼각모자 or
컵이에요.

정사각형

완성

5

1 정사각형 종이로 가로, 세로
반을 접었다 펴요.

2 펼친 뒤 중심 선에 맞춰
좌우를 위로 접어요.

3 번호 순서에 맞춰
❶을 안으로 접은 뒤
❷를 접어요.

좌우 모두
틈 안으로 넣은 뒤
위에서 찍은 모양

4 좌우 모두 틈 안으로
반대로 집어 넣어요.

55 삼각뿔모자 or 컵

★★★☆☆

두 가지 색이 조화된 삼각뿔모자 or 컵이에요.
접지 않는 한쪽 면을 안과 밖으로 접어 올려야
삼각뿔모자가 돼요.

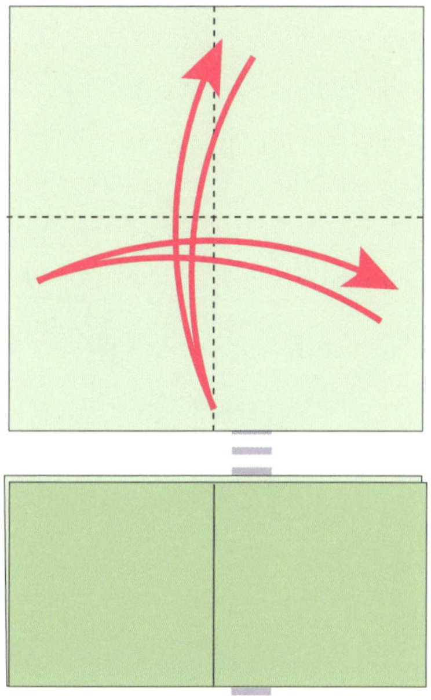

완성

9

Point

삼각형
밑부분이에요.

8 나머지 접지 않은 한쪽 면은
펴지 말고 밑부분의 중심을
눌러 접어 안과 밖으로 접어
올려요.

1 정사각형 종이로 가로, 세로
반을 접었다 펴요.

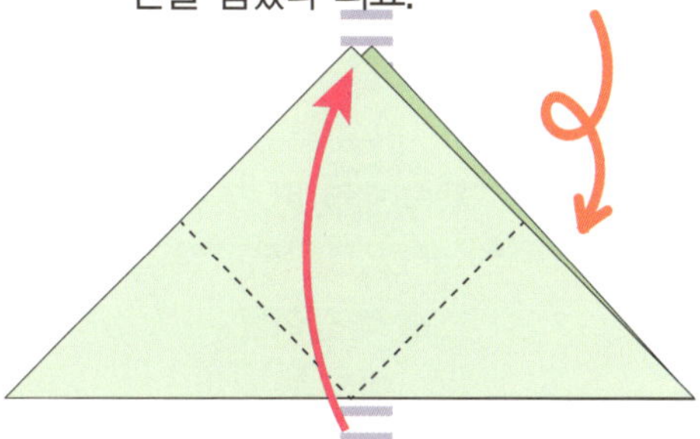

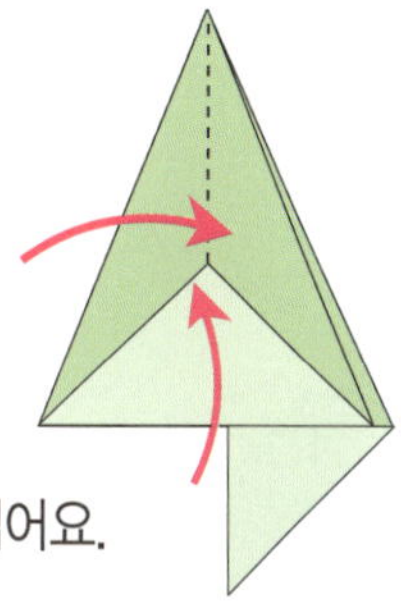

7
옆으로 한 면만
넘긴 뒤 올려 접어요.

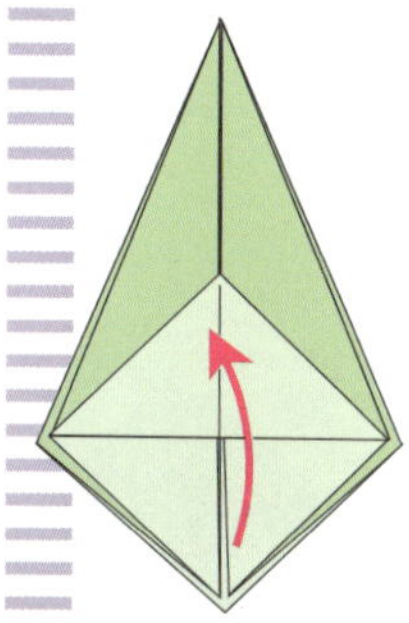

6 화살표대로 아랫면을
올려 접어요.
(반대쪽도 똑같이 접어요.)

2 펼친 뒤 뒤집어서
세모를 접어요.

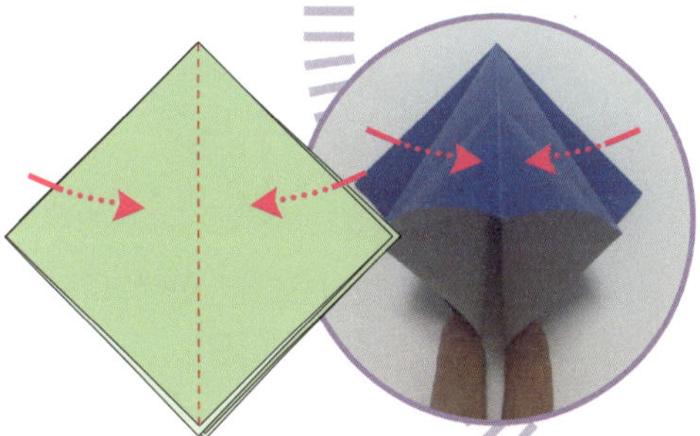

먼저 좌우로 접어
선을 만든 뒤 접어요.

3 편 뒤 접은 선대로 좌우
옆면을 안으로 접어 넣어요.

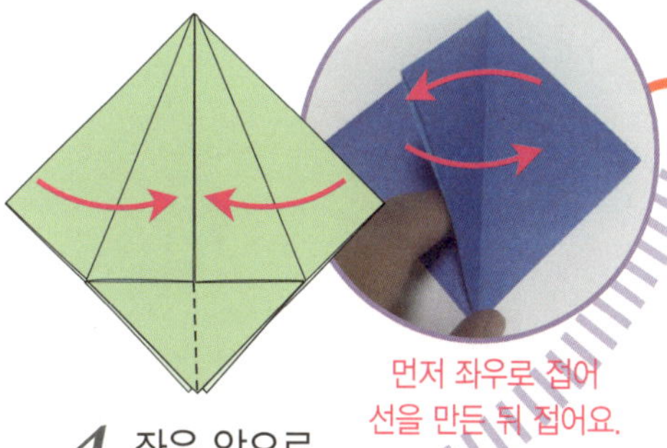

4 좌우 안으로
접어요.

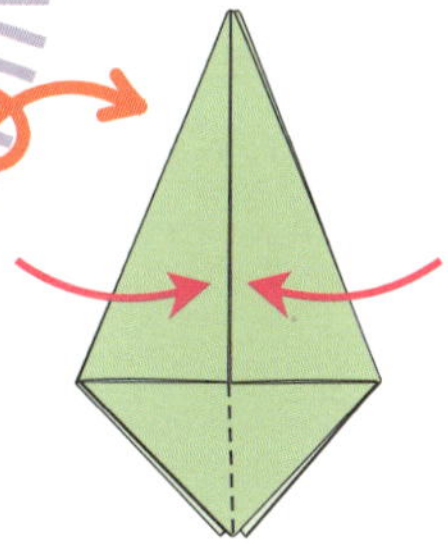

5 뒤집은 뒤 뒷면도
똑같이 접어요.

125

정사각형

사각뿔모자 or 컵

★★★☆☆

'삼각뿔모자 or 컵'과 접는 과정은 거의 같아요.
예쁘게 만들어 가족 생일에 선물해 보세요.

＊55 삼각뿔모자 or 컵, 6번까지 똑같아요.
표기는 3번부터 넣었어요.

완성

9 펼쳐요.

3 편 뒤 접은 선대로
좌우 옆면을 안으로 접어요.

8 뒤집어서 옆으로 한 겹
넘긴 뒤 (화살표 방향)
똑같이 올려 접어요.

7 옆으로 한 겹 넘긴 뒤
(화살표 방향) 똑같이
올려 접어요.

먼저 좌우로 접어
선을 만든 뒤 접어요.

4 좌우 안으로
접어요.

5 뒤집은 뒤 뒷면도
똑같이 접어요.

6 화살표대로 아랫면을
올려 접어요.
(반대쪽도 똑같이 접어요.)

126 특이하고 특별한 **종이접기**

오각뿔모자 or 컵

★★★☆☆

'사각뿔모자 or 컵'에서 한 면을 더 접어
오각뿔을 만들어요.

정사각형

* 55 삼각뿔모자 아 컵, 4번까지 똑같아요.
표기는 4번부터 넣었어요.

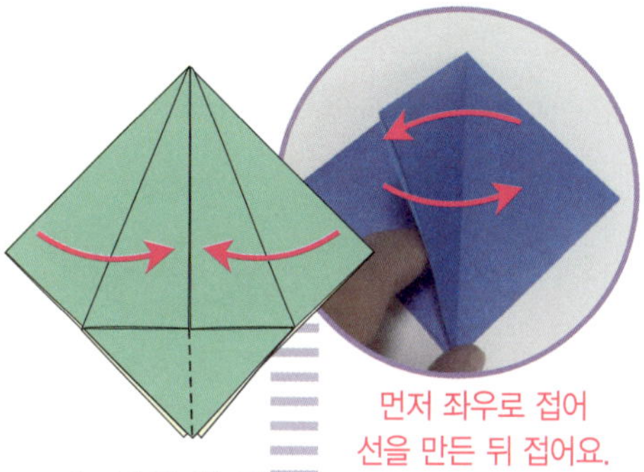

완성

4 좌우 한 면씩
안으로 접어요.

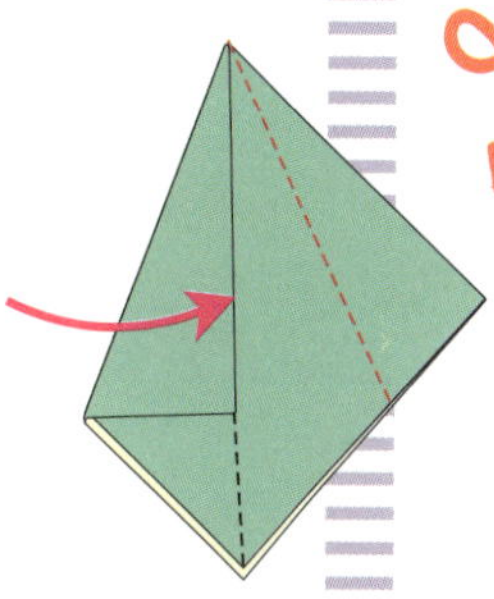

먼저 좌우로 접어
선을 만든 뒤 접어요.

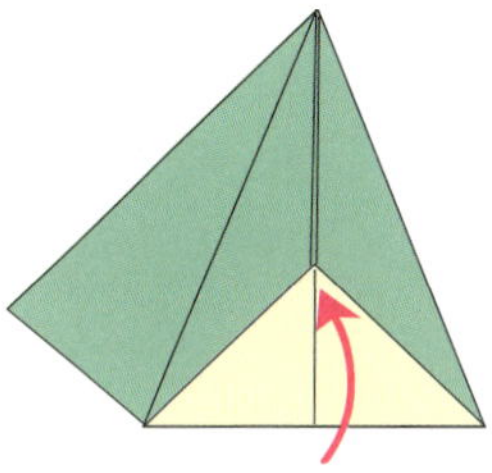

11 위로 올려 접어요.

12 펼쳐요.

5 뒤집어서 한쪽만 접고
반대편은 접었다 편
선을 만들어요.

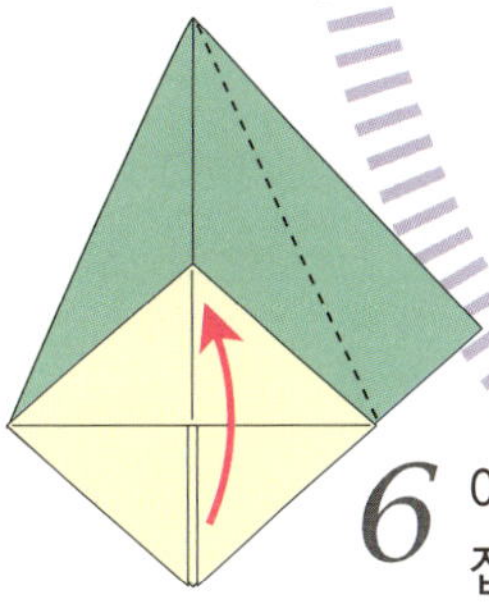

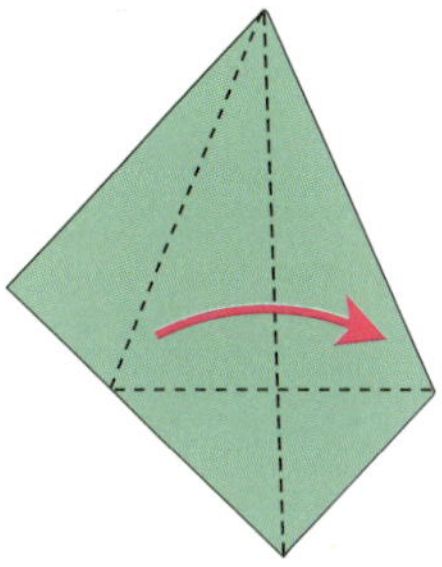

10 다시 옆으로 한 겹
넘겨요.

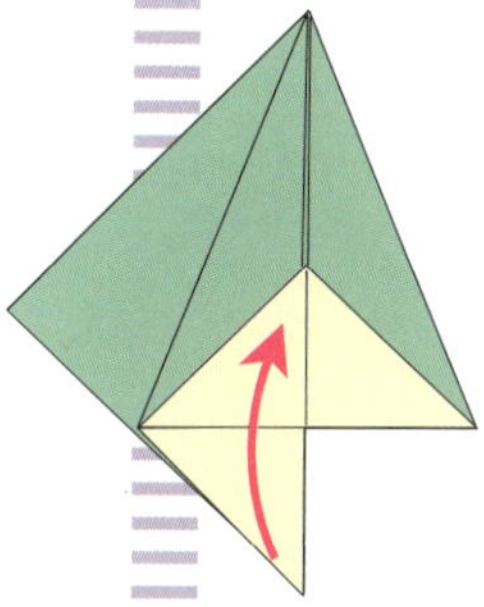

9 뒤집은 뒤 위로
올려 접어요.

6 아랫면을 올려
접어요.

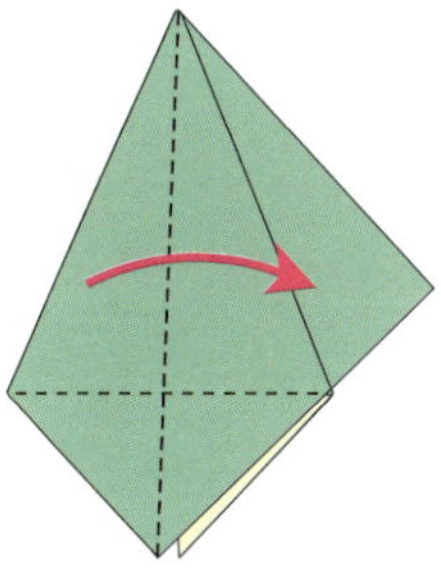

7 옆으로 한 겹 넘겨요.

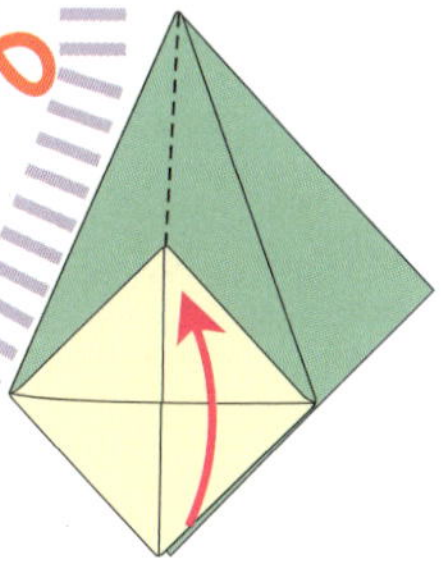

8 위로 올려 접어요.

127

육각뿔모자 or 컵

한 겹씩 옆으로 넘기면 각의 모양이
늘어나요. 늘어나는 한 각씩 세어보며
접는 것도 재미있어요.

정사각형

＊55 삼각뿔모자 or 컵, 3번까지 접어요.

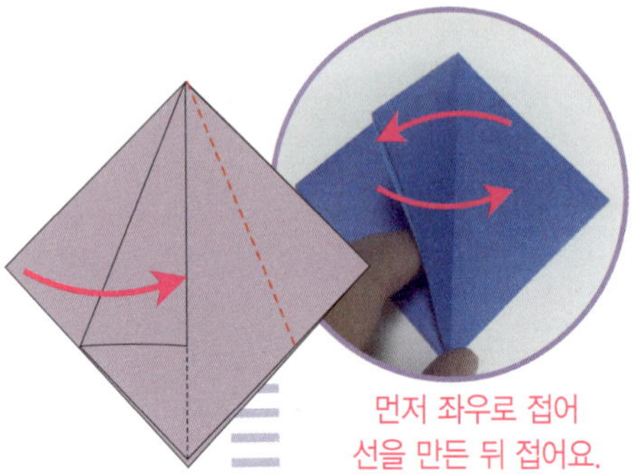

완성

12 펼쳐요.

먼저 좌우로 접어
선을 만든 뒤 접어요.

4 한쪽만 접은 뒤 반대면은
접었다 편 선을 만들어요.

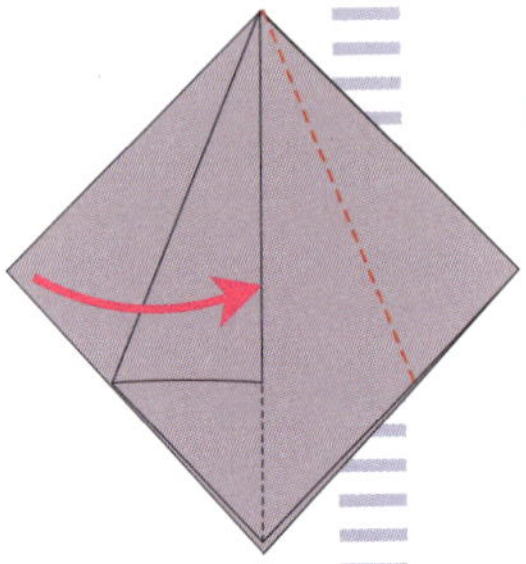

11 위로 올려 접어요.

5 뒤집어서 **4**번처럼
접어요.

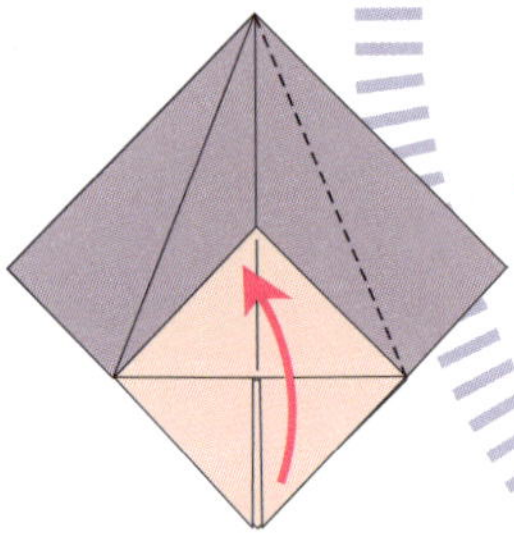

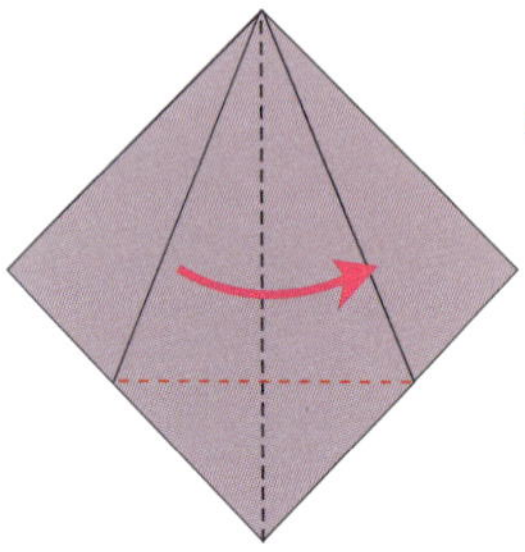

10 뒤집어서 한 겹을
옆으로 넘겨요.

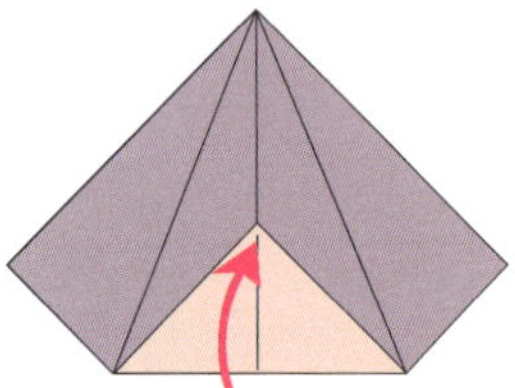

9 위로 올려 접어요.

6 화살표대로 아랫면을
올려 접어요.

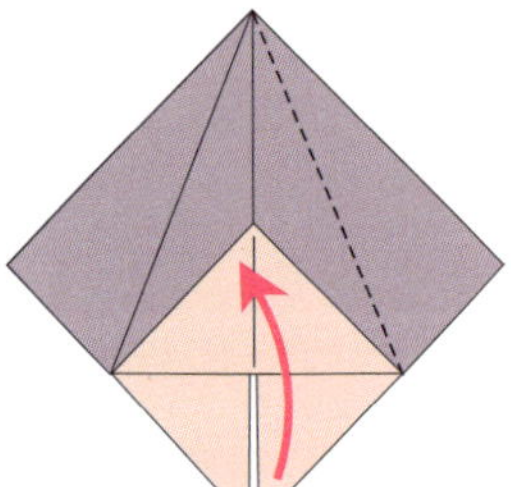

7 뒤집어서 아랫면을
올려 접어요.

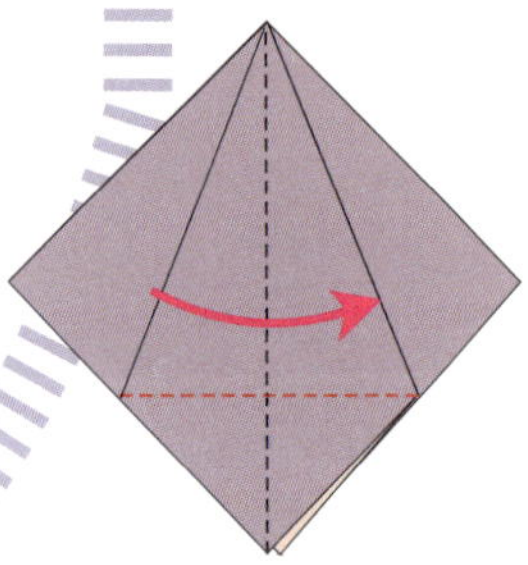

8 한 겹을 옆으로
넘겨요.

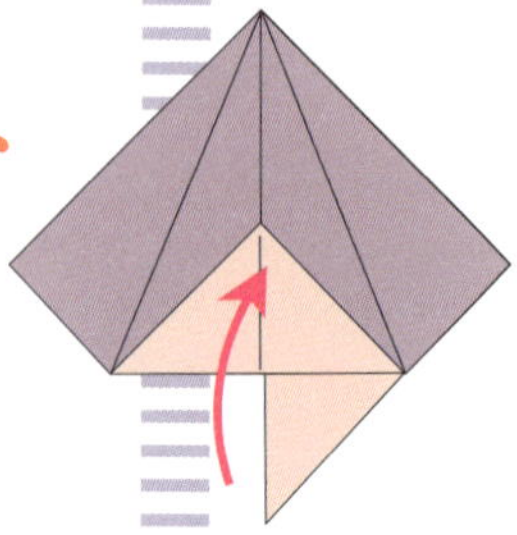

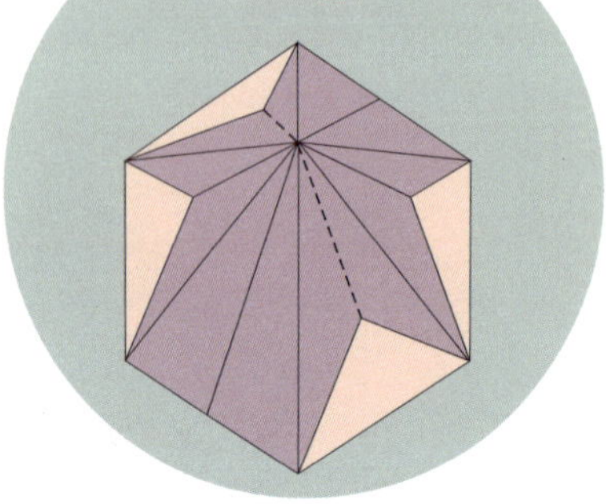

정사각형

59 ★★★☆☆

칠각뿔모자 or 컵

육각에서 접혀있는 한 면을 더 펼치면
칠각뿔모자가 되었어요.

*55 삼각뿔모자 or 컵, 3번까지 접어요.

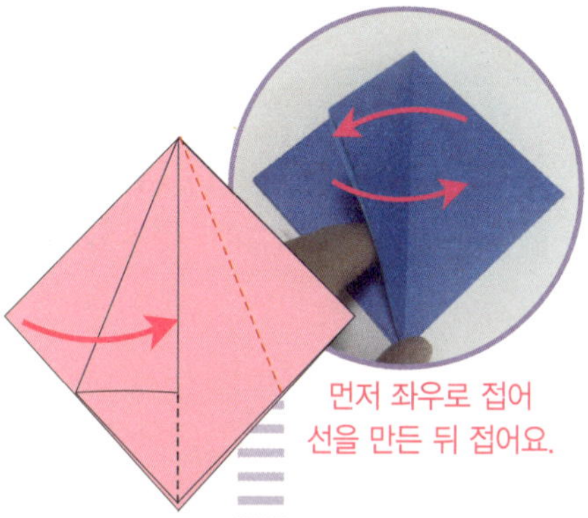

접힌 면을 펼칠 때 안으로 접힌 선을 밖으로 잘 펴줘요.

완성

먼저 좌우로 접어 선을 만든 뒤 접어요.

4 한쪽만 접은 뒤 반대면은 접었다 편 선을 만들어요.

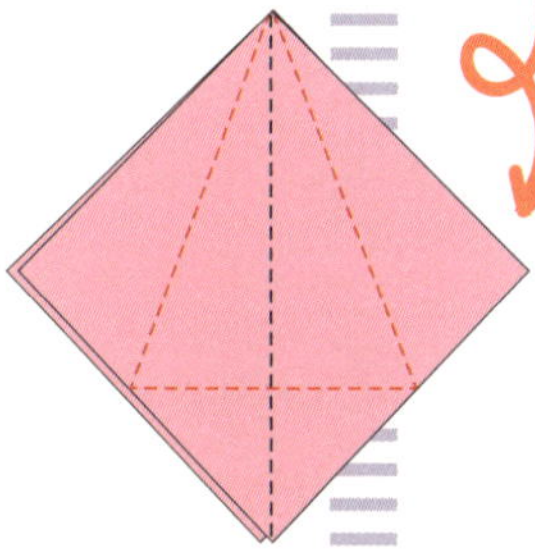

5 뒤집어서 좌우 접었다 편 선을 만들어요.

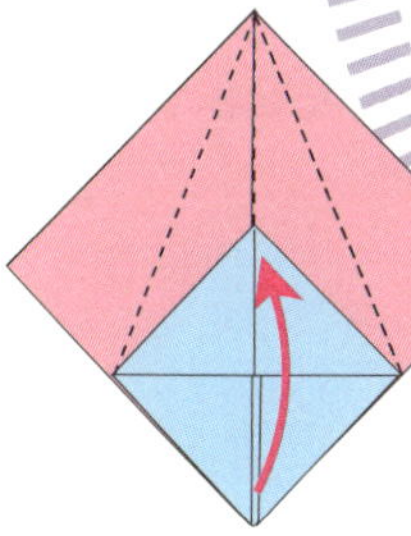

6 아랫면을 올려 접어요.
(뒤쪽도 똑같이 접어요.)

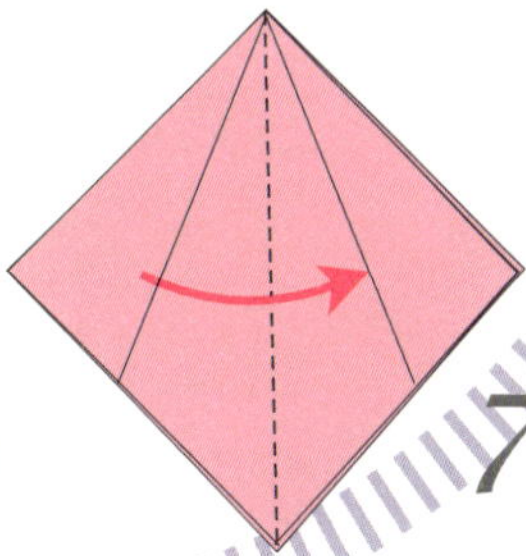

7 한 겹을 옆으로 넘겨요.

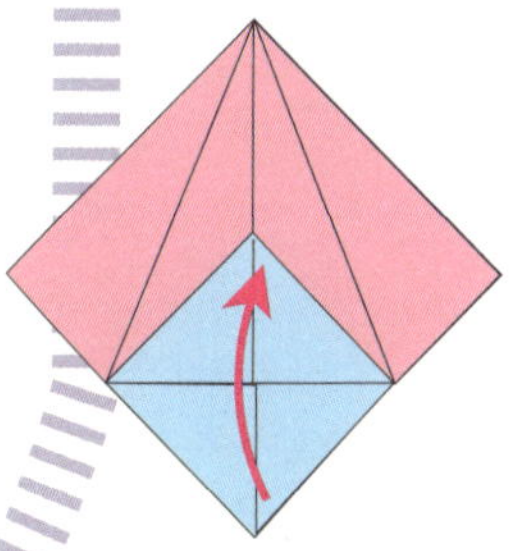

8 위로 올려 접어요.

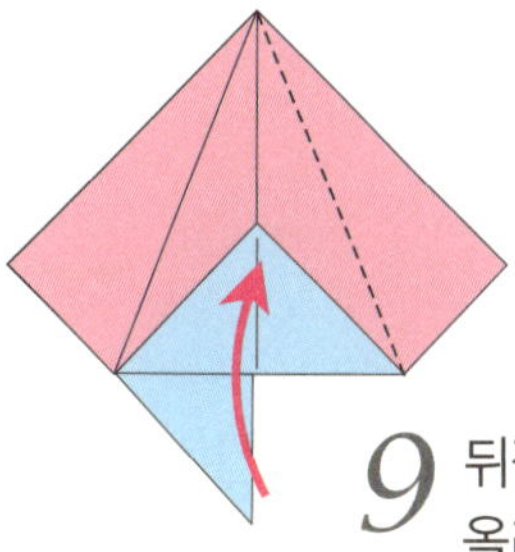

9 뒤집은 뒤 위로 올려 접어요.

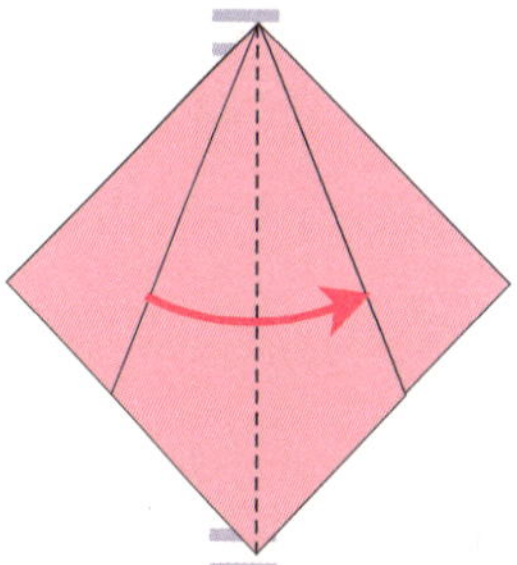

10 한 겹을 옆으로 넘겨요.

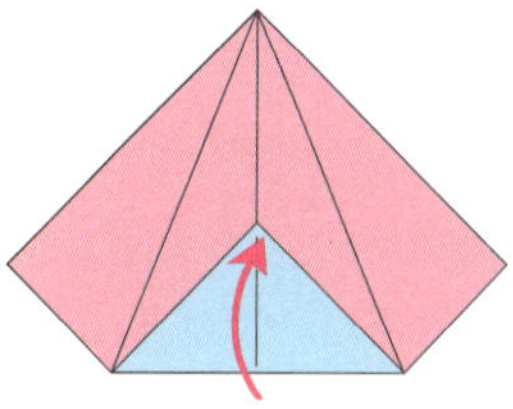

11 위로 올려 접어요.

12 펼쳐요.

129

직사각형

60
쌍삼각모자 or 컵

높이 솟은 산봉오리 같은 쌍삼각모자예요.
나누어지는 중심을 잘 접어요.

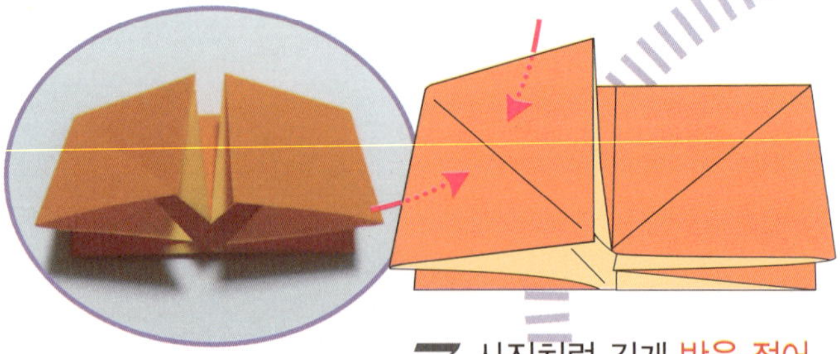

7 사진처럼 길게 **반을 접어**
선에 맞춰 안으로 접어요.

펼쳐요 ▐▐▶

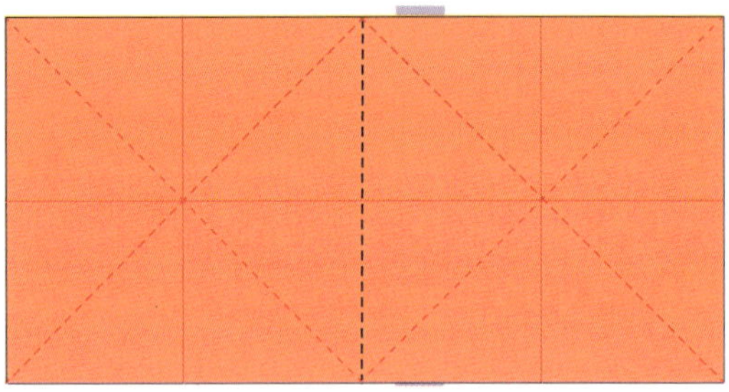

6 펼치면 **접은 선이 생겨요.**

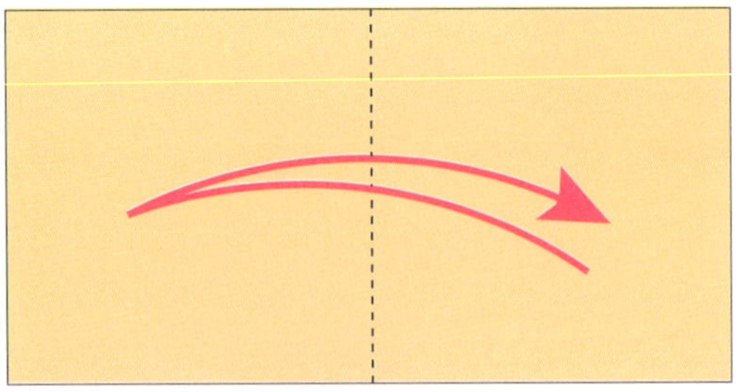

1 직사각형 종이로
반을 접었다 펴요.

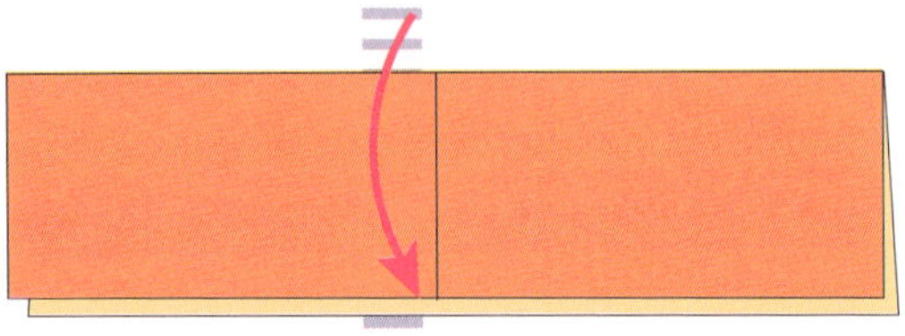

2 편 뒤 길게 반으로 접어요.

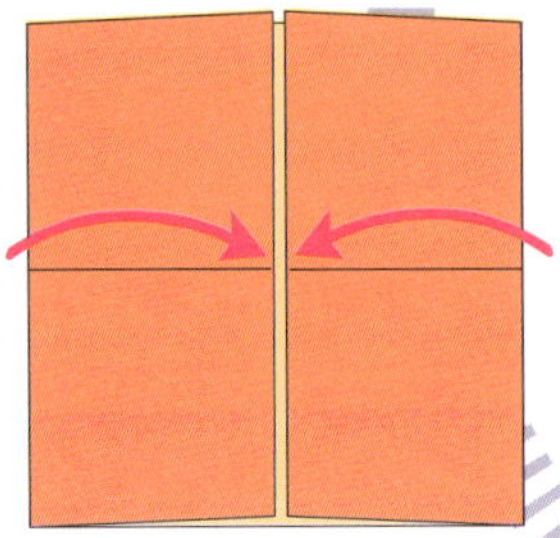

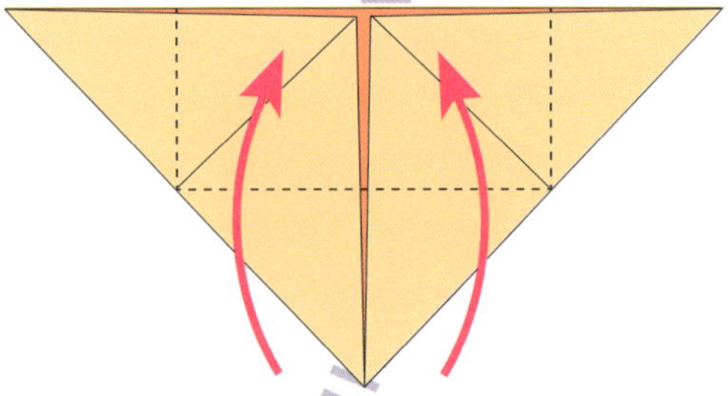

5 편 뒤 위로 세모를 접어요.

3 펼친 뒤
대문접기를 해요.

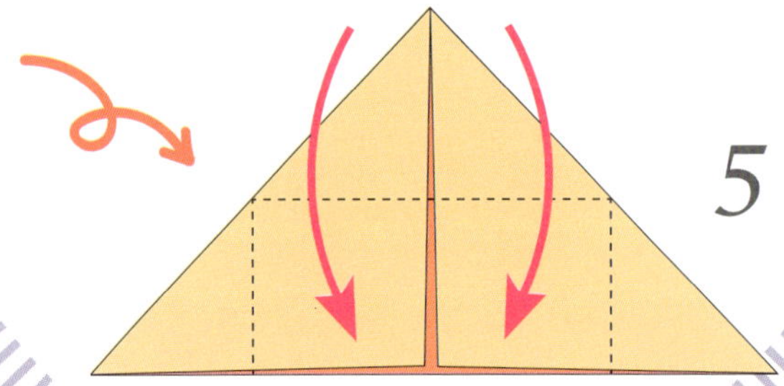

4 뒤집어서 좌우 세모를 접어요.

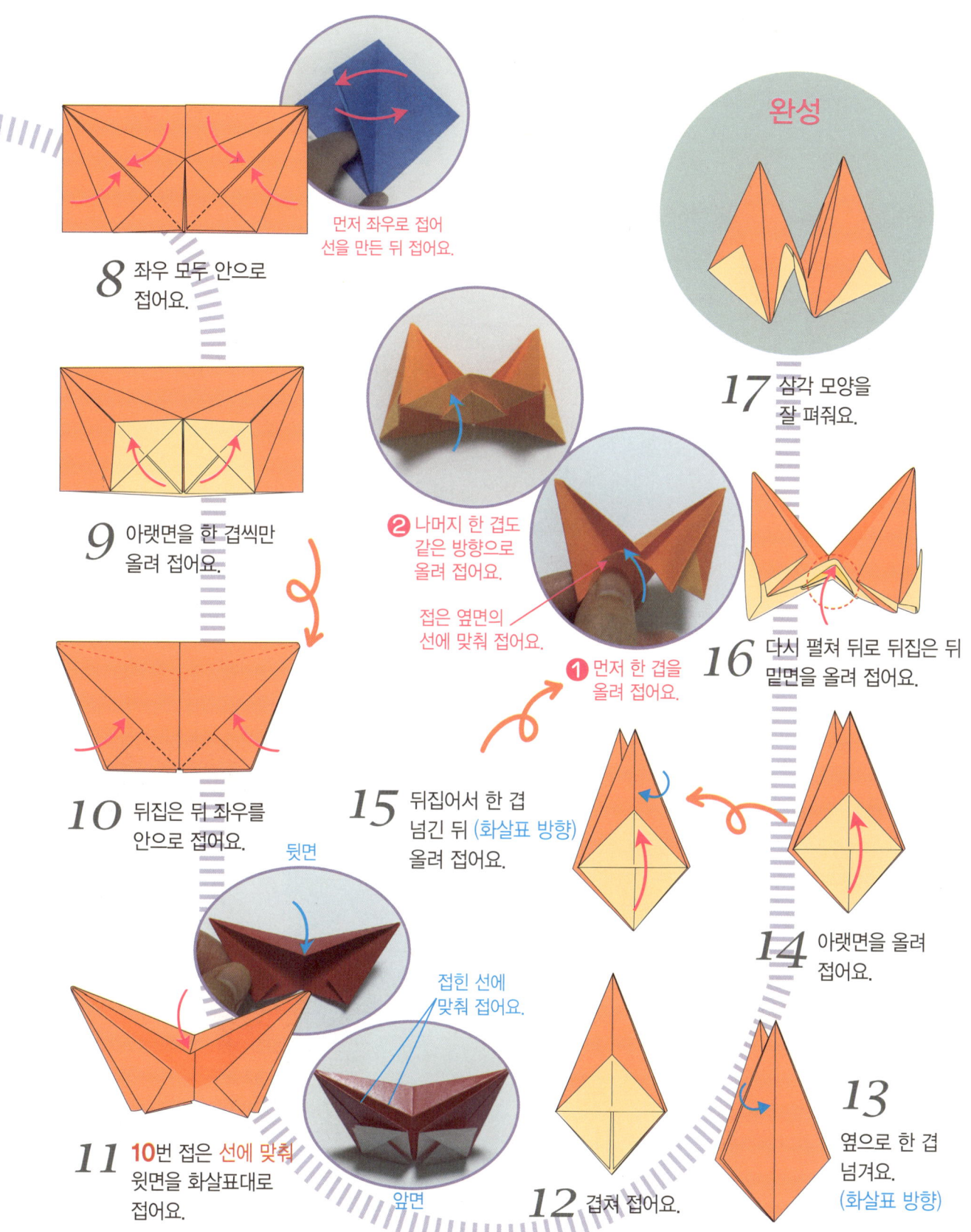

8 좌우 모두 안으로
접어요.

먼저 좌우로 접어
선을 만든 뒤 접어요.

완성

17 삼각 모양을
잘 펴줘요.

9 아랫면을 한 겹씩만
올려 접어요.

② 나머지 한 겹도
같은 방향으로
올려 접어요.

접은 옆면의
선에 맞춰 접어요.

① 먼저 한 겹을
올려 접어요.

16 다시 펼쳐 뒤로 뒤집은 뒤
밑면을 올려 접어요.

10 뒤집은 뒤 좌우를
안으로 접어요.

뒷면

15 뒤집어서 한 겹
넘긴 뒤 (화살표 방향)
올려 접어요.

접힌 선에
맞춰 접어요.

14 아랫면을 올려
접어요.

11 **10번** 접은 **선에 맞춰**
윗면을 화살표대로
접어요.

앞면

12 겹쳐 접어요.

13 옆으로 한 겹
넘겨요.
(화살표 방향)

131

직사각형

61 ★★★☆☆
쌍사각모자 or 컵

종이에 따라 모자의 챙 색상을 여러가지로
바꿔서 접어볼 수 있어요.

* 60 쌍삼각모자 아 컵, 16번까지 똑같아요.
표기는 13번부터 넣었어요.

접힌 면을
펼칠 때 안으로
접힌 선을 밖으로
잘 펴줘요.

완성

13 옆으로 한 겹
넘겨요.
(화살표 방향)

17 두 면 모두 뒷면 한 면씩
펼쳐주면 사각이 돼요.

18 뒤집은 뒤 사각
모양을 잘 펴줘요.

밑에서 본 모양

14 아랫면을 올려
접어요.

❷ 나머지 한 겹도 같은
방향으로 올려 접어요.

15 뒤집은 뒤 옆으로
(화살표 방향) 넘긴 뒤
올려 접어요.

16 다시 펼친 뒤
밑면을 올려 접어요.

❶ 먼저 한 겹을
올려 접어요.

접은 옆면의
선에 맞춰 접어요.

62

★ ★ ★ ☆ ☆

쌍오각모자 or 컵

쌍삼각으로 접은 뒤 한 면 펼치면
사각이 되고, 또 펼치면 오각이 돼요.

직사각형

※ 60 쌍삼각모자 or 컵, 16번까지 똑같아요.
표기는 14번부터 넣었어요.

접힌 면을
펼칠 때 안으로
접힌 선을 밖으로
잘 펴줘요.

완성

14 아랫면을 올려
접어요.

15 뒤집어서 한 겹
넘긴 뒤 (화살표 방향)
올려 접어요.

Point

18 뒤로 뒤집은 뒤 좌우
뒷면 접힌 면을 펼쳐요.
두 번 펼치면 오각이 돼요.

19 뒤집은 뒤 오각
모양을 잘 펴줘요.

돌려요

17 다시 앞으로 뒤집은 뒤
좌우 접힌 면을 펼쳐요.
한 번 펼치면 사각이 돼요.

밑에서 본 모양

접은 옆면의
선에 맞춰
접어요.

1 먼저 한 겹을
올려 접어요.

16 다시 펼쳐서 뒤로
뒤집어요. 그리고
밑면을 올려 접어요.

2 나머지 한 겹도
같은 방향으로 올려
접어요.

직사각형

63

쌍육각모자 or 컵

한 번 펼치면 오각, 두 번 펼치면 육각이 되는 모양이 재미 있어요. 아이들에게도 재미있는 숫자 놀이가 돼요.

*60 쌍삼각모자 or 컵, 16번까지 똑같아요. 표기는 14번부터 넣었어요.

60 쌍삼각모자 or 컵과 앞, 뒤 색을 반대로 접었어요.

접힌 면을 펼칠 때 안으로 접힌 선을 밖으로 잘 펴줘요.

완성

14 아랫면을 올려 접어요.

Point

19 뒤로 돌린 후 화살표대로 좌우를 펼쳐요. 세 번 펼치면 육각이 돼요.

20 뒤집은 뒤 육각 모양을 잘 펴줘요.

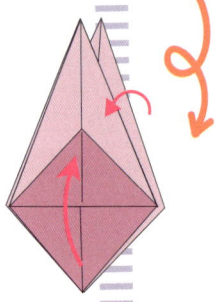

15 뒤집은 뒤 옆으로 한 겹 (화살표 방향) 넘긴 뒤 올려 접어요.

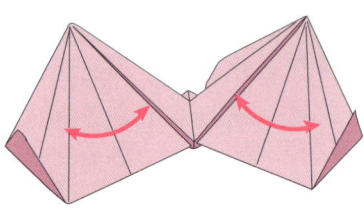

17 좌우 옆면을 펼쳐요. 한 번 펼치면 사각이 돼요.

18 좌우 옆면을 한 번 더 펼쳐요. 두 번 펼치면 오각이 돼요.

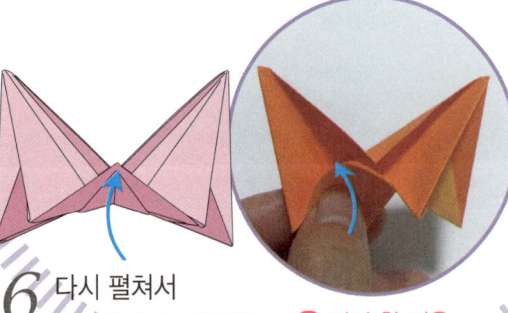

16 다시 펼쳐서 밑면을 올려 접어요.

❶ 먼저 한 겹을 올려 접어요.

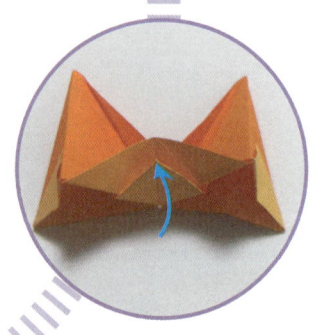

❷ 나머지 한 겹도 같은 방향으로 올려 접어요.

64

★ ★ ★ ☆ ☆

반쌍삼각모자 or 컵

색상이 두 가지로 나누어진 반쌍삼각모자예요.
대비되는 두 색의 종이로 접어요.

직사각형

*60 쌍삼각모자 or 컵, 2번까지 접어요.

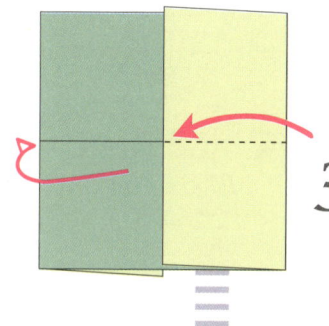

3 중심 선에 맞춰 반은 뒤로, 반은 앞으로 접어요.

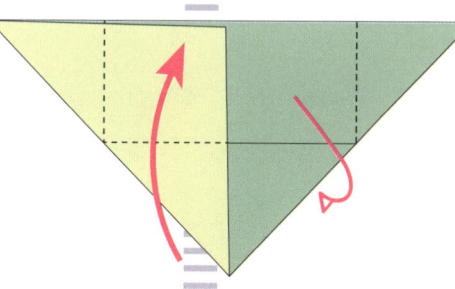

4 편 뒤 앞, 뒤 반대로 접어요.

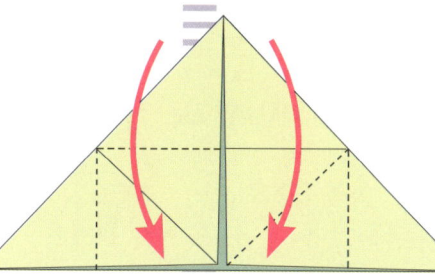

5 편 뒤 앞, 뒤 모두 앞으로 내려 접어요.

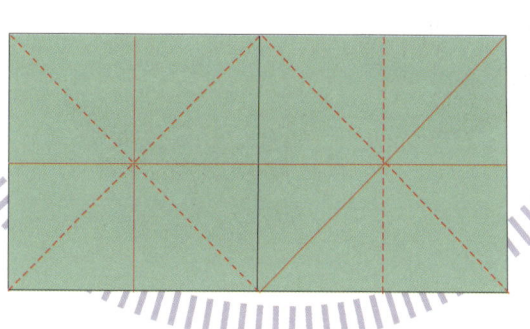

6 펼치면 접은 선이 나타나요.

4 위의 모양대로 접혔는지 확인해요.

3 다시 뒤집어 옆의 모양대로 삼각을 접을 수 있는 두 면이 남아요.

1면
2면

2 뒤집은 뒤 대각선 대로 뒤로 접어요.

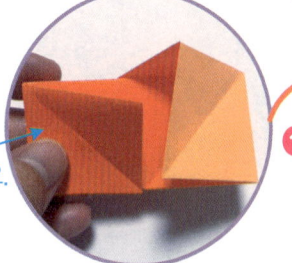

진한 면은 선대로 접어요.

뒷면

1 진한 면 먼저 접고 연한 면은 뒤집어 반을 덮어요.

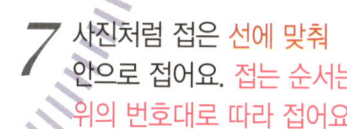

7 사진처럼 접은 선에 맞춰 안으로 접어요. 접는 순서는 위의 번호대로 따라 접어요.

(※ 같은 모양을 접을 때도 위의 순서를 참고해서 접어요.)

135

64 반쌍삼각모자 or 컵

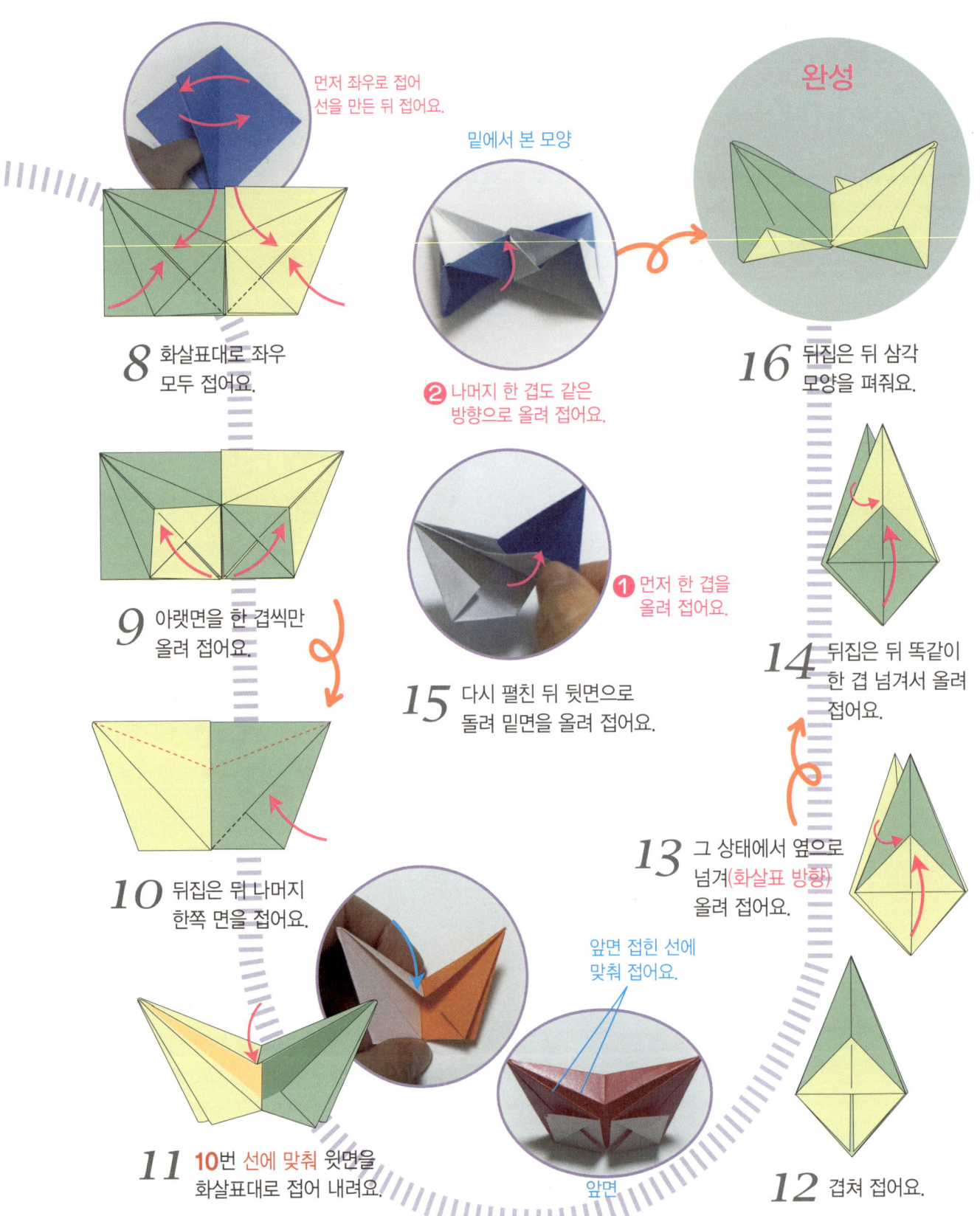

먼저 좌우로 접어 선을 만든 뒤 접어요.

밑에서 본 모양

완성

8 화살표대로 좌우 모두 접어요.

❷ 나머지 한 겹도 같은 방향으로 올려 접어요.

16 뒤집은 뒤 삼각 모양을 펴줘요.

❶ 먼저 한 겹을 올려 접어요.

9 아랫면을 한 겹씩만 올려 접어요.

15 다시 펼친 뒤 뒷면으로 돌려 밑면을 올려 접어요.

14 뒤집은 뒤 똑같이 한 겹 넘겨서 올려 접어요.

10 뒤집은 뒤 나머지 한쪽 면을 접어요.

13 그 상태에서 옆으로 넘겨(화살표 방향) 올려 접어요.

앞면 접힌 선에 맞춰 접어요.

11 10번 선에 맞춰 윗면을 화살표대로 접어 내려요.

앞면

12 겹쳐 접어요.

반쌍사각모자 or 컵

삼각에서 좌우 한번 더 접으면 색상이 다른
다른 반쌍사각모자 or 컵이 만들어져요.

직사각형

*64 반쌍삼각모자 or 컵, 7번까지 접어요.

접힌 면을
펼칠 때 안으로
접힌 선을 밖으로
잘 펴줘요.

완성

Point

8 진한 면은 모두 안으로 접고
연한 면은 반만 안으로 접어요.

16 두 면 모두 뒷면 한 면씩
펼치면 사각이 돼요.

17 뒤집은 뒤 사각
모양을 잘 펴줘요.

9 좌우 한 겹씩
올려 접어요.

15 다시 펼친 뒤
밑면을 올려 접어요.

❶ 먼저 한 겹을
올려 접어요.

❷ 나머지 한 겹도 같은
방향으로 올려 접어요.

10 뒤집어서 좌우 모두
안으로 접어요.

14 뒤집은 뒤 한 겹
넘겨 올려 접어요.

11 10번 선에 맞춰 윗면을
화살표대로 접어 내려요.
* '64 반쌍삼각모자 or 컵' 11번 참고해요.

13 옆으로 한 겹 넘겨
올려 접어요.

12 겹쳐 접어요.

66 반쌍오각모자 or 컵

'쌍오각모자 or 컵'을 좌우 다른 색으로
접었을 때 훨씬 다채로운 반쌍오각모자가 돼요.

직사각형

* 64 반쌍삼각모자 or 컵, 15번까지 똑같아요.
표기는 12번부터 넣었어요.

접힌 면을 펼칠 때 안으로 접힌 선을 밖으로 잘 펴줘요.

완성

12 겹쳐 접어요.

13 옆으로 한 겹 넘긴 뒤 (화살표 방향) 올려 접어요.

14 뒤집어서 한 겹 넘긴 뒤 (화살표 방향) 올려 접어요.

15 다시 펼친 뒤 밑면을 올려 접어요.

밑에서 본 모양

❶ 먼저 한 겹을 올려 접어요.

❷ 나머지 한 겹도 같은 방향대로 올려 접어요.

16 앞면의 좌우 접힌 면을 펼쳐요. 한 번 펼치면 사각이 돼요.

Point

17 뒤집은 뒤 화살표 부분을 펼쳐요. 두 번 펼치면 오각이 돼요.

18 다시 뒤집은 뒤 삼각 모양을 잘 펴줘요.

★★★☆☆

반쌍육 · 오각모자 or 컵

한쪽은 육각모자이고 한쪽은 오각모자를
접어요. 순서대로 접는 건 어렵지 않아요.

직사각형

＊64 반쌍삼각모자 or 컵, 15번까지 접어요.

접힌 면을
펼칠 때 안으로
접힌 선을 밖으로
잘 펴줘요.

완성

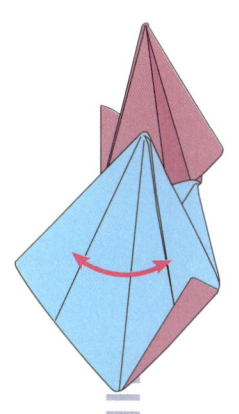

16 연한 면을 한 번 펼쳐요.
한 번 펼치면 사각이 돼요.

20 다시 뒤집어서
모양을 다듬어요.

Point

돌려요

19 뒷면으로 돌려서 진한 면을
한 번 더 펼쳐요.
세 번 펼치면 육각이 돼요.

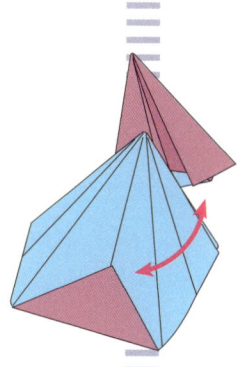

17 연한 면을 한 번 더 펼쳐요.
두 번 펼치면 오각이 돼요.

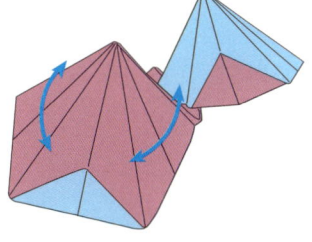

18 뒤집은 뒤 진한 면을 좌우
두 번 펼쳐요.
두 번 펼치면 오각이 돼요.

part 5

처음 보는 신기한

배 접기

68
반배

★ ★ ★ ☆ ☆

기본 적인 배 접기이지만 앞, 뒤
배의 색상이 달라서 더 예쁜 배예요.

정사각형

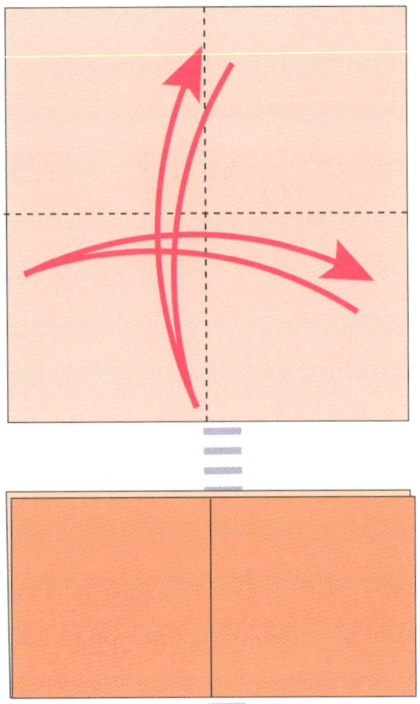

완성

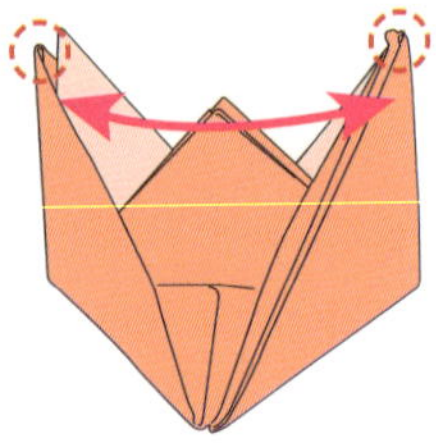

9 양쪽 끝(점선 원)을 잡고
화살표대로 벌려요.

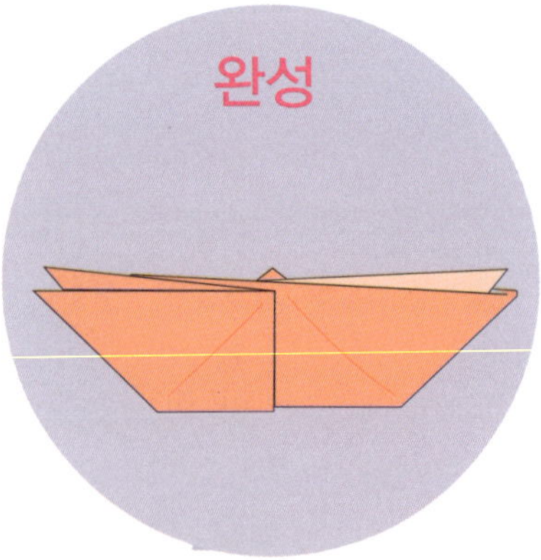

10 모양을 다듬어요.

먼저 위로 한 겹
올려 접은 뒤
뒷면도 올려 접어요.

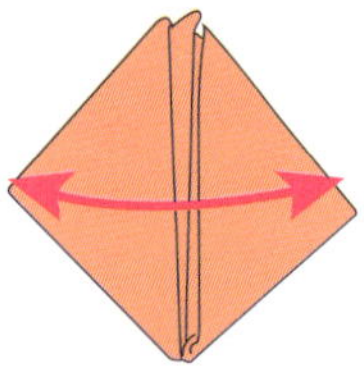

8 **7**번에서 틈을 벌려
반대 방향(세로)으로 접어요.

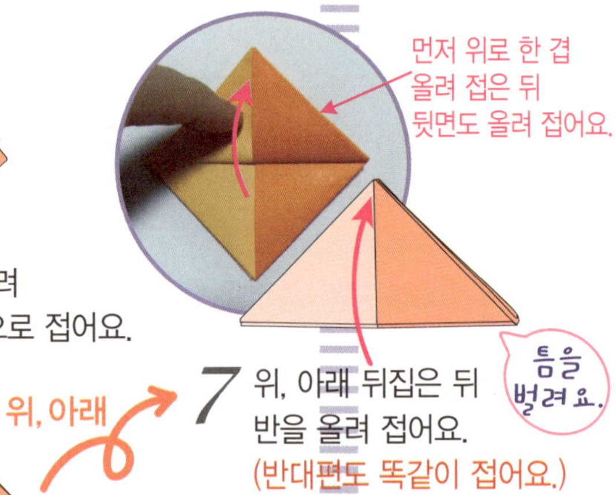

7 위, 아래 뒤집은 뒤
반을 올려 접어요.
(반대편도 똑같이 접어요.)

틈을 벌려요.

위, 아래

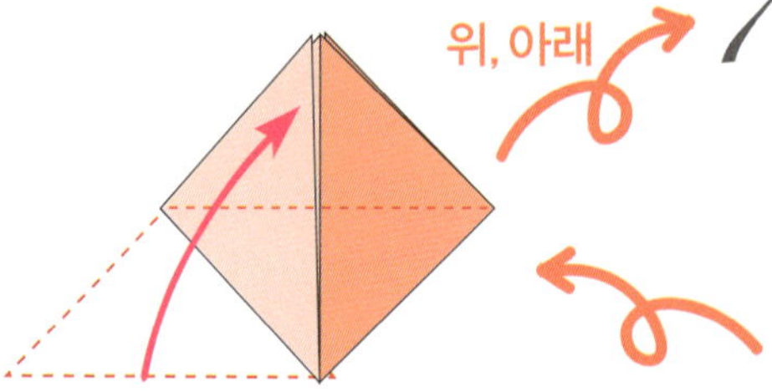

6 뒤집어서 올려 접어요.

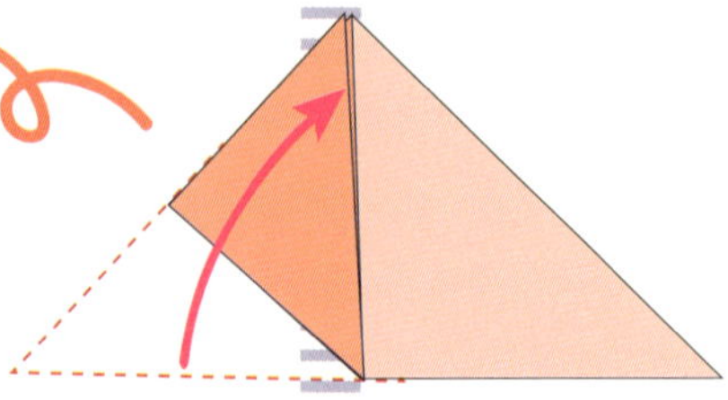

5 중심에 맞춰 위로
올려 접어요.

1 정사각형 종이로 가로, 세로
반을 접었다 펴요.

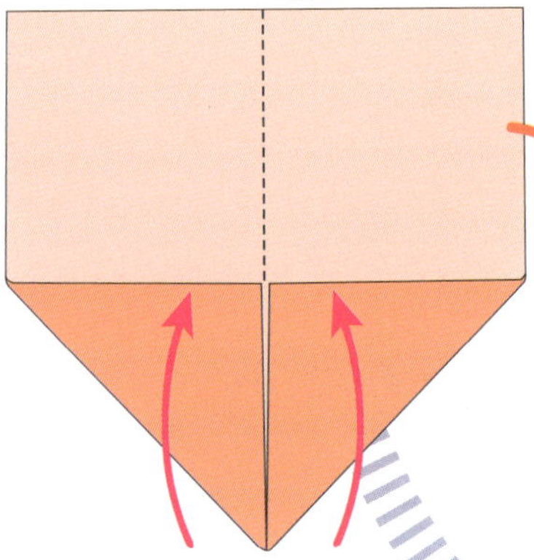

위, 아래

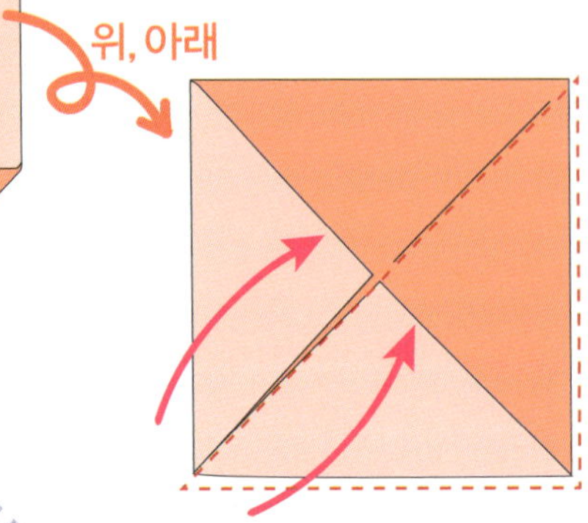

3 위, 아래 뒤집어서
반대쪽도 똑같이 접어요.

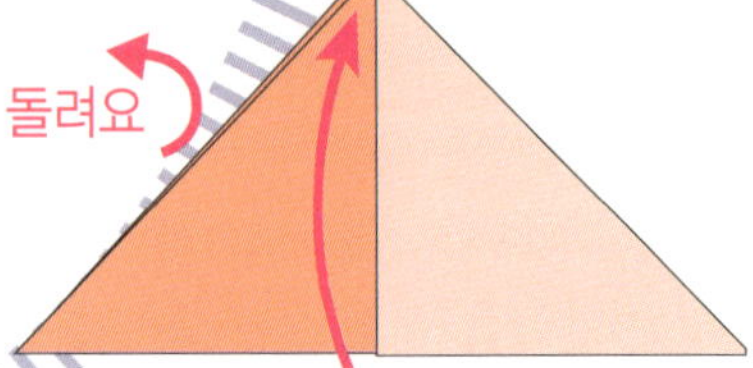

돌려요

4 **3**번 점선대로 반을
접은 뒤 돌려요.

2 편 뒤 화살표대로
올려 접어요.

반배2

배를 중심으로 두 가지 색상이 나누어진
배예요. 다양한 색상의 종이로 접어보세요.

정사각형

*68 반배, 2번까지 접어요.

위, 아래

3 위, 아래 뒤집어서
반대쪽도 똑같이 접어요.

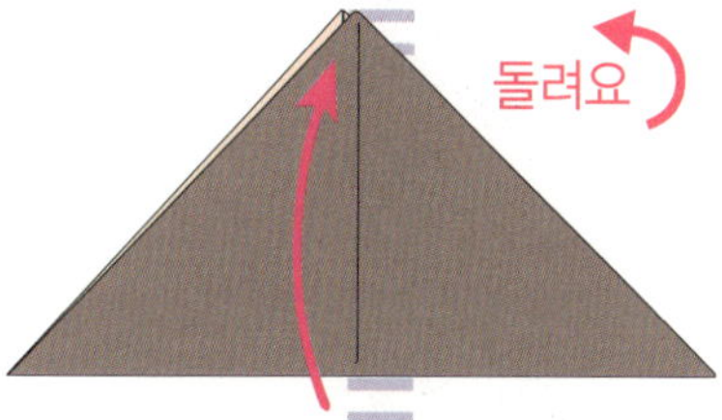

4 3번 점선대로 반을
접은 뒤 돌려요.

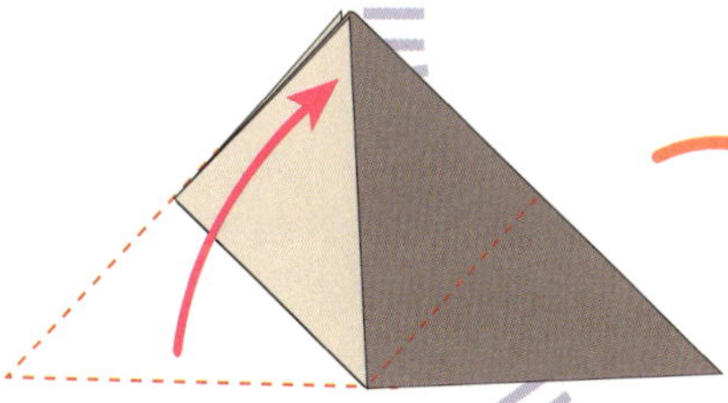

돌려요

5 중심에 맞춰
위로 접어 올려요.

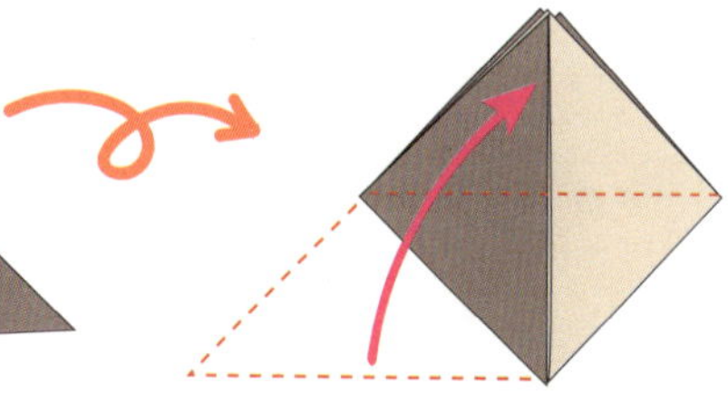

6 뒤집어서 똑같이
접어 올려요.

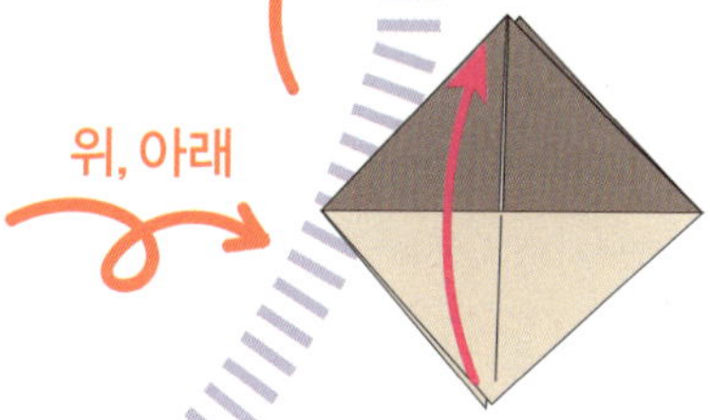

위, 아래

7 위. 아래 뒤집은 뒤
화살표대로 한 겹을
접어 올려요.

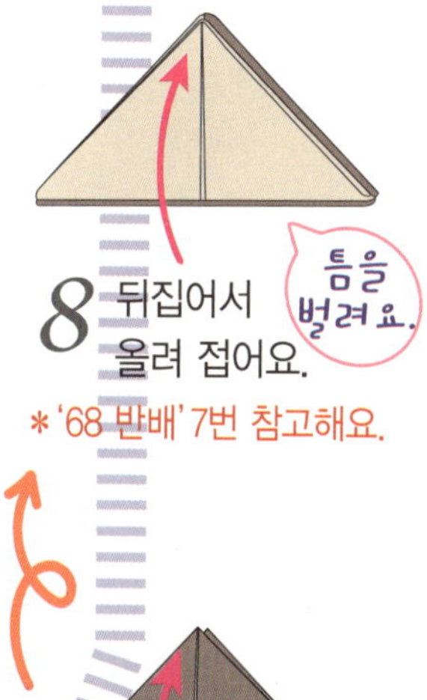

8 뒤집어서
올려 접어요.

틈을
벌려요.

* '68 반배' 7번 참고해요.

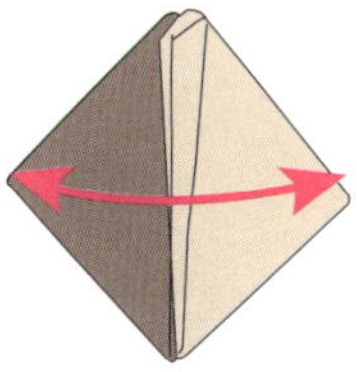

9 8번에서 틈을 벌려
반대 방향(세로)으로
접어요.

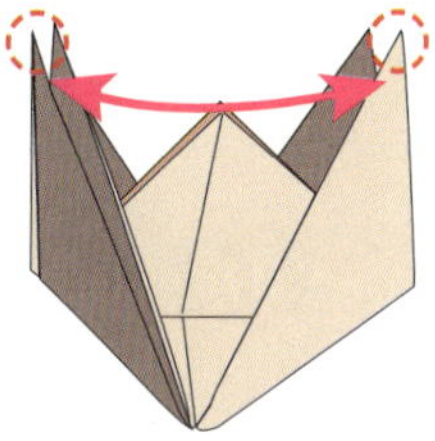

10 양쪽 끝(점선 원)을 잡고
화살표대로 벌려요.

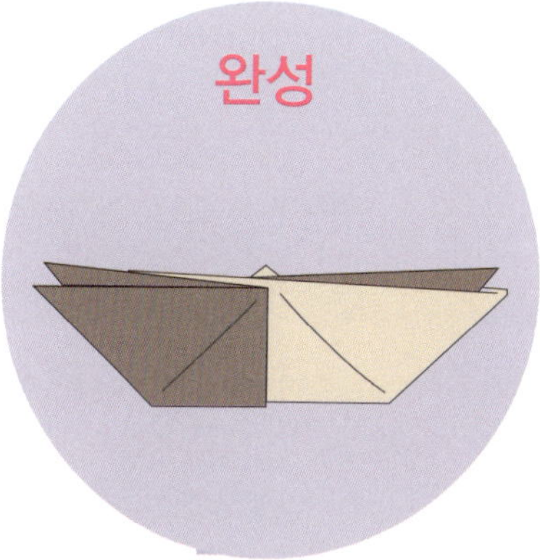

완성

11 모양을 다듬어요.

143

무늬배는 앞, 뒤 색상이 반대로
나누어져 있어요.

정사각형

완성

*68 반배, 1번까지 접어요.

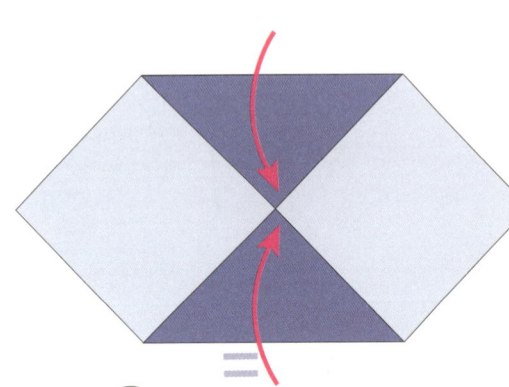

2 화살표대로 좌우를 접어요.

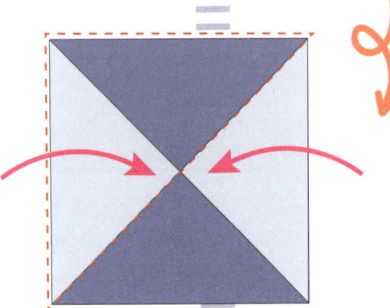

3 뒤집은 뒤 좌우
두 면을 접어요.

돌려요

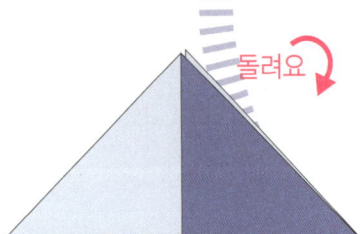

4 **3**번 점선대로 반을
접은 뒤 돌려요.

5 화살표대로 위로
올려 접어요.

6 뒤집어서 똑같이
올려 접어요.

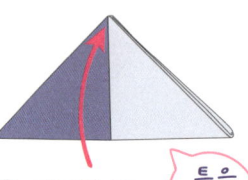

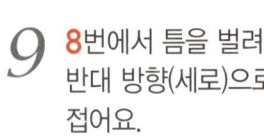

8 뒤집은 뒤
접어 올려요.
밑부분에 틈이 있어요.

틈을
벌려요.

먼저 위로 한 겹
올려 접은 뒤
뒷면도 올려 접어요.

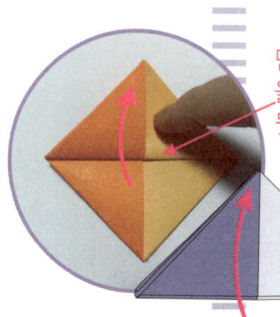

7 위, 아래 뒤집은 뒤
반을 중심으로 앞, 뒤로
올려 접어요.
(반대편도 똑같이 접어요.)

틈을
벌려요.

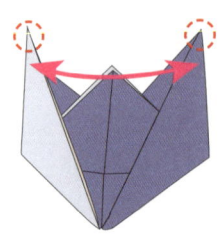

10 양쪽 끝(점선 원)을 잡고
화살표대로 벌려요.

11 모양을 다듬어요.

9 **8**번에서 틈을 벌려
반대 방향(세로)으로
접어요.

71 쌍배

색종이 반 장으로 두 개의 배가 붙어있는
쌍배를 접어요. 포인트 되는 부분을 잘
확인하고 접어요.

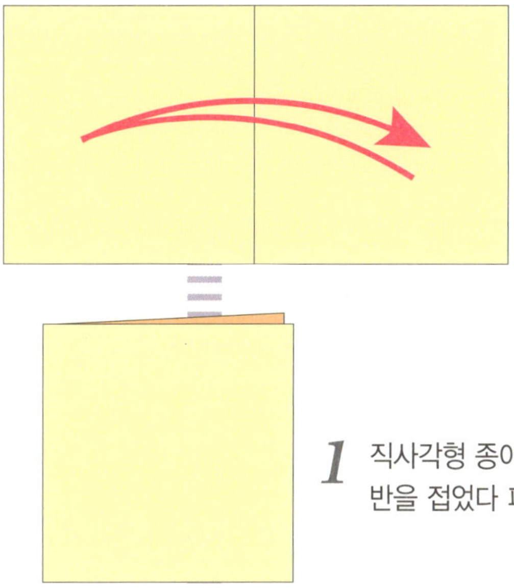

직사각형

1 직사각형 종이로
반을 접었다 펴요.

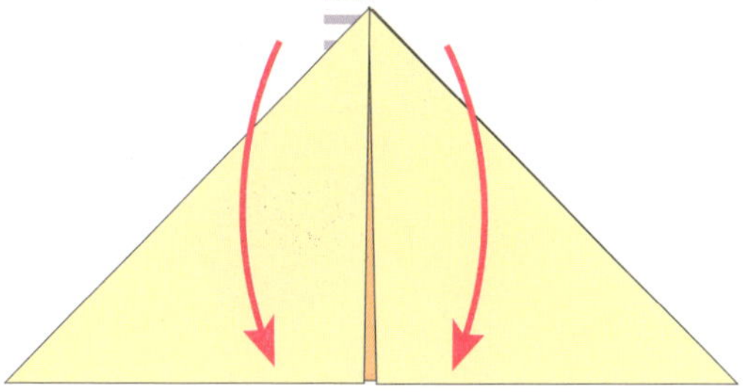

2 펼친 뒤 세모를 접어요.

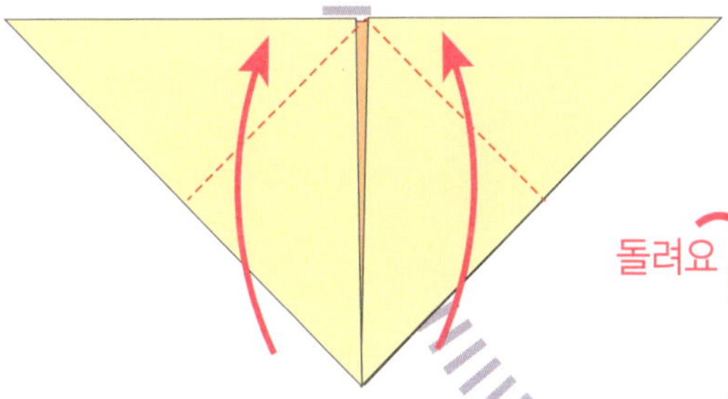

3 편 뒤 위로 세모를 접어요.

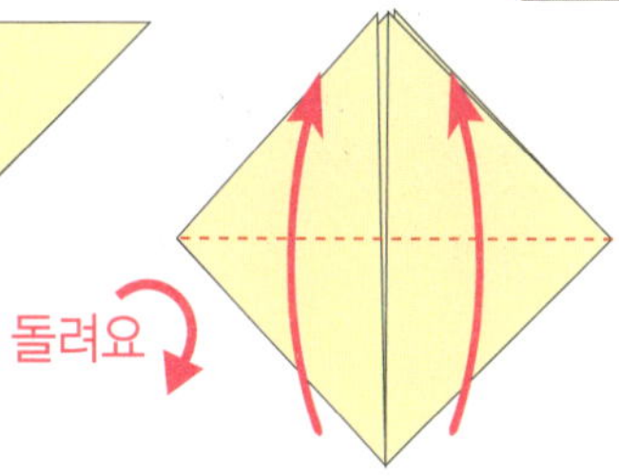

돌려요

4 180도 돌린 뒤
좌우 올려 접어요.

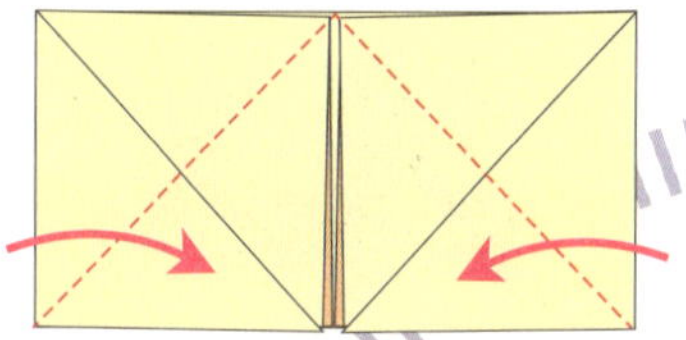

7 다시 **5**번 상태에서 좌우
끝을 사선에 맞춰 안으로
접어요.

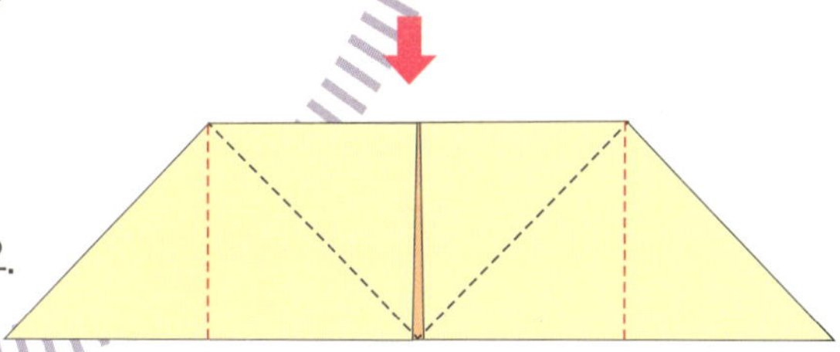

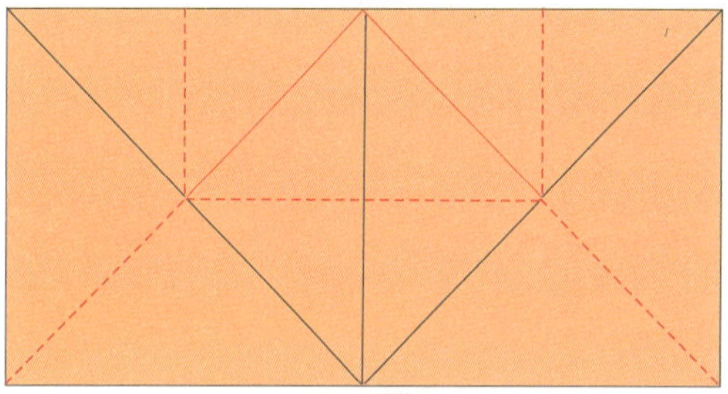

6 펼치면 접은 선이 나타나요.

Point

5 편 뒤 좌우를 벌린 채 윗면 꼭지 면을
아래 중심에 맞춰 접어 내리며
좌우 면을 펴서 사진처럼 접어요.

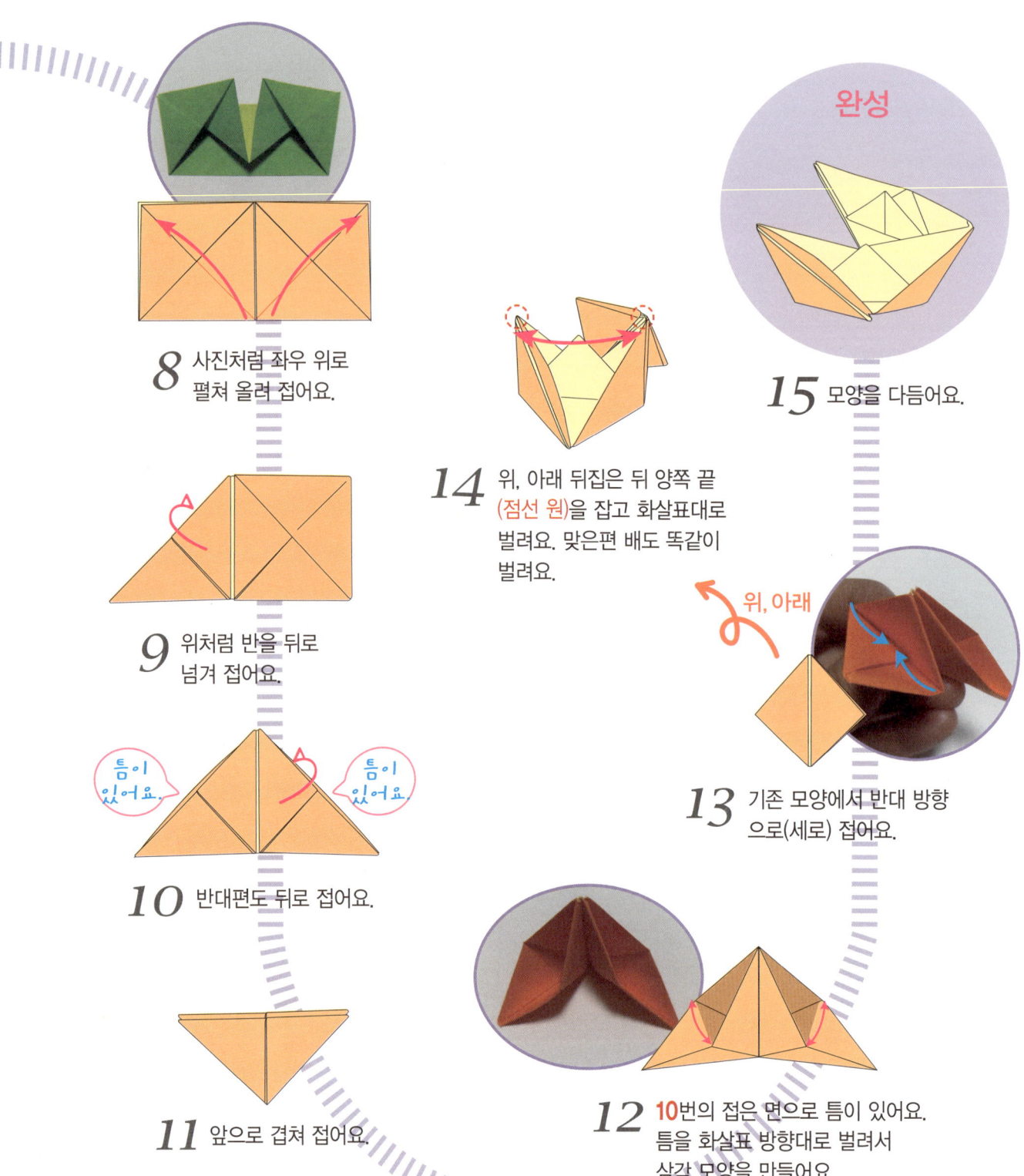

8 사진처럼 좌우 위로 펼쳐 올려 접어요.

9 위처럼 반을 뒤로 넘겨 접어요.

틈이 있어요. 틈이 있어요.

10 반대편도 뒤로 접어요.

11 앞으로 겹쳐 접어요.

완성

15 모양을 다듬어요.

14 위, 아래 뒤집은 뒤 양쪽 끝 (점선 원)을 잡고 화살표대로 벌려요. 맞은편 배도 똑같이 벌려요.

위, 아래

13 기존 모양에서 반대 방향 으로(세로) 접어요.

12 **10**번의 접은 면으로 틈이 있어요. 틈을 화살표 방향대로 벌려서 삼각 모양을 만들어요.

72 반쌍배

각각 반대로 접혀있어 반쌍배예요.
배 하나는 위로, 또 한 배는 아래로 보고 있어
특이한 배 모양이에요.

직사각형

＊기 쌍배, 1번까지 접어요.

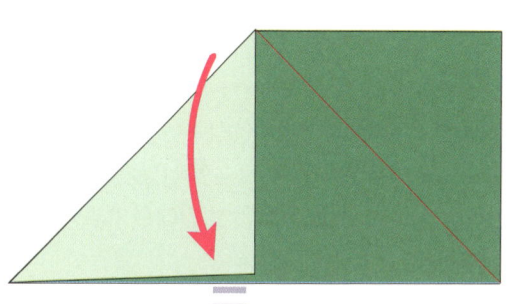

2 편 뒤 한쪽 면을 아래로
접어 내려요.

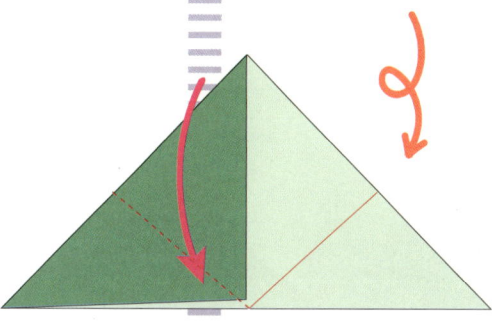

3 뒤집은 뒤 내려 접어요.

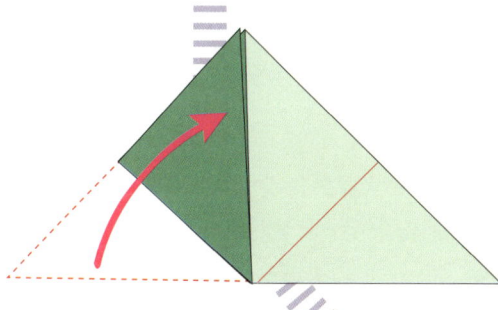

4 화살표대로 위로
올려 접어요.

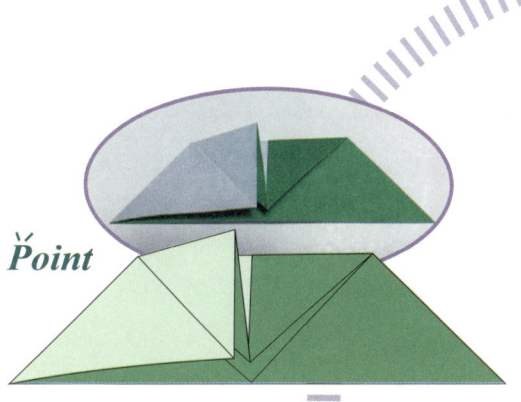

Point

7 연한 면을 밖으로 꺼내서
펴서 접어요.

＊'71 쌍배' 5번 접는 법 참고해요.

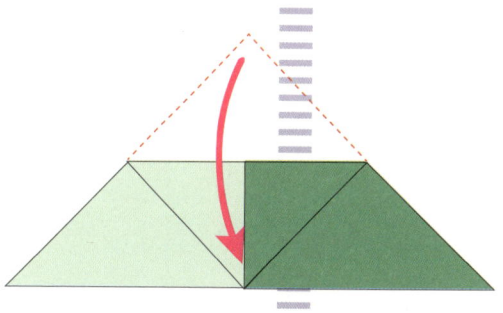

6 다시 펼친 뒤 삼각형 꼭지 면을
아래 끝 선까지 접어 내려요.

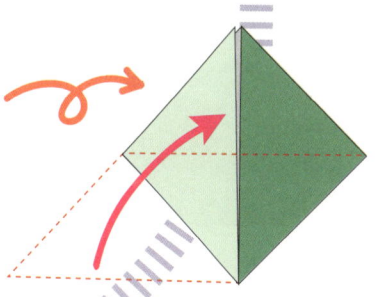

5 뒤집어서 올려 접어요.

72

반쌍배

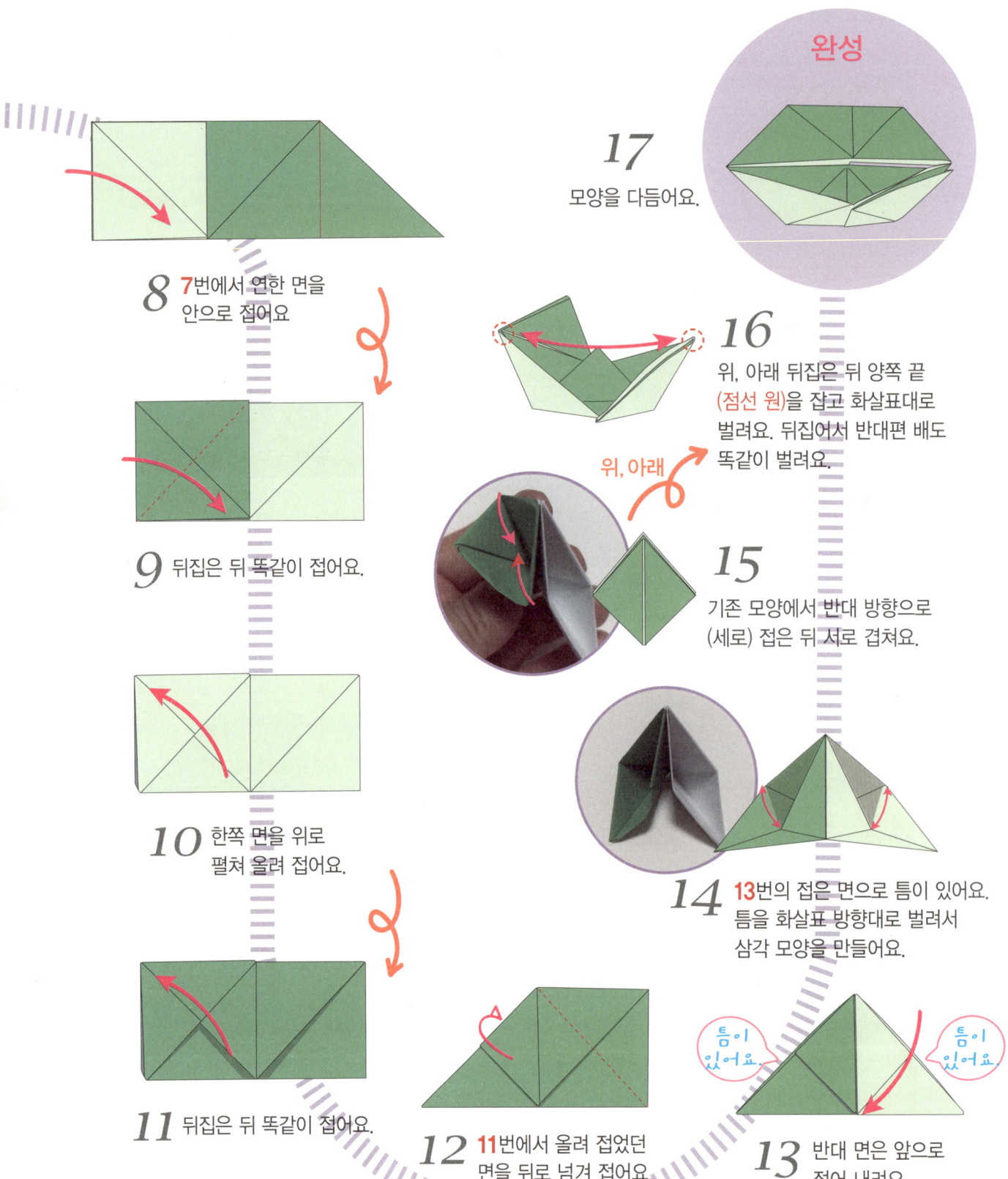

완성

17 모양을 다듬어요.

8 **7**번에서 연한 면을 안으로 접어요

9 뒤집은 뒤 똑같이 접어요.

10 한쪽 면을 위로 펼쳐 올려 접어요.

11 뒤집은 뒤 똑같이 접어요.

12 **11**번에서 올려 접었던 면을 뒤로 넘겨 접어요.

13 반대 면은 앞으로 접어 내려요.

틈이 있어요

틈이 있어요

16 위, 아래 뒤집은 뒤 양쪽 끝 (점선 원)을 잡고 화살표대로 벌려요. 뒤집어서 반대편 배도 똑같이 벌려요.

위, 아래

15 기존 모양에서 반대 방향으로 (세로) 접은 뒤 서로 겹쳐요.

14 **13**번의 접은 면으로 틈이 있어요. 틈을 화살표 방향대로 벌려서 삼각 모양을 만들어요.

6 part

바람을 넣어 통통하게

풍선 접기

73

반풍선

접는 과정이 어렵진 않지만
쉬운 접기에 비해 다시 접어보고 싶은
풍선이에요.

정사각형

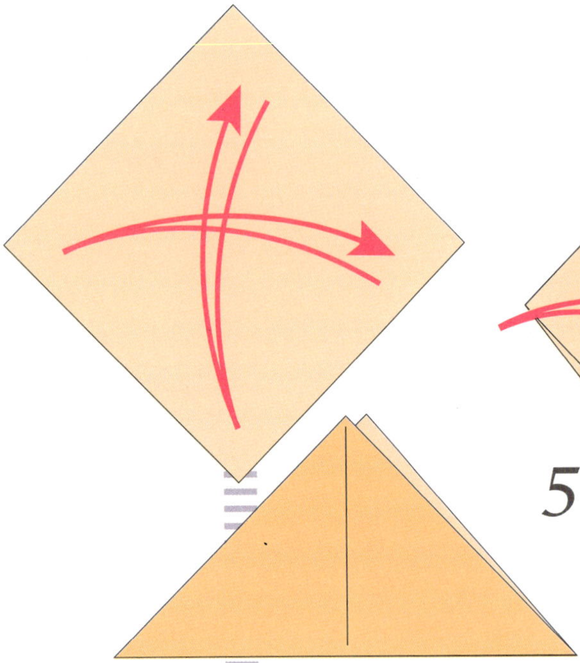

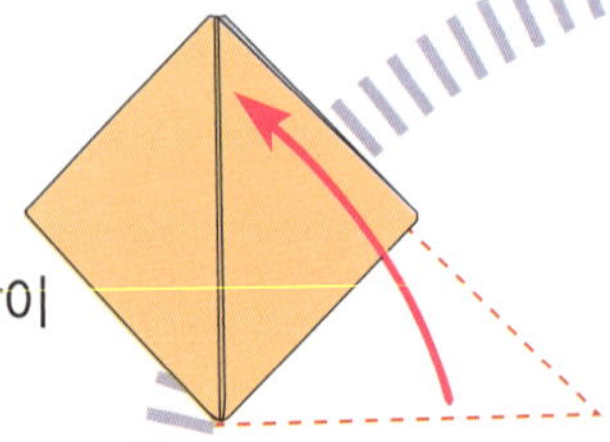

7 반대편도 똑같이
접어 올려요.

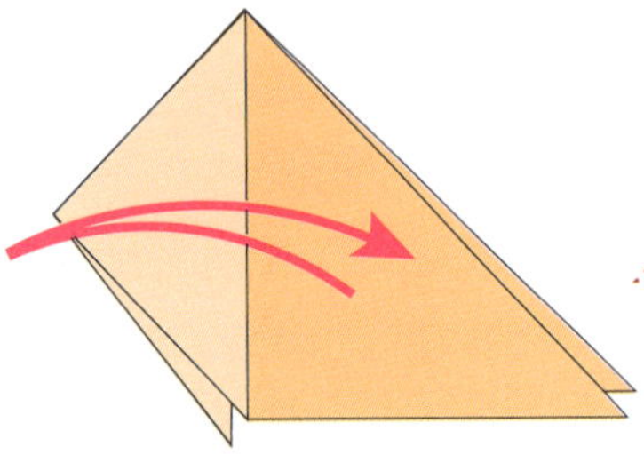

5 뒤집어서 한 쪽으로 넘겨
접는 선을 만들어요.

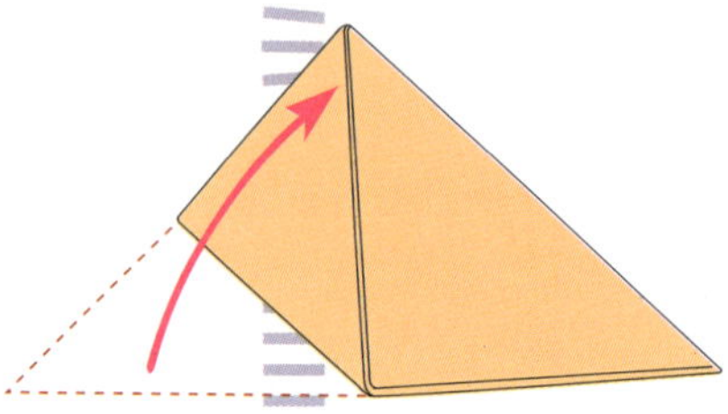

6 다시 옆으로 넘긴 후
접은 선에 맞춰 위로
올려 접어요.

뒤에서
앞으로 접기

1 정사각형 종이로 가로, 세로
반을 접었다 펴요.

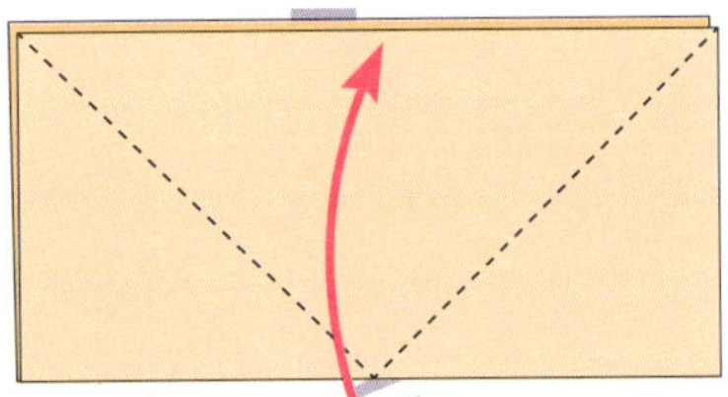

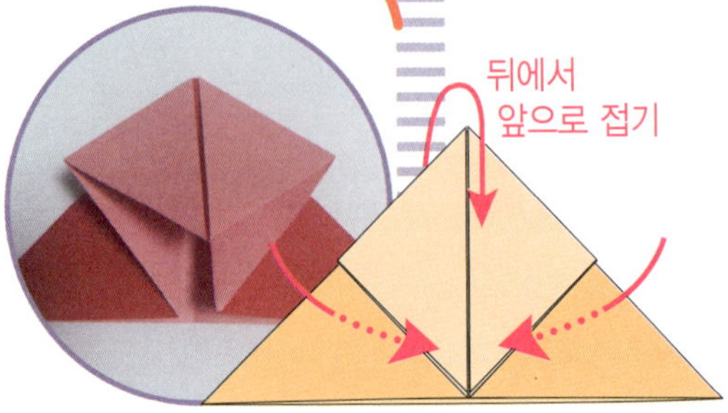

4 뒤집은 뒤 윗면을 접어 내리며
옆면을 안으로 접어요.

2 다시 펼친 뒤 뒤집어서
반을 접어요.

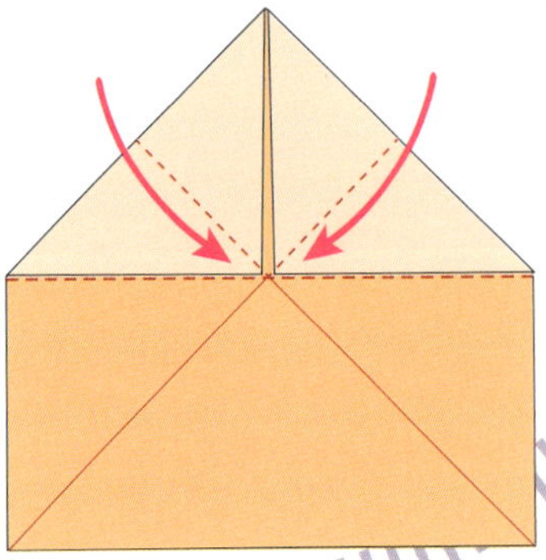

3 펼친 뒤 윗면을 중심에
맞춰 안으로 접어요.

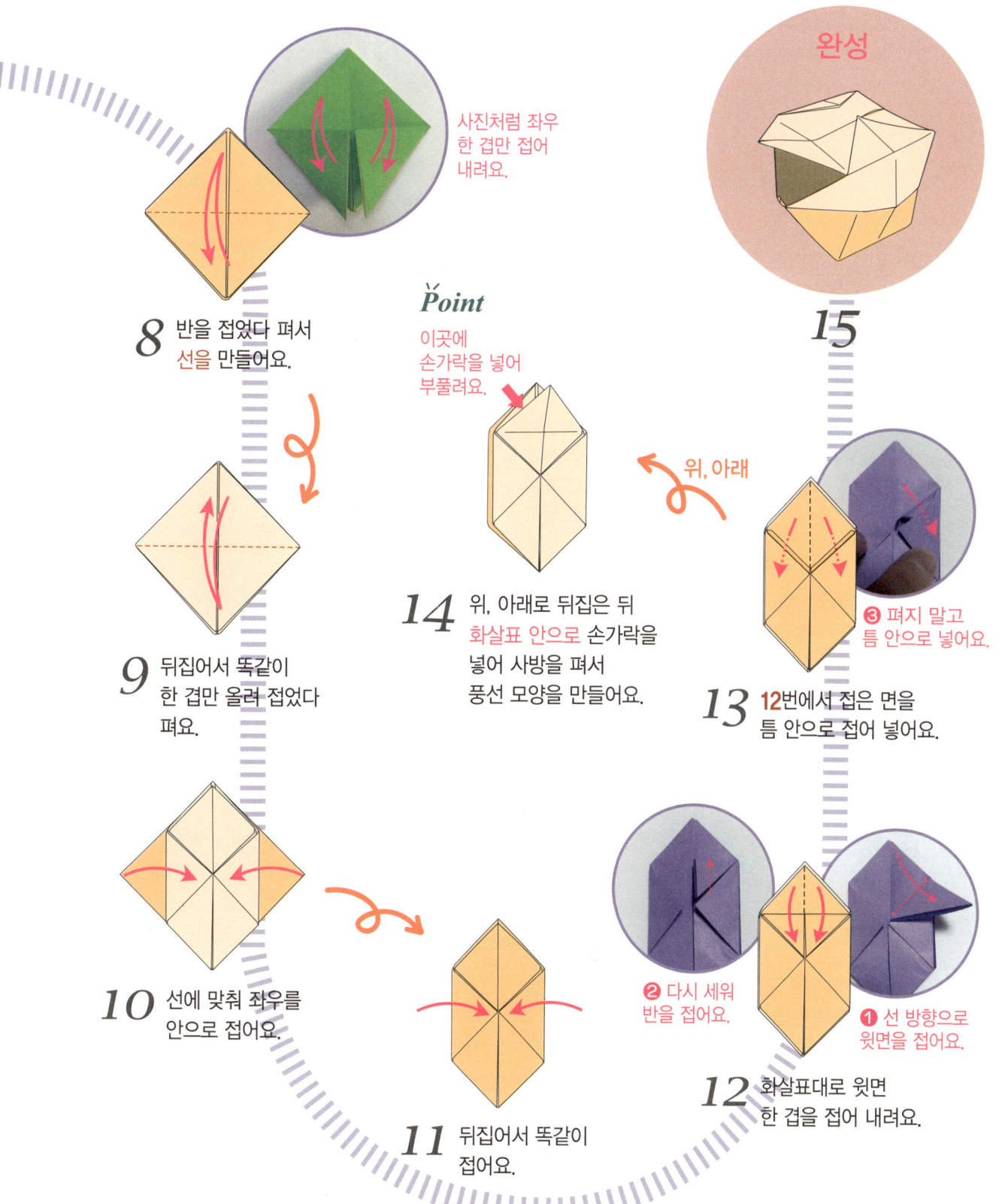

완성

사진처럼 좌우
한 겹만 접어
내려요.

8 반을 접었다 펴서
선을 만들어요.

Point
이곳에
손가락을 넣어
부풀려요.

15

위, 아래

14 위, 아래로 뒤집은 뒤
화살표 안으로 손가락을
넣어 사방을 펴서
풍선 모양을 만들어요.

❸ 펴지 말고
틈 안으로 넣어요.

9 뒤집어서 똑같이
한 겹만 올려 접었다
펴요.

13 12번에서 접은 면을
틈 안으로 접어 넣어요.

10 선에 맞춰 좌우를
안으로 접어요.

❷ 다시 세워
반을 접어요.

❶ 선 방향으로
윗면을 접어요.

11 뒤집어서 똑같이
접어요.

12 화살표대로 윗면
한 겹을 접어 내려요.

74
반풍선2

★★★☆☆

왜 풍선일까? 생각하지만 부풀리는 순간
전혀 다른 모양의 풍선이 돼요.

정사각형

완성

*73 반풍선, 2번까지 접어요.

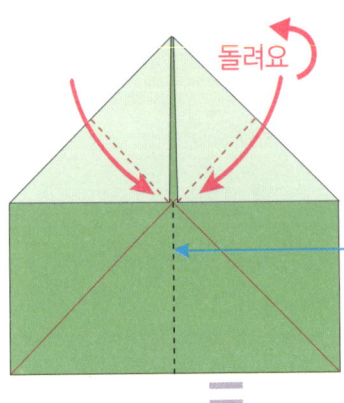

돌려요

'73 반풍선'과
다르게 돌려서
접어요.

3 펼쳐서 돌린 뒤 윗면을
중심에 맞춰 안으로 접어요.

돌려요

4 돌려서 중심 선에 맞춰
반을 접으면서 중심을
안으로 접어 넣어요.

5 반대편도 똑같이 중심을
안으로 접어 넣어요.

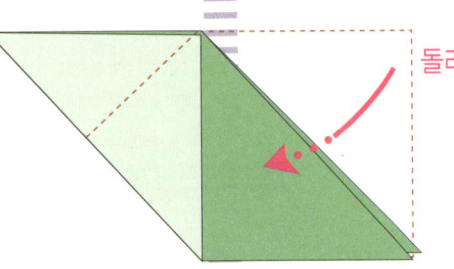

6 중심에 맞춰 한쪽 면을
올려 접어요.

7 뒤집은 뒤 똑같이
올려 접어요.

Point

13 옆으로 한 겹 넘긴 후
화살표 방향으로
손가락을 넣어 펴면서
부풀려요.

이곳에 손가락을
넣어 부풀려요.

11 사진처럼 한 겹 접어 내려
틈 안으로 접어 넣어요.

* 단계별 접는 법은 '73 반풍선'
12, 13번 참고해요.

14

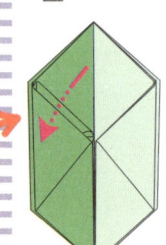

12 뒤집어서 똑같이
틈 안으로 넣어요.

확대

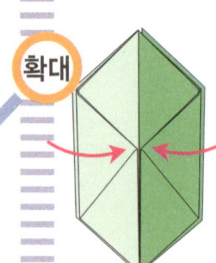

10 뒤집은 뒤
똑같이 접어요.

8 앞, 뒤 반을 접었다
펴서 선을 만들어요.

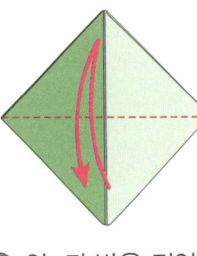

9 중심 선에 맞춰
좌우를 안으로 접어요.

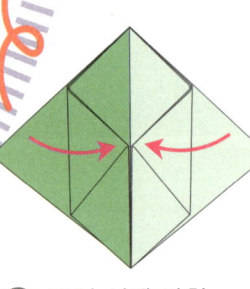

75
무늬풍선

세로로 반반씩 다른 색상으로 나누어진
깔끔한 매력의 풍선이에요.

정사각형

**73 반풍선, 1번까지 접어요.

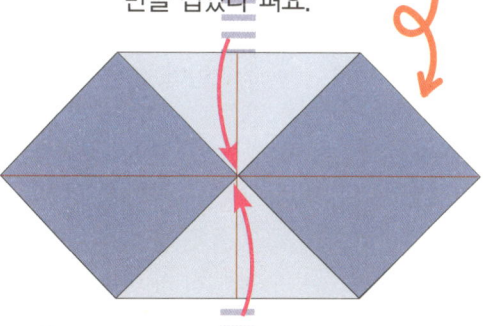

2 다시 펼친 뒤 가로, 세로
반을 접었다 펴요.

3 편 뒤 뒤집어요. 위, 아래 모서리를
안으로 접은 뒤 선대로 접어요.

Point

옆으로
밀어
접어요.

중심에 맞춰 접어요.

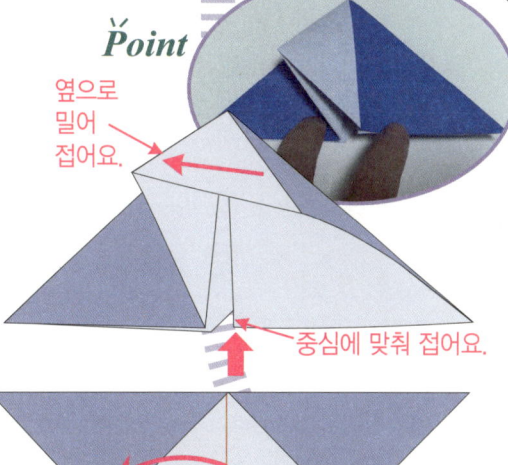

4 3번에서 반을 접은 뒤 사진처럼
옆으로 반을 밀면서 접어요.
(반대 편과 동시에 접어요.)

손가락을 넣어
부풀려요.

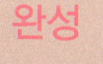

돌려요

12 180도 돌린 뒤 표시
부분에 손가락을
넣어 펴줘요.

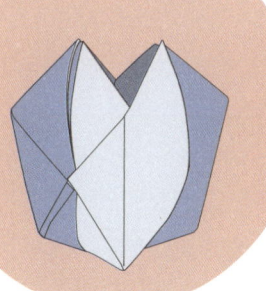

11 틈 안에 집어 넣어요.
(뒤쪽도 똑같이 접어요.)
* '73 반풍선' 12,13번 참고해요.

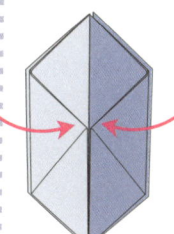

10 윗면의 한 겹을 접어
내려요. (뒤쪽도 접어요.)

확대

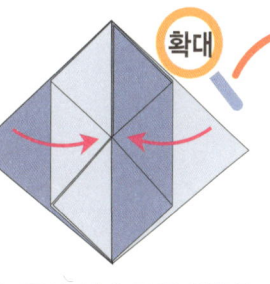

8 중심 선에 맞춰 양쪽을
안으로 접어요.

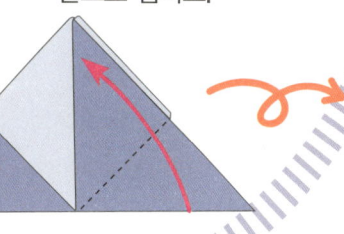

5 화살표 방향대로
위로 올려 접어요.

완성

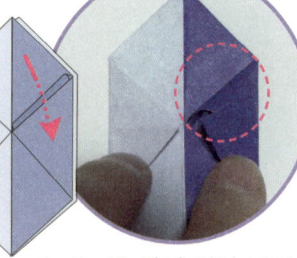

13

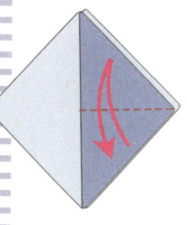

9 뒤집은 뒤
똑같이 접어요.

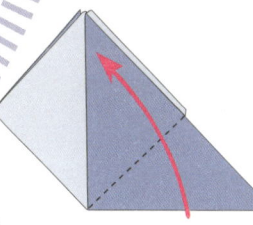

7 중심 선대로 한 겹만
반을 접어요. (모두 접으면
종이 두께로 모양이 틀어져요.)
뒷면도 똑같이 접어요.

6 뒤집은 뒤 올려 접어요.

153

76

쌍풍선

모두 접은 뒤 입에 대고 후~ 하고 불어보세요.
통통하고 귀여운 풍선이 만들어져요.

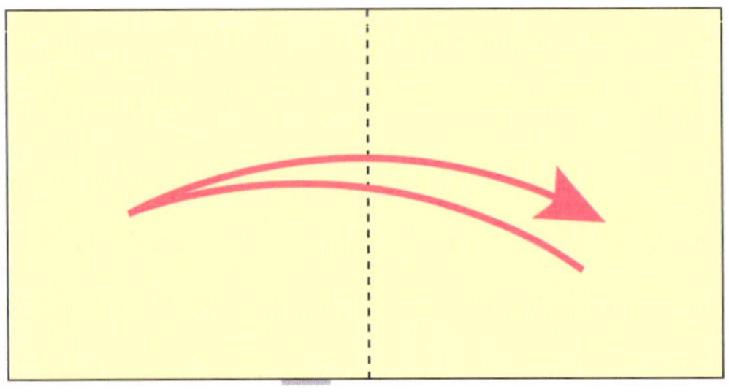

직사각형

Point

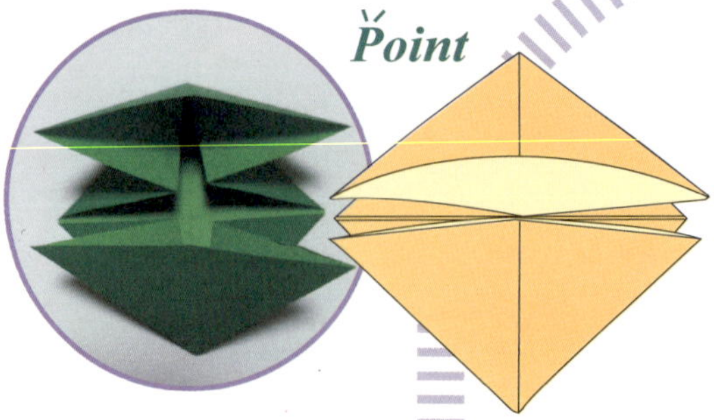

7 반을 중심으로 **6**번 접은
  선대로 접어요.

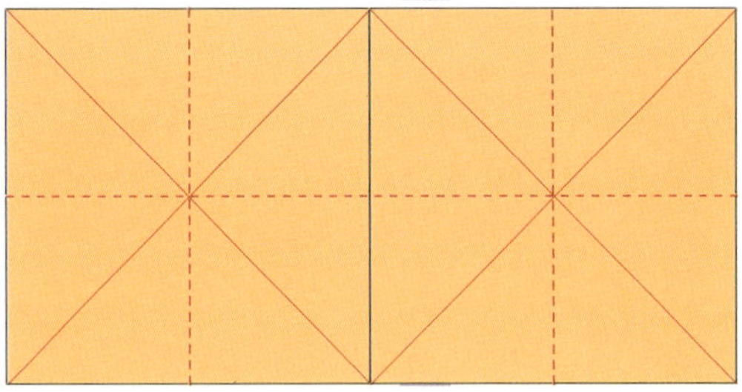

6 펼치면 접은 선이 생겼어요.

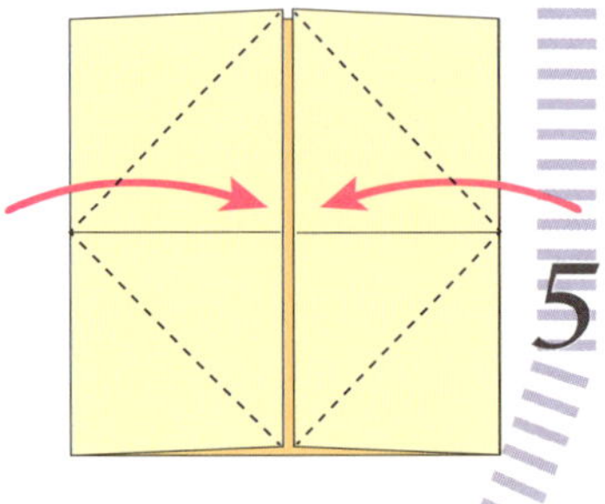

5 펼친 후
  대문접기를 해요.

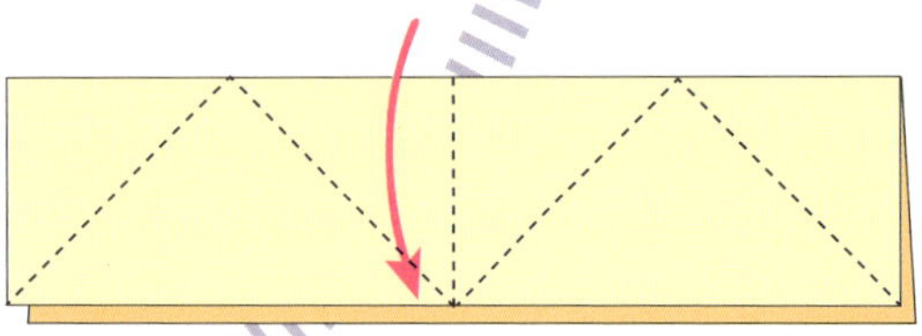

4 편 뒤 뒤집어서 길게 반을 접어요.

1 직사각형 종이로
  반을 접었다 펴요.

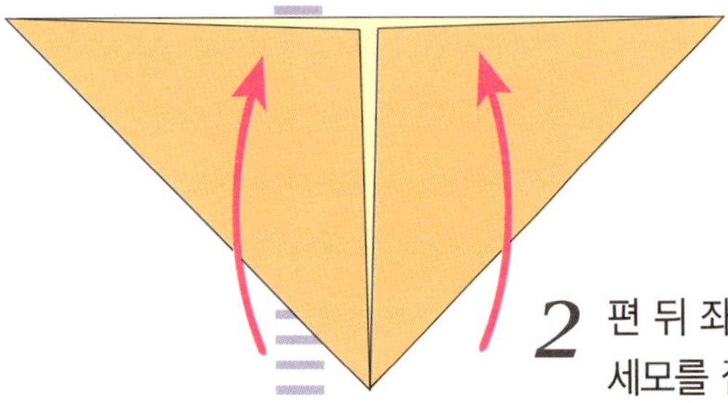

2 편 뒤 좌우
  세모를 접어요.

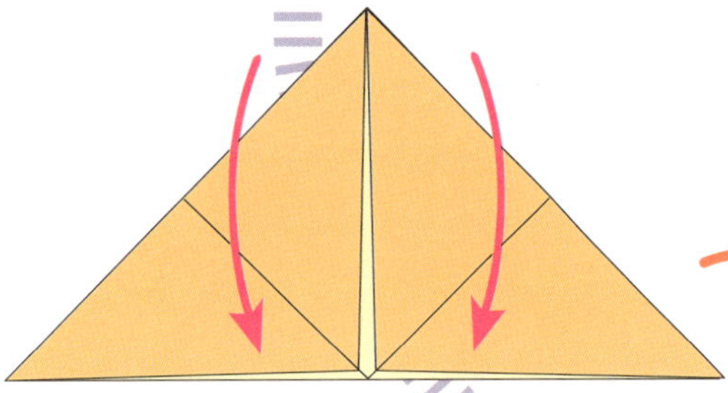

3 편 뒤 위에서 아래로 접어요.
  (뒤집지 않아요.)

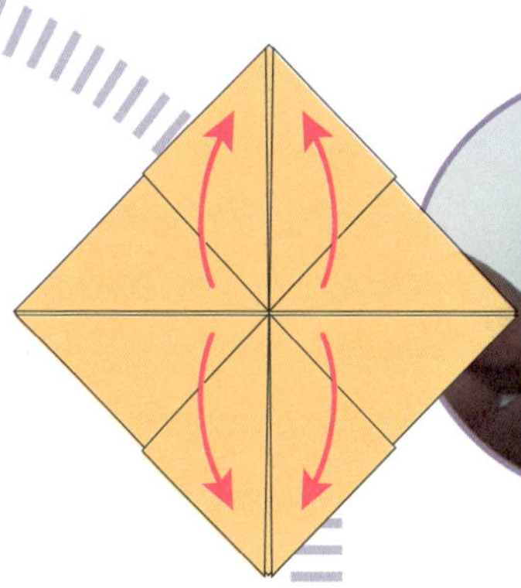

완성

16

15
모두 접은 **14**번 상태에서
아랫면 중심을 입으로
불면 풍선처럼 부풀어
올라요.

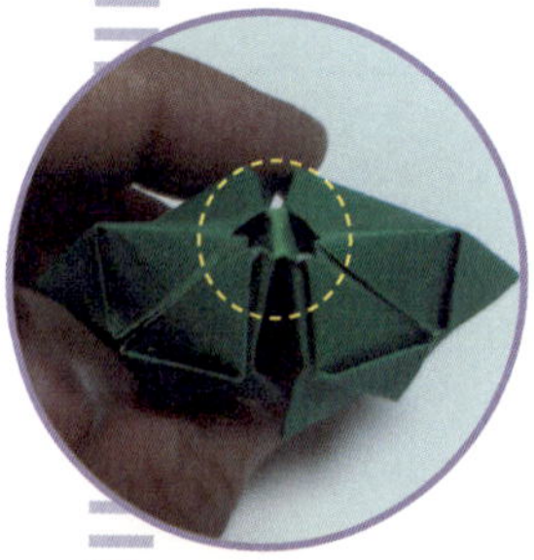

8 화살표대로 네 곳을
접어요. 그리고 좌우
옆면을 안으로 접어요.

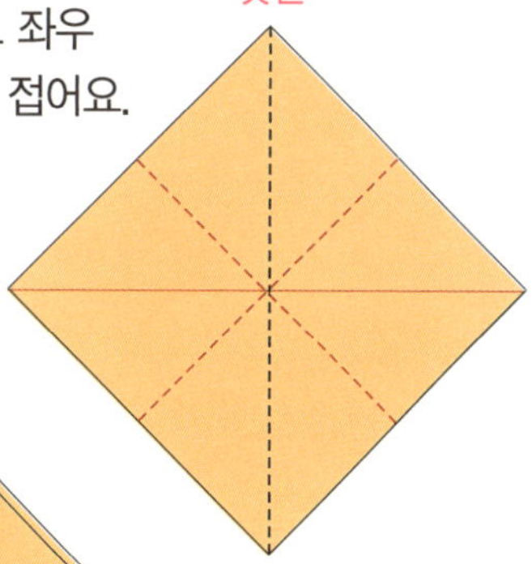

뒷면

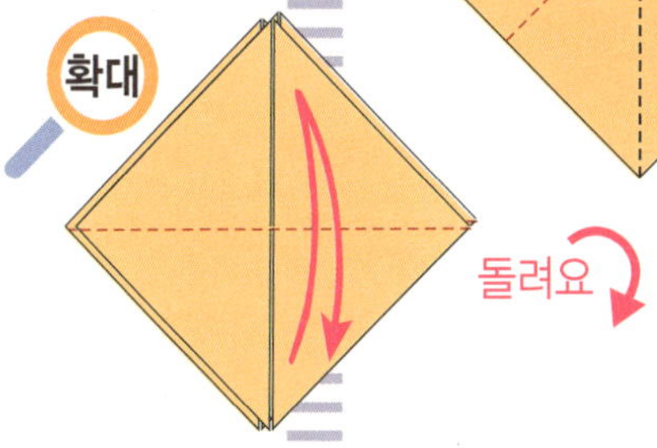

확대

돌려요

9 겹쳐 접어요. 그리고 180도
돌린 뒤 한 겹만 내려 접었다
펴요. (반대편도 똑같이 접어요.)

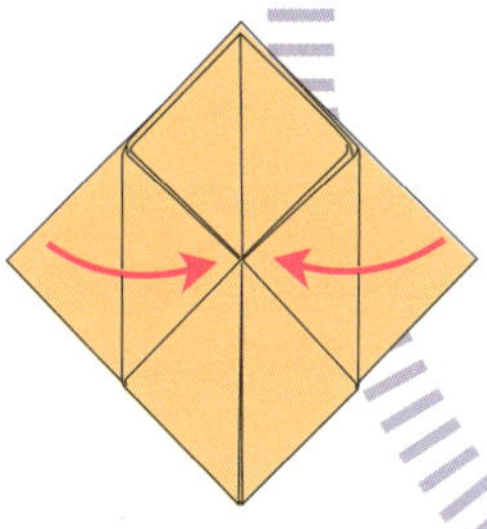

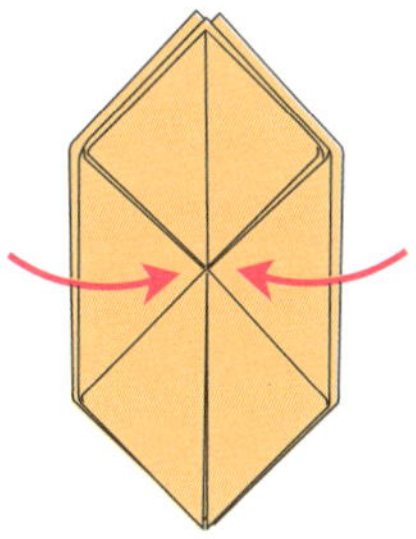

14 중심 선에 맞춰 좌우
안으로 접어요.
(뒤쪽도 똑같이 접어요.)

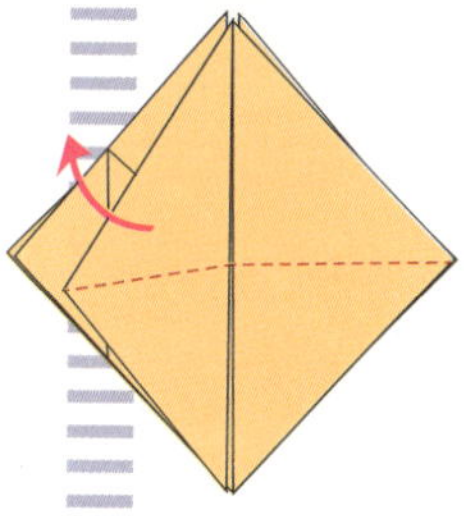

13 두 겹을 옆으로 넘긴 뒤
접었다 편 선을 만들어요.
(뒤쪽도 똑같이 접어요.)

10 중심 선에 맞춰 좌우
안으로 접어요.
(뒤쪽도 똑같이 접어요.)

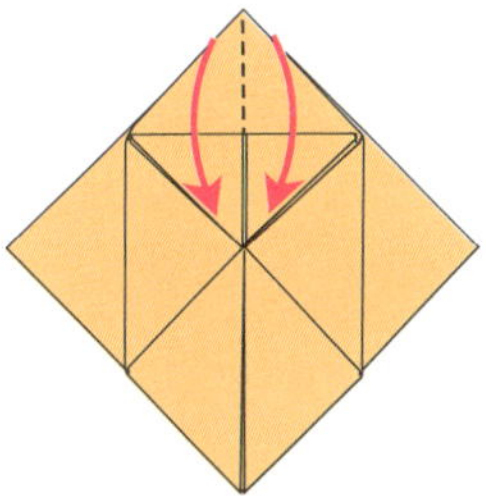

11 화살표대로 윗면을
한 겹씩 접어 내려요.
(뒤쪽도 똑같이 접어요.)

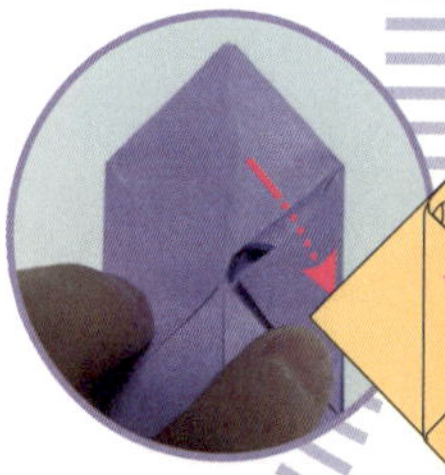

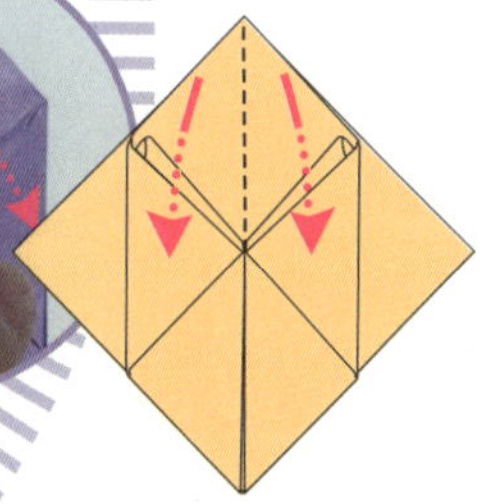

12 틈 안에 집어 넣어요.
(뒤쪽도 똑같이 접어요.)
* 단계별 접는 법은 '73 반풍선'
12, 13번 참고해요.

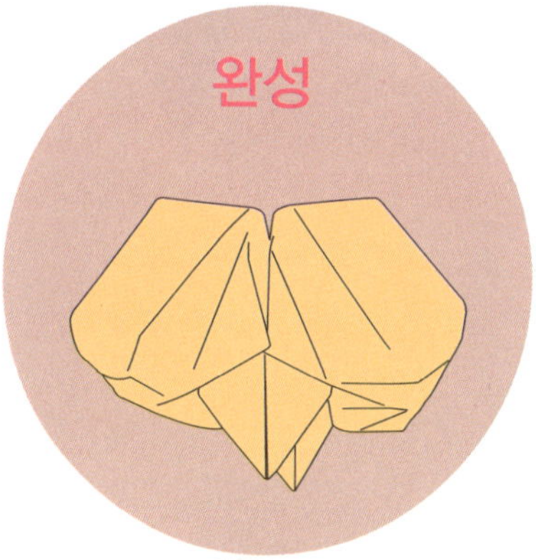

77

반쌍풍선

마치 두 개의 풍선을 붙여 놓은 것 같지만 색종이 반으로 두 가지 풍선 느낌을 만들 수 있어요.

직사각형

*76 쌍풍선, 1번까지 접어요.

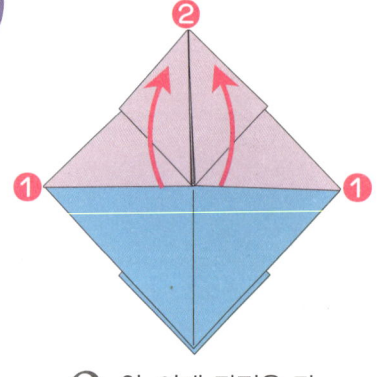

2
① ① ①

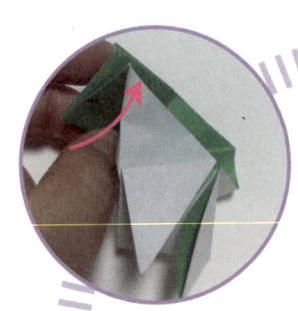

10 9번의 ① 을 ② 에 맞춰 덮어 접어요. 좌우 똑같이 접어요.

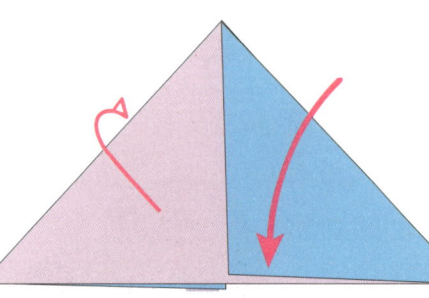

2 편 뒤 서로 반대 방향으로 세모를 접어요.

9 위, 아래 뒤집은 뒤 좌우 올려 접어요.

돌려요

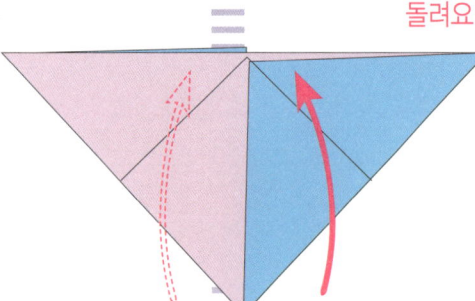

돌려요

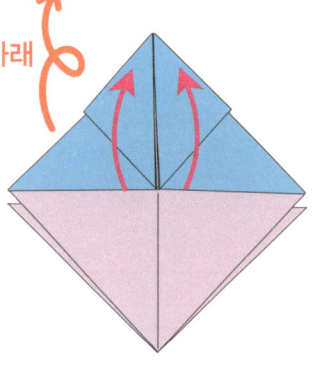

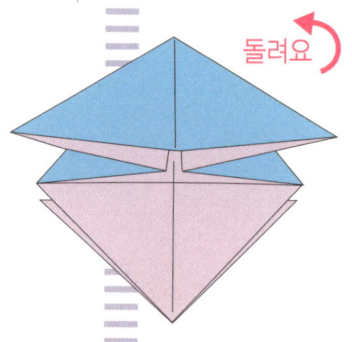

돌려요

8 화살표대로 좌우를 올려 접어요.

7 돌려요. '76 쌍풍선' 7번과 접는 방법은 같아요. 단, 연한 면은 반대로 접어요.

3 다시 편 뒤 앞, 뒤 위로 세모를 접어요.

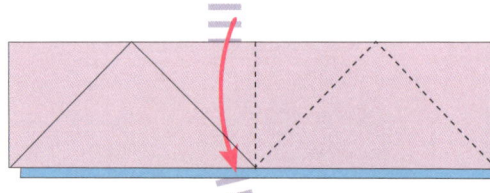

위, 아래

4 편 뒤 길게 반으로 접어요. (그림에 표시된 안과 밖의 선이 맞는지 확인해요.)

위, 아래

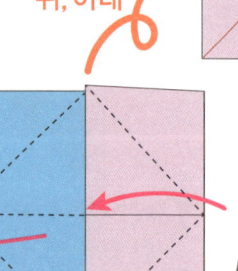

6 펼친 뒤 위, 아래 뒤집으면 접은 선이 생겼어요.

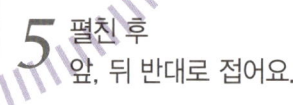

5 펼친 후 앞, 뒤 반대로 접어요.

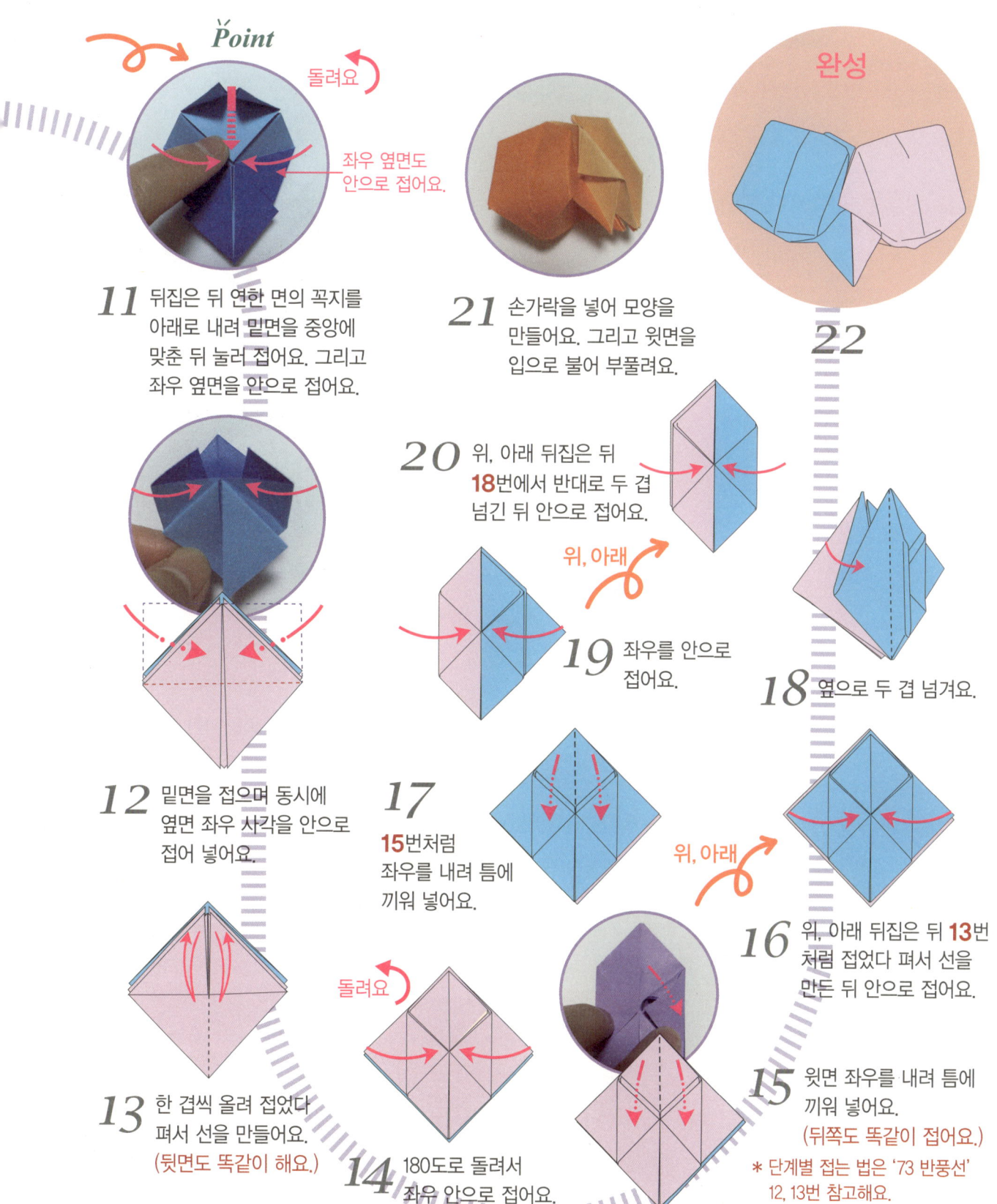

Point

돌려요

좌우 옆면도
안으로 접어요.

완성

11 뒤집은 뒤 연한 면의 꼭지를
아래로 내려 밑면을 중앙에
맞춘 뒤 눌러 접어요. 그리고
좌우 옆면을 안으로 접어요.

21 손가락을 넣어 모양을
만들어요. 그리고 윗면을
입으로 불어 부풀려요.

22

20 위, 아래 뒤집은 뒤
18번에서 반대로 두 겹
넘긴 뒤 안으로 접어요.

위, 아래

19 좌우를 안으로
접어요.

18 옆으로 두 겹 넘겨요.

12 밑면을 접으며 동시에
옆면 좌우 사각을 안으로
접어 넣어요.

17
15번처럼
좌우를 내려 틈에
끼워 넣어요.

위, 아래

16 위, 아래 뒤집은 뒤 **13**번
처럼 접었다 펴서 선을
만든 뒤 안으로 접어요.

돌려요

13 한 겹씩 올려 접었다
펴서 선을 만들어요.
(뒷면도 똑같이 해요.)

14 180도로 돌려서
좌우 안으로 접어요.

15 윗면 좌우를 내려 틈에
끼워 넣어요.
(뒤쪽도 똑같이 접어요.)

* 단계별 접는 법은 '73 반풍선'
12, 13번 참고해요.

직사각형

78
쌍반풍선

마지막까지 접어도 어떤 모양이 될지 상상이
안되지만, 손을 넣어 좌우로 부풀리면 예상치
못한 통통하고 귀여운 풍선 모양이 돼요.

✱76 쌍풍선, 3번까지 접어요.

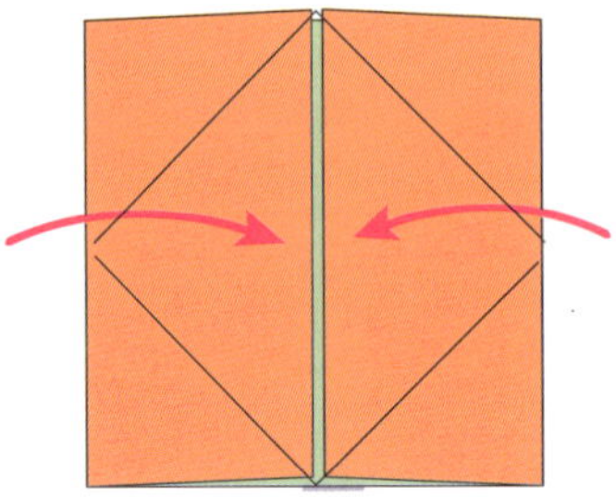

❷ 보이는 선대로
안과 밖으로 접어요.

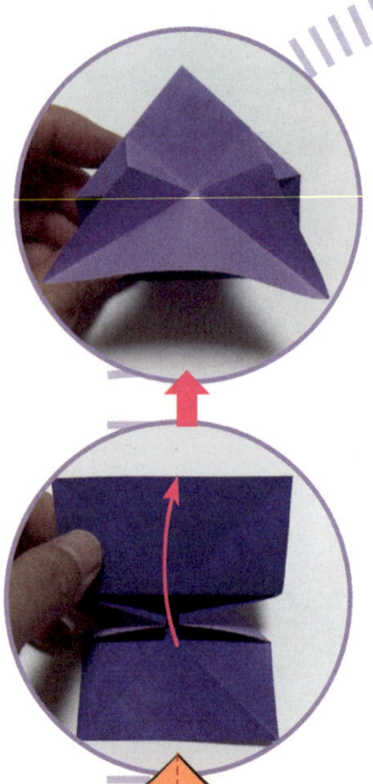

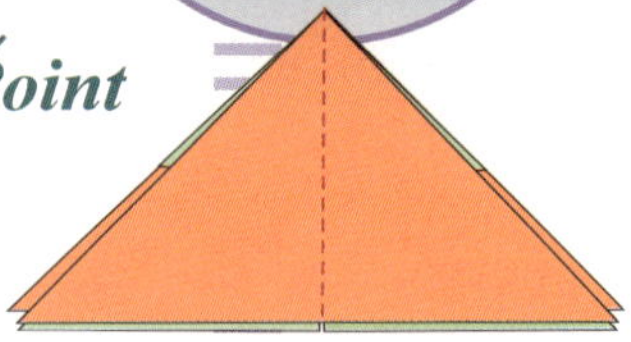

❶ 7번에서 위로
들어 올려요.

Point

4 펼친 후
대문접기를 해요.

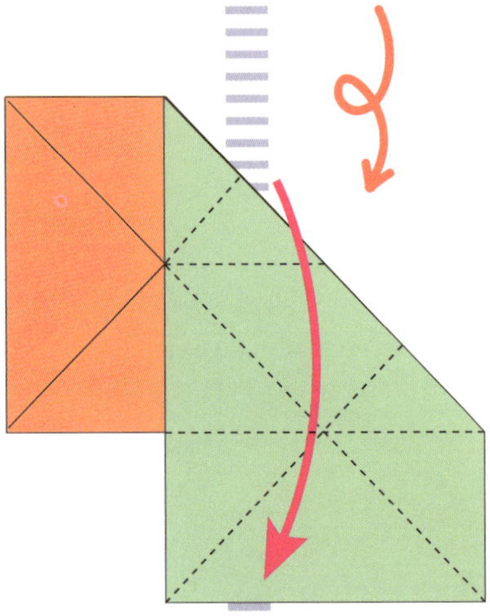

돌려요

8 7번부터 위의 사진 순서대로
따라 접어요. 그리고 중심을
접어요. (뒷면도 똑같이 접어요.)

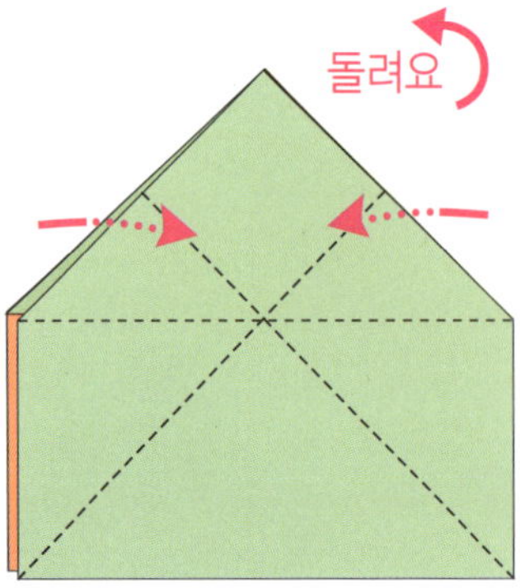

7 돌린 뒤 6번 접은 선대로
접어요.

5 편 뒤 뒤집어요. 그리고
선에 맞춰 접어 내려요.
(좌우 똑같이 접어요.)

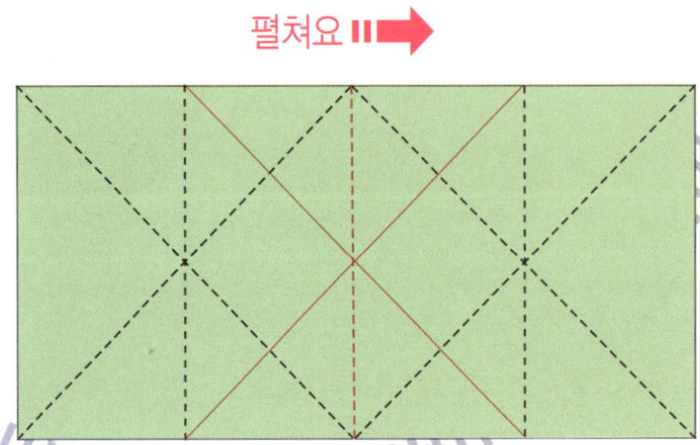

펼쳐요

6 펼치면 접은 선이
생겼어요.

완성

좌우 손가락을 넣어
모양을 부풀려요.

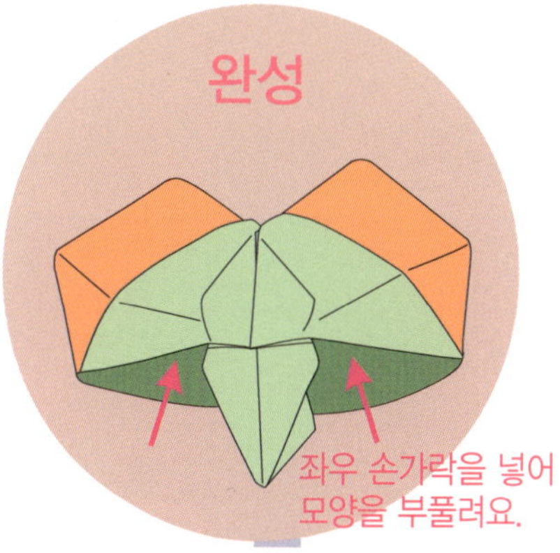

13 밑부분에 손가락을 넣어
부풀려 모양을 만들어요.

❸ 접은 모양

❹ 뒷면까지 접으면
위와 같은 모양이 돼요.

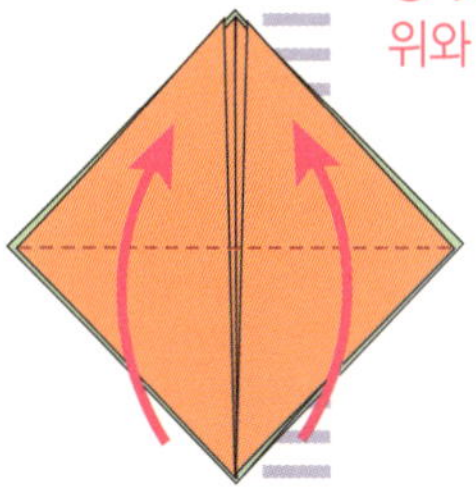

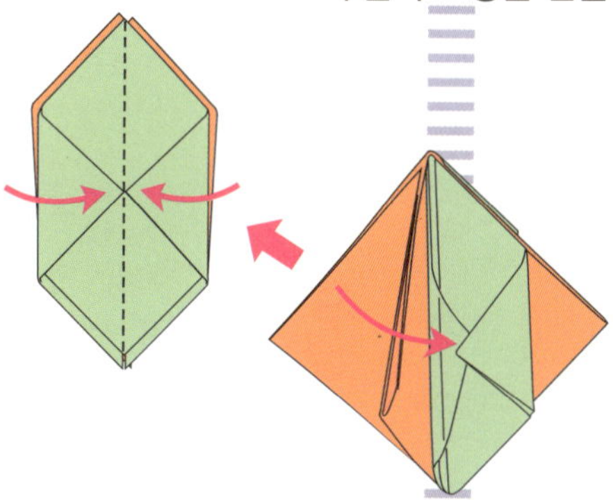

12 옆으로 두 겹 넘긴 뒤
똑같이 안으로 접어요.
(뒷면도 똑같이 접어요.)

9 좌우 끝면을 올려 접어요.
중심을 한 겹만 올려
접었다 편 선을 만들어요.
(뒷면도 똑같이 접어요.)

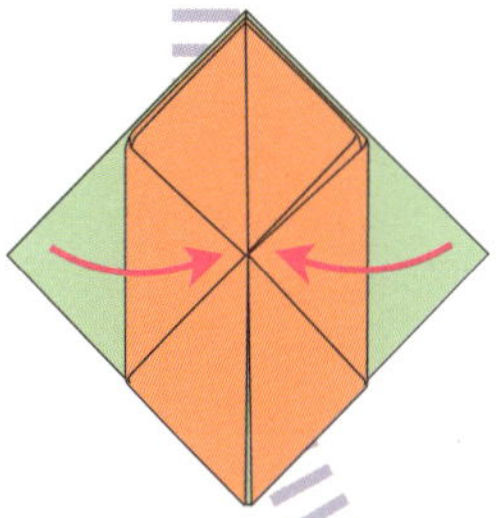

10 좌우 안으로 접어요.
(뒷면도 똑같이 접어요.)

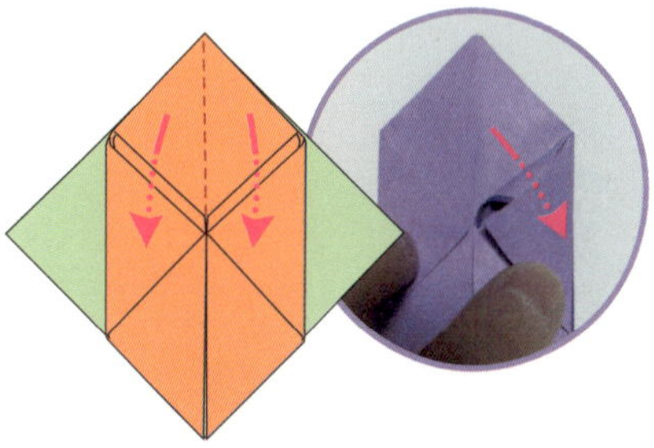

11 윗면 좌우를 내려 틈에
끼워 넣어요.
(뒤쪽도 똑같이 접어요.)

＊ 단계별 접는 법은 '73 반풍선'
12, 13번 참고해요.

159

79

반반쌍풍선

마치 귀부인이 멋진 숄을 걸친 듯한 모습의
풍선이에요. 놓치는 과정없이 순서대로
접어요.

직사각형

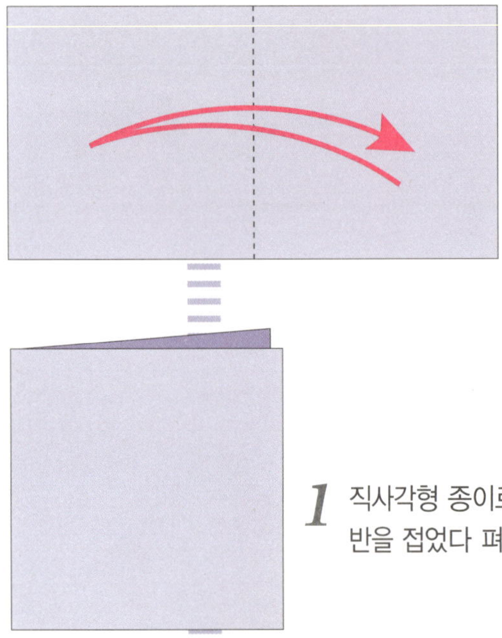

1 직사각형 종이로
반을 접었다 펴요.

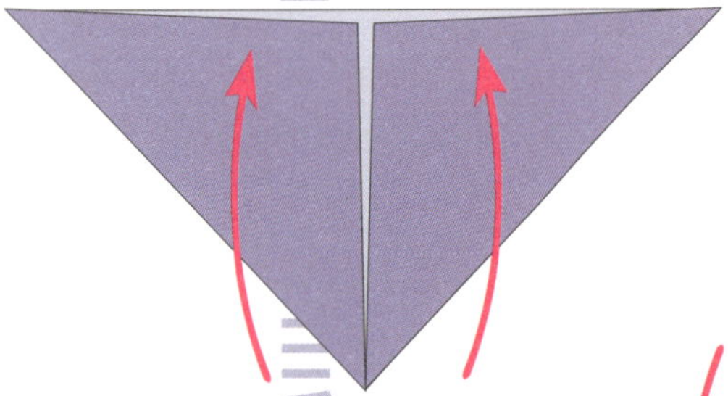

2 편 뒤 뒤집어서 좌우
세모를 접어요.

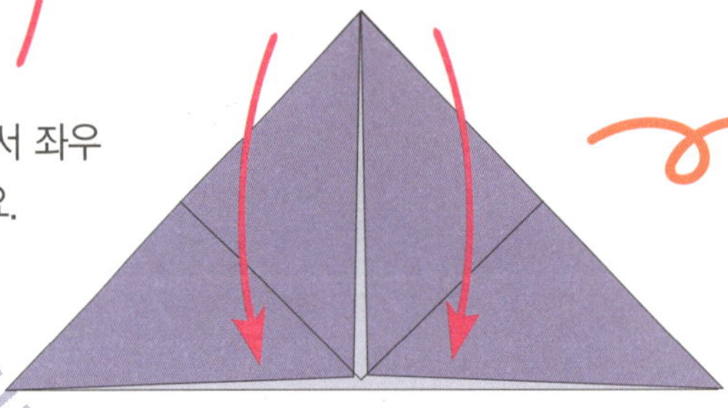

3 편 뒤 위에서 아래로 접어요.
(뒤집지 않아요.)

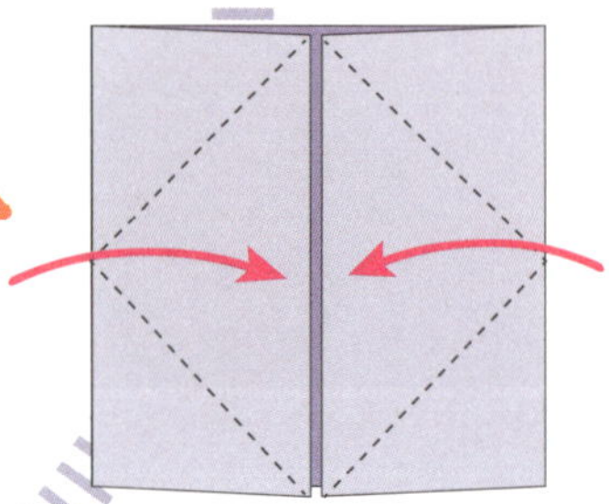

4 펼친 후 뒤집어서
대문접기를 해요.

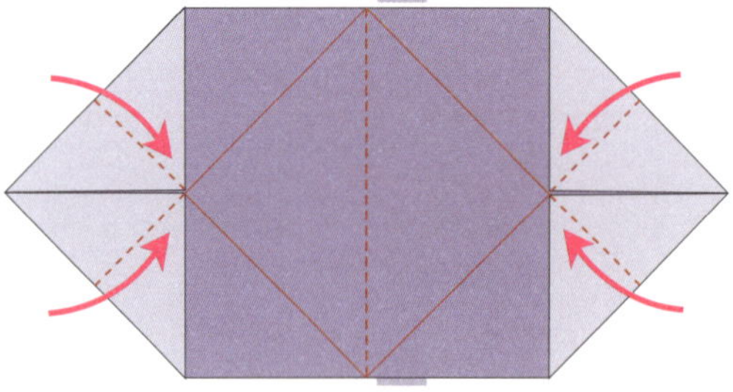

5 다시 편 뒤 위처럼
좌우를 안으로 접어요.

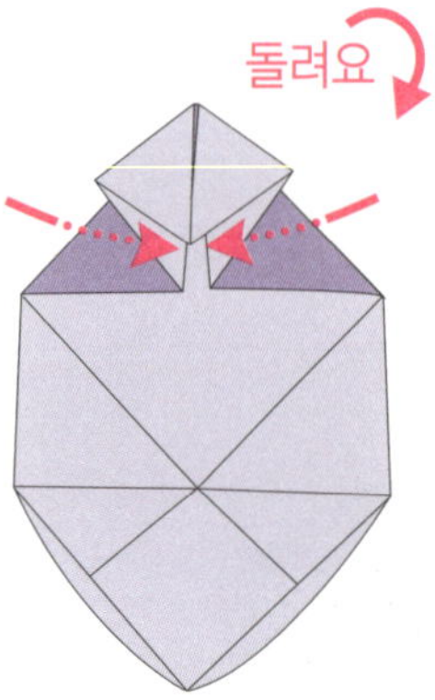

6 뒤집은 뒤 돌려서 위의
꼭지면을 내려 **5번**
선대로 접어요.

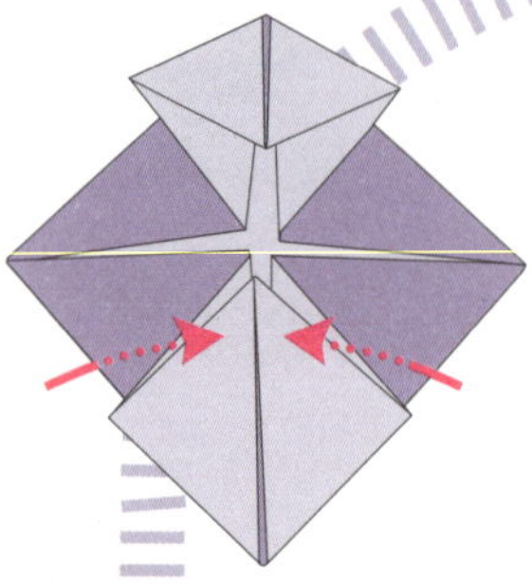

돌려요

7 180도 돌려서 아래도
똑같이 접어요.

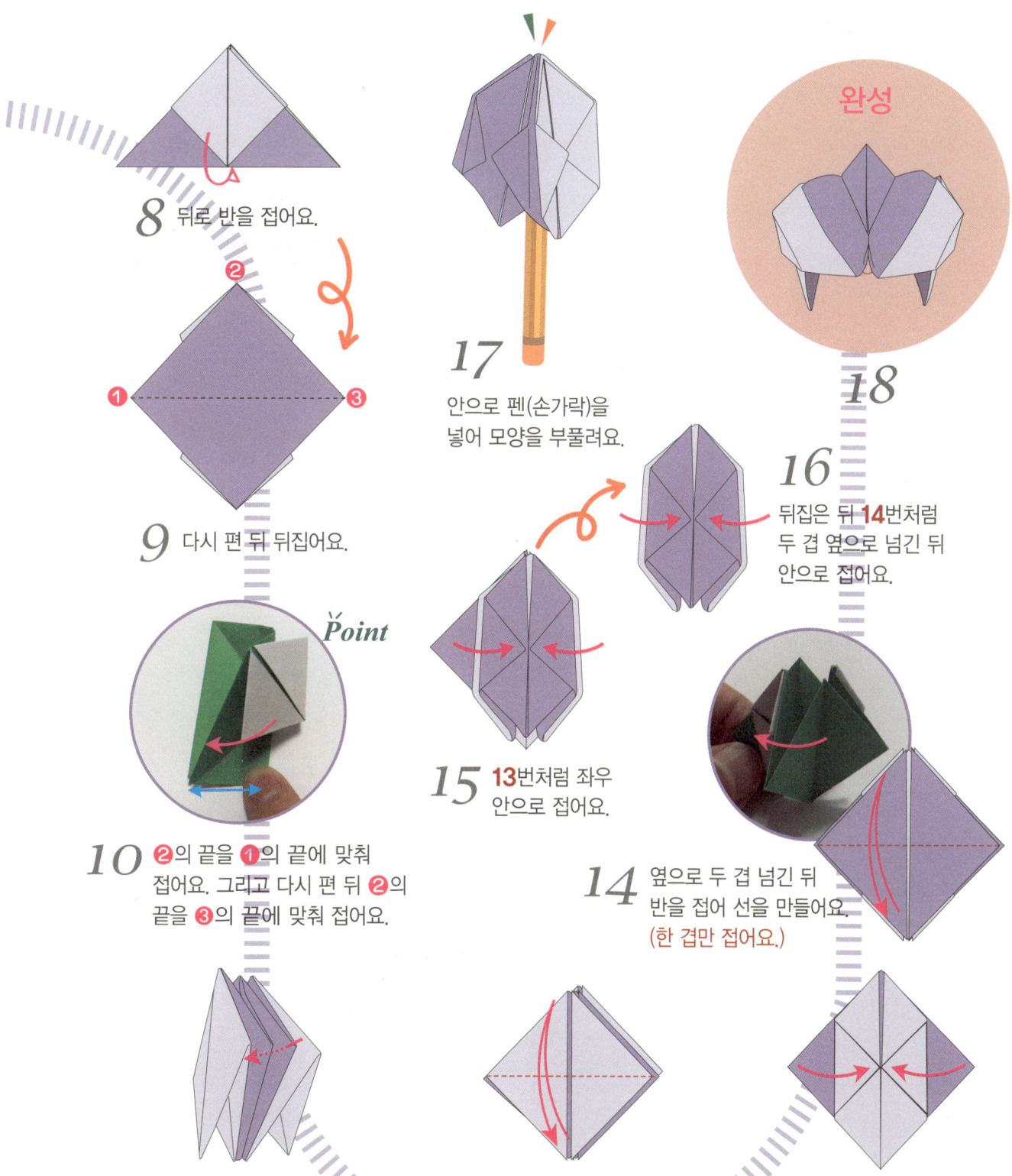

8 뒤로 반을 접어요.

9 다시 편 뒤 뒤집어요.

Point

10 ❷의 끝을 ❶의 끝에 맞춰 접어요. 그리고 다시 편 뒤 ❷의 끝을 ❸의 끝에 맞춰 접어요.

11 편 뒤 **10**번 접은 **선대로** 좌우 옆면을 안으로 접어요.

17 안으로 펜(손가락)을 넣어 모양을 부풀려요.

15 **13**번처럼 좌우 안으로 접어요.

14 옆으로 두 겹 넘긴 뒤 반을 접어 선을 만들어요. (한 겹만 접어요.)

12 **중심 선** 반을 접었다 펴요. (뒤쪽도 똑같이 접어요.)

13 선에 맞춰 안으로 접어요. (뒤쪽도 똑같이 접어요.)

완성

18

16 **뒤집은** 뒤 **14**번처럼 두 겹 옆으로 넘긴 뒤 안으로 접어요.

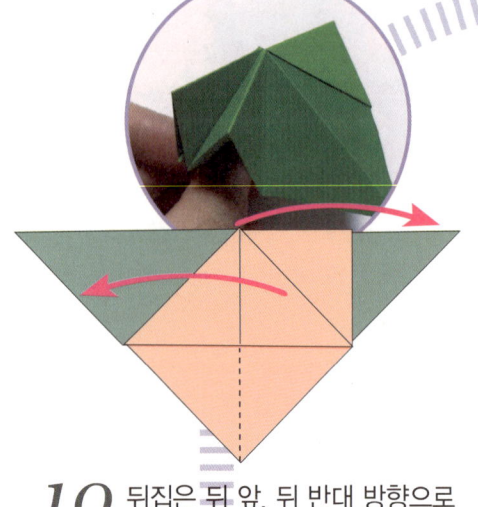

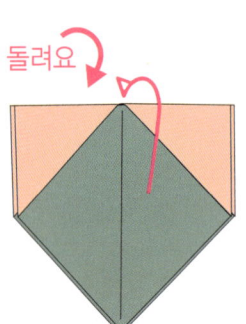

80
무늬쌍풍선

각각 다른 색의 조화가 특이한 풍선이에요.
통통하게 부풀릴수록 예쁜 모양이 돼요.

직사각형

*76 쌍풍선, 3번까지 접어요.

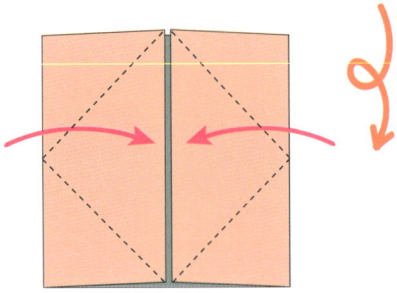

4 펴 뒤 뒤집어서
대문접기를 해요.

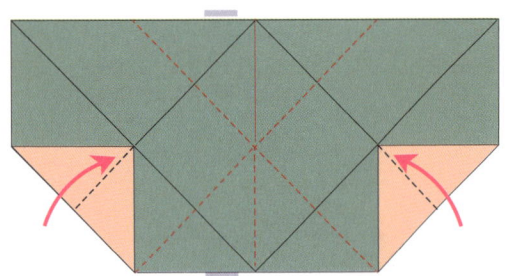

5 펴 뒤 좌우 모서리를 안으로
접은 뒤 선대로 접어요.

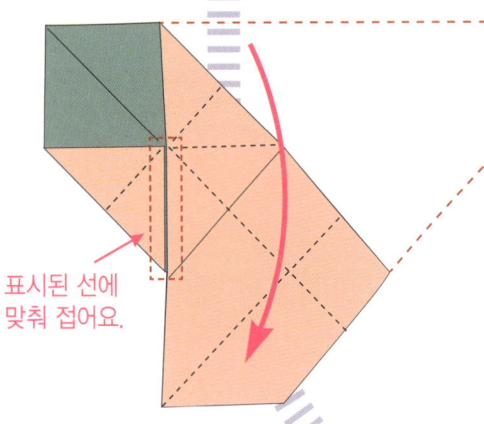

표시된 선에
맞춰 접어요.

6 화살표대로 위에서 선에
맞춰 내려 접어요.
(좌우 똑같이 접어요.)

돌려요

9 돌린 후 뒤로
반을 접어요.

10 뒤집은 뒤 앞, 뒤 반대 방향으로
옆으로 밀어 접어요.

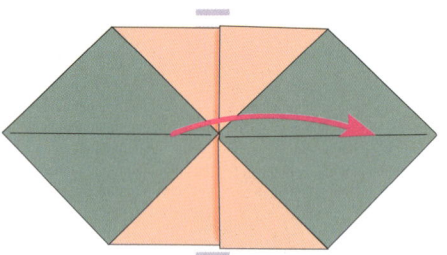

8 **7**번 상태에서 화살표대로
반을 펼쳐 접어요.

Point

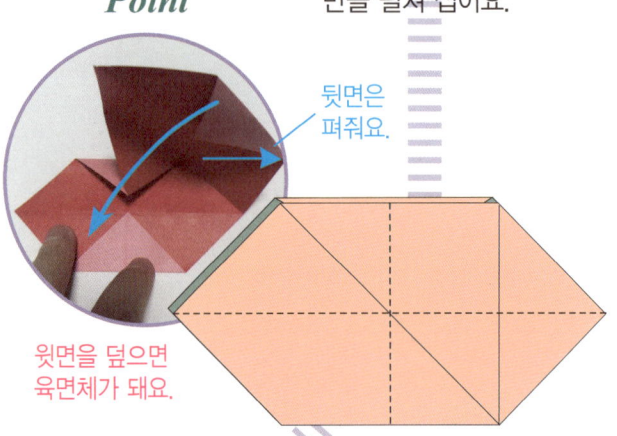

뒷면은
펴줘요.

윗면을 덮으면
육면체가 돼요.

7 윗면 중심을 사진처럼 안으로
접은 뒤 윗면을 덮어요.

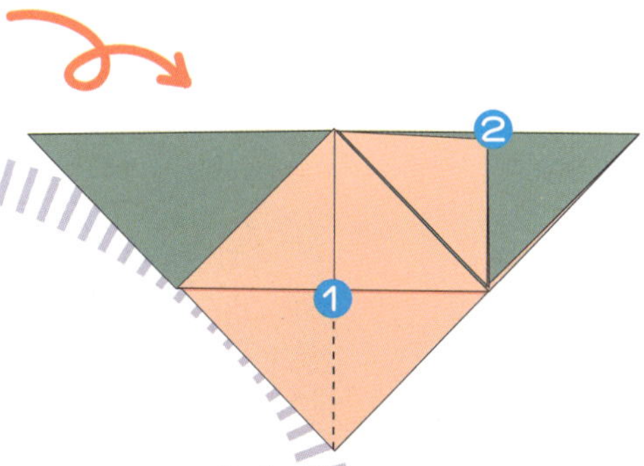

11 뒤집어요.

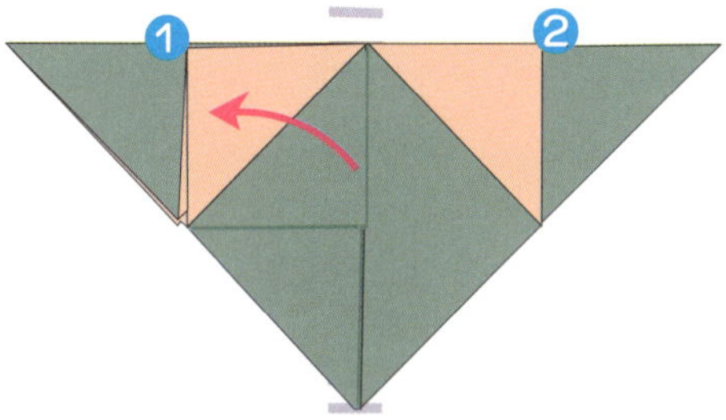

12 ①을 접은 상태에서
옆으로 밀어 접어요.

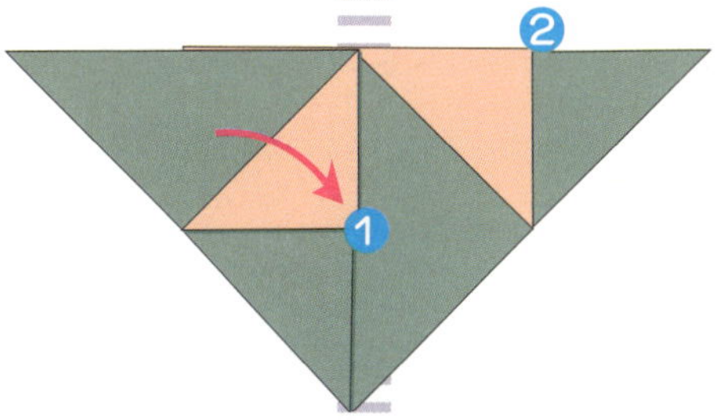

13 옆으로 밀어 접은 ①을
다시 아래로 접어요.

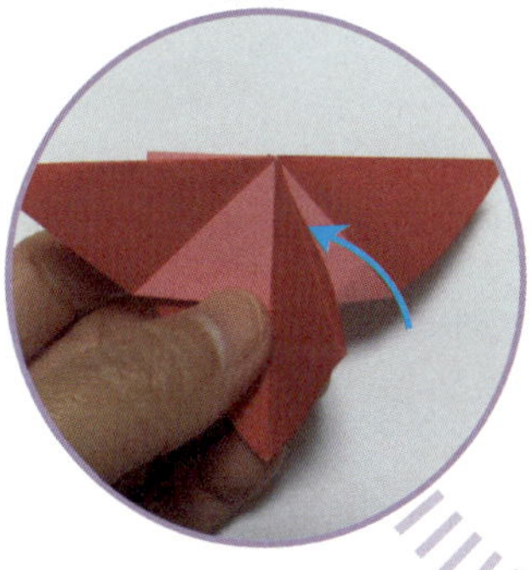

14 13번의 ②를
안으로 접어 넣어요.

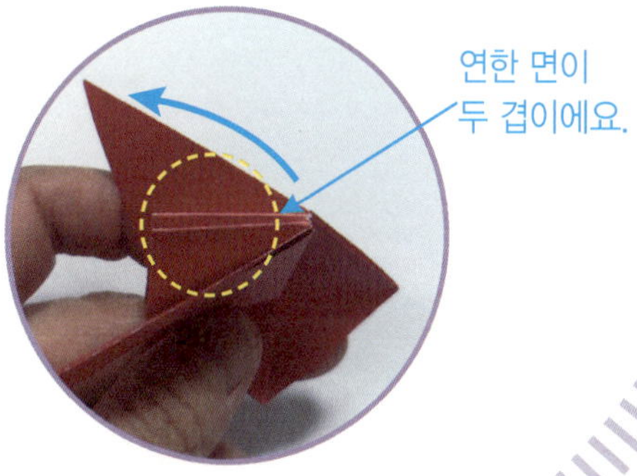

15 뒷면을 앞면 방향으로
연한 면을 펴면서 넘겨요.

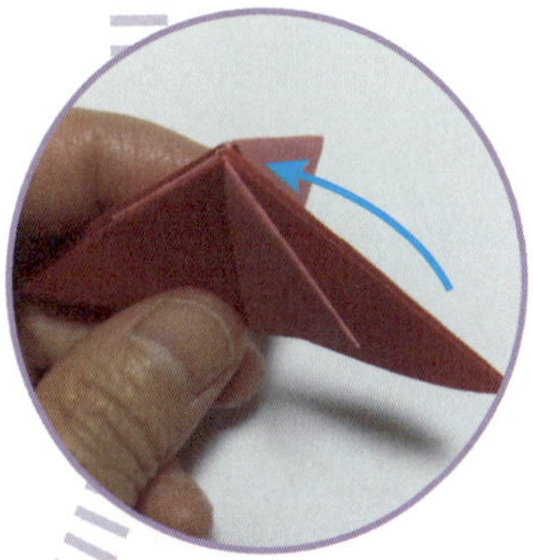

연한 면이
두 겹이에요.

16 튀어나온 옆면도
안으로 접어 넣어요.

17 접으면 위의
모양이 돼요.

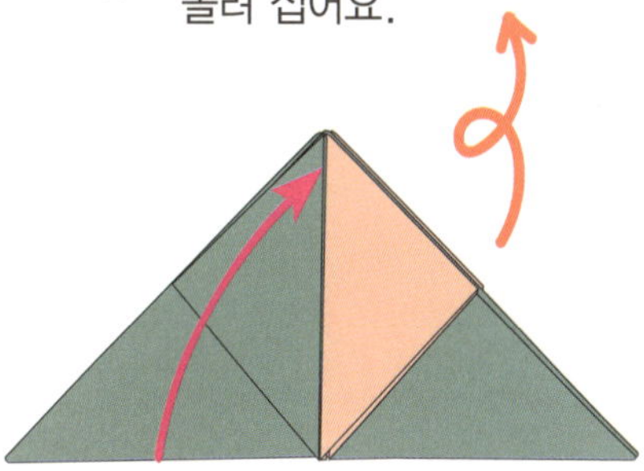

18 한쪽 면을 위로
올려 접어요.

19 뒤집어서 똑같이
올려 접어요.

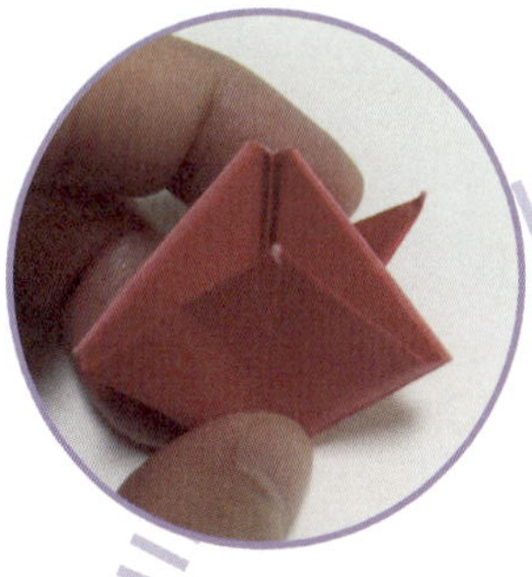

20 남은 한 면은 벌려서
안으로 접어 넣어요.

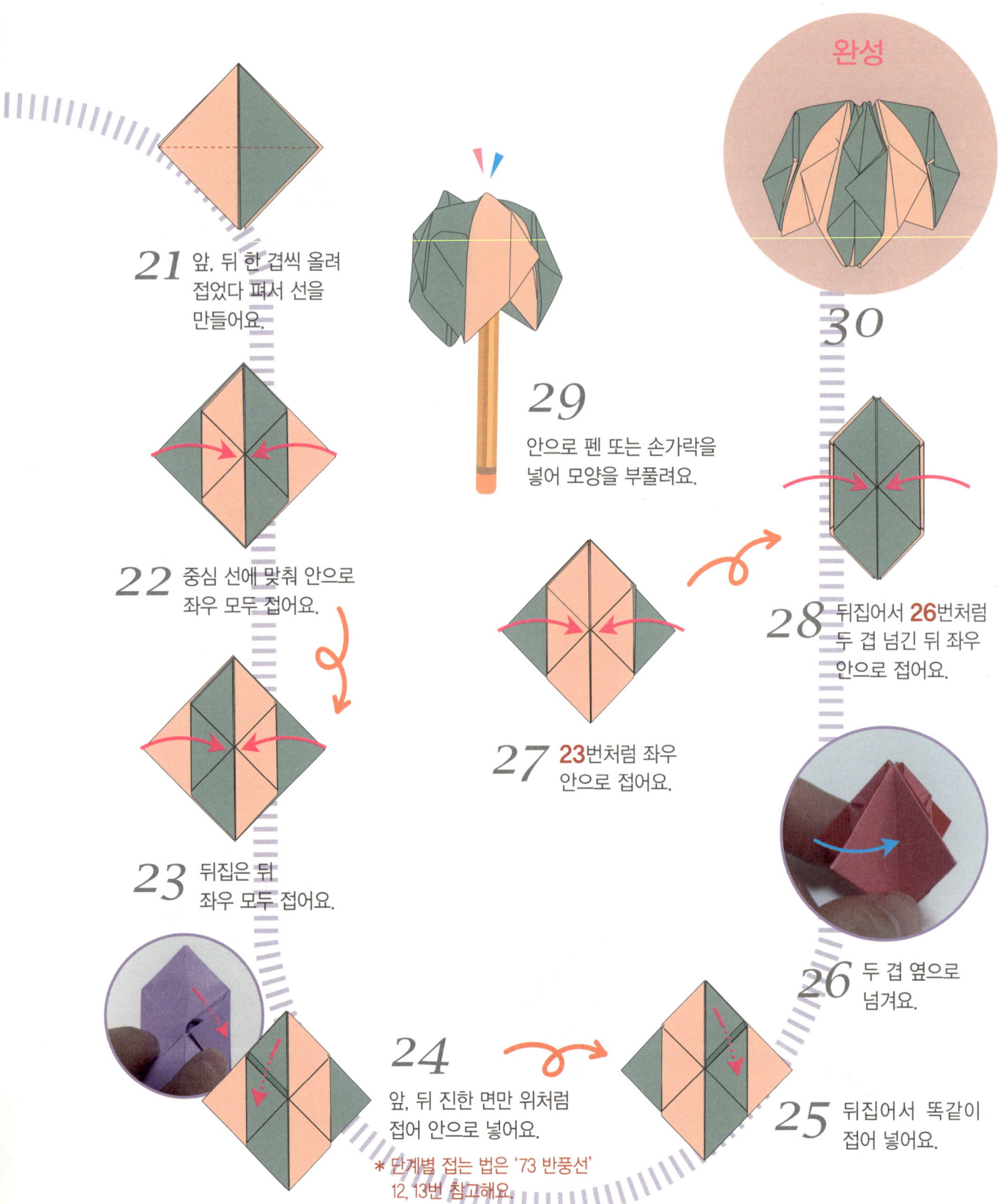

21 앞, 뒤 한 겹씩 올려 접었다 펴서 선을 만들어요.

22 중심 선에 맞춰 안으로 좌우 모두 접어.

23 뒤집은 뒤 좌우 모두 접어요.

24 앞, 뒤 진한 면만 위처럼 접어 안으로 넣어요.

＊ 단계별 접는 법은 '73 반풍선' 12, 13번 참고해요.

25 뒤집어서 똑같이 접어 넣어요.

26 두 겹 옆으로 넘겨요.

27 **23**번처럼 좌우 안으로 접어요.

28 뒤집어서 **26**번처럼 두 겹 넘긴 뒤 좌우 안으로 접어요.

29 안으로 펜 또는 손가락을 넣어 모양을 부풀려요.

30

완성

두 가지 색의 조화

상자 접기

81
상자

★ ★ ★ ☆ ☆

단순하지만 네 곳 모서리의 색상과
상자의 색상이 예쁘게 어울려요.

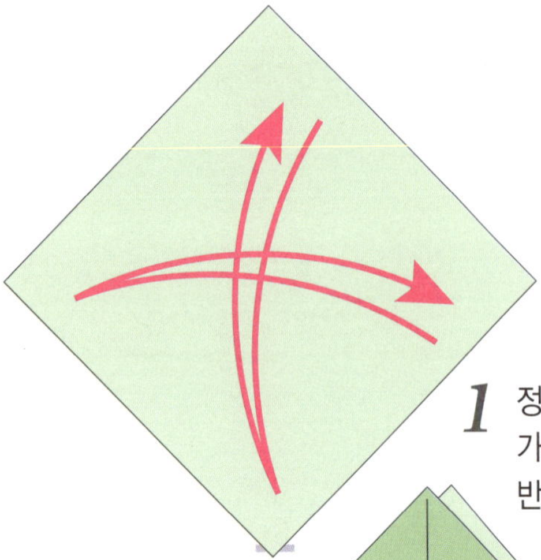

정사각형

완성

Point

7 네 곳의 모서리를
사진처럼 접어요.

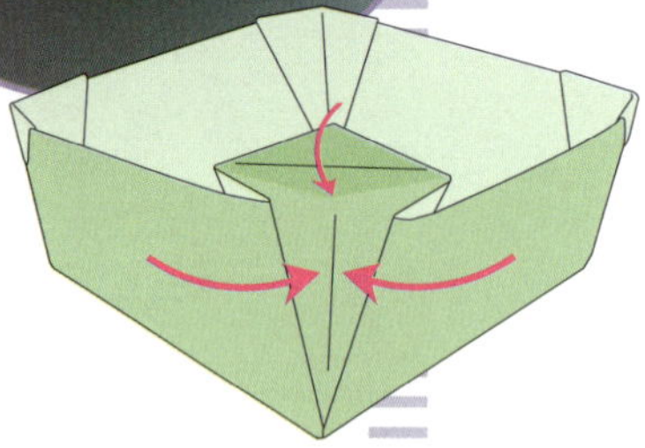

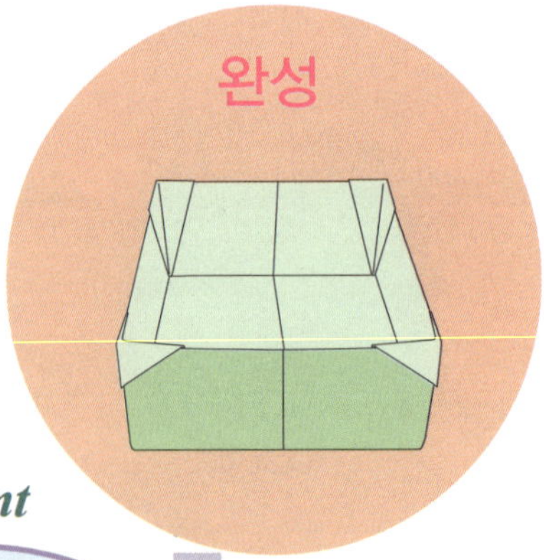

6 모서리 좌우를 안으로 접은 후
윗면을 내려 접어 좌우로 꺾어
접어 고정해요.

펼쳐요 ▶

1 정사각형 종이로
가로, 세로
반을 접었다 펴요.

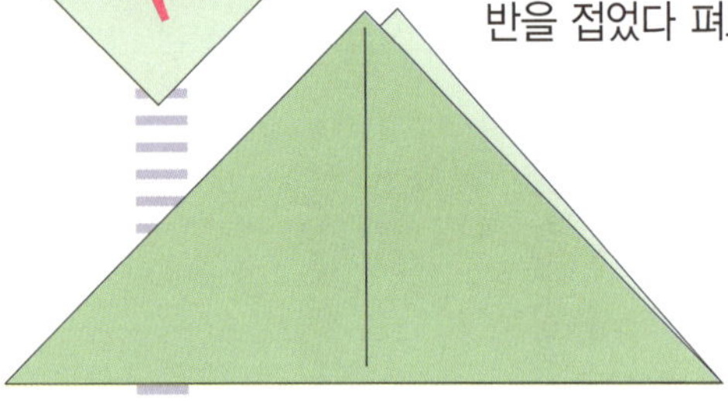

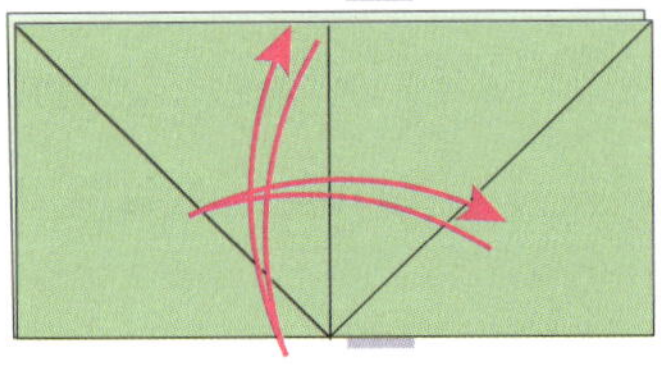

2 가로, 세로 반을
접었다 펴요.

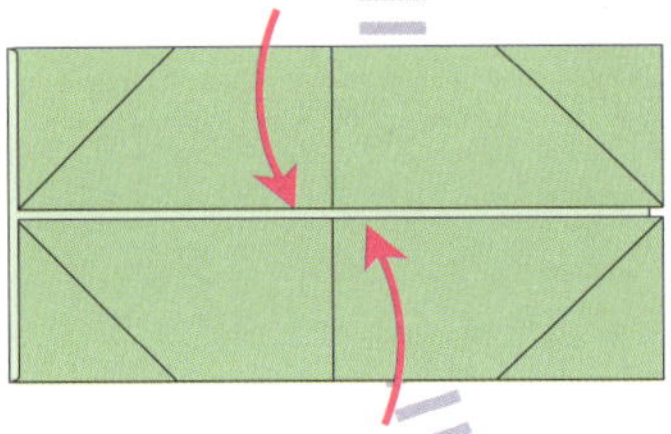

3 펼친 뒤
대문접기를 해요

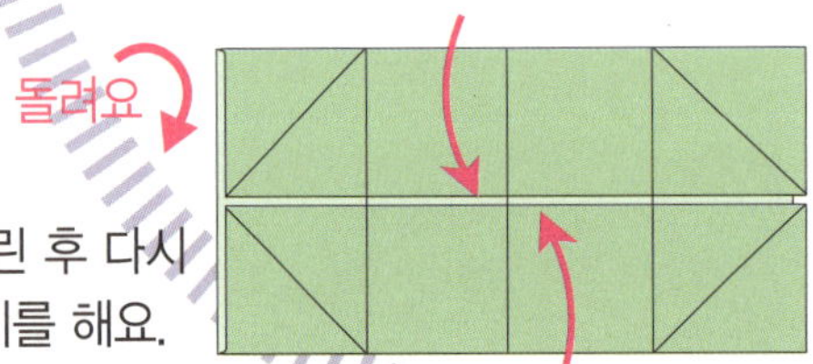

돌려요

4 펴서 돌린 후 다시
대문접기를 해요.

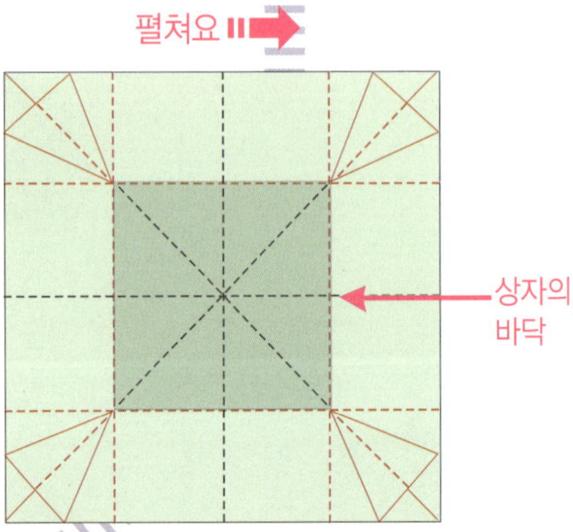

5 다시 펼친 뒤 선대로 접어요.

상자의
바닥

접기 2

접기 1

정사각형

�820 반상자

안과 밖의 다른 색상이 조화로운 상자예요.
여러 개 만들어 작은 소품들을 담아요.

*두 가지 방법으로 접을 수 있어요.

*81 상자, 2번까지 접어요.

접기1 　완성

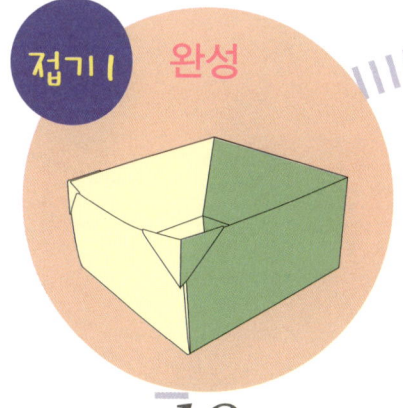

10

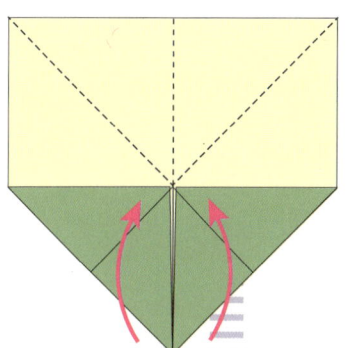

위, 아래

3 펼친 뒤 좌우 아랫면을
올려 접어요.

Point

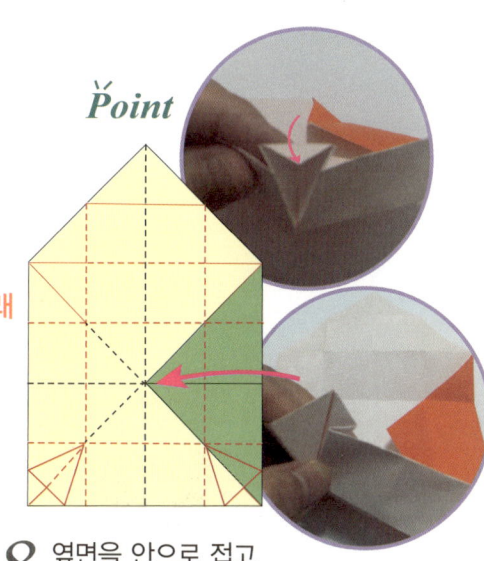

8 옆면을 안으로 접고
좌우 모서리를 접어요.

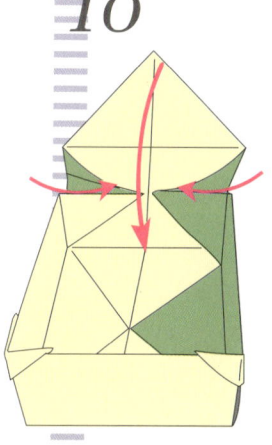

9 반대편 좌우 모서리도
안으로 접어요. 그리고
윗면을 내려 접어요.

4 위, 아래 뒤집은 뒤
나머지 두 면을 접어요.

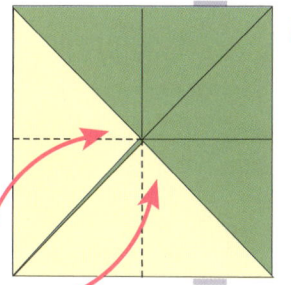

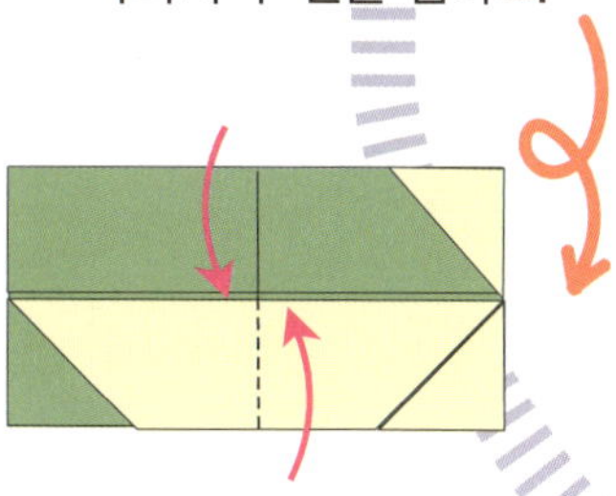

5 다시 뒤집은 뒤
대문접기를 해요.
(연한 면이 위예요.)

돌려요

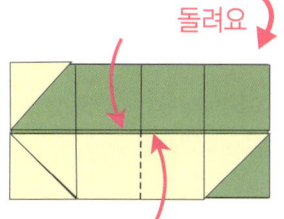

6 편 뒤 90도 돌려서
다시 대문접기를 해요.
(연한 면이 위예요.)

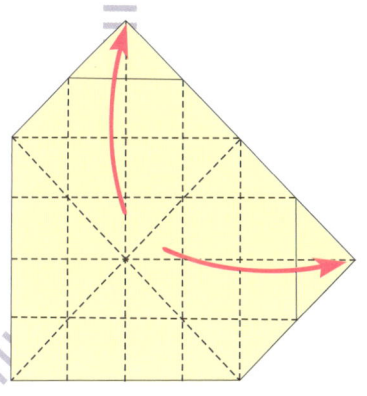

7 화살표대로 펼치면
접은 선이 생겨요.

167

반상자

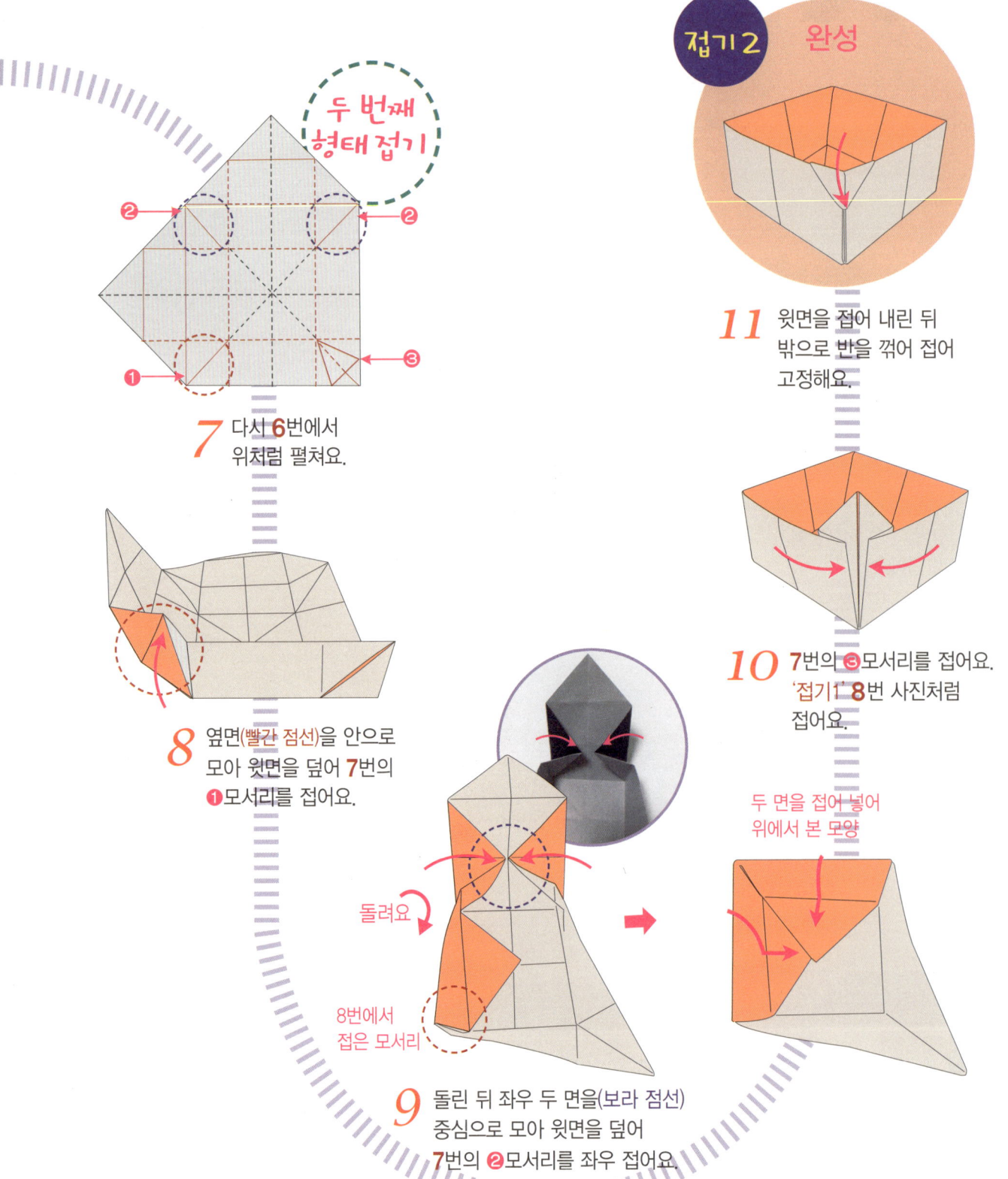

두 번째
형태 접기

7 다시 **6**번에서
위처럼 펼쳐요.

8 옆면(빨간 점선)을 안으로
모아 윗면을 덮어 **7**번의
①모서리를 접어요.

돌려요

8번에서
접은 모서리

9 돌린 뒤 좌우 두 면을(보라 점선)
중심으로 모아 윗면을 덮어
7번의 **②**모서리를 좌우 접어요.

접기2 완성

11 윗면을 접어 내린 뒤
밖으로 반을 꺾어 접어
고정해요.

10 **7**번의 **③**모서리를 접어요.
'접기1' **8**번 사진처럼
접어요.

두 면을 접어 넣어
위에서 본 모양

접기 1

접기 2

정사각형

바둑 무늬의 예쁜 보색 대비 색상으로
무엇이든 담아보고 싶은 상자예요.

*두 가지 방법으로 접을 수 있어요.

*81 상자, 2번까지 접어요.

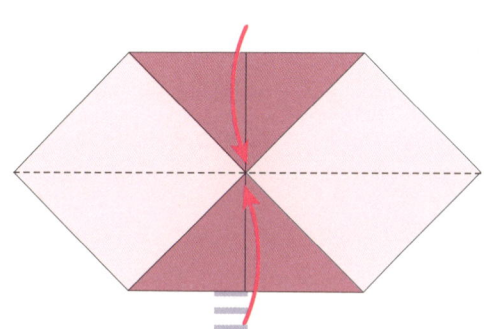

3 펼친 뒤 두 모서리를
안쪽으로 접어요.

돌려요

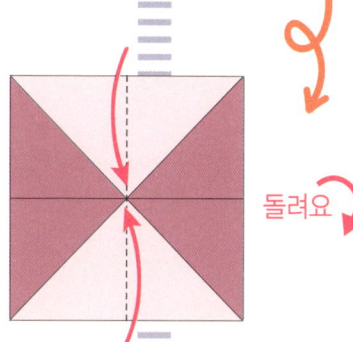

4 뒤집어서 돌린 뒤 나머지
두 곳은 반대쪽으로 접어요.

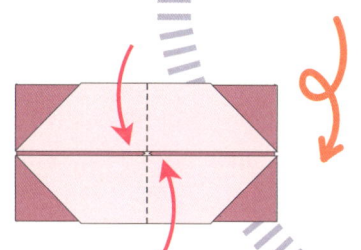

5 뒤집은 뒤 대문접기를 해요.
(연한 면이 위예요.)

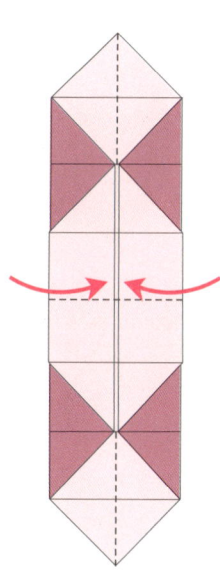

8 좌우를 안으로 접어
길게 대문접기를 해요.

돌려요

6 펴서 돌린 뒤 다시
대문접기를 해요.
(연한 면이 위예요.)

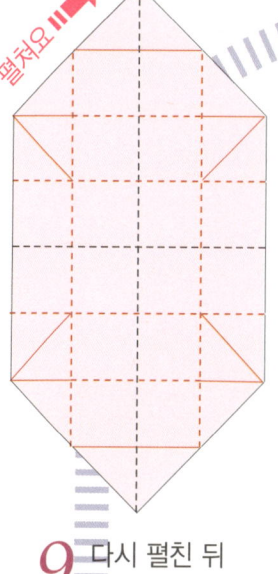

펼쳐요

9 다시 펼친 뒤
선대로 접어요.

펼쳐요

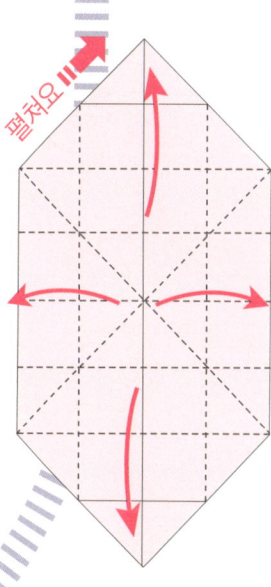

7 사방을 모두 펼치면
접은 선이 나타나요.

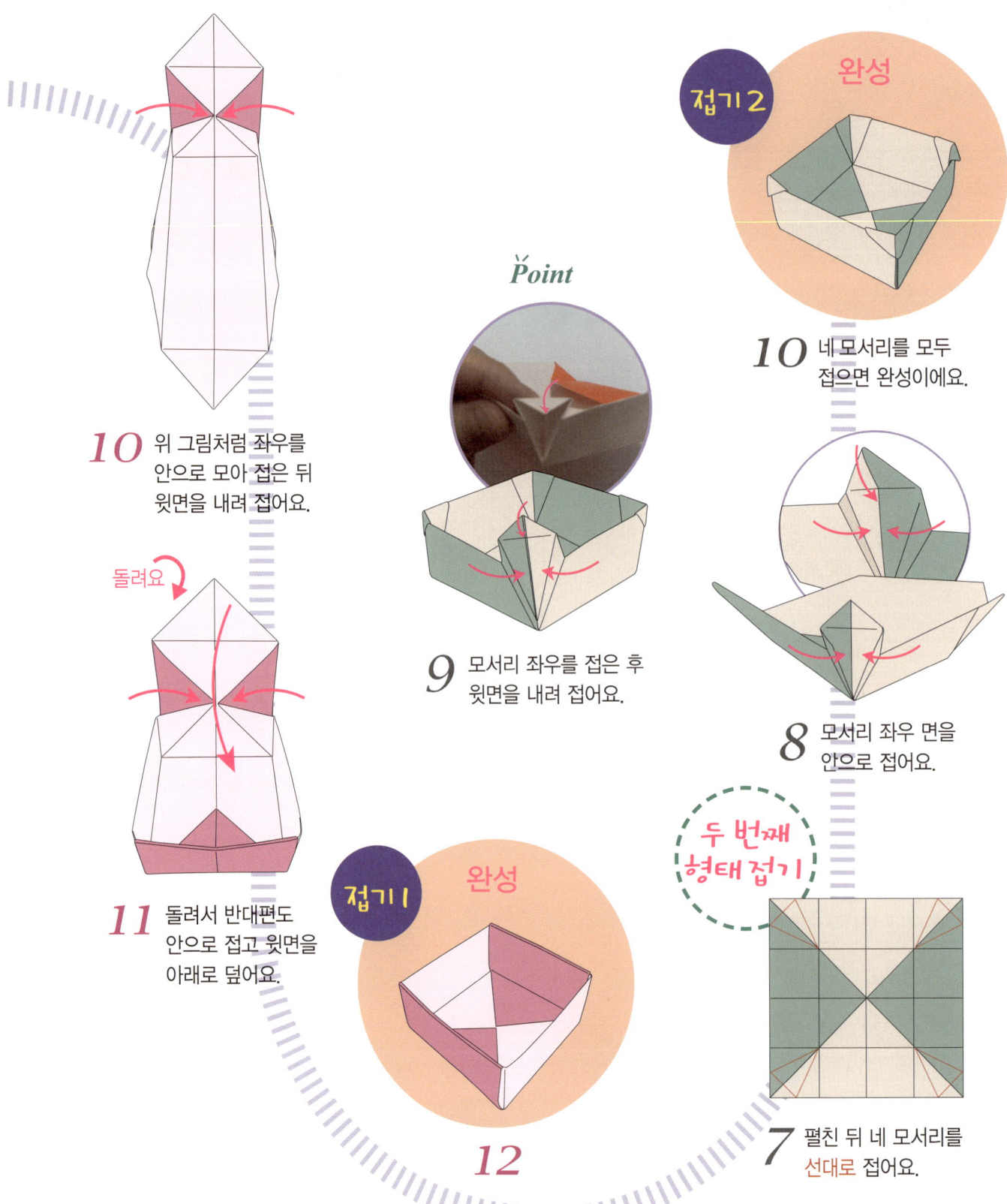

접기2 완성

10 네 모서리를 모두
접으면 완성이에요.

Point

10 위 그림처럼 좌우를
안으로 모아 접은 뒤
윗면을 내려 접어요.

9 모서리 좌우를 접은 후
윗면을 내려 접어요.

8 모서리 좌우 면을
안으로 접어요.

돌려요

11 돌려서 반대편도
안으로 접고 윗면을
아래로 덮어요.

접기1 완성

두 번째
형태접기

7 펼친 뒤 네 모서리를
선대로 접어요.

12

정사각형

84
상자2

★ ★ ★ ★ ☆

상자 밖으로 길게 내려오는 모서리 네 곳이
특징인 상자예요. 앞, 뒤 색상이 또렷한
종이로 접어요.

*81 상자, 4번까지 접어요.

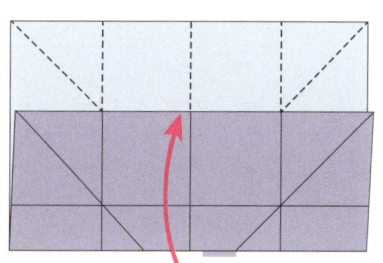

5 다시 펼친 뒤 접었던 선에
맞춰 위로 올려 접어요.

돌려요

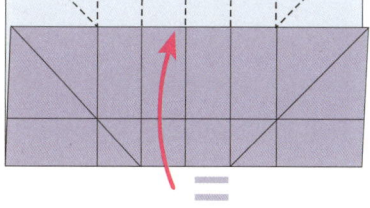

6 90도씩 돌려가며
네 곳 모두 똑같이 접어요.

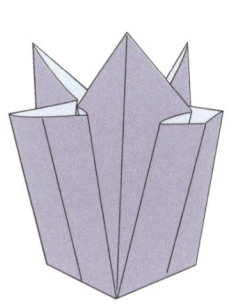

9 모서리 네 곳을
모두 접어요.

펼쳐요 ▐▐▐▶

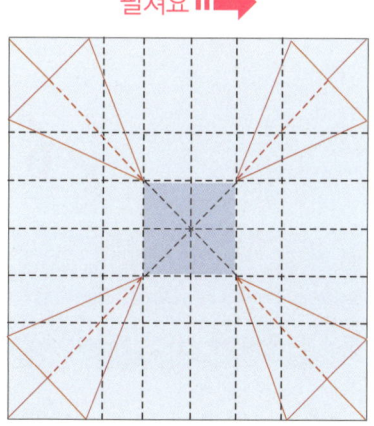

7 네 곳 모서리를 선대로 접어요.

완성

10

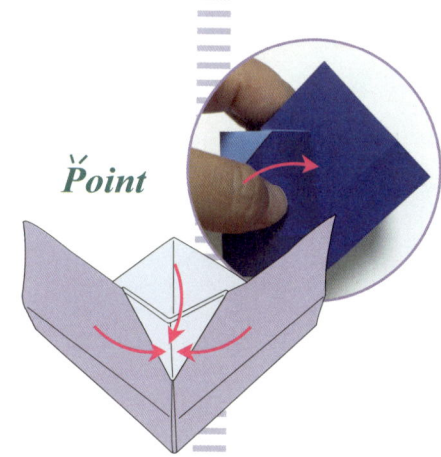

Point

8 모서리 한 면을 위처럼
좌우 모두 안으로 접은 뒤
윗면을 접어 내려요.
* '83 무늬상자' 접기2, 8, 9번 참고해요.

85
상자3

'상자2'와 비슷하지만 상자 넓이가 좀 더 큰 상자예요. 모서리 접기의 간격이 '상자2'보다 떨어져 있어요.

정사각형

＊81 상자, 4번까지 접어요.

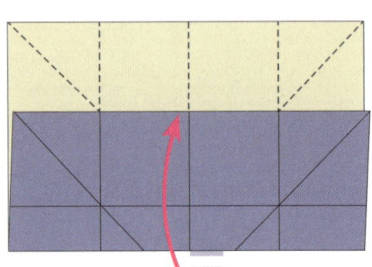

5 다시 펼친 뒤 접었던 선에 맞춰 위로 올려 접어요.

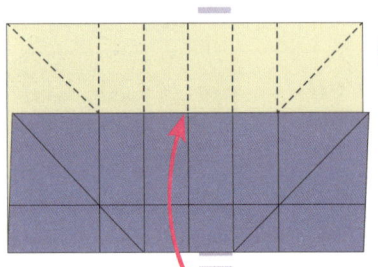

돌려요

6 90도씩 돌려가며 네 곳 모두 똑같이 접어요.

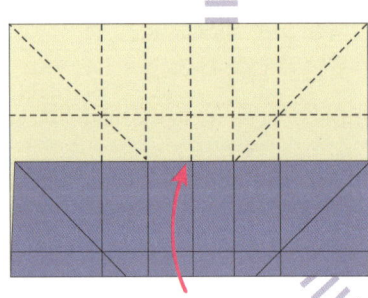

7 두 번째 선에 맞춰 올려 접어요. 반대쪽도 똑같이 접어요.

8 윗면을 아래 선에 맞춰 내려 접어요. 반대쪽도 똑같이 접어요.

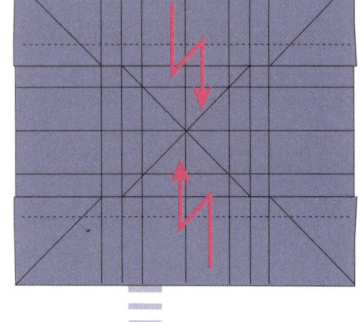

10 **9번 선에 맞춰** 아랫면은 위로, 윗면은 아래로 계단접기 해요.

펼쳐요

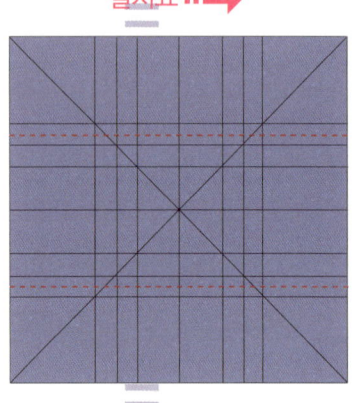

9 펼친 뒤 뒤집어요. 그리고 위, 아래 모두 선대로 접어요.

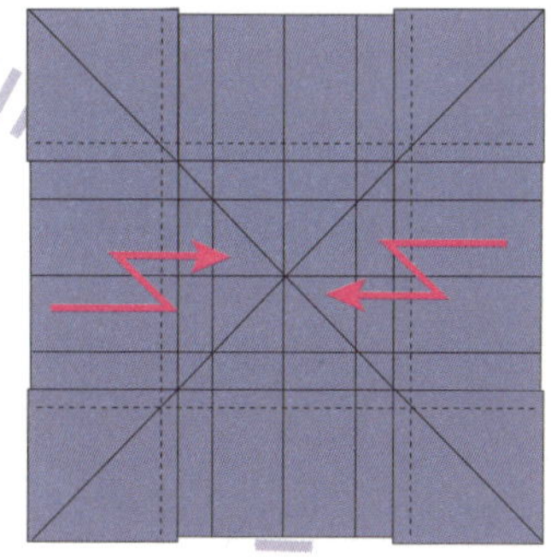

11 좌우 옆면도 똑같이
계단접기 해요.

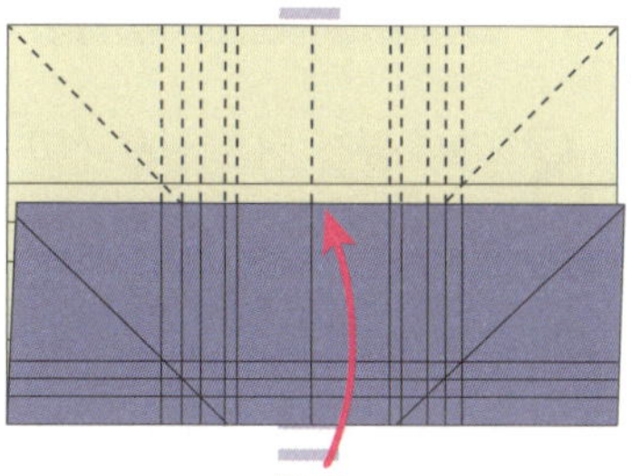

12 모두 편 뒤 뒤집어요. 그리고
선까지 접어 올려요. 90도로
돌려가며 네 곳 모두 똑같이
접어요.

펼쳐요

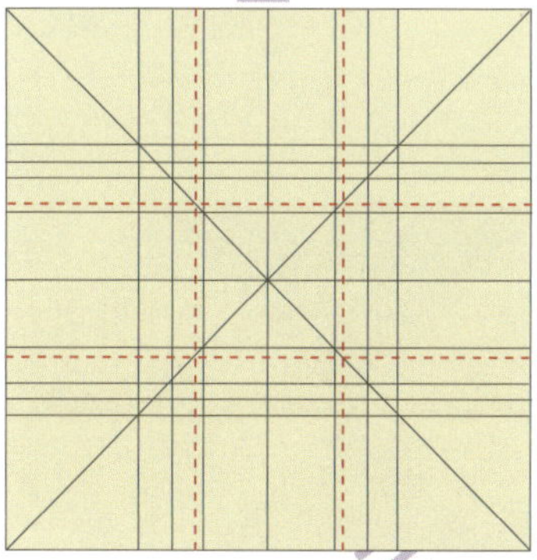

13 펼치면 네 곳에
접은 선(점선)이 생겼어요.

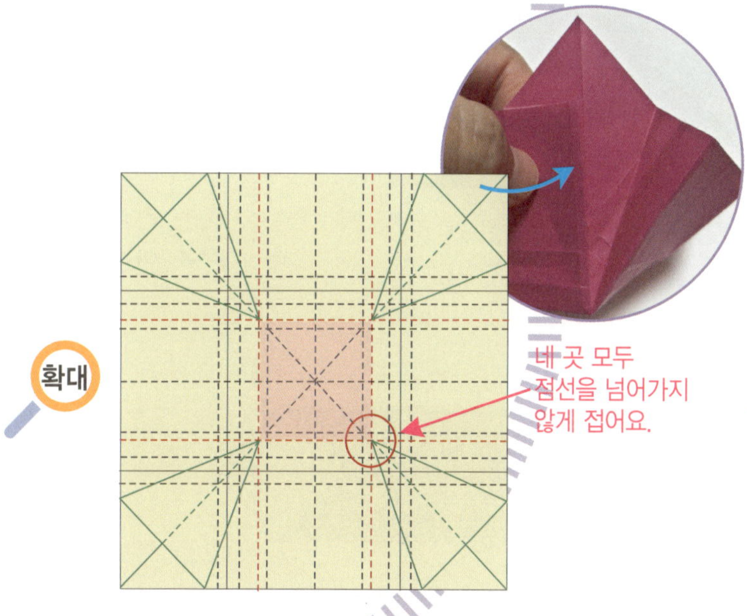

완성

Point

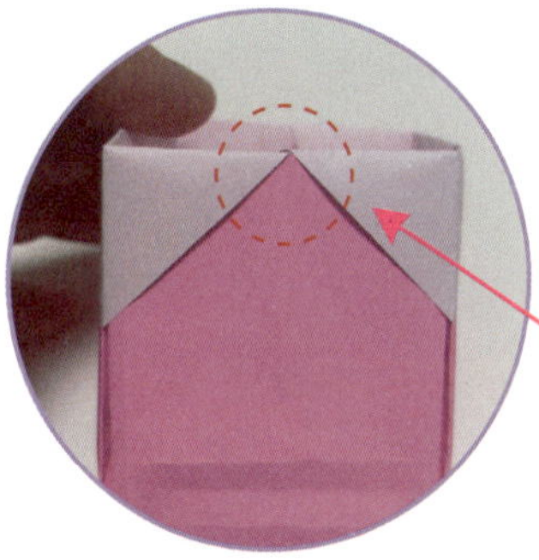

12번의 네 곳 접는
방법이 모서리의
간격을 조절해요.

15 접은 모서리의 간격이
'84 상자2'와 차이가 있어요.

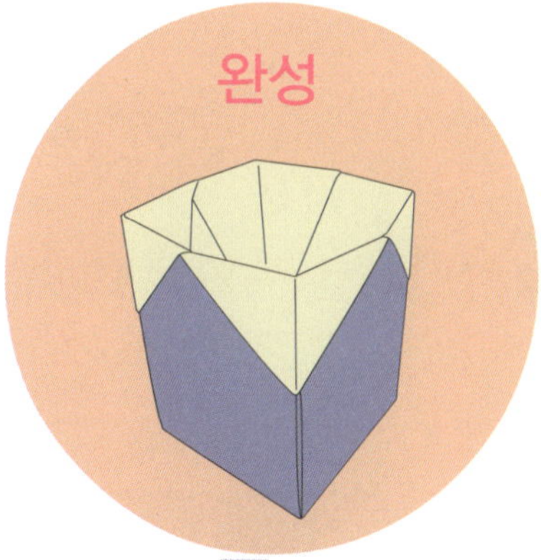

확대

14 네 곳 모서리를 선대로 접어요.

네 곳 모두
점선을 넘어가지
않게 접어요.

16

86
상자4

기본적인 상자 접기지만 세로로 긴 것이
특징이에요. 상자 바닥 위치를 잘 확인하고
접어요.

정사각형

＊81 상자, 1번까지 접어요.

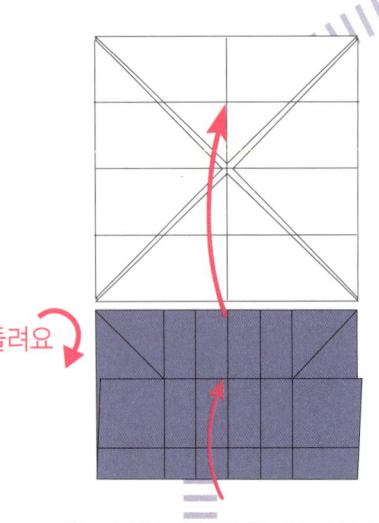

돌려요

8 다시 펼친 뒤 화살표 선까지
올려 접어요. 90도씩 돌려가며
네 군데 모두 접어요.

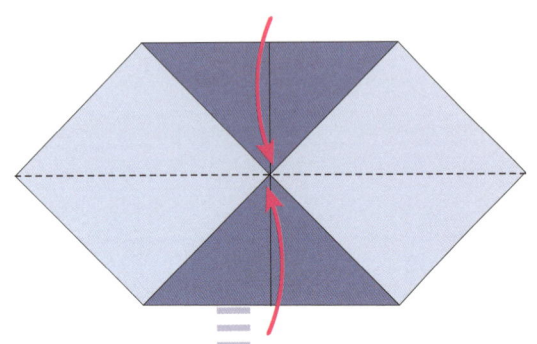

2 편 뒤 중심 선에 맞춰
안으로 접어요.

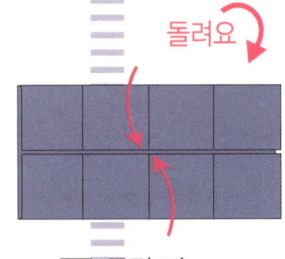

돌려요

7 돌린 뒤
대문접기 해요.

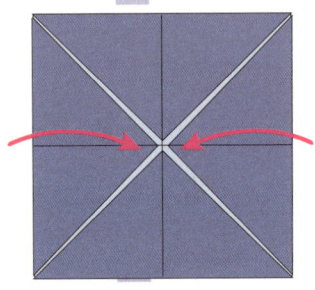

3 나머지 좌우도
안으로 접어요.

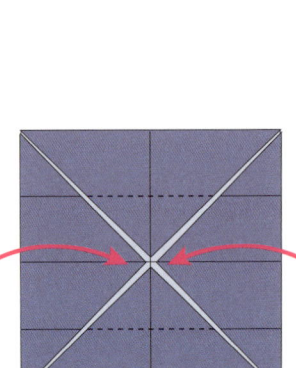

6 다시 3번처럼 좌우
안으로 접어요.

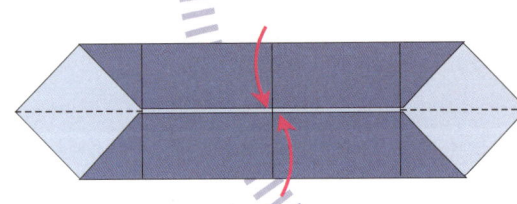

4 다시 좌우를 펼친 뒤 위, 아래를
펴지 않고 그대로 대문접기 해요.

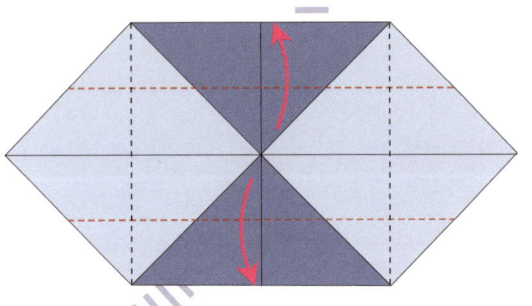

5 다시 펼치면 선이 생겼어요.

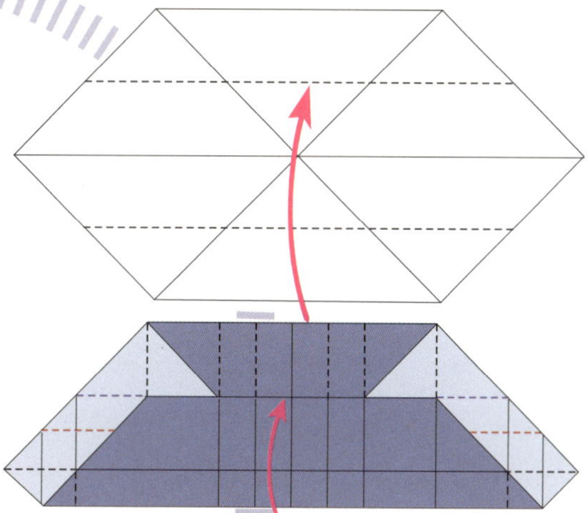

완성

9 다시 **5**번처럼 펼쳐서
가장 윗선까지 올려 접어요.
(반대쪽도 똑같이 접어요.)

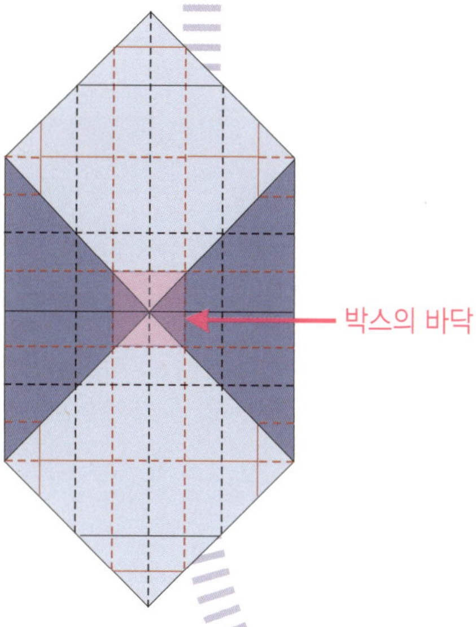

15 윗면을 내려 상자
속으로 접어 넣어요.

돌려요

박스의 바닥

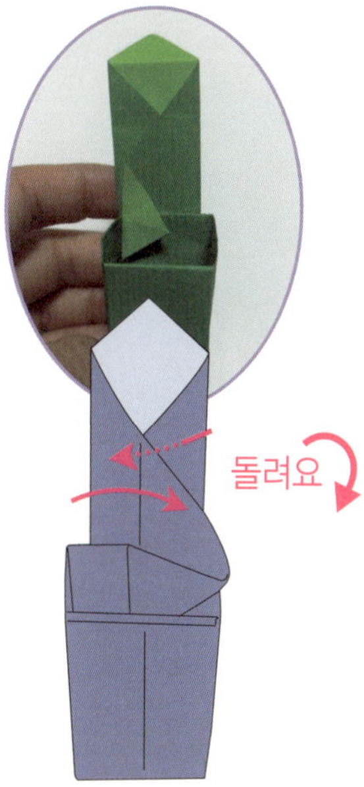

14 돌려서 반대편
모서리도 똑같이
접어요.

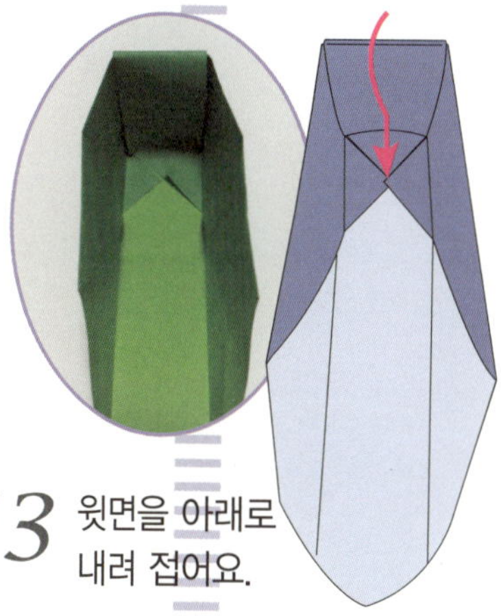

13 윗면을 아래로
내려 접어요.

10 펼친 뒤 선대로 접어요.

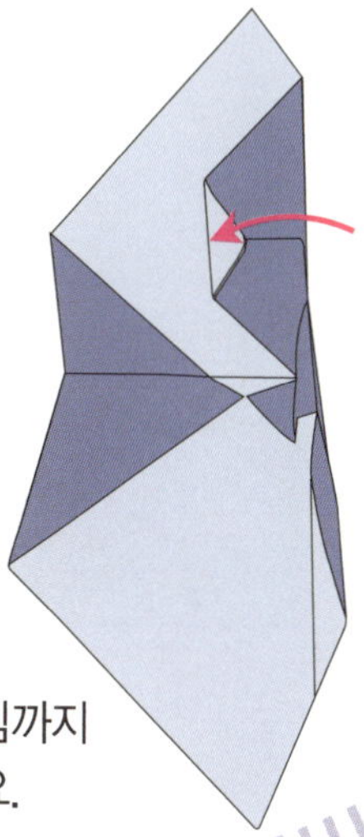

11 모서리를 중심까지
안으로 접어요.

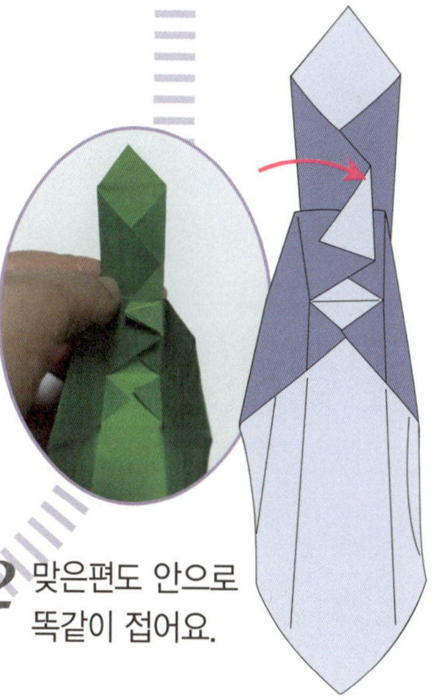

12 맞은편도 안으로
똑같이 접어요.

87 반상자2

상자의 2면씩 다른 색상으로 접은 상자예요.
선이 많아 복잡해 보이지만 과정대로 따라
접으면 어렵지 않게 접을 수 있어요.

정사각형

*81 상자, 2번까지 접어요.

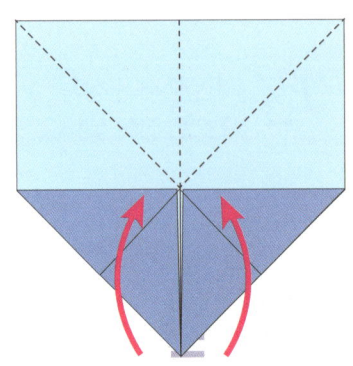

3 펼친 뒤 좌우 아랫면을
올려 접어요.

위, 아래

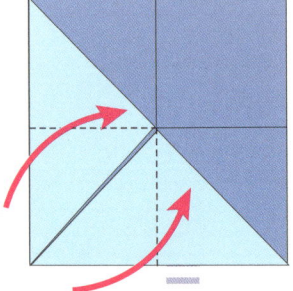

4 위, 아래 뒤집은 뒤 나머지
면도 안으로 접어요.

위, 아래

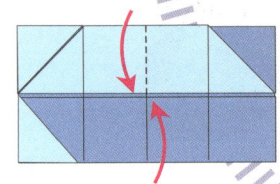

5 위, 아래로 뒤집은 뒤
대문접기를 해요.
(연한 면이 위예요.)

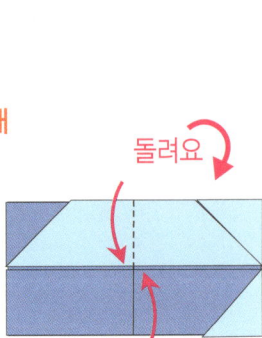

돌려요

6 펴서 90도로 돌린 뒤
다시 대문접기를 해요.
(연한 면이 위예요.)

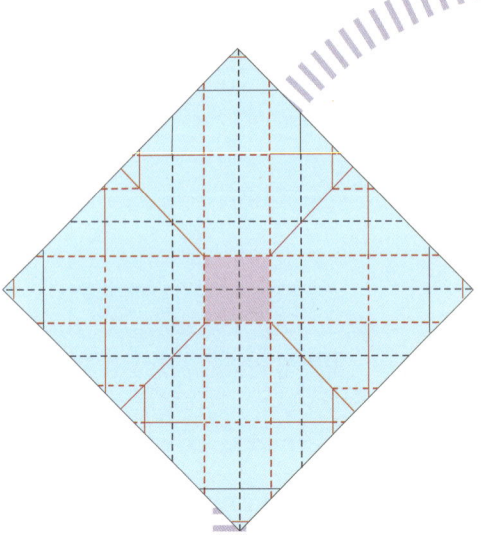

9 모두 펼치면
접은 선이 나타나요.

돌려요

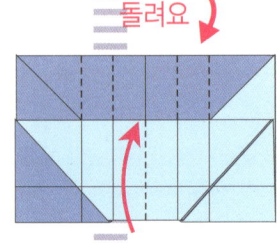

8 90도씩 돌려가며 네 곳 모두
7번처럼 올려 접어요.

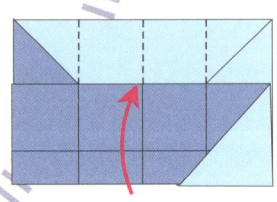

7 다시 펼친 뒤 가장 위의
선에 맞춰 올려 접어요.

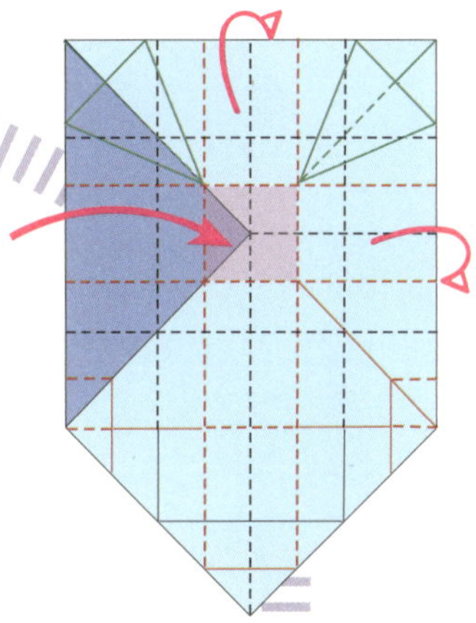

10 윗면과 옆면 한쪽은 뒤로 접고
다른 옆면은 안으로 접어요.
그리고 두 곳의 모서리를
선대로 접어요.

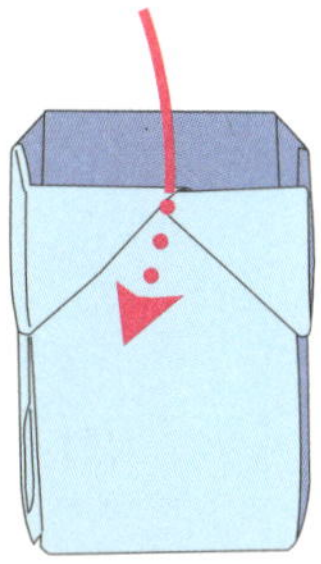

14 윗면을 상자 속으로
접어 내려요.

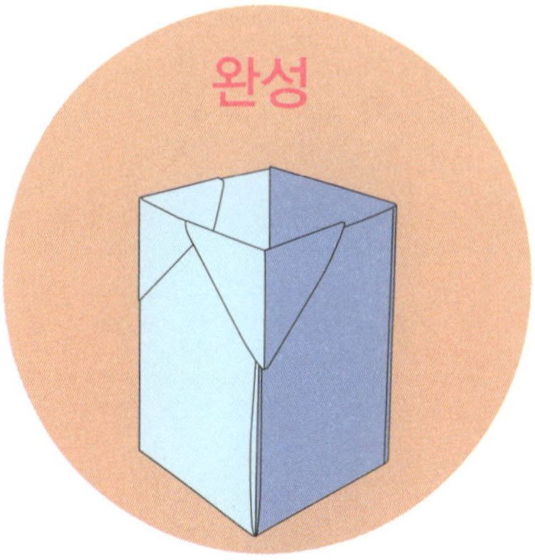

완성

15

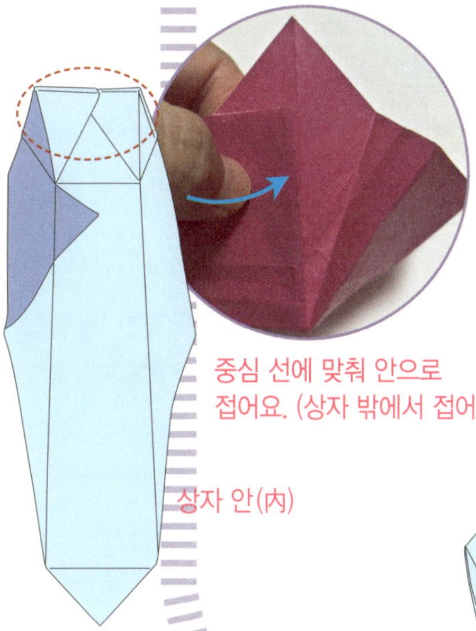

중심 선에 맞춰 안으로
접어요. (상자 밖에서 접어요)

상자 안(內)

11 10번의 두 모서리를
사진처럼 먼저 접어요.

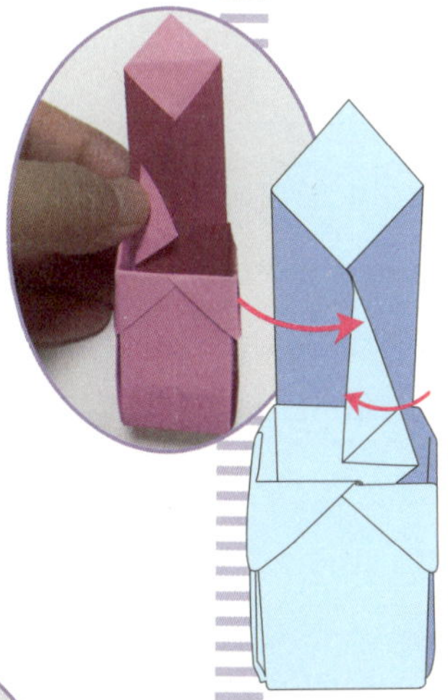

13 맞은편도 안으로
접은 뒤 튀어나온 면을
다시 안으로 접어요.

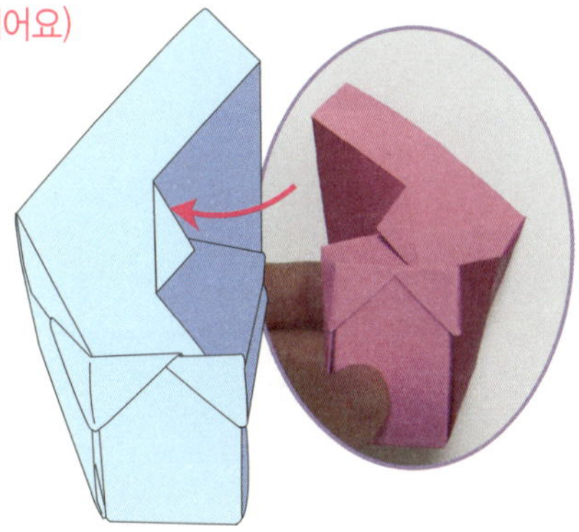

12 180도 돌린 뒤 반대편
한쪽 면을 안으로 접어요.
＊'86 상자4' 11~13번 참고해요.

정사각형

88

반상자3

'반상자'보다 넓이는 크고 길이는 짧은
상자예요. 상자 밑면과 모서리 접기에서
접는 선 간격에 유의해서 접어요.

＊82 반상자, 4번까지 접어요.

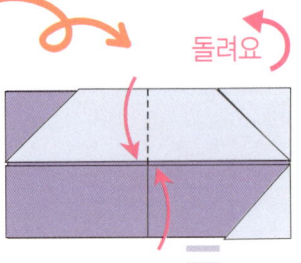

돌려요

5 뒤집은 뒤 돌려서
대문접기를 해요.

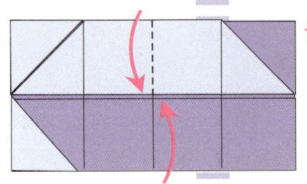

돌려요

6 펼친 뒤 다시 돌려서
대문접기를 해요.

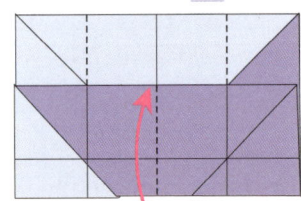

7 펼친 뒤 선까지 올려 접어요.

돌려요

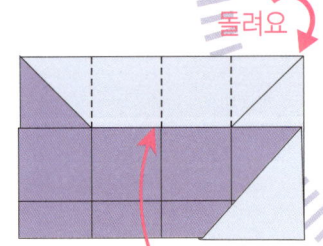

8 90도씩 돌려가며 네 곳 모두
7번처럼 올려 접어요.

좌우, 위, 아래
계단접기 한 모양

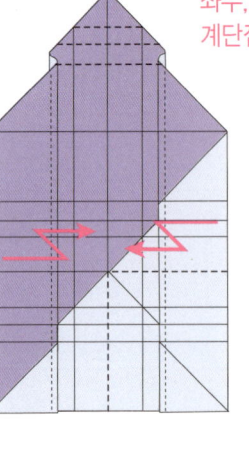

12
11번의 선에 맞춰
계단접기 해요.

돌려요

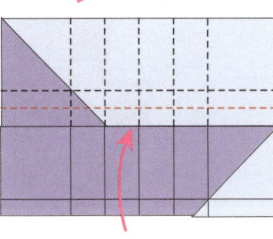

9 다시 **8**번 상태에서 접었던
선에서 한 단 내려 접어요.
90도씩 돌려가며 네 곳 모두
접어요.

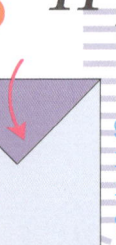

9번 상태에서 왼쪽 면은
펴주고 아랫면은 펴서
뒤로 접고 윗면은
앞으로 내려 접어요.

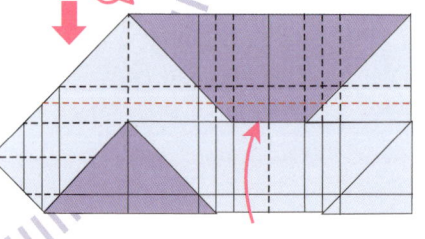

10 9번 상태에서 위의 그림에 맞춰
접은 뒤 아랫면을 올려 접어요.

13 좌우는 펼친 뒤 위, 아래
계단접기 해요.

돌려요

11 펼친 뒤 뒤집어서
돌려요.

돌려요

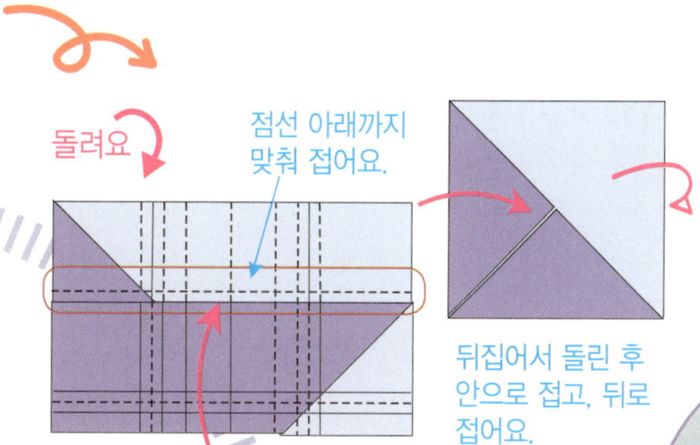

점선 아래까지
맞춰 접어요.

뒤집어서 돌린 후
안으로 접고, 뒤로
접어요.

완성

14 뒤집어서 90도로 돌린 뒤
(위의 그림 모양에서 시작해요.)
위로 올려 접어요. **13**번에서
계단접기 한 선까지 접어 올려요.
(돌려가며 네 군데 모두 접어요.)

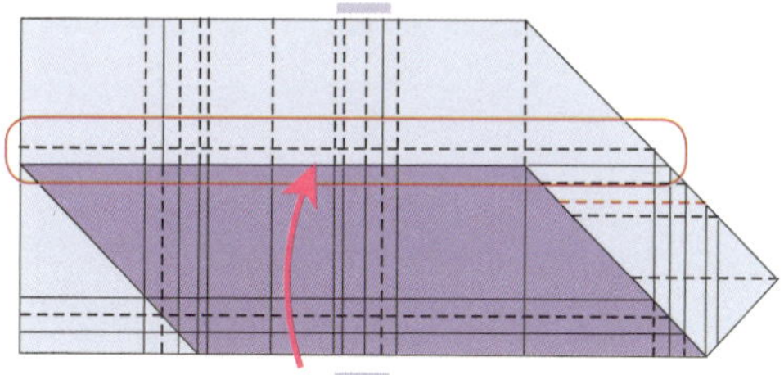

20 윗면을 상자
속으로 넣어
접어요.

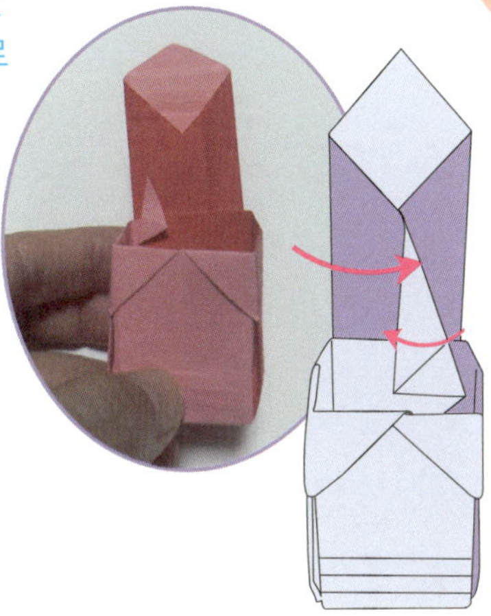

19
나머지 한 면도 안으로
접은 뒤 튀어나온 면을
접어요.

15 펼친 뒤 계단접기 한 선까지
올려 접어요.
(180도 돌려서 똑같이 접어요.)

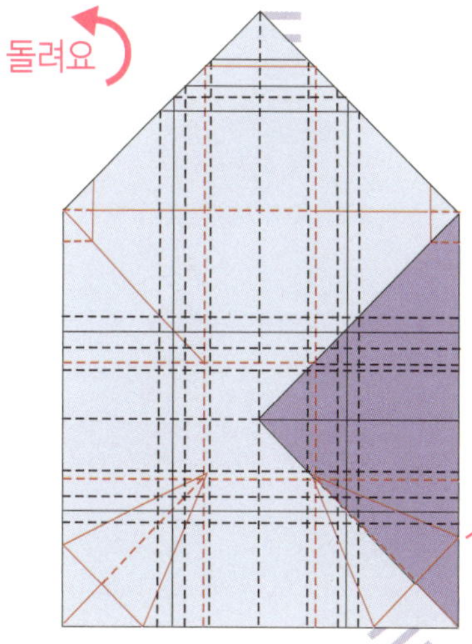

위의 모양에서
시작해요.

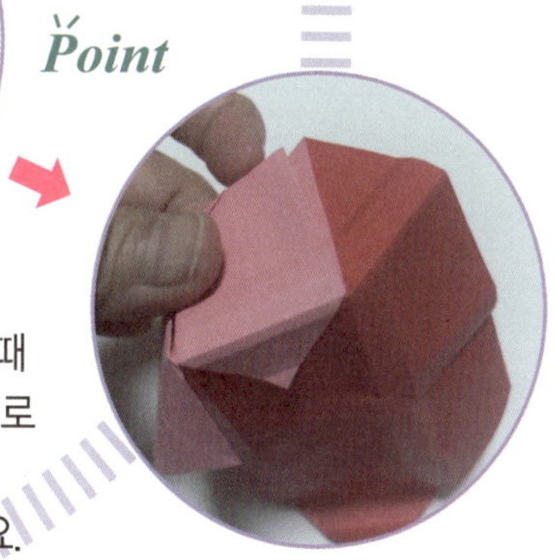

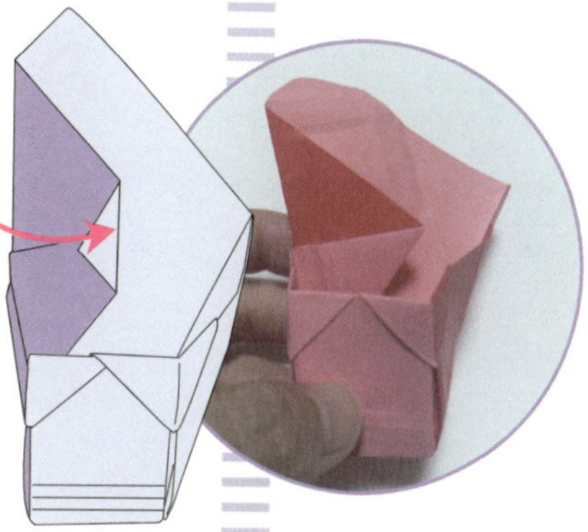

18 한쪽 면을 안으로 접어요.
* '86 상자4' 11~13번 참고해요.

Point

돌려요

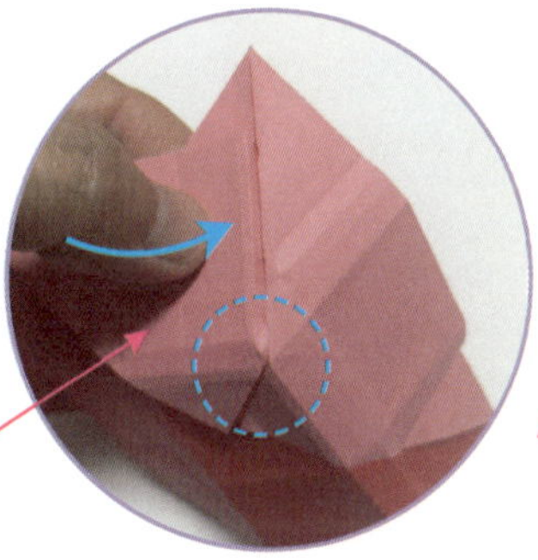

17 모서리를 접을 때
표시(점선 원)대로
접은 간격을
남겨두고 접어요.

16 다시 펴서 돌린 뒤
모서리 두 면을 접어요.

접기 2

접기 1

89
무늬상자2

'상자2'와 '반상자2'가 합쳐진 듯한 모양의
상자예요. 마주 보이는 같은 색상이 예뻐 보여요.

＊두 가지 방법으로 접을 수 있어요.

정사각형

＊81 상자, 1번까지 접어요.

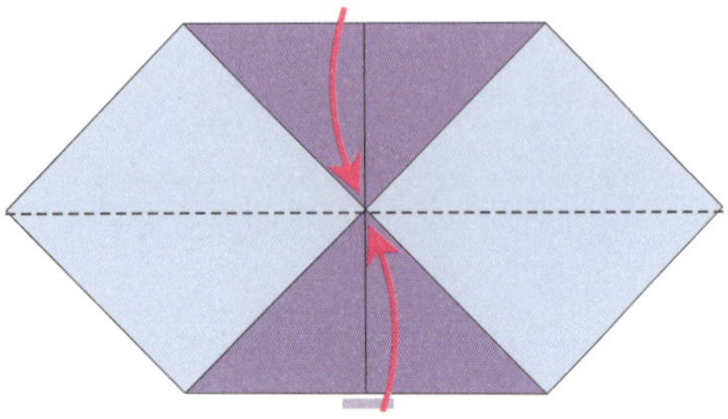

돌려요

위의 모양에서
시작해요.

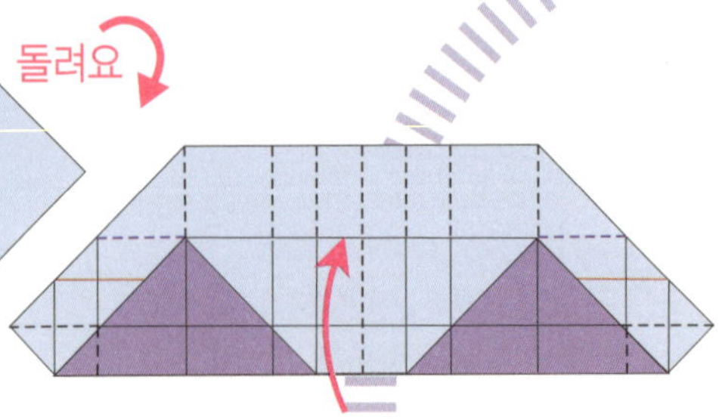

10 아래와 좌우 펼친 뒤
(위의 그림 모양에서 시작해요.)
아랫면을 윗 선까지 올려 접어요.

2 편 뒤 중심 선에 맞춰
안으로 접어요.

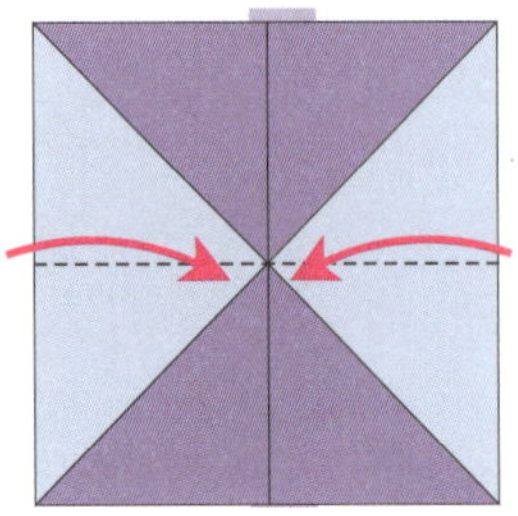

돌려요

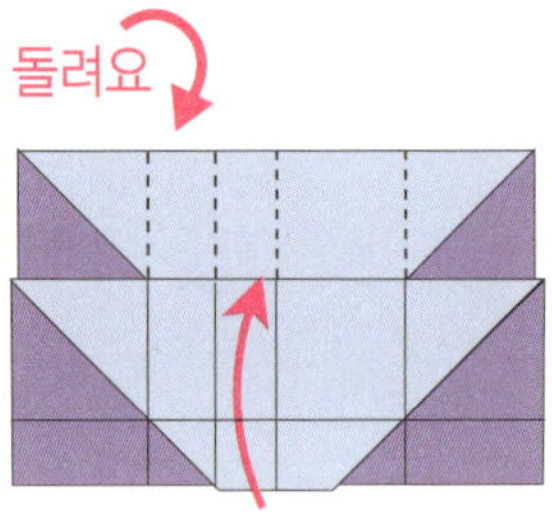

9 90도씩 돌려가며 네 곳 모두
8번처럼 올려 접어요.

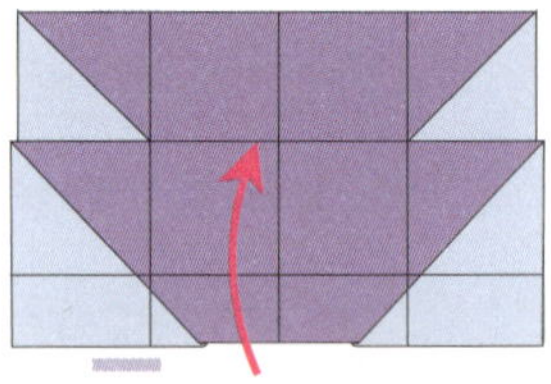

8 펴지 말고 아랫면을 가장
윗 선까지 올려 접어요.
(연한 면이 위예요.)

3 뒤집은 뒤 좌우
안으로 접어요.

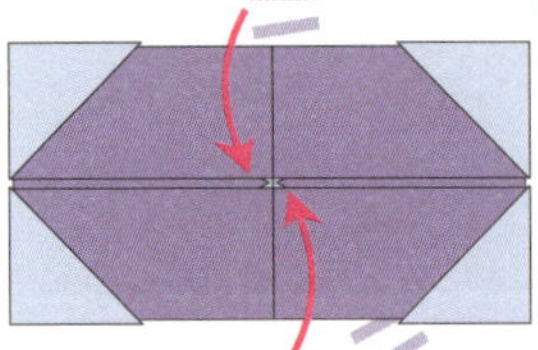

4 뒤집어서 위, 아래를
대문접기 해요.
(연한 면이 위예요.)

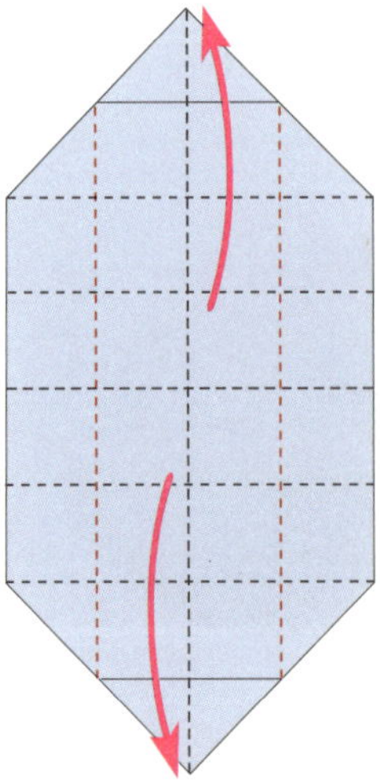

5 **4**번에서 접은 면을
위, 아래 펼쳐요.

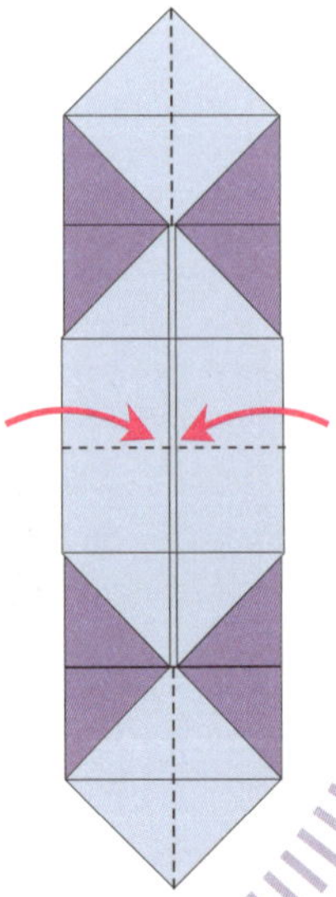

6 길게 대문접기를 해요.

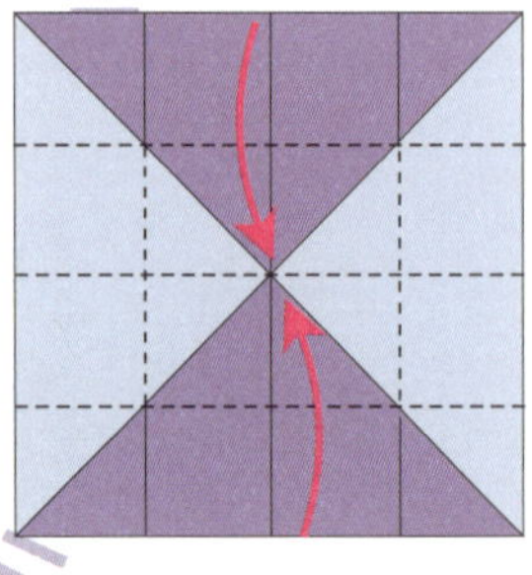

7 좌우 펼친 뒤 위, 아래
안으로 접어요.

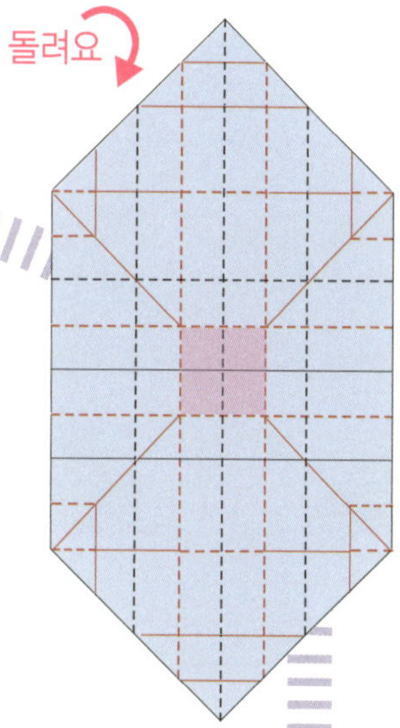

돌려요

11 펼쳐서 돌리면
접은 선이 나타나요.

12
①을 안으로 접고
②를 접어요. 그리고
남는 면을 안으로
접어요.

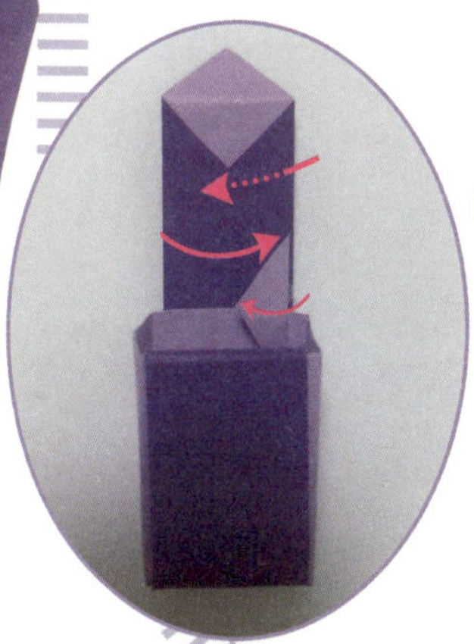

13 돌려서 반대편도
똑같이 접어요.

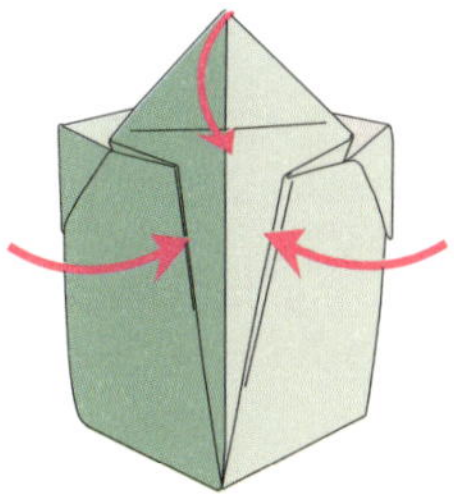

13 좌우를 안으로 접은 뒤
윗면을 내려 접어요.
네 면 모두 똑같이 접어요.

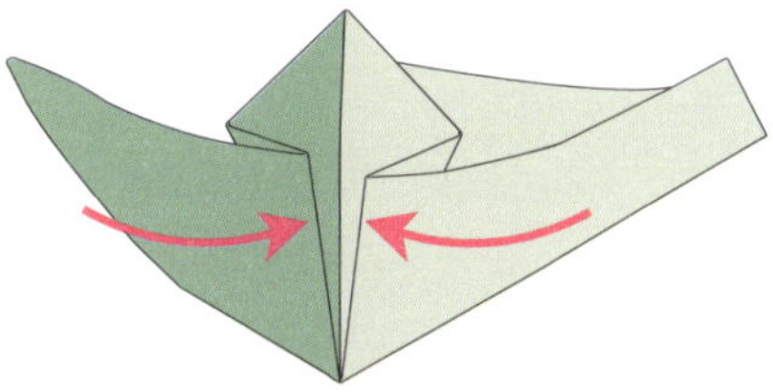

12 화살표대로 좌우를
안으로 접어요.
네 면 모두 똑같이 접어요.

돌려요

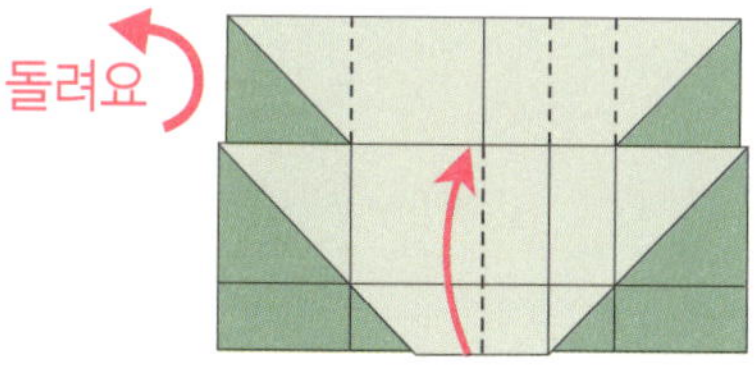

10 90도씩 돌려가며 네 곳 모두
9번처럼 올려 접어요.

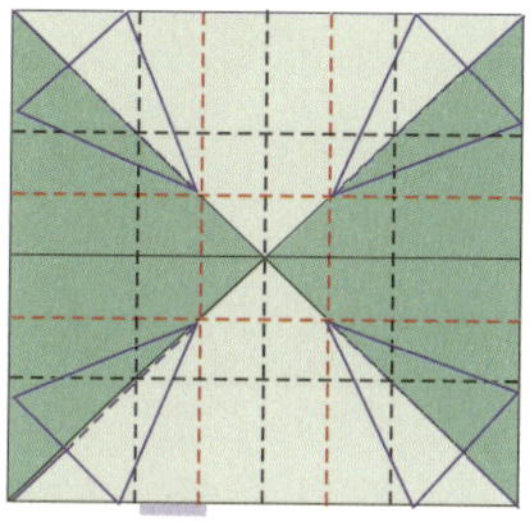

접기 1   완성

14

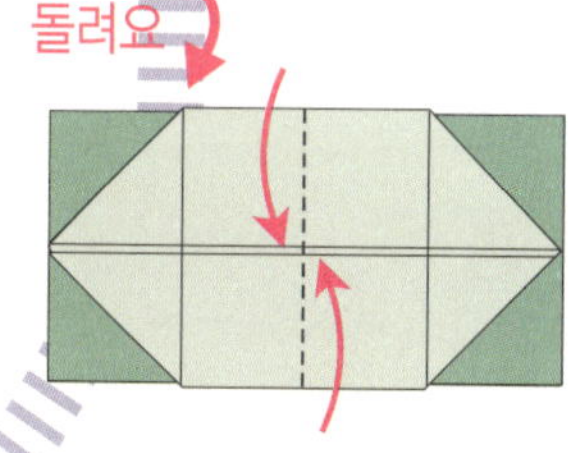

접기 2   완성

14

11 펼친 뒤 네 모서리를 접어요.

돌려요

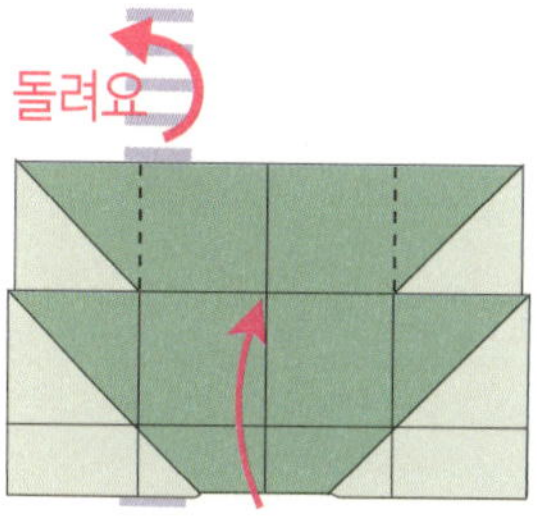

9 펼친 뒤 돌려서 아랫면을
가장 윗 선까지 올려 접어요.

돌려요

8 7번 상태에서 돌려서
대문접기 해요.
(연한 면이 위예요.)

181

90

무늬상자3

'무늬상자2'보다 넓이는 크고 길이는 짧은
상자예요. 상자 밑면과 모서리 접기에서
접는 선 간격에 유의해서 접어요.

정사각형

*81 상자, 1번까지 접어요.

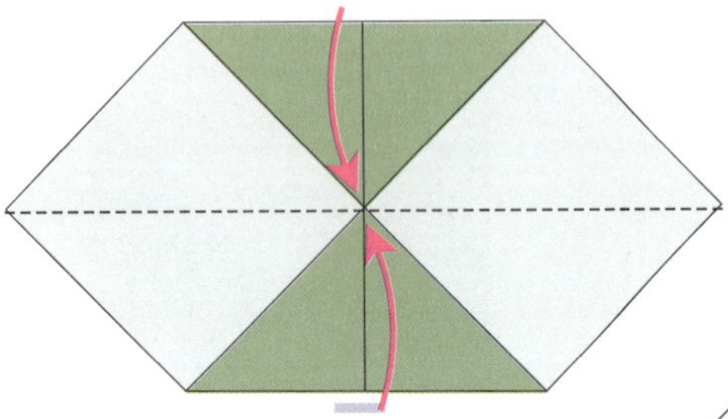

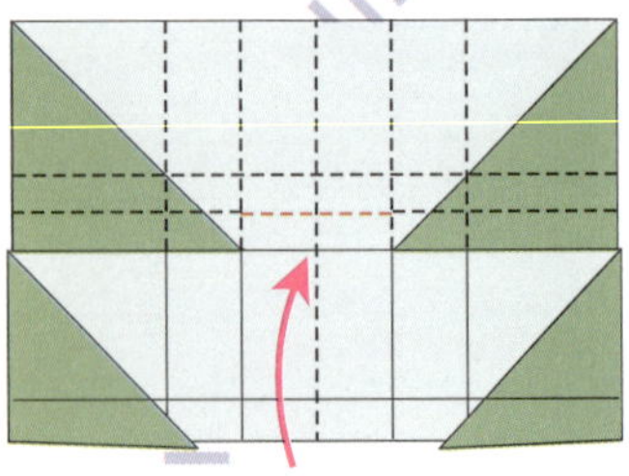

10 다시 아랫면을 펴고 좌우를
안으로 접은 뒤 뒤집어요.
그리고 선까지 올려 접어요.

2 편 뒤 중심 선에 맞춰
안으로 접어요.

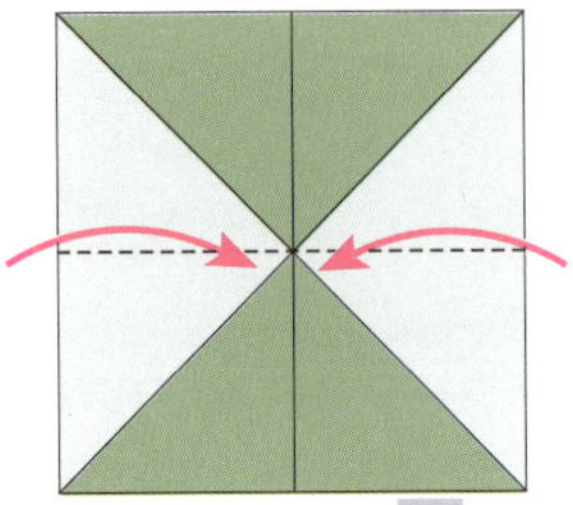

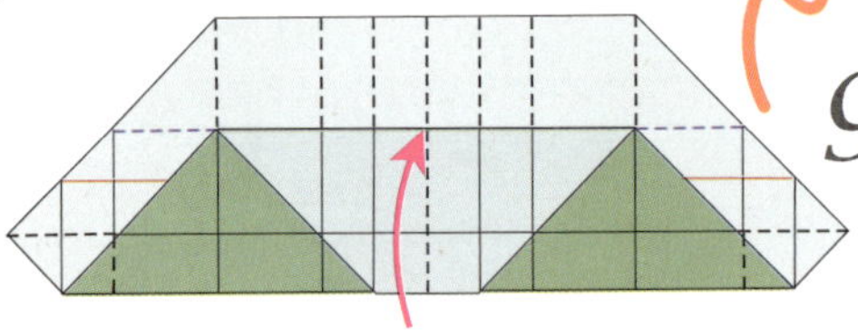

9 좌우를 펼친 뒤 아랫면을
선까지 올려 접어요.
(반대편도 똑같이 접어요.)

돌려요

3 뒤집은 뒤 좌우
안으로 접어요.

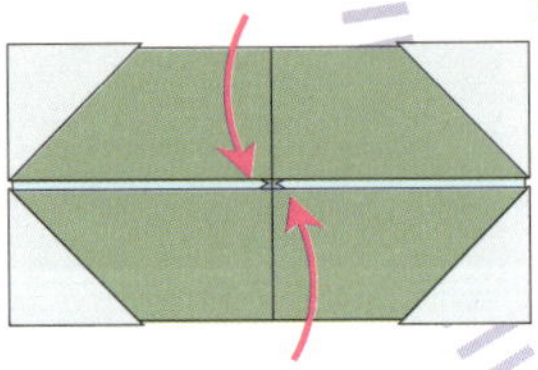

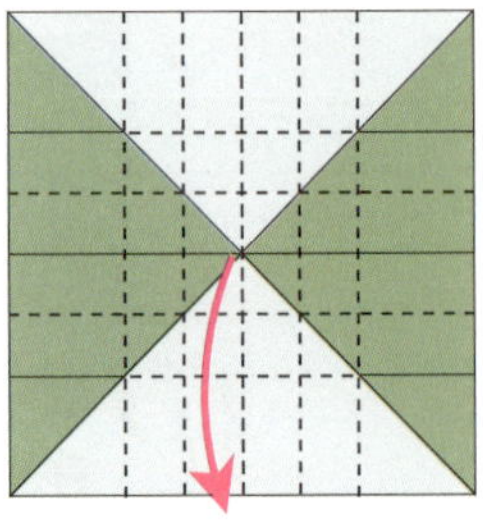

8 아랫면을 펼치면
접은 선이 생겼어요.
(진한 면이 위예요.)

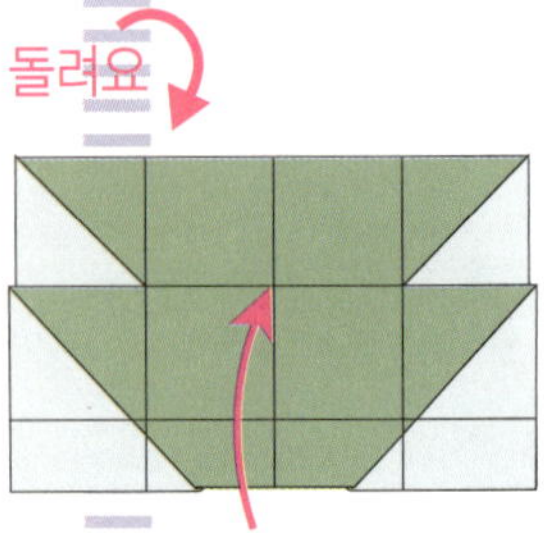

7 아랫면을 가장 윗선까지
올려 접어요. 90도로
돌려가며 네 곳 모두 접어요.

4 뒤집어서 위, 아래를
대문접기 해요.
(연한 면이 위예요.)

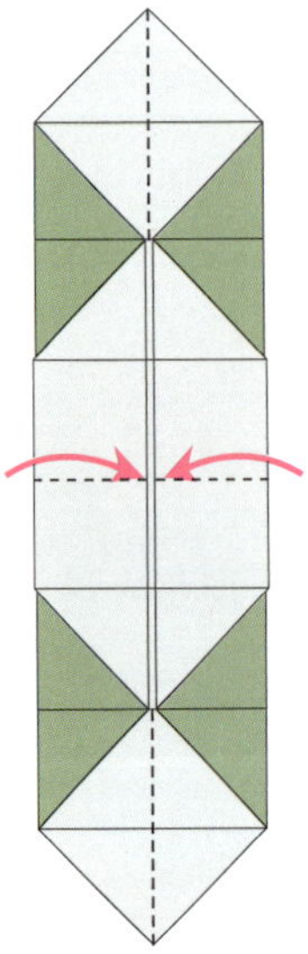

5 위, 아래를 펼친 뒤
길게 대문접기를 해요.

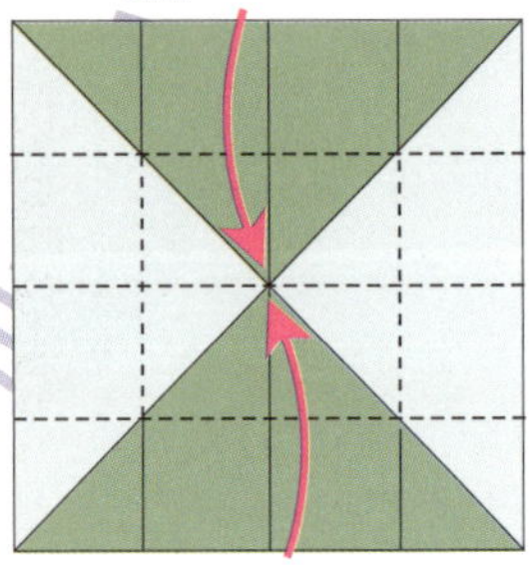

6 다시 좌우를
펼친 뒤 위, 아래를
안으로 접어요.

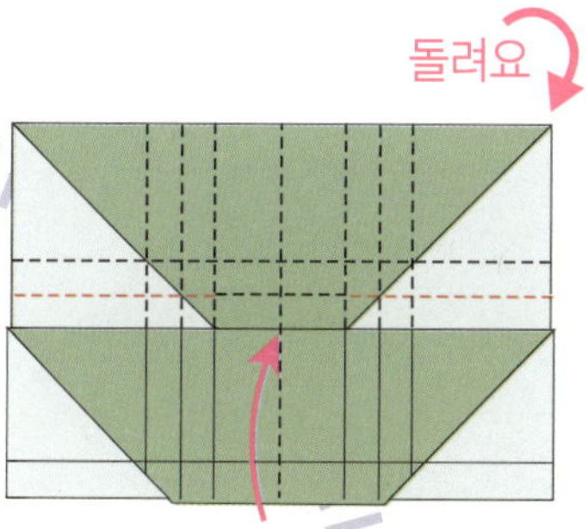

돌려요

11 90도씩 돌려가며
네 곳 모두 접어요.

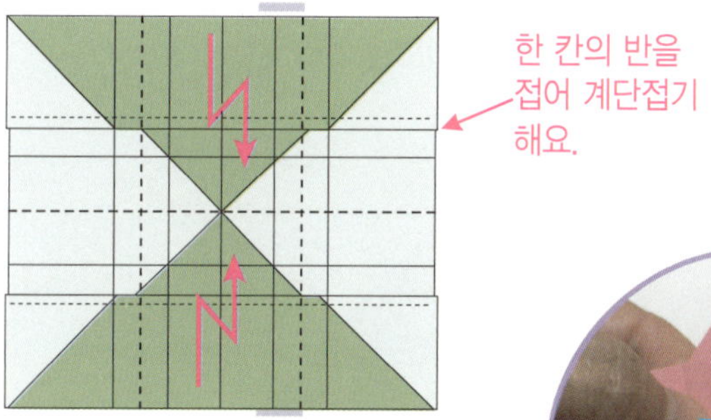

한 칸의 반을
접어 계단접기
해요.

12 편 뒤 위, 아래 한 칸의
반씩 계단접기 해요.

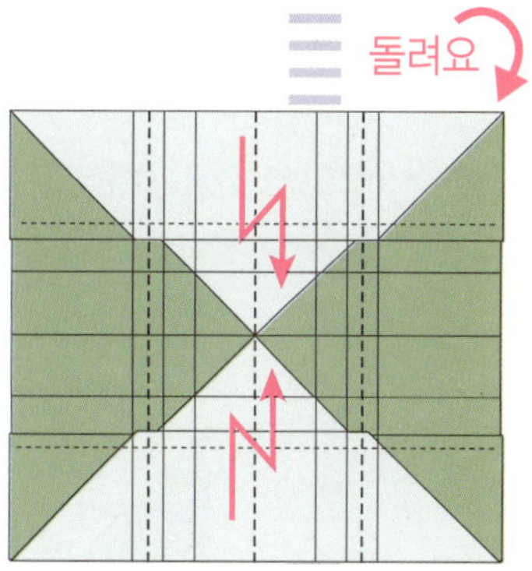

돌려요

13 편 뒤 돌려서 똑같이 접어요.

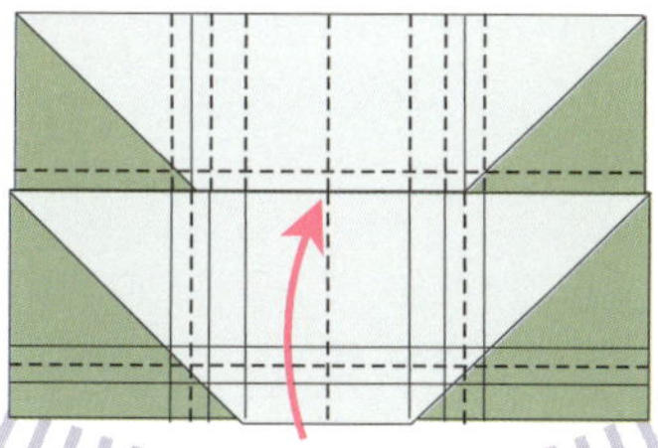

14 뒤집은 뒤 접었던 선에 맞춰
그림처럼 접어요. **12**번에서
계단접기 한 선까지 접어
올려요. (연한 면이 위예요.)

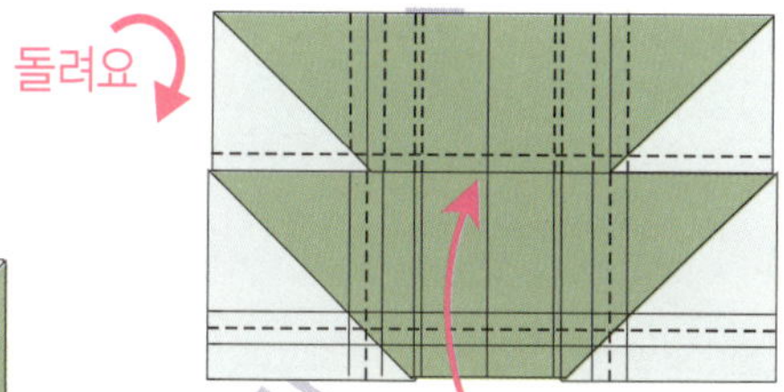

완성

18

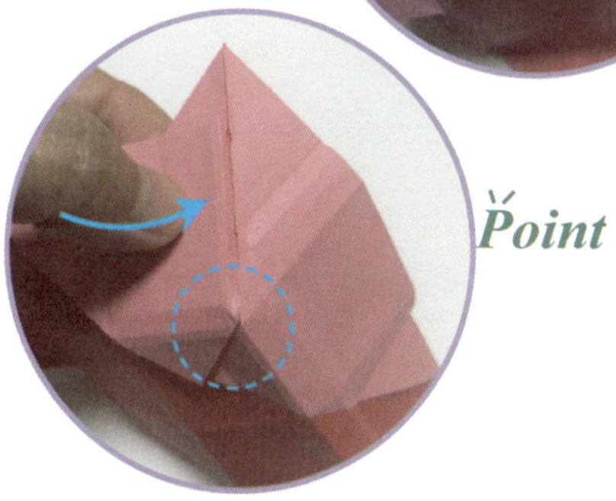

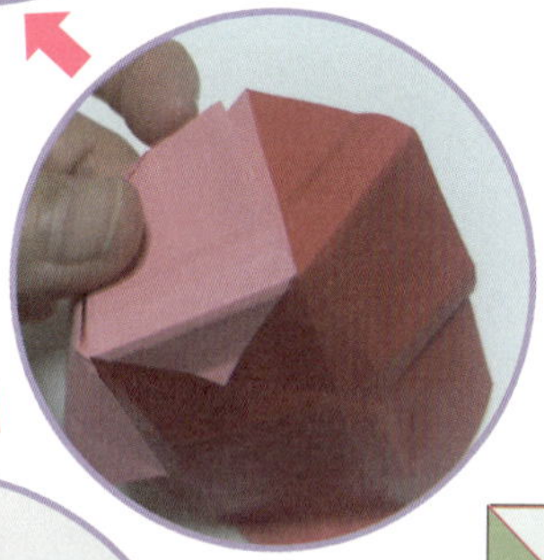

17 모서리를 접을 때 표시대로
(점선 원) 접은 간격을
남겨두고 접어요.

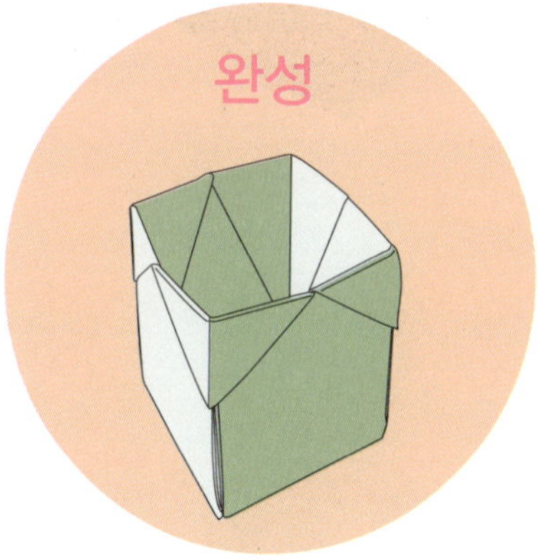

Point

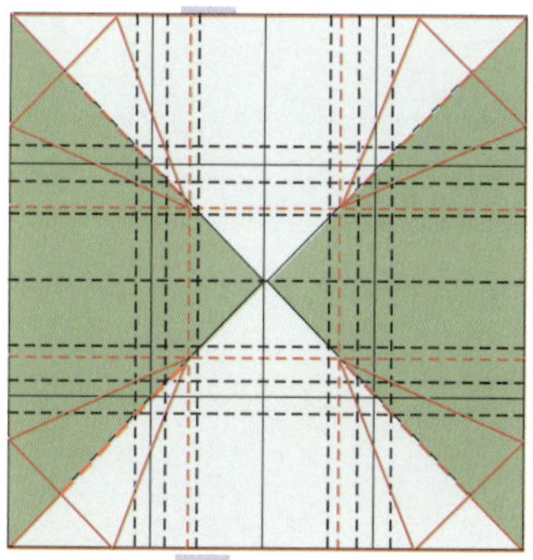

16 펼친 뒤 모서리 네 면을 접어요.
＊'82 반상자' 접기1 8번 참고해요.

돌려요

15 90도로 돌려가며 네 곳을
똑같이 접어요. 계단접기 한
선까지 접어 올려요.

183

91

쌍상자

접기만으로 두 개의 상자를 만들어요.
상자 바닥의 색상이 달라 다채로워 보여요.

직사각형

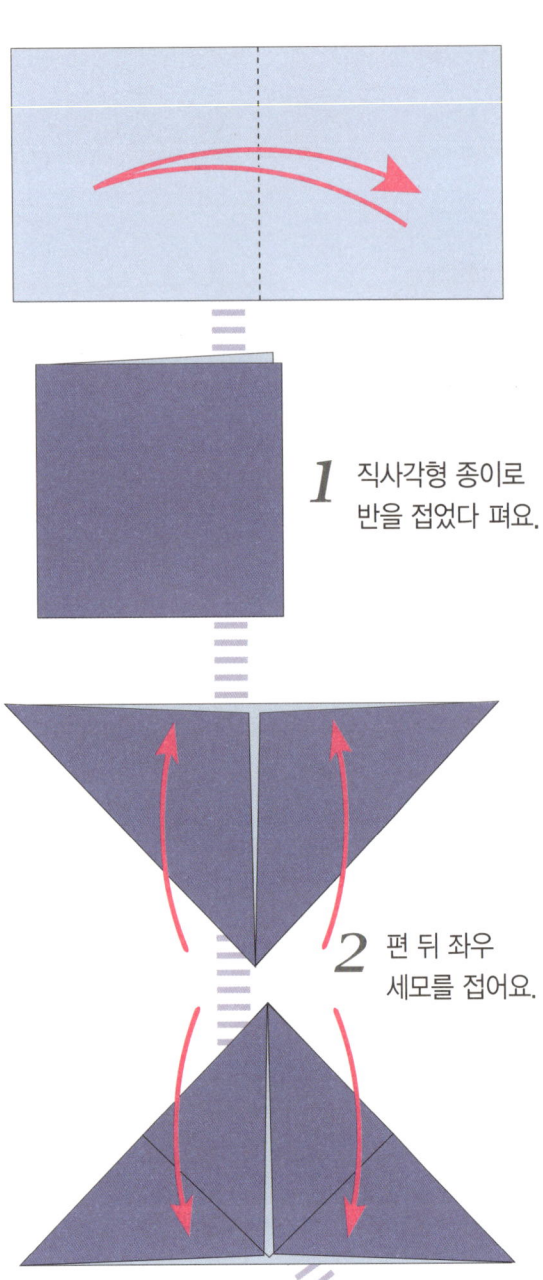

1 직사각형 종이로
반을 접었다 펴요.

2 편 뒤 좌우
세모를 접어요.

3 편 뒤 위에서 아래로 접어요.
(뒤집지 않아요.)

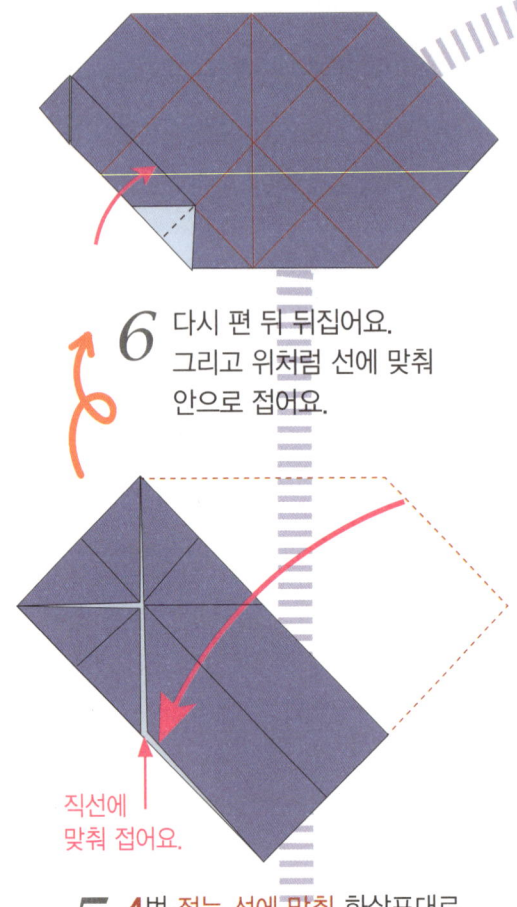

6 다시 편 뒤 뒤집어요.
그리고 위처럼 선에 맞춰
안으로 접어요.

직선에
맞춰 접어요.

5 **4번** 접는 선에 **맞춰** 화살표대로
좌우 똑같이 접어 내려요.

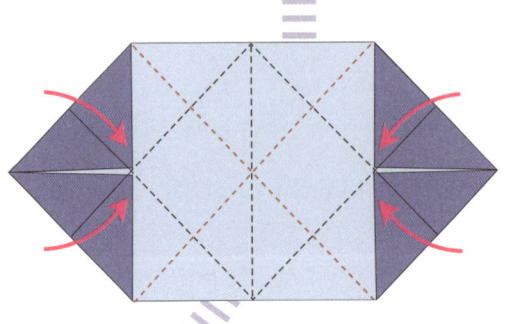

4 펼친 뒤 네 모서리를
안으로 접어요. 그리고
선대로 접어요.

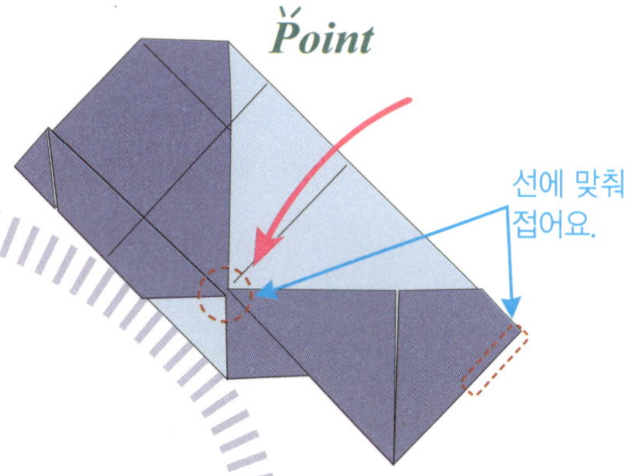

Point

선에 맞춰
접어요.

7 6번 상태에서 윗면을 아래로 (점선 원)
내려 접어요. 돌려가며 6번 접고, 7번을
접으며 네 곳 모두 접어요.
(접을 때는 먼저 접은 면은 펴고 접어요.)

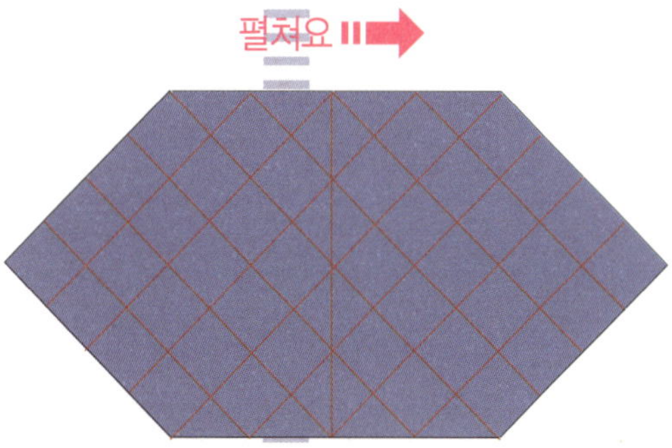

펼쳐요

8 펼치면 접은 선들이 생겼어요.

완성

12

Point

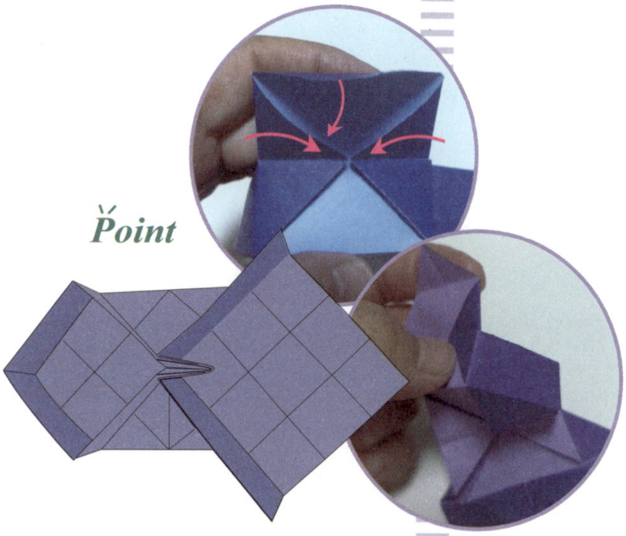

11 반쪽 면의 모서리를 접어요.
모서리 뒷면은 사진처럼
좌우 안으로 접은 뒤 위를
덮어 내려요.

Point

한쪽을 뾰족하게
모아서 옆으로
밀어 접어요.

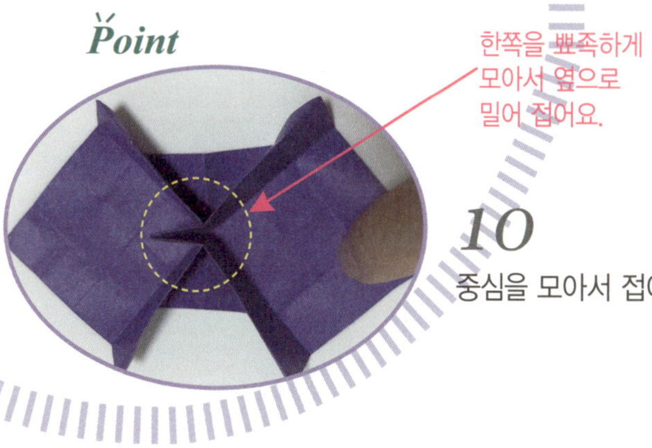

10 중심을 모아서 접어요.

9 사진처럼 먼저 X자
모양으로 접어요.

185

⑨2
쌍반상자

직사각형

한 상자에 색상이 반씩 나눠진 상자예요.
상자를 나누는 중심 접기가 다소 어려워요.

*91 쌍상자, 1번까지 접어요.

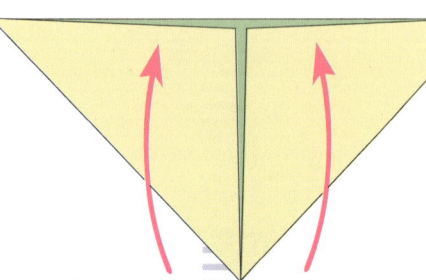

2 편 뒤 좌우 세모를 접어요.

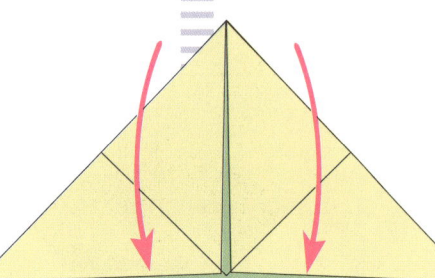

3 편 뒤 위에서 아래로 접어요.
(뒤집지 않아요.)

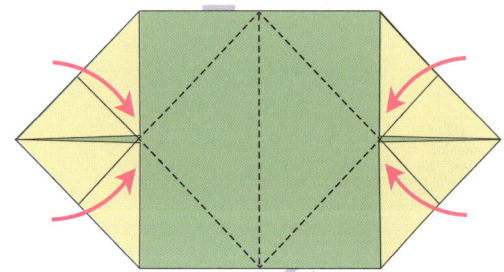

4 펼친 뒤 네 모서리를
안으로 접어요.

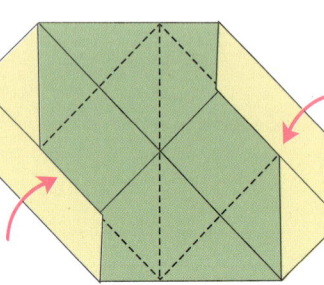

7 다시 뒤집어서 **5**번에서
네 곳 접은 면을 좌우 한 번
더 말아 접어요.

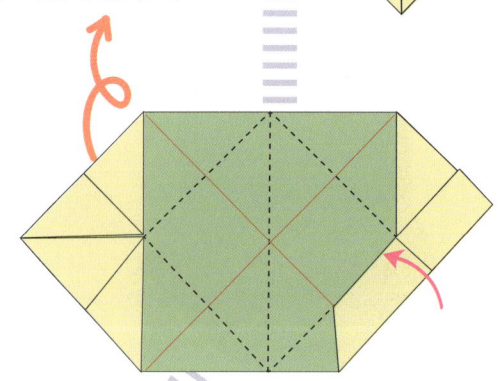

8 선에 맞춰 밀어
계단접기 해요.

모서리 끝에
맞춰 접어요.

6 뒤집어서 각 표시(점선 원)
모서리에 맞춰 아래로 접어요.
(좌우 똑같이 접어요.)

5 화살표대로 한쪽 면을 올려 접어요.
90도씩 돌려가며 네 곳을 똑같이
접었다 펴요. 그리고 선대로 접어요.

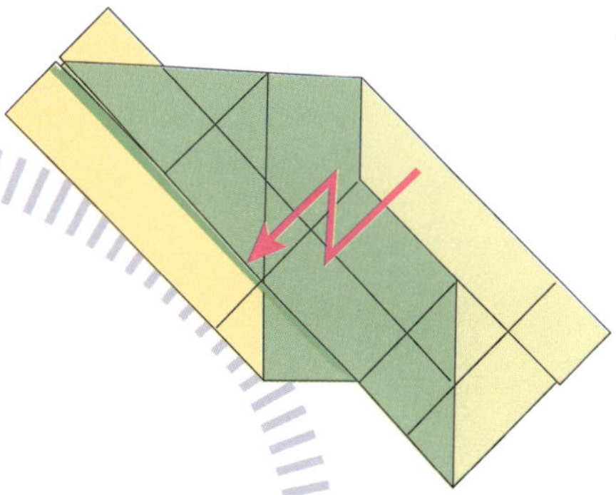

완성

9 반대편으로 밀어 계단접기 해요. 나머지 안 접은 두 면도 **8**번, **9**번 순서대로 접어요.

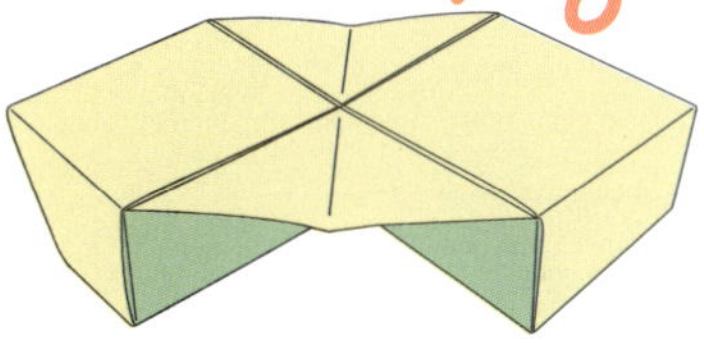

14 상자를 뒤집었을 때 밑면 모양

15

펼쳐요 ▐▐▶

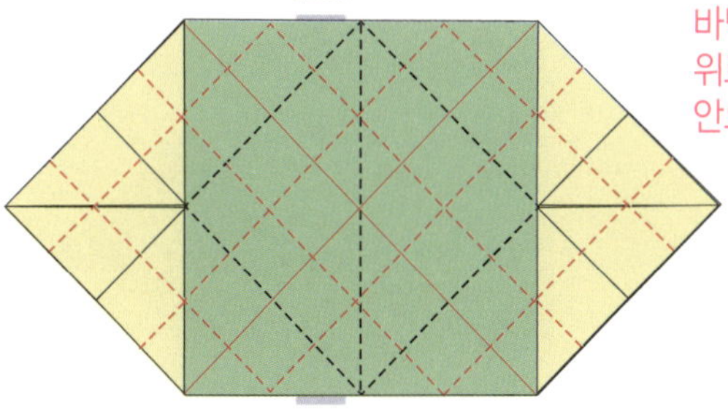

10 펼치면 접은 선들이 생겼어요.

바닥의 연한 면을 위로 펼친 뒤 좌우 안으로 접어요.

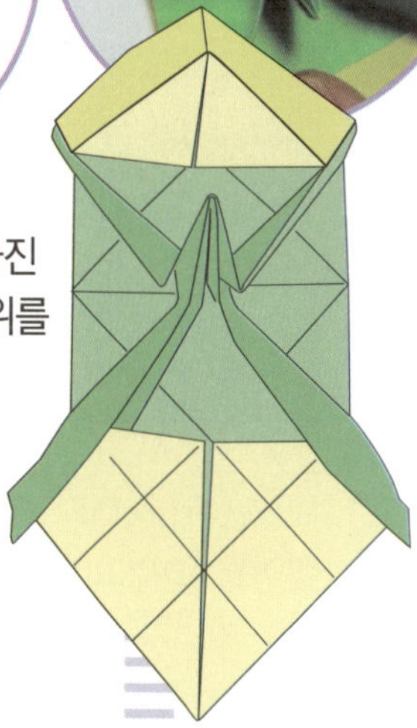

13 상자 반쪽의 모서리를 사진 처럼 좌우 안으로 접어 위를 덮어 내려요. 반대 면도 동시에 같이 접어요.

Point

11 사진처럼 먼저 X자 모양으로 접어요.

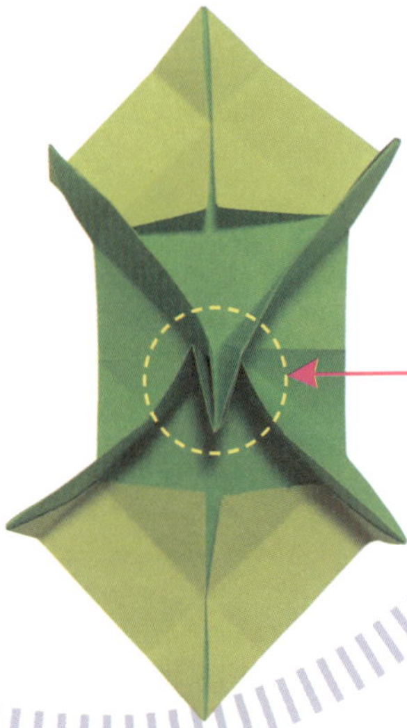

한쪽을 뾰족하게 모아서 옆으로 밀어 접어요.

12 중심을 모아서 접어요.

상자 높이의 마무리를 밖으로 접던 다른
상자와 달리 안으로 접어 넣어 두 색상의
대비 효과를 잘 살린 상자예요.

직사각형

✱91 쌍상자, 3번까지 접어요.

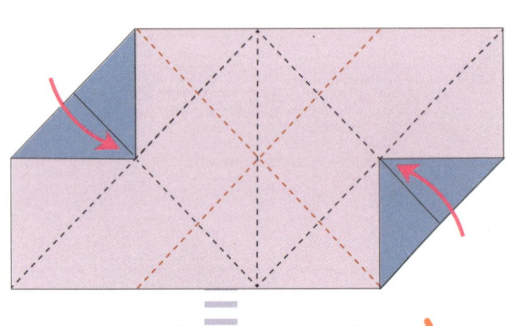

4 펼친 뒤 좌우 모서리를
안으로 접어요.

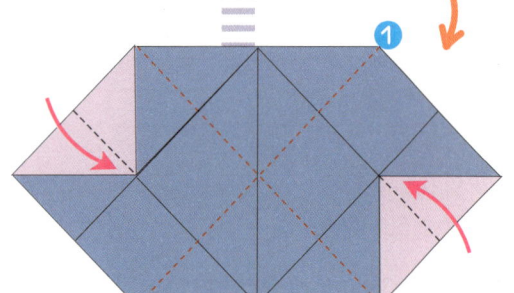

5 뒤집은 뒤 나머지 모서리를
접어요. 그리고 선대로 접어요.

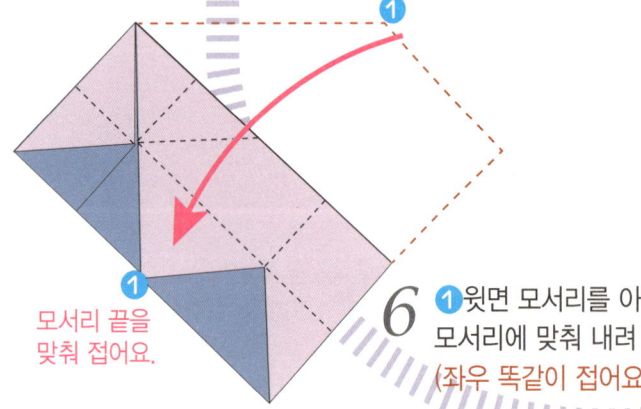

모서리 끝을
맞춰 접어요.

6 ① 윗면 모서리를 아랫면
모서리에 맞춰 내려 접어요.
(좌우 똑같이 접어요.)

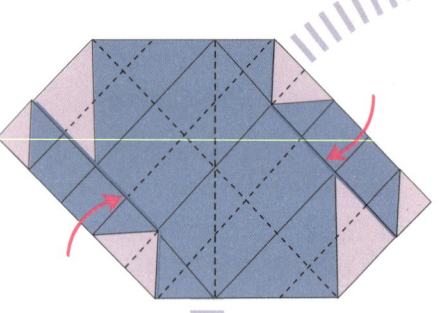

9 다시 편 뒤 안 접은 면 좌우를
선에 맞춰 안으로 접어요.

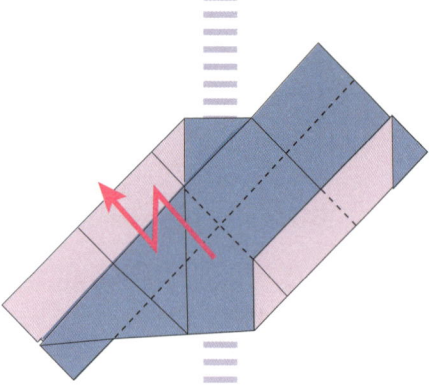

8 중심 면을 올려서 밀어
계단접기 해요.
좌우 똑같이 접어요.

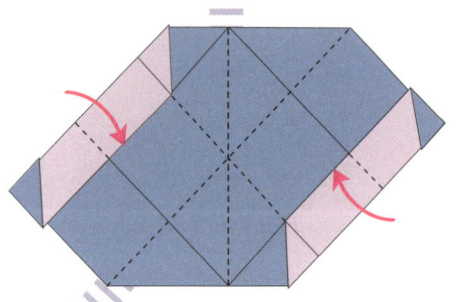

7 펼친 뒤 **5**번의 접은 두 면을
한 번 더 말아 접어요.

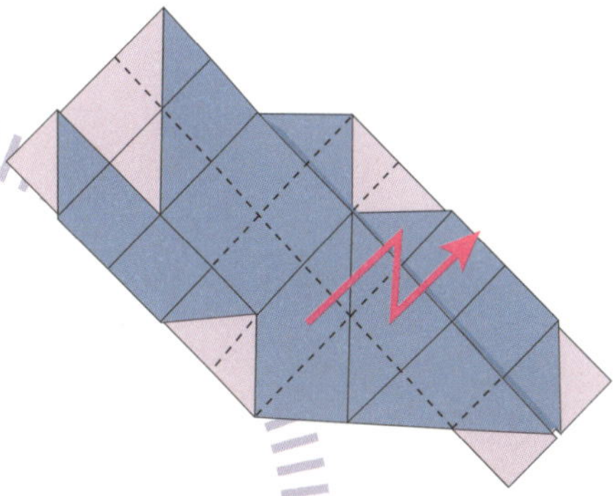

10 8번처럼 밀어서 계단접기 해요.
좌우 똑같이 접어요.

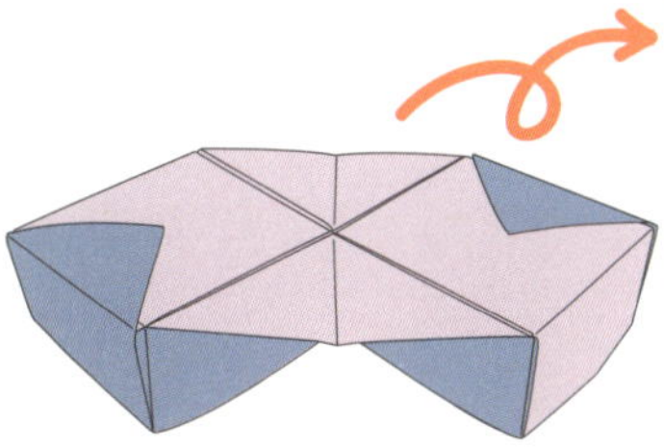

15 상자를 뒤집었을 때
밑면 모양

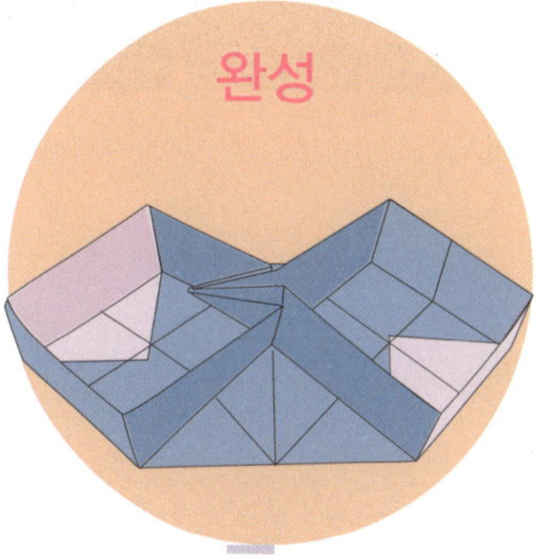

완성

16

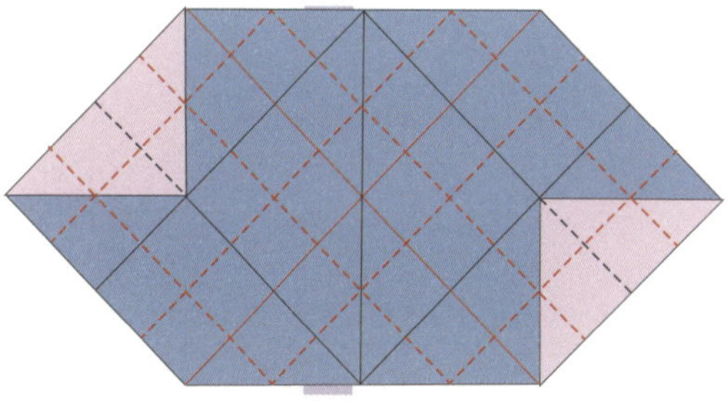

11 펼치면 접은 선들이
생겼어요.

나머지 모서리 한 면은
밖에서 접어 아래로 내려
바닥에서 밑으로 꺾어요.

상자 반쪽의 모서리
한 면은 안으로 접어요.

14 모서리를 접어요.
'92 쌍반상자'와 다르게
반은 밖으로 접어요.

Point

한쪽을 뽀족하게
모아서 옆으로
밀어 접어요.

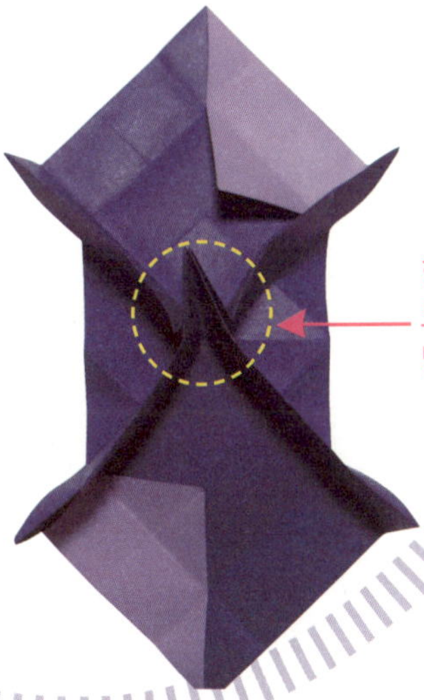

13 중심을
모아서 접어요.

12 사진처럼 먼저 X자
모양으로 접어요.

94

접이식 쌍상자

중심만 잘 나눠 접으면 어렵지 않게
접을 수 있는 상자예요.

직사각형

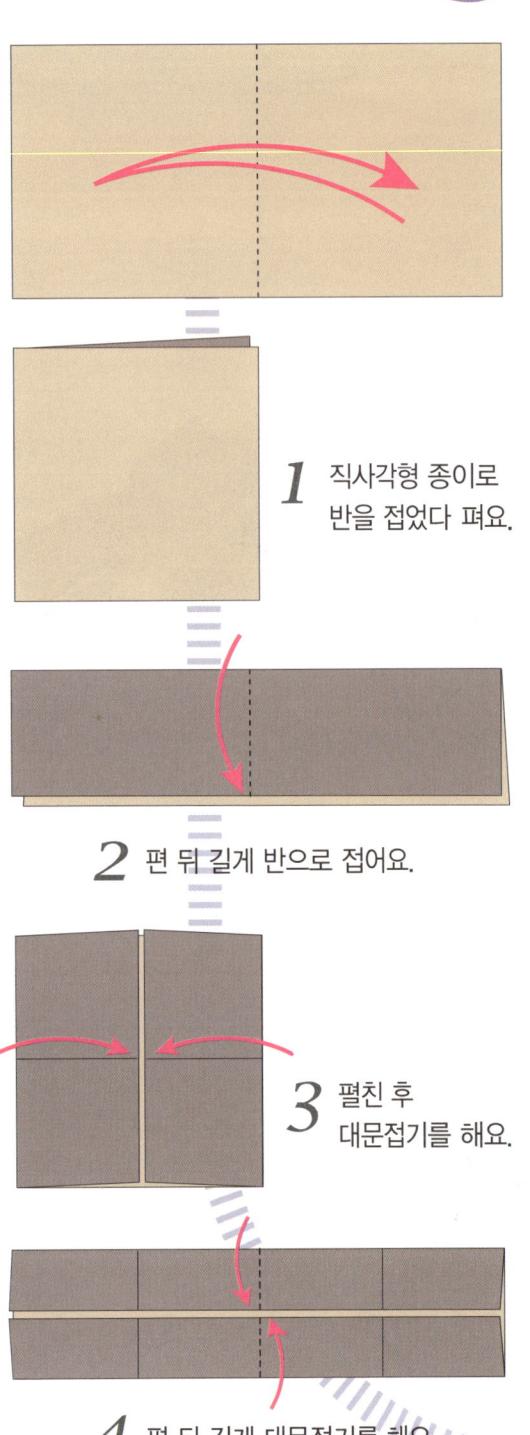

1 직사각형 종이로
반을 접었다 펴요.

2 편 뒤 길게 반으로 접어요.

3 펼친 후
대문접기를 해요.

4 편 뒤 길게 대문접기를 해요.

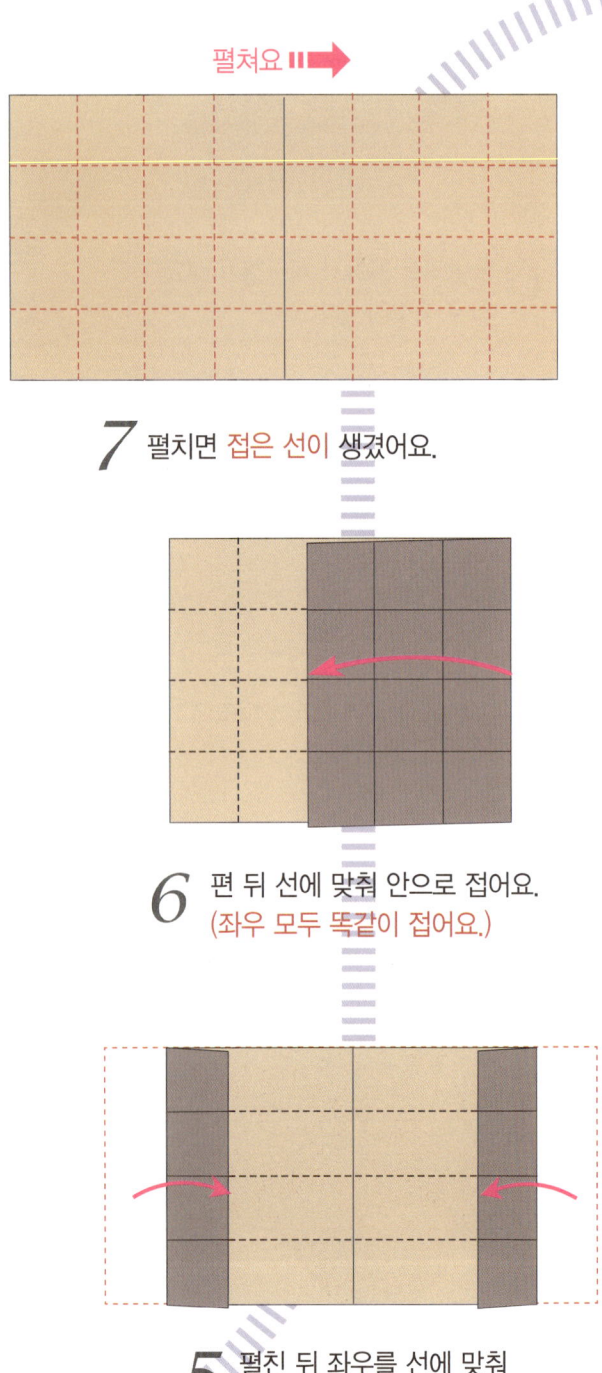

펼쳐요 ▐▐➡

7 펼치면 접은 선이 생겼어요.

6 편 뒤 선에 맞춰 안으로 접어요.
(좌우 모두 똑같이 접어요.)

5 펼친 뒤 좌우를 선에 맞춰
안으로 접어요.

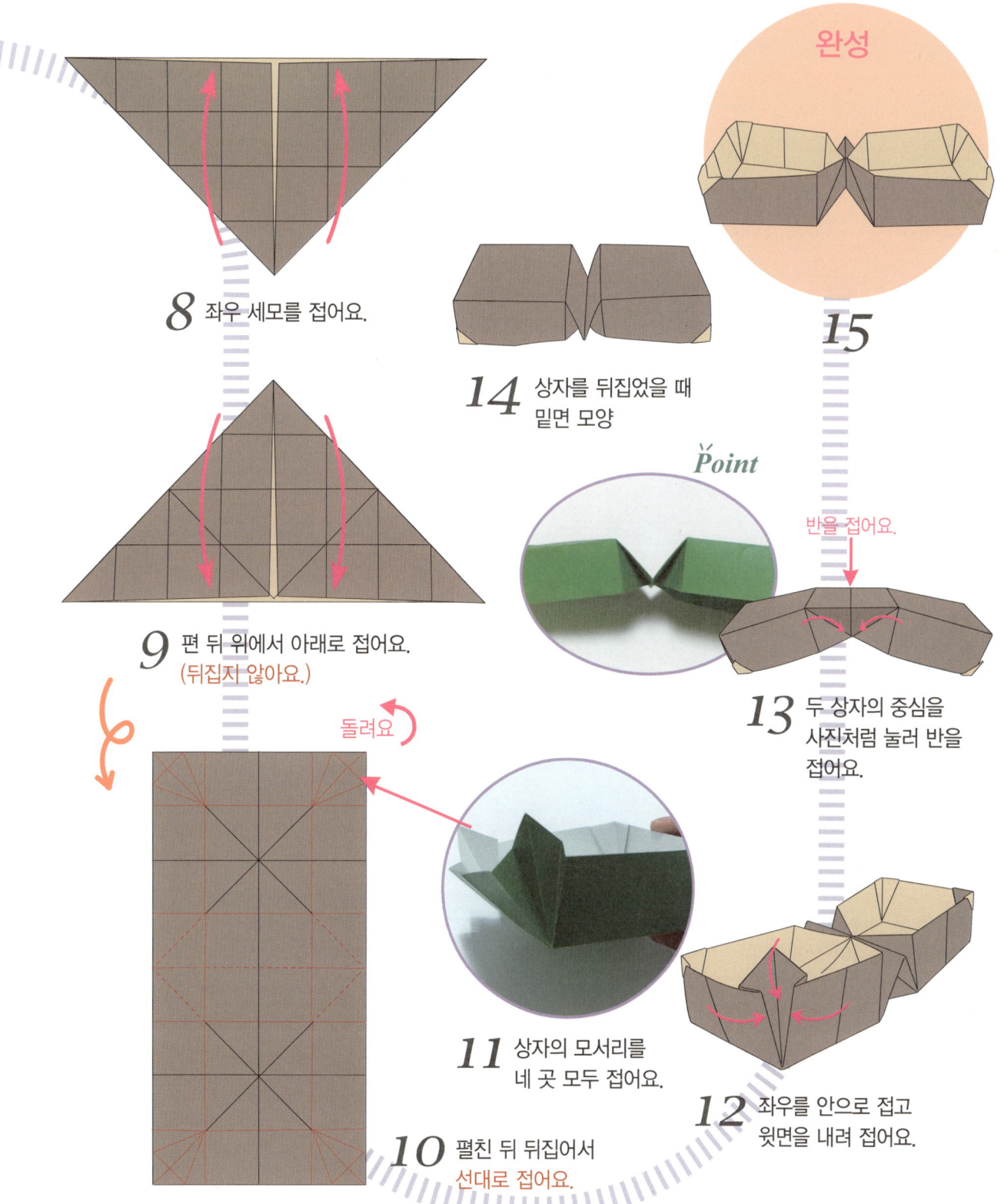

8 좌우 세모를 접어요.

9 편 뒤 위에서 아래로 접어요.
(뒤집지 않아요.)

돌려요

10 펼친 뒤 뒤집어서
선대로 접어요.

11 상자의 모서리를
네 곳 모두 접어요.

14 상자를 뒤집었을 때
밑면 모양

완성

Point

반을 접어요.

13 두 상자의 중심을
사진처럼 눌러 반을
접어요.

15

12 좌우를 안으로 접고
윗면을 내려 접어요.

95 앞뒤 쌍상자
(사용할 수 없는 반쌍상자)

두 상자가 각각 다른 방향을 보는 특이한
상자예요. 이름처럼 사용할 수는 없지만
만드는 재미가 있어요.

직사각형

*94 접이식 쌍상자, 4번까지 접어요.

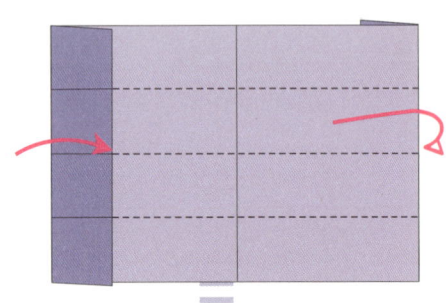

5 펼친 뒤 좌우 끝면을
각각 앞, 뒤 반대로 접어요.

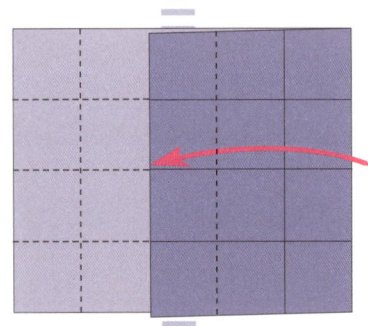

6 편 뒤 선에 맞춰 안으로 접어요.
(좌우 똑같이 접어요.)

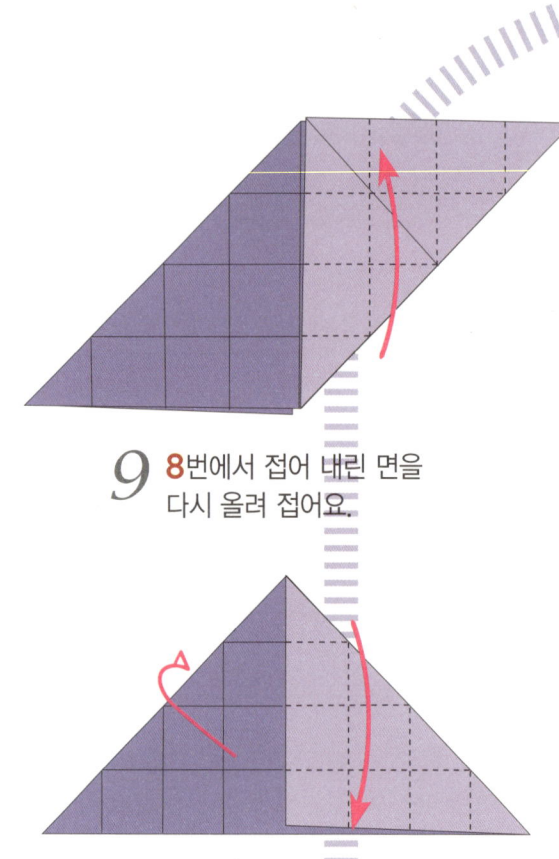

9 **8**번에서 접어 내린 면을
다시 올려 접어요.

8 뒤집어서 서로 다른
방향으로 세모를 접어요.

펼쳐요 ▌▌➡

7 펼치면 접은 선이 생겼어요.

완성

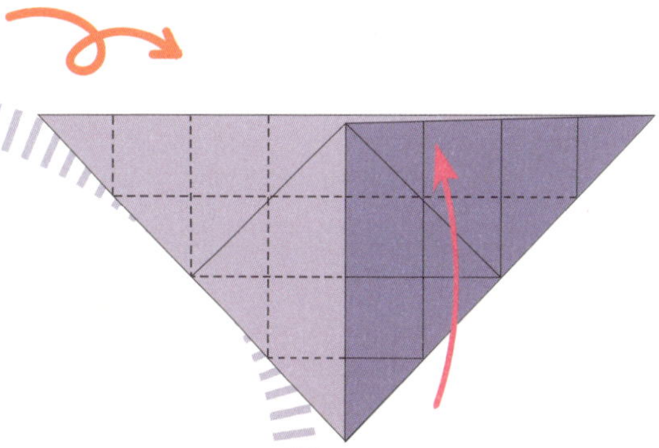

10 뒤집은 뒤 올려 접어요

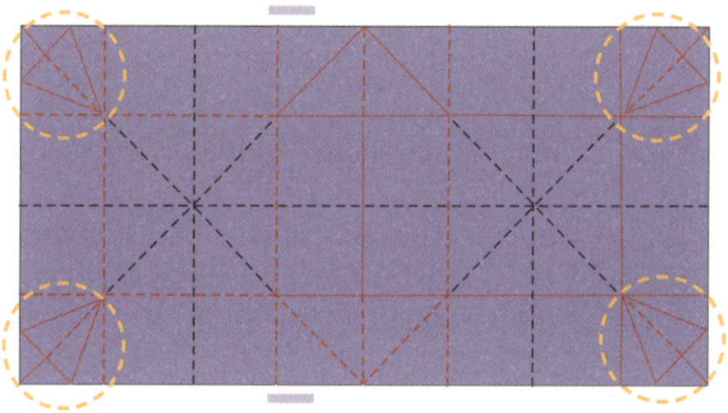

11 펼친 뒤 모서리 네 면을 접어요.
그리고 나머지 선을 접어요.

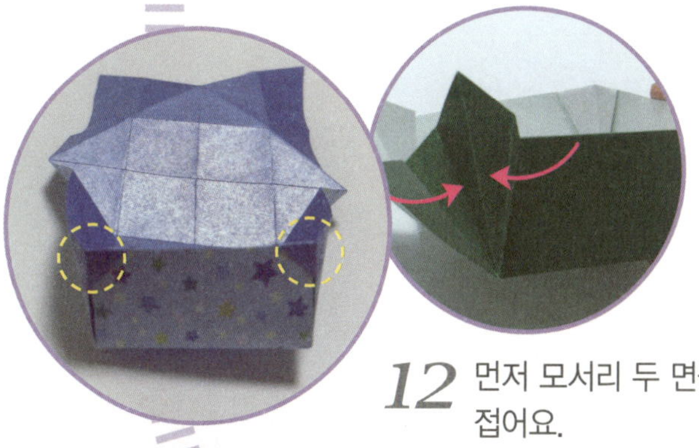

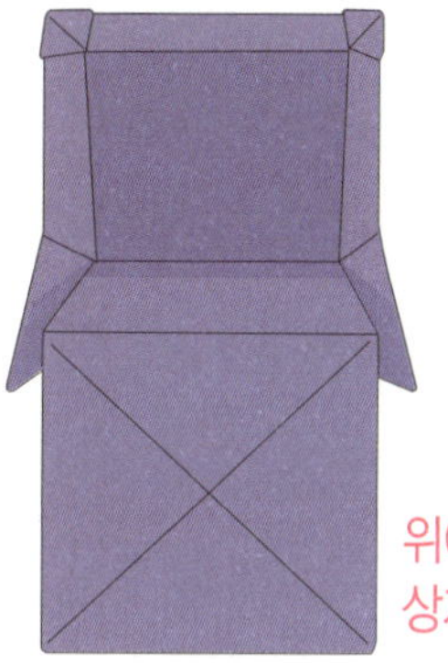

위에서 본
상자 모양

15

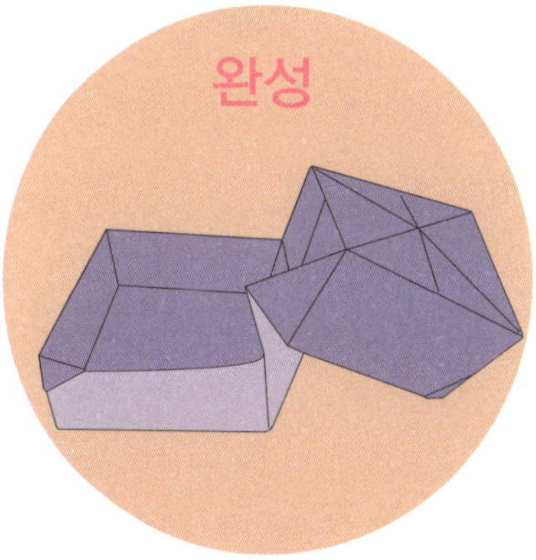

16

Point

12 먼저 모서리 두 면을
접어요.

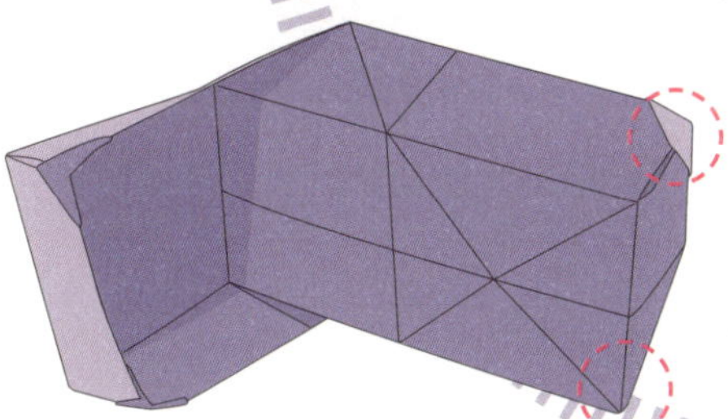

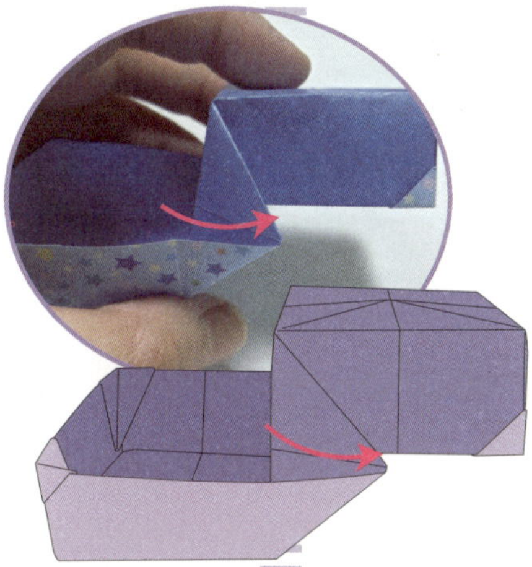

14 좌우 박스를 접은 뒤
중심을 사진처럼 안으로
접어요. 반대편도 접어요.

13 반대편 모서리 두 면은
12번과 반대 방향으로
접어요.

96

뚜껑 달린 상자

뚜껑이 달린 상자를 접어 비밀스런
나만의 물건을 보관해요.

정사각형

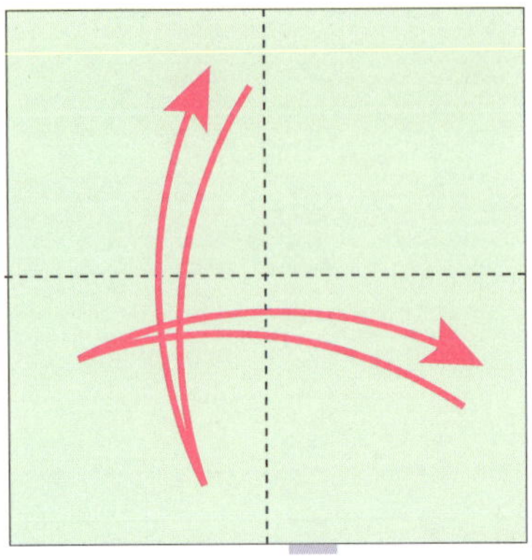

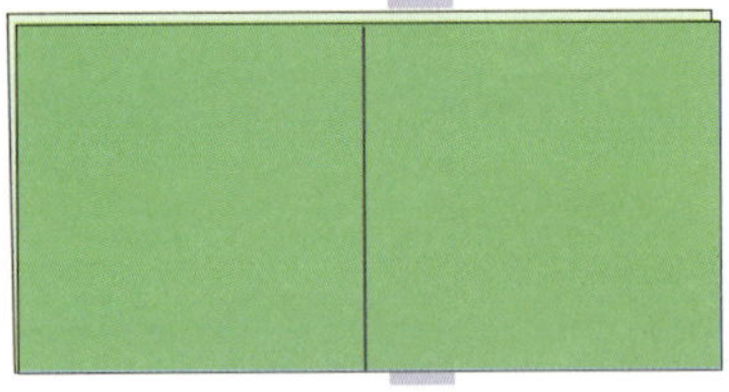

돌려요

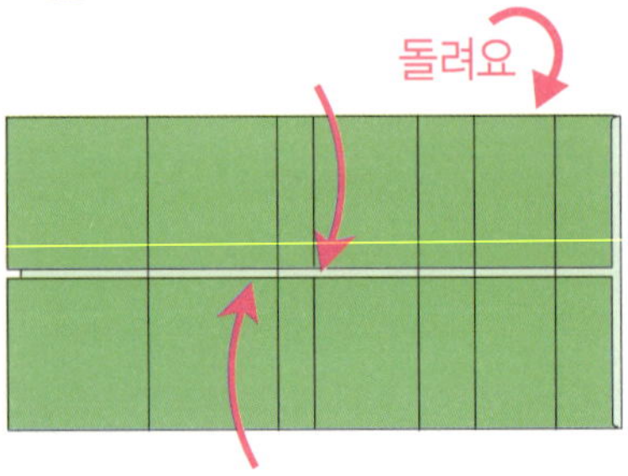

7 모두 펼친 뒤 90도 돌려서
다시 대문접기를 해요.

겹쳐진
상태예요.

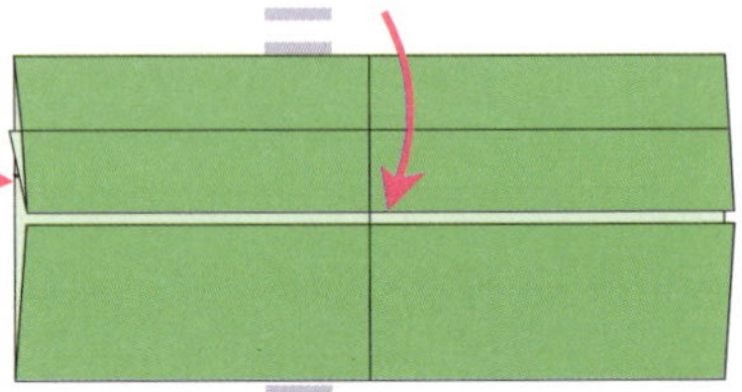

6 **5**번 상태에서 윗면을 (펴지
말고) 그대로 아래 접은 선에
맞춰 내려 접어요.

중심선

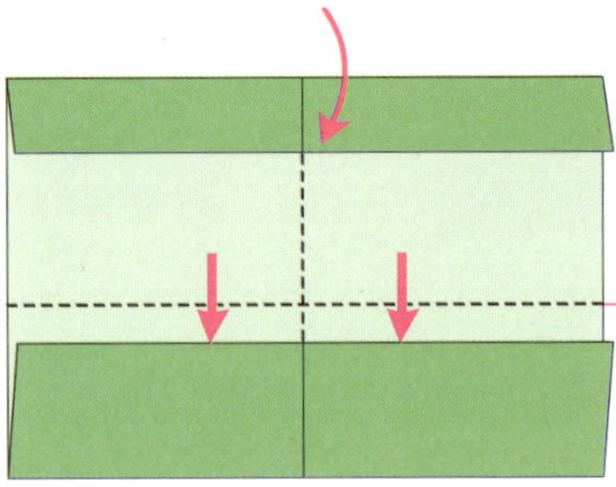

5 윗면은 선까지 접고
아랫면은 중심 선 아래
선까지 내려 접어요.

1 정사각형 종이로 가로, 세로
반을 접었다 펴요.

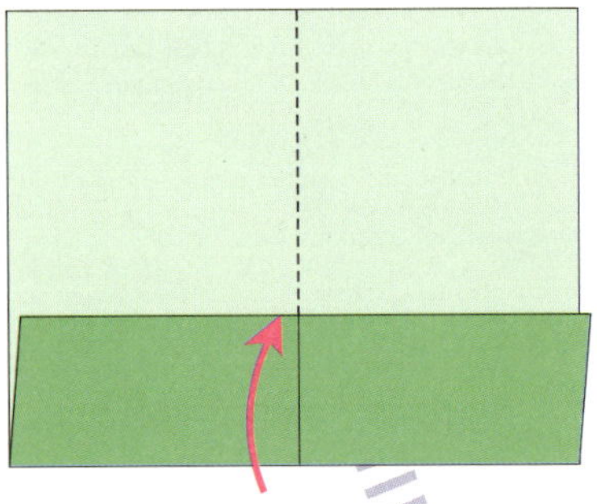

돌려요

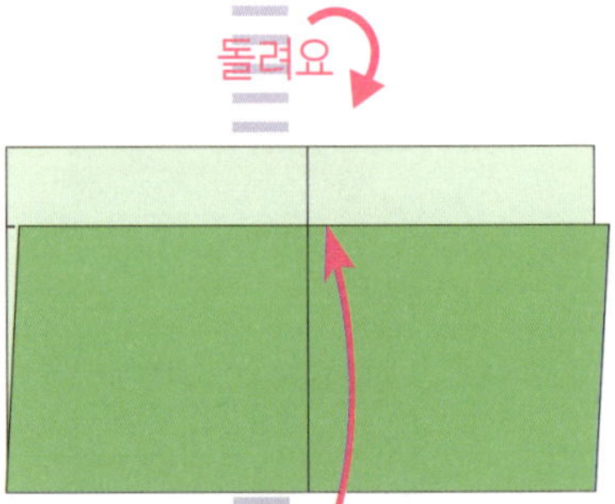

4 편 뒤 180도로 돌려서
3번에서 접었던 선까지
올려 접어요.

2 중심 선에 맞춰 위로
올려 접어요.

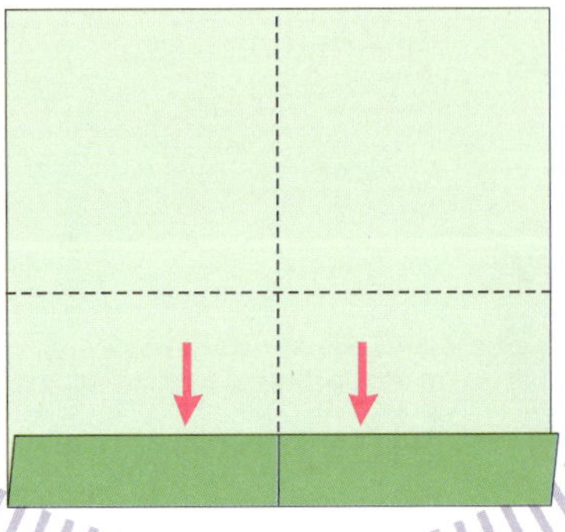

3 펼친 뒤 **2**번에서 접었던
면에서 반만 접어요.

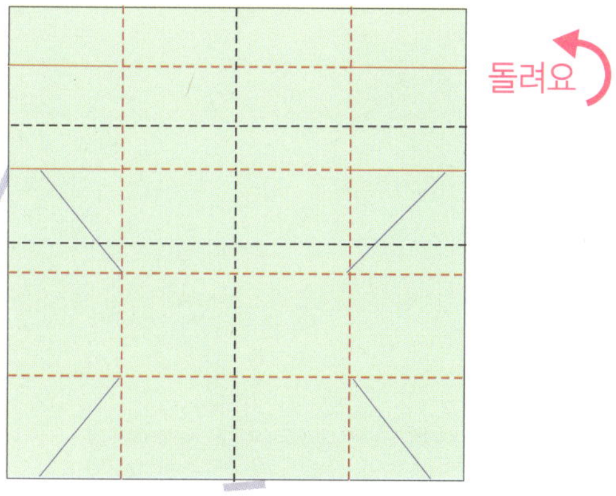

돌려요

8 다시 펼친 뒤 돌려요.

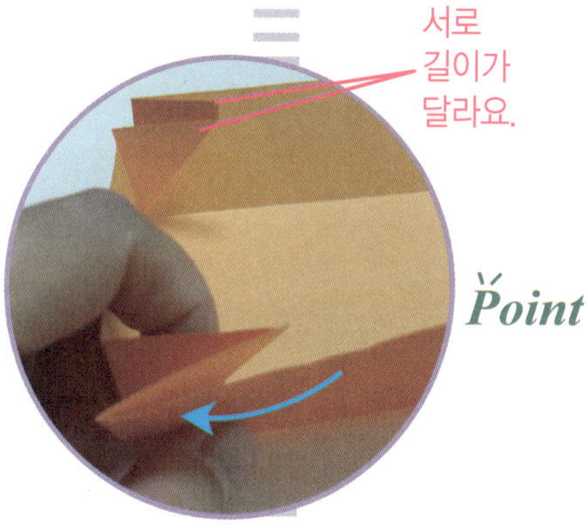

완성

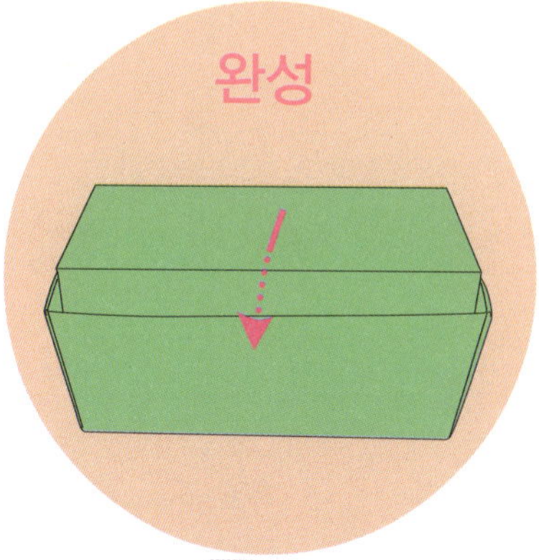

13 상자 윗면(뚜껑)을 내려
안으로 집어 넣어요.

서로
길이가
달라요.

접은 선을
만들어요.

Point

9 모서리를 겹쳐 접어요.
길이가 짧은 면을 안으로
접어요.

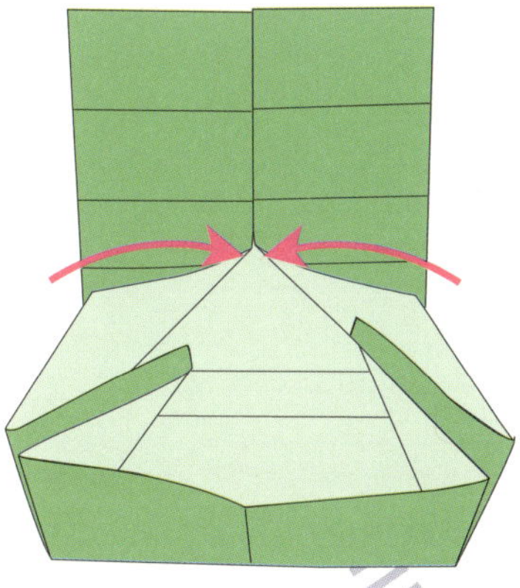

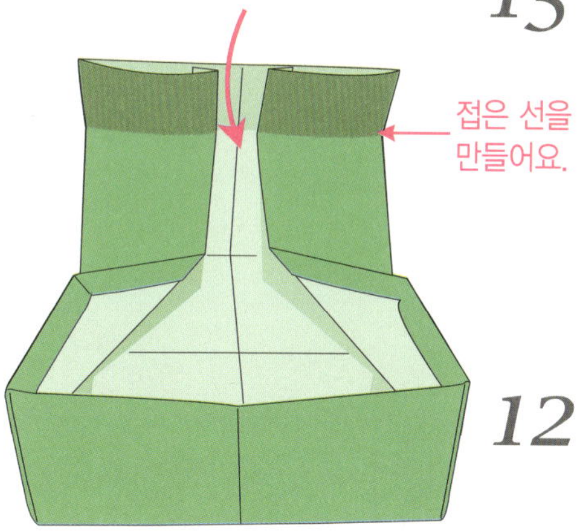

12 좌우를 접은 뒤
윗면(뚜껑)도
접은 선을 만들어요.

10 모서리 두 곳을 접은 뒤
좌우를 중심에 맞춰
안으로 접어요.

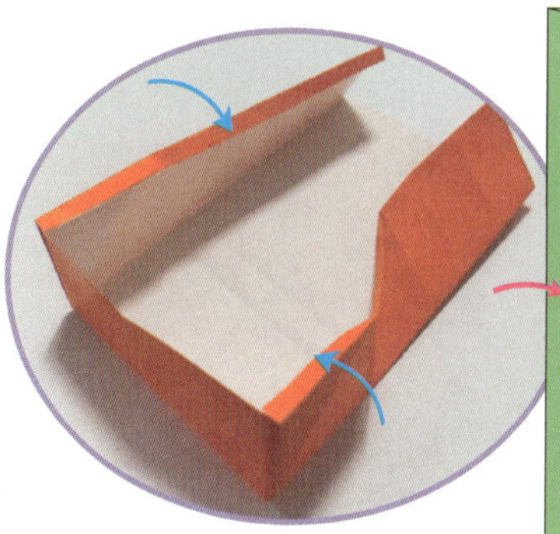

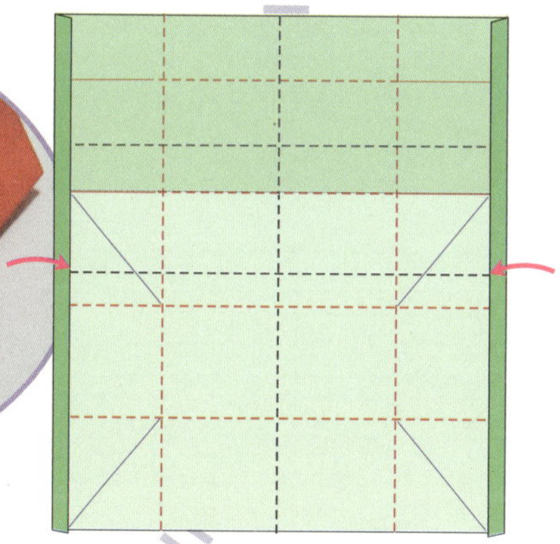

11 편 뒤 **9**번에서 차이나는
길이 만큼 안으로 접어요.

97

상자 or 주사위

때로는 상자로 때로는 주사위로
일석이조로 사용이 가능해요.

정사각형

*96 뚜껑 달린 상자, 7번까지 접어요.

8 '96 뚜껑 달린 상자' **7**번에서
펼친 뒤 아래 면을 올려 접어요.

9 180도 돌린 뒤 아래 면을
올려 접어요.

돌려요

10
다시 펼친 뒤 180도 돌려요.
그리고 아래 면을 **8**번 접은
면에서 반만 접어요.

상자 뚜껑

상자
속으로
들어가는
면

상자 바닥

13 전체 펼쳐요. 그리고
선대로 접어요.

돌려요

돌려요

12 펼쳐서 90도 돌려요.
그리고 좌우를 선에
맞춰 안으로 접어요.

겹쳐진
상태예요.

11 **10**번 접은 면을 펴지 말고
그대로 윗 선까지 올려 접어요.

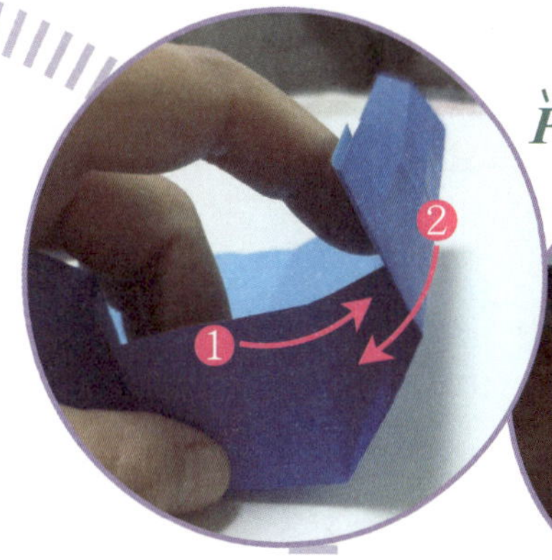

완성

Point

14 모서리의 ❶을 먼저 안으로 접은 뒤, ❷를 안으로 접어요.

18 상자 윗면(뚜껑)을 내려 안으로 집어 넣어요.

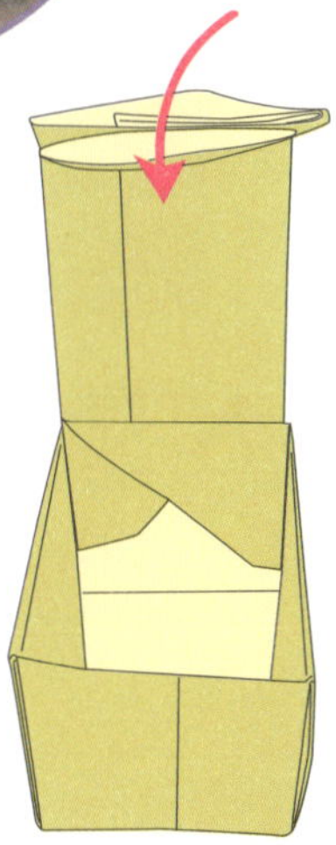

17 **13**번 선에 맞춰 윗면의 접은 선을 만들어요.

15 좌우 옆면을 안으로 내려 접어요.

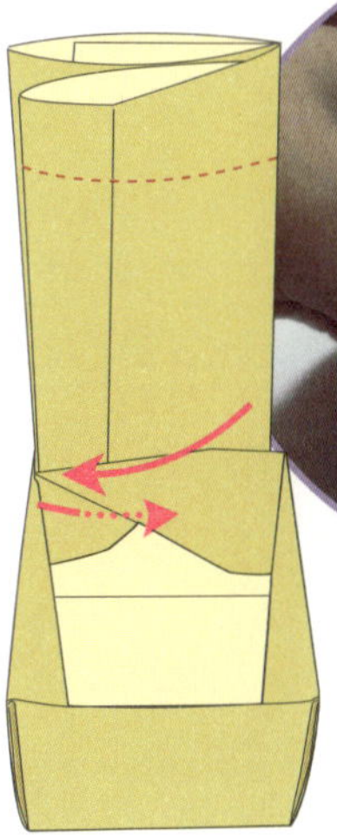

16 윗면도 좌우 모두 안으로 접어요. **13**번에서 바닥을 확인하고 접어요.

197

98
우유상자

우리가 매일 마시는 우유상자를 접어봐요.
바닥접기에서 선따라 잘 접어요.

정사각형

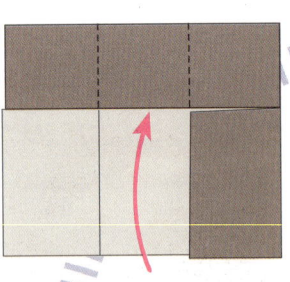

돌려요

10 180도 돌린 뒤 다시 펴요.
그리고 가장 윗선까지
올려 접어요.

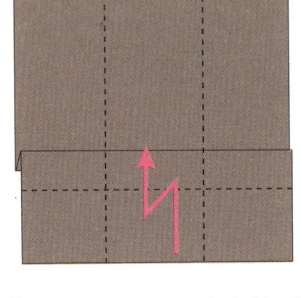

8 **7**번에서 계단접기 한 면을
바로 윗 선에 맞춰 올려
접으며 밑면은 내려줘요.
(접은 면이 반으로 줄어요.)

9 모두 편 뒤 접은
선까지 올려 접어요.

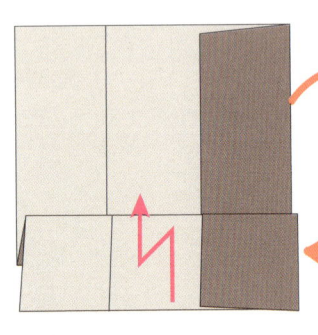

6 뒤집어서 편 뒤
윗선까지 계단접기 해요.

7 뒤집어요.

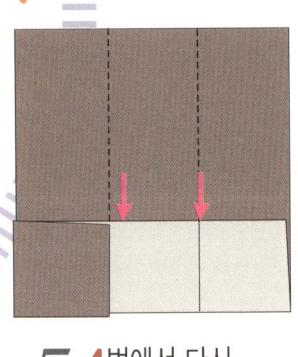

5 **4**번에서 다시
반을 내려 접어요.

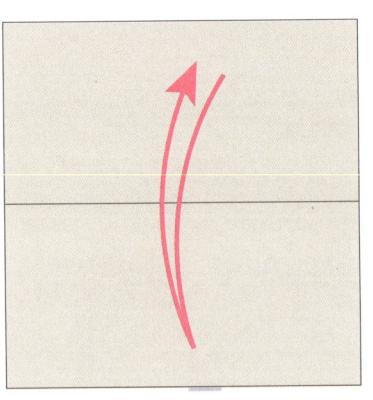

1 정사각형 종이로
반을 접었다 펴요.

2 펼친 뒤 중심 선에 맞춰
앞, 뒤 반대로 접어요.

돌려요

3 돌려서 한쪽
면을 펴줘요.

4 뒤로 반을 접어요.

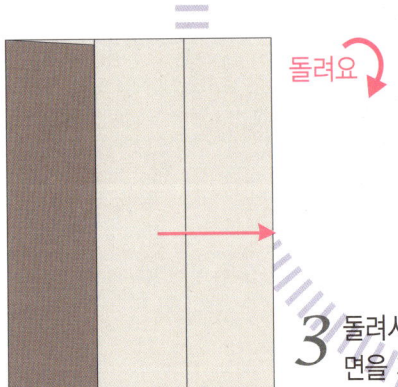

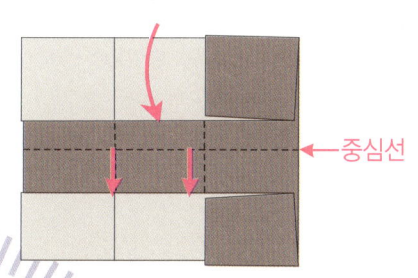

11 다시 아랫면은 중심 선 아래
선까지 내려 접고 윗면은
선에 맞춰 내려 접어요.
(높이가 서로 달라요.)

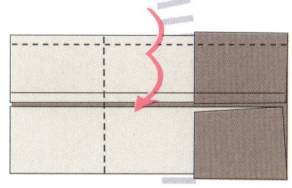

← 중심선

12 윗면만 펴지 않고 그대로
말아서 아래로 접어 내려요.
(높이가 서로 같아요.)

돌려요

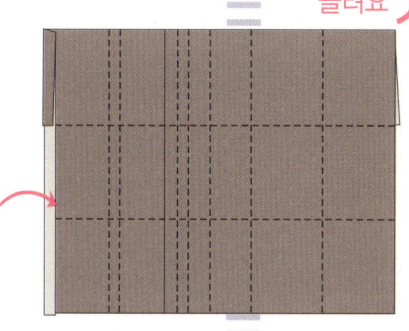

13 모두 펼친 뒤 돌려요. 그리고
왼쪽 끝을 안으로 접어요.

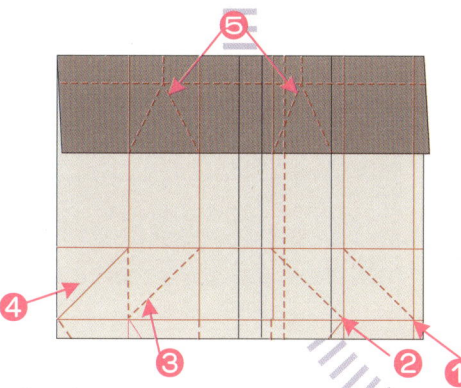

14 뒤집은 뒤 선대로 접어요. 먼저
밑부분부터 접어요. 그리고 위, 아래
선대로 접은 선을 만들어요.

21

20 윗면 한 겹을
안으로 넣어요.

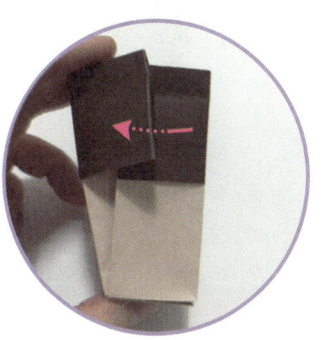

18 17번 삼각 끝면을
틈 안으로 넣어요.

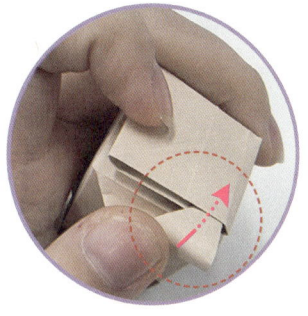

15 14번의 **1**을 선대로
안으로 접어요.

완성

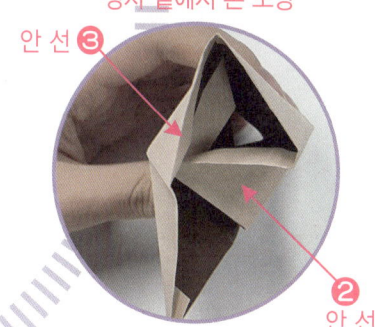

22

19 상자 윗 면 **5**선을
좌우 안으로 접어요.

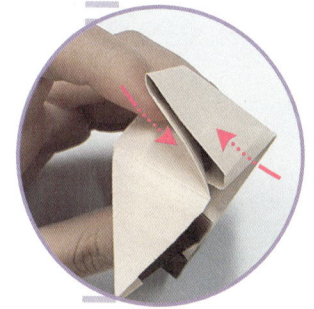

17 **2**, **3**을 순서대로
안으로 접어요.

상자 밑에서 본 모양

안 선 **3**

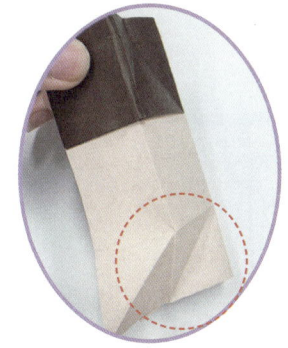

16 **1**~**4**까지 안 선과 바깥
선에 맞춰 밑면을 접어요.

2
안 선

199

정사각형

99

우유상자2

작은 '우유상자'보다 긴, 우유상자2예요.
작은 '우유상자'와 후반 과정이 조금 달라요.
윗면을 꼭 눌러 접어요.

*98 우유상자, 5번까지 접어요.

완성

6 5번에서 다시
반을 내려 접어요.

돌려요

12 윗면 좌우 옆면을
삼각 모양으로 접어요.

* '98 우유상자'와 똑같이 접어요.

13 우유상자 입구 한 면을
다른 끝면에 집어 넣어요.

14

7 편 뒤 180도 돌려서
윗선까지 접어요.

중심 선

돌려요

Point

상자 바닥을 접어 화살표
순서대로 끼워 접어요.

11 뒤집은 뒤 선대로 접어요.

8 편 뒤 돌려요. 왼쪽은 안으로
접고, 오른쪽은 중심 선 다음
선까지 안으로 접어요

9 펴지 말고 그대로
안으로 접어요.
(좌우 넓이가 서로
같아요.)

10 펼친 뒤 아랫면을
선까지 올려 접어요.

정사각형

100
지갑

★ ★ ★ ☆ ☆

지갑을 접어 용돈을 보관해요. 어렵지 않은
과정이지만 중간에 중요한 부분들만
잘 체크해서 접어요.

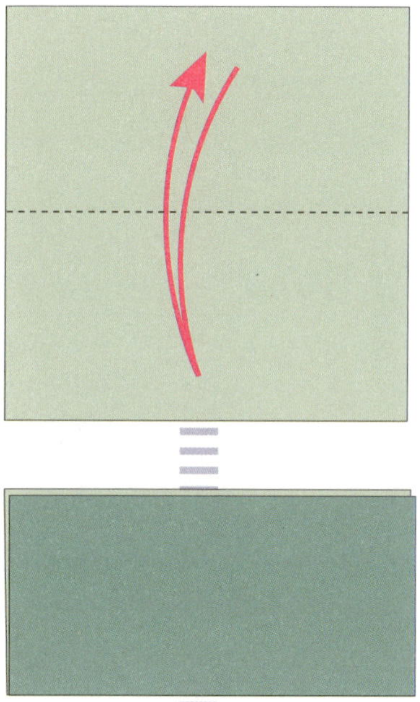

1 정사각형 종이로
반을 접었다 펴요.

2 펴서 중심 선까지 올려 접어요.

3 뒤집은 뒤 **2**번 접었던
선에서 반만 올려
접어요.

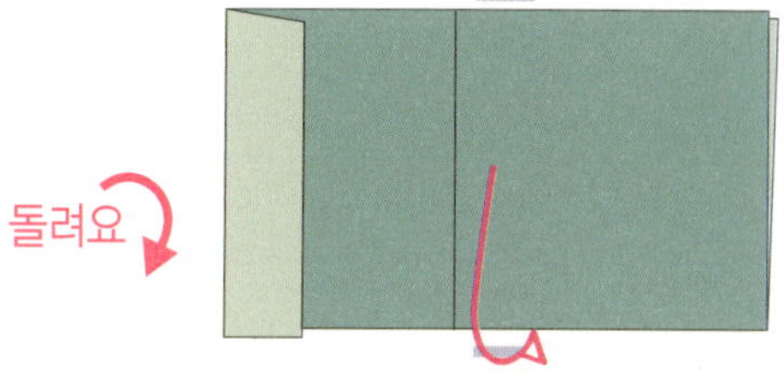

4 돌려서 뒤로 반을
접어요.

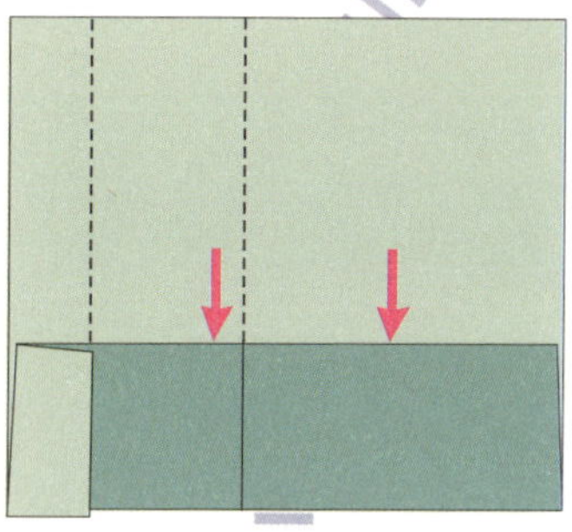

돌려요

5 **4**번 접었던 면에서
반을 내려 접어요.

201

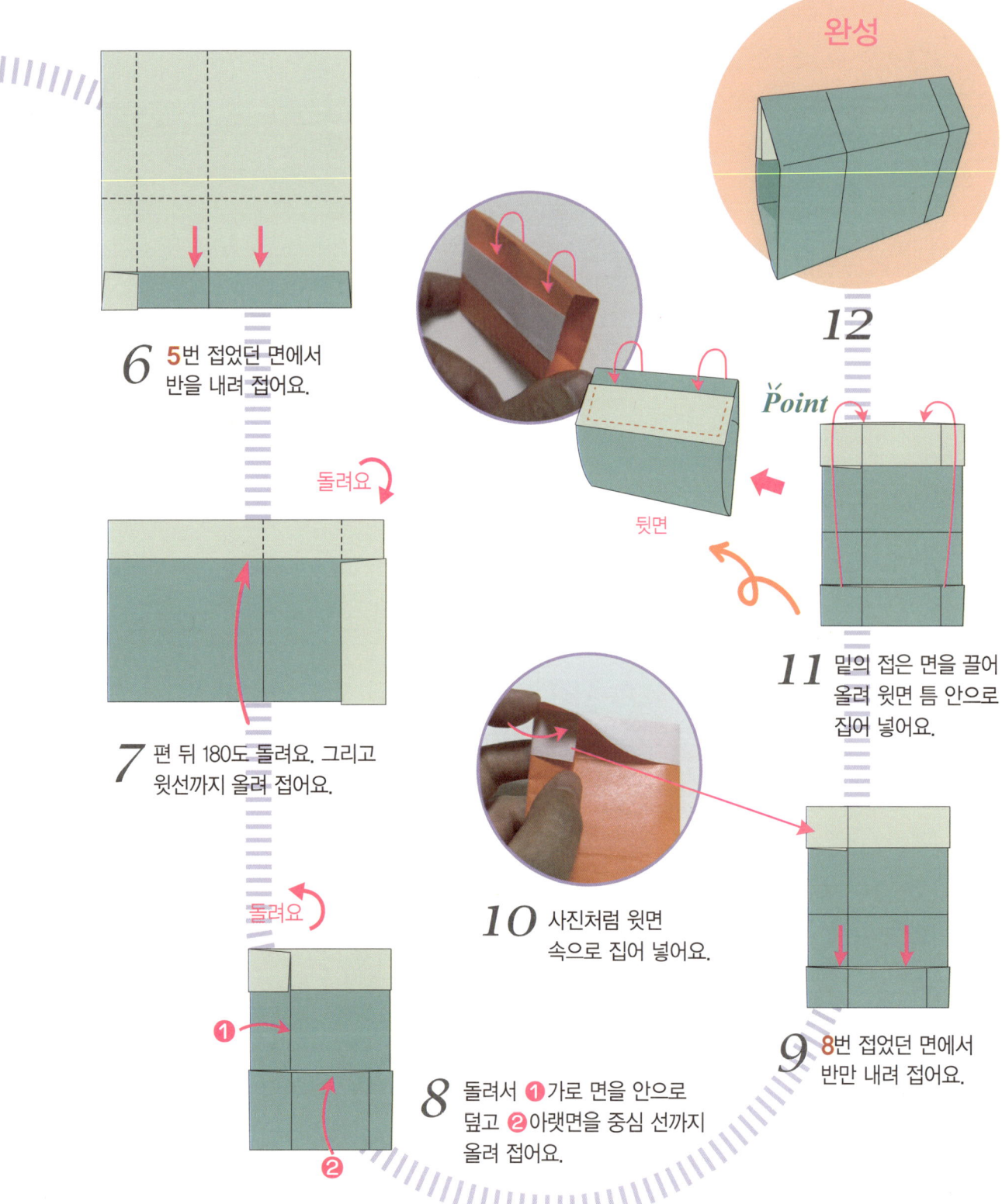

완성

Point

12

6 **5**번 접었던 면에서 반을 내려 접어요.

돌려요

7 편 뒤 180도 돌려요. 그리고 윗선까지 올려 접어요.

돌려요

11 밑의 접은 면을 끌어 올려 윗면 틈 안으로 집어 넣어요.

뒷면

10 사진처럼 윗면 속으로 집어 넣어요.

9 **8**번 접었던 면에서 반만 내려 접어요.

8 돌려서 **1** 가로 면을 안으로 덮고 **2** 아랫면을 중심 선까지 올려 접어요.

정사각형

카드지갑 안의 윗면 접기가 다소 복잡하지만
사진과 그림을 잘 보고 접어요.

＊100 지갑, 2번까지 접어요.

3 접었던 면에서 다시
반을 접어 내려요.

4 뒤집은 뒤 **3**번 접었던 면에서
반만 올려 접어요.

돌려요

5 돌려서 뒤로
반을 접어요.

돌려요

8 편 뒤 180도 돌려서
똑같이 접어요.

6 다시 펴서
대문접기를 해요.

7 윗면은 펴고, 아랫면은
윗면 선까지 올려 접어요.

돌려요
중심선 →

9 다시 **7**번처럼 돌린 뒤 윗면은
줄여 접고 아랫면은 선에 맞춰
올려 접어요. **(높이가 같아요.)**

카드지갑

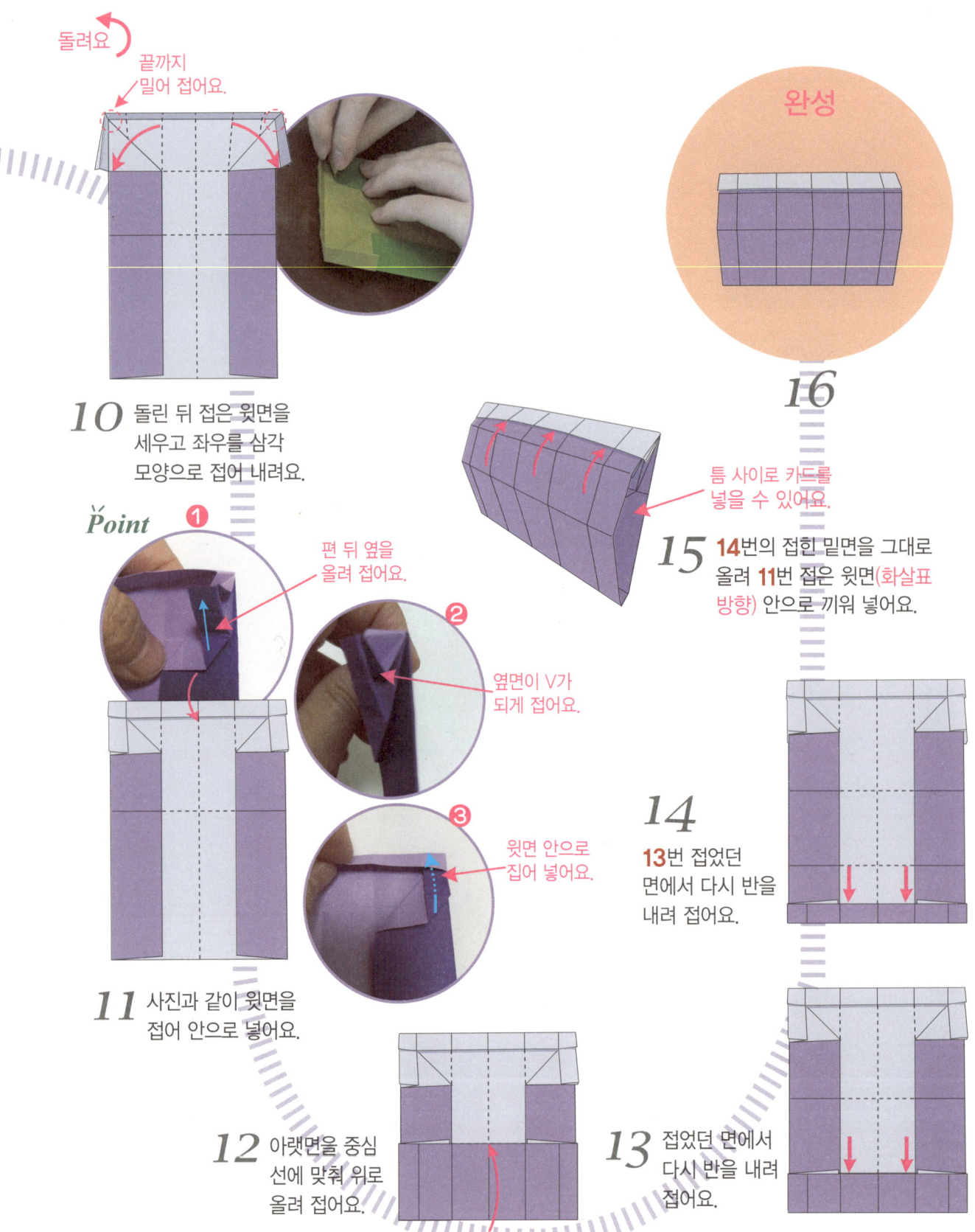

돌려요

끝까지 밀어 접어요.

완성

10 돌린 뒤 접은 윗면을 세우고 좌우를 삼각 모양으로 접어 내려요.

Point

① 편 뒤 옆을 올려 접어요.

② 옆면이 V가 되게 접어요.

③ 윗면 안으로 집어 넣어요.

11 사진과 같이 윗면을 접어 안으로 넣어요.

16

틈 사이로 카드를 넣을 수 있어요.

15 **14**번의 접힌 밑면을 그대로 올려 **11**번 접은 윗면(화살표 방향) 안으로 끼워 넣어요.

14 **13**번 접었던 면에서 다시 반을 내려 접어요.

12 아랫면을 중심 선에 맞춰 위로 올려 접어요.

13 접었던 면에서 다시 반을 내려 접어요.

102
쇼핑백

어디서나 흔히 보는 쇼핑백이지만 직접
접어보면 바닥면 접기가 조금 까다로워요.
사진 순서에 맞춰 잘 따라 접어요.

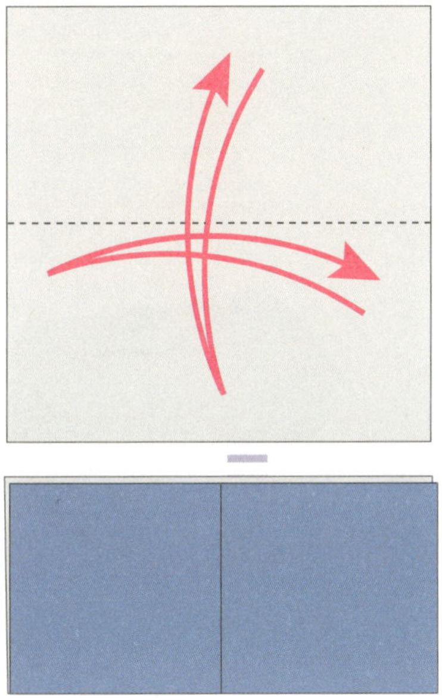

정사각형

1 정사각형 종이로 가로, 세로를
반으로 접었다 펴요.

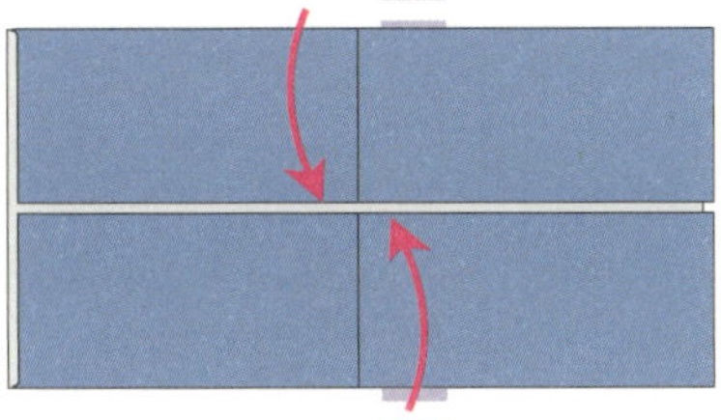

2 대문접기를 해요.

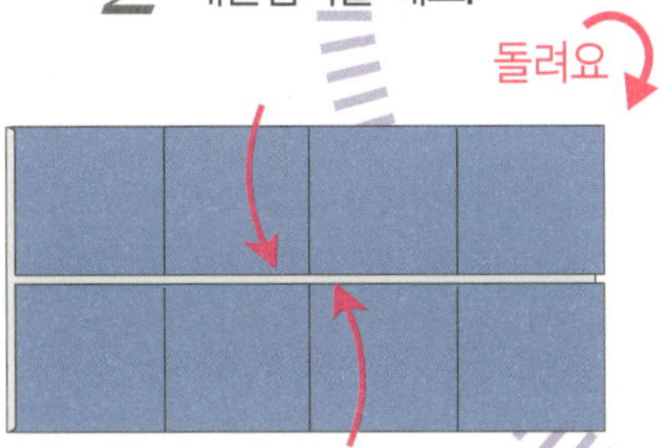

돌려요

3 돌려서 다시 대문접기를 해요.

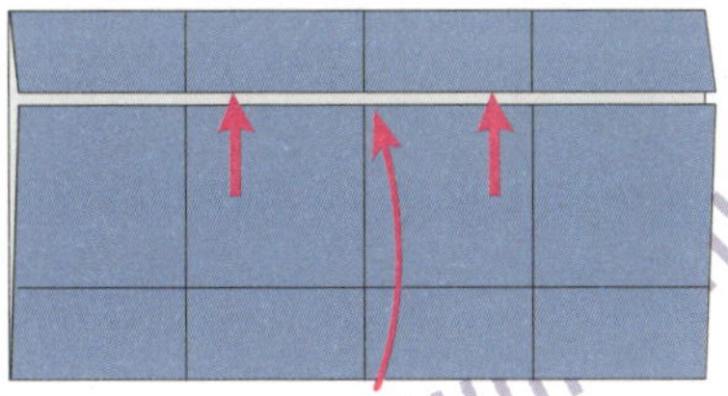

펼쳐요 ▶

6 펼치면 접은 선이 생겼어요.

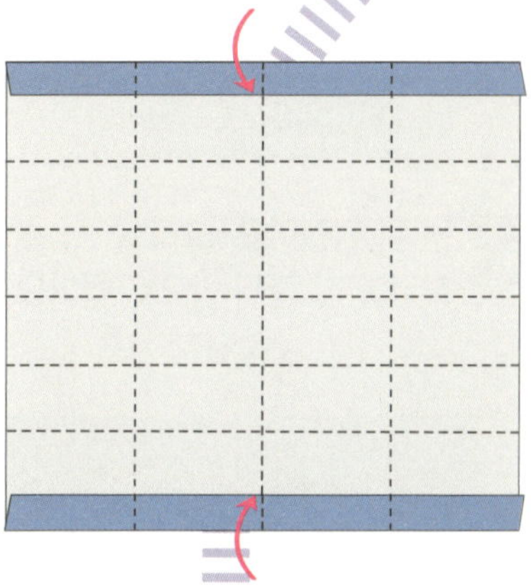

4 편 뒤 윗면은 반만 접고
아랫면은 윗면 선까지
올려 접어요.

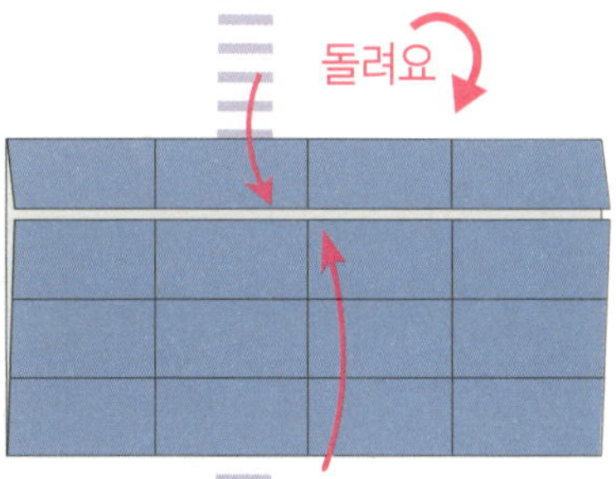

5 180도 돌려서
4번과 똑같이 접어요.

돌려요

7 위, 아래 한 칸의 반만
안으로 접어요.

205

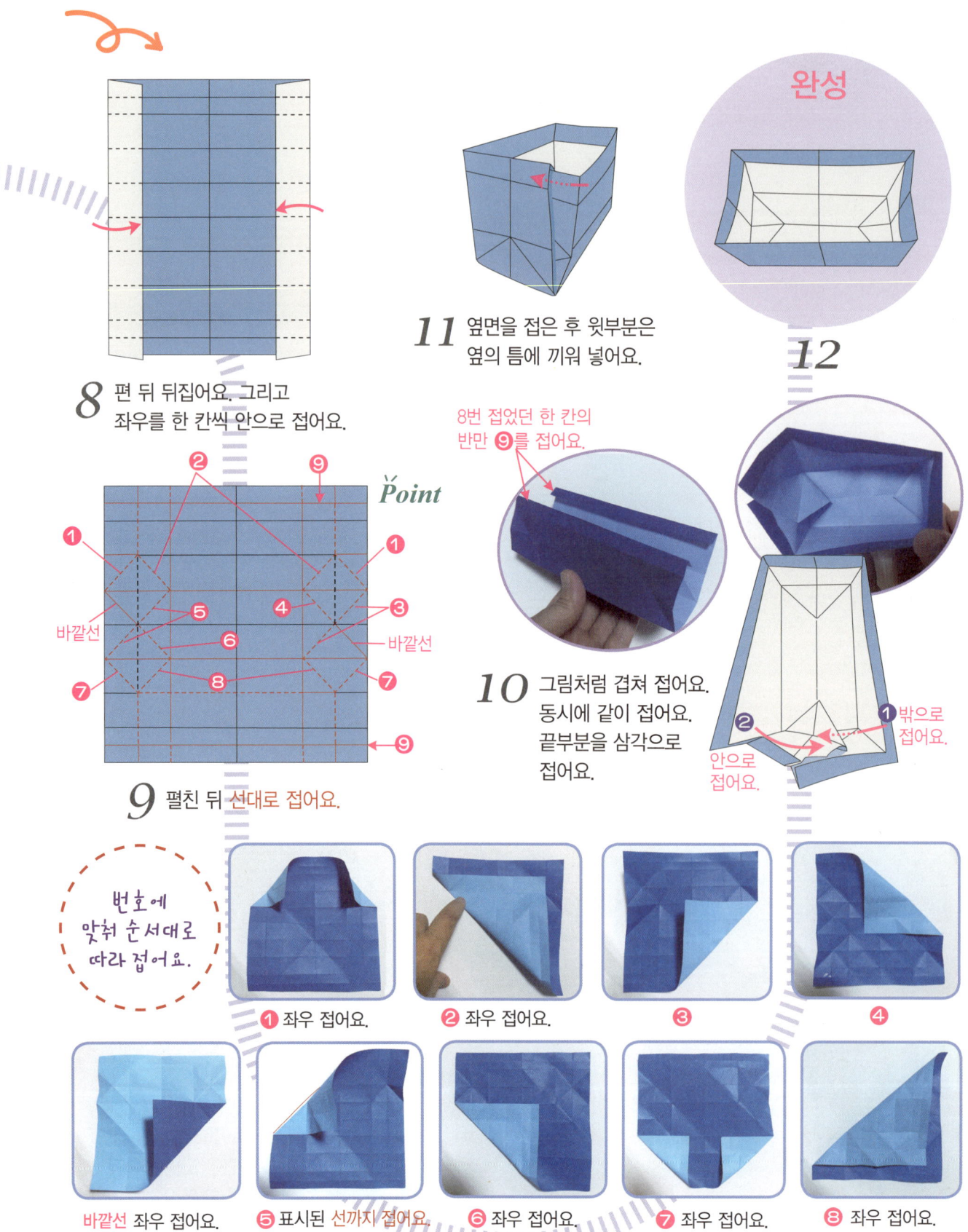

8 편 뒤 뒤집어요. 그리고 좌우를 한 칸씩 안으로 접어요.

Point

바깥선
바깥선

9 펼친 뒤 선대로 접어요.

11 옆면을 접은 후 윗부분은 옆의 틈에 끼워 넣어요.

완성

12

8번 접었던 한 칸의 반만 **9**를 접어요.

10 그림처럼 겹쳐 접어요. 동시에 같이 접어요. 끝부분을 삼각으로 접어요.

2 안으로 접어요. **1** 밖으로 접어요.

번호에 맞춰 순서대로 따라 접어요.

1 좌우 접어요.

2 좌우 접어요.

3

4

바깥선 좌우 접어요.

5 표시된 선까지 접어요.

6 좌우 접어요.

7 좌우 접어요.

8 좌우 접어요.

8 part

여러 색색의 아름다운

보석 접기

정사각형

103
반보석

두 가지 색상으로 반이 나누어진 보석접기예요.
같은 모양에 접는 방법도 두 가지예요.

*두 가지 방법으로 접을 수 있어요.

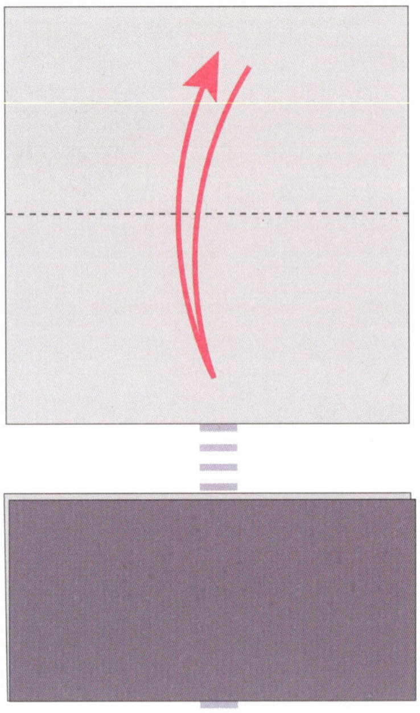

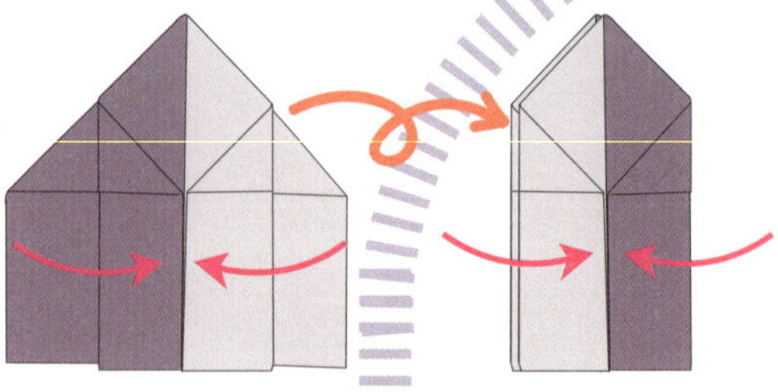

7 좌우를 대문접기 해요.
(뒷면도 똑같이 접어요.)

1 정사각형 종이로 반을 접어요.

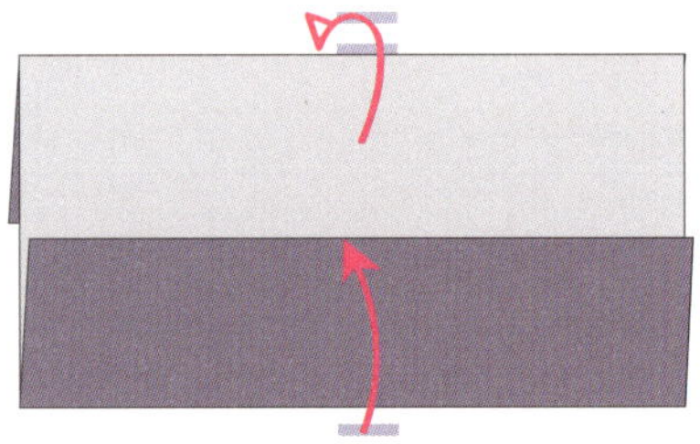

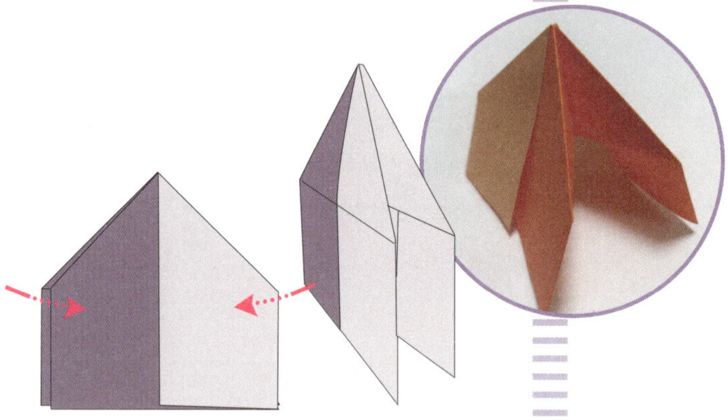

6 **5**번에서 접은 **선대로**
좌우 옆면을 안으로
넣으며 접어요.

선이 교차되게
맞춰요.

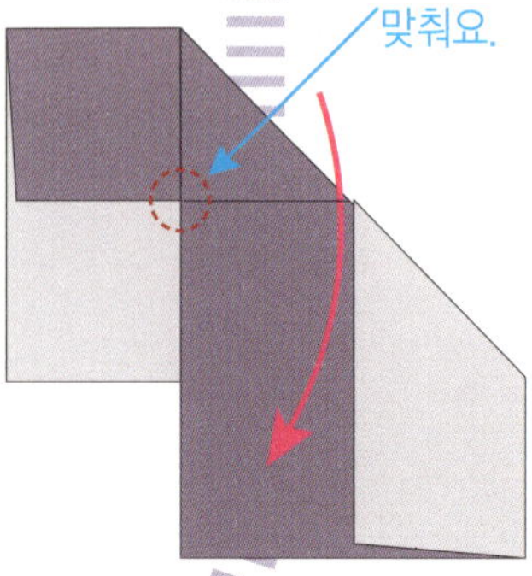

5 선에 맞춰 화살표대로
아래로 접어요.
(좌우 똑같이 접어요.)

2 펼친 뒤 앞, 뒤 다른
방향으로 접어요.

돌려요

4
다시 편 뒤 180도 돌려요.
그리고 **선대로** 접어요.

3 뒤로 반을
접어요.

208 특이하고 특별한 **종이접기**

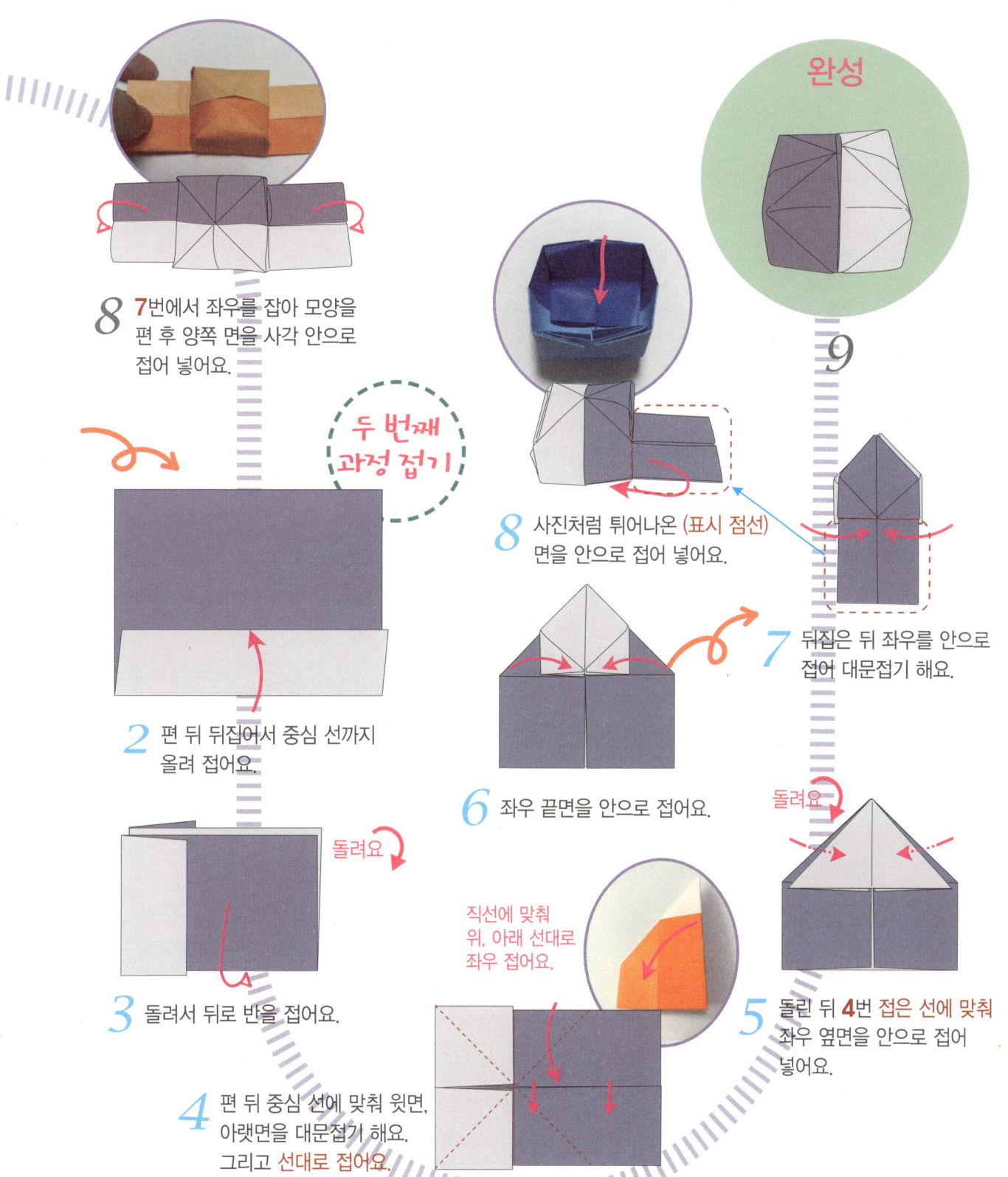

완성

8 **7**번에서 좌우를 잡아 모양을 펴 후 양쪽 면을 사각 안으로 접어 넣어요.

두 번째 과정 접기

8 사진처럼 튀어나온 (표시 점선) 면을 안으로 접어 넣어요.

9

7 뒤집은 뒤 좌우를 안으로 접어 대문접기 해요.

2 편 뒤 뒤집어서 중심 선까지 올려 접어요.

6 좌우 끝면을 안으로 접어요.

돌려요

돌려요

직선에 맞춰 위, 아래 선대로 좌우 접어요.

3 돌려서 뒤로 반을 접어요.

5 돌린 뒤 **4**번 접은 선에 맞춰 좌우 옆면을 안으로 접어 넣어요.

4 편 뒤 중심 선에 맞춰 윗면, 아랫면을 대문접기 해요. 그리고 선대로 접어요.

104 대각선보석

두 가지 색상이 대각선으로 나누어진
귀여운 보석이에요.

정사각형

1 정사각형 종이로 세모를
접었다 펴요.

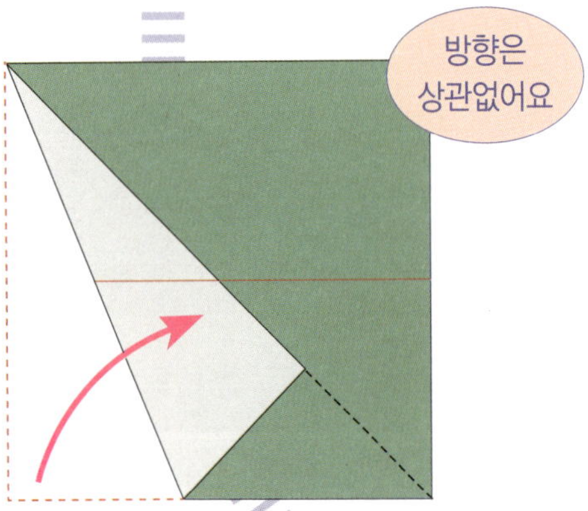

방향은
상관없어요

2 편 뒤 대각선 중심 선에
맞춰 반을 접어요.

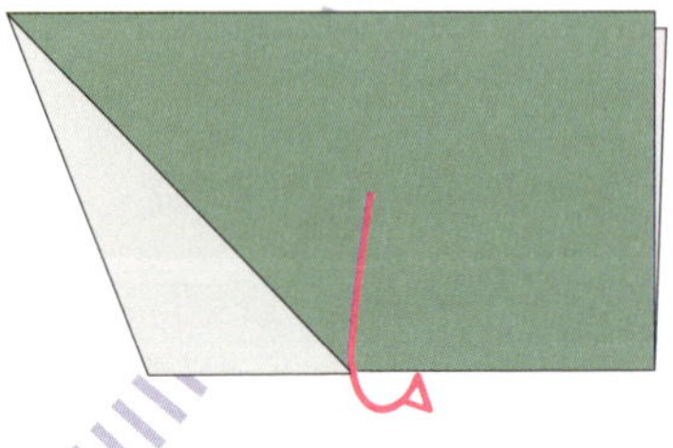

3 뒤로 반을 접어요.

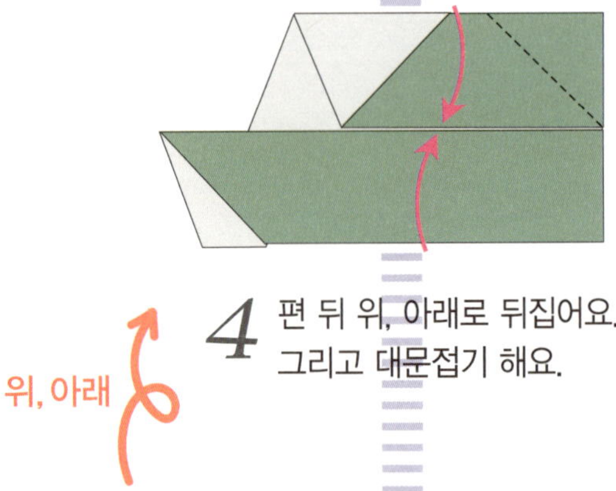

위, 아래

4 편 뒤 위, 아래로 뒤집어요.
그리고 대문접기 해요.

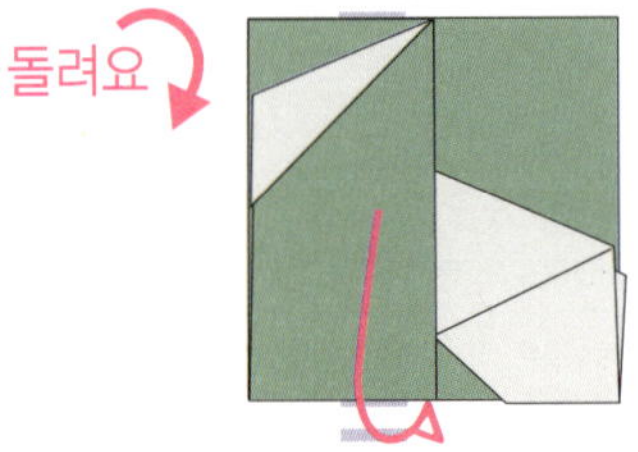

돌려요

5 돌린 후 뒤로
반을 접어요.

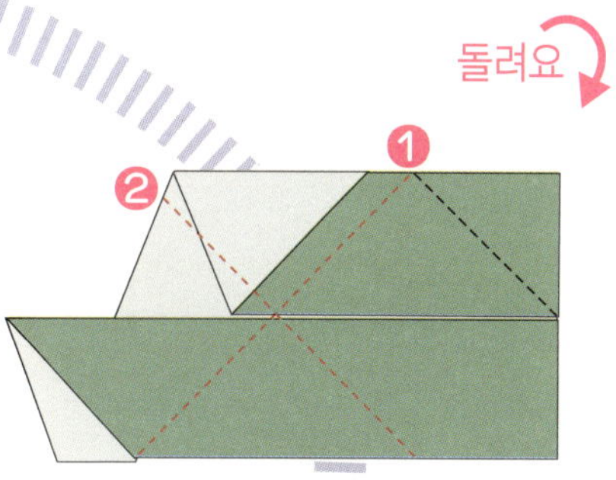

돌려요

② ①

6 편 뒤 다시 **4**번 모양으로
돌려요. 그리고 선대로 접어요.

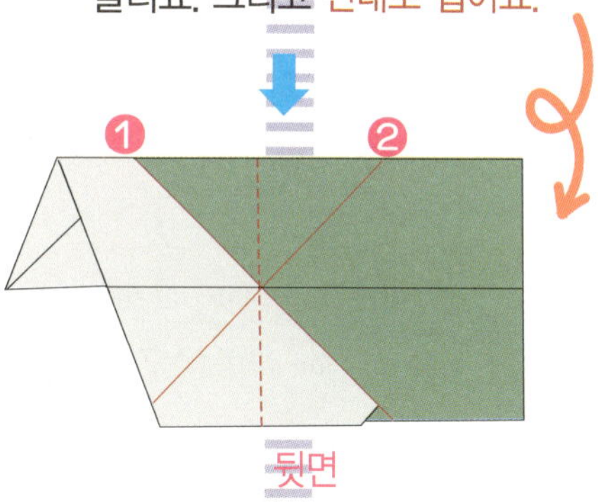

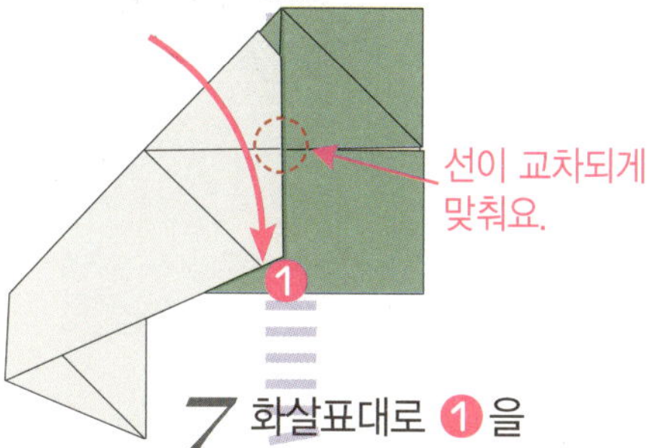

완성

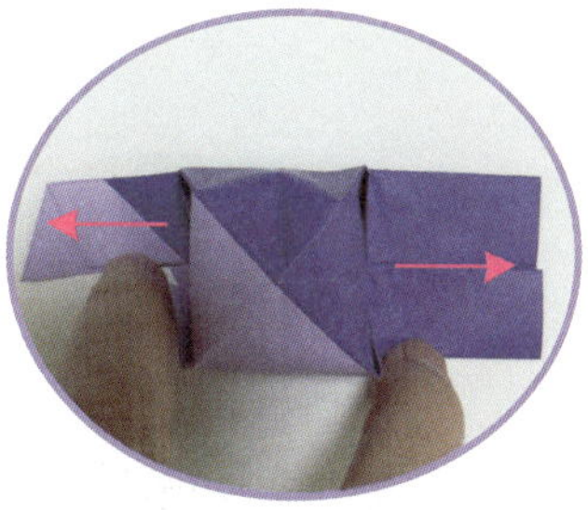

12 좌우를 벌려 모양을
잡아요.

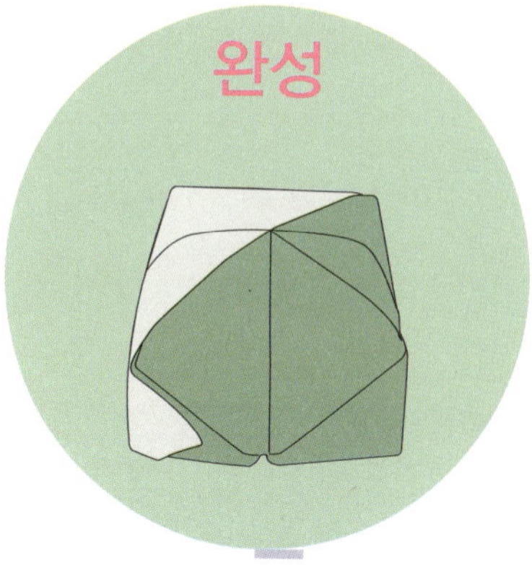

13 좌우는 안으로 넣어요.

① ②

뒷면

선이 교차되게
맞춰요.

①

7 화살표대로 **①**을
접어 내려요.

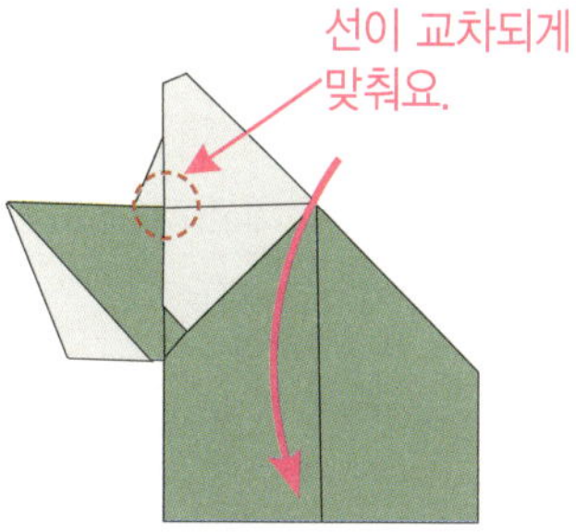

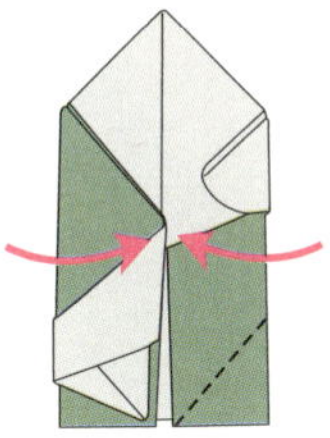

11 뒤집은 뒤
대문접기를 해요.

10 대문접기를 해요.

선이 교차되게
맞춰요.

8 펼친 뒤 **②**를 접어 내려요.

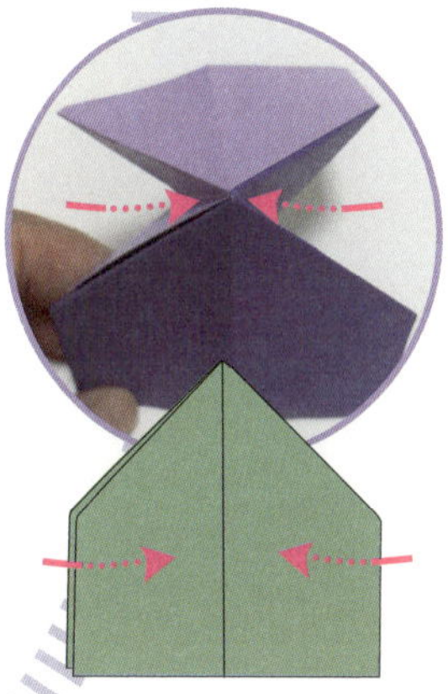

9 편 뒤 좌우 측면을
안으로 접어 넣어요.

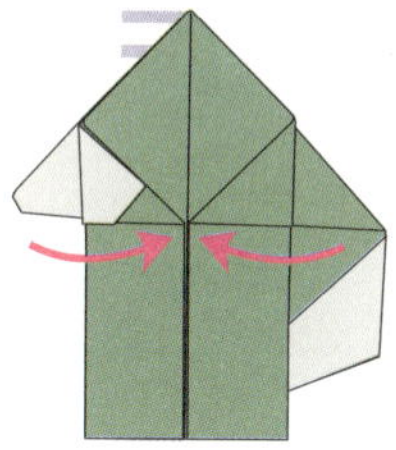

정사각형

105
대각선보석2

'대각선보석'과 접는 과정은 조금 틀리지만
나누어진 방향만 다를 뿐 완성품은
거의 같아요.

완성

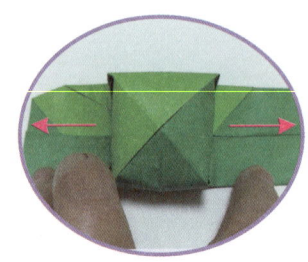

*104 대각선보석, 2번까지 접어요.

축소

2
돌려요 ↻

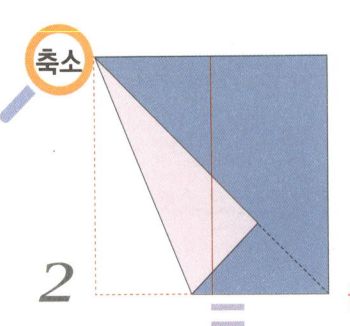

11 좌우를 벌려 모양을
잡아요.

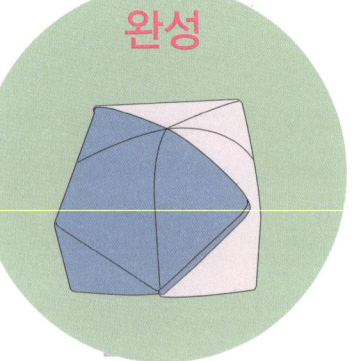

12 좌우는 안으로 넣어요.

3 돌려서 뒤로 반을 접어요.

9 대문접기를 해요.

10 뒤집은 뒤
대문접기를 해요.

4 편 뒤 대문접기를 해요.

❷ 선이 교차
되게 맞춰요.

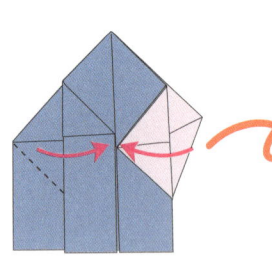

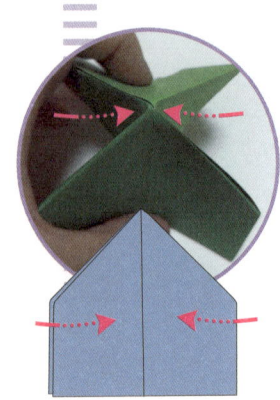

8 펼친 뒤 **6**번 접은
선대로 좌우 옆면을
안으로 접어 넣어요.

7 ❶은 접은 선대로 뒤로 접고,
❷는 뒤집어서 그림처럼 접어요.

5 뒤로 반을 접어요.

돌려요 ↩

❷ ❶

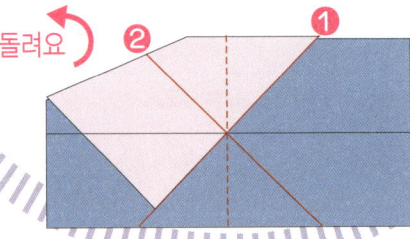

6

편 뒤 180도 돌려요. 그리고 선대로
접어요. ❶은 접힌 선에 맞춰 밖으로
접고 ❷는 뒤집은 뒤 내려 접어요.
교차되는 선에 맞춰 접어요.

정사각형

체크무늬보석

X자 모양으로 색상이 나누어져 또 다른 매력의 보석이에요. 앞, 뒤 여러 색상으로 접어보세요.

완성

*103 반보석, 1번까지 접어요.

2 한쪽을 아래로 내려 접어요. 뒤집어서 반대편도 똑같이 접어요.

11 좌우를 벌려 모양을 잡아요.

12 좌우는 안으로 넣어요.

10 대문접기를 해요. 뒤집은 뒤 반대편도 똑같이 접어요.

3 2번 접은 면을 반만 내려 접어요.

9 편 뒤 7, 8번 접은 선대로 접어요

위, 아래 끝을 맞춰요.

선이 교차되게 맞춰요.

선이 교차되게 맞춰요.

4 윗면도 내려 접어요.

7 ❶에 맞춰 내려 접어요.

8 편 뒤 ❷에 맞춰 내려 접어요.

5 뒤로 반을 접어요.

❶ ❷

6 다시 편 뒤 선대로 접어요.

213

체크무늬보석반지

시계 같기도 하고, 팔찌 같기도 한
모양이지만 이건 보석 반지예요.
색종이 크기에 따라 용도가 달라요.

정사각형

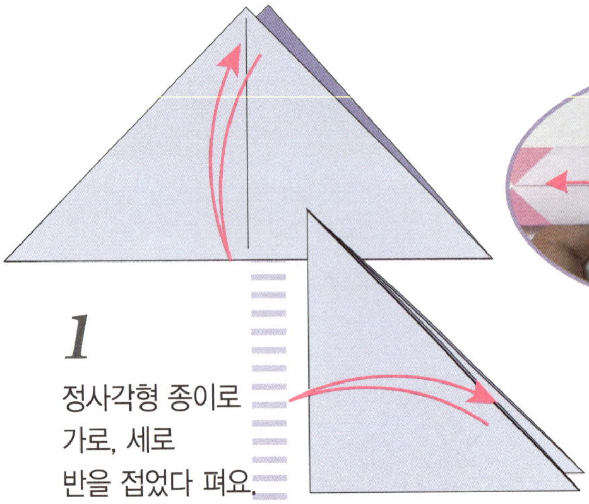

완성

1
정사각형 종이로
가로, 세로
반을 접었다 펴요.

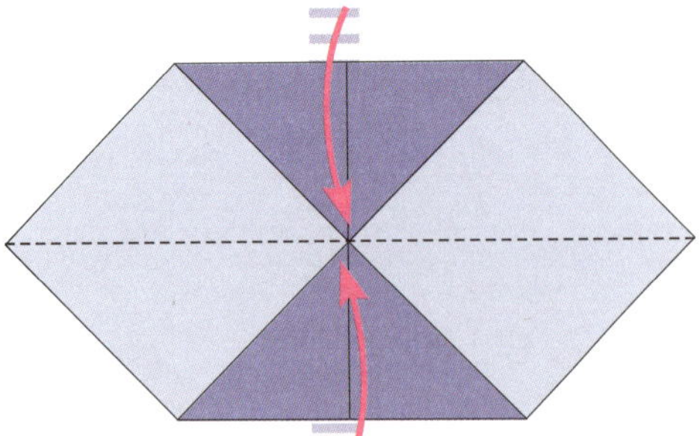

2 펼친 뒤 안으로 접어요.

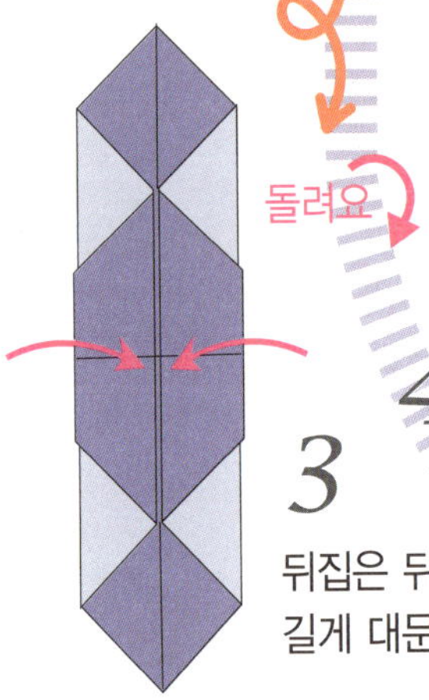

돌려요

3
뒤집은 뒤 돌려서
길게 대문접기 해요.

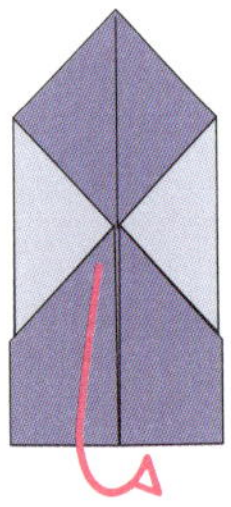

4 뒤로 반을 접어요.

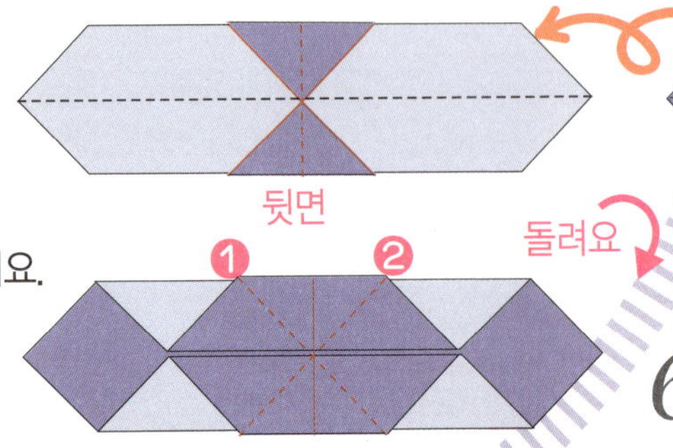

5 편 뒤 돌려요. 그리고
선대로 접어요.

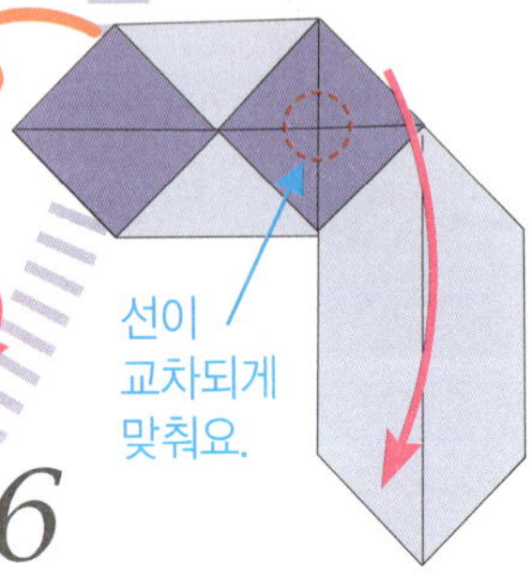

뒷면
❶ ❷

돌려요

6
❶에 맞춰 내려 접어요.
❷에 맞춰 반대로 내려 접어요.

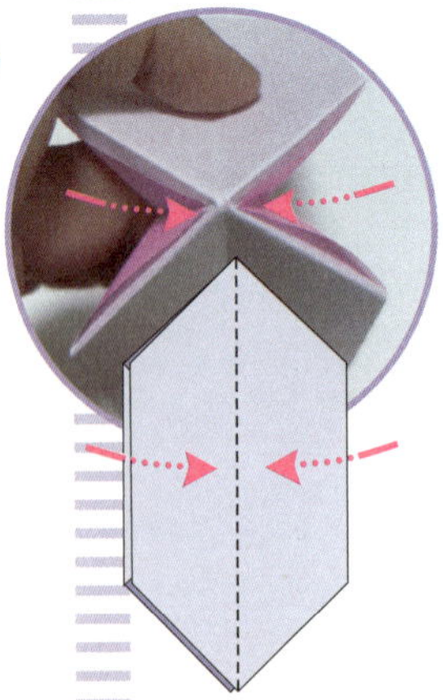

선이
교차되게
맞춰요.

7 6번에서 접은
선대로 접어요.

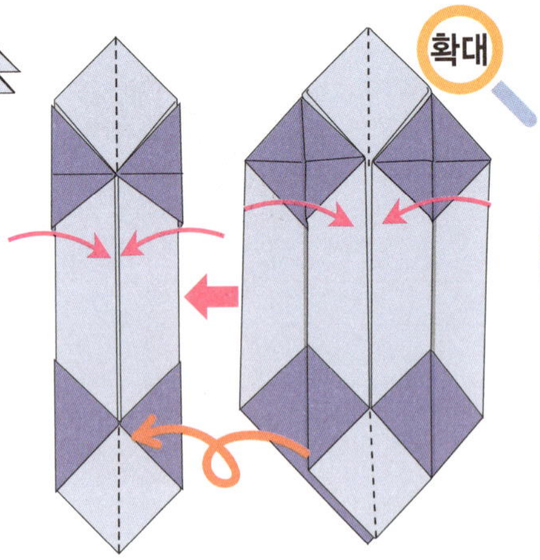

8 대문접기를 해요. 뒤집은 뒤
반대편도 똑같이 접어요.

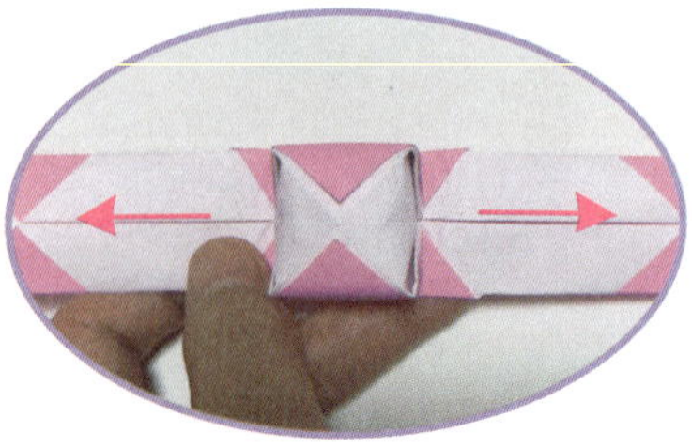

확대

9 좌우를 벌려
모양을 잡아요.

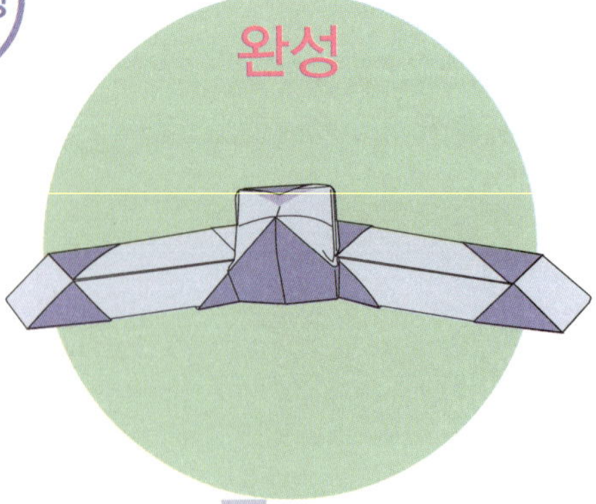

10

확대

체크무늬보석반지2

바둑판처럼 앞, 뒤 색상이 나누어져
있어요. 반지 중심 좌우로 면이 더
연결되어 있는 것이 특징이에요.

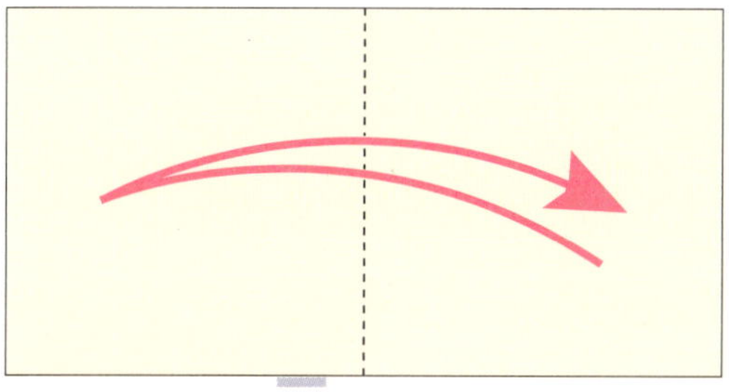

직사각형

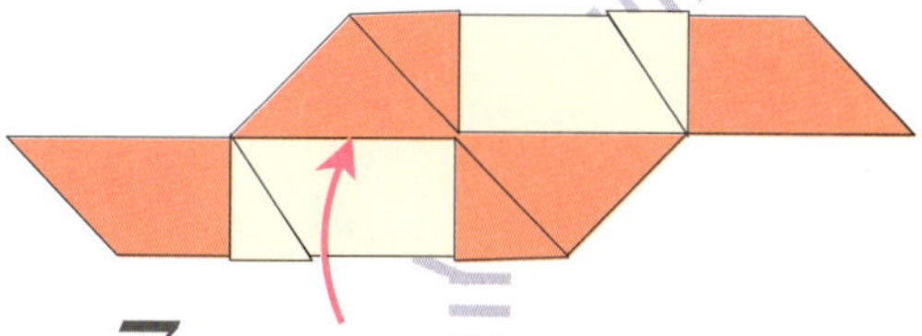

7 아랫면도 접어 올려요.

1 직사각형 종이로
반을 접었다 펴요.

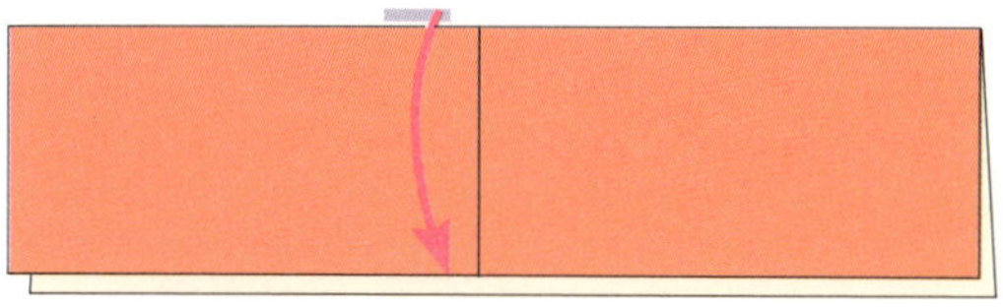

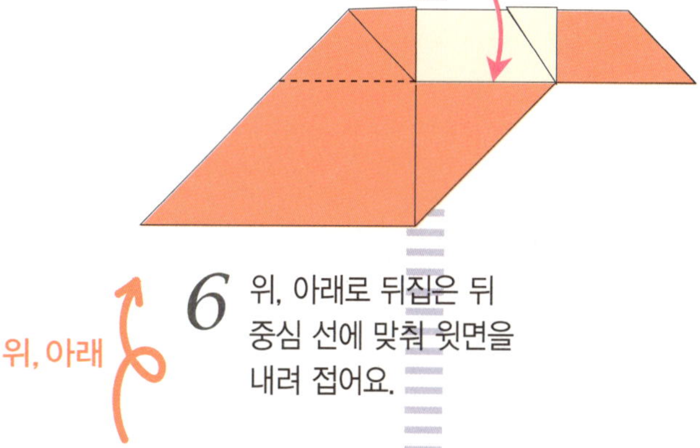

6 위, 아래로 뒤집은 뒤
중심 선에 맞춰 윗면을
내려 접어요.

위, 아래

2 편 뒤 길게 반으로 접어요.

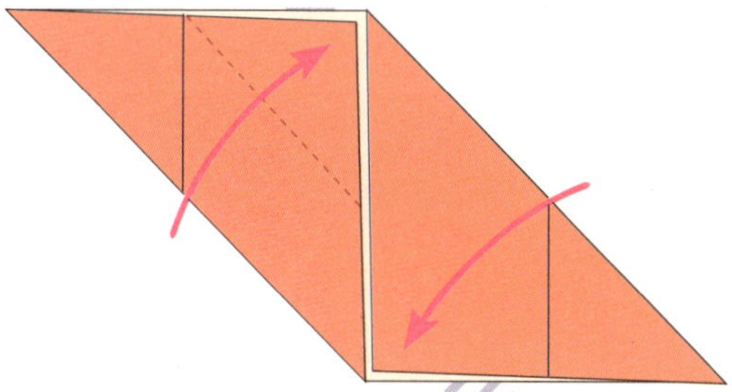

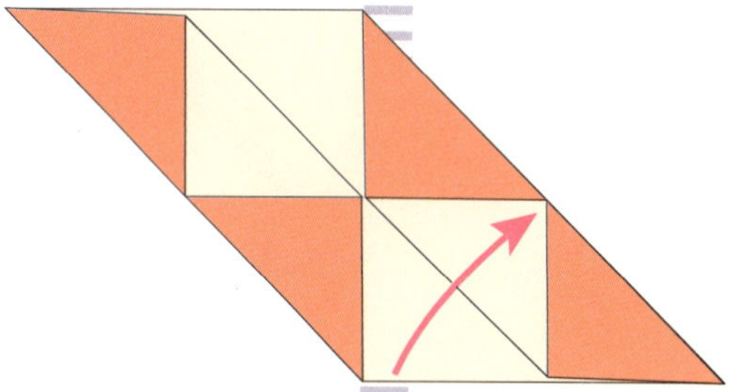

5 반대편도 똑같이 접어요.

3 편 뒤 화살표대로
좌우 세모를 접어요.

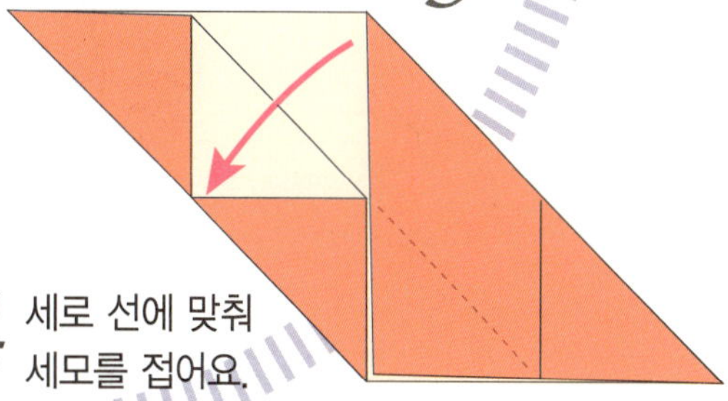

4 세로 선에 맞춰
세모를 접어요.

108
체크무늬보석반지2

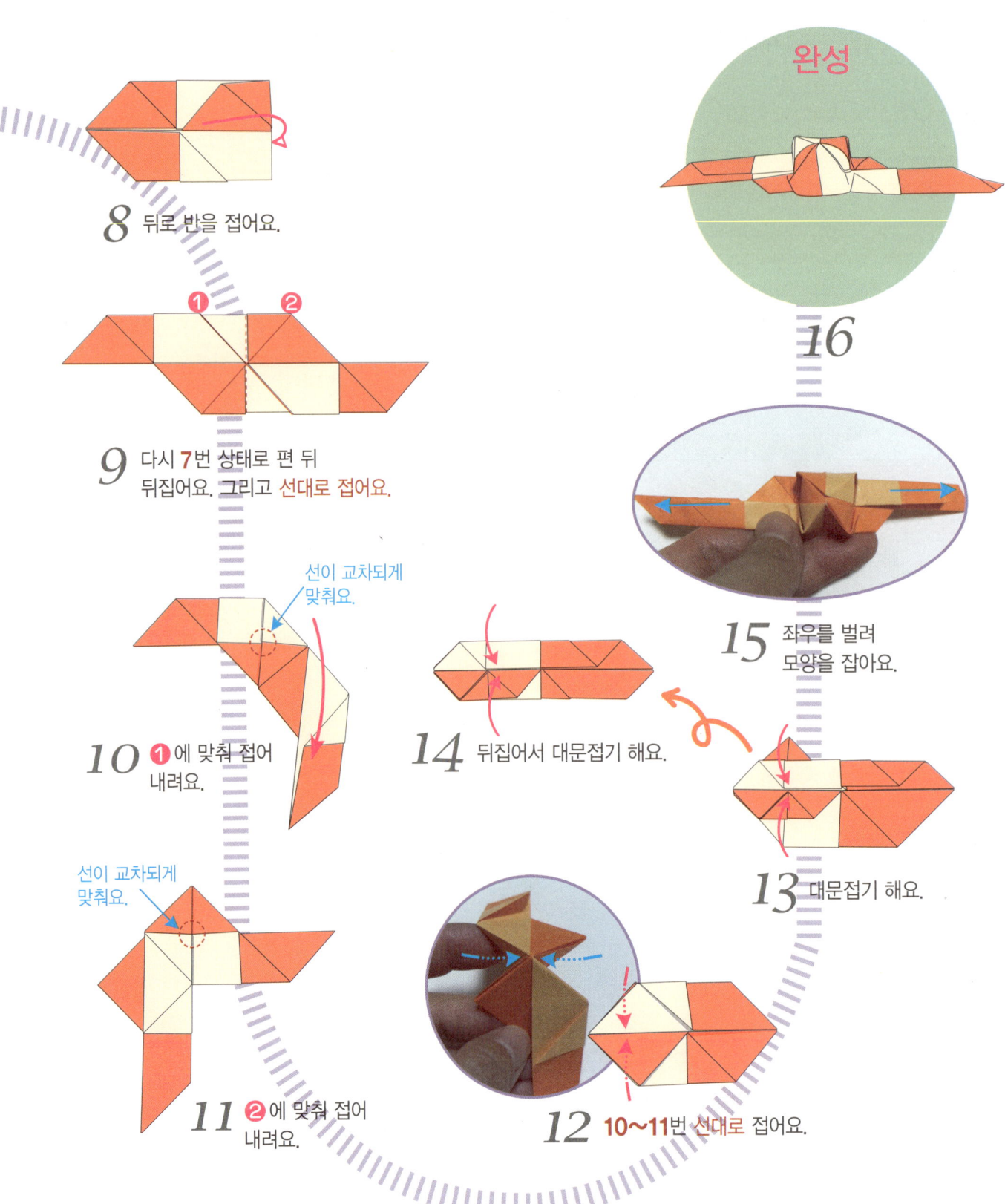

완성

8 뒤로 반을 접어요.

❶ ❷

9 다시 **7**번 상태로 편 뒤 뒤집어요. 그리고 선대로 접어요.

선이 교차되게 맞춰요.

10 ❶에 맞춰 접어 내려요.

선이 교차되게 맞춰요.

11 ❷에 맞춰 접어 내려요.

12 **10~11**번 선대로 접어요.

13 대문접기 해요.

14 뒤집어서 대문접기 해요.

15 좌우를 벌려 모양을 잡아요.

16

반보석반지

좌우를 잘 벌려서 당겨요.
안의 모양을 잡아주면 봉긋한
반지 모양이 돼요.

직사각형

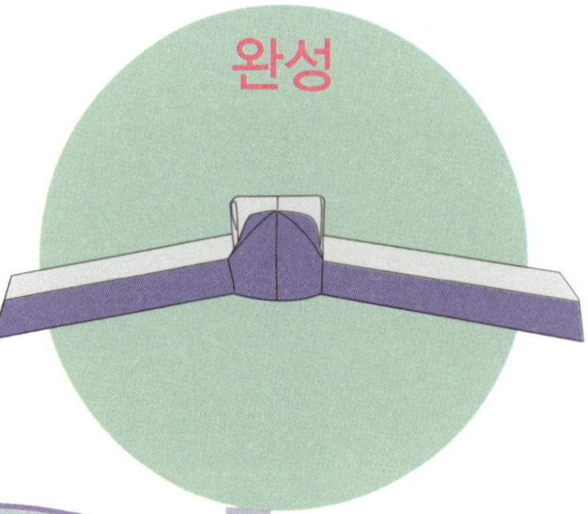

완성

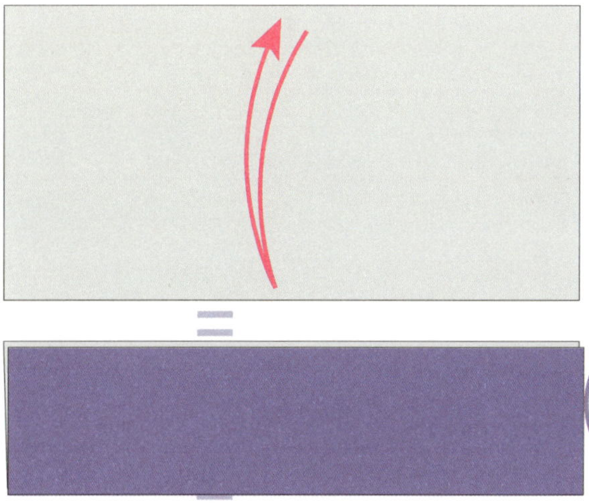

1 직사각형 종이로 길게
반을 접어요.

2 편 뒤 서로 반대 방향으로 접어요.

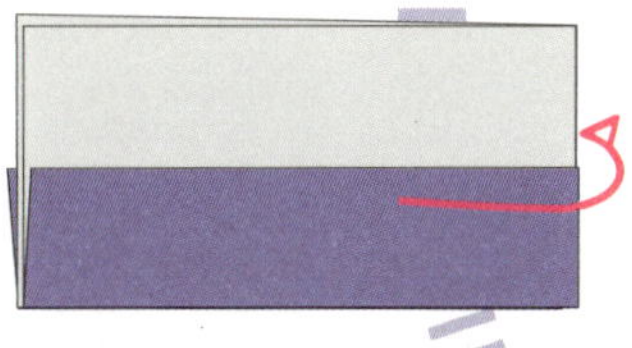

3 뒤로 반을 접어요.

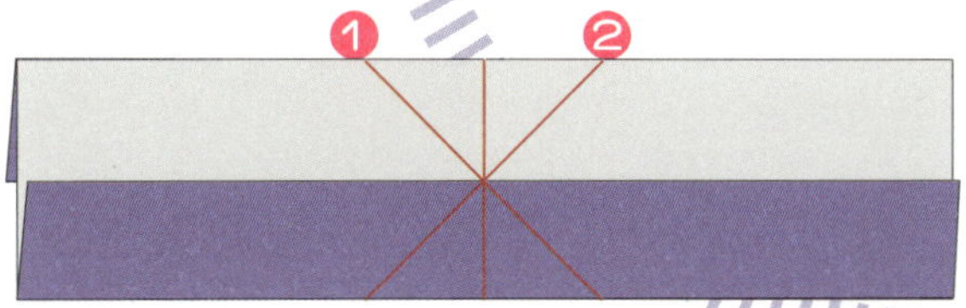

4 펼친 뒤 선대로 접어요.

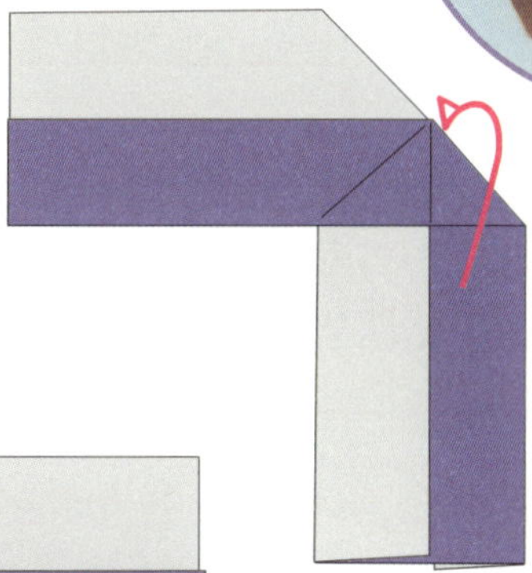

5 **4**번 **①**에 맞춰 뒤로
접어요. **②**는 반대로
접어요.

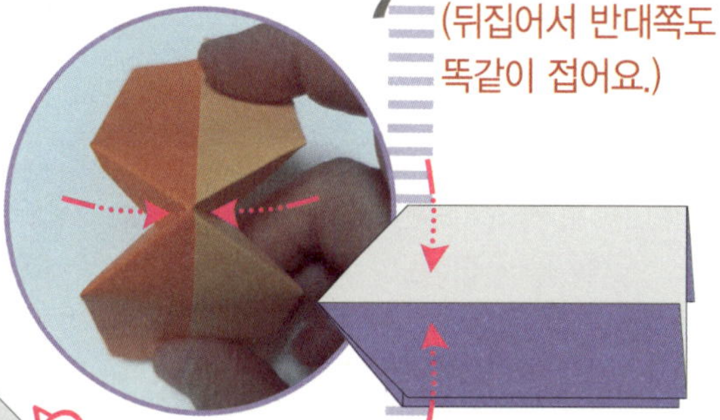

6 **5**번 접은
선대로 접어요.

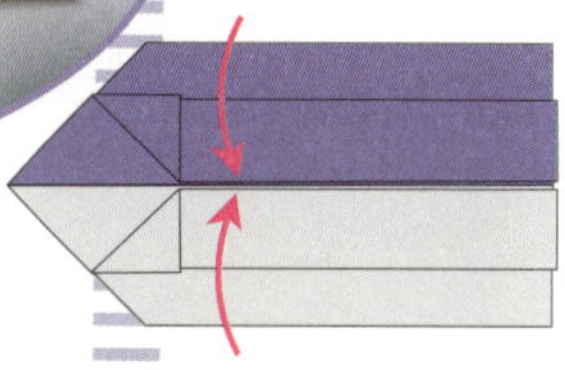

7 대문접기를 해요.
(뒤집어서 반대쪽도
똑같이 접어요.)

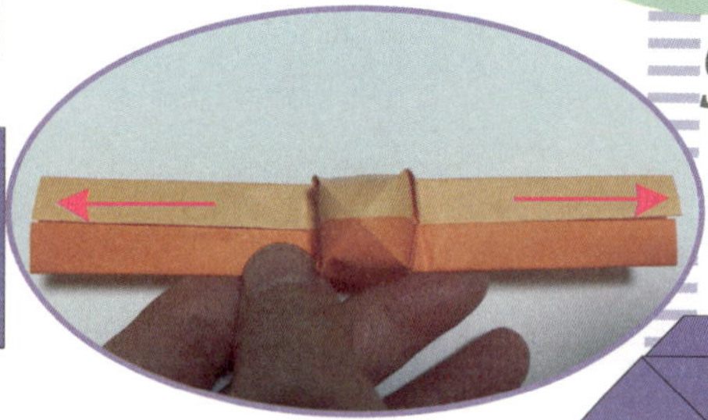

8 좌우를 벌려
모양을 잡아요.

9

217

반보석반지2

한쪽을 짧게 접어 더욱
귀여운 반보석반지2예요.

직사각형

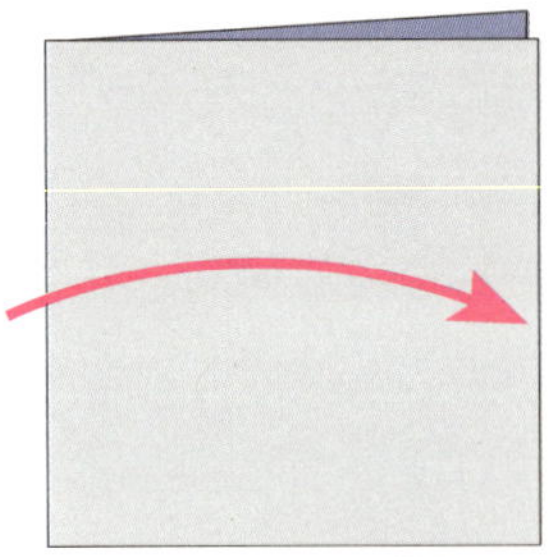

완성

1 직사각형 종이로
반을 접어요.

돌려요

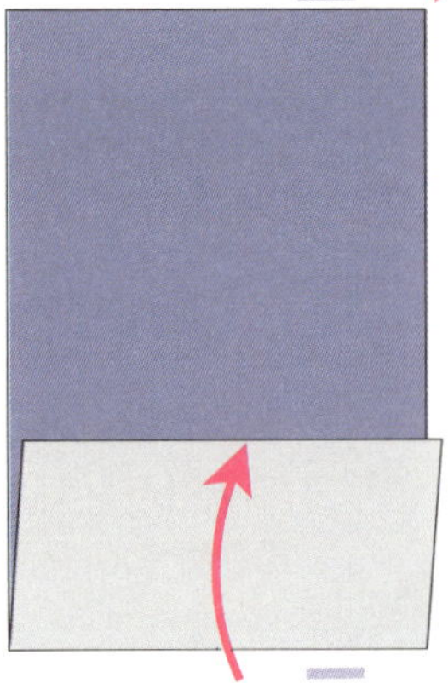

2 편 뒤 돌려서 중심 선에
맞춰 올려 접어요.

돌려요

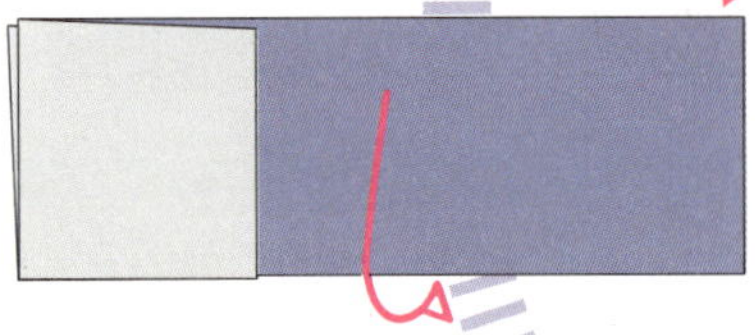

3 돌려서 뒤로 길게 반을 접어요.

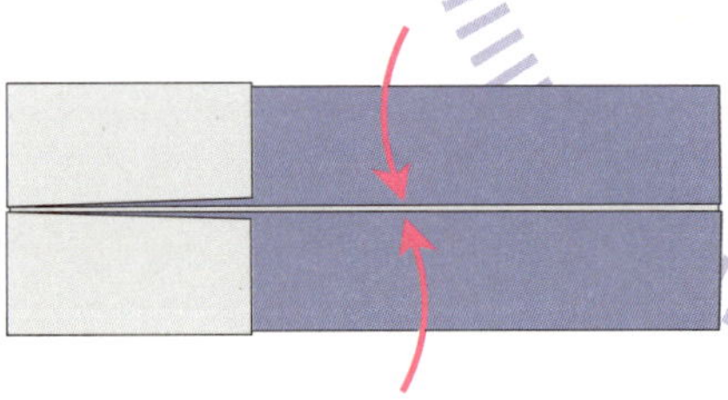

4 편 뒤 대문접기를 해요.

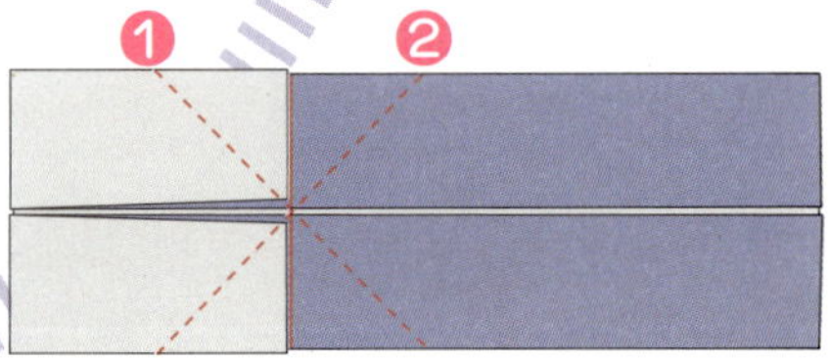

5 선대로 접어요.

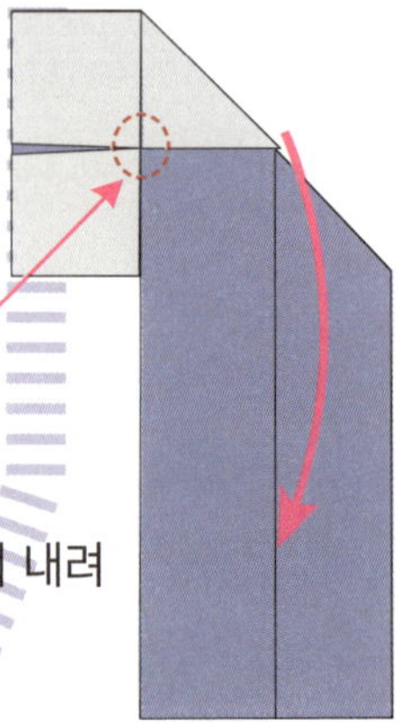

❶ ❷

6 ❶에 맞춰 내려
접어요.

선이 교차되게
맞춰요.

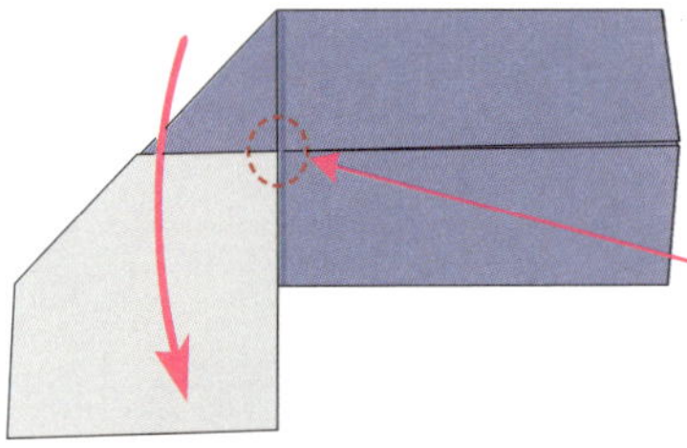

7 편 뒤 ❷에 맞춰
내려 접어요.

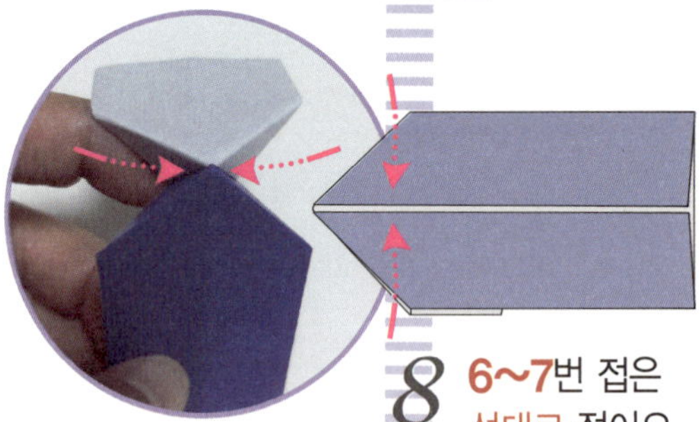

8 6~7번 접은
선대로 접어요.

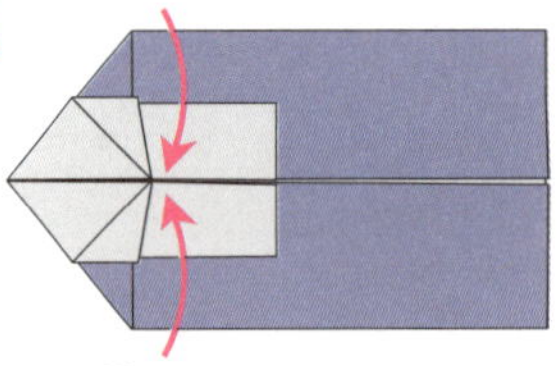

9 대문접기를 해요.

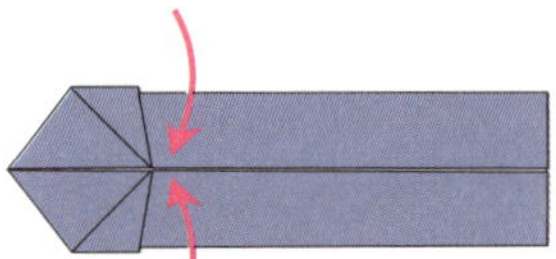

10 뒤집어서
대문접기를 해요.

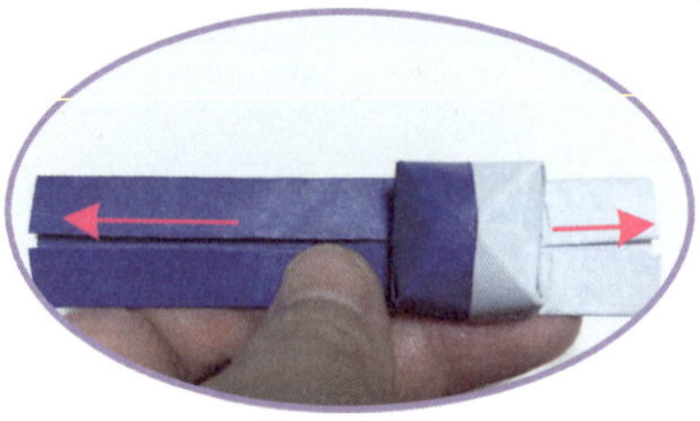

11 좌우를 벌려 모양을 잡아요.

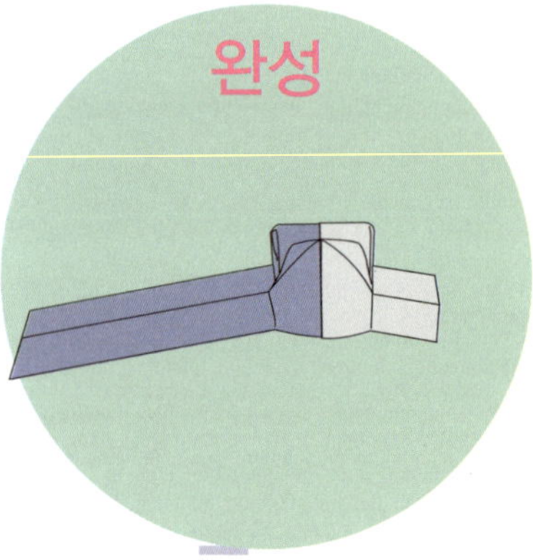

12

대각선보석반지

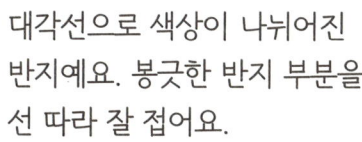

대각선으로 색상이 나뉘어진
반지예요. 봉긋한 반지 부분을
선 따라 잘 접어요.

직사각형

＊108 체크무늬보석반지2, 1번까지 접어요.

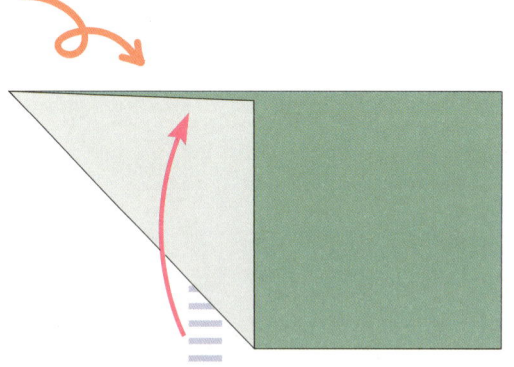

2 편 뒤 뒤집어서 한쪽만
세모를 접어요.

3 대각선에 맞춰
다시 반을 내려 접어요.

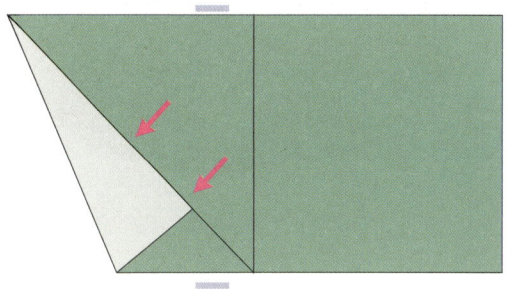

4 그 상태에서 뒤로 반을 접어요.

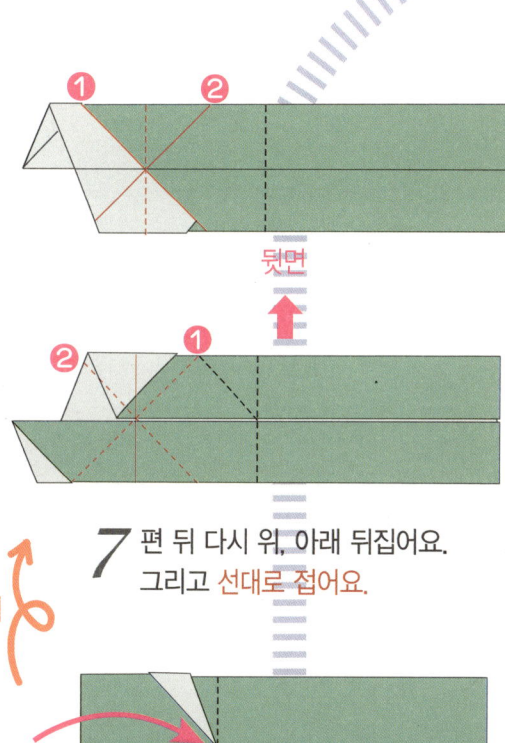

뒷면

7 편 뒤 다시 위, 아래 뒤집어요.
그리고 선대로 접어요.

위, 아래

6 위, 아래 뒤집은 뒤 중심 선까지
왼쪽만 안으로 접어요.

위, 아래

5 다시 편 뒤 대문접기를 해요.

219

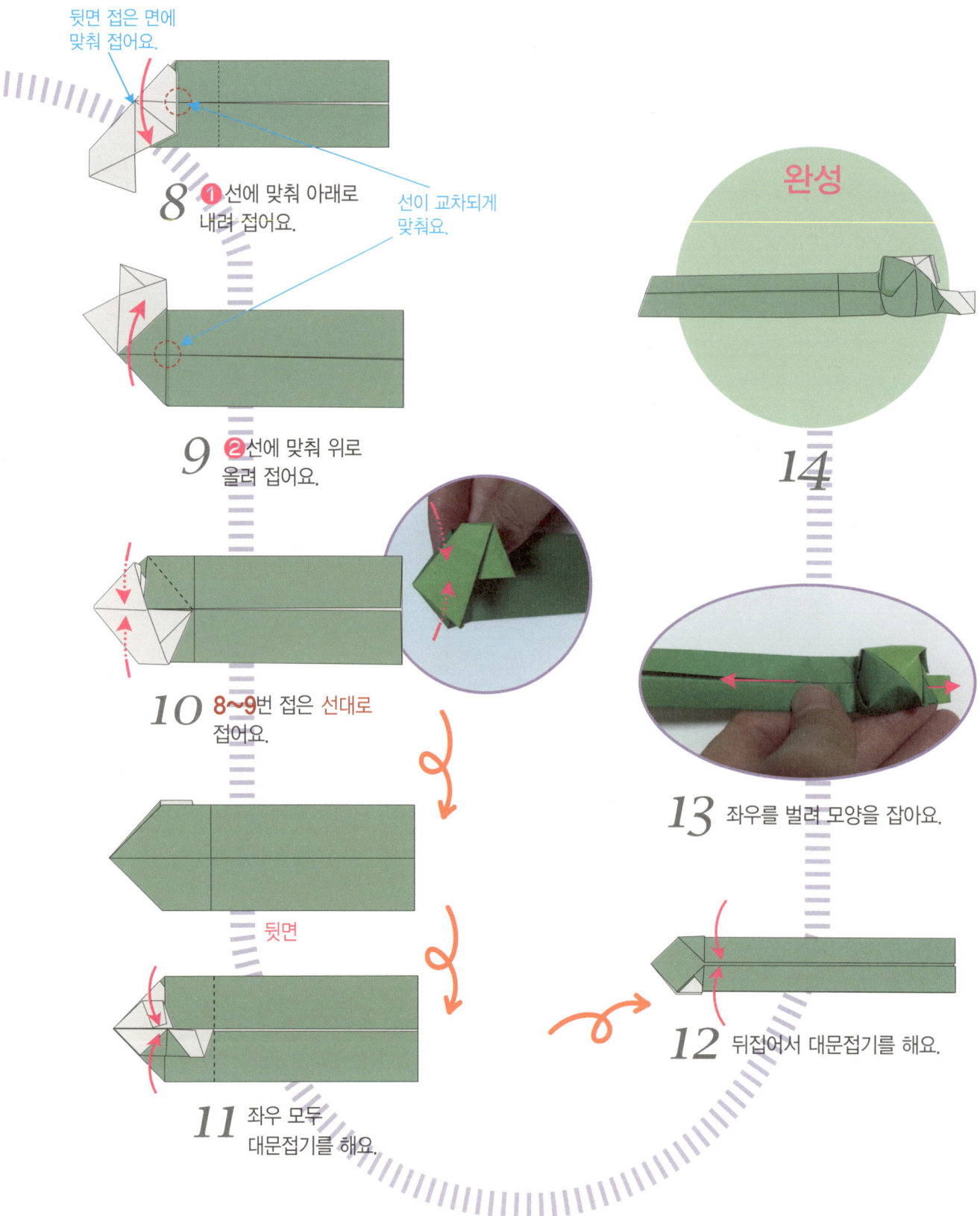

뒷면 접은 면에
맞춰 접어요.

8 ❶선에 맞춰 아래로
내려 접어요.

선이 교차되게
맞춰요.

9 ❷선에 맞춰 위로
올려 접어요.

10 8~9번 접은 선대로
접어요.

뒷면

11 좌우 모두
대문접기를 해요.

12 뒤집어서 대문접기를 해요.

13 좌우를 벌려 모양을 잡아요.

완성

14

대각선보석반지2

'대각선보석반지'와 비슷하지만 색상이 반지 줄까지 이어지는 게 조금 달라요.

직사각형

＊108 체크무늬보석반지2, 1번까지 접어요.

2 편 뒤 한쪽만 올려 접어요.

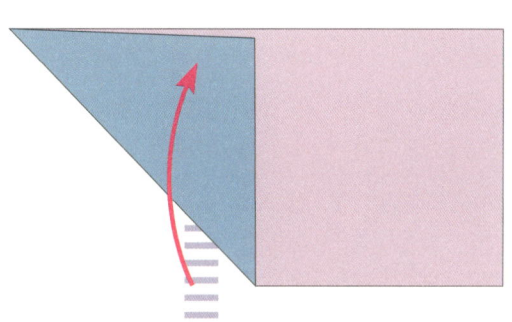

3 2번 접었던 선에 맞춰 다시 내려 접어요.

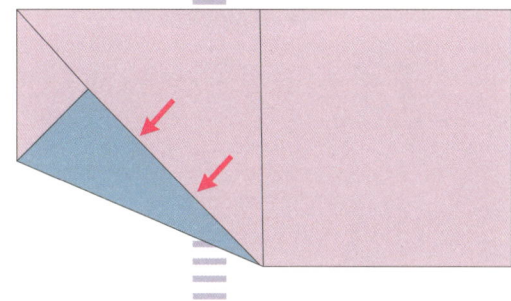

4 뒤로 반을 접어요.

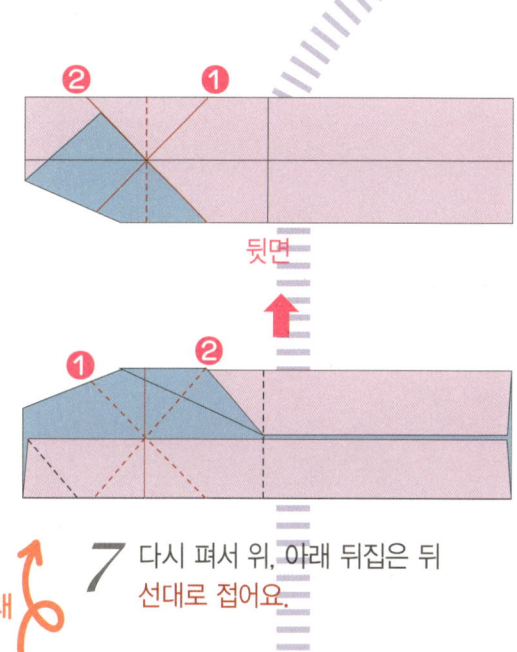

뒷면

7 다시 펴서 위, 아래 뒤집은 뒤 선대로 접어요.

위, 아래

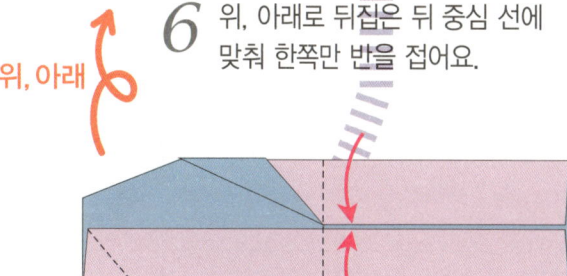

6 위, 아래로 뒤집은 뒤 중심 선에 맞춰 한쪽만 반을 접어요.

위, 아래

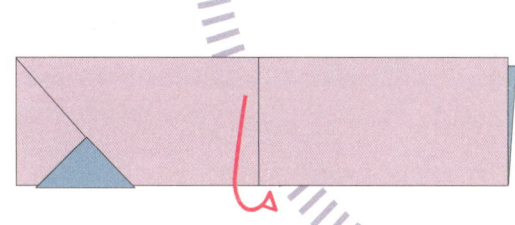

5 다시 편 뒤 대문접기를 해요.

221

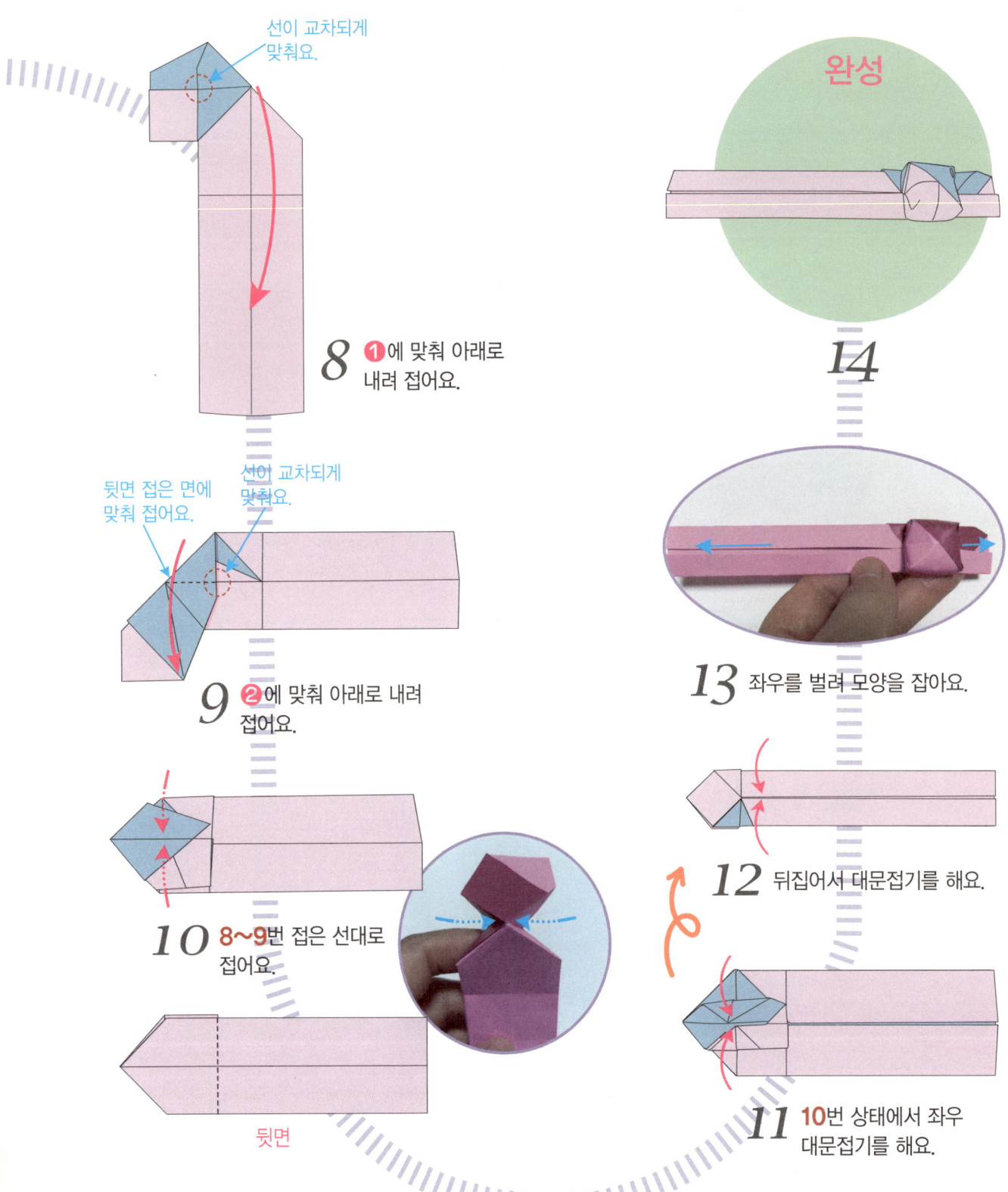

선이 교차되게
맞춰요.

8 ①에 맞춰 아래로
내려 접어요.

뒷면 접은 면에
맞춰 접어요.

선이 교차되게
맞춰요.

9 ②에 맞춰 아래로 내려
접어요.

10 8~9번 접은 선대로
접어요.

뒷면

완성

14

13 좌우를 벌려 모양을 잡아요.

12 뒤집어서 대문접기를 해요.

11 10번 상태에서 좌우
대문접기를 해요.

part

9

특이한 건 다 모였다

여러 모양 접기

113
리본

평면 리본이 아닌 도톰한 리본을 접어요.
어디든 데코레이션으로 꾸미기 좋아요.

직사각형

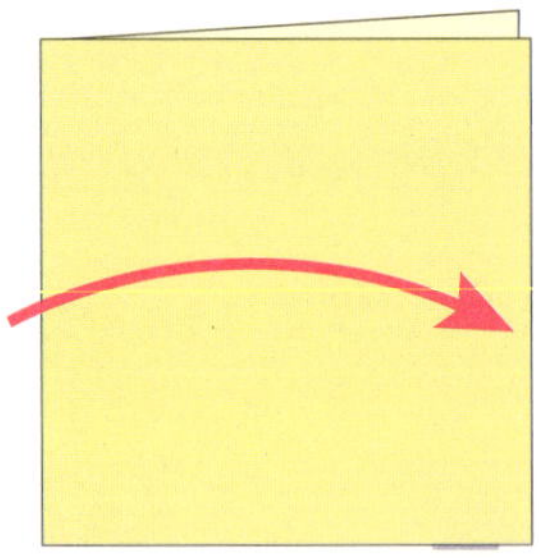

완성

1 직사각형 종이로
반을 접어요.

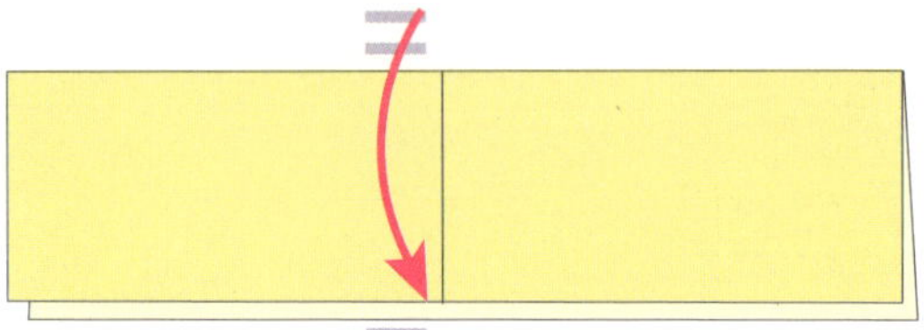

2 편 뒤 길게 반을 접어요.

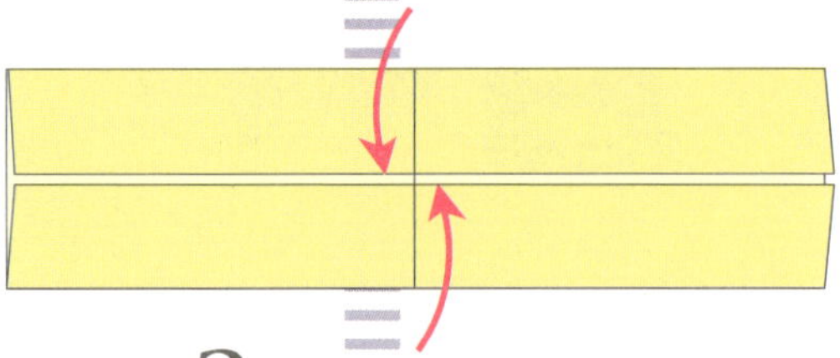

3 편 뒤 대문접기를 해요.

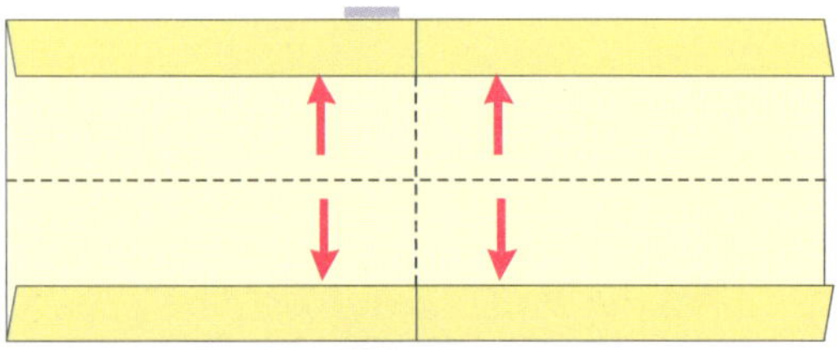

4 3번 대문접기에서 반만 접어요.

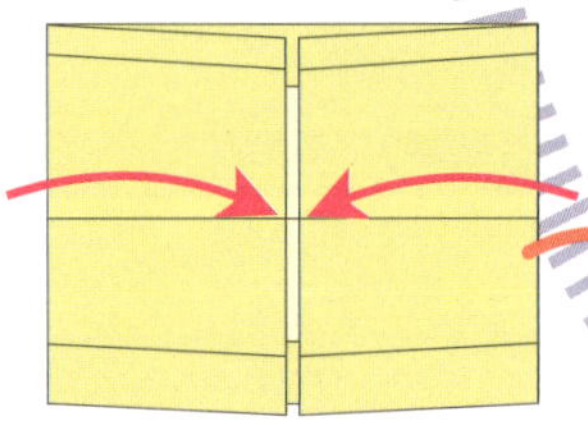

5 4번 상태에서 다시
대문접기를 해요.

6 뒤집은 뒤 한쪽만 펴요.
그리고 위처럼 겹쳐
계단접기 해요.

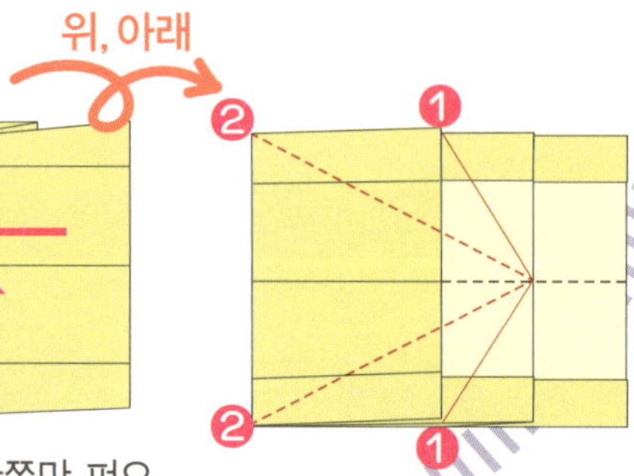

위, 아래

7 위, 아래로 뒤집은 뒤
선대로 접어요.

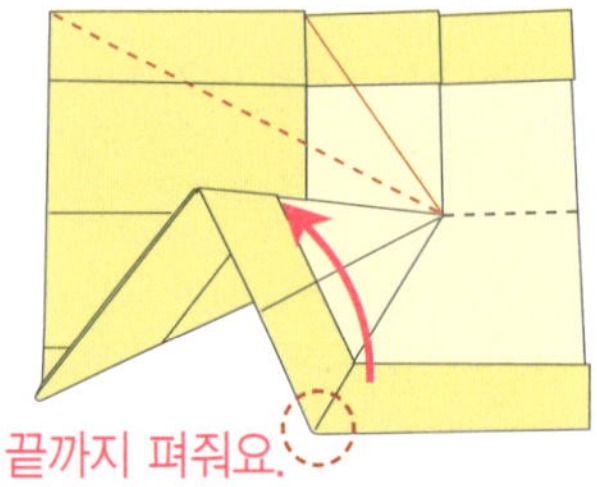

8 7번 선대로 접어서
부채 모양으로 펴서 올려요.

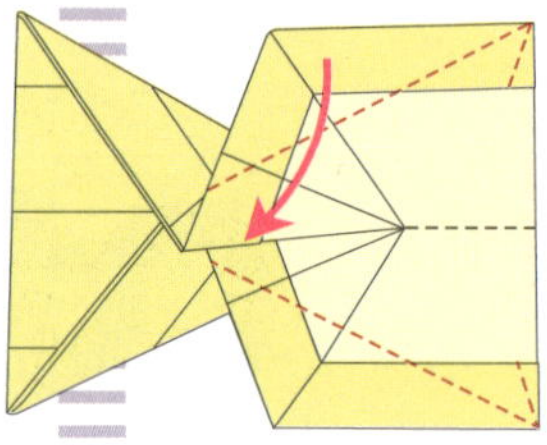

끝까지 펴줘요.

9 윗면도 똑같이
접어서 내려요.

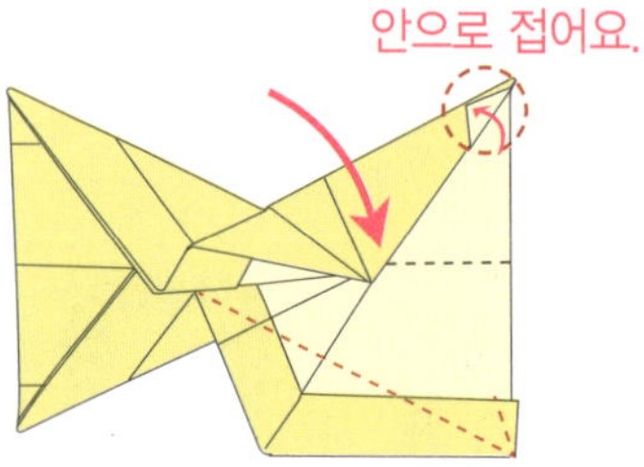

10 9번 선에 맞춰
윗면을 내려 접어요.

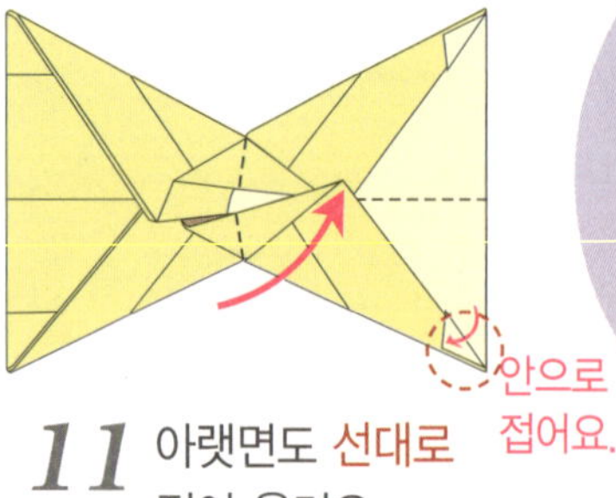

안으로 접어요.

11 아랫면도 선대로
접어 올려요.

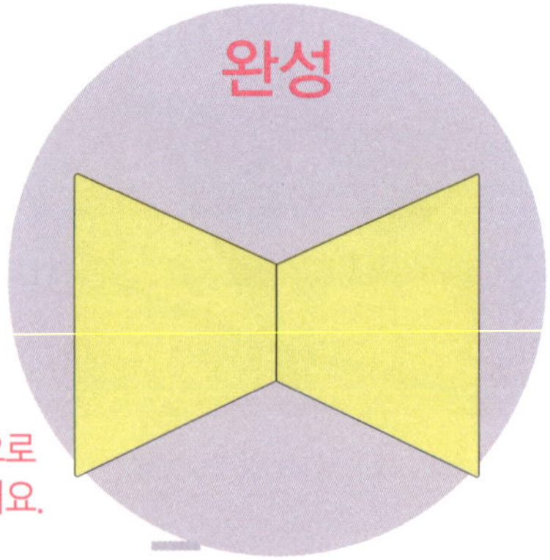

안으로
접어요.

12

❷ 위, 아래 안으로 접어요.

❶ 위, 아래 밖으로 접어요.

224 특이하고 특별한 **종이접기**

반리본

직사각형

두 가지 색상이 반반씩 나누어진
반리본이에요. 리본과 더불어 여러 개 접어
더욱 다양한 장식을 해보세요.

완성

*113 리본, 4번까지 접어요.

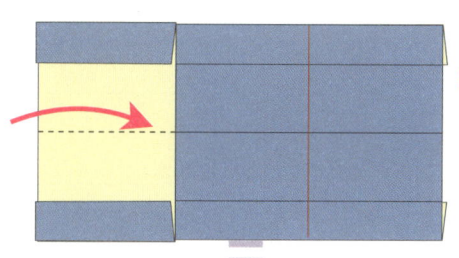

5 뒤집은 뒤 중심 선에 맞춰
반을 접어요.

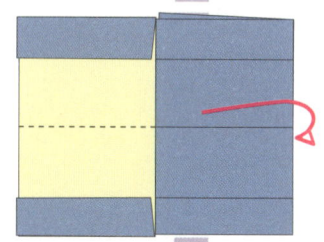

6 맞은편 쪽은 뒤로 접어요.

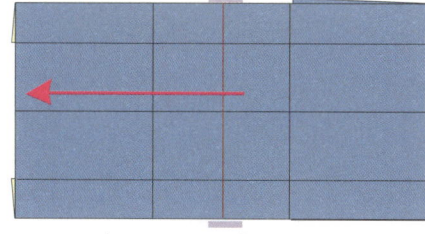

7 5번에서 접었던 한쪽 면을 펼쳐요.

8

7번의 가운데 면을
밖으로 반을 겹쳐 접어요.
그리고 선대로 접어요.

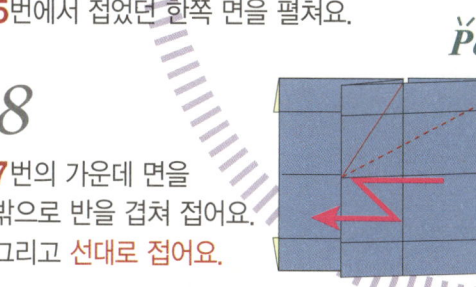

Point

아래로
접어요.

12 11번의 접는 선에 맞춰
10번처럼 접어 내려요.
모서리도 안으로 접어요.

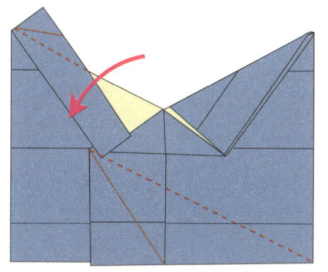

10 9번 접는 선에 맞춰
내려 접어요. 그리고
선대로 접어요.

13

돌려요

안으로
접어 넣어요.

11 180도 돌린 후
10번 접는 선에 맞춰
9번과 똑같이 접어요.
그리고 선대로 접어요.

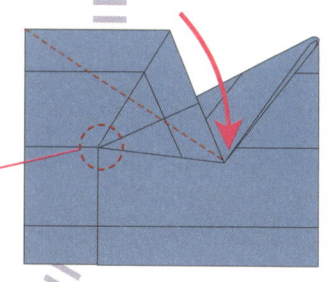

끝까지
펴줘요.

9 8번 접는 선에 맞춰
내려 접어요. 그리고
선대로 접어요.

115 똑같은 듯 똑같지 않은 똑같은 네모

이름처럼 네 면이 모두 똑같아 보이지만 펼치고
안으로 접다 보면 각각의 다른 모습의 네모예요.

정사각형

＊9번, 10번은 두 가지 방법으로 접을 수 있어요.

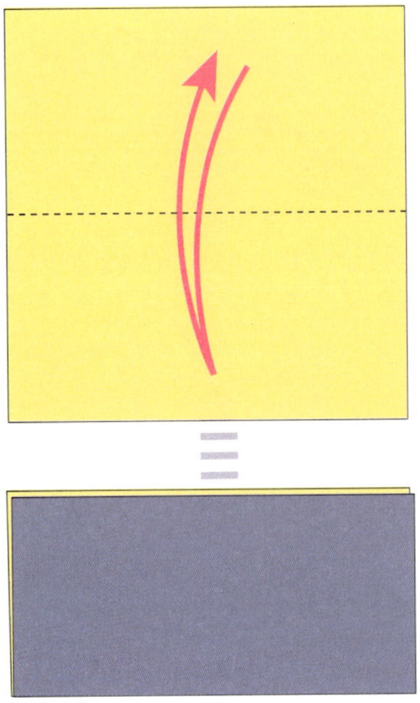

1 정사각형 종이로 반을 접어요.

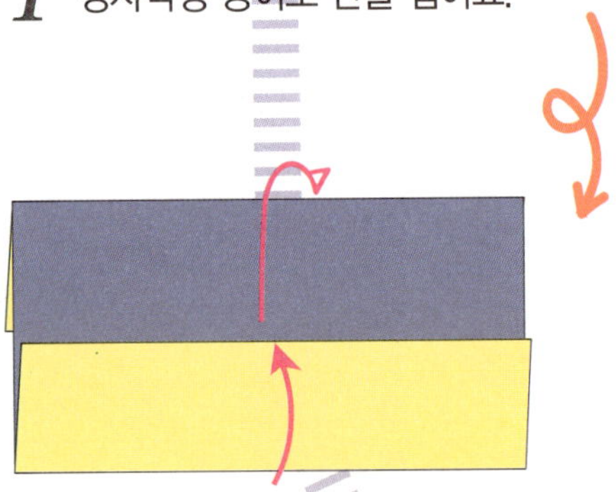

2 펼친 뒤 뒤집어요. 그리고
앞, 뒤 다른 방향으로 접어요.

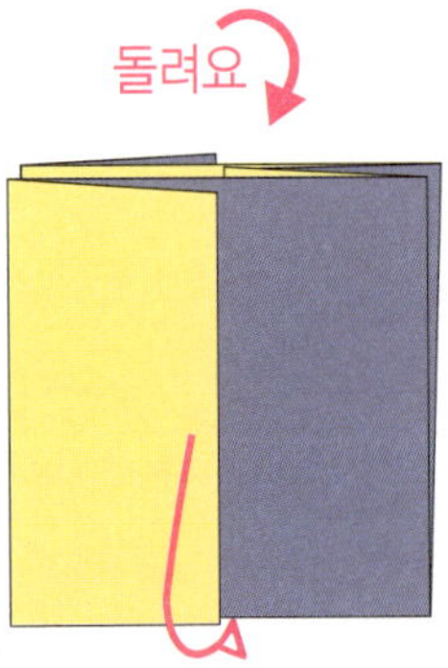

3 돌려서 뒤로 반을 접어요.

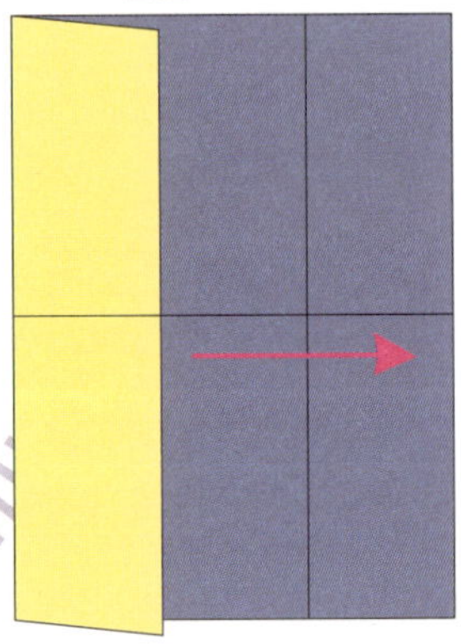

돌려요

4 편 뒤 한쪽만 펴요.

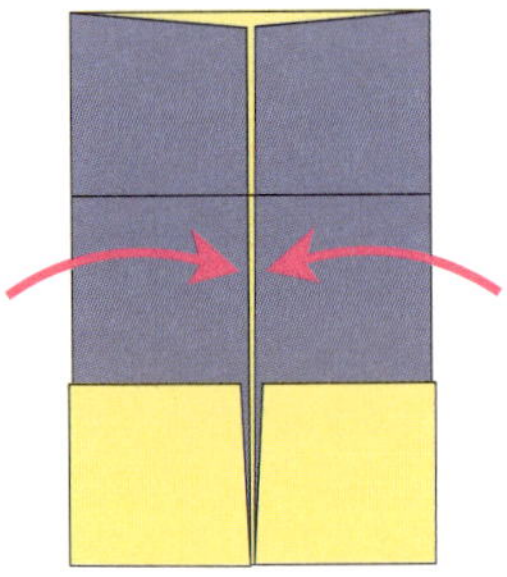

5 대문접기 해요.

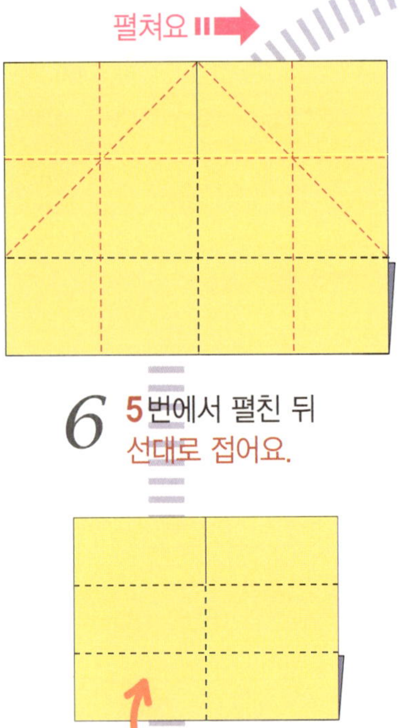

축소

돌려요

6 5번에서 펼친 뒤
선대로 접어요.

펼쳐요

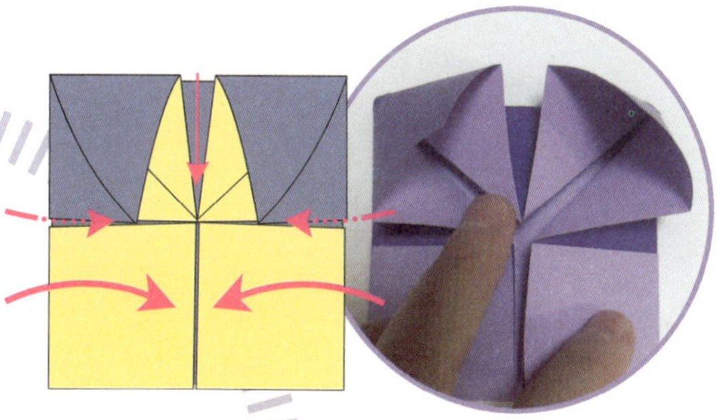

완성

7 대문접기, 위에서 내려
접기, 좌우 안으로 접기
모두 동시에 접어요.

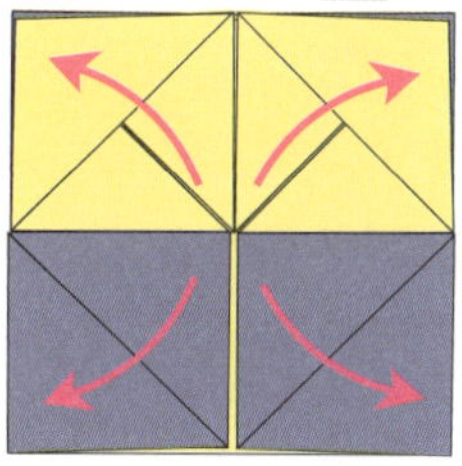

8 네 군데 모두 밖으로
펼쳐 접어요.

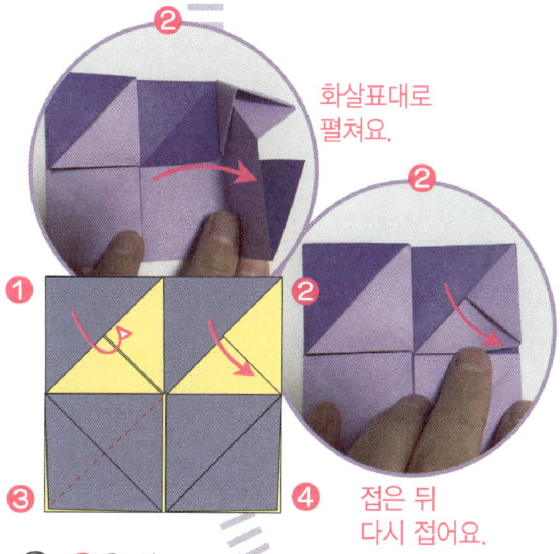

화살표대로
펼쳐요.

① ② ③ ④

접은 뒤
다시 접어요.

9 ❶은 안으로 접고
❷는 사진처럼 펼친 뒤
다른 방향 세모로 접어요.

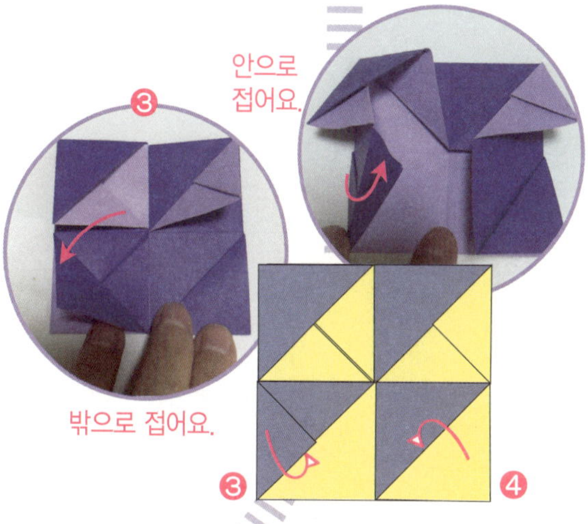

■ 네 곳이 접는 방식과 형태는
달라도 공통점이 있어요.

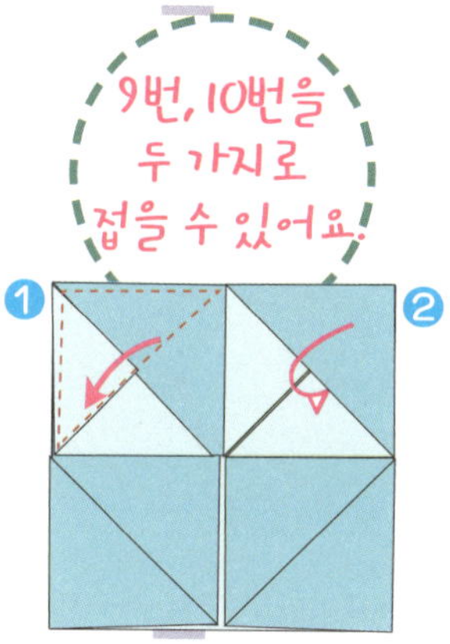

10 ❸, ❹는 안으로 접어요.
네 곳이 모두 ▢ 색입니다.

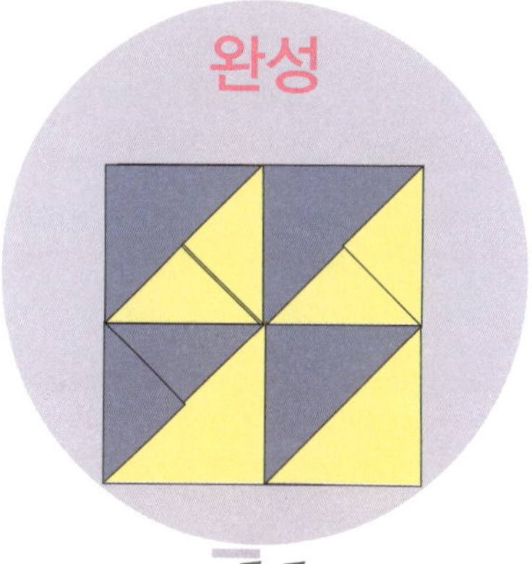

11

9번, 10번을
두 가지로
접을 수 있어요.

❶ ❷

9 ❶은 **9**번의 ❷ 처럼 접어요.
❷는 안으로 접어요

안으로
접어요.

❸

밖으로 접어요.

❸ ❹

10 ❸은 밖으로 접은 면을
안으로 접어 넣어요.
❹는 안으로 접어요.
네 곳이 모두 � 색입니다.

227

116
변형삼각

접어서 뒤집으면 다른 모양의 삼각이
돼요. 모양을 반복하면서 놀아보세요.

정사각형

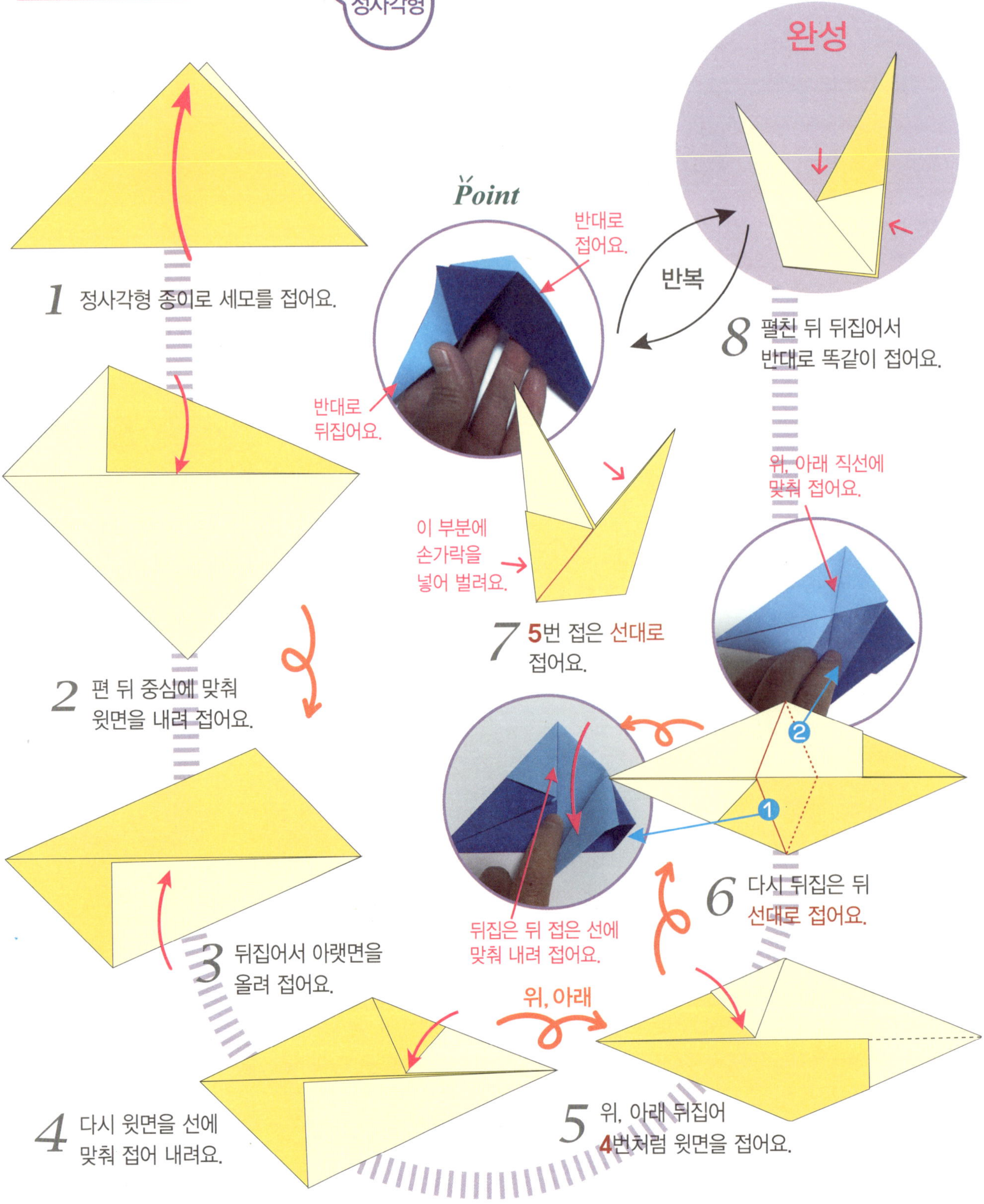

완성

1 정사각형 종이로 세모를 접어요.

Point

반대로
접어요.

반대로
뒤집어요.

반복

8 펼친 뒤 뒤집어서
반대로 똑같이 접어요.

이 부분에
손가락을
넣어 벌려요.

위, 아래 직선에
맞춰 접어요.

2 편 뒤 중심에 맞춰
윗면을 내려 접어요.

7 **5**번 접은 선대로
접어요.

② ①

3 뒤집어서 아랫면을
올려 접어요.

뒤집은 뒤 접은 선에
맞춰 내려 접어요.

6 다시 뒤집은 뒤
선대로 접어요.

위, 아래

4 다시 윗면을 선에
맞춰 접어 내려요.

5 위, 아래 뒤집어
4번처럼 윗면을 접어요.

정사각형

117

변형삼각2

변형삼각에서 시작하여 한쪽 삼각을 돌돌 말아
틈에 넣으면 귀여운 삼각 모양이 완성돼요.
밑면에 손을 넣고 좌우 반복해서 움직여요.

*116 변형삼각, 7번까지 접어요.

돌려요

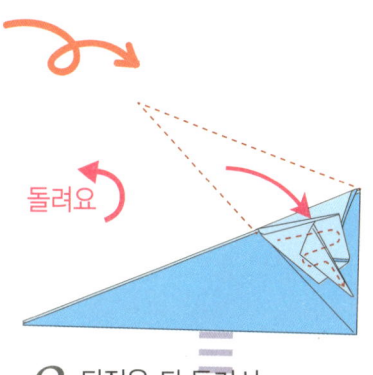

8 뒤집은 뒤 돌려서
연한 색 삼각형을 그림처럼
지그재그로 접어요.

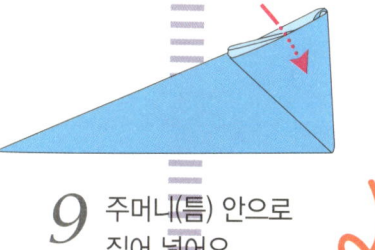

9 주머니(틈) 안으로
집어 넣어요.

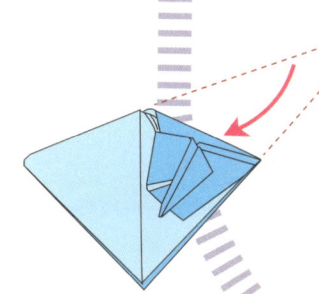

10 뒤집은 뒤 **8**번처럼
진한 색 삼각형도 똑같이
접어요.

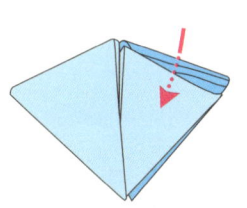

11 주머니(틈) 안으로
집어 넣어요.

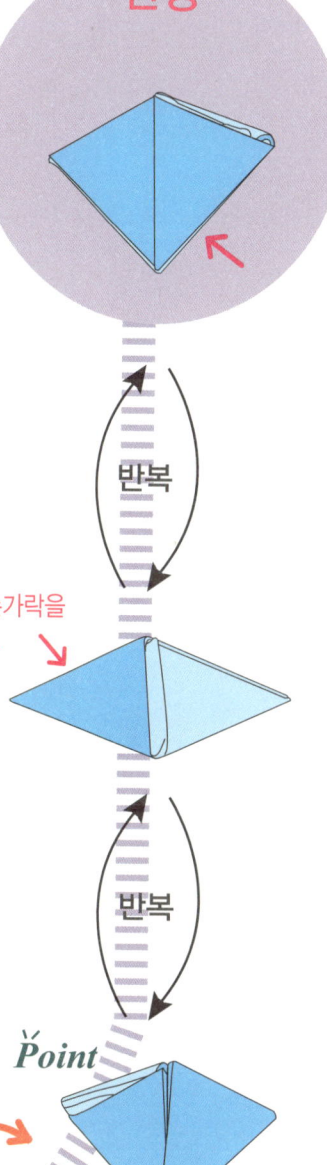

완성

12 틈 안으로 손가락을 넣어
가로, 세로, 위, 아래 등
모양을 반복적으로 바꿔요.

반복

이 부분에 손가락을
넣고 벌려요.

반복

Point

아랫면을 벌려 모양을
만들 수 있어요.

229

정사각형

118 변형삼각3

마지막까지 모두 접어 밑면을 가로, 세로로
바꿔가며 삼각을 변형시켜보세요.

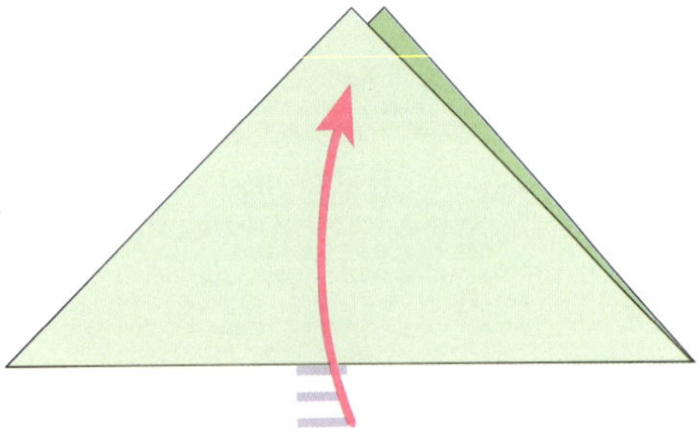

1 정사각형 종이로 세모를 접어요.

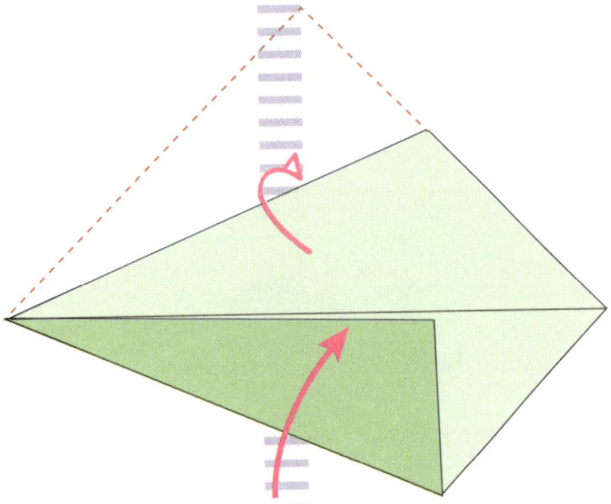

2 편 뒤 중심에 맞춰 아랫면은
위로 접고 윗면은 뒤로
접어요.

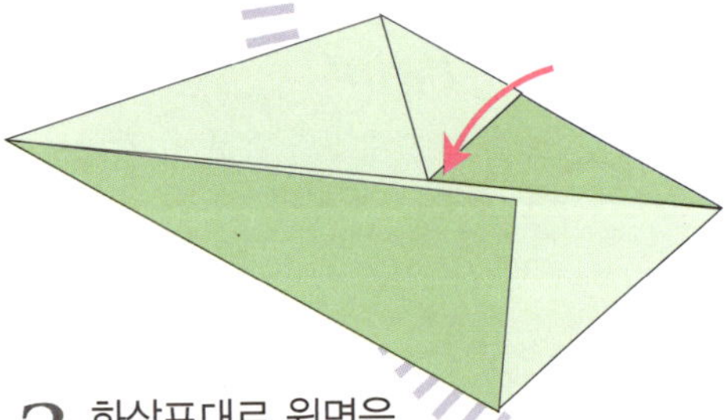

3 화살표대로 윗면을
접어 내려요.

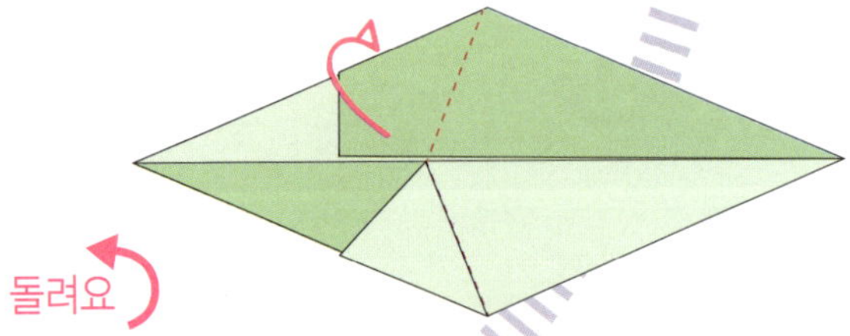

돌려요

4 180도 돌린 뒤 화살표대로
윗면을 뒤로 접어요.

Point

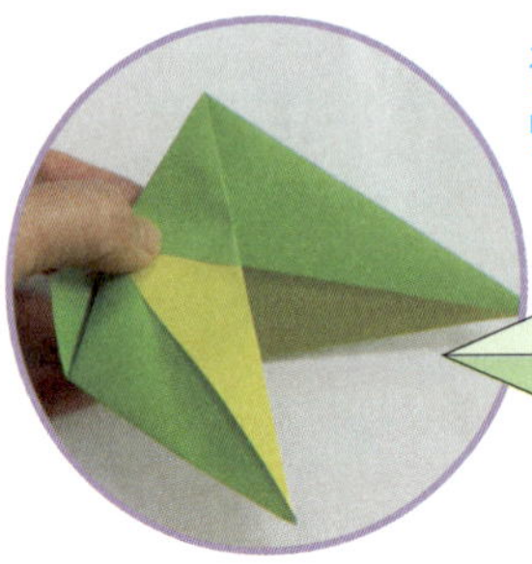

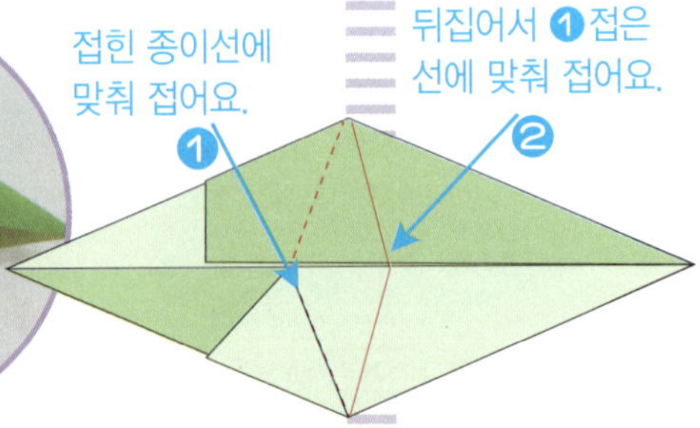

접힌 종이선에
맞춰 접어요.
①

뒤집어서 ①접은
선에 맞춰 접어요.
②

5 뒷면 접은 선에 맞춰
①은 위, 아래 안으로 접고
②는 밖으로 접어요.

6 5번 접은 선대로
그대로 접어요.

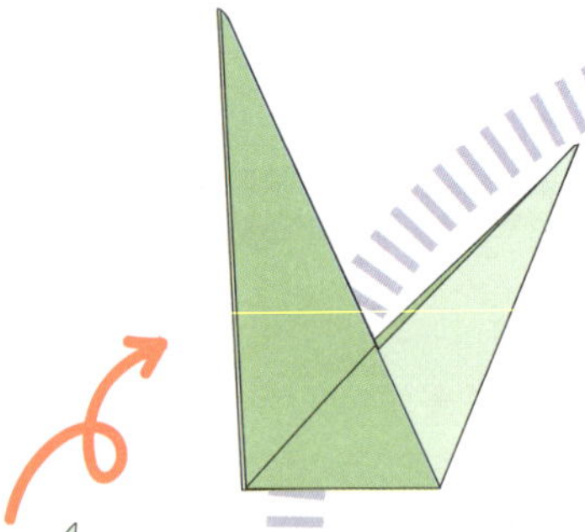

7 뒤집어요.

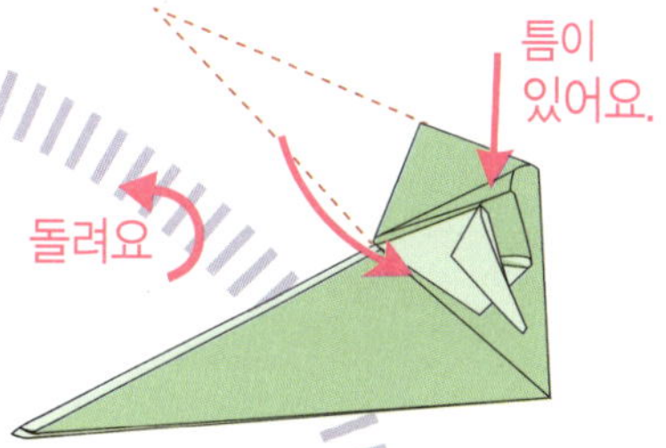

틈이
있어요.

돌려요.

8 연한 색 삼각을 접어요.
지그재그로 접어서
주머니(틈) 안으로 넣어요.
※ '117 변형삼각2' **8**번처럼 접어요.

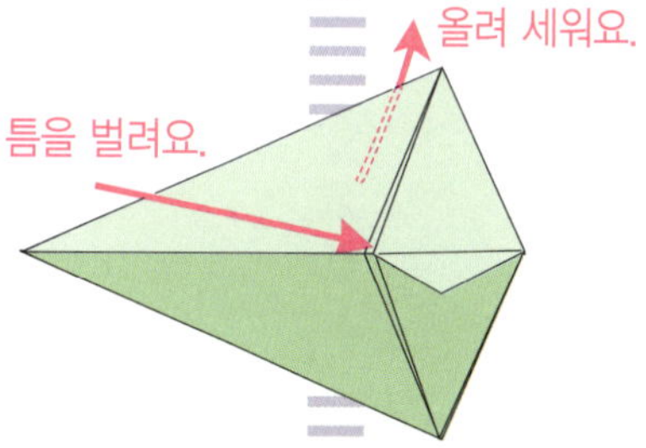

올려 세워요.

틈을 벌려요.

9 뒷면을 올려 세워요.

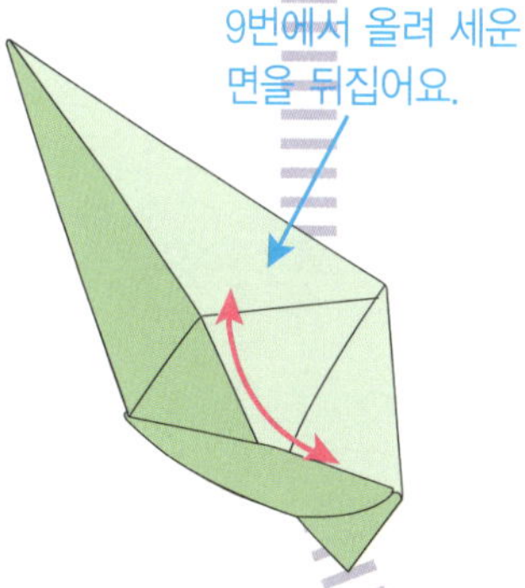

9번에서 올려 세운
면을 뒤집어요.

5번 **2**의 접는 선에
맞춰 접어요.

10 화살표대로 틈을
벌려요.

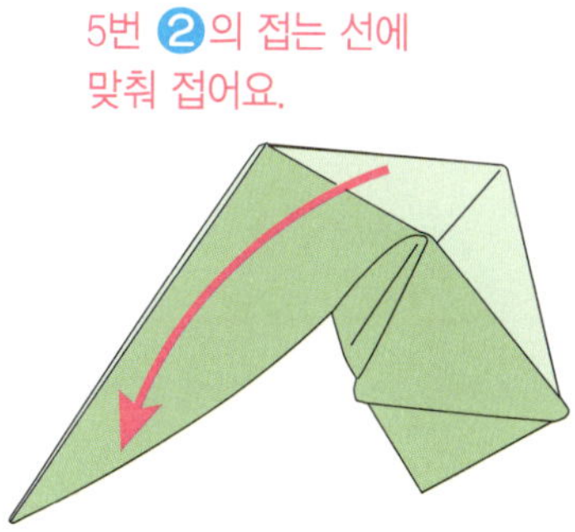

11 윗면을 아래로 꺾어 접어
삼각형을 반대로 접어요.

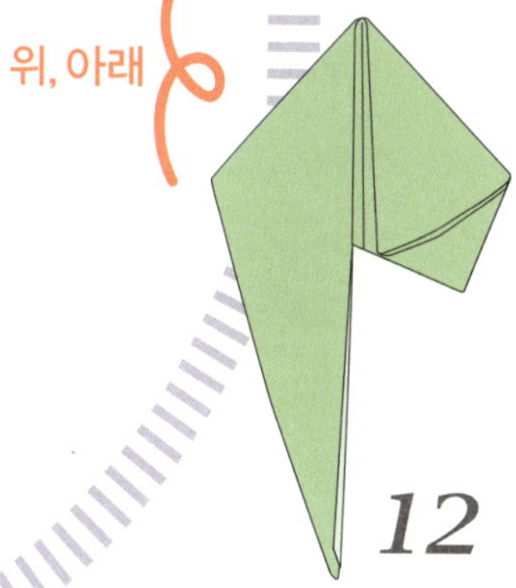

완성

안으로
접어 넣어도
돼요.

14 틈 안으로 손가락을 넣어
모양을 반복적으로 바꿔요.

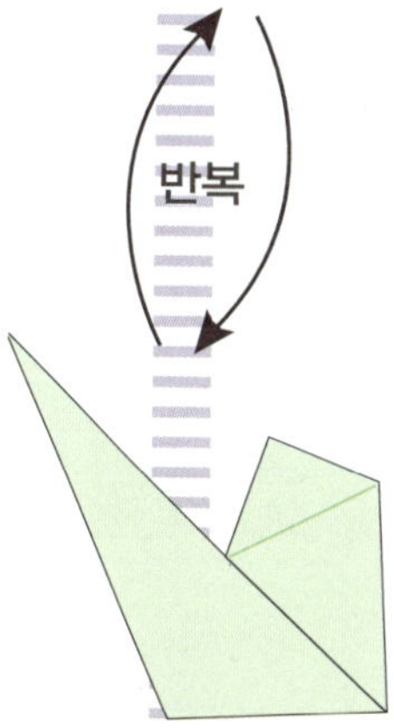

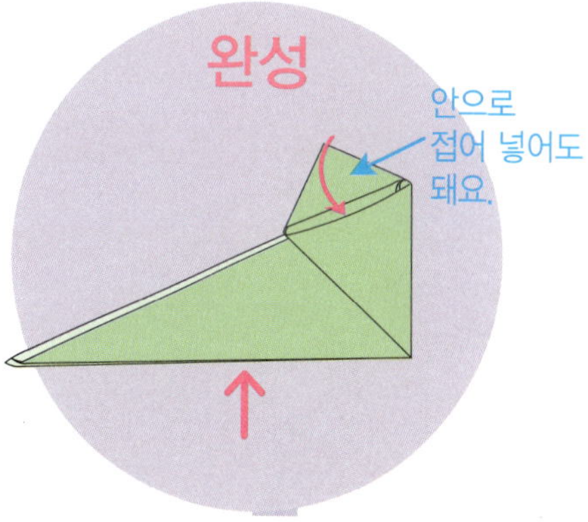

반복

13 위, 아래 뒤집어요.

위, 아래

12

231

119
쌍개구리

누구나 한번쯤은 접어봤을 개구리 접기예요.
앞, 뒤가 똑같은 쌍개구리를 접어보세요.
특히 개구리 다리 접기에 신경써요.

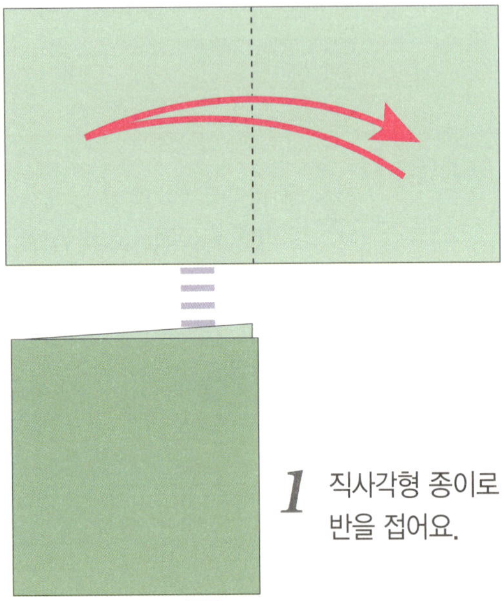

직사각형

1 직사각형 종이로
반을 접어요.

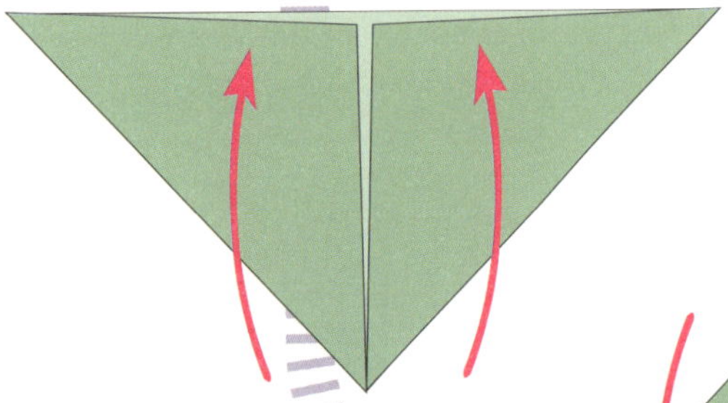

2 편 뒤 좌우 세모를
접어요.

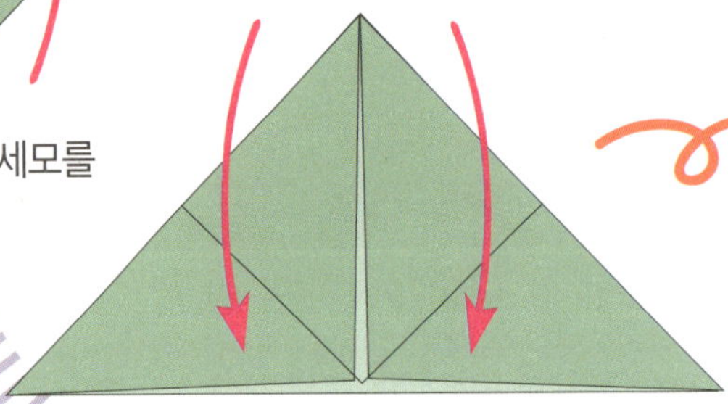

3 편 뒤 위에서 아래로 접어요.
(뒤집지 않아요.)

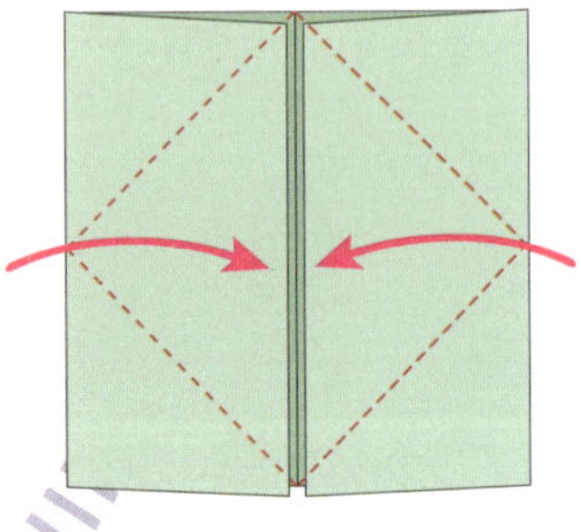

4 편 뒤 뒤집어서
대문접기를 해요.

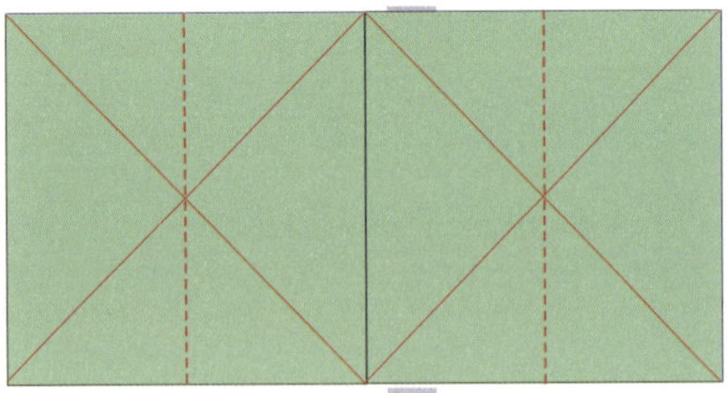

5 펼치면 접은 선이 생겼어요.

돌려요

6 뒤집은 뒤 돌려요. **5**번 선대로
접어요. 좌우 옆면을 안으로
넣으며 접어요.

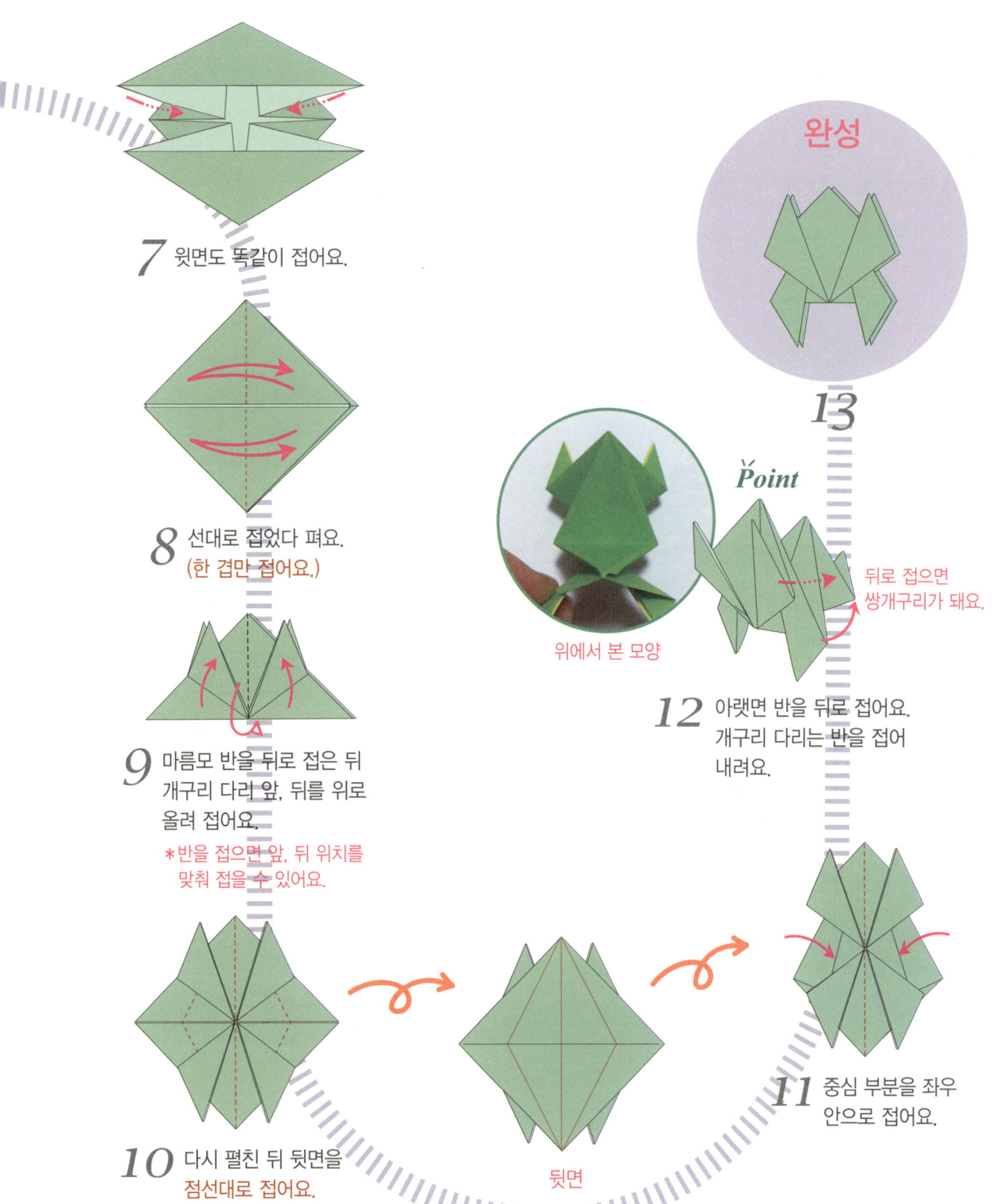

7 윗면도 똑같이 접어요.

8 선대로 접었다 펴요.
(한 겹만 접어요.)

9 마름모 반을 뒤로 접은 뒤
개구리 다리 앞, 뒤를 위로
올려 접어요.

＊반을 접으면 앞, 뒤 위치를
맞춰 접을 수 있어요.

10 다시 펼친 뒤 뒷면을
점선대로 접어요.

뒷면

11 중심 부분을 좌우
안으로 접어요.

완성

Point

위에서 본 모양

뒤로 접으면
쌍개구리가 돼요.

12 아랫면 반을 뒤로 접어요.
개구리 다리는 반을 접어
내려요.

13

120
반쌍개구리

앞에서 보면 멋진 옷을 입은 개구리 같지만
사실은 위, 아래가 각각 다른 색의 쌍개구리예요.
위, 아래로 돌려가며 가지고 놀아요.

직사각형

＊119 쌍개구리, 1번까지 접어요.

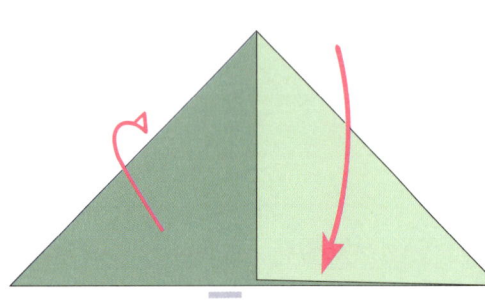

2 편 뒤 서로 다른 방향으로
세모를 접어요.

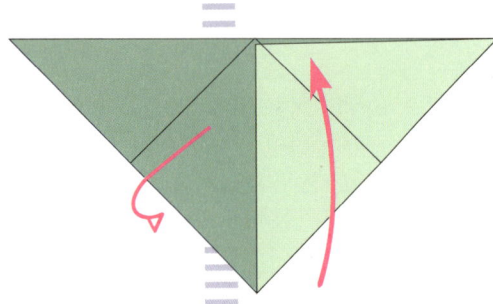

3 편 뒤 앞. 뒷면을 위로 접어요
(뒤집지 않아요.)

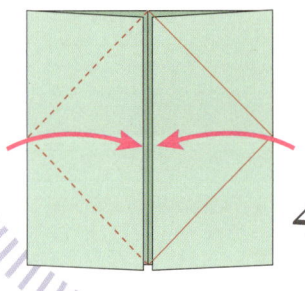

4 펼쳐서
대문접기를 해요.

돌려요

6 뒤집은 뒤 돌려요. 그리고
5번 선대로 각각 반대
방향으로 좌우 옆면을
안으로 넣으며 접어요.

5 펼치면 접은 선이 생겼어요.

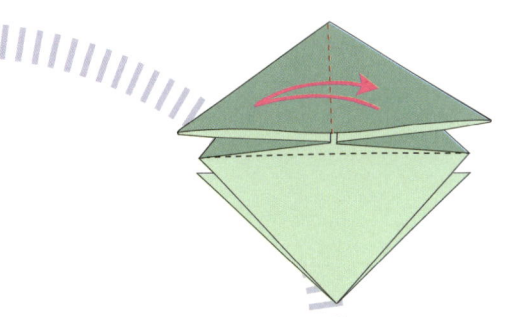

7 한 겹만 선대로 접었다 펴서 선을 만들어요.
(뒷면도 똑같이 접었다 펴요.)

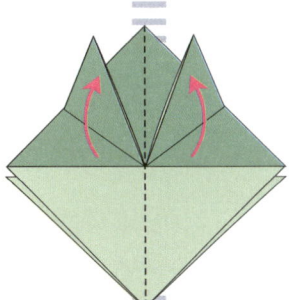

8 좌우 올려 접어요.

위, 아래

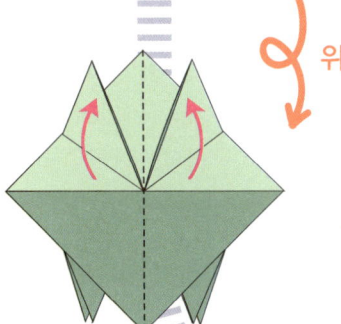

9 위, 아래로 뒤집은 뒤 연한 색 개구리 다리를 위로 올려 접어요. '119 쌍개구리' **9**번처럼 위, 아래 반을 접으면 위치를 맞출 수 있어요.

완성

13 한쪽 옆면을 접어 내려요.

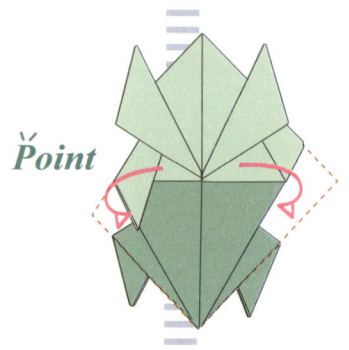

Point

12 좌우 점선 부분을 뒤로 접어요.

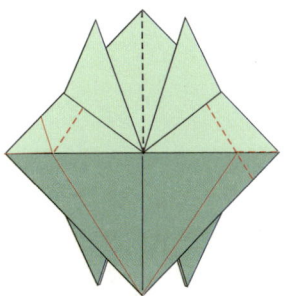

10 편 뒤 선대로 접어요. 안과 밖 어느 방향으로 접어도 상관없어요.

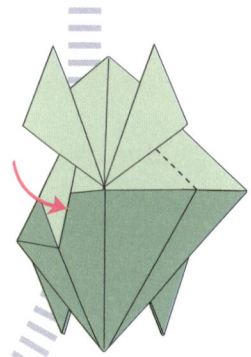

11 중심 부분 한쪽을 안으로 접어요.

235

121 이상한 리본

접다 보면 좌우 끝이 모두 육각 모양이에요.
리본의 중심을 꼼꼼하게 접으면 예쁜 리본이 돼요.

*119 쌍개구리, 3번까지 접어요.

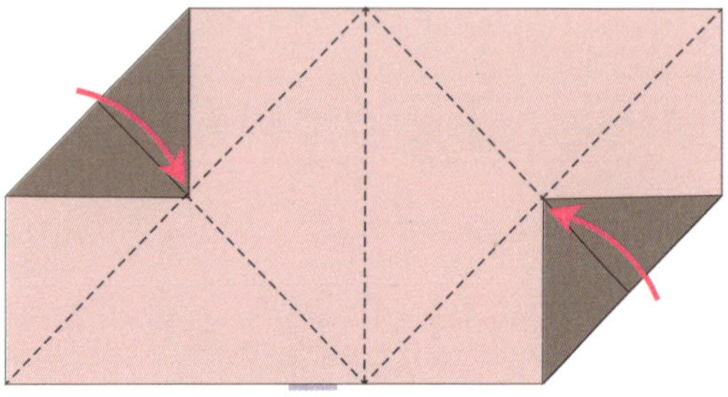

4 펼친 뒤 좌우 모서리를 안으로 접어요.

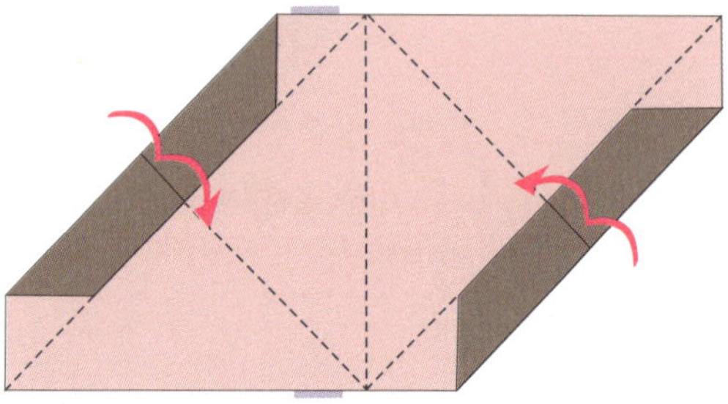

5 **4**번 접은 상태에서 한번 더 말아 접어요.

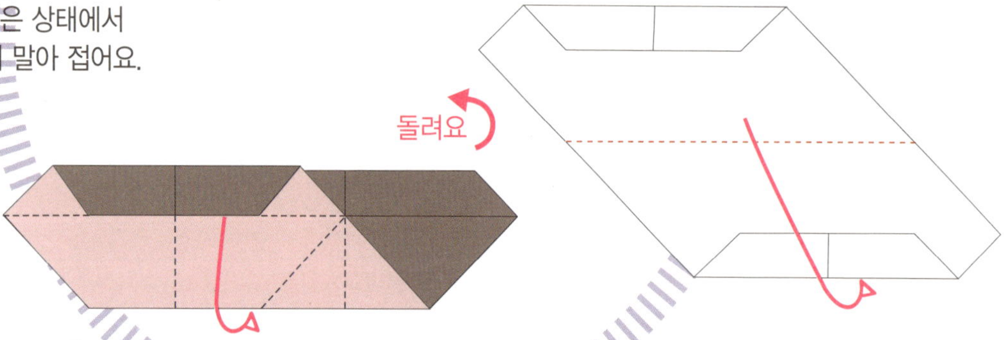

6 그림처럼 돌린 뒤 뒤로 반을 접어요.

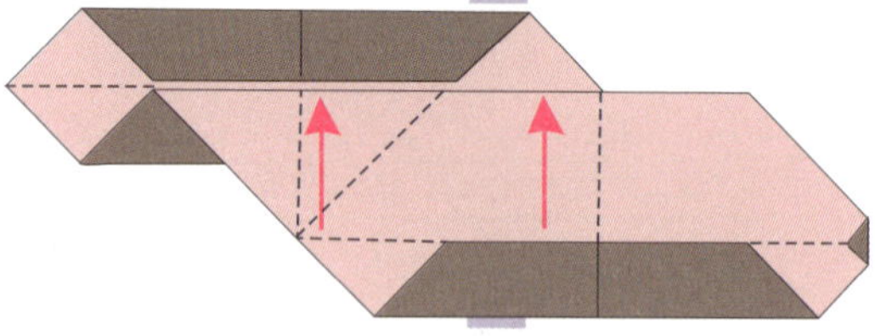

돌려요

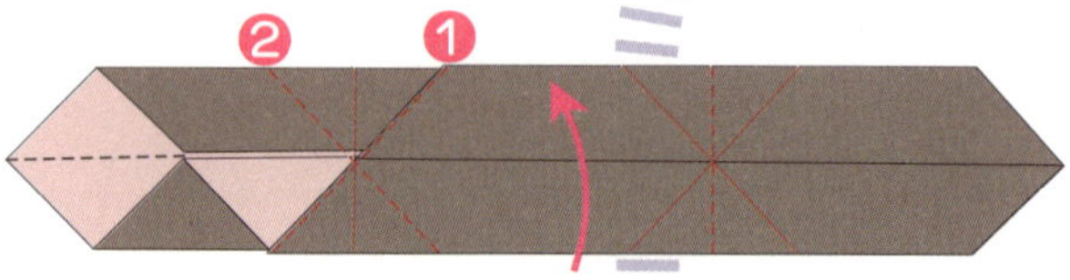

8 아랫면은 위로 끝까지 올려 접어요. 그리고 선대로 접어요.

7 다시 편 뒤 중심 선을 위로 밀어서 겹쳐 접어요.

❷ ❶

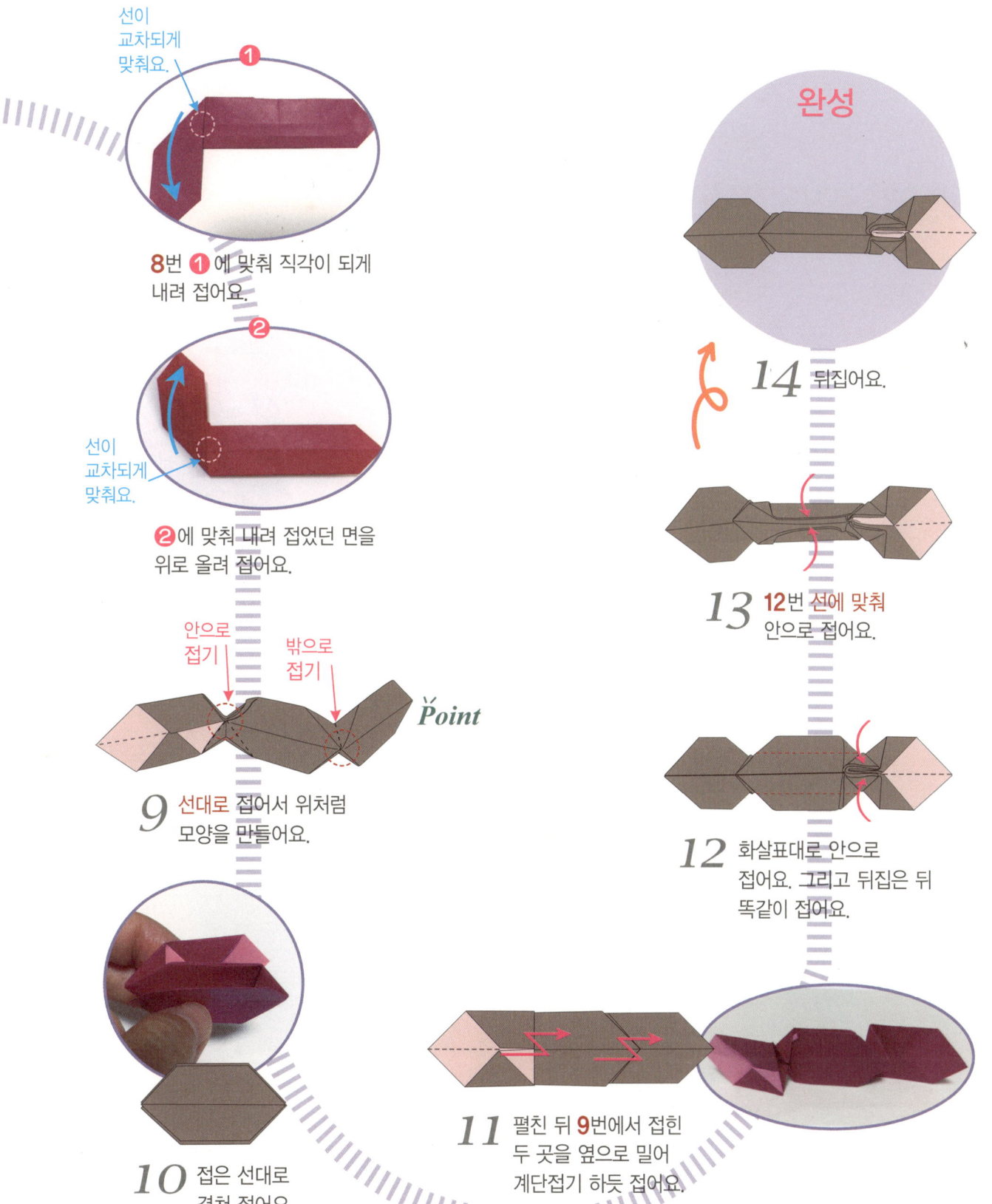

선이
교차되게
맞춰요.

1

8번 **1**에 맞춰 직각이 되게
내려 접어요.

2

선이
교차되게
맞춰요.

2에 맞춰 내려 접었던 면을
위로 올려 접어요.

안으로
접기

밖으로
접기

Point

9 **선대로** 접어서 위처럼
모양을 만들어요.

10 접은 선대로
겹쳐 접어요.

11 펼친 뒤 **9**번에서 접힌
두 곳을 옆으로 밀어
계단접기 하듯 접어요.

완성

14 뒤집어요.

13 **12**번 선에 맞춰
안으로 접어요.

12 화살표대로 안으로
접어요. 그리고 뒤집은 뒤
똑같이 접어요.

⑫ 특이한 리본

말 그대로 본 적 없는 특이한 리본이에요.
앞, 뒤 꺾이는 부분이 다소 어렵지만
천천히 꼼꼼히 접어봐요.

직사각형

*119 쌍개구리, 1번까지 접어요.

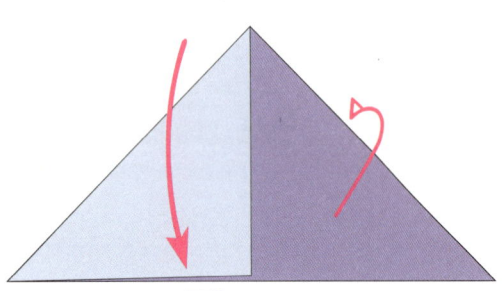

2 편 뒤 서로 다른 방향으로
세모를 접어요.

3 편 뒤 앞, 뒷면 위로 접어요
(뒤집지 않아요.)

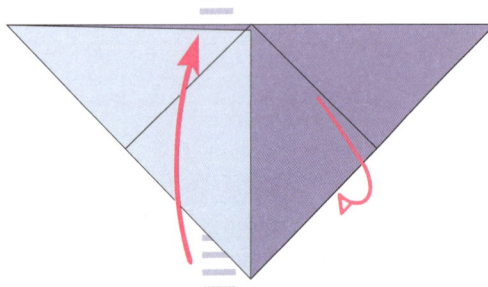

4 펼친 뒤 두 모서리를
서로 다른 방향으로 접어요.

위, 아래

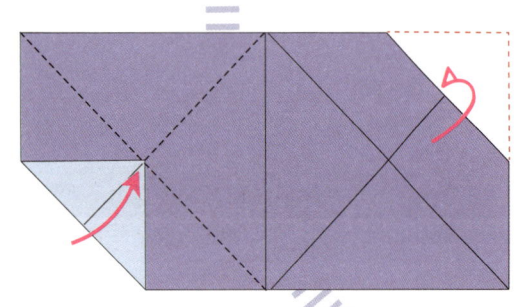

5 위, 아래로 뒤집은 뒤 **4**번 접은
상태에서 한번 더 말아 접어요.
(좌우 똑같이 접어요.)

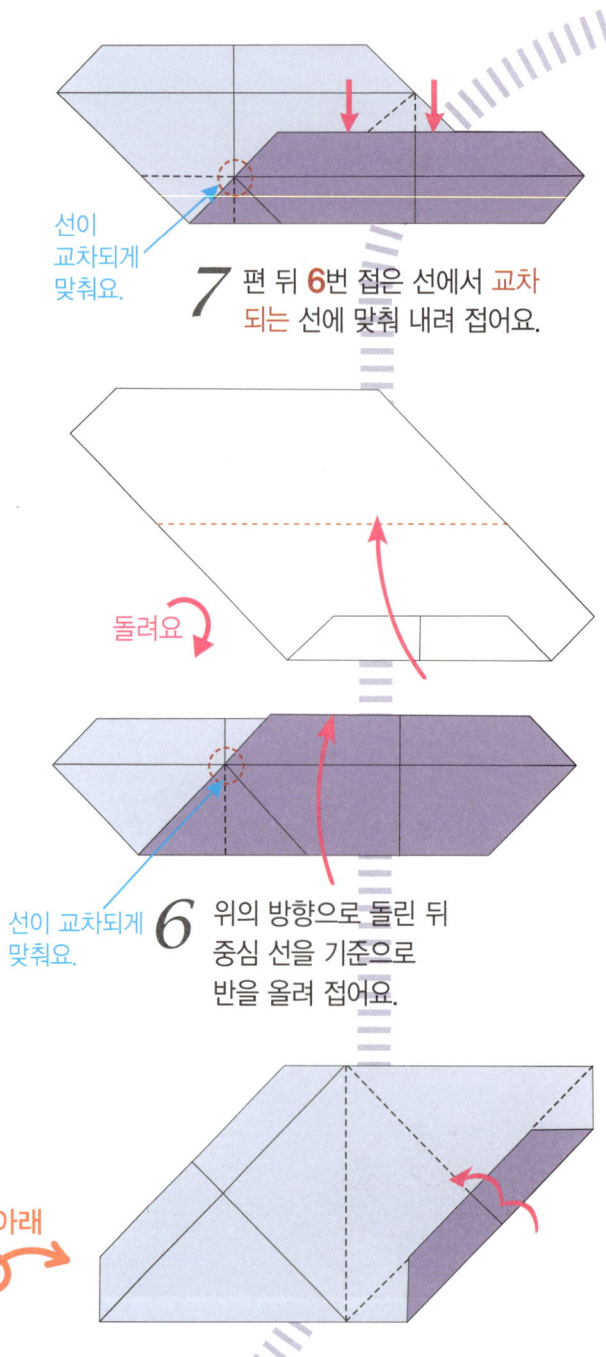

선이
교차되게
맞춰요.

7 편 뒤 **6**번 접은 선에서 교차
되는 선에 맞춰 내려 접어요.

돌려요

선이 교차되게
맞춰요.

6 위의 방향으로 돌린 뒤
중심 선을 기준으로
반을 올려 접어요.

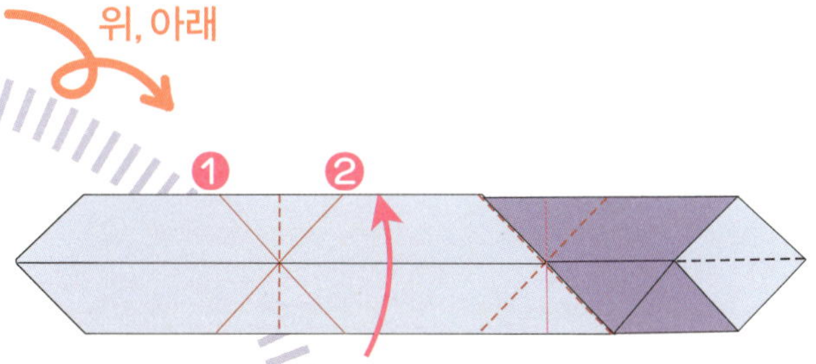

위, 아래

8 위, 아래로 뒤집은 뒤 아랫면을
접어 올려요. 그리고 선대로 접어요.

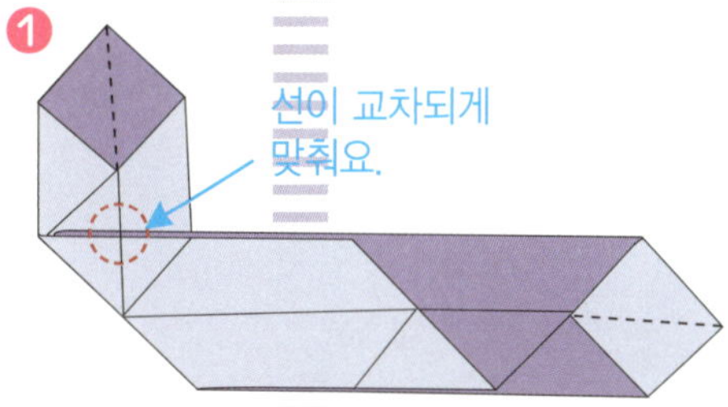

①

선이 교차되게
맞춰요.

①에 맞춰 뒤로 접어 올려요.

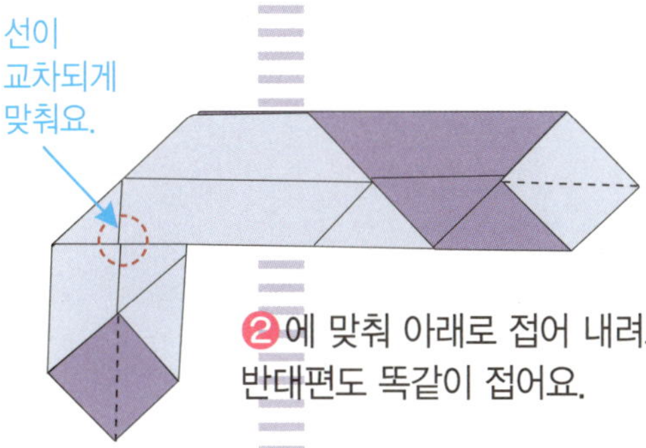

선이
교차되게
맞춰요.

②에 맞춰 아래로 접어 내려요
반대편도 똑같이 접어요.

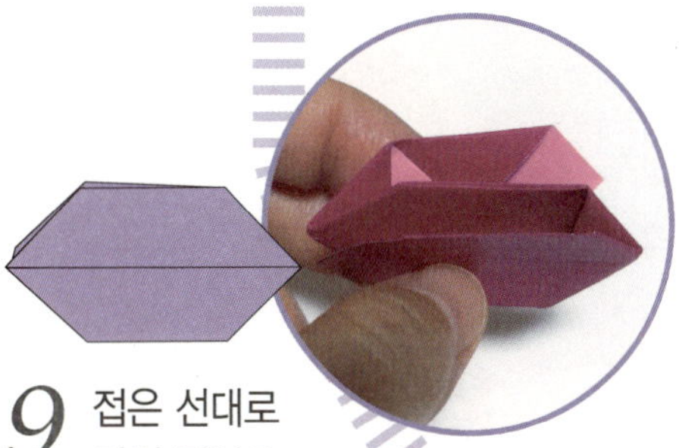

9 접은 선대로
겹쳐 접어요.

10
펼친 뒤 **8**번에서 접은
두 곳을 각각 다른 방향으로
밀어 계단접기 하듯 접어요.

* '121 이상한리본' 11번처럼 접어요.

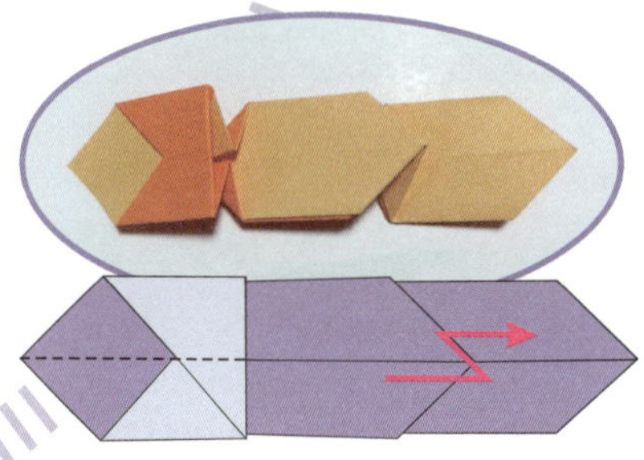

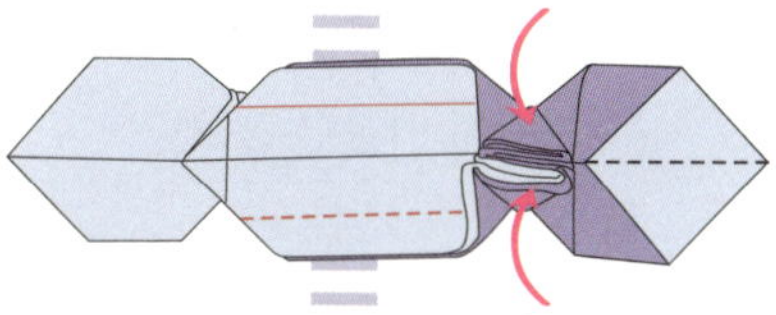

완성

13

Point

12 좌, 우 뒤집은 뒤 앞, 뒤
꺾어진 부분부터 각각 반대
방향으로 접어요.

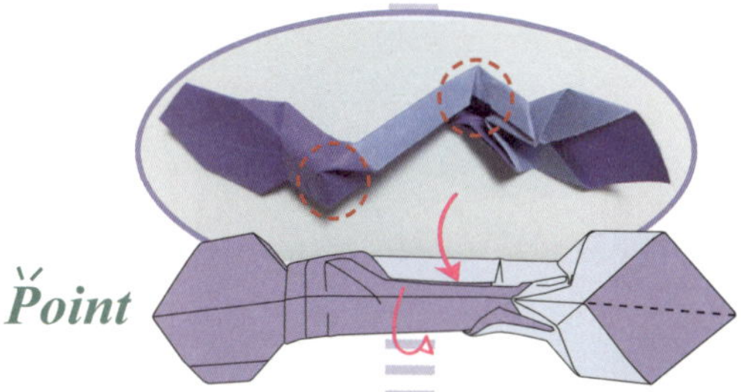

11 위, 아래 뒤집은 뒤
화살표대로 안으로 접어요.

위, 아래

239

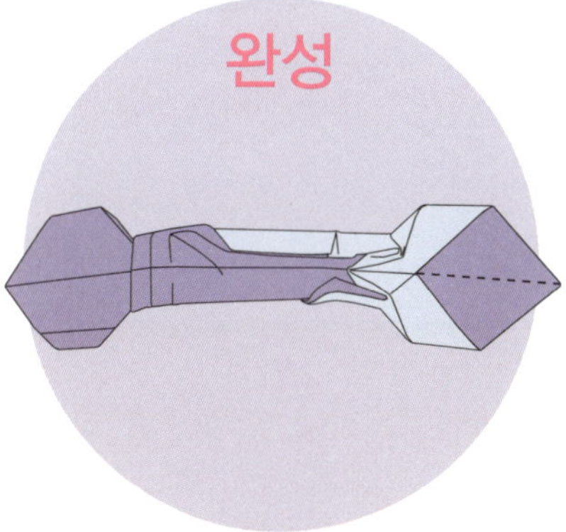

★★★☆☆

투구

기존의 투구 모양과는 조금 달라요.
포인트 부분을 잘 캐치해서 접어요.

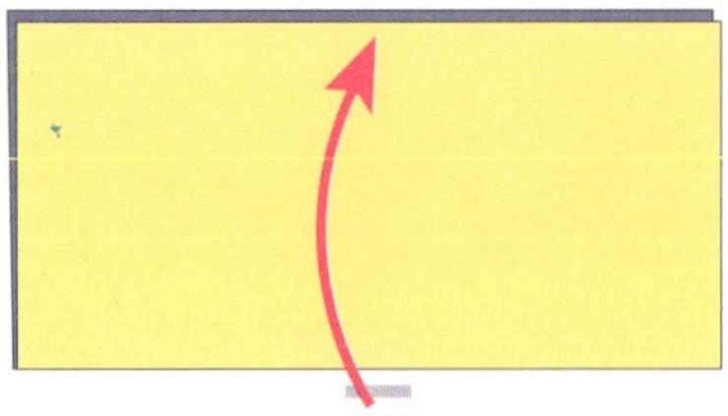

정사각형

완성

1 정사각형 종이로 반을 접어요.

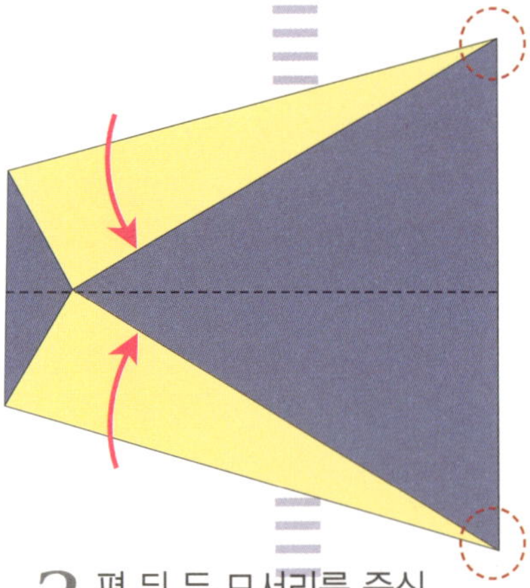

Point

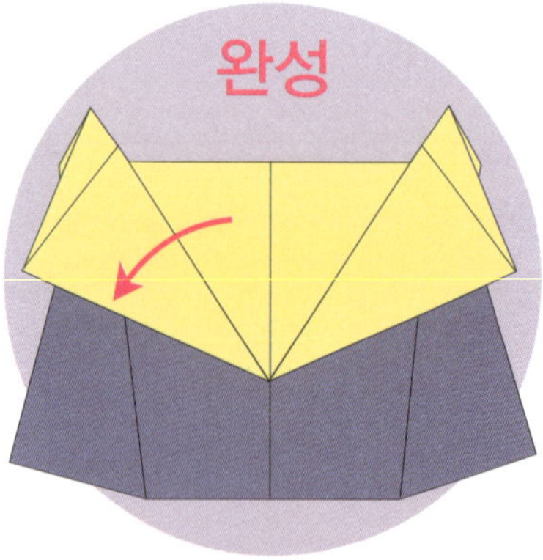

8 반대편도 아래로 접어요.

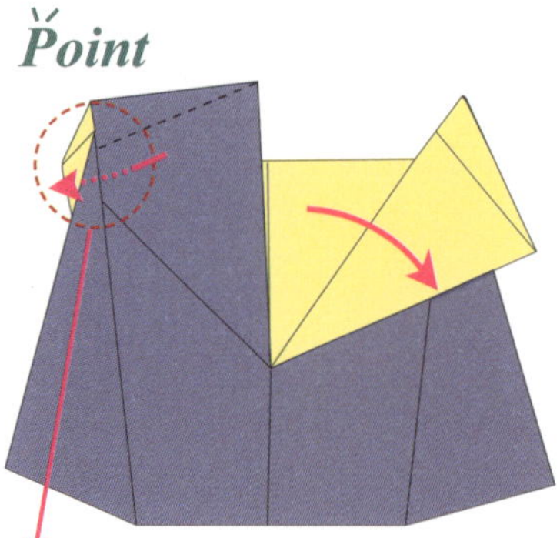

7 머리 부분을 아래로
펼쳐 접어요.

펼친 옆면
안으로 넣어요.

투구 머리를
내리고,
옆면은 위로
쭉 펴줘요.

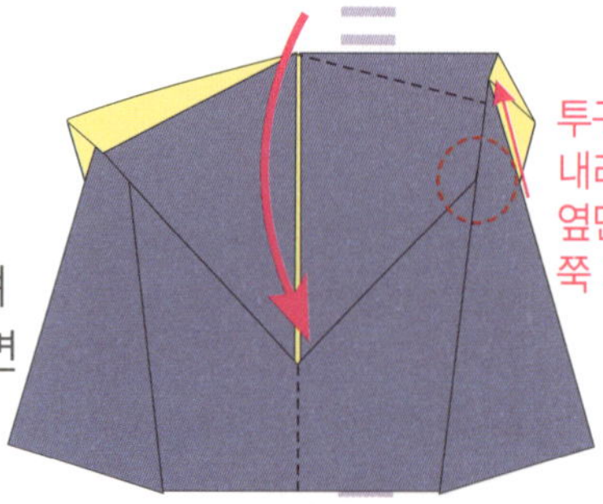

6 윗면 꼭지를 아래로 내려
접어요. 그리고 펼친 옆면
안으로 넣어요.

2 편 뒤 두 모서리를 중심
선에 맞춰 안으로 접어요.

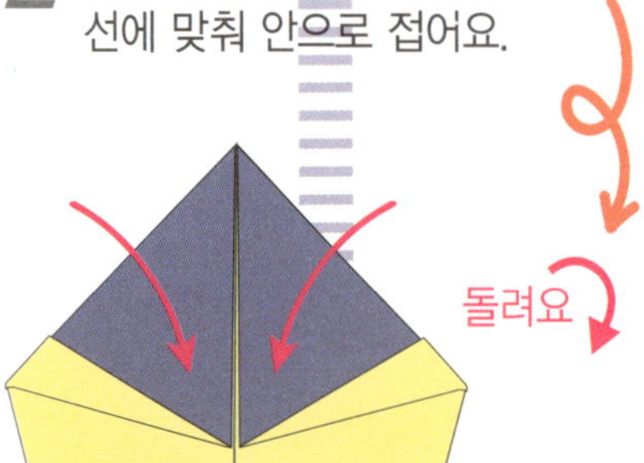

돌려요

3 뒤집은 뒤 180도 돌려서
좌우 윗면을 중심에 맞춰
접어 내려요.

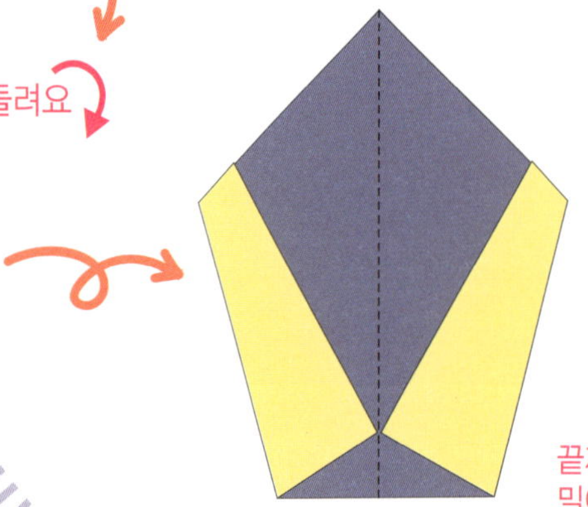

4 뒤집어요.

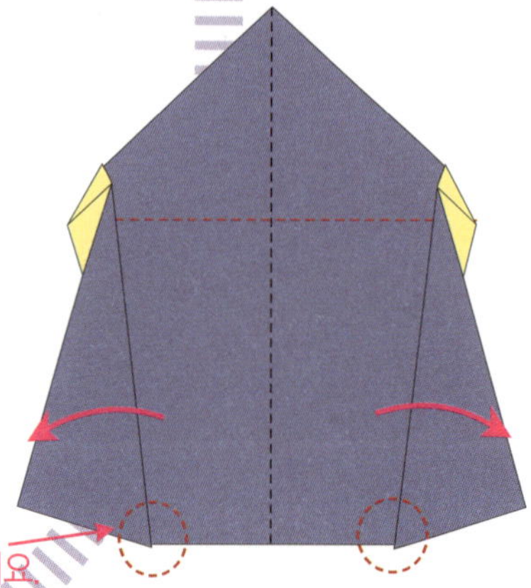

끝까지
밀어 접어요

5 좌우 두 면을 각각 밖으로 펼쳐
접어요. 그리고 선대로 접어요

로켓모자

★★★☆☆

색상의 조합이 예쁜 로켓모자예요.
모양은 로켓이지만 접어서 머리에 쓰고
놀아 보세요.

정사각형

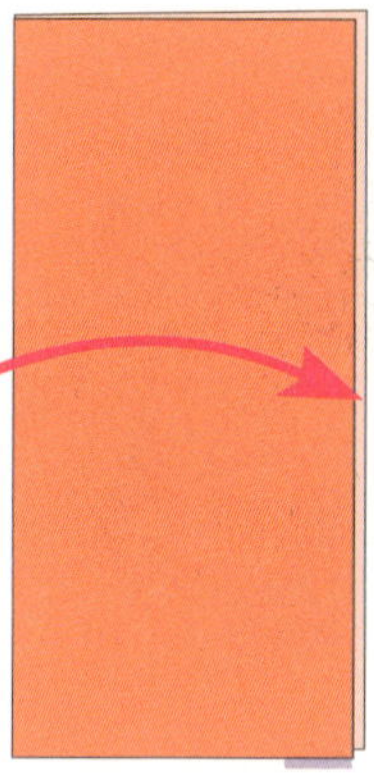

1 정사각형 종이로
반을 접어요.

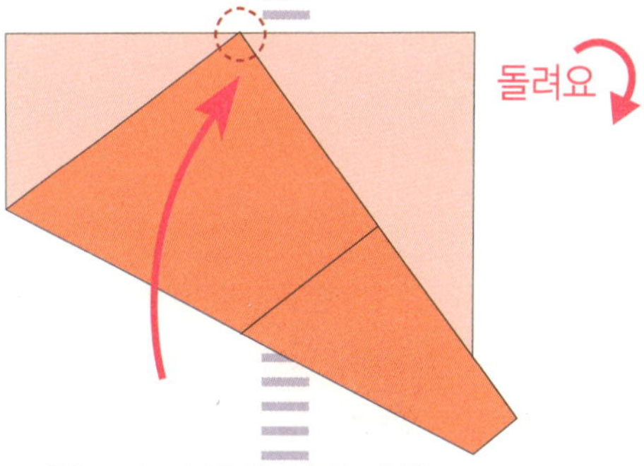

돌려요

2 편 뒤 중심 선에 맞춰
비스듬히 올려 접어요.

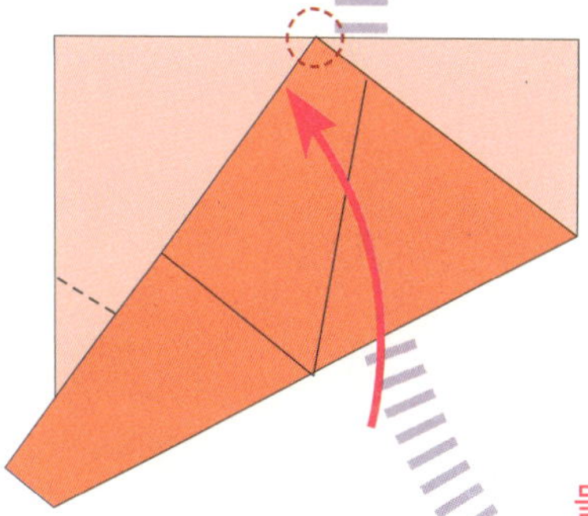

3 펴서 반대쪽도
똑같이 접어요.

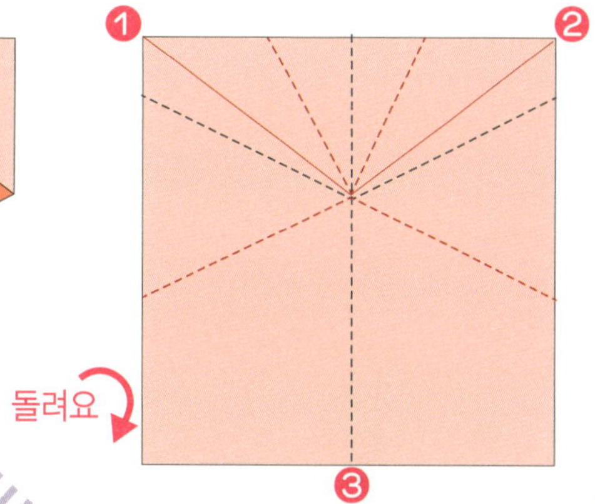

돌려요

❶ ❷

❸

4 펼쳐서 180도 돌린 후
선대로 접어요.

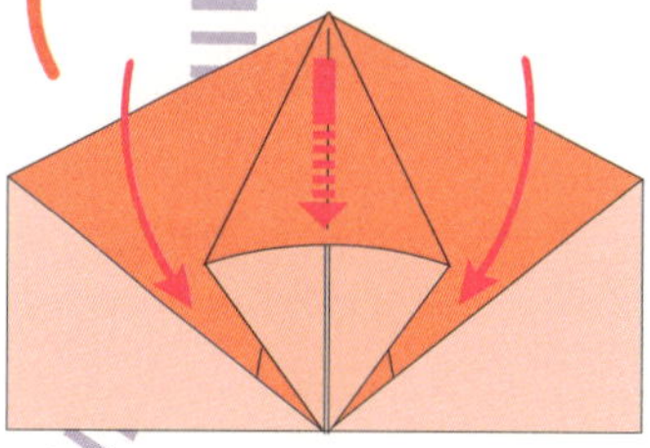

5 **4번** ❶, ❷를 ❸에
맞춰 내린 뒤 위처럼
눌러 접어요.

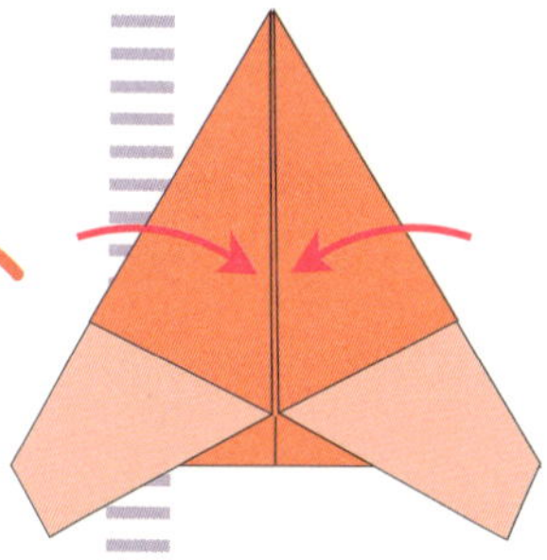

6 뒤집어서 좌우를 중심 선에
맞춰 안으로 접어요.

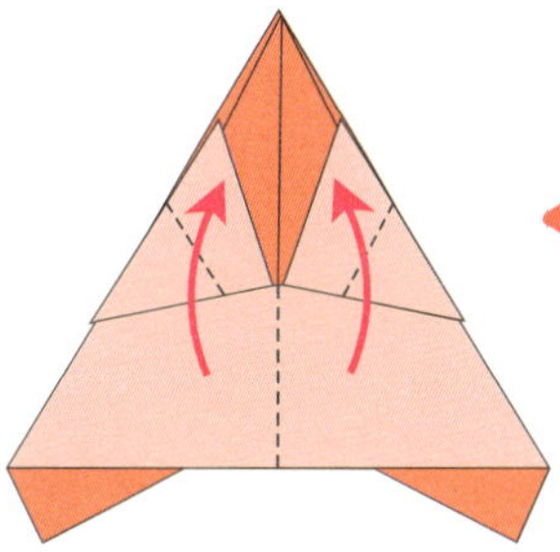

7 뒤집은 뒤 화살표대로
올려 접어요.

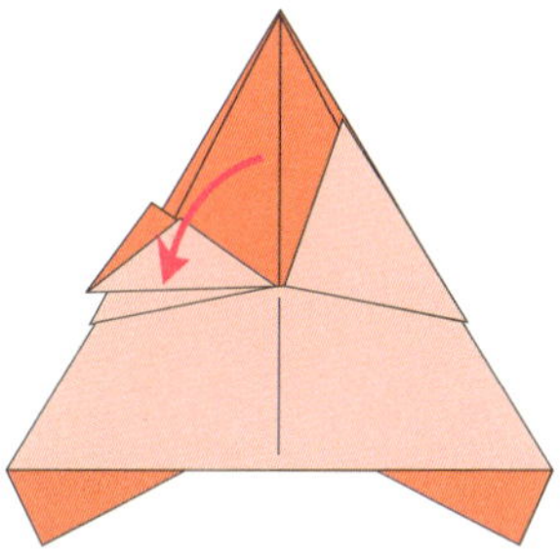

8 모자 챙 좌우를 밑선에
맞춰 접어 내려요.

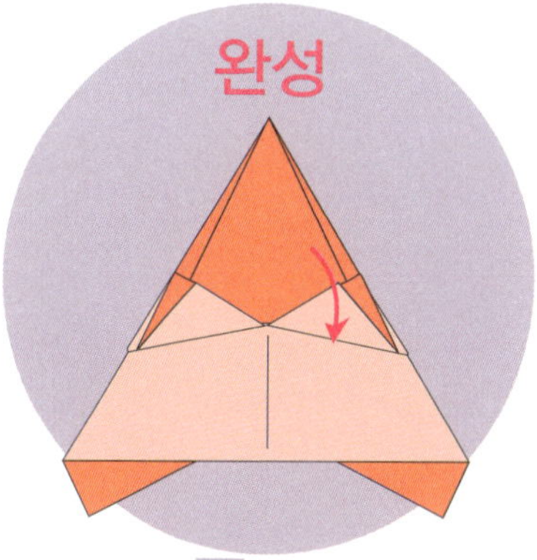

완성

9

241

완성된 모습은 심플하지만 완성까지
많은 과정의 접기가 있어요.
놓치지 말고 잘 따라 접어요.

직사각형

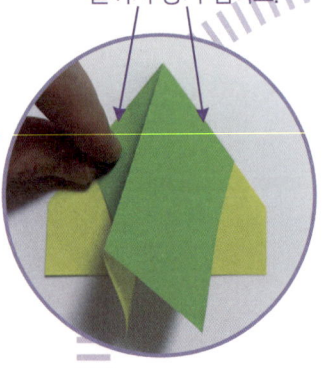

좌우를 안으로
끝까지 당겨 접어요.

위, 아래

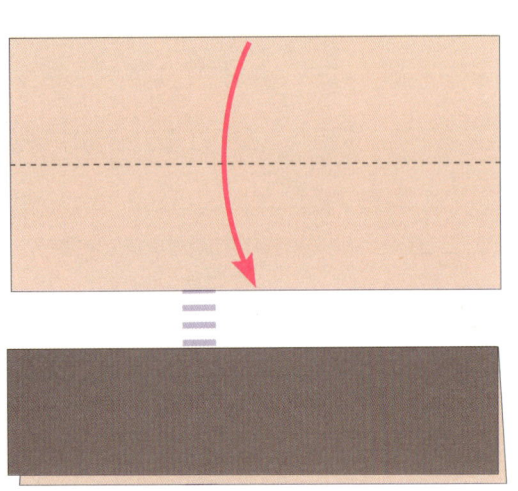

1 직사각형 종이로 길게
반을 접어요.

돌려요

7 4, 5번에서 접은 모서리를
중심에 일단 맞춰요.
(눌러 접지 말아요.)

8 위, 아래 뒤집은 뒤
윗면(진한 면) 좌우를
끝까지 당겨 중심에
맞춰 접어요.

6 접은 면을 다시 편 뒤
앞, 뒤 중심 선에 맞춰요.

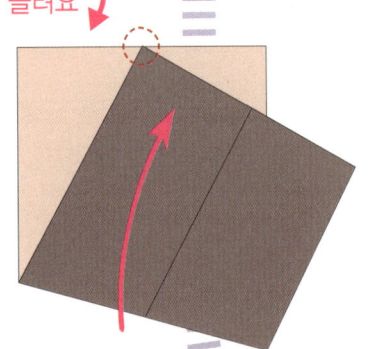

2 편 뒤 세로로 돌려요.
그리고 중심 선에 맞춰
비스듬히 올려 접어요.

5 다시 2번으로 접은 뒤
뒤에서 앞으로 접어요.

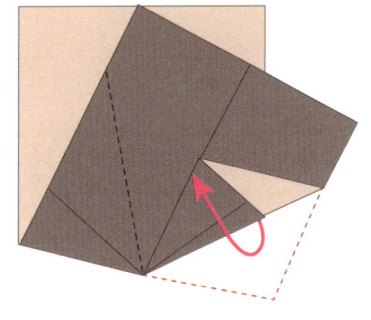

3 펴서 반대쪽도
똑같이 접어요.

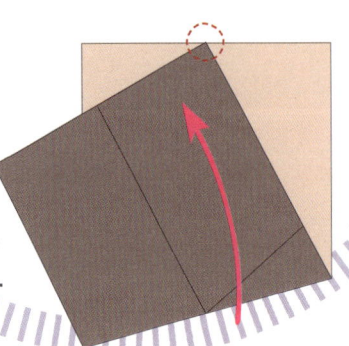

4 아래 모서리를 선에
맞춰 뒤에서 앞으로
(펴지 말고) 접어요.

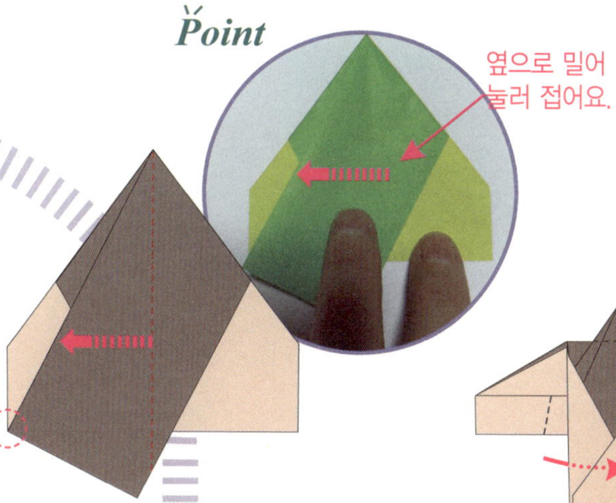

Point

옆으로 밀어
눌러 접어요.

완성

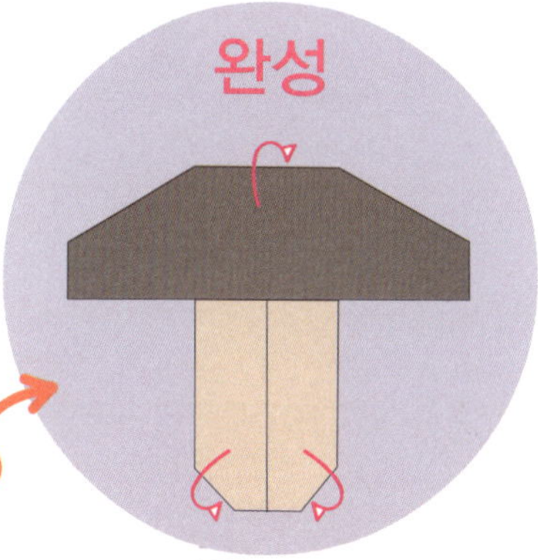

17 버섯 줄기 좌우 끝면을
접고, 버섯 머리 꼭지도
뒤로 접어요.

9 모서리 끝에 맞춰 한쪽으로
밀어 접어요. 좌우 모두 접어요.

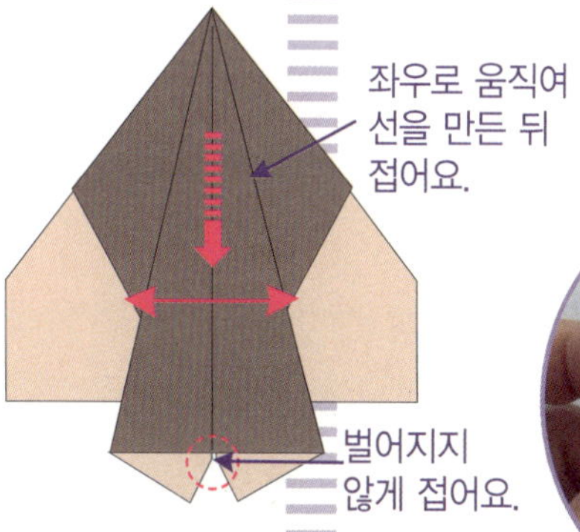

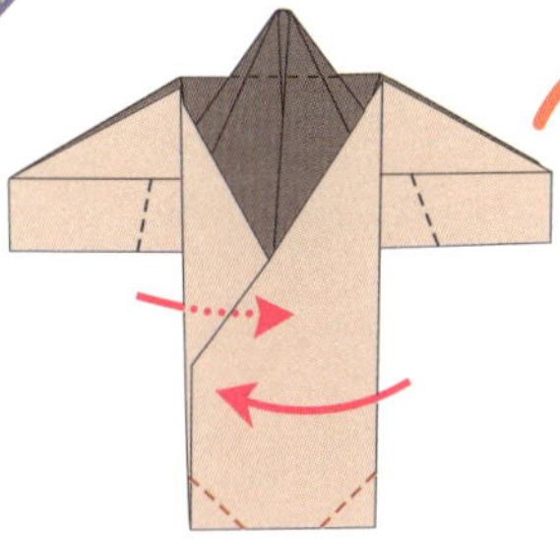

16 **15**번 선에 맞춰
안으로 겹쳐 접어요.
좌우 끝 선을 접어요.

좌우로 움직여
선을 만든 뒤
접어요.

벌어지지
않게 접어요.

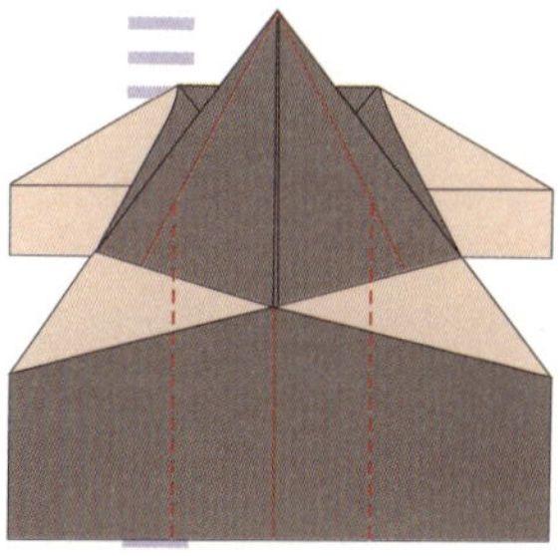

15 뒤집은 뒤
버섯 줄기를 접어요.

10 좌우 선이 만들어지면
중심을 눌러 접어요.

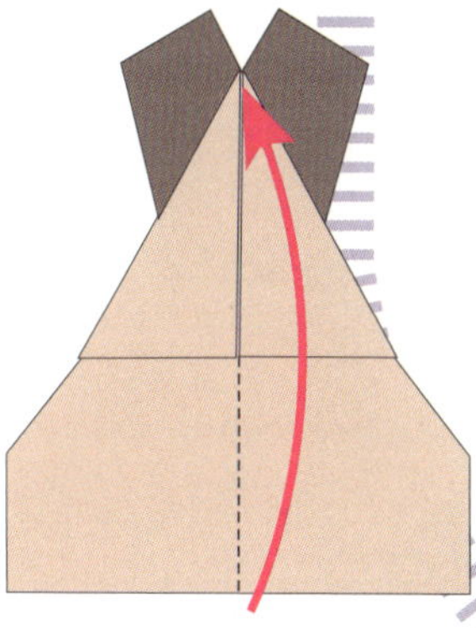

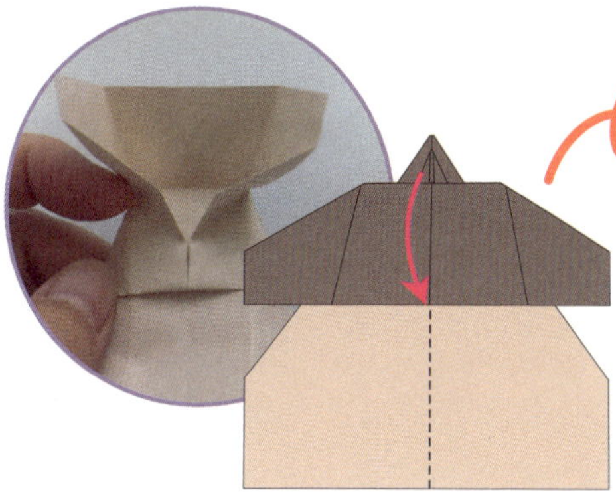

14 **13**번 접은 선대로 사진처럼
위를 펼친 뒤 완전히 펴서
아래로 내려 접어요.

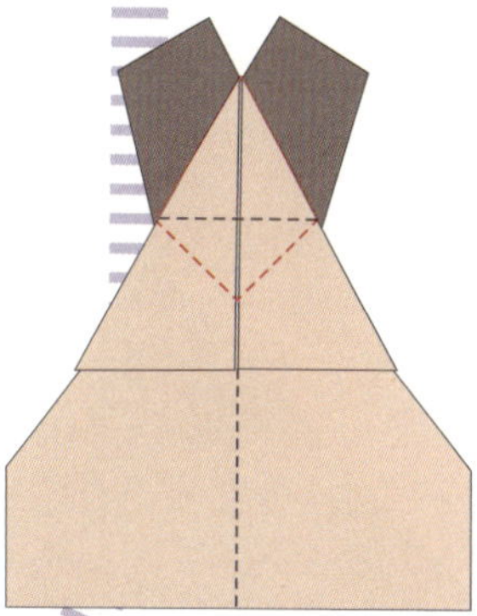

13 **11**번처럼 올려 편 뒤
선대로 접어요.

11 **10**번에서 접은 부분을
위로 올려 접어요.

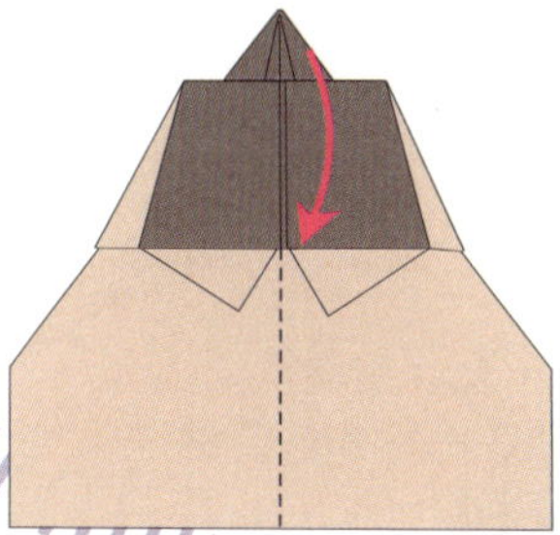

12 **11**번에서 다시 아래로
접은 선까지 진한 면을
접어 내려요.

243

큰 종이로 접은 후, 장식하여 크리스마스
트리로도 활용할 수 있어요.

정사각형

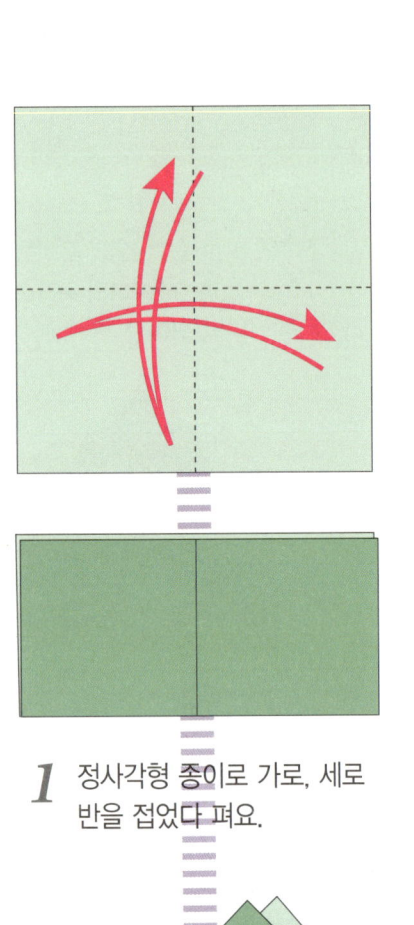

1 정사각형 종이로 가로, 세로
반을 접었다 펴요.

2 펴서 세모를 접어요.

돌려요

3 편 뒤 조금 돌려요. 그리고
중심에 맞춰 비스듬히
올려 접어요.

돌려요

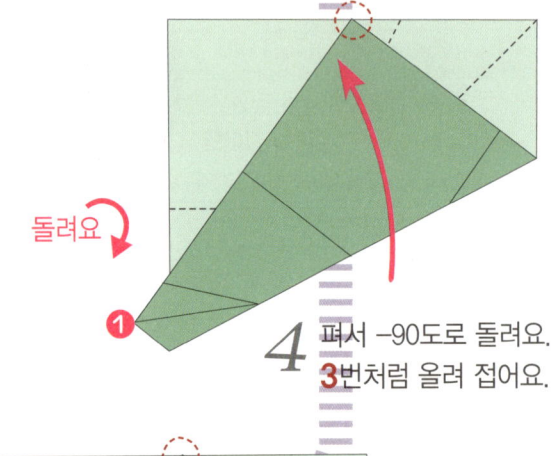

돌려요

4 펴서 −90도로 돌려요.
3번처럼 올려 접어요.

돌려요

5 펼친 뒤 **4**번의 **1**이 위로 오도록
돌려요. 그리고 전대로 접어요.

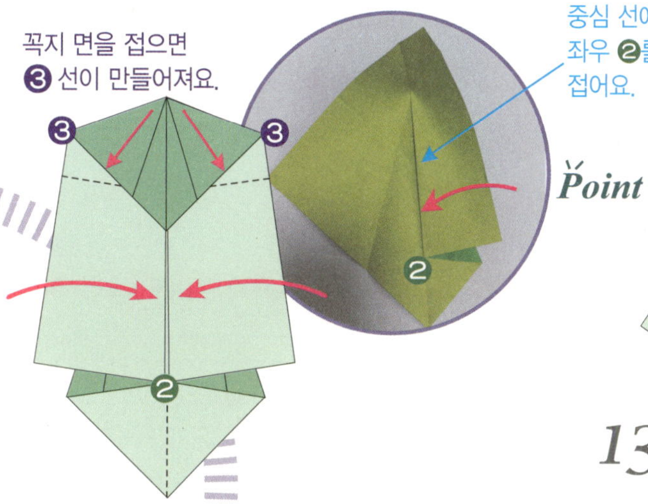

꼭지 면을 접으면
❸ 선이 만들어져요.

❸ ❸

중심 선에 맞춰
좌우 ❷를 안으로
접어요.

Point

❷

완성

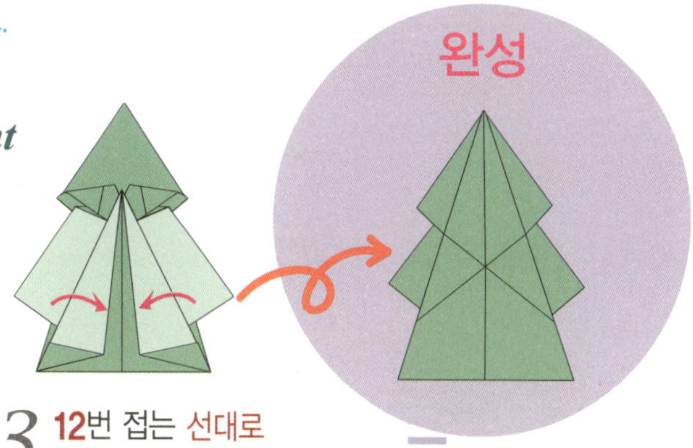

13 **12**번 접는 선대로
좌우 안으로 접어요.

14 뒤집어요.

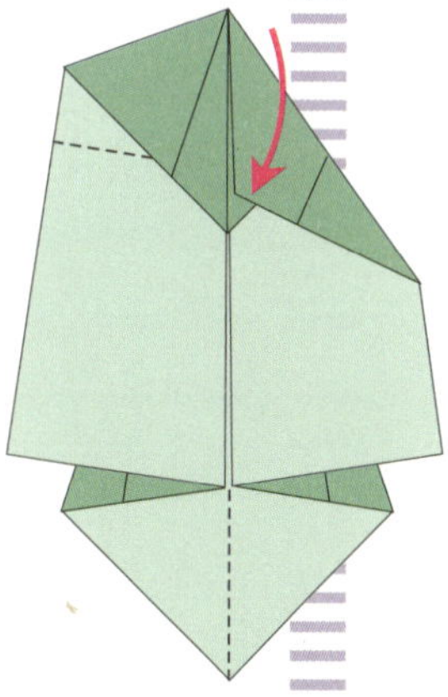

6 **5**번 중심 선에 맞춰 ❷의 좌우를
안으로 접어요. 그리고 위 꼭지 면을
중심에 맞춰 접어 내려요.

좌우 아래로
내려 접어요.

❺ ❺

❹ ❹ ❹는 뒷면
선에 맞춰
접어요.

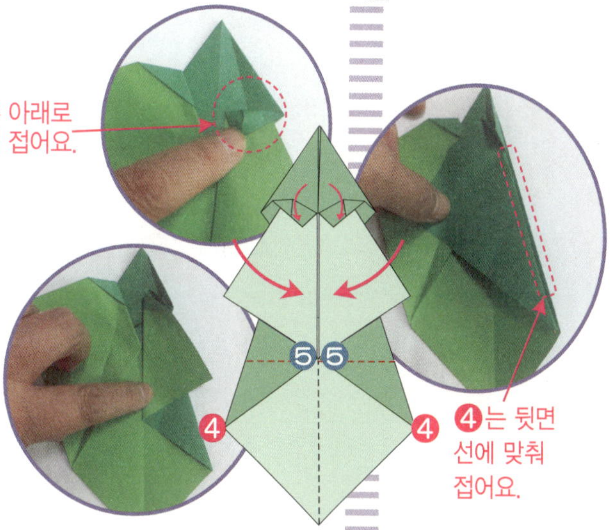

11 **10**번 ❹의 좌우를 접어요.
그리고 ❺좌우를 안으로
접어요.

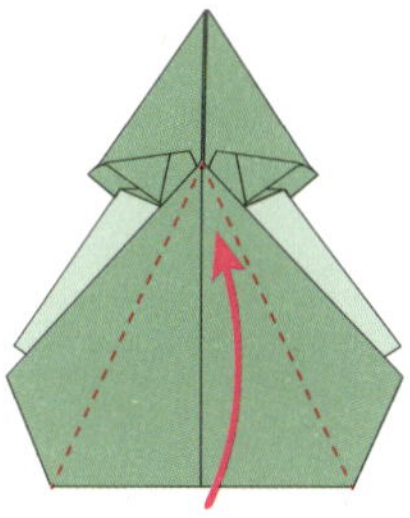

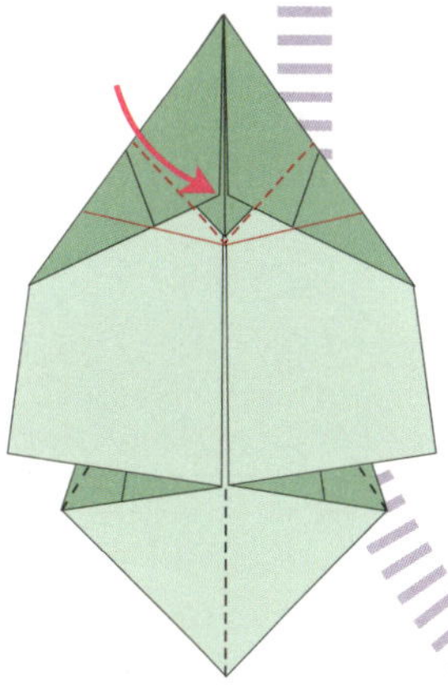

12 나무 밑부분을
위까지 올려 접어요.
선대로 접어요.

7 윗면 한쪽을 중심에
맞춰 접어 내려요.

겹쳐
접어요.

끝까지
밀어 접어요.

❺ ❺

❹ ❹

8 반대편도 똑같이 접은 뒤
선대로 접어요.

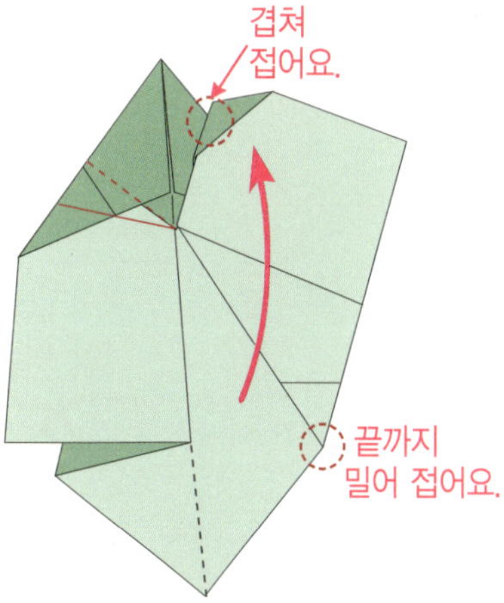

9 선에 맞춰 한쪽 면을
위로 끝까지 올려 접어요.

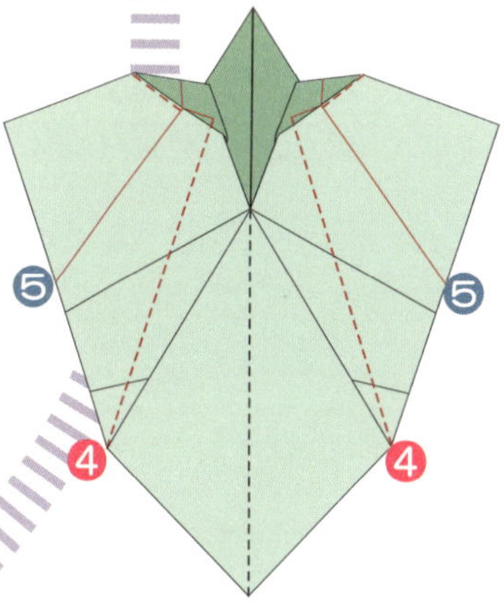

10 반대편도 똑같이
접은 후 선대로 접어요.

127
아이스크림

시원한 아이스크림이 생각나는 아이스크림 접기예요. 과정이 많아 포기하고 싶어도 힘을 내서 끝까지 접어봐요.

*126 나무, 1번까지 접어요.

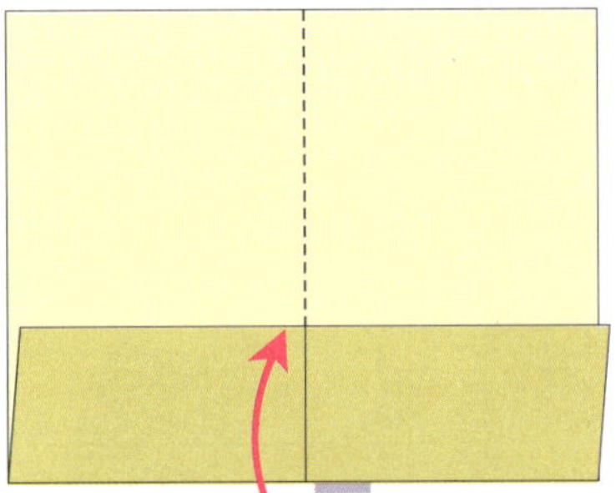

2 편 뒤 중심 선에 맞춰 올려 접어요.

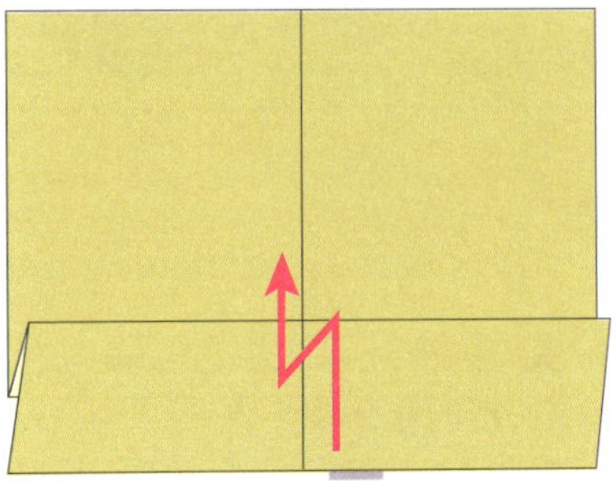

3 다시 편 뒤 뒤집어요. 그리고 중심 선에 맞춰 2번에서 접었던 면을 겹쳐 접어요.

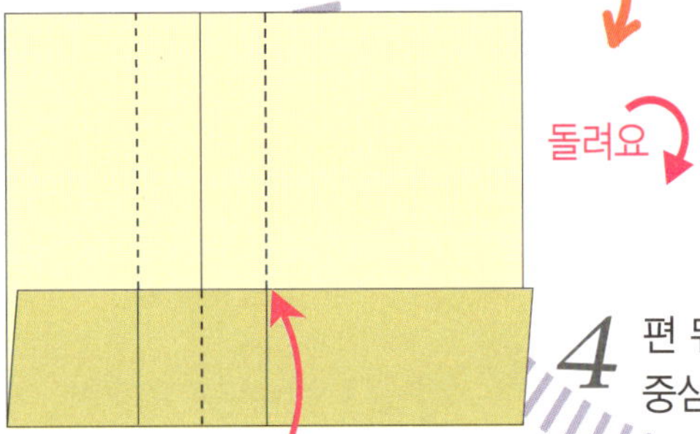

돌려요

4 편 뒤 뒤집고 돌려요. 중심 선에 맞춰 올려 접어요.

돌려요

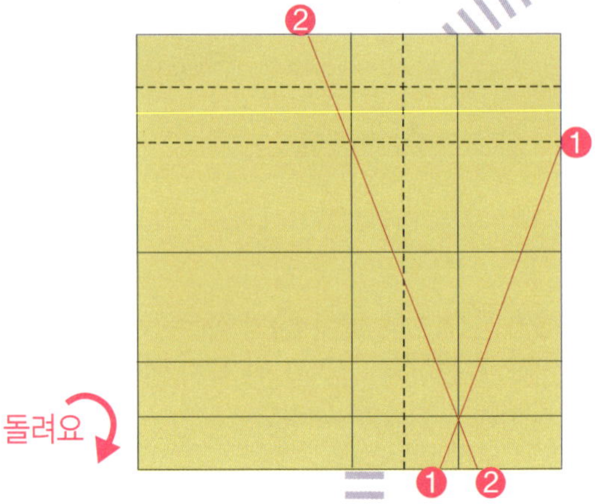

7 펼친 뒤 180도로 돌려요. 그리고 선대로 접어요.

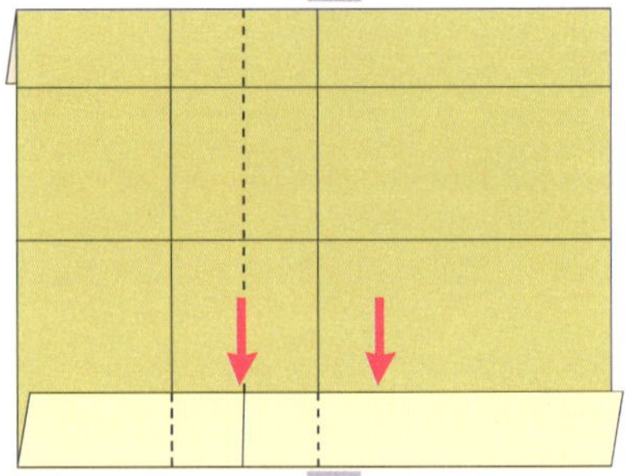

6 접었던 면에서 다시 반을 내려 접어요. 반대편도 똑같이 접어요.

위, 아래

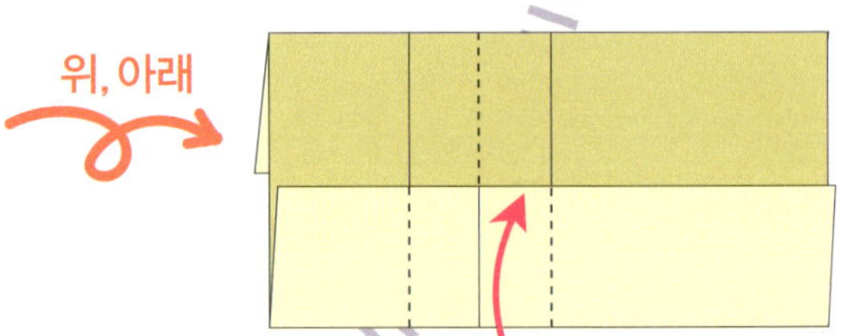

5 위, 아래 뒤집어서 올려 접어요.

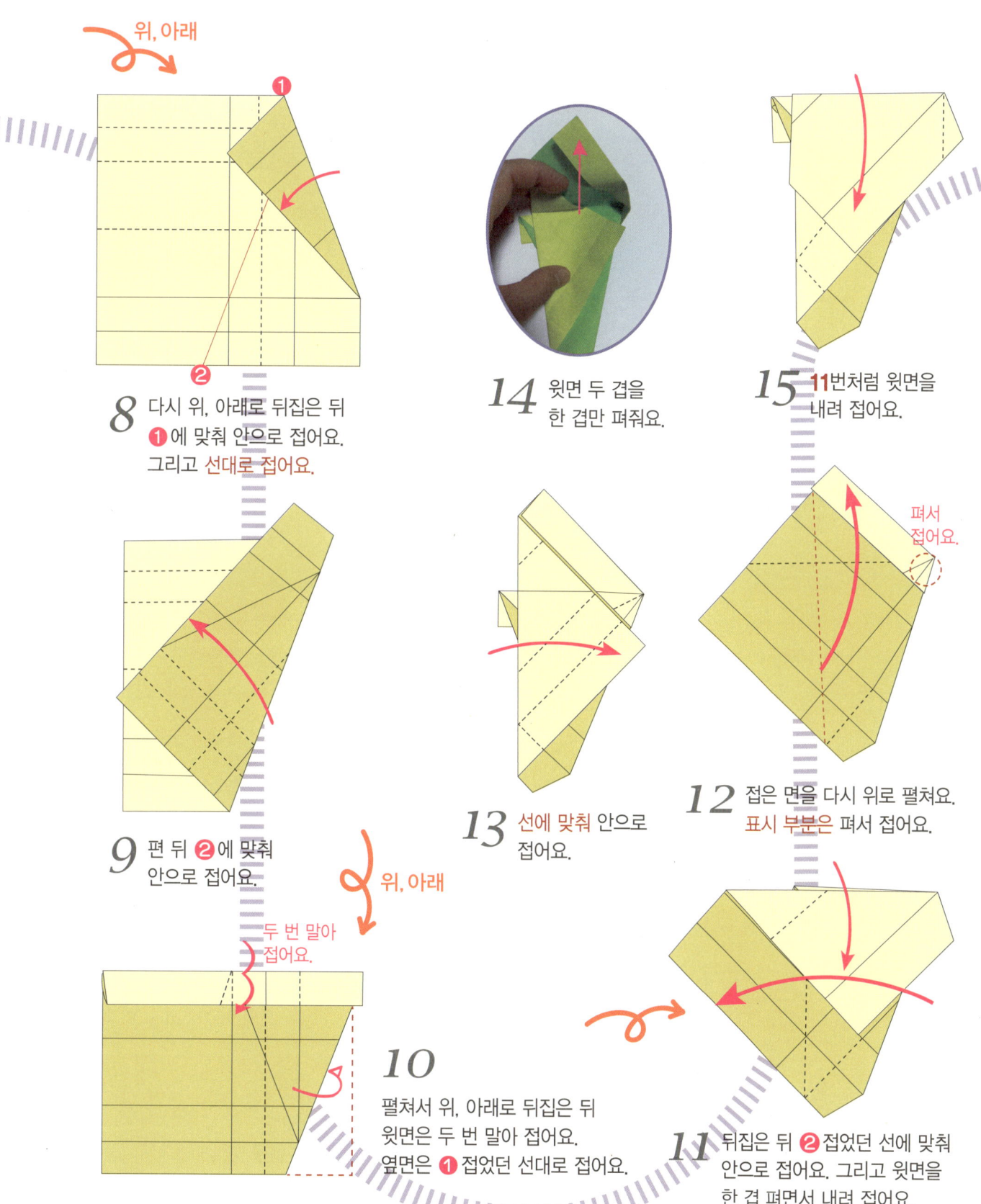

위, 아래

❶

❷

8 다시 위, 아래로 뒤집은 뒤
❶에 맞춰 안으로 접어요.
그리고 선대로 접어요.

9 편 뒤 ❷에 맞춰
안으로 접어요.

위, 아래

두 번 말아
접어요.

10
펼쳐서 위, 아래로 뒤집은 뒤
윗면은 두 번 말아 접어요.
옆면은 ❶ 접었던 선대로 접어요.

14 윗면 두 겹을
한 겹만 펴줘요.

13 선에 맞춰 안으로
접어요.

12 접은 면을 다시 위로 펼쳐요.
표시 부분은 펴서 접어요.

11 뒤집은 뒤 ❷ 접었던 선에 맞춰
안으로 접어요. 그리고 윗면을
한 겹 펴면서 내려 접어요.

15 11번처럼 윗면을
내려 접어요.

펴서
접어요.

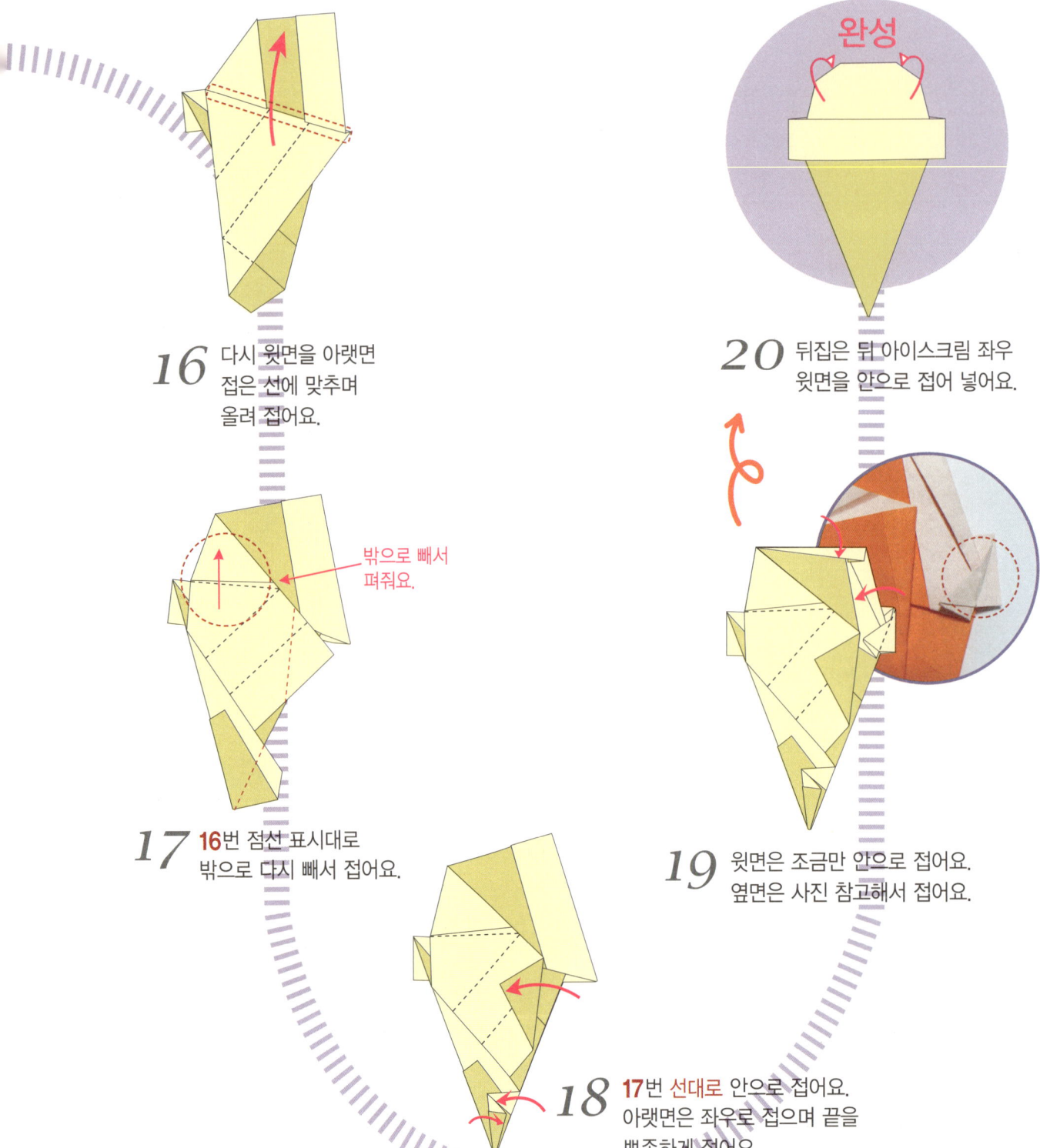

완성

16 다시 윗면을 아랫면
접은 선에 맞추며
올려 접어요.

밖으로 빼서
펴줘요.

17 **16**번 점선 표시대로
밖으로 다시 빼서 접어요.

18 **17**번 선대로 안으로 접어요.
아랫면은 좌우로 접으며 끝을
뾰족하게 접어요.

20 뒤집은 뒤 아이스크림 좌우
윗면을 안으로 접어 넣어요.

19 윗면은 조금만 안으로 접어요.
옆면은 사진 참고해서 접어요.

정사각형

128

★★★☆☆

양면주머니

좌우 세로로 길게 주머니가 있어
양면주머니예요.

*126 나무, 1번까지 접어요.

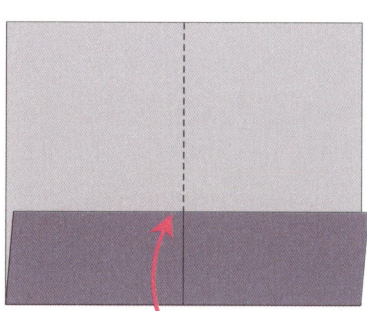

2 편 뒤 중심 선에 맞춰
올려 접어요.

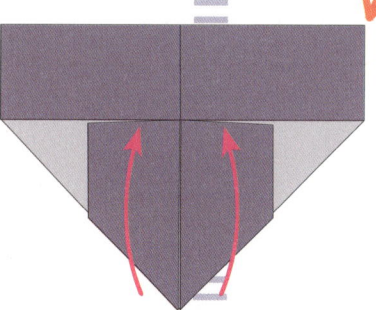

3 뒤집은 뒤 좌우 모서리를
중심에 맞춰 올려 접어요.

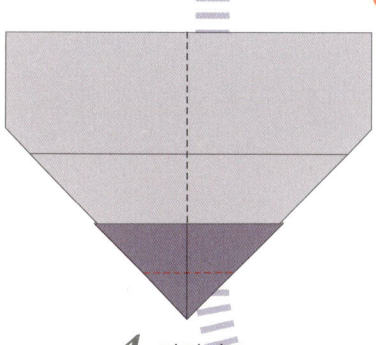

4 뒤집어요.

벌려서
눌러 접어요.

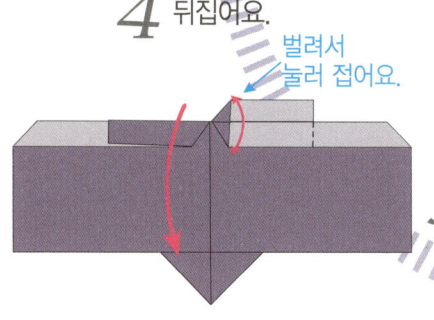

5 윗면을 **4**번 점선까지
내려 접어요. 그리고 윗면
한쪽만 벌려서 눌러 접어요.

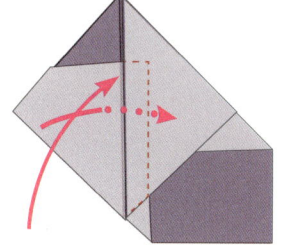

8 화살표 방향대로 올려
접은 뒤 틈에 끼워 넣어요.

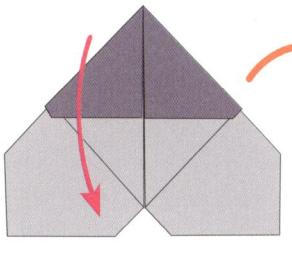

7 반대쪽도 내려 접어요.

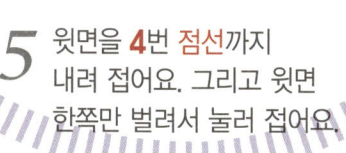

6 **5**번의 반을 아래로
접어 내려요.

직선에
맞춰 내려
접어요.

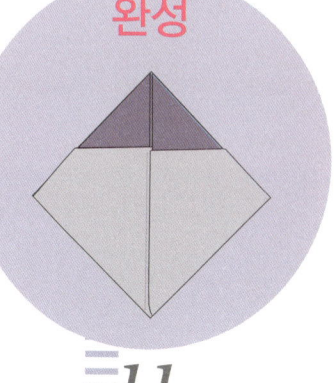

10 사진처럼 같은 방향
안으로 꺾어 접어 넣어요.

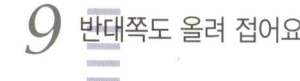

9 반대쪽도 올려 접어요.

좌우에
틈이
있어요.

뒷면

완성

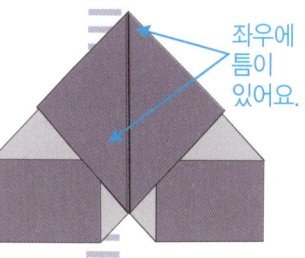

11

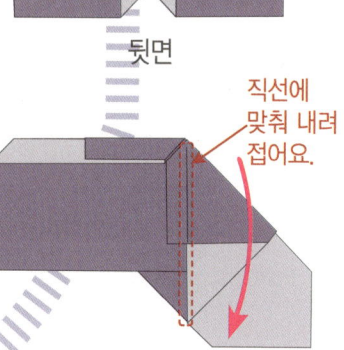

249

정사각형

129
양면주머니2

중간 과정을 두 가지로 접을 수 있어요.
마지막 과정에서 윗면을 틈 안에 끼워
완성해요.

＊중간 과정 접는 방법이 2가지예요.

＊126 나무, 1번까지 접어요.

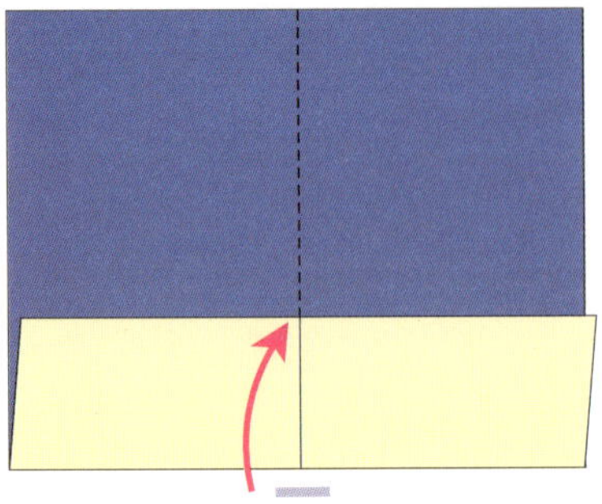

2 편 뒤 중심 선에 맞춰
올려 접어요.

돌려요

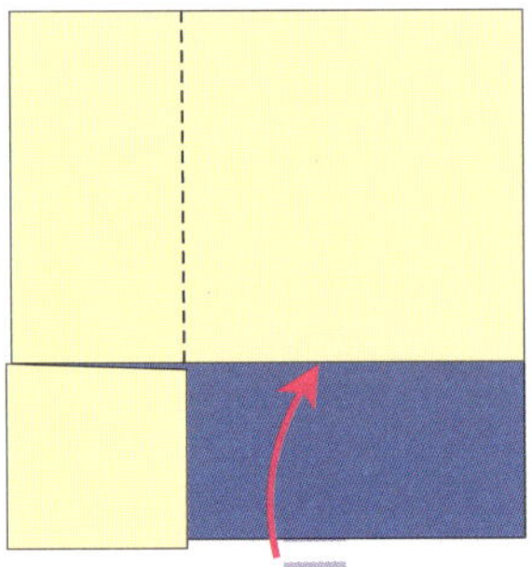

3 뒤집은 뒤 돌려서 중심
선에 맞춰 올려 접어요.

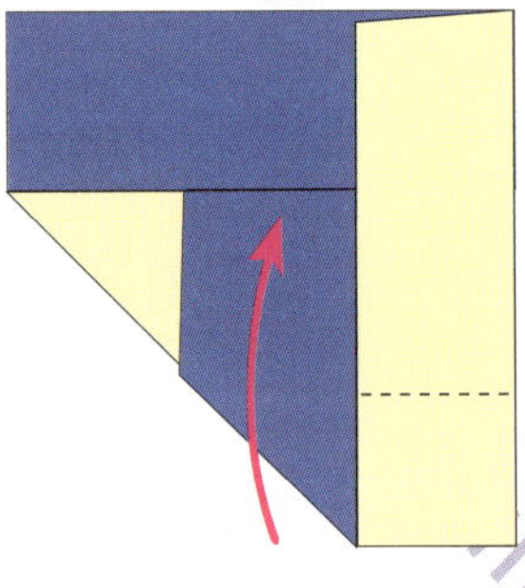

4 뒤집은 뒤 화살표대로
올려 접어요.

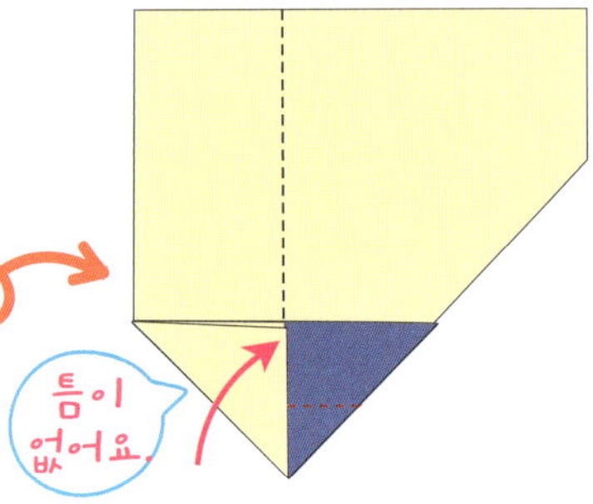

틈이
없어요

5 뒤집은 뒤 모서리를
올려 접어요.

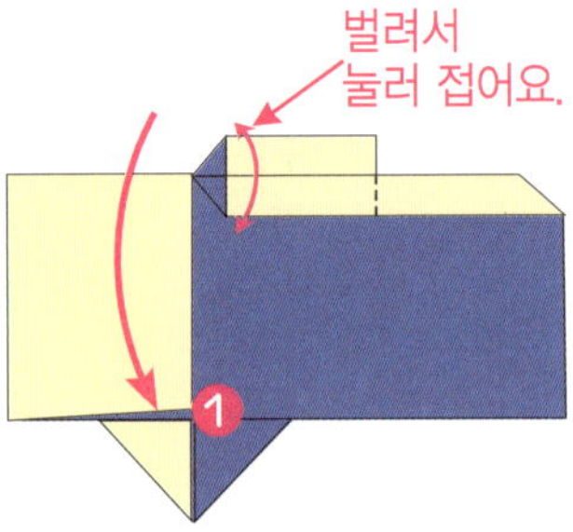

벌려서
눌러 접어요.

6 윗면을 **5번** 점선까지
내려 접은 뒤 윗면은
벌려서 눌러 접어요.

5번까지 접는 방법이 두 가지예요.

공통접기 30% 축소

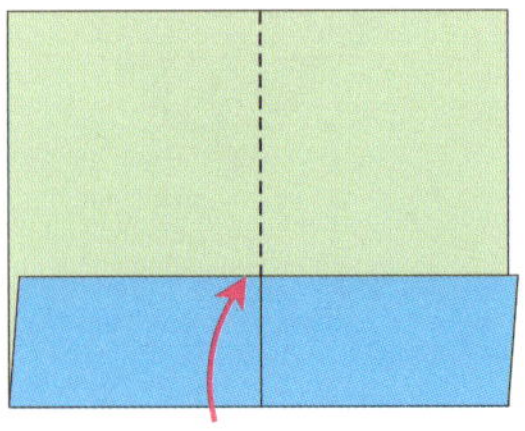

틈이
생겨요

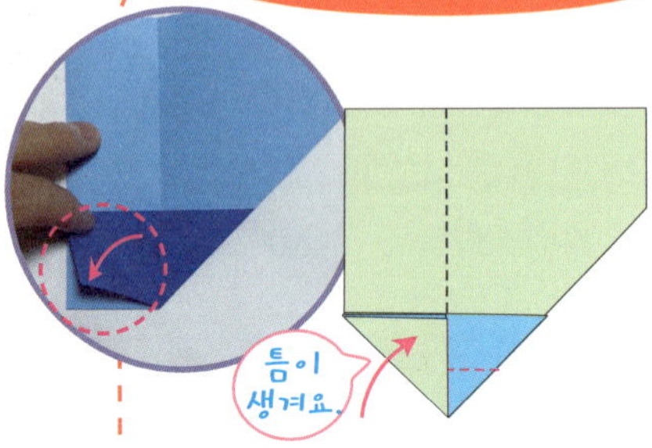

5 뒤집어서 먼저 한 겹을 내려
접고 또 한 겹을 올려 접어요.
그리고 선대로 접어요.

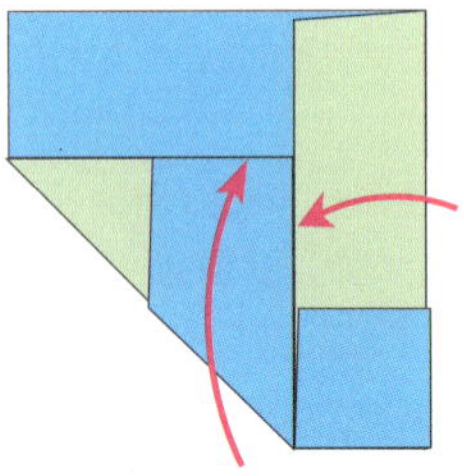

4 뒤집은 뒤 옆면은 안으로
접고, 아랫면은 올려 접어요.

＊2번에서 바로 뒤집어 3번은 생략.

2 편 뒤 중심 선에 맞춰
올려 접어요.

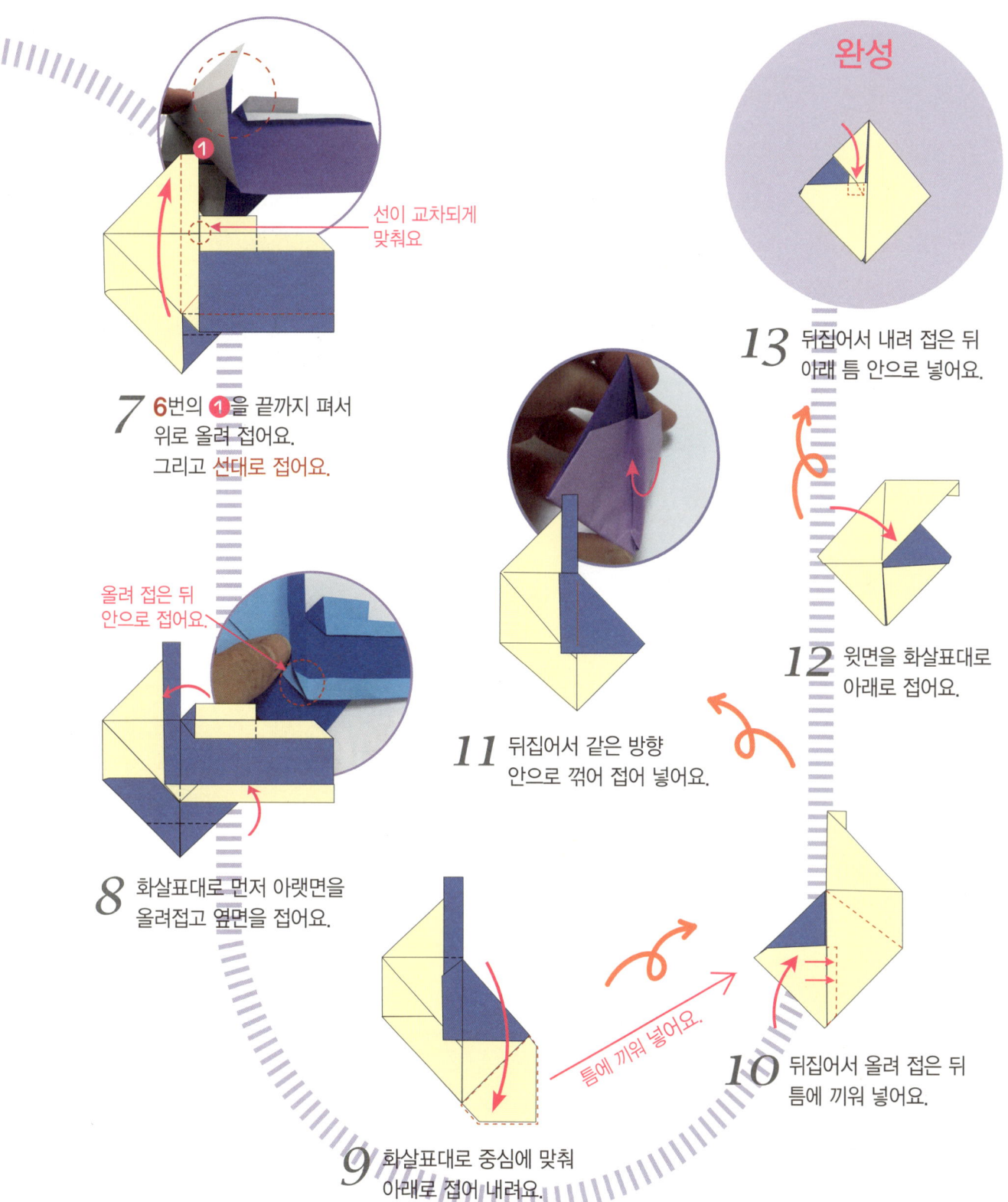

완성

7 **6**번의 **1**을 끝까지 펴서
위로 올려 접어요.
그리고 선대로 접어요.

선이 교차되게
맞춰요

올려 접은 뒤
안으로 접어요.

8 화살표대로 먼저 아랫면을
올려접고 옆면을 접어요.

9 화살표대로 중심에 맞춰
아래로 접어 내려요.

틈에 끼워 넣어요.

10 뒤집어서 올려 접은 뒤
틈에 끼워 넣어요.

11 뒤집어서 같은 방향
안으로 꺾어 접어 넣어요.

12 윗면을 화살표대로
아래로 접어요.

13 뒤집어서 내려 접은 뒤
아래 틈 안으로 넣어요.

정사각형

130
복주머니

복주머니 안을 겹쳐 접는 방법이 조금
어려워요. 안으로 접어 잘 고정하면
봉긋하고 귀여운 복주머니가 돼요.

*126 나무, 1번까지 접어요.

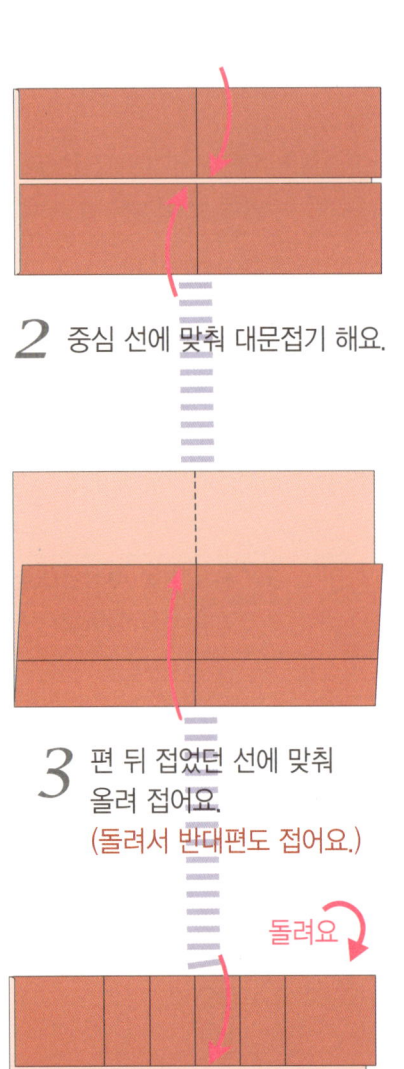

2 중심 선에 맞춰 대문접기 해요.

3 편 뒤 접었던 선에 맞춰
올려 접어요.
(돌려서 반대편도 접어요.)

돌려요

4 펼친 뒤 돌려서 대문접기 해요.

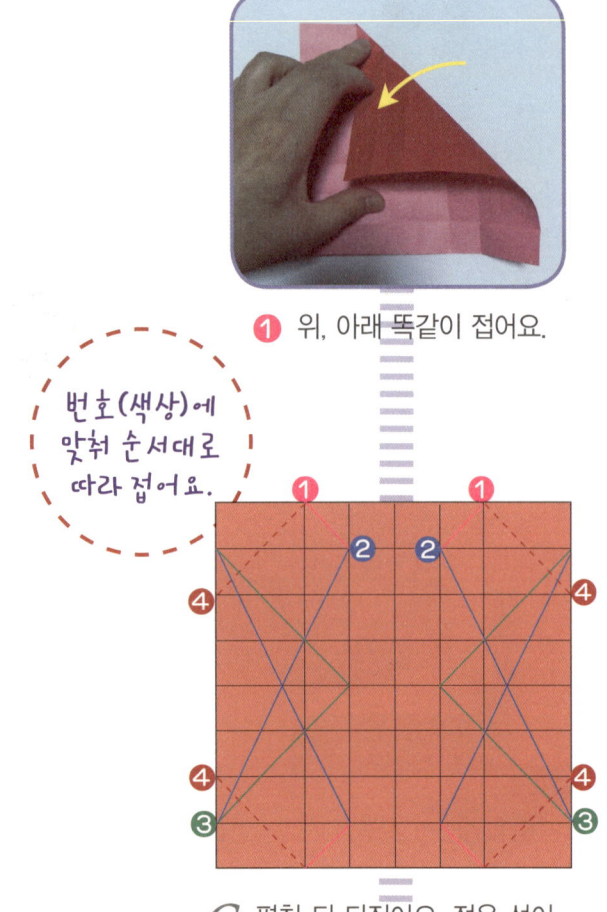

❶ 위, 아래 똑같이 접어요.

번호(색상)에
맞춰 순서대로
따라 접어요.

6 펼친 뒤 뒤집어요. 접은 선이
생겼어요. 그리고 선대로 접어요.

5 그 상태에서 윗면은 **4**번 접었던
선에서 반만 접고, 그 선에 맞춰
아랫면은 올려 접어요.
(돌려서 반대편도 접어요.)

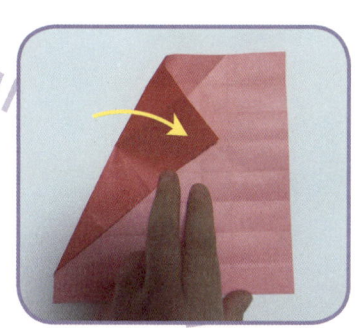

❷ 네 곳을 똑같이 접어요.

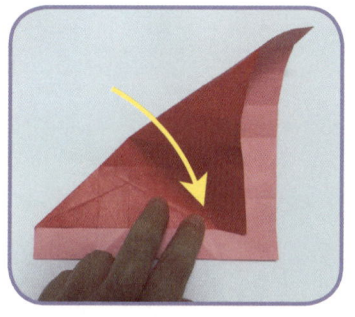

❸ 네 곳을 똑같이 접어요.

완성

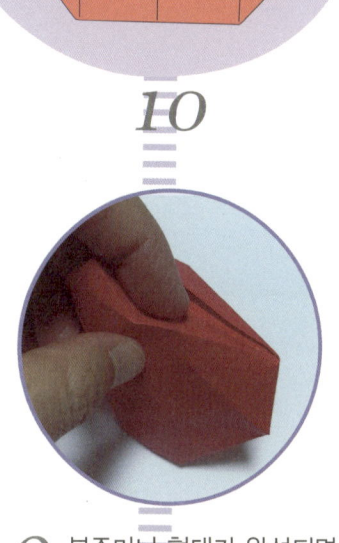

10

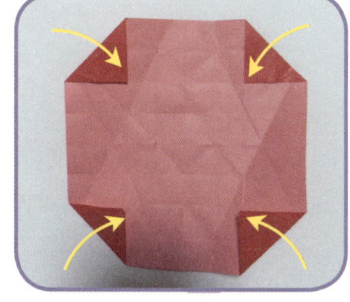

❹ 네 곳을 똑같이 접어요.

돌려요

9 복주머니 형태가 완성되면
선을 만져 형태를 잡아줘요.

Point

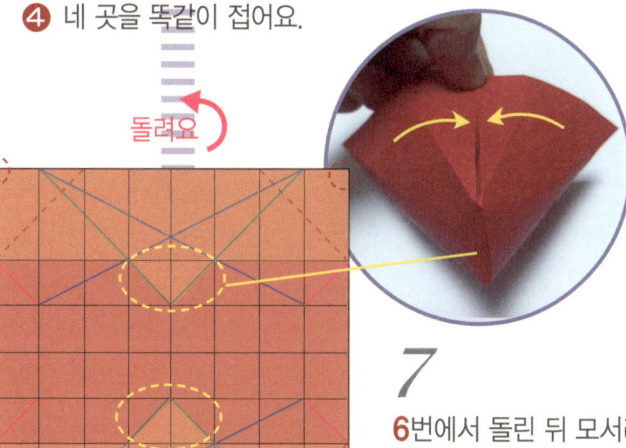

7
6번에서 돌린 뒤 모서리 점선 원
양끝을 잡고 모아 접어요. 표시된
색상 만큼 접어요.
(돌려서 반대편도 접어요.)

8 복주머니 안 점선 원의 ❹ 접은 면을
서로 겹쳐 안으로 접어 고정해요.
(반대편도 똑같이 접어요.)

★★★☆☆

131

날개딱지 or 딱지

접다 보면 먼저 날개딱지가 돼요. 그 다음
날개를 안으로 접어 넣으면 우리가 많이
가지고 놀았던 딱지가 돼요.

정사각형

*126 나무, 1번까지 접어요.

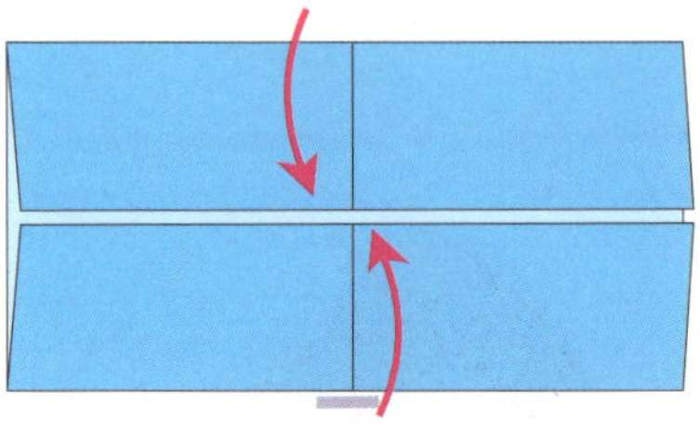

완성 〈딱지〉

2 중심 선에 맞춰 대문접기 해요.

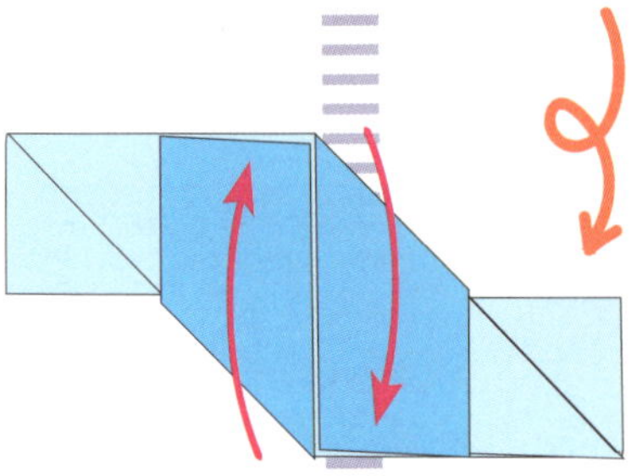

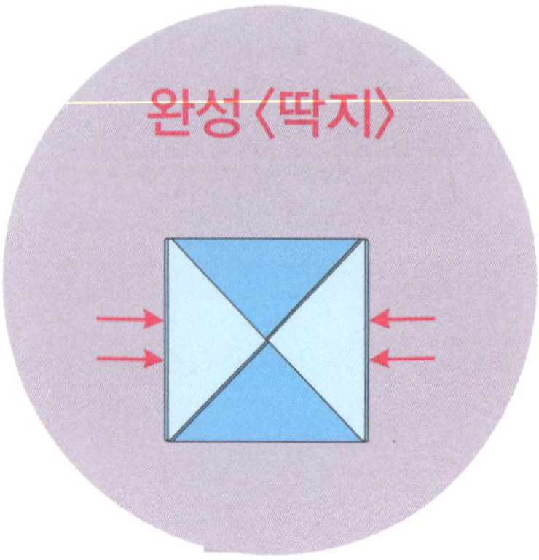

8 좌우 삼각을 틈 안으로
집어 넣어요.

3 뒤집은 뒤 중심에 맞춰
위, 아래로 접어요.

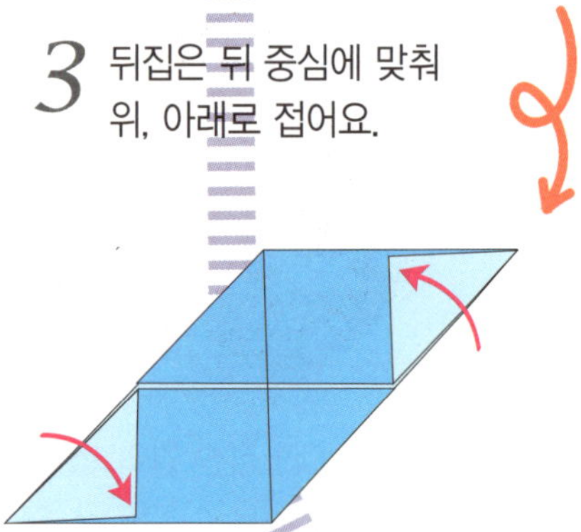

완성 〈날개딱지〉

돌려요

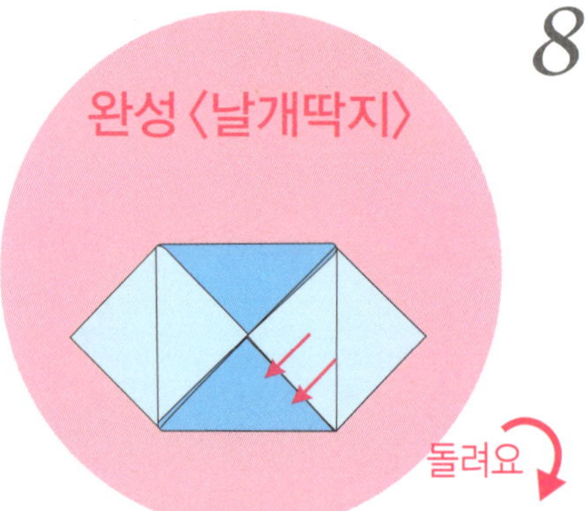

7 반대쪽도 똑같이
접은 뒤 돌려요.

4 뒤집은 뒤 양끝의 삼각을
안으로 접어요.

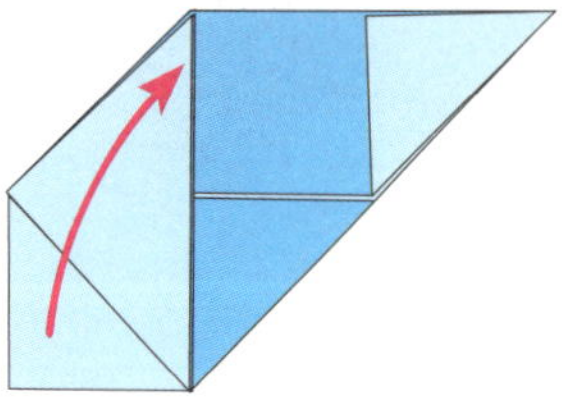

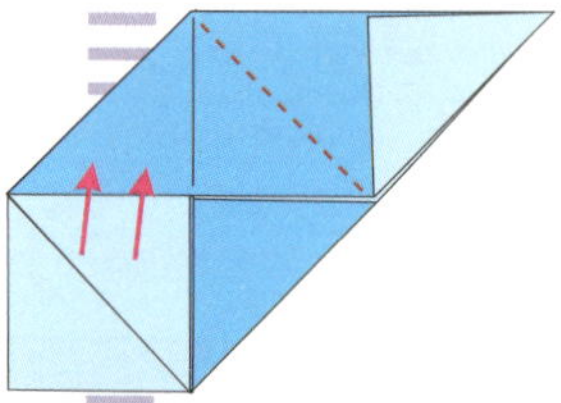

6 5번에서 접은 면을
틈 안으로 집어 넣어요.
(반대쪽도 똑같이 해요.)

5 화살표대로 아랫면을
올려 접어요.

무지개(빨강)

★★★★☆

무지개 접는 방법이 어렵지는 않아요. 하지만
여러 개를 붙여 무지개를 완성하는 것으로
접을 때 모서리를 잘 맞춰 접는 것이 중요해요.

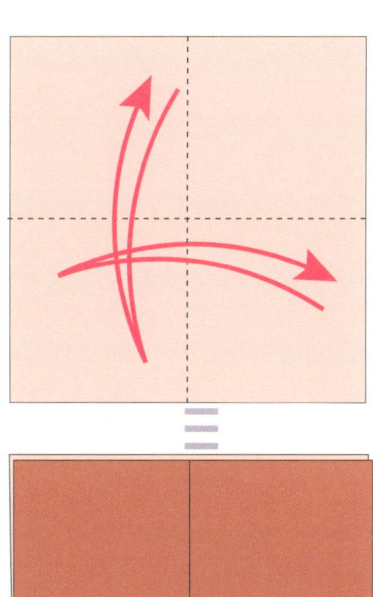

정사각형

드디어 자르고 붙이는게 나와요!

준비물 : 풀 🖊 가위 ✂️ 또는 커터칼

완성

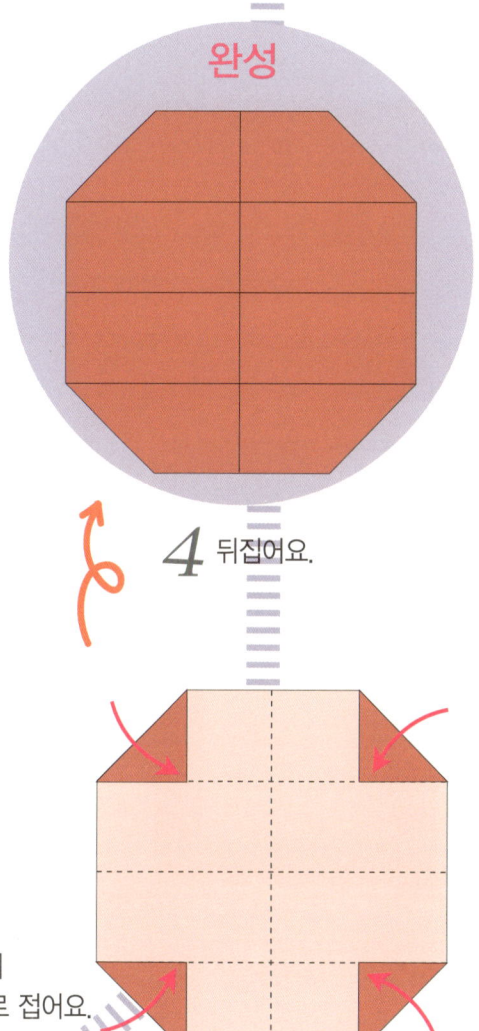

1 정사각형 종이로 가로, 세로
반을 접었다 펴요.

2 편 뒤 중심 선에 맞춰 대문접기 해요.

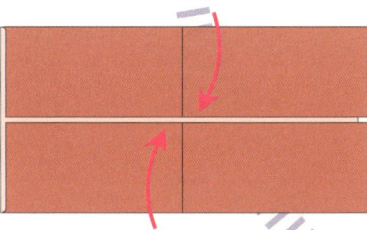

4 뒤집어요.

3
펼친 뒤 네 곳의
모서리를 안으로 접어요.

255

132

무지개(주황)

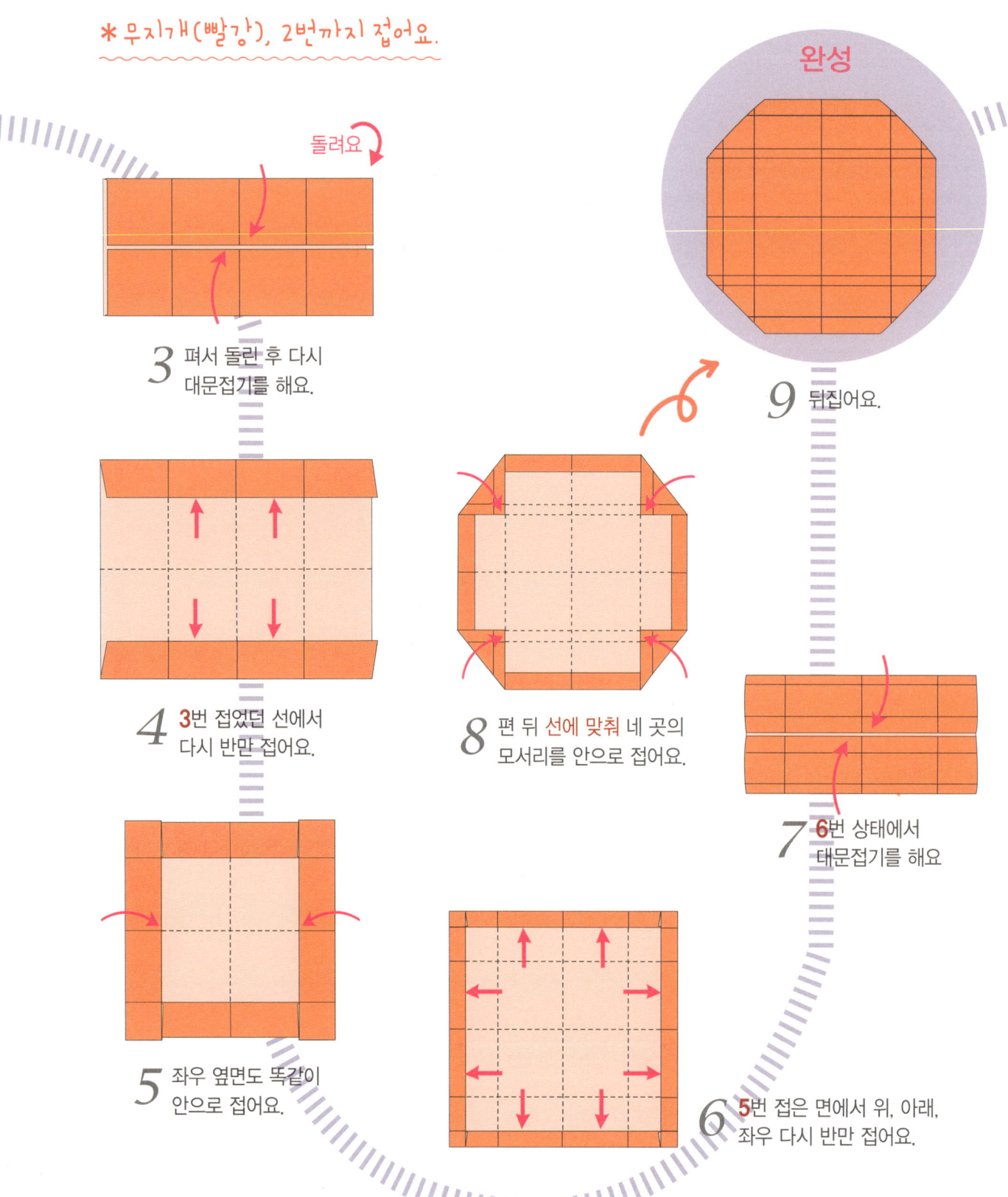

＊ 무지개(빨강), 2번까지 접어요.

돌려요

완성

3 펴서 돌란 후 다시
대문접기를 해요.

9 뒤집어요.

4 **3**번 접었던 선에서
다시 반만 접어요.

8 편 뒤 **선에 맞춰** 네 곳의
모서리를 안으로 접어요.

7 **6**번 상태에서
대문접기를 해요

5 좌우 옆면도 똑같이
안으로 접어요.

6 **5**번 접은 면에서 위, 아래,
좌우 다시 반만 접어요.

무지개(노랑)

＊무지개(빨강), 2번까지 접어요.

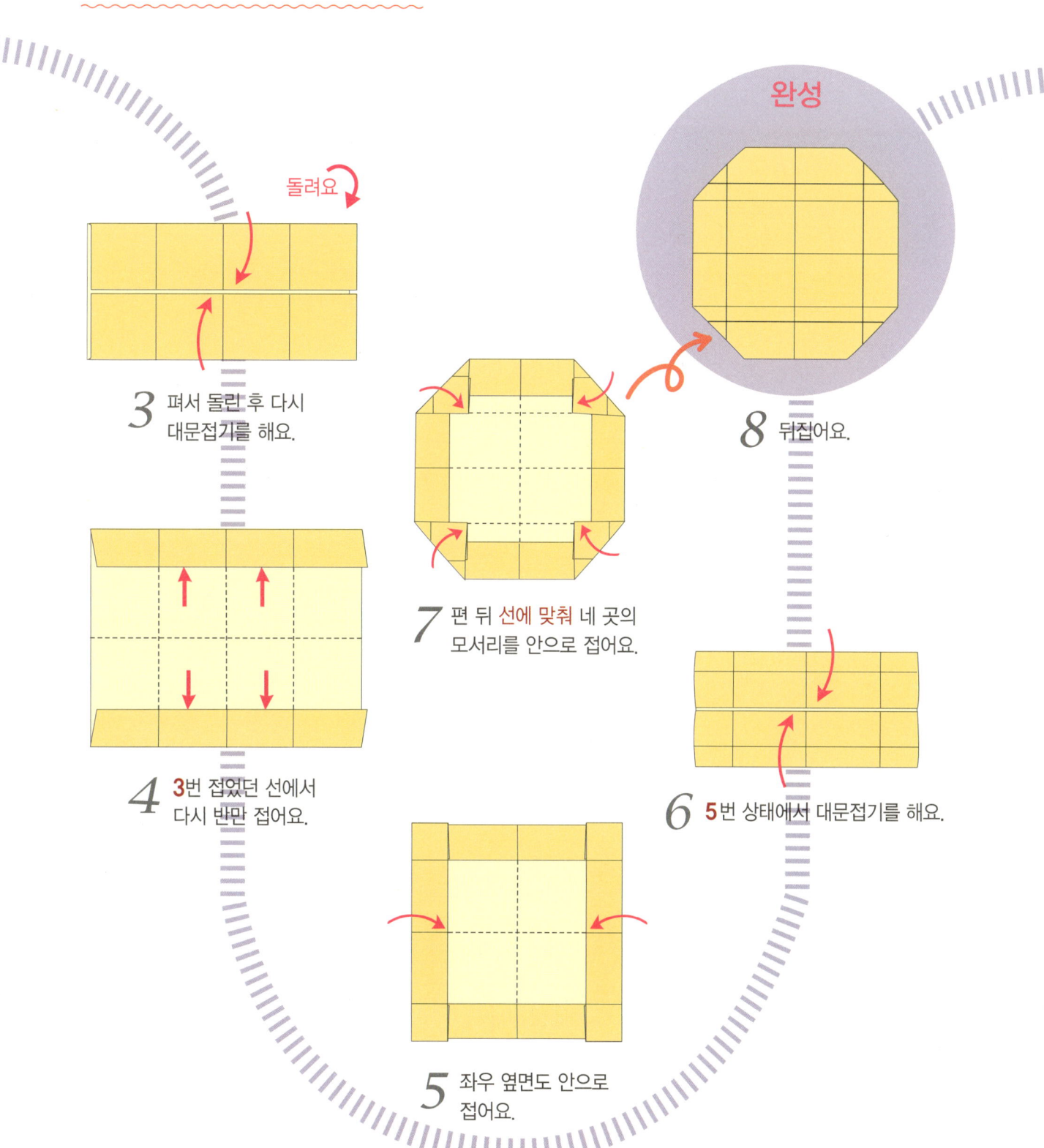

돌려요

완성

3 펴서 돌린 후 다시 대문접기를 해요.

7 편 뒤 선에 맞춰 네 곳의 모서리를 안으로 접어요.

8 뒤집어요.

4 3번 접었던 선에서 다시 반만 접어요.

6 5번 상태에서 대문접기를 해요.

5 좌우 옆면도 안으로 접어요.

무지개(연두)

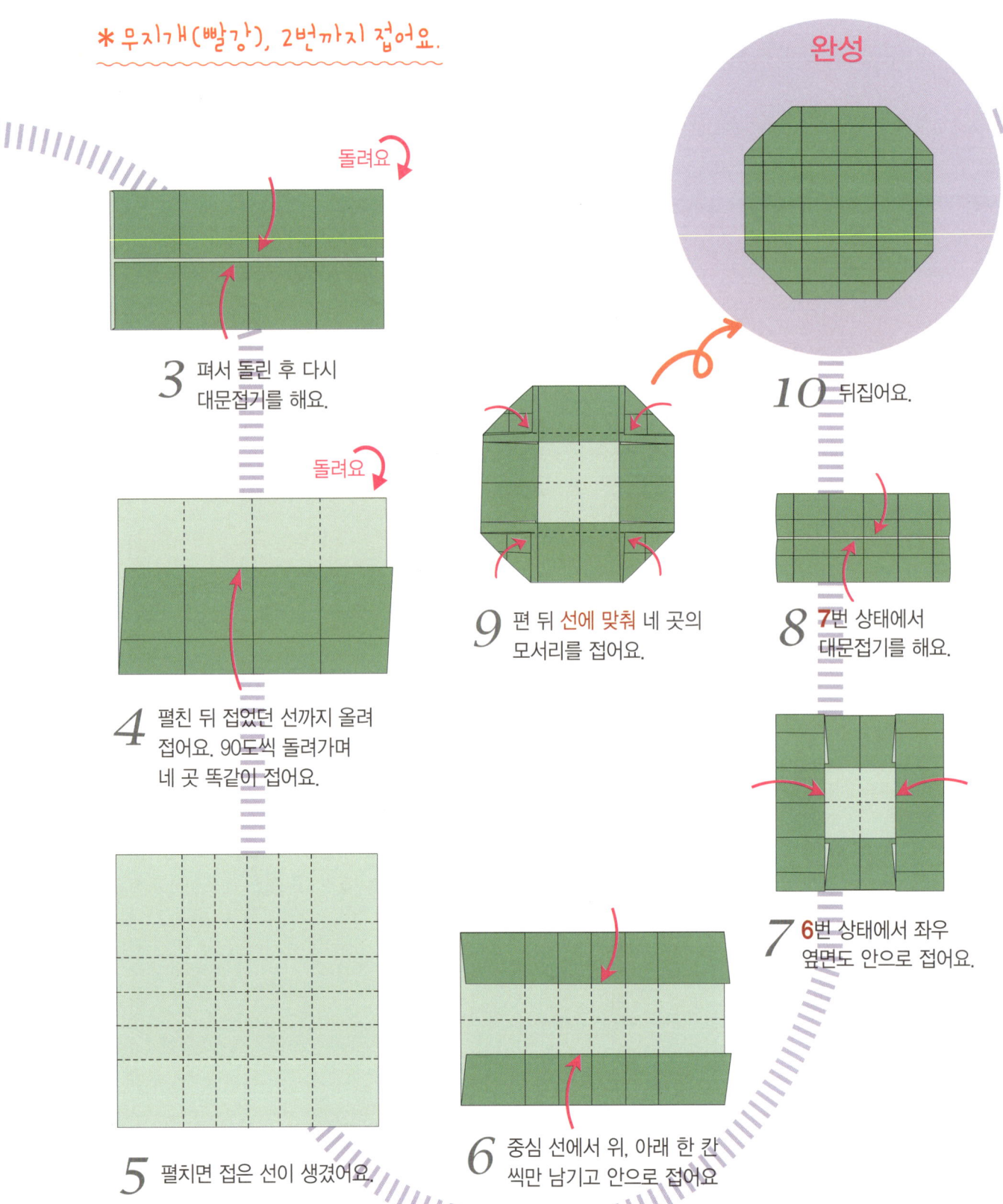

＊무지개(빨강), 2번까지 접어요.

돌려요

완성

3 펴서 **돌린** 후 다시 대문접기를 해요.

돌려요

10 뒤집어요.

9 편 뒤 **선에 맞춰** 네 곳의 모서리를 접어요.

8 **7**번 상태에서 대문접기를 해요.

4 펼친 뒤 접었던 선까지 올려 접어요. 90도씩 돌려가며 네 곳 똑같이 접어요.

7 **6**번 상태에서 좌우 옆면도 안으로 접어요.

5 펼치면 접은 선이 생겼어요.

6 중심 선에서 위, 아래 한 칸 씩만 남기고 안으로 접어요

무지개(파랑, 남색, 보라)

파랑

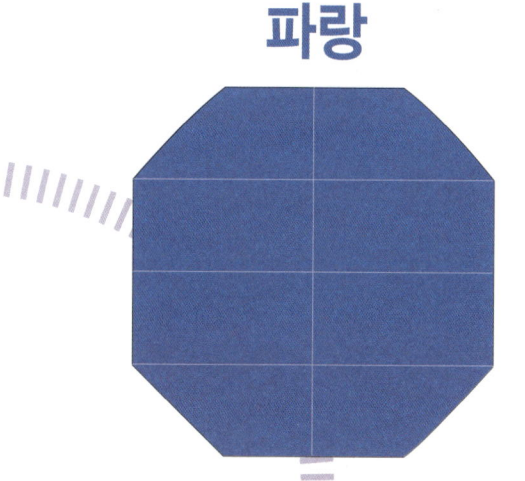

정사각형 종이를 1/4 크기로 자른 뒤
무지개(빨강)와 똑같이 접어요.

남색

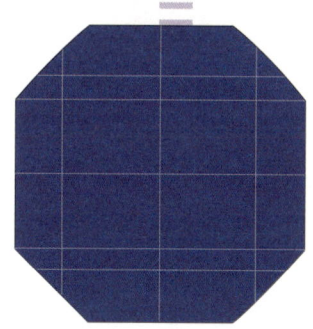

정사각형 종이를 1/4 크기로 자른 뒤
무지개(노랑)와 똑같이 접어요.

보라

중앙 사각선은
꼭 안 잘라도
돼요.

1/16 크기로 자른 뒤
무지개(노랑) 3번까지 접은 뒤
무지개(빨강) 3번대로 네 곳의
모서리를 접어요.

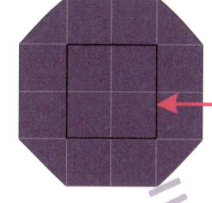

완성

접은 종이들을 색상대로 약간의 풀칠을 하여
순서대로 겹쳐 붙여요. 모두 붙인 뒤 반을 잘라
다양한 형태를 만들어요. 가운데는 도려내도 돼요.

완성

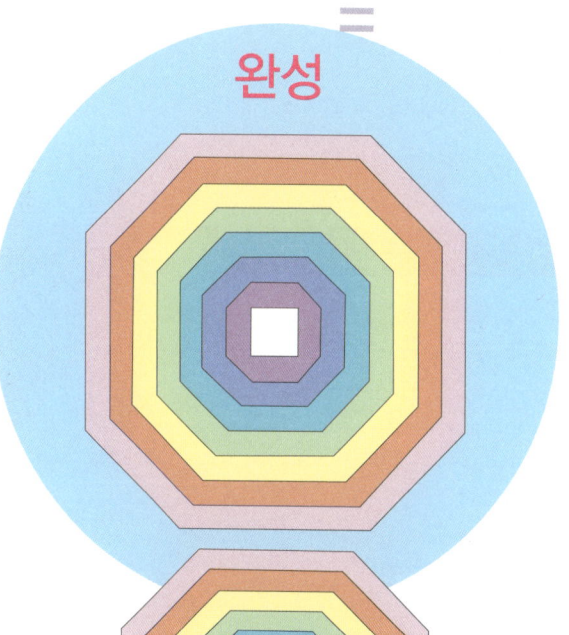

파스텔 톤의 색종이로 접어
연한 무지개 버전도 만들어 보세요.

133
하트 ★★★☆☆

선대로 접은 하트와 가위로 오린 하트,
두 가지를 만들어 보세요.

준비물 : 가위

＊132 무지개(빨강), 1번까지 접어요.

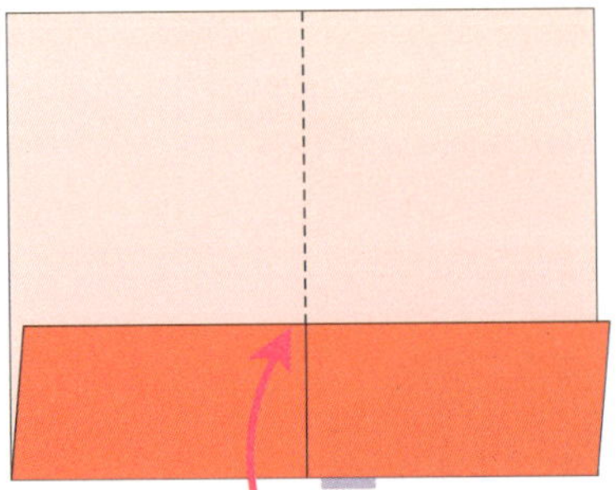

2 편 뒤 중심 선에 맞춰
올려 접어요.

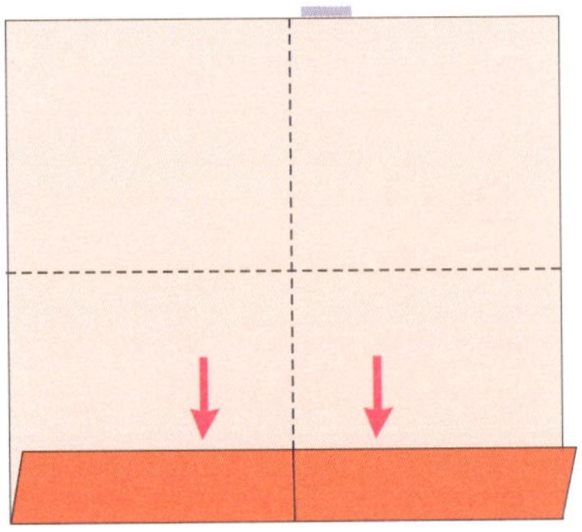

3 편 뒤 **2**번 접었던 선에서
다시 반만 접어요.

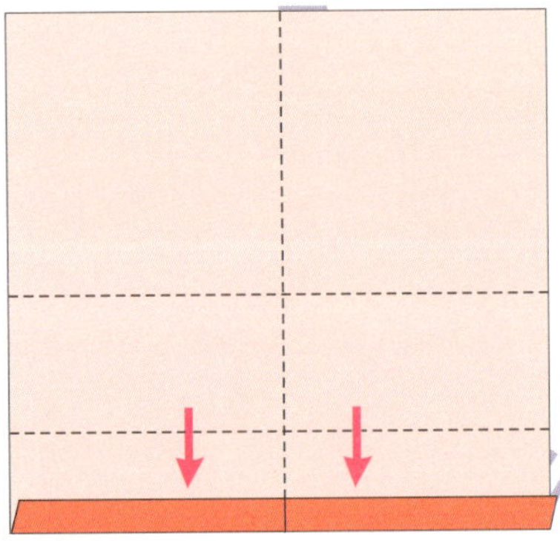

4 편 뒤 **3**번 접었던 선에서
다시 반만 접어요.

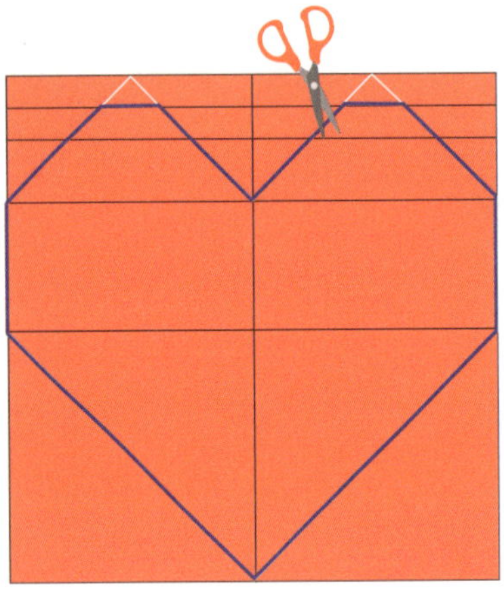

5 선대로 오려요.

완성

6 접었을 때 하트

완성

6 가위로 오렸을 때 하트

위, 아래

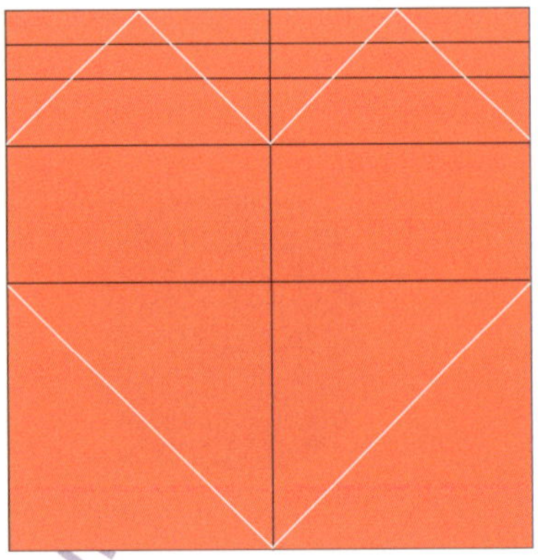

5 펴서 위, 아래로 뒤집은 뒤
선대로 접어요.

정사각형

준비물 : 가위 ✂

*132 무지개(빨강), 2번까지 접어요.

3 펼친 뒤 접은 선에 맞춰 올려 접어요.

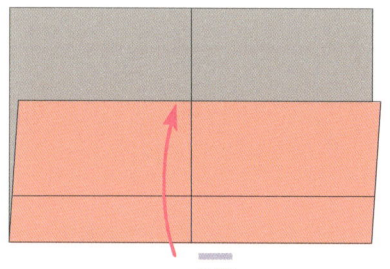

4 윗면도 선에 맞춰 내려 접어요.

돌려요

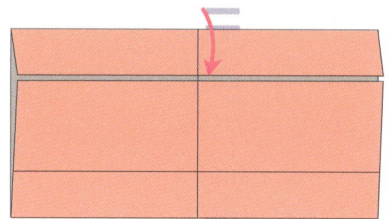

5 180도 돌려서 *3*번, *4*번과 똑같이 접어요.

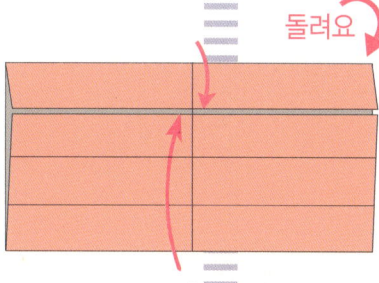

6 윗면은 펴고 아랫면은 *5*번 올려 접었던 선에서 한 칸 내려 접어요. (반대쪽도 똑같이 접어요.)

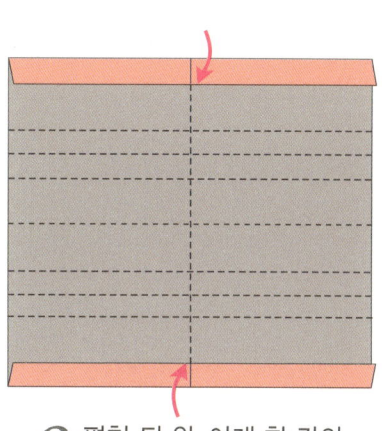

8 펼친 뒤 위, 아래 한 칸의 반만 접어요.

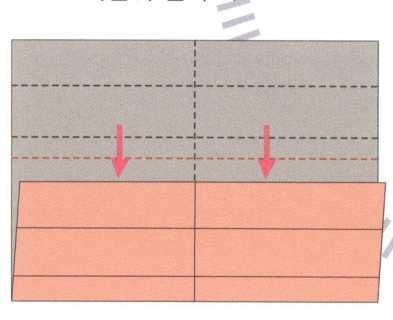

7 윗면을 아랫면(한 칸 전) 선까지 내려 접어요.

돌려요

10 편 뒤 돌려요. 그리고 중심 선까지 올려 접어요.

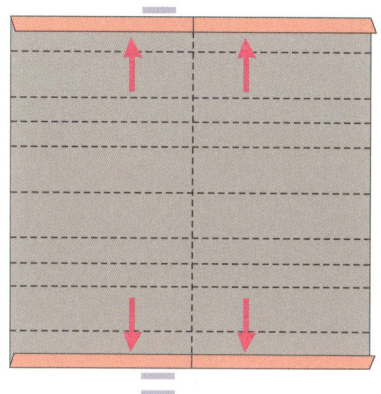

9 펼친 뒤 *8*번에서 접었던 면에서 다시 반만 접어요.

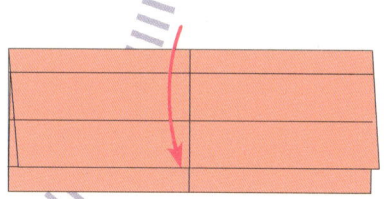

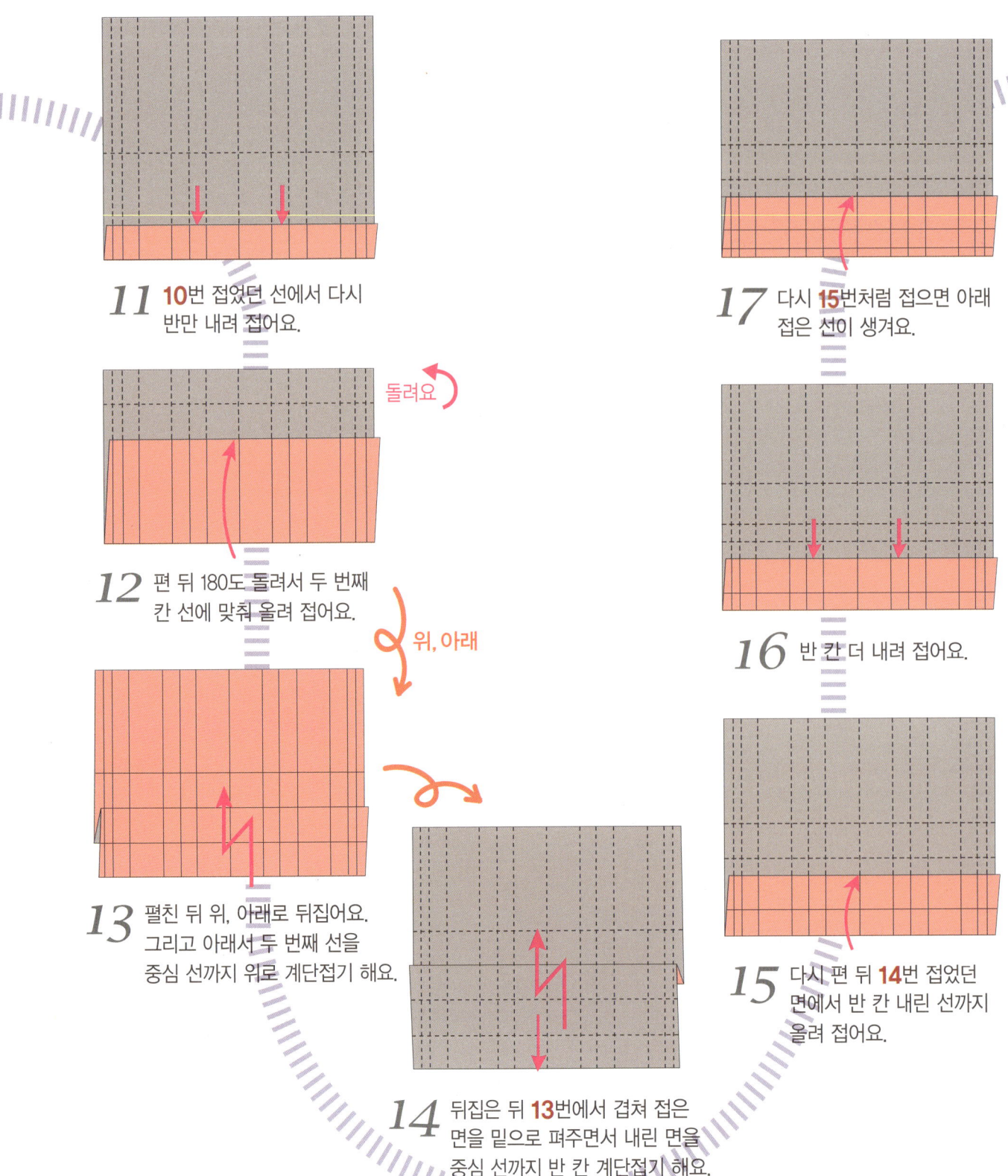

11 **10**번 접었던 선에서 다시 반만 내려 접어요.

12 편 뒤 180도 돌려서 두 번째 칸 선에 맞춰 올려 접어요.

돌려요

위, 아래

13 펼친 뒤 위, 아래로 뒤집어요. 그리고 아래서 두 번째 선을 중심 선까지 위로 계단접기 해요.

14 뒤집은 뒤 **13**번에서 겹쳐 접은 면을 밑으로 펴주면서 내린 면을 중심 선까지 반 칸 계단접기 해요.

17 다시 **15**번처럼 접으면 아래 접은 선이 생겨요.

16 반 칸 더 내려 접어요.

15 다시 편 뒤 **14**번 접었던 면에서 반 칸 내린 선까지 올려 접어요.

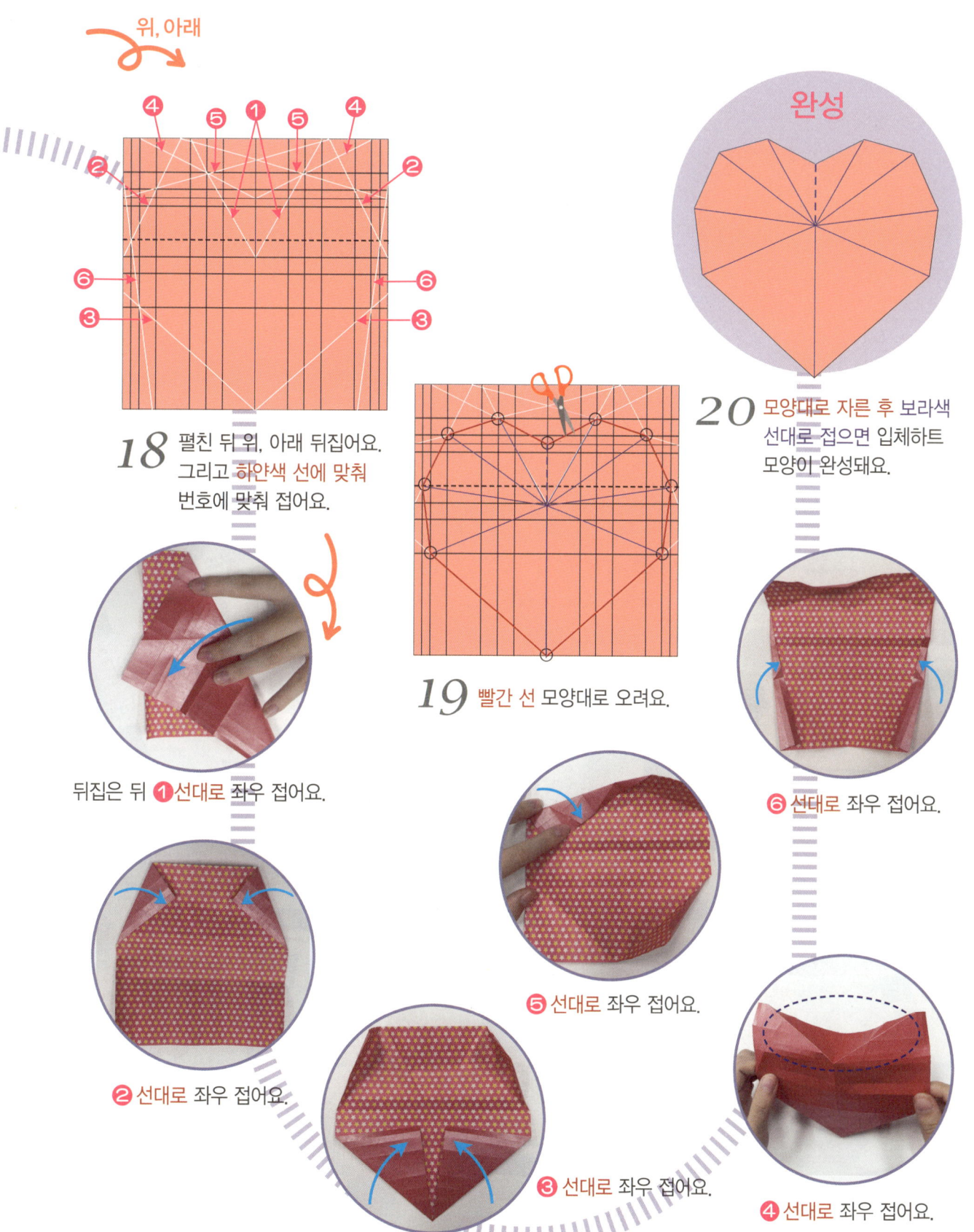

위, 아래

18 펼친 뒤 위, 아래 뒤집어요.
그리고 하얀색 선에 맞춰
번호에 맞춰 접어요.

19 빨간 선 모양대로 오려요.

완성

20 모양대로 자른 후 보라색
선대로 접으면 입체하트
모양이 완성돼요.

뒤집은 뒤 ❶선대로 좌우 접어요.

❷ 선대로 좌우 접어요.

❸ 선대로 좌우 접어요.

❹ 선대로 좌우 접어요.

❺ 선대로 좌우 접어요.

❻ 선대로 좌우 접어요.

입체별

여러 모양의 별을 만들 수 있어요.
가위로 자르면 정별, 접으면 입체별, 선 따라
접으면 별편지도 만들 수 있어요.

정사각형

준비물 : 가위

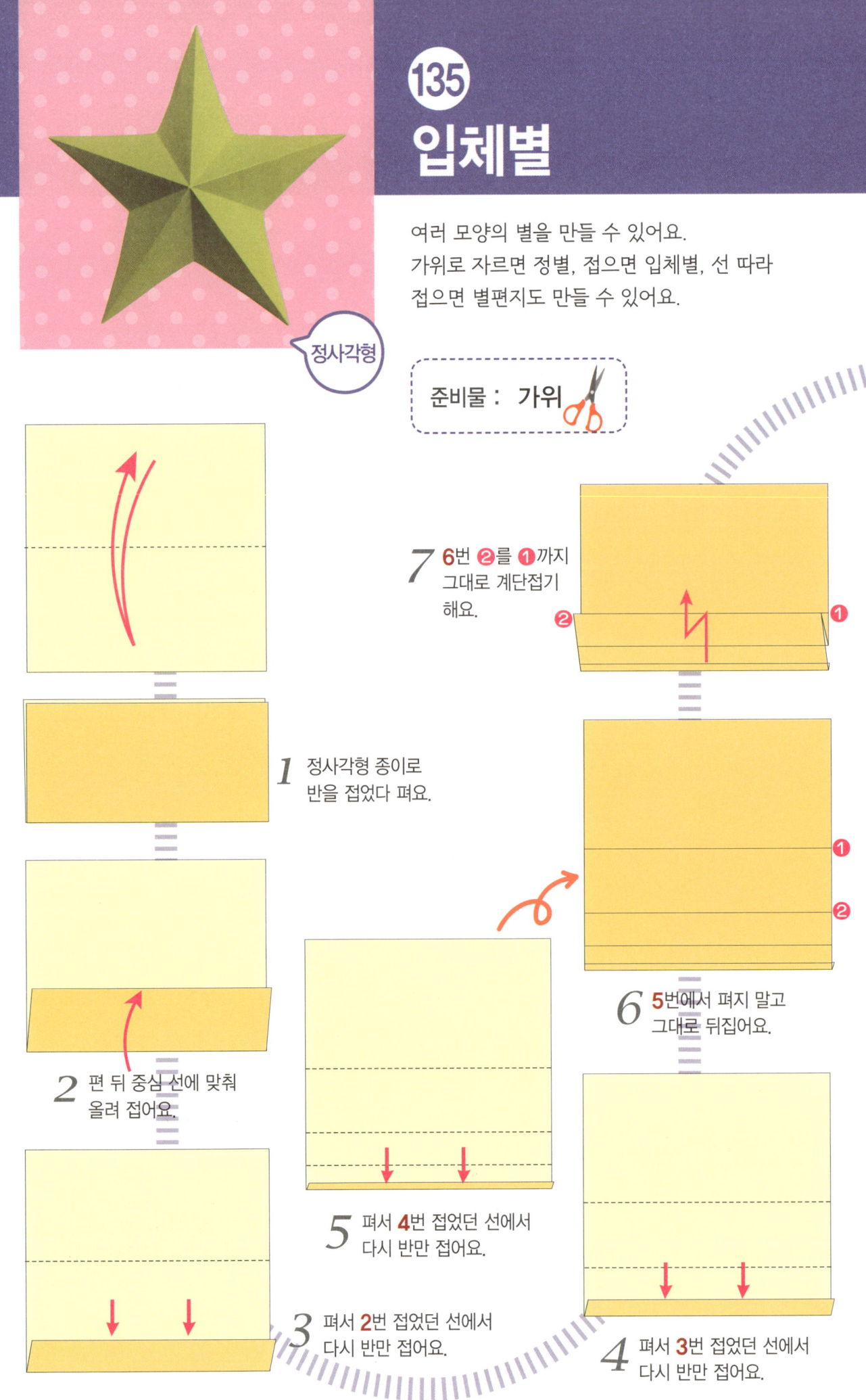

1 정사각형 종이로
반을 접었다 펴요.

2 편 뒤 중심 선에 맞춰
올려 접어요.

3 펴서 **2**번 접었던 선에서
다시 반만 접어요.

4 펴서 **3**번 접었던 선에서
다시 반만 접어요.

5 펴서 **4**번 접었던 선에서
다시 반만 접어요.

6 **5**번에서 펴지 말고
그대로 뒤집어요.

7 **6**번 ❷를 ❶까지
그대로 계단접기
해요.

8 **7**번 접었던 선에서 바로 아래 선까지 내려 접어요.

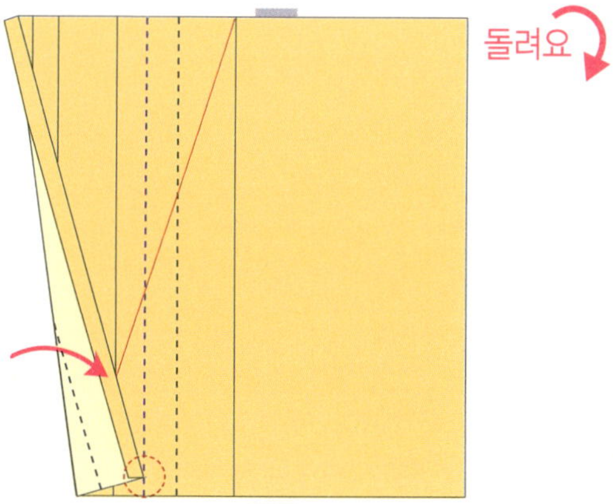

돌려요

9 편 뒤 옆으로 돌려서 보라색 선까지 위 그림처럼 끝을 맞춰 접어요. 그리고 선대로 접어요.

위, 아래

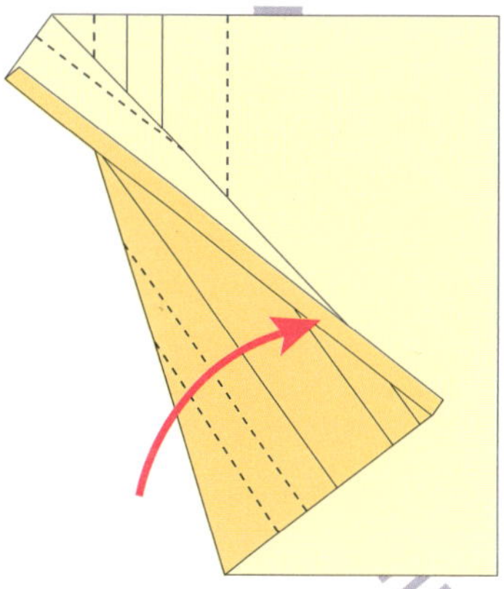

10 위, 아래로 뒤집은 뒤 **9**번에서 접는 선에 맞춰 안으로 접어요.

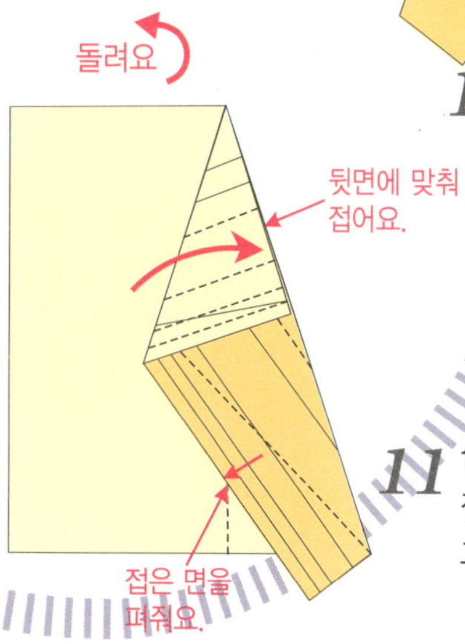

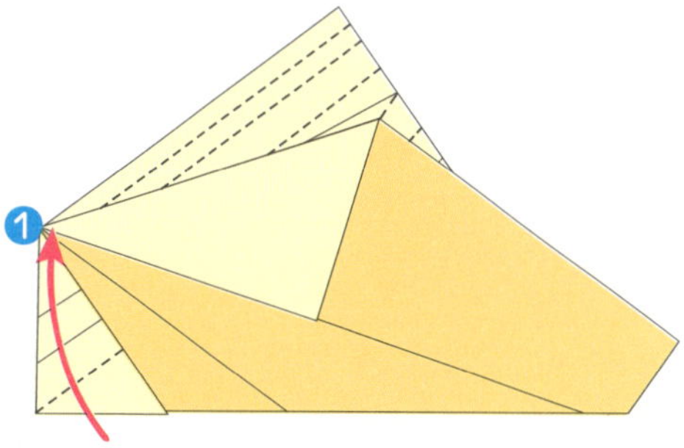

15 **14**번의 **1**을 **2**까지 접은 면을 펴면서 올려 접어요.

돌려요

14 돌려요.

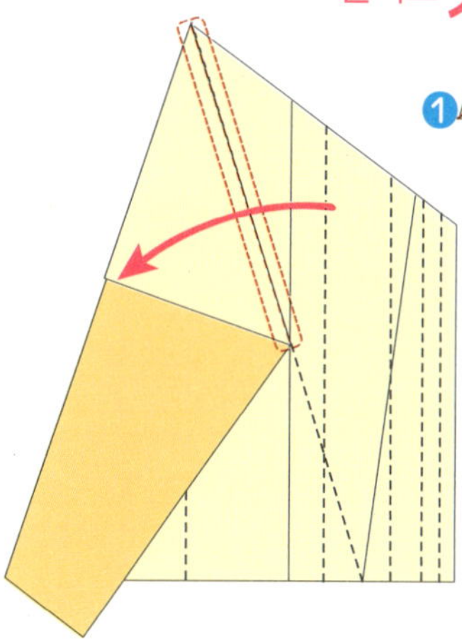

13 **12**번 대각선에 맞춰 화살표 방향으로 접어요.

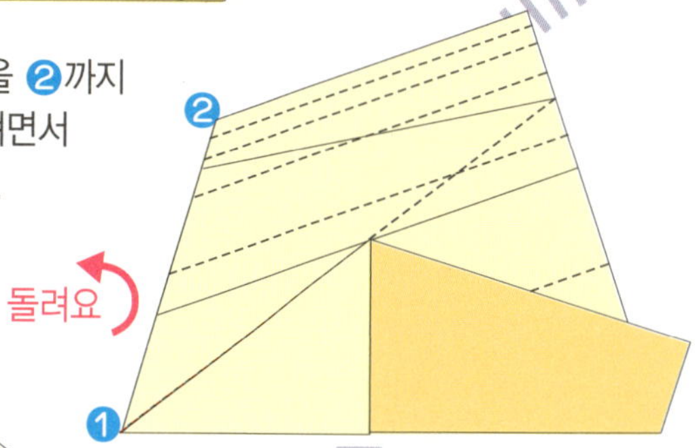

돌려요

뒷면에 맞춰 접어요.

접은 면을 펴줘요.

11 180도로 돌린 뒤 접었던 면을 펴줘요. 그리고 안으로 접어요.

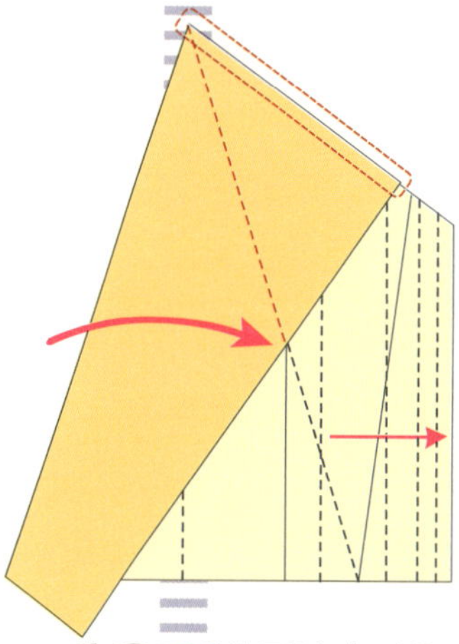

12 **11**번 접었던 면을 편 뒤 표시된 점선에 맞춰 그림처럼 접어요.

입체별

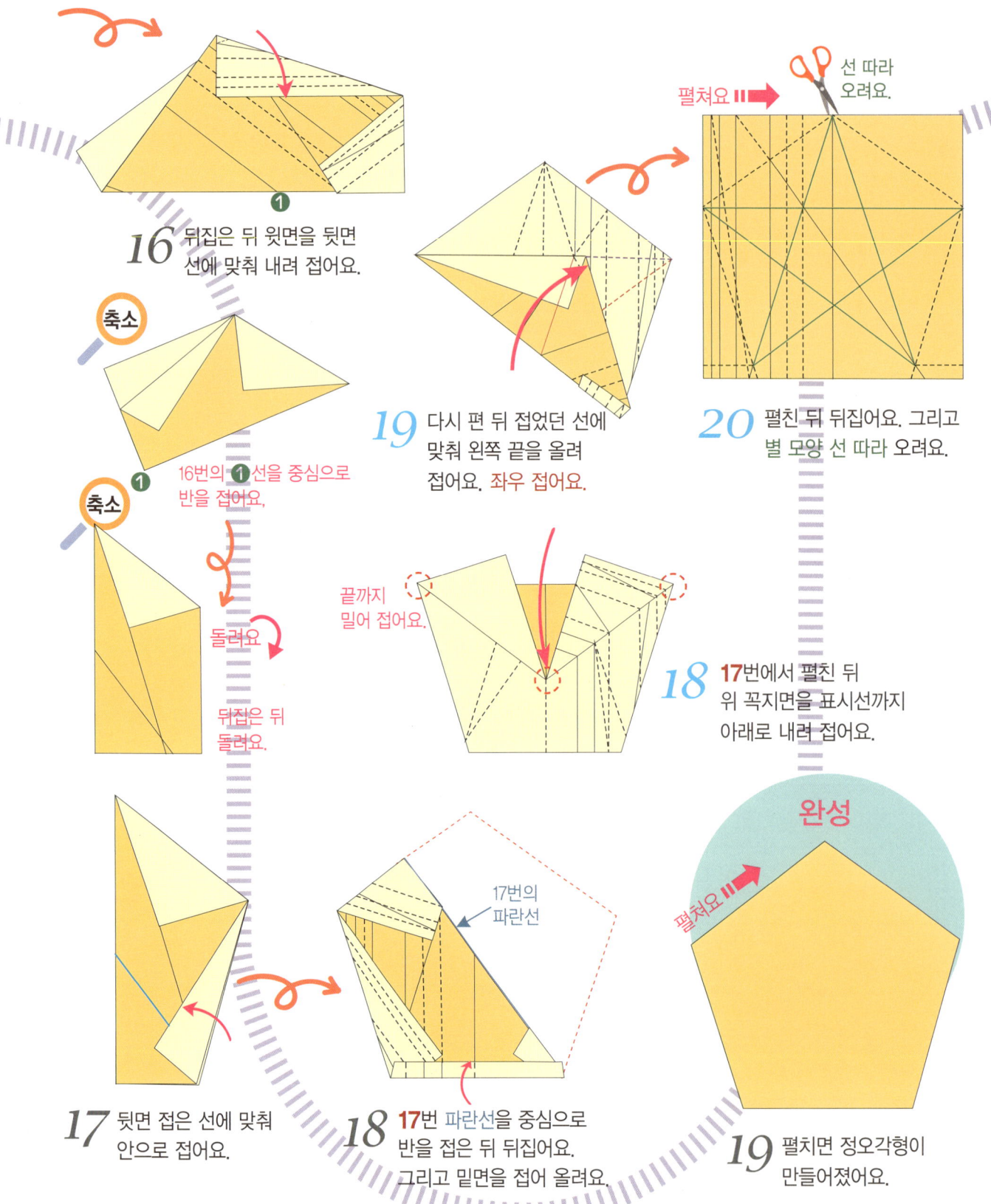

16 뒤집은 뒤 윗면을 뒷면 선에 맞춰 내려 접어요.

축소

16번의 ❶선을 중심으로 반을 접어요.

축소 ❶

돌려요

뒤집은 뒤 돌려요.

17 뒷면 접은 선에 맞춰 안으로 접어요.

17번의 파란선

18 17번 파란선을 중심으로 반을 접은 뒤 뒤집어요. 그리고 밑면을 접어 올려요.

끝까지 밀어 접어요.

18 17번에서 펼친 뒤 위 꼭지면을 표시선까지 아래로 내려 접어요.

19 다시 편 뒤 접었던 선에 맞춰 왼쪽 끝을 올려 접어요. 좌우 접어요.

펼쳐요 ▏▎▶   선 따라 오려요.

20 펼친 뒤 뒤집어요. 그리고 별 모양 선 따라 오려요.

완성

펼쳐요 ▏▎▶

19 펼치면 정오각형이 만들어졌어요.

완성

21 정별 완성

입체 별도
접을 수 있어요.

20 19번에서 편 뒤 뒤집어요.
그리고 선대로 접어요.

21 다시 펼쳐요.

축소

뒤집어요.

별을 접어
편지를 만들어요.

21 번호 순서대로
겹쳐 접어요.

교차되는 선에
꼭지를 맞춰요.

선 따라
오려요.

23 윗면을 위처럼 내려서
눌러 접어요. 그리고
선대로 오려요.

22 ①을 중심으로 좌우 ②,③을
동시에 안으로 접어요.

완성

22 별편지 완성

완성

24 펼쳐서 선대로 접어
입체 모양으로 접어요.

입체스페이드

정사각형

모두 접고 난 후 가위로 선 따라 잘 오려요.
그 다음 선대로 접으면 입체적인 스페이드가 돼요.

준비물 : 가위 ✂

＊132 무지개(빨강), 2번까지 접어요.

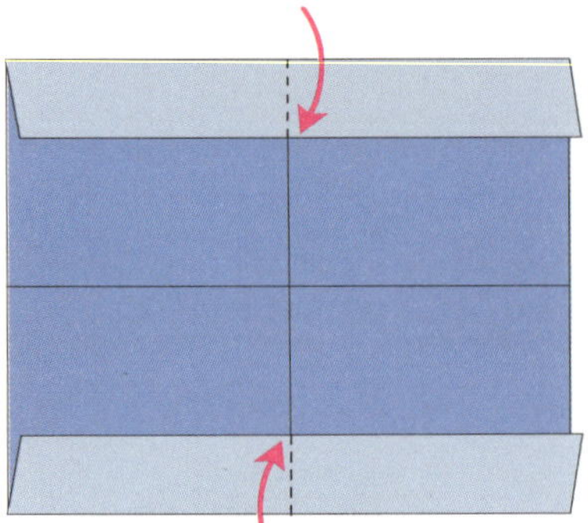

3 펴서 뒤집은 뒤 2번 접었던
선에서 반만 접어요.

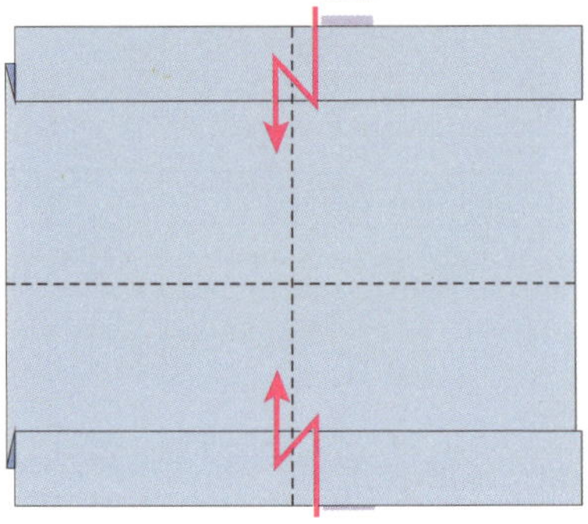

4 뒤집은 뒤 펴서 선에 맞춰
위, 아래 반 칸만 계단접기 해요.

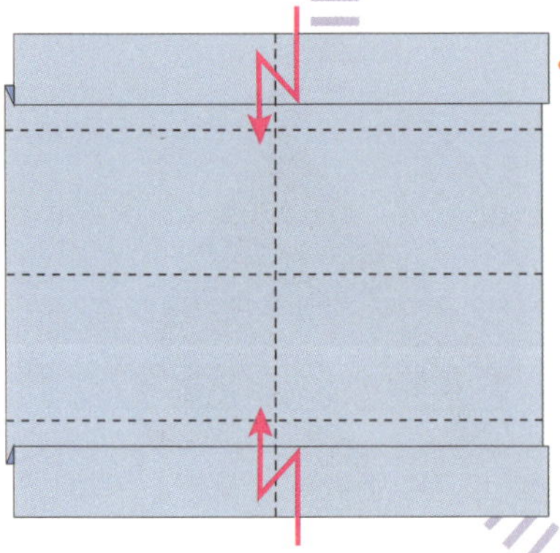

5 4번 접었던 면에서 반 칸만
더 내려 접어 계단접기 해요.

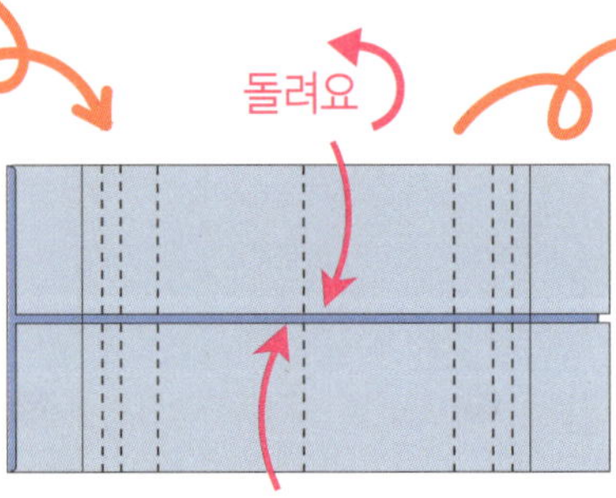

6 펼친 뒤 뒤집고 돌려요.
그리고 대문접기를 해요.

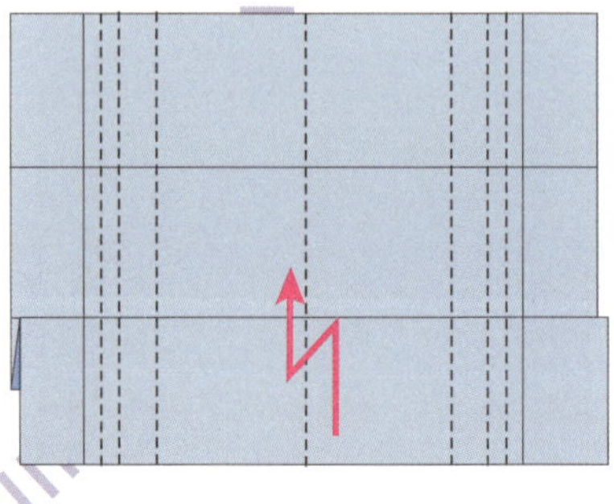

돌려요

7 펴서 뒤집은 뒤 중심 선에
맞춰 계단접기 해요.

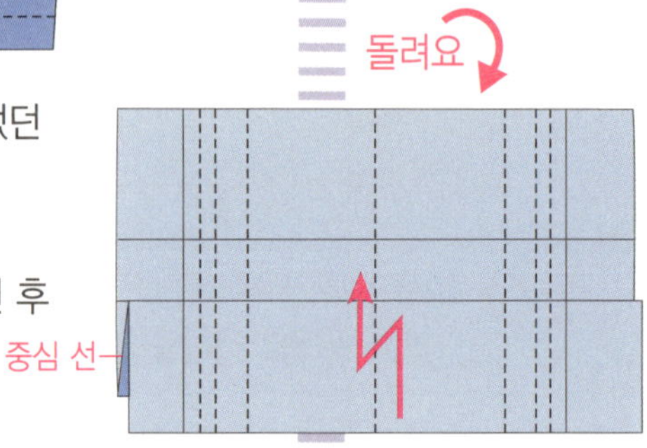

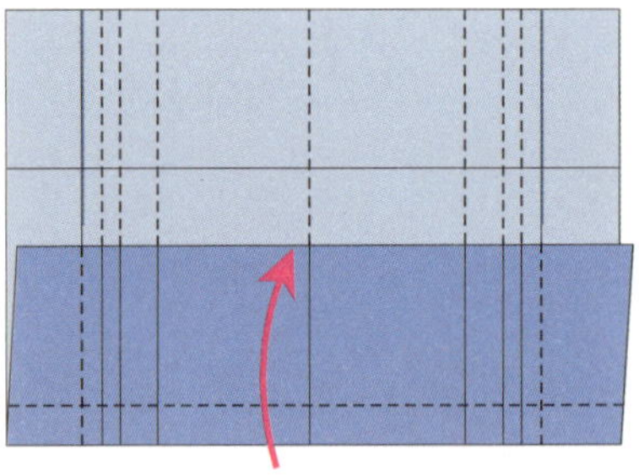

8 다시 편 뒤 180도로 돌린 후
중심 선 위의 선에 맞춰   중심 선
계단접기 해요.

9 펼친 뒤 아랫면을 8번 접었던
선까지 올려 접어요.

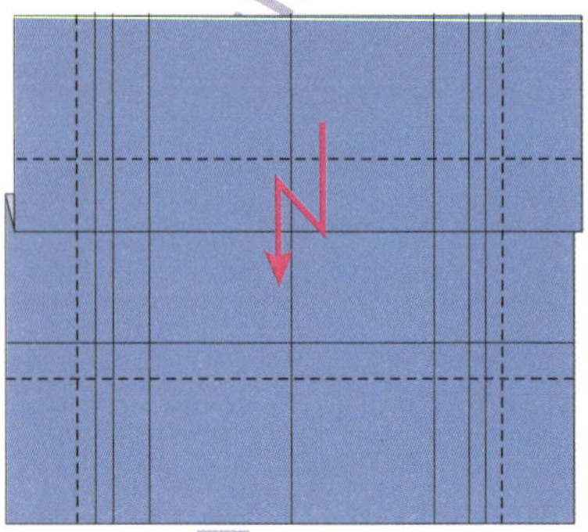

10 펴서 뒤집은 뒤 위에서 두 번째
선을 중심 선까지 반을 겹쳐
접으며 계단접기 해요.

돌려요

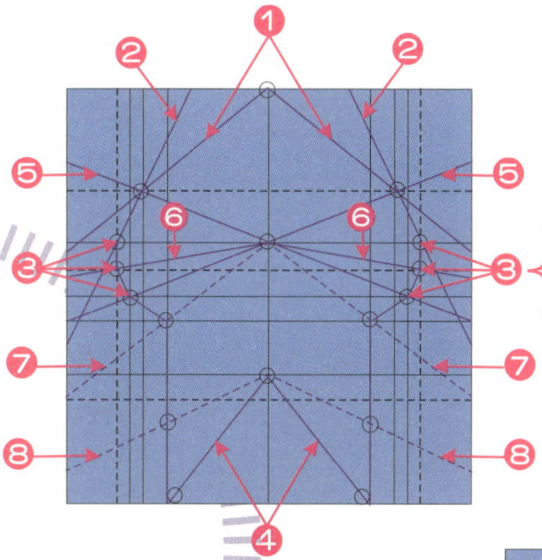

11 펼친 뒤 각 표시 지점에 맞춰
보라색 스페이드 모양대로
번호에 맞춰 선을 접어요.

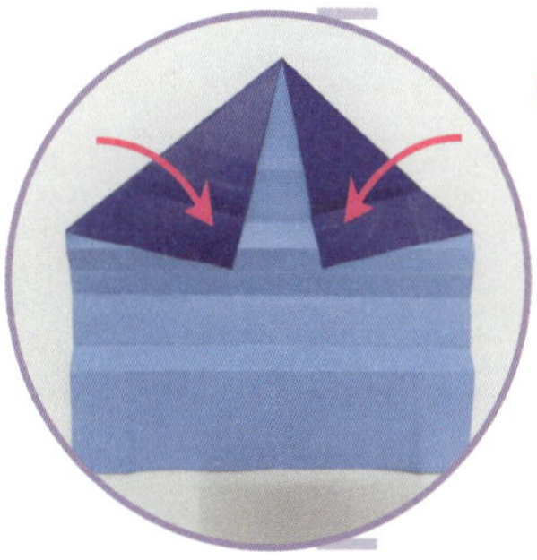

③의 화살표대로
3곳의 직선을 접어요.
좌우 똑같이 접어요.

완성

뒤집은 뒤 ❶ 선대로 좌우 접어요.

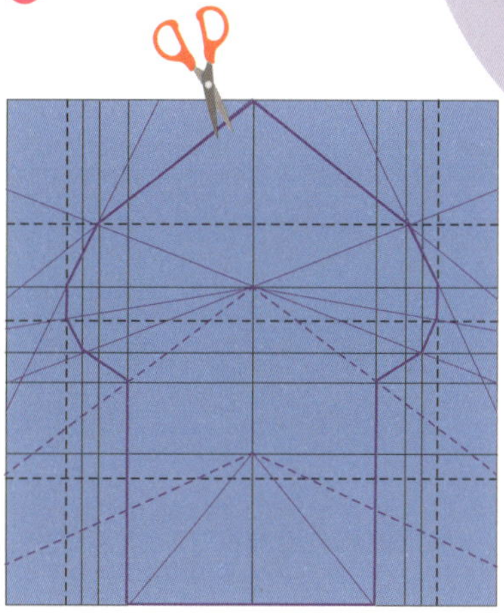

12 보라색 선대로 오려요.

13 오린 뒤 선대로 접어
모양을 다듬어요.

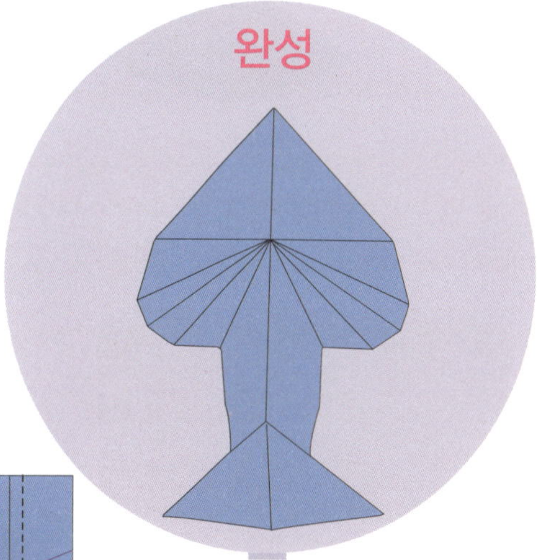

❽ 선대로 좌우 접어요.

❷ 선대로 좌우 접어요.

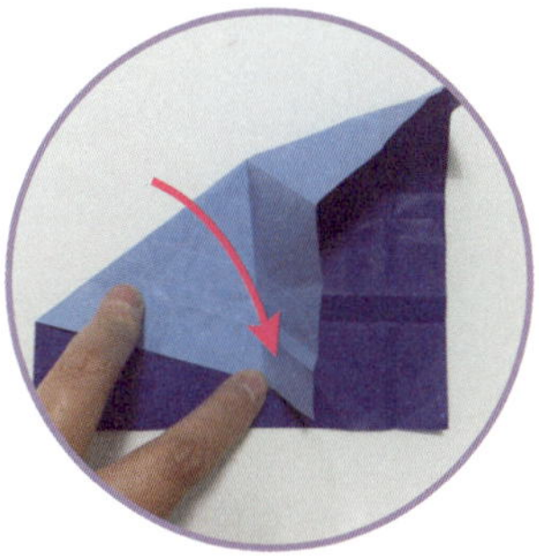

뒤집은 뒤 ❼ 선대로
좌우 접어요.

뒤집은 뒤 ❻ 선대로
좌우 접어요.

뒤집은 뒤 ❹ 선대로
좌우 접어요.

❺ 선대로 좌우
뒤로 접어요.

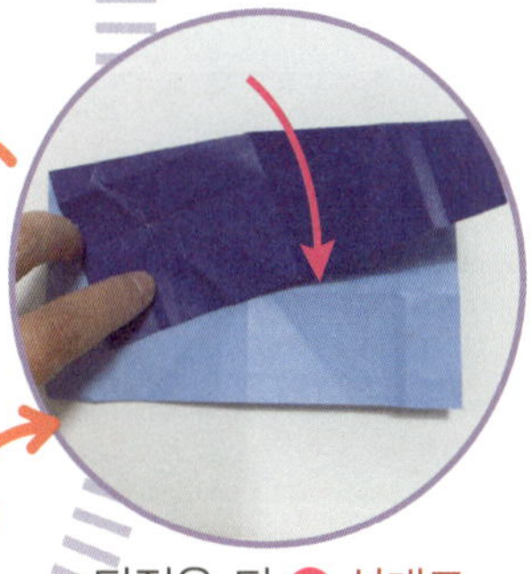

137
입체클로버

입체 모양의 행운의 클로버예요.
선들이 많아 다소 복잡하게 느껴질 수도 있지만
모두 접고 나면 특별한 클로버를 만날 수 있어요.

정사각형

준비물 : 가위

*132 무지개(빨강), 2번까지 접어요.

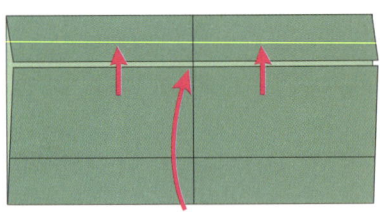

3 펀 뒤 윗선까지 올려 접고,
윗면은 선에 맞춰 내려 접어요.
(180도 돌려서 똑같이 접어요.)

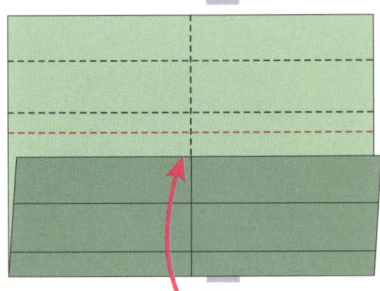

4 펀 뒤 위에서 3칸 다음 선까지 올려
접어요. (반대편도 똑같이 접어요.)

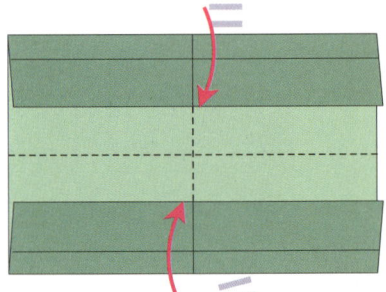

5 펼친 뒤 중심에서 위, 아래
한 칸씩 남기고 안으로 접어요.

6

*5*번 접은 선에서 반 칸씩
줄여서 접어요.

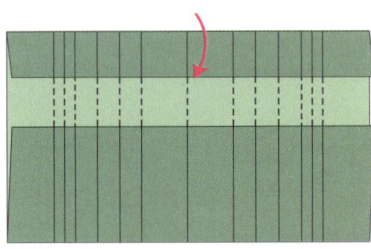

10 윗면은 첫 번째 선까지
내려 접어요.

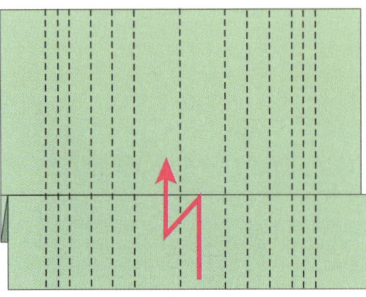

8 펀 뒤 뒤집어요. 그리고 중심
선에 맞춰 계단접기 해요.

11 내려 접은 면에서
다시 반만 접어요.

돌려요

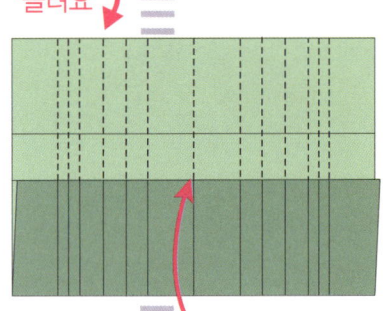

9 펀 뒤 180도 돌려요. 그리고
아랫면은 중심 선 다음 칸까지
올려 접어요.

돌려요

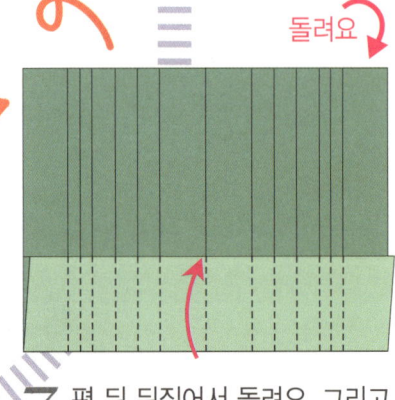

7 펀 뒤 뒤집어서 돌려요. 그리고
중심까지 올려 접어요.

12 아랫면을 윗면 선까지
접어 올려요.

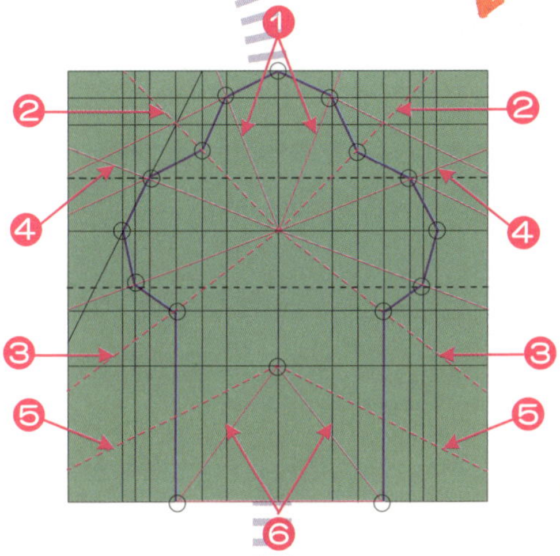

13 펼친 뒤 뒤집어서 각 표시 지점에
맞춰 보라색 클로버 모양대로
번호에 맞춰 선을 접어요.

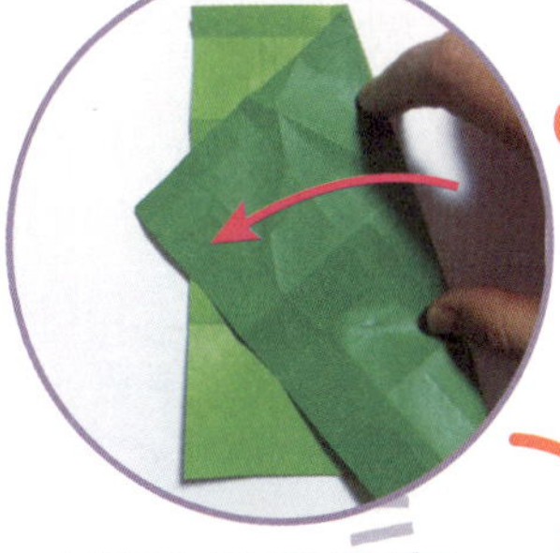

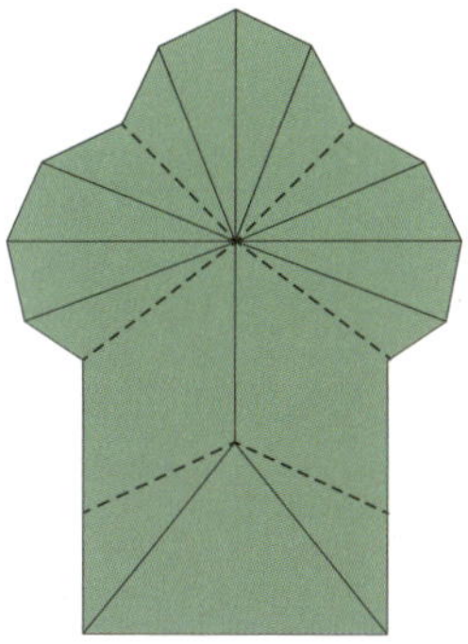

15 선대로 오린 모양

완성

16 오린 뒤 선대로 접어
모양을 다듬어요.

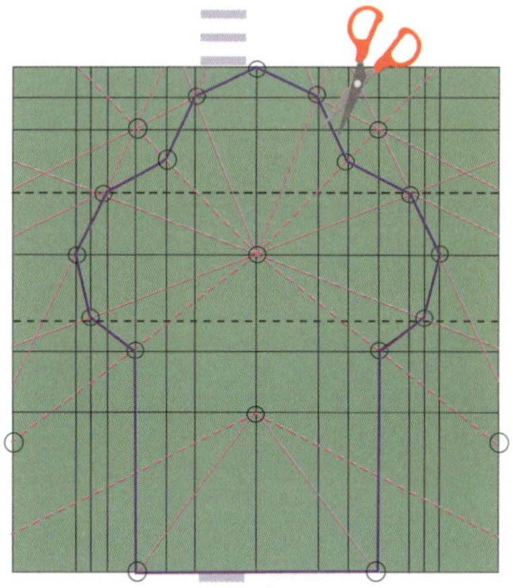

14 보라색 선대로 오려요.

❻ 선대로 좌우 접어요.

뒤집은 뒤 ❶ 선대로
좌우 접어요.

뒤집은 뒤 ❷ 선대로
좌우 접어요.

❸ 선대로 좌우 접어요.

❺ 선대로 좌우
접어요.

❹ 선대로 좌우 뒤로 접어요.

정사각형

138
다이아

펄이 들어간 색종이로 접어보세요.
진짜 다이아몬드 같은 느낌이 들 거예요.

＊132 무지개(빨강), 2번까지 접어요.

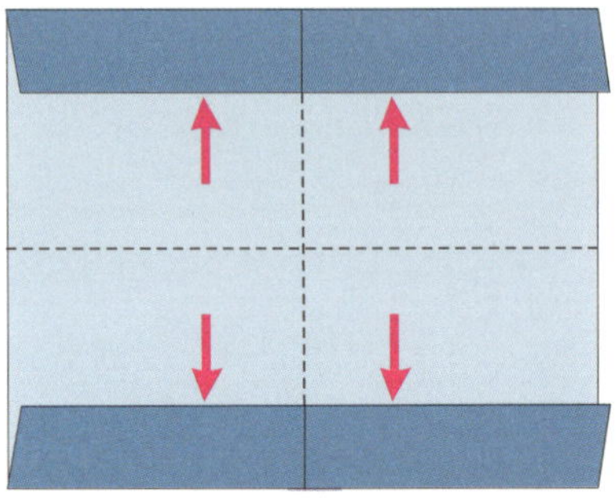

3 펴서 **2**번 접었던 선에서
다시 반을 접어요.

돌려요

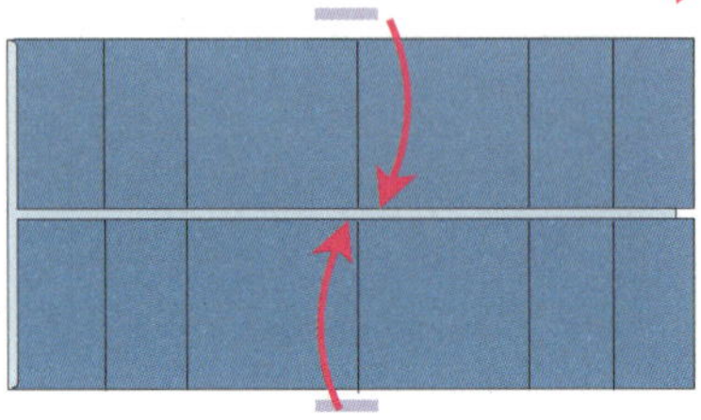

4 펴서 **돌린** 후 다시
대문접기를 해요.

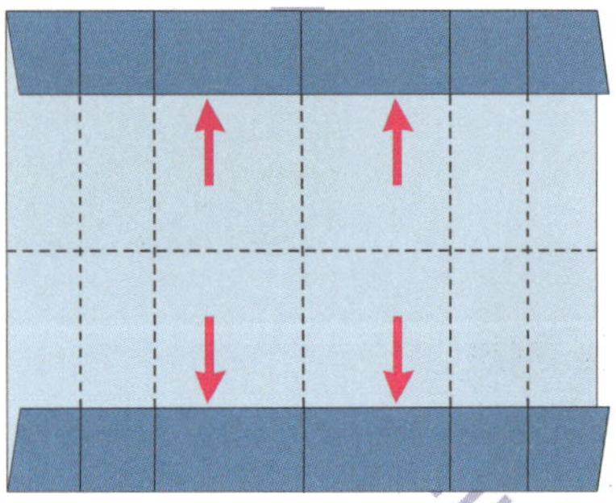

5 **3**번과 똑같이 접어요.

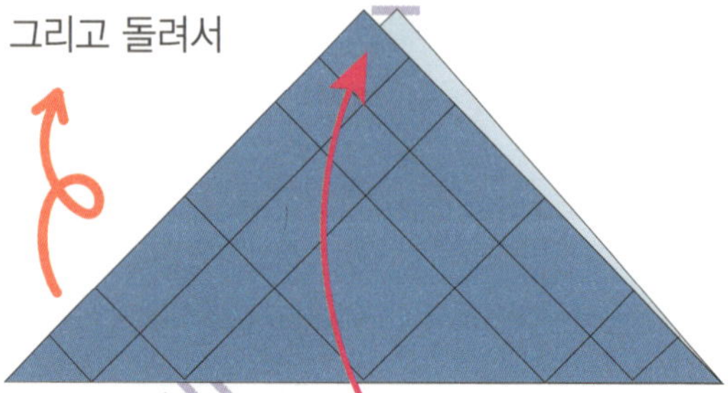

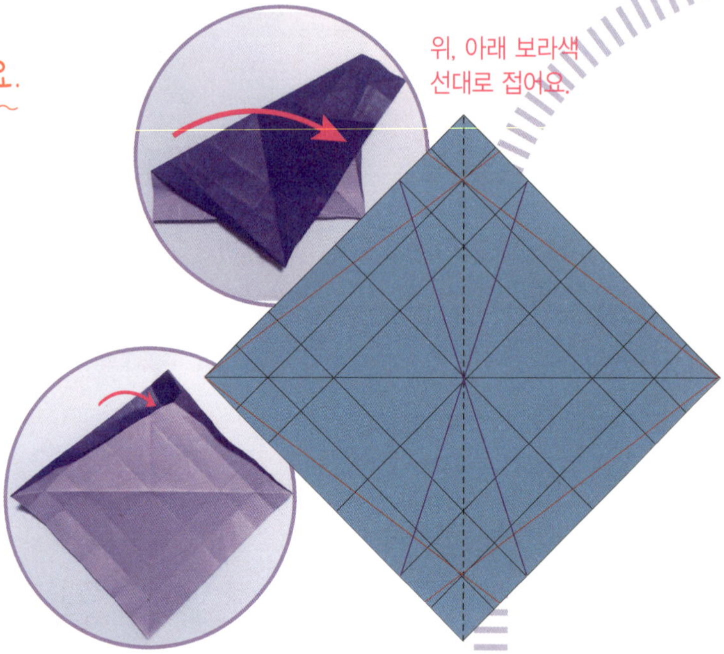

위, 아래 보라색
선대로 접어요.

좌우 빨간 선을 사진처럼
접어요. 반대로 돌려서
똑같이 접어요.

8 다시 편 뒤 **빨간** 선 네 곳과
보라색 선 두 곳을 접어요.

돌려요

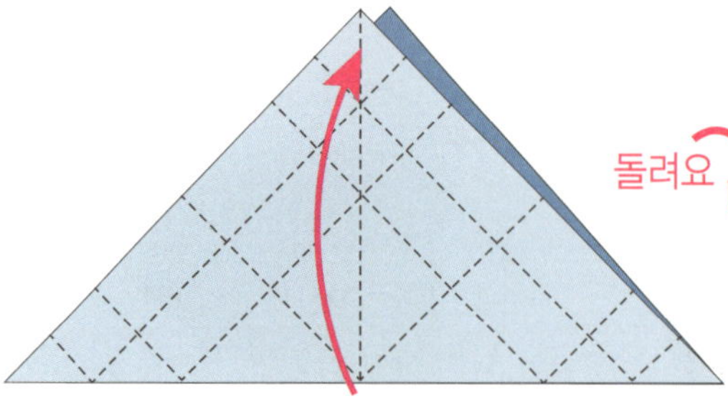

7 편 뒤 뒤집어요. 그리고 돌려서
세모를 접어요.

6 펼친 뒤 세모를 접어요.

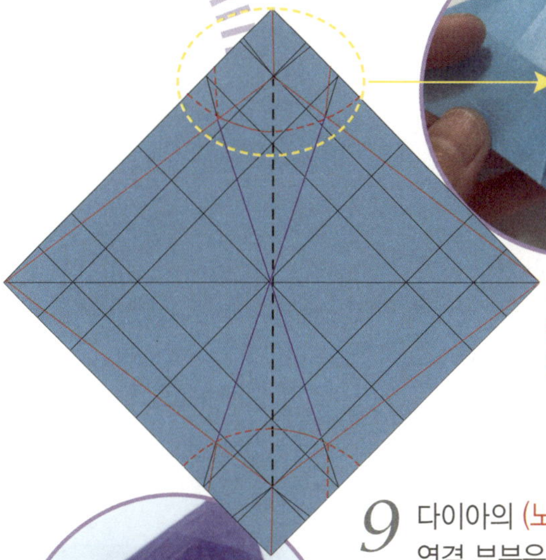

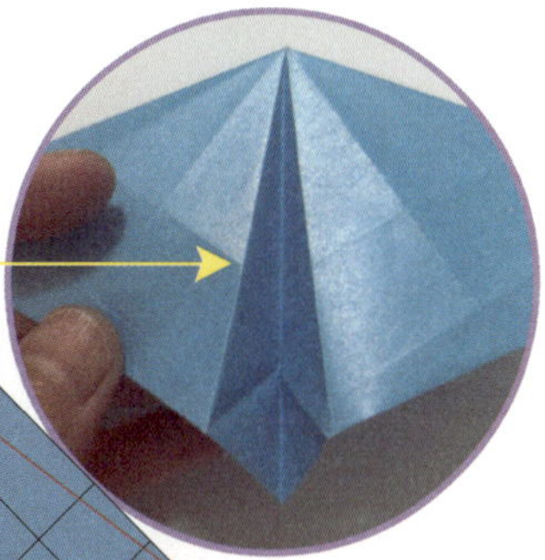

완성

다이아의 연결 부분을
접은 모양
(두 곳 모두 접어요.)

9 다이아의 (노란 점선)
연결 부분은 '상자' 접기의
모서리 접기 참고해서
접어요.

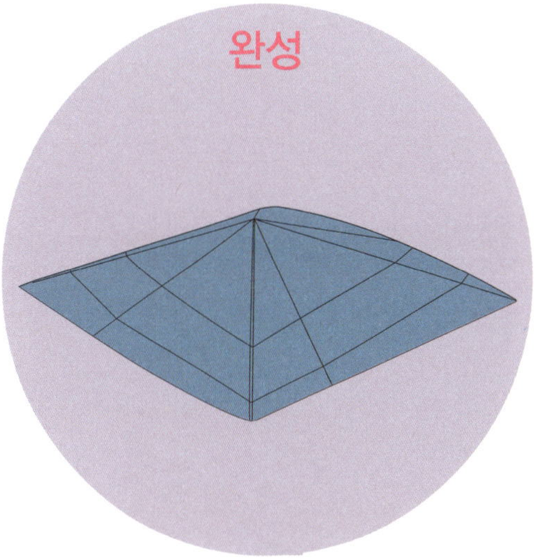

11

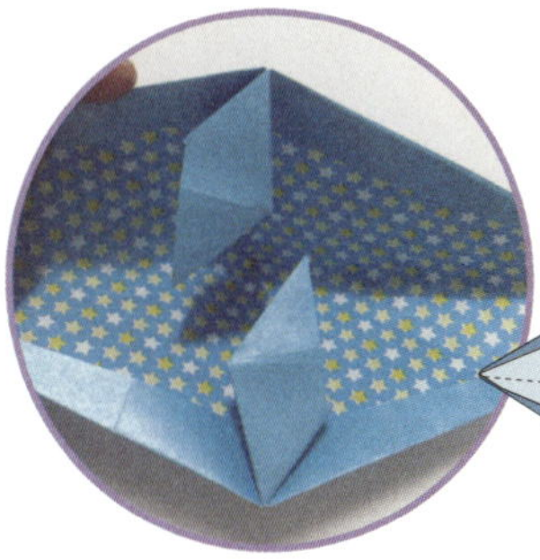

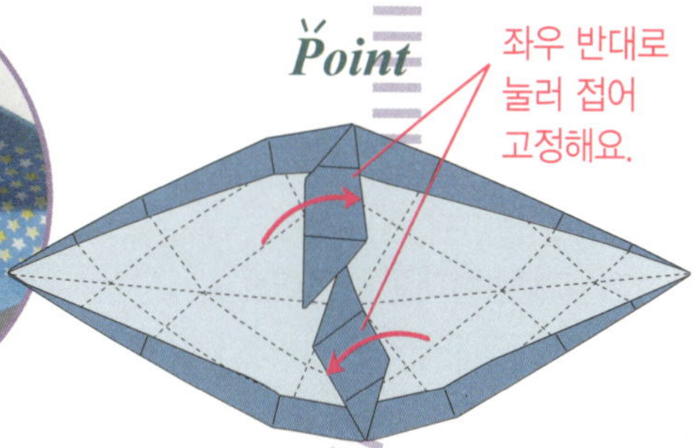

Point

좌우 반대로
눌러 접어
고정해요.

10 뒤집은 뒤 직사각 고리 모양을
좌우 서로 반대 방향으로 꺾어
접어 풀어지지 않게 고정해요.

273

139

보석

펄이 들어간 색종이로 접어보세요. 모서리 네 개를
접어 풀로 붙이면 마치 붉은 색의 루비 같아요.

정사각형

준비물 : 풀

132 무지개(빨강), 2번까지 접어요.

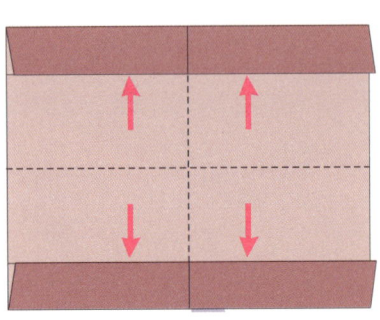

3 펴서 접었던 선에서
반만 접어요.

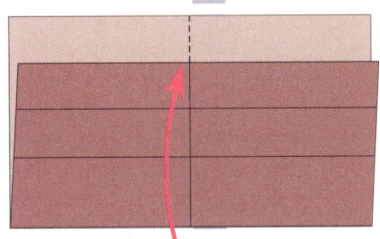

4 편 뒤 **3**번 접은 윗면 선까지
올려 접어요.
(돌려서 반대편도 접어요.)

돌려요

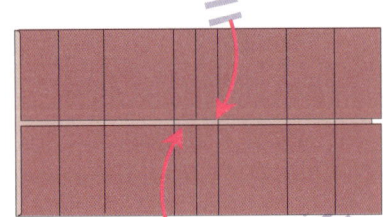

5 편 뒤 돌려서 대문접기를 해요.

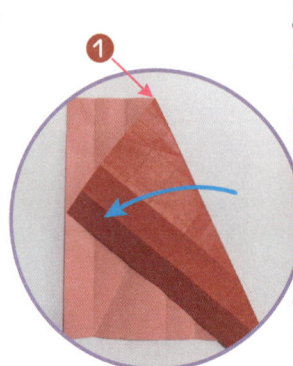

위의 사진처럼 네 곳
모두 돌려가며 빨간
선을 접어요.

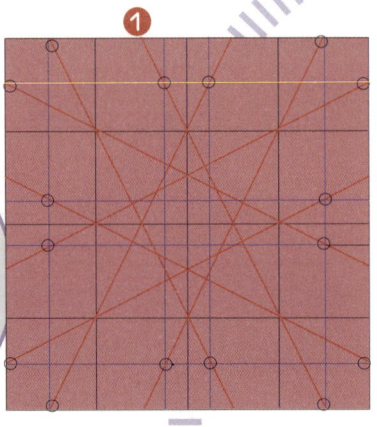

8 편 뒤 뒤집어서 선과 교차점에
맞춰 선대로 접어요.

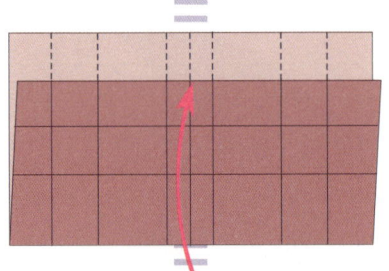

7 편 뒤 **6**번 접은 윗면 선까지
올려 접어요.
(돌려서 반대편도 접어요.)

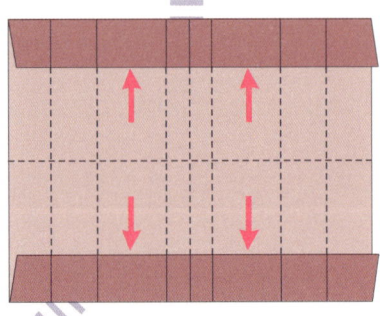

6 **5**번 접은 면에서 반만
접어요.

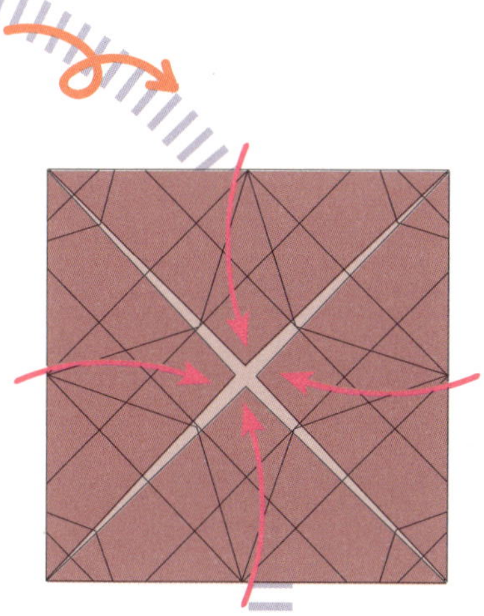

풀칠해 붙일 부분

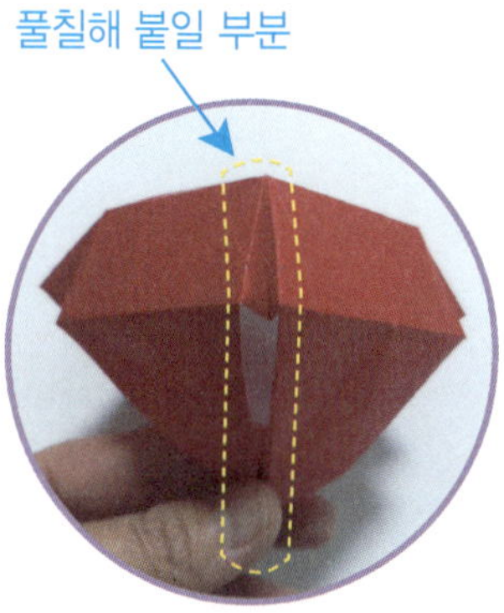

14 네 면의 접은 옆면을
돌려가며 모두 풀로
붙여요.

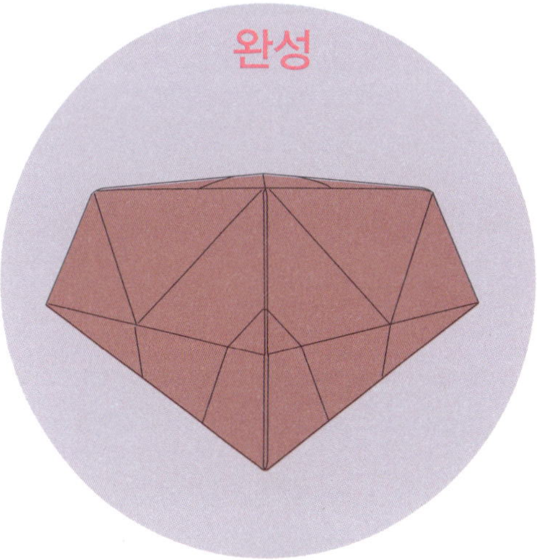

완성

9 뒤집은 뒤 네 곳을 중심에
맞춰 안으로 접어요.

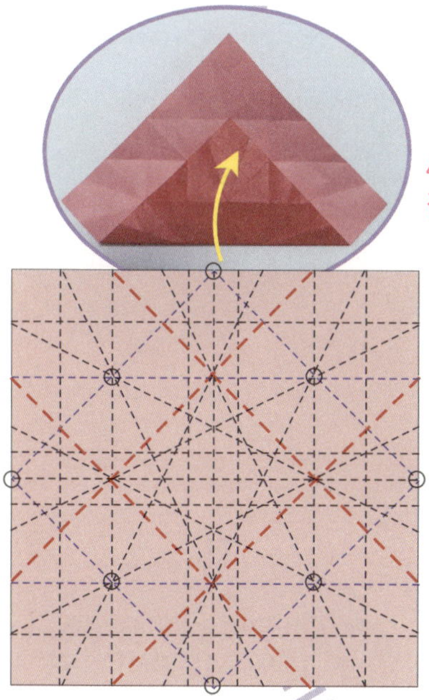

13 선대로 모두
접은 형태.

15

4군데 모서리를
접어 올려요.

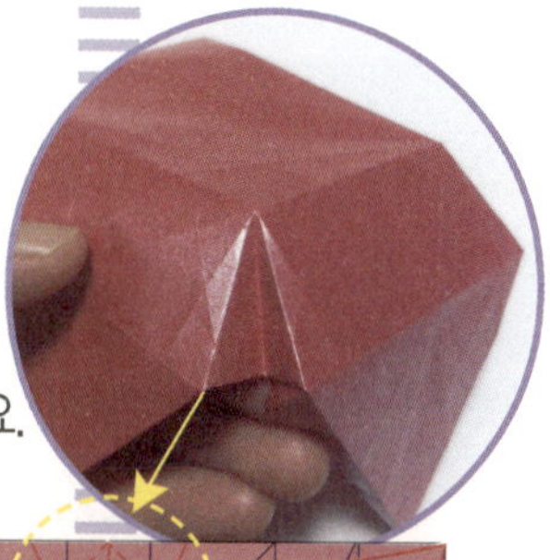

12 사진처럼 모서리를 접어요.
'상자' 모서리 접기와 같아요.
네 곳 돌려가며 똑같이 접어요.

사선으로 접다가 하얀 선과
빨간 선이 교차되는(보라 원)
지점부터 직선으로 접어요.

10 펼친 뒤 빨간 점선을
사진처럼 네 곳 모두
돌려가며 접어 올려요.

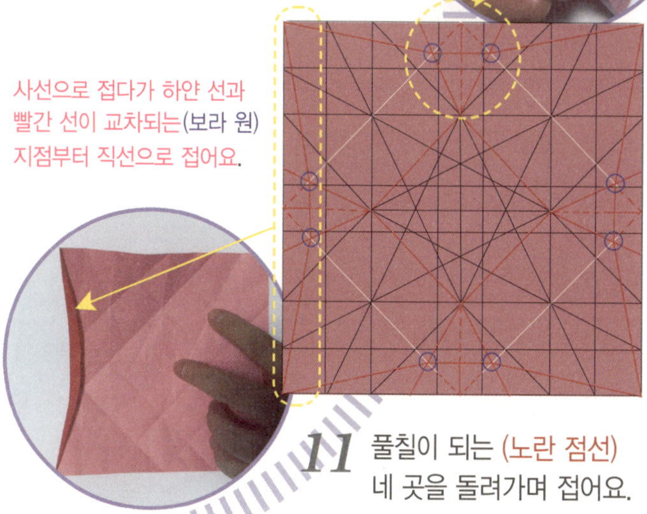

11 풀칠이 되는 (노란 점선)
네 곳을 돌려가며 접어요.

140

★★★★☆

에메랄드

모서리 네 곳이 비스듬하게 접힌 모양이
특징이에요. 모서리 접기가 조금 까다로워요.

정사각형

완성

* 132 무지개(빨강), 2번까지 접어요.

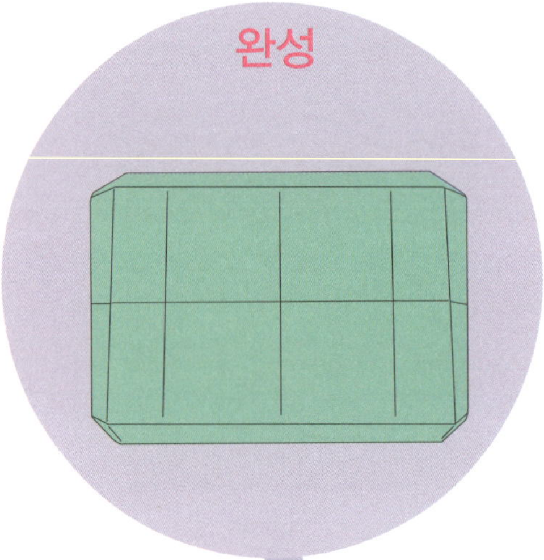

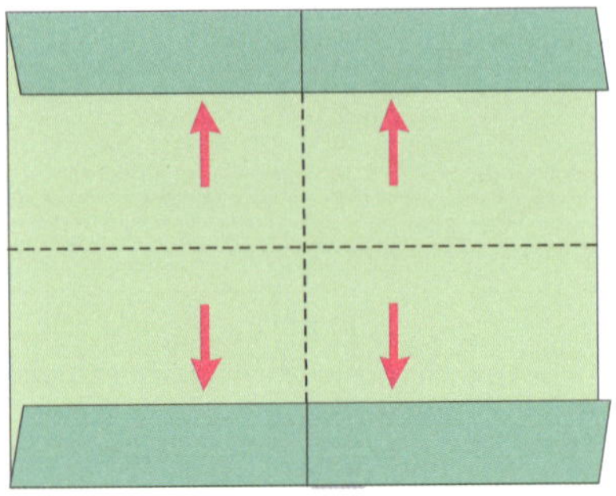

3 펴서 **2**번 접었던 선에서
다시 반만 접어요.

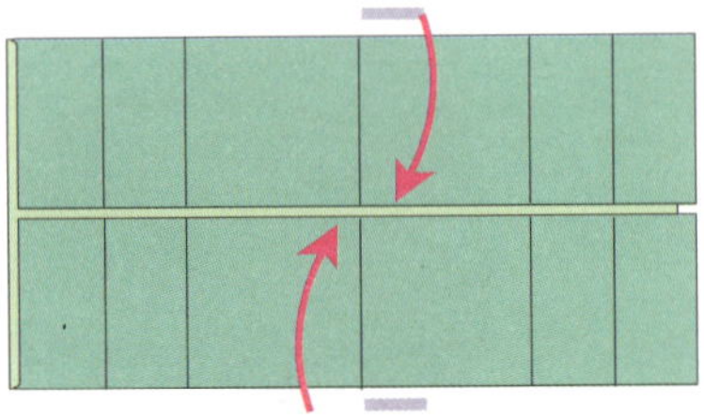

돌려요

4 펴서 돌린 후 다시
대문접기를 해요.

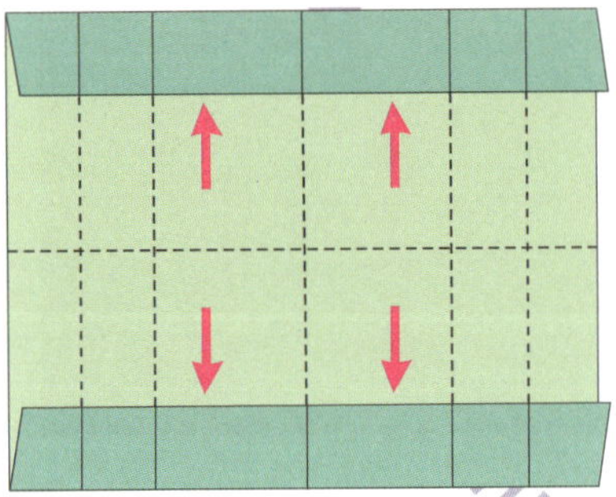

5 **3**번과 똑같이 접어요.

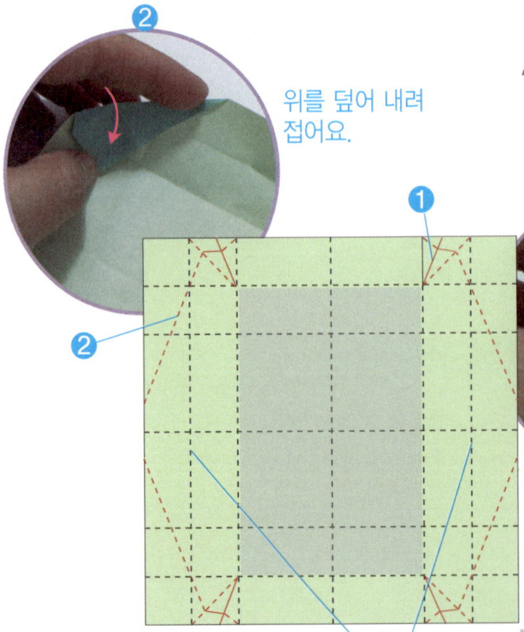

2 위를 덮어 내려
접어요.

1

1

2

선대로 안으로 접어요.
* '상자' 모서리 접는
방법과 같아요.

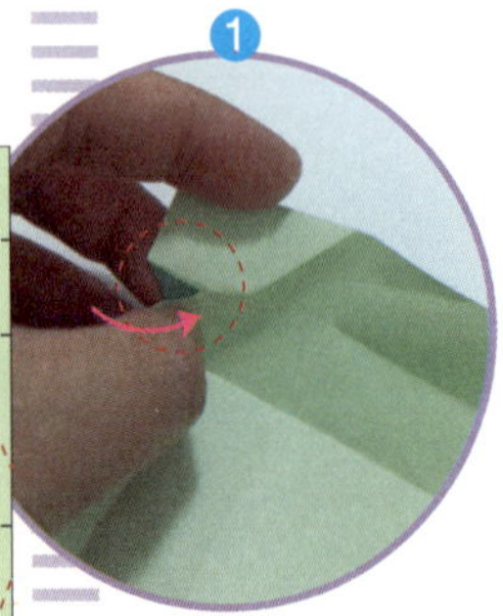

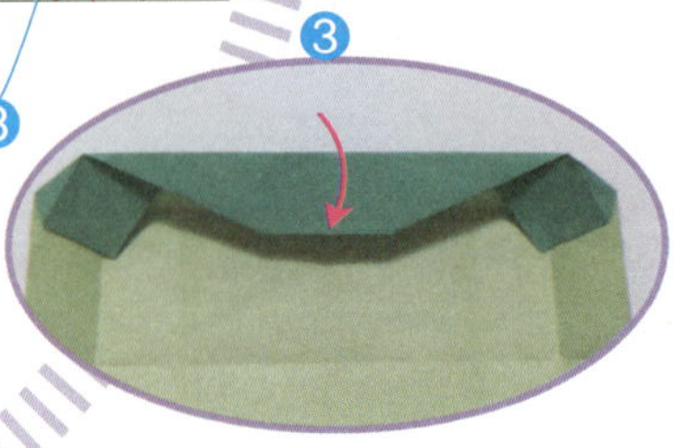

6 편 뒤 사진처럼 선대로
접어요. 색이 칠해진
부분은 상자 바닥이에요.

3

3

3을 각각 안으로
덮어 내려 접어요.

7

★★★☆☆

화살(융합)

화살표와 하트를 붙여 화살을 만들어요.
화살 뒷면은 반쌍V자형계급장을 접어서
붙인 뒤 완성해요.

융합

화살

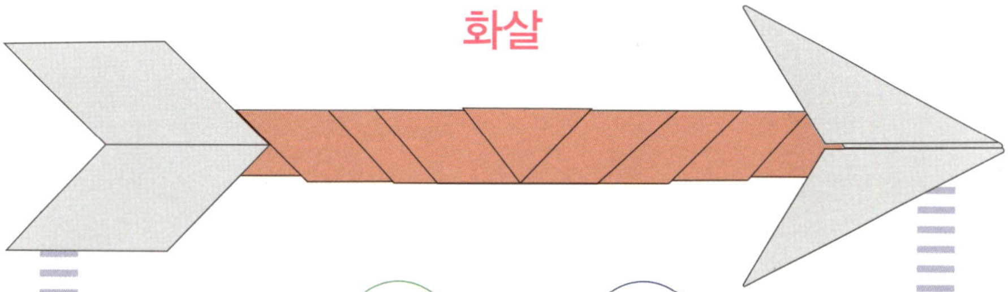

1 '34 반쌍V자형계급장', '44 반쌍화살표'를
접어서 화살촉과 화살 뒷면에 붙여요.
계급장과 화살표 중 어떤 것을 접어 붙여도
상관 없어요.

큐피드 화살

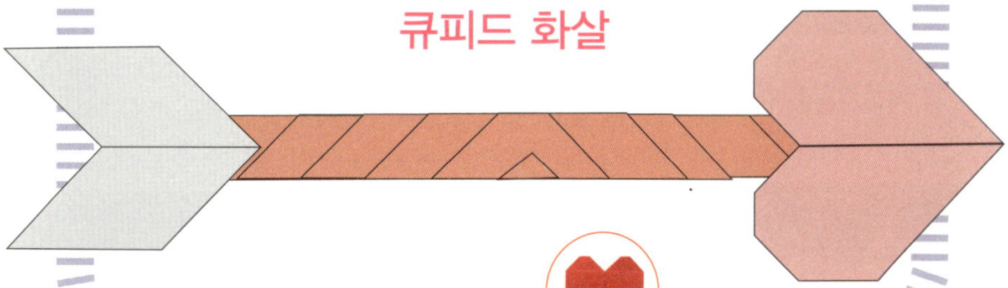

2 큐피드 화살촉은 '1 쌍하트'를
접어 붙여서 큐피드 화살을
만들어요. 하트는 어떤 것을
접어 붙여도 상관없어요.

277

활

색종이를 길게 접어 3면을 조금씩 접어요.
화살과 더불어 어울리는 색상으로 같이 접어요.

직사각형 · 융합

준비물 : 풀

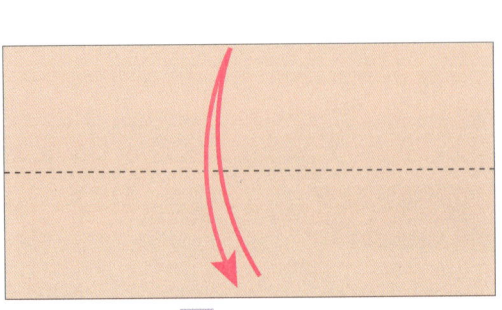

1 직사각형 종이로 길게
반을 접었다 펴요.

2 편 뒤 대문접기를 해요.

3 2번 상태에서 그대로
반을 접어요.

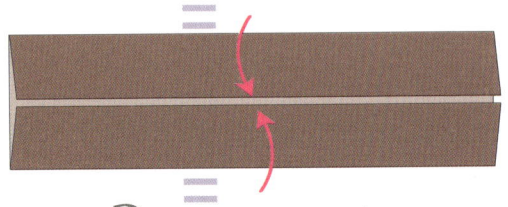

4 다시 반을 접어요.

완성

8 자신이 원하는 길이만큼
구부린 뒤 활대에 붙여요.

Point

7 편 뒤 3번처럼 그대로 길게 반을
접어요. 그리고 3곳의 접은 선을
만들어요.

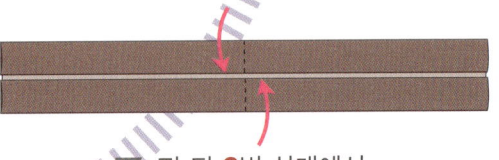

6 편 뒤 좌우 대문접기를 해요.

5 편 뒤 2번 상태에서
다시 대문접기를 해요.

화살대(활대) 정사각형

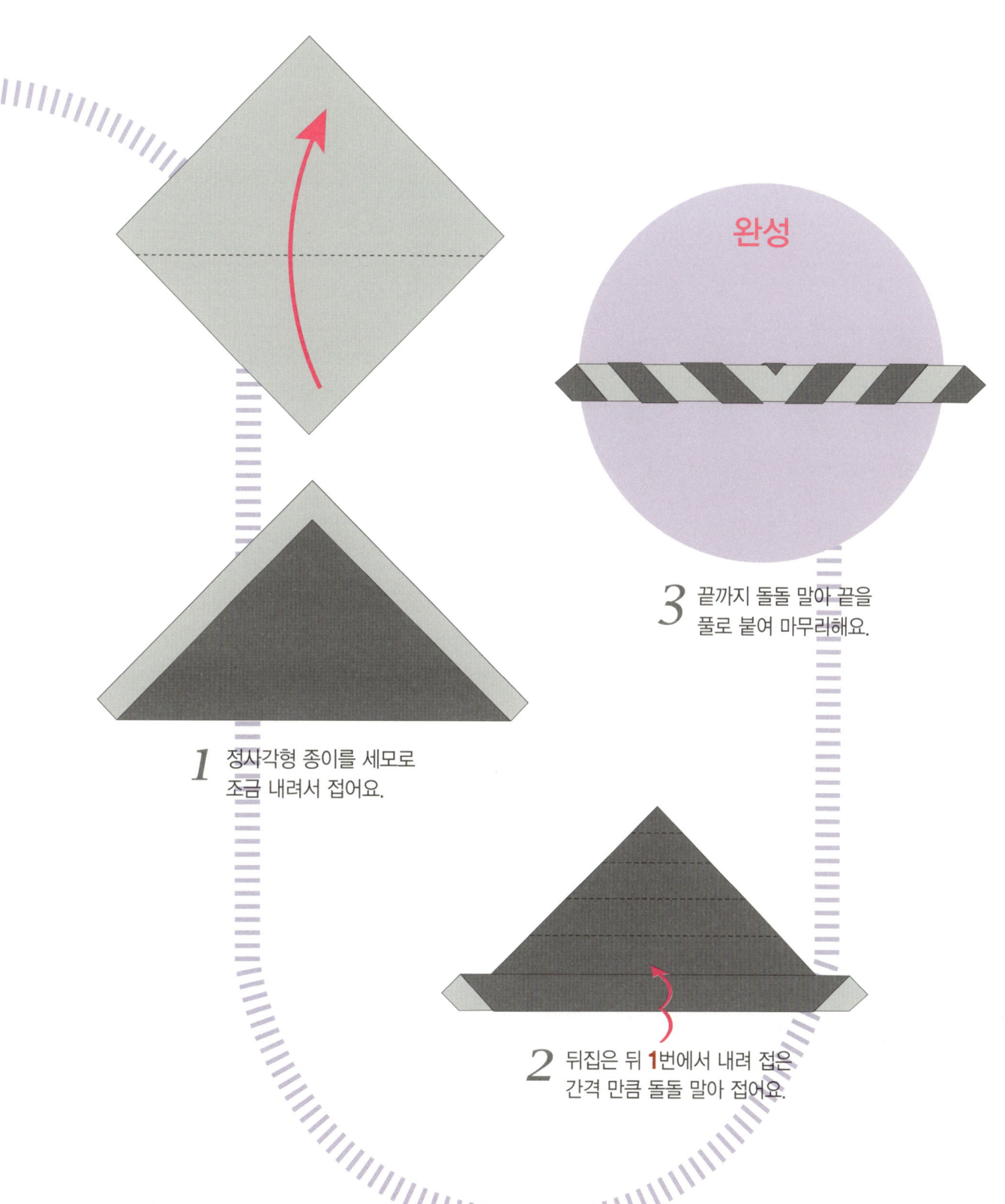

완성

1 정사각형 종이를 세모로
조금 내려서 접어요.

2 뒤집은 뒤 **1**번에서 내려 접은
간격 만큼 돌돌 말아 접어요.

3 끝까지 돌돌 말아 끝을
풀로 붙여 마무리해요.

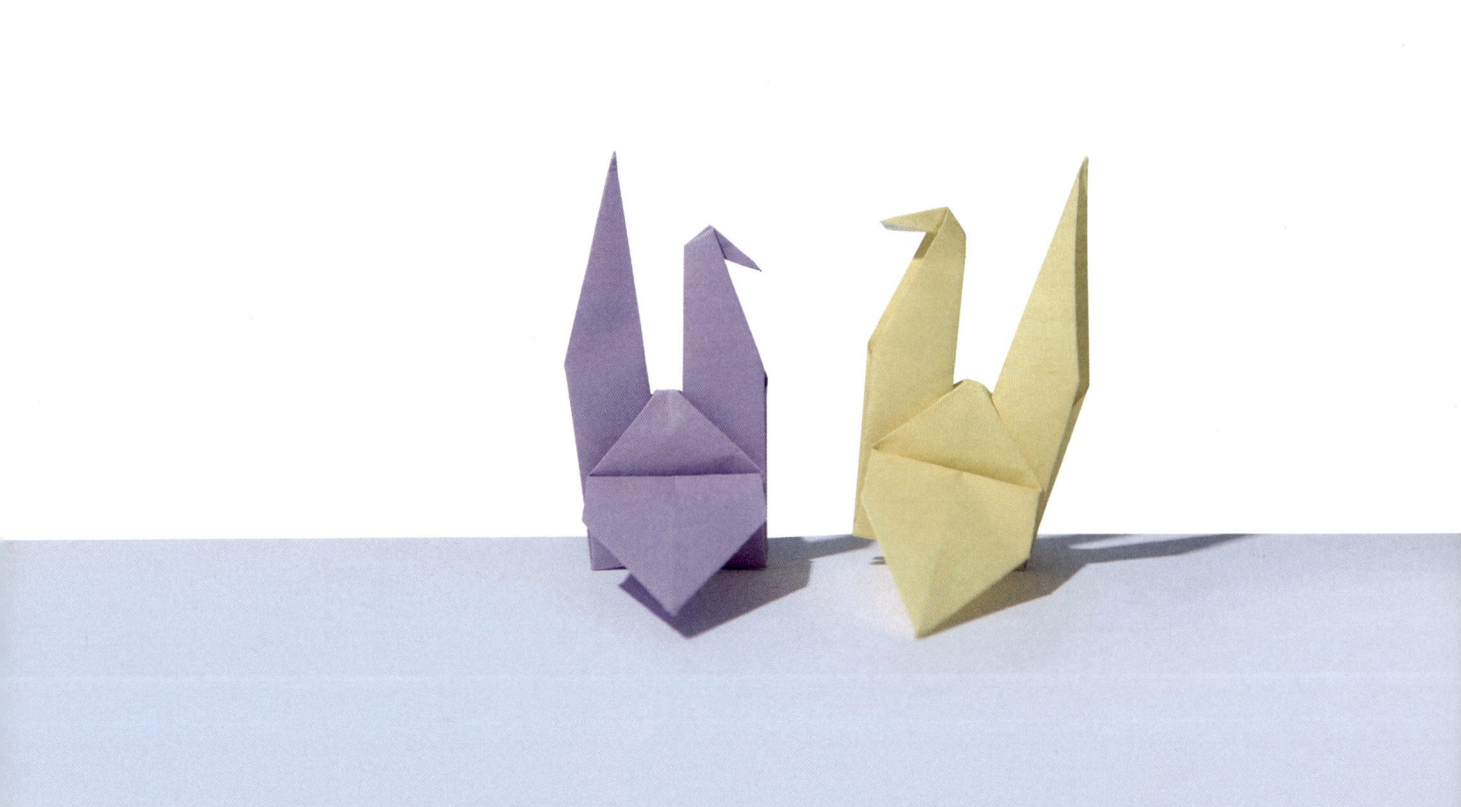